Rationierung im Gesundheitswesen
und Patientenschutz

RECHT & MEDIZIN

Herausgegeben von den Professoren
Dr. Erwin Deutsch, Dr. Adolf Laufs, Dr. Hans-Ludwig Schreiber

Bd./Vol. 47

PETER LANG
Frankfurt am Main · Berlin · Bern · Bruxelles · New York · Oxford · Wien

Klaus Vosteen

Rationierung im Gesundheitswesen und Patientenschutz

Zu den rechtlichen Grenzen von Rationierungsmaßnahmen und den rechtlichen Anforderungen an staatliche Vorhaltung und Steuerung im Gesundheitswesen

PETER LANG
Europäischer Verlag der Wissenschaften

Die Deutsche Bibliothek - CIP-Einheitsaufnahme

Vosteen, Klaus:

Rationierung im Gesundheitswesen und Patientenschutz : zu den rechtlichen Grenzen von Rationierungsmaßnahmen und den rechtlichen Anforderungen an staatliche Vorhaltung und Steuerung im Gesundheitswesen / Klaus Vosteen. - Frankfurt am Main ; Berlin ; Bern ; Bruxelles ; New York ; Oxford ; Wien : Lang, 2001
(Recht & Medizin ; Bd. 47)
Zugl.: Bremen, Univ., Diss., 2000
ISBN 3-631-37369-4

D 46
ISSN 0172-116X
ISBN 3-631-37369-4

Vorwort

Die Idee zu der vorliegenden Arbeit entstand bereits im Jahre 1993. Damals hatte ich im Rahmen eines Lehrauftrages die Aufgabe, den Teilnehmerinnen und Teilnehmern einer Weiterbildung zur FachlehrerIn für Pflegeberufe u.a. die Grundlagen der Krankenhausfinanzierung näherzubringen. Es wurde deutlich, daß die soeben eingeführte Budgetierung der Krankenhausausgaben über kurz oder lang zu Leistungseinschränkungen führen müsse. Die TeilnehmerInnen fragten, ob es nicht Gesetze gebe, die die Patienten vor diesen Leistungseinschränkungen schützen. Ich mußte seinerzeit die Antwort auf diese Frage trotz einiger Recherchen schuldig bleiben.

Nach Abschluß meines Studiums stellte ich mich dieser Frage erneut und ich hatte das große Glück, in Herrn Prof. Dr. Robert Francke einen wissenschaftlichen Betreuer zu finden, der ein großes Interesse an der Thematik hatte und mich während des Verlauf der Arbeit hervorragend unterstützte. Außerdem kam ich in den Genuß eines Promotionsstipendiums der Hans-Böckler-Stiftung, durch das ich sowohl in materieller als auch in ideeler Hinsicht ein hohes Maß an Förderung erfahren habe.

Darüber hinaus gibt es eines ganze Reihe von Menschen, die mit ihrer Unterstützung zum Gelingen der Arbeit beigetragen haben. Zu nennen ist zunächst Herr Prof. Dr. Wolfgang Däubler, der als Vertrauensdozent der Hans-Böckler-Stiftung die Arbeit mit kritischen Fragen und Anregungen begleitete und schließlich auch das Zweitgutachten geschrieben hat.

Besonders erwähnen möchte ich auch die KollegInnen aus dem Doktoranden-Arbeitskreis um Herrn Prof. Francke, Frau Corinna Grühn, Herrn Jens Lange, Frau Sonja Mühlenbruch, Frau Dr. Gabriele Röfer und Herrn Jörg Schnitzler. Das gemeinsame Erarbeiten einzelner Themenkomplexe und die angeregten Diskussionen waren eine große Hilfe. Als sehr anregend und hilfreich habe ich auch die Seminare, Exkursionen und Diskussionen mit den Kolleginnen und Kollegen der stipendiatischen Arbeitsgemeinschaft „Gesundheits- und Sozialpolitik“ der Hans-Böckler-Stiftung empfunden.

Herrn Dr. Sven Burkhardt und Herrn Prof. Dr. Peter Thoss danke ich für die Durchsicht des strafrechtlichen Teils und die hilfreichen Anmerkungen. Herr Jens Ritter war so freundlich den krankenhaus-wirtschaftlichen Teil gegenzulesen und Frau Beate Brede hat sich dankenswerterweise die Mühe gemacht, das gesamte Manuskript auf Zeichensetzungsfehler und Verständlichkeit hin zu prüfen.

Nicht zuletzt Dank dieser Unterstützung wurde die Arbeit im Frühjahr 2000 abgeschlossen und vom Promotionsausschuß des Fachbereichs Rechtswissenschaft der Universität Bremen als Dissertation angenommen.

Für die Aufnahme in die Reihe *Recht & Medizin* bedanke ich mich auch bei Herrn Prof. Dr. Dr. h.c. Erwin Deutsch, Herrn Prof. Dr. Dr. h.c. Adolf Laufs und Herrn Prof. Dr. Dr. h.c. Hans-Ludwig Schreiber.

Mein ganz besonderer Dank aber gilt meinem Vater, der mich während der Arbeit in mancherlei Hinsicht entlastet hat, und vor allem auch meiner lieben Frau Sigrid und meinen Kindern Miriam und Paul, die die Belastungen, die die Arbeit an einer Dissertation nun einmal mit sich bringt, mitgetragen haben.

Scharmbeckstotel, im September 2000

Klaus Vosteen

Inhaltsverzeichnis

Abkürzungsverzeichnis

A.a.O. ....am angegebenen Orte
Abs. ....Absatz
Aichberger.....Gesetzessammlung: Sozialgesetzbuch mit Nebengesetzen (...) begr. v. Friedrich Aichberger
Alt. ....Alternative
Anm. ....Anmerkung
Art. ....Artikel
BAG...............Bundesarbeitsgericht
BAT...............Bundesangestelltentarifvertrag
BeitrEntlG .....Beitragsentlastungsgesetz v. 1.11.1996 (BGBl. I 1996, S. 1631)
BGB...............Bürgerliches Gesetzbuch vom 18.8.1896
BGH...............Bundesgerichtshof
BGHSt ....Entscheidungssammlung des Bundesgerichtshofs in Strafsachen (zitiert als: BGHSt, Band, Seite des Beginns [Seite der Fundstelle])
BGHZ ....Entscheidungssammlung des Bundesgerichtshofs in Zivilsachen (zitiert als: BGHZ, Band, Seite des Beginns [Seite der Fundstelle])
Breith. ....Sammlung von Entscheidungen aus dem Sozialrecht, begründet 1912 von Hermann Breithaupt
BPflV.............Bundespflegesatzverordnung
BR-Drcks.......Drucksache des Bundesrates (Jahr und Nummer)
BSG ....Bundessozialgericht
BSGE.............Entscheidungssammlung des Bundessozialgerichts (zitiert als: BSGE, Band, Seite des Beginns [Seite der Fundstelle])
BSHG ....Bundessozialhilfegesetz
BT-Drcks.......Drucksache des Deutschen Bundestages (Wahlperiode und Nummer)
BVerfG ....Bundesverfassungsgericht
BVerfGE........Entscheidungssammlung des Bundesverfassungsgerichts (zitiert als: BVerfGE, Band, Seite des Beginns [Seite der Fundstelle])
BVerwG.........Bundesverwaltungsgericht
BVerwGE ......Entscheidungssammlung des Bundesverwaltungsgerichts (zitiert als: BVerwGE, Band, Seite des Beginns [Seite der Fundstelle])
DÄBl ....Zeitschrift "Deutsches Ärzteblatt"
DOK ....Zeitschrift "Die Ortskrankenkasse"
EBM ....Einheitlicher Bewertungsmaßstab
EthikMed.......Zeitschrift "Ethik in der Medizin"
EuGRZ...........Zeitschrift "Europäische Grundrechte-Zeitschrift"
ff.. ....folgende
Fn. ....Fußnote
f&w................Zeitschrift "führen und wirtschaften im Krankenhaus"
gem. ....gemäß
gid..................Zeitschrift "Gesundheitspolitischer Informationsdienst"
GKAR............Gesetz über das Kassenarztrecht v. 17.8.1955 (BGBl. I 1955, S. 513)
GRG..............Gesundheitsreformgesetz v. 20.12.1988 (BGBl. I 1988, S. 2477)
GSG ....Gesundheitsstrukturgesetz v. 21.12.1992 (BGBl. I 1992, S. 2266)
i.d.F. ....in der Fassung
i.S.d. ....im Sinne des / im Sinne der

i.V.m. .... in Verbindung mit
ICD................ Internationale Klassifikation der Krankheiten
ICPM............. Internationale Klassifikation der Prozeduren in der Medizin
JuS................. Zeitschrift "Juristische Schulung"
JZ .... Zeitschrift "Juristenzeitung"
KBV .... Kassenärztliche Bundesvereinigung
KHG.............. Krankenhausfinanzierungsgesetz
KV................. Kassenärztliche Vereinigung (i.d.R. auf Länderebene)
LG .... Landgericht
LSG............... Landessozialgericht
m.w.Nachw. . mit weiteren Nachweisen
MDR .... Zeitschrift "Monatsschrift für Deutsches Recht"
MedR .... Zeitschrift "Medizinrecht"
NDV.............. Zeitschrift "Nachrichtendienst des Deutschen Vereins für öffentliche und private Fürsorge"
NJW .... Zeitschrift "Neue Juristische Wochenschrift"
NJW-RR .... Zeitschrift "NJW-Rechtsprechungs-Report Zivilrecht"
NStZ.............. Zeitschrift "Neue Zeitschrift für Strafrecht"
NZA .... Zeitschrift "Neue Zeitschrift für Arbeits- und Sozialrecht"
NZS............... Zeitschrift "Neue Zeitschrift für Sozialrecht"
OLG .... Oberlandesgericht
PflegeR.......... Zeitschrift "Pflegerecht"
Rdnr. .... Randziffer / Randnummer
RVO.............. Reichsversicherungsordnung
S. .... Seite oder i.V.m. §§ = Satz
SDSRV .... Zeitschrift "Schriftenreihe des Deutschen Sozialrechtsverbands"
SGb .... Zeitschrift "Die Sozialgerichtsbarkeit"
SGB V........... Sozialgesetzbuch -5. Buch (Gesetzliche Krankenversicherung) vom 20.12.1988
SozR.............. Loseblattentscheidungsammlung bearbeitet von den Richtern des BSG von 1952 bis 1990 (zitiert als: Gericht-SozR-Ordnungsnummer, Norm, Nummer der Entscheidung, [Seite der Fundstelle])
SozSich .... Zeitschrift "Soziale Sicherheit"
SozVers......... Zeitschrift "Die Sozialversicherung"
StabG .... Gesetz zur Stabilisierung der Krankenhausausgaben v. 29.4.1996 (BGBl. I 1996, S. 654)
SVRKAiG..... Sachverständigenrat für die Konzertierte Aktion im Gesundheitswesen
S.Z. .... Süddeutsche Zeitung
VersR .... Zeitschrift "Versicherungsrecht"
VSSR .... Zeitschrift "Vierteljahresschrift für Sozialrecht"
VVDStRL ..... "Veröffentlichungen der Vereinigung der Deutschen Staatsrechtslehrer"
WHO............. World Health Organization
WZB.............. Wissenschaftszentrum Berlin
ZfS .... Zeitschrift "Zentralblatt für Sozialversicherung"
ZRP............... Zeitschrift "Zeitschrift für Rechtspolitik"
ZSR............... Zeitschrift "Zeitschrift für Sozialreform"
2. GKV-NOG 2. GKV-Neuordnungsgesetz v. 23.6.1997 (BGBl. I 1997, S. 1520)

Ansonsten wurden die allgemein gebräuchlichen Abkürzungen verwandt. (vgl. auch: *Kirchner*, Hildebert; Abkürzungsverzeichnis der Rechtssprache, 4. Aufl. Berlin / New York 1993)

Einleitung / Fragestellung

Wie der Titel der Arbeit andeutet, soll in ihr eine seit einiger Zeit in Kreisen der Ärzteschaft und der Beschäftigten im Gesundheitswesen immer wieder diskutierte Fragestellung aufgegriffen und bearbeitet werden, die von juristischer Seite bisher nur am Rande zur Kenntnis genommen wird.

Nach inzwischen wohl unbestrittener Überzeugung aller, die sich mit der Entwicklung in der Medizin und deren ökonomischen Auswirkungen näher beschäftigen, hat der medizinische Fortschritt in den vergangenen zwanzig Jahren ein Ausmaß angenommen, aufgrund dessen bei stetig verbesserten Behandlungsmöglichkeiten zugleich das System des solidarisch finanzierten Gesundheitswesens in seinem Bestand, mindestens aber in seiner allgemeinen Akzeptanz, gefährdet wird. Der Intensivmediziner *H.W. Opderbecke* hat bereits 1985 in einem Aufsatz zu den „Grenzen der Intensivmedizin"[1] unter Darstellung der Kosten eines Behandlungstages auf der Intensivstation und unter Bezugnahme auf eine von amerikanischen Autoren entwickelte „Kosten-Nutzen-Relation"[2] festgestellt, daß im Gesundheitswesen, wie in anderen Bereichen des öffentlichen Lebens auch, eine Kostenbegrenzung erfolgen müsse. Der Wirtschaftswissenschaftler *Walter Krämer* spricht 1989 in einem populärwissenschaftlichen Buch zur „Krankheit des Gesundheitswesens" gar von einer „Fortschrittsfalle"[3], in der die moderne Medizin sitze. Der Mediziner *Christoph Fuchs* wiederum greift anläßlich eines Vortrags zum Thema „Kostendämpfung und ärztlicher Standard" im Jahre 1993[4] diese These auf und stellt fest, daß infolge des medizinischen Fortschritts die Lebenserwartung zweifellos steige. Zugleich verschlechtere sich aber infolge der zunehmenden funktionellen Einschränkungen der menschlichen Organsysteme im hohen Alter insgesamt der Gesundheitszustand der Bevölkerung, weil die Medizin viele Kranke am Leben erhalte, „die früher längst gestorben wären". Er bevorzugt statt des Begriffs „Fortschrittsfalle" die Umschreibung „Fortschritts-Ausgaben-Spirale" in der Medizin,[5] kommt aber im Ergebnis ebenfalls zu dem Schluß, daß bei einem „im Prinzip unersättlichen" Gesundheitswesen eine Rationierung nötigt ist und in einzelnen Bereichen „versteckt" auch schon praktiziert wird.[6]

Eigene Erfahrungen, die ich während einer mehrjährigen Tätigkeit als Krankenpfleger und pflegerische Leitung einer Intensivstation sammeln konnte, belegen

---

1 *H.W. Opderbecke*, MedR 1985, S. 23 ff. (S. 28).

2 *H.W. Opderbecke*, a.a.O., m.w.Nachw.

3 *W. Krämer*, Krankheit des Gesundheitswesens, S. 233 f.

4 *Ch. Fuchs*, MedR 1993, S. 323 ff. (323).

5 Ebenda.

6 A.a.O., S. 324 f.

letztlich diese Thesen. Als herausragendstes Beispiel möchte ich eine Patientin anführen, die 1982 wegen eines Gallensteinleidens zur Operation in unsere Klinik eingewiesen wurde. Damals wurde sie von dem zuständigen Anästhesisten wegen ihres hohen Alters (damals 83 Jahre) als nicht-OP-fähig eingestuft und folglich nicht operiert. Im Jahre 1992 ist die gleiche Patientin (nunmehr 93 Jahre alt) - ohne eine besondere Notfallindikation - an der Gallenblase operiert worden. Anschließend mußte sie aber fast drei Wochen mit Atem- und Beatmungstherapie auf der Intensivstation behandelt werden. - Nach den aktuellen Abteilungspflegesätzen in der Intensivmedizin wären in dem beschriebenen Fall allein für die Intensivbehandlung circa 1.400,- DM pro Tag oder 29.000,- DM für die gesamten drei Wochen von der Krankenversicherung zu erstatten gewesen. Demgegenüber ist als Fallpauschale für eine offen-chirurgische Cholecystektomie bei einer Verweildauer bis zu 20 Tagen ein Betrag von maximal 6.827, 91 DM zur Vergütung des gesamten Behandlungsfalls vorgesehen.[7]

Dieses Beispiel mag verdeutlichen, daß die medizinisch-technische Entwicklung, wie auch der Arztrechtler *Wilhelm Uhlenbruck* in einem kürzlichen erschienenen Aufsatz konstatiert,[8] inzwischen fast alles möglich macht. Es zeigt aber auch, daß die Kosten dieser Möglichkeiten rasch Dimensionen annehmen können, die gemessen an der medizinischen Behandlung eines „Normalpatienten“, wie er der Kalkulation der Fallpauschalen im Pflegesatzrecht zugrunde gelegt wurde,[9] unverhältnismäßig erscheinen. Die Notwendigkeit kostenbegrenzender Maßnahmen zu Lasten des einzelnen Patienten drängt sich geradezu auf. Die große Frage ist aber, wer die Grenzen der gebotenen Behandlung eines kranken Menschen ziehen soll. Bisher sind an dieser Entscheidung offenbar nur die Ärzte beteiligt. Ohne weitere Belege stellt *Uhlenbruck* am Schluß seines Aufsatzes die These auf, daß in Teilbereichen die Rationierung von medizinischen Leistungen bereits in vollem Gange sei.[10] Er schließt weiter, die Rechtsprechung müsse durch eine Anpassung des haftungsrechtlichen Begriffs eines „medizinischen Leistungsstandards“ an die tatsächlichen und finanziellen Gegebenheiten den Ärzten anstelle einer Lebenserhaltung um jeden Preis ein ökonomisch richtiges und nicht zuletzt auch ethisch begründetes Verhalten ermöglichen. Eine Rationierung medizinischer Leistungen lasse sich aber angesichts verfassungsrechtlich verbürgter Rechte der Bürger nur auf gesetzlicher Grundlage herbeiführen.[11]

Auch *Fuchs* verlangt, soweit eine Rationierung im Gesundheitswesen nicht vermeidbar ist, klare juristische Vorgaben hinsichtlich des rechtlichen Rah-

---

[7] Die Zahlen stammen aus einem Bremer Krankenhaus (Stand Juli/1999).

[8] *W. Uhlenbruck*, MedR 1995, S. 427 f. mit weiteren Beispielen .

[9] Vgl.: Bundesrat-Drucksache 381/94, S. 31 f. und S. 45 ff.

[10] *W. Uhlenbruck*, MedR 1995, S. 436 f.

[11] Ebenda.

mens, in dem eine solche Rationierung nur stattfinden kann. Er fragt, ob unter dem Aspekt der Rationierung in der Medizin

1) der Grundsatz der Verhältnismäßigkeit neu überdacht werden müsse,

2) in Notfällen eine Behandlungspflicht auch bei erschöpften Kapazitäten bestehe,

3) ex ante eine Güterabwägung zwischen individuellem und statistischem Risiko des konkreten und anderen potentiellen Patienten getroffen werden dürfe, außerdem

4) nach Dokumentationspflichten,

5) nach dem Einklang zwischen Haftpflichtregeln und Wirtschaftlichkeitsgebot,

6) nach Auswahlkriterien, die einen breiten gesellschaftlichen Konsens erwarten lassen und

7) nach der Rolle des Arztes als einer Instanz der „justitia distributiva".[12]

Dagegen warnt der Gesundheitssystemforscher *Michael Arnold*[13] vor einem Übermaß an Kontrolle und bürokratischer (also staatlicher) Regulierung: Er unterscheidet zwischen a) idealen, b) statistischen und c) individuellen Normen, die je nach der Perspektive eine unterschiedliche Bedeutung für die Leistungserbringung im Gesundheitswesen haben.[14] Angesichts der unterschiedlichen Bedeutung der Normen sei es unmöglich ein Optimum an Versorgung zu bestimmen und dieses Optimum einer Wirtschaftlichkeit gegenüberzustellen, die ihrerseits ebensowenig eindeutig wäre. In Ergebnis fordert aber auch er eine Korrektur der individuellen Anrechte auf kollektive Güter im Bereich des Gesundheitswesens.

Juristisch richtiger wäre es jedoch vor einer Korrektur diese Anrechte überhaupt erst einmal zu definieren. Ein so gefundenes Mindestmaß an individuellen Ansprüchen auf Gesundheitsleistungen aus dem System der sozialen Sicherung wird schließlich auch zur bestimmenden Größe für die rechtlichen Grenzen einer Rationierung im Gesundheitswesen werden. Aus einer derartigen Bestimmung eines individuellen Anspruchs auf medizinische Leistungen könnten sowohl dem Staat wie auch der Versichertengemeinschaft konkretisierbare Aufgaben erwachsen. Daraus folgt, daß eine Rationierung im Gesundheitswesen letztlich nur möglich sein wird, wenn auch ein Mindestmaß an staatlicher Kontrolle die Rechte des Einzelnen in diesem System zu sichern vermag.

---

[12] Vgl.: *Ch. Fuchs*, MedR 1993, S. 323 ff. (327) -*W. Uhlenbruck* (MedR 1995, S. 430 ff.) geht in seinem Aufsatz auf „einige Gesichtspunkte" dieser Fragen bereits ein.

[13] *M. Arnold*, Anästh.Intensivmed. 1993, S. 79 ff.

[14] *M. Arnold*, a.a.O., S. 84.

H. Tristam Engelhardt[15] (und ihm folgend auch *Fuchs* und *Uhlenbruck)* unterscheidet bei der Diskussion um eine Rationierung in der Medizin vier Diskussionsebenen:

1) **Makro-Allokation obere Ebene**: Gesundheitsausgaben insgesamt (z.B. Anteil am Bruttosozialprodukt),
2) **Makro-Allokation untere Ebene**: Aufteilung eines Gesamtbudgets auf verschiedene Bereiche der Gesundheitsversorgung,
3) **Mikro-Allokation obere Ebene**: Einteilung von Bevölkerungs- und Patientengruppen (z.B. nach Alter, medizinischen Indikationen oder sozialen Gesichtspunkten)[16] und
4) **Mikro-Allokation untere Ebene**: Aufwendungen für den konkreten Einzelpatienten (d.h. Diagnose- und Therapieentscheidungen am Krankenbett).

Während die ersten beiden Ebenen, die Makroebenen, der Politik zur Entscheidung vorbehalten sind, finden die Entscheidungen auf den Mikroebenen vor Ort, d.h. in den Krankenhäusern und Arztpraxen, statt. Dieser Trennung der Diskussions- und Entscheidungsebenen wird man bei einer Betrachtung des Systems der Gesundheitssicherung und der rechtlichen Möglichkeiten bezüglich der Verteilung knapper werdender Ressourcen in diesem System zunächst folgen müssen. Unter der Annahme bestehender Rechte des Einzelnen im Gesundheitswesen drängt sich aber die Vermutung auf, daß letztlich Mikro- und Makroebene eng miteinander verknüpft sind. Insofern wird auch zu prüfen sein, ob sich die von *Engelhardt* vorgenommene Trennung der Allokationsebenen am Ende der Arbeit noch aufrecht erhalten läßt, oder ob nicht die Rückwirkung von der Mikroebene auf die Makroebene unter juristischen Gesichtspunkten derart stark ist, daß eine Trennung der Entscheidungsebenen nicht mehr als vertretbar angesehen werden kann. Wäre dies der Fall, so könnte eine Entscheidung auf der Makroebene ohne klare Vorgaben für die Mikroebene hinsichtlich der Umsetzung der getroffenen Entscheidung kaum mehr erfolgen. In diesem Sinne soll die Arbeit dazu beitragen, den Verlauf der Grenzen einer Rationierung und die staatlichen Pflichten in diesem Zusammenhang bestimmbarer zu machen.

Die Arbeit wird drei Schwerpunkte haben. Ein wesentlicher Teil der Arbeit wird zunächst darin bestehen, vorhandene Ansätze von Rationierungsmaßnahmen im Gesundheitswesen anhand von Literaturrecherchen aufzuspüren und darzustellen. Ein Blick in die Literatur macht deutlich, daß der Begriff „Rationierung" keineswegs einheitlich benutzt wird. Es gilt also differenziert nach den *Engelhardt'schen* Allokationsebenen eine Eingrenzung des Begriffs der „Rationierung" vorzunehmen. Vordergründig gibt es zunächst zwei

---

[15] *H. Engelhardt* in *Sass* (Hrsg.:), Ethik und öffentliches Gesundheitswesen, 1988, S. 35 (zitiert nach *W. Uhlenbruck*, MedR 1995, S. 430 (Fn. 38)).

[16] Dies sei nach *Ch. Fuchs* (MedR 1993, S. 323 ff. (324) der Fall in Großbritannien.

Instrumente, derer sich der Staat zur Zeit bedient, um im Wege der künstlichen Verknappung die Leistungen der Gesundheitssicherungssysteme und damit auch die Ausgaben im Gesundheitswesen zu reduzieren. Das eine Instrument ist die Budgetierung,[17] das andere ist die Bedarfsplanung. Ob hinter diesen Instrumenten bereits eine Rationierung steckt, ist zu klären. Fraglich ist auch, ob es andere Entscheidungen auf den Allokationsebenen gibt, die im Ergebnis einer Rationierung gleichkommen. Zudem sind die Begriffe „Rationierung“ und „Rationalisierung“ voneinander abzugrenzen. Am Ende des ersten Kapitels wird damit eine Differenzierung verschiedener Knappheitssituationen[18] herauskommen und im Ergebnis zu einer weitergehenden Typisierung von Rationierungsmaßnahmen im Gesundheitswesen führen.

Der zweite Schwerpunkt der Arbeit wird in der Bestimmung des rechtlichen Anspruchs auf medizinische Behandlung der einzelnen Bürger und der Vorkehrungen zur Sicherung dieses Anspruchs liegen. Hier wird zwischen den Ansprüchen im Rahmen des einfachen Rechts und den verfassungsrechtlichen Ansprüchen zu differenzieren sein. Im Rahmen der Untersuchung von Individualansprüchen aus dem einfachen Recht werden hier zunächst die Vorschriften des SGB V sowie die sozialgerichtliche Rechtsprechung auf Bestimmungen individueller Leistungsansprüche hin untersucht. Der genannte Aufsatz *Uhlenbrucks*[19] und die Arbeit *Künschners*[20] zeigen aber, daß sich die Bestimmung eines Individualanspruchs im Rahmen des Systems der öffentlichen Gesundheitssicherung keineswegs auf die sozialrechtliche Abgrenzung beschränken kann. Ebenso wichtig ist die Bestimmung eines straf- und zivilrechtlichen Anspruchs des Einzelnen, der seinerseits zum Maßstab für die Behandlungspflichten des Arztes vor Ort wird.

Im dritten Teil, der verfassungsrechtlichen Diskussion, wird zu klären sein, ob sich aus dem Grundgesetz neben den derivativen auch originäre Teilhaberechte ergeben. Zu unterscheiden ist dabei nach den Ansprüchen aus Art. 2 Abs. 2 S. 1 GG und anderen verfassungsrechtlichen Ansprüchen.[21] Insgesamt könnte sich hieraus ein hinreichend bestimmter Anspruch des Einzelnen gegenüber der öffentlichen Gesundheitsversorgung ergeben. Aus diesem Anspruch wiederum soll dann abschließend ein kurzer Ausblick auf die möglichen

---

[17] Vgl.: *M. Arnold*, Solidarität 2000, S. 165 ff.

[18] So unterscheidet beispielsweise *A. Künschner*, Wirtschaftlicher Behandlungsverzicht ... (1992), S.311 ff.) zwischen akuter (§ 9) und chronischer (§ 11) Ressourcenknappheit.

[19] *W. Uhlenbruck*, MedR 1995, S. 427 ff.

[20] *A. Künschner*, Wirtschaftlicher Behandlungsverzicht und Patientenauswahl. Knappe medizinische Ressourcen als Rechtsproblem, Stuttgart 1992.

[21] Hierzu bereits grundlegend: *O. Seewald*, Zum Verfassungsrecht auf Gesundheit (1981) und ders.: Gesundheit als Grundrecht. - Grundrechte als Grundlage von Ansprüchen auf gesundheitsschützende staatliche Leistungen (1982).

Perspektiven eines angemessenen staatlich organisierten Schutzes der Patienten vor offener und verdeckter Rationierung im System der Krankenversorgung erfolgen. Hierbei wird das Schwergewicht auf den staatlichen Organisations- und Kontrollpflichten liegen. Im Rahmen der staatlichen Kontrollpflichten ist zudem zu diskutieren, welche (relativ) objektiven Kontrollmöglichkeiten es eigentlich gibt, um ein erforderliches Auswahlverfahren zu objektivieren. Schließlich wird anhand der zuvor entwickelten Kriterien das Mindestmaß staatlicher Überwachung der Einhaltung der staatlicherseits bestimmten Verteilungsverfahren zu beschreiben sein.

Die Rationierung medizinischer Leistungen dürfte zwar nicht auf die Versicherten der gesetzlichen Krankenversicherung beschränkt sein. Die Arbeiten am Thema haben aber sehr rasch gezeigt, daß eine Einbeziehung möglicher Aspekte der Versicherten in der Privaten Krankenversicherung den Rahmen und die Möglichkeiten dieser Arbeit deutlich sprengen würde. Das Untersuchungsgebiet bleibt deshalb auf den Bereich der gesetzlichen Krankenversicherung beschränkt. Soweit hier von Krankenversorgung die Rede ist, wird damit in aller Regel die Versorgung der Versicherten der gesetzlichen Krankenversicherung mit medizinischen Leistungen gemeint sein. Nur gelegentlich wird zum Vergleich auf das Leistungsgefüge der Privaten Krankenversicherung Bezug genommen.

1. Kapitel: Ansätze von Rationierung im bestehenden System der Krankenversorgung

Immer wieder werden in jüngster Zeit Stimmen laut, die schon heute von Rationierung im Gesundheitswesen sprechen. So erschien beispielsweise im *Deutschen Ärzteblatt* vom 26.4.1996[1] ein Leitartikel zu einem großen Chirurgenkongreß in Berlin unter der Überschrift: „Finanzielle Zwänge werden das ärztliche Handeln beeinflussen" mit dem Tenor, daß die zunehmende Ausgabenbegrenzung im Gesundheitswesen zu Leistungseinschränkungen führen werde. Der damalige Präsident der Deutschen Gesellschaft für Chirurgie *Rudolf Pichlmayr* wies darauf hin, daß kostenaufwendige Patienten heute kaum noch in ein anderes Krankenhaus zu verlegen seien und für polymorbide Patienten nur schwer ein betreuender Arzt zu finden sei. Er fragte weiter, wo der Übergang zwischen medizinisch erwünschter und finanziell begründeter Verlegung und verschleierter Nichtbehandlung sei.[2] Eben diese Frage soll im Folgenden unter Erläuterung der wirtschaftlichen Rahmenbedingungen für die Versorgung der Patienten einer Klärung näher gebracht werden.

Wie Pichlmayr schon angedeutet hat, gibt es möglicherweise eine verschleierte Nichtbehandlung. Insofern ist hinsichtlich einer näheren Beschreibung des Begriffs der „Rationierung" im Gesundheitswesen grundsätzlich zu klären, ob die Rationierung impliziter oder expliziter Natur ist.[3] Eine explizite Rationierung von Gesundheitsleistungen oder Krankenbehandlungsleistungen hat in Deutschland, anders als beispielsweise in Großbritannien, dessen NHS nach Berichten seit langem den Anspruch auf eine Dialysebehandlung ganz öffentlich vom Alter der Patienten abhängig macht,[4] bisher noch nicht stattgefunden. Gleichwohl fällt aber bei näherer Betrachtung auf, daß in einzelnen Bereichen des Gesundheitssicherungssystems unter dem Postulat der Ausgabenbegrenzung bereits eine künstliche Verknappung von Leistungserbringung bzw. Leistungserbringern aufgrund von staatlichen Regelungen erfolgt.[5] Es gibt offensichtlich zwei Instrumente, derer sich die Gesundheitspolitik zur Zeit bedient, um im Wege der künstlichen Verknappung die Leistungen der Gesundheitssicherungs-

---

1 *V. Zylka-Menhorn*, DÄBl. 1996, S. B-863 f.

2 A.a.O., S. B-864.

3 Vgl.: *Kühn*, Rationierung im Gesundheitswesen (1991), S. 2 f.; zur Differenzierung von expliziter und impliziter Rationierung vgl. auch *M. Arnold*, Zum Umgang mit der Knappheit... (1995); S. 65 ff.

4 Vgl.: *Kühn*, Rationierung im Gesundheitswesen (1991), S. 14 ff. m.w.Nachw.; *W. Uhlenbruck*, MedR 1995, S. 430 - wobei nach persönlichen Erkenntnissen die dort getroffenen Aussagen nicht (mehr) der Allokationswirklichkeit des NHS entsprechen.

5 Vgl.: *W. Uhlenbruck*, MedR 1995, S. 436 m.w.Nachw.; *SVRKAiG*, SG 1995, S. 46 - Ziff. 48 ff.

systeme und damit auch die Ausgaben im Gesundheitswesen zu reduzieren. Das eine Instrument ist die Budgetierung,[6] das andere ist die Bedarfsplanung.[7] Ob dahinter bereits eine implizite oder, wie Ingwer Ebsen von den Begrifflichkeiten her noch zutreffender feststellt,[8] eine „heimliche" Rationierung steckt, ist im Folgenden zu klären. Zuvor scheint es aber nötig zu sein, die Begriffe „Rationierung" und „Rationalisierung" voneinander abzugrenzen, weil im Zusammenhang mit der Kostenbegrenzung im Gesundheitswesen schlagwortartig immer wieder der Grundsatz „Rationalisierung vor Rationierung" auftaucht.[9]

A. Rationalisierung oder Rationierung?

Bei den bisher vorgenommenen Maßnahmen zur Ausgabenbegrenzung ist erklärtes Ziel der Gesundheitspolitiker, Anreize zu schaffen, um die Leistungserbringer dazu zu bewegen, die vorhandenen Rationalisierungspotentiale im Gesundheitswesen zu nutzen.[10] Daß diese Maßnahmen jedenfalls für den Krankenhausbereich zunächst einmal zutreffend waren, zeigen Berichte über eine erfolgreiche Reorganisation klinischer Abläufe unter dem Druck von Budgetierungen und Preisbindungen, die in den letzten Jahren immer wieder in den einschlägigen Fachzeitschriften zu finden sind.[11] Was aber, wenn die Rationalisierungspotentiale ausgeschöpft sind, oder, aus welchen Gründen auch immer, von den Verantwortlichen im Hierarchiegefüge einzelner Krankenhäuser nicht genutzt werden? Die Diskussion dieser Frage scheint nicht sehr populär zu sein. Jedenfalls dringen nur sehr selten Informationen über die Abweisung von Patientinnen und Patienten mit absehbar hohen Behandlungskosten in die Öffentlichkeit. Gleichwohl müssen wir aber davon ausgehen, daß derartige Praktiken vorkommen, zumal auch die betriebswirtschaftliche Logik dafür spricht, daß Krankenhausträger und Chefärzte und andere Leistungserbringer im Gesundheitswesen sich bei enger werdenden Budgets zur Abwälzung

---

6 Vgl.: *M. Arnold*, Solidarität 2000, S. 150 ff; *D. Müller/M. Simon*, Steuerungsprobleme ... (1994), S. 341 ff.

7 Vgl.: *E. Bruckenberger*, Dauerpatient Krankenhaus (1989), S. 46 ff.

8 *I. Ebsen*, NDV 1997, S. 71 ff. (S. 72); die im Rahmen dieser Arbeit vorgenommenen Versuche an konkrete Informationen über die praktischen Auswirkungen der impliziten Rationierung zu kommen belegen, daß in der Tat der Begriff „Heimlich" in Hinblick auf das Verfahren der Rationierung deutlich zutreffender ist.

9 Vgl.: *SVRKAiG*, SB 1994, S. 39 - Ziff. 54 (Kurzf.); *W. Uhlenbruck*, MedR 1995, S. 429.

10 Vgl. z.B.: *G. Schulte:* „Im Gesundheitswesen stecken noch große Rationalisierungsreserven" *Süddeutsche Zeitung* vom 29.12.1995 und *SZ-Gesundheitsforum*, in *Süddeutsche Zeitung* vom 17./18.2.1996, S. 40; ähnlich im Prinzip auch *M. Arnold*, Zum Umgang mit der Knappheit... (1995), S. 41 ff.

11 Beispielsweise: *C. v. Kempski et al.*: Qualitäts- und Zeitmanagement im Krankenhaus, im *f&w* 1994, S. 31 ff. oder *F. Böhmert et al.*: OP-Reorganisation, in *f&w* 1996, S. 114 ff.

der potentiellen Kosten entschließen, wenn aufwendigere medizinische Behandlungen weder durch den „Preis", der mit dieser Behandlung erzielt werden kann, noch durch den Rahmen eines Gesamtbudgets, innerhalb dessen ein Leistungserbringer wirtschaften kann, gedeckt werden.[12] Auf diese Weise kann aus der auf der Makroebene geplanten „Rationalisierung" rasch eine „Rationierung" auf der Mikroebene werden.

Der Versuch einer Eingrenzung der Begrifflichkeiten durch die Grammatik bleibt für den Zweck der Untersuchung zunächst unbefriedigend:

> „Rationalisierung", so der *Brockhaus*,[13] ist die Ersetzung herkömmlicher, traditionellerer und zufälliger Verfahren und Handlungsweisen durch geplante, klarer strukturierte und wiederholbare Methoden nach Kriterien der Zweckmäßigkeit, Effektivität, Berechenbarkeit und Beherrschbarkeit (...).

„Rationierung" dagegen sei die behördliche Verteilung von Gütern und Vorräten, besonders Lebensmitteln, die nicht ausreichend vorhanden sind oder erzeugt werden können. Dadurch sollen eine gleichmäßige Versorgung der Verbraucher unter Sicherung des vordringlichen Bedarfs erreicht und Preissteigerungen vermieden werden (...).[14]

Im Rahmen einer frühen wissenschaftlichen Erörterung der Frage der Notwendigkeit von Rationierungsmaßnahmen im deutschen Gesundheitswesen bediente sich der Politologe *Hagen Kühn* im Jahre 1991 einer Definition, die im Rahmen der US-amerikanischen Debatte um die Kostenbegrenzung im Gesundheitswesen Verwendung gefunden hat. Danach ist Rationierung

> „die ökonomisch, juristisch und ethisch legitimierte Verweigerung medizinischer Leistungen auch dann, wenn sie klinisch anerkannt sind und ihr Nutzen unbestritten ist".[15]

Diese Definition ist um einiges präziser und vereinigt zudem bereits die wesentlichen Aspekte des Arbeitsvorhabens. Es soll hier um Leistungsverweigerung gehen, allerdings nur um die Verweigerung klinisch anerkannter Leistungen und auch nur um solche, deren Nutzen unbestritten ist. Für die weitere Bearbeitung der hier aufgeworfenen Fragestellung ist jedoch mindestens die ethische und juristische Legitimation der Verweigerung noch ausdrücklich zu klären. Somit ist die sehr präzise Definition von Rationierung, die *Kühn* aus dem Amerikanischen übernommen hat, für den Zweck dieser Arbeit unbrauchbar. Daß in den USA eine solch präzise Definition bereits gefunden werden

---

[12] Ähnliches behauptete der Orthopäde *R. Gradinger* von der *MHH Lübeck* in der Sendung „Markt im Dritten" am 22.1.1996 für seine Disziplin; zu den Problemen der Steuerung im Gesundheitswesen auch schon *U.K. Preuß:* Probleme der Rationalisierung im Gesundheitswesen, in „Diskurs" Nr. 2 (1980), S. 5 ff.

[13] Brockhaus-Enzyklopädie [19]1992, Bd. 18, S. 81 ff.

[14] Brockhaus-Enzyklopädie [19]1992, Bd. 18, S. 85.

[15] *H. Kühn,* Rationierung im Gesundheitswesen (1991),S. 3 f. m.w.Nachw.

konnte, liegt sicher daran, daß die Diskussion um Rationierung dort bereits auf eine mehr als zehnjährige Tradition zurückblicken kann.[16] Insofern sind aber auch die dort gefundenen Begrifflichkeiten auf die Diskussion hierzulande nicht ohne weiteres übertragbar.

Zur vorläufigen Definition der Begrifflichkeiten für die nachfolgende Erörterung mögen folgende Überlegungen dienen: Die Vorenthaltung nachweislich unnützer medizinischer Behandlungen erscheint in Hinblick auf die Bestimmung individueller Rechtsansprüche auf Leistungen im Gesundheitswesen und Festlegung von Maßstäben für deren Verteilung unproblematisch und ist m.E. zurecht Ziel der erwähnten Rationalisierungsstrategien. Eine Diskussion über die Verweigerung umstrittener, nicht klinisch anerkannter Behandlungsmethoden hat zwar, wie die regelmäßige sozialgerichtliche Rechtsprechung[17] beweist, einige sozialpolitische Relevanz, sie würde aber den Rahmen dieser Arbeit sprengen und soll damit andernorts erörtert werden. Damit könnten diese Formen der Verweigerung von Behandlungsmethoden oder Behandlungen, deren Nutzen nicht allgemein unbestritten ist, ohne weiteres zu dem Teilbereich des Gesundheitswesens gerechnet werden, der noch zu rationalisieren ist. Das heißt, in diesem Bereich muß durch eine Diskussion unter den Fachleuten - den Medizinern also - noch ein Prozeß der Abgrenzung und Ausgrenzung in Gang gesetzt werden.

„Rationalisierung" wäre demnach, wie *Franz Porzsolt* zur Eingrenzung der Problematik aus der Sicht des Klinikarztes definiert, „die Verweigerung medizinischer Maßnahmen mit nicht unbestrittenem Nutzen", wo hingegen „Rationierung" die Verweigerung medizinischer Maßnahmen mit unbestrittenem Nutzen sei.[18] *Porzsolt* spannt in seinem Aufsatz im Sinne einer Abgrenzung von Rationalisierung zu Rationierung den Bogen von der Verweigerung von Hämodialysebehandlungen zum Ersatz der ausgefallenen Funktionsfähigkeit der Nieren über eine Absenkung des Cholesterinspiegels im Blut zur Vorbeugung von Herz- und Gefäßerkrankungen bis hin zu Mammographien zum Zwecke der Früherkennung des Brustkrebses. Im Bereich konkreter therapeutischer und diagnostischer Maßnahmen stellt er präoperative Röntgenaufnahmen der Lunge, die zum Standard eines jeden operativen Eingriffs gehören, dem Hüftgelenksersatz gegenüber. Er greift damit eine Diskussion auf, die unter dem Schlagwort „Kosten-Nutzen-Analyse" in Großbritannien und vor allem in den USA ver-

---

[16] *H. Kühn,* a.a.O. und S. 6 ff.

[17] So beispielsweise zugunsten von Außenseitermethoden: LSG Niedersachsen -L4Kr 11/95- und LSG Saarland v. 23.1.96 -L2/3K41/94 (beide lt. *Die Quelle* 4/96, S. 25); früher schon BSGE 73, 66 (Urteil vom 8.9.93 - 14 a RKa 7/92) (Amalgam) und BSG : Urteil vom 5.7.95 - 1 RK 6 /95 = NZS 1996, S. 169 ff. (Remedacen).

[18] zum Ganzen: *F. Porzsolt* , DOK 1996, S. 536(537 f.), in ganz ähnlicher Weise zuvor auch schon *H.-H. Abholz*, Jahrbuch für Kritische Medizin Nr. 17 / 1991, S. 15 ff.

stärkt geführt wird. Inzwischen ist diese Diskussion auch in Kreise der Gesundheitssystemforschung und der Medizinethik in Deutschland hinein getragen worden und bestimmt auch hier zunehmend, wenngleich bislang ohne die zu erwartende öffentliche Resonanz, den Diskurs um die Grenzen der Leistungserbringung im Gesundheitswesen.[19]

In einer knappen Vorabbewertung derartiger Überlegungen[20] kann der Schluß gezogen werden, daß diese durchaus vernünftig sind und im Sinne einer Abgrenzung von Rationierung und Rationalisierung zu brauchbaren Ergebnissen führen können. Insbesondere dann, wenn man, wie *Porzsolt* in seinem Aufsatz, feststellt, daß bei relativ wenigen pulmonalen Komplikationen während operativer Eingriffe, zu deren Vermeidung häufig immer noch routinemäßiger Röntgenaufnahmen des Thoraxes angefertigt werden, die Kosten für einen verhinderten Todesfall bzw. einer vermiedenen Behinderung gegenüber den Kosten für einen Hüftgelenksersatz im Verhältnis von 1.000.000 zu 2.000 stehen. Beim Kosten-Nutzen-Vergleich von Nierentransplantationen in Verhältnis zur Früherkennung von Brustkrebs geht er immerhin auch noch von einem Kostenverhältnis von etwa 80.000 (routinemäßige Mammographie) zu 8.000 (Nierentransplantation) pro verhinderten Todesfall aus. Der Sinn von routinemäßigen präoperativen Thoraxaufnahmen und der Zeitpunkt, ab dem sich eine Frau routinemäßig einer Mammographie zur Früherkennung von Brustkrebs unterziehen sollte, sind folglich in der Fachwelt sehr umstritten.[21]

Aus dieser Perspektive ist es naheliegend, beispielsweise die routinemäßige Röntgenaufnahme der Lunge aus ökonomischen Gründen für unzulässig zu erklären oder das Zugangsalter für eine routinemäßige Mammographie um 10 Jahre anzuheben. Nach der von *Porzsolt* gefundenen Definition handelt es sich hier um eine *Rationalisierung* als *„Verweigerung medizinischer Maßnahmen mit nicht unbestrittenem Nutzen“*.[22] Mit solchen Maßnahmen bliebe ein Gesetzgeber jedenfalls auf der sehr abstrakten Ebene der Makroallokation. Die Auswirkungen wären auf der Mikroebene nur mittelbar ersichtlich, weil immer noch

---

[19] Vgl.: *H.T. Engelhardt,* Die Einführung von Zugangsbeschränkungen...., in *Ch. Sachße/H.T. Engelhardt,* Sicherheit ..., (1990); *U. Laaser*; Zur ethischen Bewertung von Kosten und Nutzen in der Prävention (1992); *J.-M. Graf v.d. Schulenburg / O. Schöffski*, Kosten-Nutzen-Analysen im Gesundheitswesen, in *E. Nagel/Ch. Fuchs*, Soziale Gerechtigkeit im Gesundheitswesen (1993); *L. Krimmel*, DÄBl. 1997, S. B-16.

[20] ausführlich wird hierauf an späterer Stelle eingegangen werden!

[21] Vgl.: *H.-H. Abholz*, Jahrbuch für Kritische Medizin Nr. 17 / 1991, S. 26 f. und *ders.*, Jahrbuch für Kritische Medizin Nr. 17 / 1991, S. 26 f. - Differenzierter hierzu: *H.-J. Frischbier*, Mammographie in der Krebsfrüherkennung (1994), S. 219 ff.; *E. Diessel/J. Eichler*, Mammographie ... (1996), S. 50 ff.; P. Knuth: Kosten-Nutzen-Risiko-Analyse der präop. Rö.-Thorax-Aufnahme (1991); G. Rott, Ergebnisse routinemäßiger präop. Rö.-Thoraxaufnahmen (1991).

[22] *F. Porzsolt* , DOK 1996, S. 537.

andere, eher zufällige Faktoren hinzukommen, wenn als Folge solcher Allokationsentscheidungen einzelne Menschen sterben oder körperliche Beeinträchtigungen erleiden.

Was die Beispiele, die *Porzsolt* in seinem Aufsatz aufgreift, aber auch verdeutlichen, ist die Tatsache, daß der Übergang zwischen Rationierung und Rationalisierung fließend ist und jede Rationalisierung, soweit sie mit einer Begrenzung von Leistungen verbunden ist, letztlich auch immer Rationierungseffekte mit sich bringt. Denn es kann nicht unbedingt ausgeschlossen werden, daß an sich sinnvolle Maßnahmen der Rationalisierung von den Leistungserbringern als Begründung für rationierende Maßnahmen im Einzelfall herangezogen werden, weil der Gesetzgeber solcher Maßnahmen das Steuerungselement einer entsprechenden Norm vernachlässigt oder falsch eingeschätzt hat und damit Anreize geschaffen wurden, aufgrund derer das eigentliche Ziel der Regelung verfehlt bzw. überschritten wird.[23]

Bei der folgenden Betrachtung soll es zunächst einmal nur um die Beschreibung von rationierenden Wirkungen auf der Mikroebene gehen, die durch die kostensenkenden Maßnahmen auf der Makroebene, also durch die Gesetzgebungsaktivitäten im Gesundheitswesen, verursacht werden. Die Frage der Legitimation dieser rationierenden Wirkungen ist den späteren Kapiteln der Arbeit vorbehalten, so daß auf diesem Teil der amerikanischen Definition getrost verzichtet werden kann. Insofern ist die von *Porzsolt* dargestellte Definition von Rationierung fürs erste hinreichend präzis, was um so mehr gilt, als sie gerade auch die Besonderheiten des Gesundheitswesens berücksichtigt. Für die folgende Betrachtung soll insofern von einer Umschreibung des Begriffs „Rationierung" als *'die Verweigerung medizinischer Maßnahmen mit unbestrittenem Nutzen'* ausgegangen werden. Inwieweit für die späteren Abschnitte der Arbeit noch eine präzisere Umschreibung des Rationierungsbegriffes gefunden werden muß, wird unter Berücksichtigung der unterschiedlichen Erscheinungsformen rationierender Maßnahmen und Effekte am Ende dieses Kapitels geprüft werden.

B. Rationierung durch Kostendämpfung

Unter diesen Maßgaben soll zunächst beispielhaft auf den Bereich der gesetzgeberischen Maßnahmen zur Kostendämpfung im Krankenhauswesen eingegangen und anschließend untersucht werden, ob sich die hier gewonnenen

---

[23] Umfassend und nach wie vor aktuell: *Enquête-Kommission BT*, Strukturreform der gesetzlichen Krankenversicherung (1990), Bd. 2, S. 87 ff. - für einzelne Bereiche: *I. Breitmeier*, Einführung in das Pflegesatzrecht (1995), S. XX f. und S. 139 f.; *D. Müller/M. Simon*, Steuerungsprobleme ... (1994), S. 341 ff.; *SVRKAiG*, SG 1995, S. 35 ff., M. Arnold, NZS 1996, S. 357 ff.; *M. Simon*, in *G. Feuerstein/E. Kuhlmann*, Rationierung im Gesundheitswesen (1998); S. 81 ff.

Erkenntnisse auch auf die ambulante medizinische Versorgung übertragen lassen.

I. Staatliche Regulierung der Ausgaben im Krankenhausbereich

Das Krankenhauswesen jedenfalls blickt bereits auf eine ausgesprochen lange Tradition der staatlichen Einflußnahme auf die Leistungserbringung oder genauer auf deren Vergütung zurück.[24] Die Einflußnahme begann bereits in vorkonstitutioneller Zeit, nämlich im Jahre 1936, mit der „Verordnung über das Verbot von Preiserhöhungen“[25]. Sie setzte sich, unterbrochen von einer kurzen „Erholungspause“ für die Kliniken in den siebziger Jahren, in den Folgejahren kontinuierlich fort und hatte einen ihrer Höhepunkte im Frühjahr des Jahres 1996 mit der Entscheidung, nach der Einführung eines kombinierten Preis- und Budgetsystems, diesem Finanzierungsverfahren erneut einen „Deckel“ in Form der Anbindung der Zuwächse der Gesamteinnahmen der Krankenhäuser an die prozentuale Einkommenssteigerung im Öffentlichen Dienst aufzusetzen.[26]

In der jüngeren Geschichte gliedert sich die neuere staatliche Einflußnahme auf die Kostenbelastung durch die Krankenhäuser in mehrere Schritte. Zu Beginn dieser Entwicklung stand die Ergänzung des Grundgesetzes um den Art. 74 a Ziff. 19 a im Jahre 1969.[27] Mit diesem Schritt sollte die inzwischen desolate Lage der Krankenhäuser, deren Finanzierung weitgehend von den Haushalten der Träger und von Spenden abhängig war, durch Einflußnahme und finanzielle Beteiligung des Bundes gebessert werden.[28] In der Folge dieser Grundgesetzänderung wurde unter dem Postulat der „Bedarfsgerechten Versorgung der Bevölkerung“ mit Krankenhausleistungen (§ 1 KHG'72) im Jahre 1972 durch das KHG'72[29] in die bis dahin allein der Landeshoheit überlassene Krankenhausfi-

---

[24] Zum Ganzen: *O. Depenheuer*, Staatliche Finanzierung und Planung im Krankenhauswesen (1986), S. 28 ff.; *FvV*, Betriebswirtschaftliche Aspekte in der Krankenhausfinanzierung (1988), S. 59 ff.; *R. J. Vollmer/K. H. Graeve,* KHG-Kommentar (1994), Ziff. 100 ff.; *D. Müller/M. Simon*, Steuerungsprobleme ... (1994), S. 341 ff.; *I. Breitmeier*, Einführung in das Pflegesatzrecht (1995), S. IX ff. mit einer knappen Darstellung der Situation vor 1936 auch *K.-H. Tuschen/M. Quaas*, Bundespflegesatzverordnung - Kommentar ...(1996), S. 1 ff.

[25] vom 26.11.1936 RGBl. I, S. 955.

[26] Gesetz zur Stabilisierung der Krankenhausausgaben 1996 (BGBl. I 1996, S. 654) und Beiträge in *Süddeutsche Zeitung* vom 8.3.1996, S. 2 u. S. 4; *M. Simon*, Jahrbuch für kritische Medizin Bd. 28 (1997), S. 36 f.

[27] Gesetz zur Änderung des Grundgesetzes vom 12.5.1969 (BGBl. I 1969, S. 362).

[28] Zur Begründung des Reg. Entwurfs zur Änderung des Grundgesetzes: BT-Drcks. V/3515, S. 6 und S. 15 f. - Eine ausführliche Darstellung der historischen Entwicklung auch bei *D. Müller/M. Simon*, Steuerungsprobleme ... (1994), S. 332 ff.

[29] Gesetz zur wirtschaftlichen Sicherung der Krankenhäuser und zur Regelung der Krankenhauspflegesätze vom 29.6.1972 (BGBl. I 1972, S. 1009).

nanzierung das Prinzip der „Dualistischen Finanzierung“ eingeführt.[30] Hiernach wurden einerseits die *Investitionskosten* durch Bund und Länder und auf der anderen Seite die *Betriebskosten* durch die Patienten bzw. deren Krankenkassen getragen.[31]

Auf der Seite der Investitionsförderung hat sich der Bund im Jahre 1984 mit dem KHNG ‘84[32] wieder aus der Krankenhausfinanzierung zurückgezogen und diese ganz den Ländern überlassen. Man unterscheidet seitdem zwischen der pauschalen Förderung, durch die die Krankenhäuser Gelder für Gebrauchsgüter und kurzlebige Anlagegüter und kleinere Umbaumaßnahmen bis zum Wert von 200.000 DM durch die Zuweisung eines bestimmten Geldbetrages pro (Plan-)Bett und der Antragsförderung für größere und langlebige Anlagegüter, in deren Rahmen die Krankenhäuser nach entsprechender Antragstellung Mittel von der zuständigen Landesbehörde im Rahmen der Haushaltsplanung des Landes erhalten können.[33]

Auf der Seite der patienten- bzw. kassenfinanzierten Betriebskosten wurde mit dem KHG'72 und der BPflV‘73[34] zunächst das *Selbstkostendeckungsprinzip* in Form von einer vollständigen und rückwirkenden Kostenerstattung eingeführt. Dieses Selbstkostendeckungsprinzip wurde dann unter dem Eindruck steigender Ausgaben für den Krankenhaussektor durch das KHNG'84 und die BPflV'85[35] im Sinne einer Vorauskalkulation im Rahmen eines flexiblen Kostenrahmens (*Flexibles Budget*)[36] modifiziert, wobei der Grundsatz der Selbstkostendeckung zunächst noch erhalten geblieben ist.[37] Im Jahre 1993 kann es dann zu einem entscheidenden Bruch mit diesem Grundsatz durch die Festschreibung eines *festen Budgets* in der BPflV‘93, die aufgrund des sogenannten „Gesundheits-

---

30 *D. Müller/M. Simon*, a.a.O.; *Enquête-Kommission BT*, Strukturreform der gesetzlichen Krankenversicherung (1990), Bd. 1, S. 207 ff.; *O. Depenheuer*, Staatliche Finanzierung und Planung im Krankenhauswesen (1986), S. 31 ff.; *R. J. Vollmer/K. H. Graeve*, KHG-Kommentar (1994), Ziff. 120; Mit allerlei Hintergrundinformationen auch *FvV*, Betriebswirtschaftliche Aspekte in der Krankenhausfinanzierung (1988), S. 92 ff.

31 Vgl.: § 4 KHG.

32 Gesetz zur Neuordnung der Krankenhausfinanzierung vom 20.12.1984 (BGBl. I 1984, S. 1716).

33 Vgl.: *I. Breitmeier*, Einführung in das Pflegesatzrecht (1995), S. XII ff.; *R. J. Vollmer/K. H. Graeve*, KHG-Kommentar (1994), Ziff. 120, S. 2 ff. - Mehr hierzu im Abschnitt „Rationierung durch Bedarfsplanung“.

34 Bundespflegesatzverordnung vom 25.04.73 (BGBl. I 1973, S. 333).

35 Bundespflegesatzverordnung vom 21.8.1985 (BGBl. I 1985, S. 1666).

36 Vgl. § 4 BPflV 1985.

37 Hierzu auch *K.-H. Tuschen/M. Quaas*, Bundespflegesatzverordnung - Kommentar ...(1996), S. 9 ff.

strukturgesetzes“ (GSG) vom 21.12.1992[38] geändert wurde. Im Rahmen dieses festen Budgets war eine Erhöhung der vorauskalkulierten Selbstkosten, die, dividiert durch die vorauskalkulierten Berechnungstage, den tagesgleichen Pflegesatz ergaben, nur im Umfang der Erhöhung der Grundlohnsumme, also im Rahmen der Steigerung der Einnahmen der gesetzlichen Krankenkassen, möglich.[39] Allerdings konnten noch Ausnahmetatbestände, beispielsweise für die Anrechnung der Mehrkosten für die Umsetzung einer ebenfalls 1993 in Kraft getretenen Pflege-Personalregelung (PPR),[40] geltend gemacht werden. Grundsätzlich waren damit aber die Ausgaben im Bereich der Krankenhausversorgung sozusagen „gedeckelt“ und das Selbstkostendeckungsprinzip außer Kraft gesetzt.[41]

Den vorerst größten Schritt im Sinne einer Abkehr vom Selbstkostendeckungsprinzip tat der Gesetzgeber jedoch im Jahre 1994 mit dem Erlaß der BPflV 1995.[42] Mit dieser Verordnung zur Festsetzung der Pflegesätze wurde erstmals in der Geschichte deutscher Krankenhäuser ab dem 1.1.1996 für alle bundesdeutschen Krankenhäuser verbindlich die Anwendung von *Fallpauschalen und Sonderentgelten* im operativen und diagnostischen Bereich vorgeschrieben. Die Fallpauschalen sollten die gesamten Kosten eines Behandlungsfalls und die Sonderentgelte die Kosten einzelner operativer oder diagnostischer Eingriffe erstatten. Es wurde damit ein *Preissystem* installiert, mit dem durch 73 Fallpauschalen für 34 Krankheitsarten und 147 Sonderentgelte eine bundesweit einheitliche Vergütung der Krankenhausleistungen in einem besonders kostenträchtigen Bereich geregelt wurde.[43] Die verbleibenden 75 - 80% der Krankenhausleistungen durften nach der BPflV 1995 wieder im Rahmen eines flexiblen Budgets[44] mit den Kostenträgern abgerechnet werden. Dieses Budget war seinerseits aufzuteilen in Abteilungsbudgets für jede bettenführende Abteilung sowie für die operativen Intensivstationen und den Basispflegesatz des Krankenhauses.

---

38 Gesetz zur Sicherung und Strukturverbesserung der gesetzlichen Krankenversicherung (BGBl. I 1992, S. 2266).

39 Vgl.: § 4 BPflV 1993 (BGBl. I 1992, S. 2266 ff., Art. 12).

40 Regelung über Maßstäbe und Grundsätze für den Personalbedarf in der stationären Krankenpflege (BGBl. I 1992, S. 2266 ff., Art. 13) - mit ihrer Hilfe wurden nach einer Meldung der ÖTV (ÖTV-Report - Krankenhäuser 10/96) allein in den Jahren von 1993 bis 1995 rund 20 000 neue Stellen im Pflegebereich der Krankenhäuser geschaffen.

41 Vgl. zum Ganzen *K.-H. Tuschen/M. Quaas*, Bundespflegesatzverordnung - Kommentar ...(1996), S. 20 ff. oder *M. Simon*, Jahrbuch für kritische Medizin Bd. 28 (1997), S. 33 ff.

42 Verkündet als Art. 1 der VO zur Neuordnung des Pflegesatzrechts vom 26.9.1994 (BGBl. I 1994; S. 2750).

43 Vgl. zu den Zahlen: Sozialpolitische Umschau vom 25.11.1996, S.25. Dies entspricht dem Stand der 4. BPflV-Änderungsverordnung vom 17.4.1997 (BGBl. I 1997, S. 619).

44 Vgl.: § 12 BPflV 1995.

Anders als ursprünglich angekündigt wurde aber das Gesamtbudget der Krankenhäuser mit dem Inkrafttreten der BPflV'95 nicht freigeben, sondern durch das Gesetz zur Stabilisierung der Krankenhausausgaben (StabG'96)[45] erneut "gedeckelt". Durch die Regelungen des StabG'96 wurde der Gesamterlös der Krankenhäuser, bestehend aus allen Krankenhauseinnahmen einschließlich der Erlöse aus Fallpauschalen und Sonderentgelten, auf den Stand der Gesamteinnahmen des Vorjahres festgeschrieben. Zugleich wurde eine weitere Anwendung der PPR ausgesetzt und die Steigerung des Gesamterlöses an die Tariflohnsteigerung des Bundesangestelltentarifvertrages, die mit ca. 1% in diesem Jahr sehr milde ausgefallen war,[46] gebunden. Zudem wurde festgelegt, daß die Krankenhäuser mit den Kassen Vereinbarungen über Leistungsmengen im Bereich der Fallpauschalen und Sonderentgelte abzuschließen hatten, die als bindend angesehen wurden. Über die vereinbarten Fallzahlen hinausgehende Leistungen wurden nur noch zu einem geringen Teil vergütet.[47]

Mit dem *2. GKV-Neuordnungsgesetz* (2. GKV-NOG)[48] wurde die Politik der gedeckelten Budgets fortgesetzt, wobei die Budgetsteigerungen per Gesetz auf 1,3% (West) und 2,3% (Ost) festgelegt wurde. Darüber hinaus erhielten die Krankenhäuser für die Jahre 1997, 1998 und 1999 einen Zuschlag von 1,1% auf die Budgets für die Instandhaltungskosten, die anfangs durch das sogenannte „Krankenhaus-Notopfer" (jährlich 20,- DM) von den Versicherten finanziert wurden.[49] Diese Möglichkeit der Verbesserung der Einnahmesituation der Krankenhäuser wurde allerdings zuvor bereits durch das „Beitragsentlastungsgesetz"[50] für die Jahre 1997 bis 1999 im Wege des Abzugs einer „Fehlbelegungsabgabe" in Höhe von 1% des Budgets wieder relativiert.[51]

---

45 vom 29.4.1996 (BGBl. I 1996, S. 654).

46 Zu den Zahlen *M. Simon*, Jahrbuch für kritische Medizin Bd. 28 (1997), S. 36 f. oder *K. Schwarze*, f&w 1997, S. 3., die allerdings von einer ca. 2%-igen Steigerung ausgeht. Zum Ganzen auch *K.-H. Tuschen/M. Quaas*, Bundespflegesatzverordnung - Kommentar ...(1996), S. 26 ff.

47 So *M. Simon*, Jahrbuch für kritische Medizin Bd. 28 (1997), S. 36 f. - Zu den Einzelheiten vgl. auch § 11 Abs. 8 BPflV'95; mit Zahlenbeispielen auch *K.-H. Tuschen/M. Quaas*, Bundespflegesatzverordnung - Kommentar ...(1996), S. 287 ff.

48 vom 23.6.1997 (BGBl. I 1997, S. 1520).

49 So der § 17 Abs. 4b KHG. Vgl. zum Ganzen auch *M. Simon*, Jahrbuch für kritische Medizin Bd. 28 (1997), S. 37; *U. Meurer*, f&w 1996, S. 500 ff.

50 vom 1.11.1996 (BGBl. I 1996, S. 1631).

51 Vgl.: § 17a Abs. 3 KHG i.d.F. des Beitragsentlastungsgesetzes. Zu den Auswirkungen der Budgetpolitik *BMG (Hrsg.)*, Begleitforschung zur BPflV'95 (1998) oder *M. Simon*, Jahrbuch für kritische Medizin Bd. 29 (1998); S. 112 ff.

Die Politik der Budgetierung der Krankenhausausgaben wurde auch durch die rot-grüne Koalition im Folgejahr fortgeführt.[52] Mit einer Regelung zur „Begrenzung von Erlössteigerungen“ wurde im Art. 7 des „Gesetzes zur Stärkung der Solidarität in der gesetzlichen Krankenversicherung“[53] bestimmt, daß der Gesamtbetrag der Erlöse eines Krankenhauses im Vergleich zu dem Gesamtbudget des Jahres 1998 um nicht mehr als die Veränderungsrate des Beitragsaufkommens bei den Krankenkassen erhöht werden darf. Nachdem die Einführung von sogenannten „Globalbudgets“[54] am Widerstand des Bundesrates gescheitert war, wurde schließlich mit dem „Gesundheitsreformgesetz 2000“[55] bis auf weiteres

Abb. 1: Übersicht über die Krankenhausvergütung (Stand: Herbst 1999)

	Gesamtbudget **seit 1993 „gedeckelt“**	
	90% der Erlöse aus vor- und nachstationärer Behandlung (§115a SGB V)	
	Erlöse aus ambulantem Operieren (§ 115b SGB V)	
Preissystem:[56]	Erlöse aus Fallpauschalen (§ 11 I BPflV '95)	
	Erlöse aus Sonderentgelten (§11 II BPflV '95)	
	Restbudget (§ 12 BPflV '95)	
	Abteilungspflegesätze	**Basispflegesatz**
	der einzelnen Kliniken (§ 13 II BPflV '95)	des gesamten Hauses (§ 13 III BPflV '95)
Budgetsystem:	z.B.: Innere Medizin	ggf. differenziert nach vollstationär und teilstationär
	Chirurgie	
	Gynäkologie	
	Operative Intensivstation	
	usw.	

die Steigerung der Gesamterlöse bzw. des Gesamtbudgets eines Krankenhauses im großen und ganzen auf die Veränderungsrate der beitragspflichtigen Ein-

---

52 Hierzu *G. Baum*, f&w 1999, S. 10 ff.

53 GKV-Solidaritätsstärkungsgesetz v. 19.12.1998 (BGBl. I 1998, S. 3853 ff.

54 Vgl. hierzu: BT-Drcks. 14/1245. - oder auch *G. Neubauer*, f&w 1999, S. 300 ff. Zuvor bereits *G. Baum*, f&w 1999, S. 10 ff.

55 GKV-Gesundheitsreformgesetz 2000 v. 22.12.1999 (BGBl. I 1999, S. 2626 ff.).

56 Soweit hier allgemein von „Preisen“ die Rede ist, handelt es sich im eigentlichen Sinne mehr um administrativ festgelegte Erlöse.

nahmen aller Mitglieder der Krankenkassen festgeschrieben.[57] Zur Veranschaulichung der Zusammensetzung des Gesamtbudgets aus den einzelnen Vergütungsposten mag die Abbildung 1 dienen.[58]

1) Die Folgen der Budgetierung

In den vergangenen Jahren war die staatliche Einflußnahme im Krankenhausbereich immer begleitet von der Erklärung, man müsse den Krankenhäusern Anreize schaffen, damit diese noch vorhandene Rationalisierungsreserven ausschöpfen. In der Tat ist in der Zeit von 1960 bis 1990 die durchschnittliche Verweildauer der Patienten in den Bundesdeutschen Krankenhäusern von 28,7 auf 15,3 Tage gesunken.[59] Sie konnte bis zum Ende des Jahres 1994 erneut auf 12,7 Tage[60] und im Jahre 1997 gar auf durchschnittlich 11 Pflegetage gesenkt werden.[61] Diese Zahlen legen die Annahme nahe, daß hier einiges zu rationalisieren war und vermutlich steckt auch für die folgenden Jahre in den Krankenhäusern noch eine gewisse Rationalisierungsreserve. Es darf allerdings auch nicht außer Acht gelassen werden, daß ebenfalls in der Zeit von 1960 bis 1994 die Zahl der behandelten Patienten (Fallzahl) sich von 6.916.537 auf 14.626.639 Behandlungsfälle pro Jahr mehr als verdoppelt hat[62] und allein in der Zeit von 1980 bis 1993 der durchschnittliche Pflegesatz im alten Bundesgebiet von 173,98 DM auf 407,67 DM gestiegen ist.[63] Dieser Kostenanstieg ist zwar keineswegs allein auf die Verkürzung der Verweildauer zurückzuführen. Zweifellos führt aber eine rationellere Leistungserbringung regelmäßig auch zu einer Leistungsverdichtung, die ihrerseits in einem zu fast 70 % von der menschlichen Arbeitskraft bestimmten Leistungsbereich zu erhöhtem Personalbedarf und damit wieder zu erhöhten Kosten für die Einzelleistung führen muß.

---

57 Zu den Einzelheiten und Ausnahmetatbeständen vgl.: § 6 BPflV i.d.F. d. GKV-Gesundheitsreformgesetz 2000 v. 22.12.1999, *K.-H. Tuschen*, f&w 2000, S. 6 ff.

58 Der Vollständigkeit halber wurden in diese Übersicht auch die Vergütungen für ambulante sowie vor- und nachstationäre Leistungen, auf deren Erläuterung im Text aus Gründen der Vereinfachung der ohnehin schon komplexen Zusammenhänge und nicht zuletzt auch, weil sie nicht als stationäre Leistungen gelten, verzichtet wurde. Es gibt im übrigen Bestrebungen, die Erlöse aus vor- und nachstationärer Behandlung und ambulantem Operieren vollständig aus dem Gesamtbudget auszunehmen.

59 *DKG*, Zahlen, Daten, Fakten '93, S. 43.

60 *DKG*, Zahlen, Daten, Fakten '96, S. 46. - Das Statistische Bundesamt geht gar von einer Verweildauer von nur 12,1 Tagen im Jahre 1994 aus (in *Süddeutsche Zeitung* vom 17.12.96) Das *BMG* (Daten des Gesundheitswesens 1997, S. 228) geht dagegen noch von 14, 2 Tagen für das Jahr 1995 aus.

61 So das *BMG*, Daten des Gesundheitswesens 1999, S. 292 ff.

62 *DKG*, a.a.O., S. 43. - Das Statistische Bundesamt geht für 1995 von einer Zahl von 15 Millionen Behandlungsfälle pro Jahr aus (in *Süddeutsche Zeitung* vom 17.12.96).

63 BMG, Statistisches Taschenbuch Gesundheit 1994, S. 63.

Die Möglichkeiten der Ausschöpfung von Rationalisierungsreserven sind hinsichtlich der Kostendämpfungsfunktion somit begrenzt.

In den Jahren 1993 bis 1995 wurde der personelle Mehrbedarf durch die Anwendung der Pflege-Personalregelung für die Krankenhäuser wieder ausgeglichen. Insofern mag die Tatsache, daß in dieser Zeit auch eine erhebliche Leistungsausweitung stattgefunden hat, besonders dadurch belegt werden, daß der tatsächliche Personalzuwachs durch die Pflege-Personalregelung in der stationären Krankenpflege bundesweit 20.000 Stellen statt der im Gesetzesvorhaben geschätzten 13.000 Stellen betragen hat.[64] Der Leistungszuwachs wird hierdurch insoweit dokumentiert, als die Personalbedarfsermittlung mit Hilfe der PPR ganz eng an die tatsächlich erbrachten pflegerischen Leistungen geknüpft und zur Dokumentation dieser Leistungen in den Krankenhäusern eigens ein differenziertes Dokumentationssystem installiert wurde.

Schon die "Deckelung" der Krankenhausbudgets durch das Gesundheitsstrukturgesetz in den Jahren 1993 bis 1995 war für die wirtschaftlich Verantwortlichen in den Deutschen Kliniken eine nicht unbedeutende Herausforderung, der sich die meisten Verwaltungsdirektoren und Kaufmännischen Leiter nur mit Unbehagen stellen mochten.[65] Damals wurde die endgültige Abkehr von dem bis dahin geltenden Selbstkostendeckungsprinzip eingeleitet.[66] Mit der neuerlichen Anbindung der Krankenhausbudgets an die Steigerung der Grundlohnsumme aber stehen die Krankenhäuser nach Aussagen führender Verbandsvertreter „mit dem Rücken an der Wand"[67], was nichts anderes heißt, als daß der wirtschaftliche Spielraum der Kliniken ausgeschöpft ist.[68]

a) Beschreibung der Mechanismen

Eine weitere Budgetierung muß für die Krankenhäuser bei einer nach wie vor anhaltenden Leistungsausweitung[69] in den Konkurs führen. Dies gilt um so mehr, als die Kliniken inzwischen zu einem großen Teil durch eine zunehmende

---

[64] Vgl.: ÖTV-Report - Krankenhäuser 10/96.

[65] Vgl. die Aufsätze: *P.J. Kracht*, f&w 1994, S. 315 ff; *N. Lenke/K. Graf*, f&w 1994, S. 466 ff., die sehr anschaulich die Probleme, die für die Betriebsführung der Krankenhäuser mit der Budgetierung und der Vorbereitung auf die neuen Entgeltformen verbunden waren, darstellen.

[66] Vgl.: *J. Keisers*, Einführung in die Krankenhausbetriebslehre (1993), S. 27 ff.

[67] So der Vorsitzende der Krankenhausgesellschaft des Landes Bremen, *Jürgen Scholz*, anläßlich der Eröffnungsansprache zum ersten Bremer Krankenhaustag am 11.11.1996 in Bremen.

[68] Vgl. auch: *G. Neubauer*, f&w 1999, 300 ff.

[69] Nach Meldungen aus dem Jahr 1996 fand im Jahr 1995 bei einer Gesamtzahl von 15 Millionen behandelten Patienten eine Steigerung der Fallzahlen um 2,6 % statt. (Vgl.: in *Süddeutsche Zeitung* vom 7.12.1996 S. 2).

Privatisierung in Form von Umwandlungen in selbständig wirtschaftende GmbH's, also durch die Ausgliederung aus den öffentlichen Haushalten, auch die Möglichkeit des Auffangens eines defizitären Jahresabschlusses verloren haben.[70] Die logische und geradezu zwingende Konsequenz ist damit nur die Einschränkung der Leistungen durch die Krankenhäuser. Am Beispiel des Jahres 1996 seien die Mechanismen kurz erläutert:[71]

Durch die Einführung eines „gedeckelten" Gesamterlöses für das Jahr 1996 waren viele Krankenhäuser gezwungen, im Verlauf des Jahres die ursprünglich angesetzten Abteilungsbudgets neu zu kalkulieren, weil beispielsweise die Summe der erwarteten Einnahmen aus Fallpauschalen und Sonderentgelten einen höheren als den gesetzlich zulässigen Gesamterlös verursacht hätte. Im Rahmen dieser Neukalkulation wurden in der Regel die Abteilungsbudgets und damit auch die tagesgleichen Abteilungspflegesätze zum Teil dramatisch gesenkt.[72] Damit haben die kaufmännischen Leiter der Krankenhäuser dafür gesorgt, daß trotz der zu erwartenden Mehreinnahmen aus dem Bereich der Fallpauschalen und Sonderentgelte der Gesamtrahmen nach dem StabG'96 gewahrt bleiben konnte. Ausgangspunkt dieser Neukalkulation waren aber wiederum vorauskalkulierte Zahlen bezüglich der Summe der zu erbringenden Leistungen im Fallpauschalenbereich und der erwarteten Belegung in den bettenführenden Abteilungen, deren Leistungen nicht nach Fallpauschalen und Sonderentgelten abgerechnet werden können. Am Ende dieser Neukalkulation stand ein fixer Gesamterlös, der sich mit den gesetzlichen Vorgaben des StabG'96 decken mußte. Wenn nun aber im weiteren Verlauf des Jahres mehr als die vorausgeschätzten Fälle im Fallpauschalenbereich und Sonderentgeltbereich behandelt wurden und/oder mehr als die erwarteten Behandlungstage im Bereich der Abteilungsbudgets angefallen sind, so hatte das Krankenhaus mehr als die erwarteten Einnahmen zu verzeichnen, weil die Vergütung durch die Patienten bzw. deren Krankenkassen pro Fall oder pro Behandlungstag abgerechnet werden. Ein Mehrerlös, der über den im § 1 Abs. 1 StabG'96 festgeschriebenen Betrag hinaus geht, mußte jedoch gem. § 3 Abs. 2 StabG'96 vollständig im Gesamtbudget des Folgejahres wieder ausgeglichen werden. Mit anderen Worten: jeder Fall, der über den vorauskalkulierten Rahmen hinaus behandelt wird oder jeder Behandlungstag, der über die vorauskalkulierte Zahl der Behandlungstage hinaus erbracht wird, geht letztlich voll zu Lasten des Krankenhauses, denn die Vergütung, die für die Leistungen von den Kassen

---

[70] *M. Simon*, in *G. Feuerstein/E. Kuhlmann*, Rationierung im Gesundheitswesen (1998), S. 82 ff.; *W. Schäfer* in f&w 1996 S. 102 ff).

[71] Ähnliche Überlegungen auch bei *M. Simon*, in *G. Feuerstein/E. Kuhlmann*, Rationierung im Gesundheitswesen (1998), 87 ff. und *ders.*, Jahrbuch für kritische Medizin Bd. 28 (1997), S. 37 ff.

[72] Vorliegende Übersichten über die Entwicklung der Abteilungsbudgets aus Bremer Krankenhäusern belegen diese Aussage.

gezahlt wird, wird den Häusern im Folgejahr wieder abgezogen. Die inzwischen vorgesehenen Ausgleichsregelungen nach § 12 Abs. 4 BPflV'95[73] sind zwar ein wenig moderater. Immerhin ist aber auch hier vorgesehen, daß Mehrerlöse zu 85 bis 90 Prozent im folgenden Pflegesatzzeitraum auszugleichen sind. Die so zur finanziellen Verantwortung gezogenen Krankenhäuser werden damit Leistungen letztlich ohne Vergütung erbringen müssen.

Genau dies geschah zum Ende des Jahres 1996 in fast allen Kliniken mit dem Effekt, daß sich die Krankenhäuser unter dem finanziellen Druck zur Einschränkung ihrer Leistungen entschließen mußten. Zwar wurde der Entschluß zur Leistungseinschränkung nicht öffentlich verkündet, intern wurde aber nach Informationen von Ärzten, die im Bereich der Krankenhausaufnahmen arbeiteten, die Anweisung ausgegeben, nur noch die Patientinnen und Patienten aufzunehmen, die einen dringenden Behandlungsbedarf z.B. durch Schmerzäußerungen erkennen lassen und sie ansonsten, auch wenn der niedergelassene Haus- oder Facharzt mit einer Krankenhauseinweisung die Notwendigkeit einer Krankenhausbehandlung dokumentiert hat, unter Hinweis auf fehlende Behandlungsmöglichkeiten auf das kommende Jahr zu vertrösten.[74]

Konkrete Fälle dieser Art sind zwar nach den hier vorliegenden Erkenntnissen nicht rechtshängig geworden, eine im Kontext dieser Arbeit durchgeführte Befragung der Landeskrankenhausgesellschaften im Januar 1997 ergab jedoch ein ähnliches Bild. Von den 16 angeschriebenen Landeskrankenhausgesellschaften antworteten 10 und von denen wiederum waren 7, ohne konkrete Beispiele nennen zu können, der Überzeugung, daß es in fast allen Deutschen Krankenhäusern am Jahresende zu einem wirtschaftlich bedingten Behandlungsverzicht oder einer Behandlungsverzögerung gekommen sei. Besonderes oft wurde in diesem Kontext auf sogenannte „elektive" Behandlungen und Eingriffe verwiesen, deren Durchführung aus der Sicht des Patienten, den ja in der Regel Beschwerden zum Arzt und von dort aus zur Krankenhausaufnahme geführt haben, und auch aus medizinischer Sicht zwar wünschenswert aber nicht dringlich (akut) ist.[75] Die Entscheidung, ob behandelt wird oder nicht, obliegt letztlich den in den Aufnahmen der Krankenhäuser diensttuenden Ärzten. Ihnen

---

[73] i.d.F. der 5. BPflV-ÄnderungsVO v. 9.12.1997 (BGBl. I 1997, S. 2874) und des GKV-Gesundheitsreformgesetzes 2000 v. 22.12.1999 (BGBl. I 1999, S. 2626 ff.).

[74] So eine Meldung aus Kreisen der DKG im DÄBl. 1997, S. B-2414; beispielsweise auch *FR* vom 20.12.1996 (S.18) - Ähnliches geschah bereits am Ende des Jahres 1993 (so: *F. J. Oldiges*, DOK 1994, S.17). - Weitere Nachweise bei *D. Müller/M. Simon*, Steuerungsprobleme ... (1994), S. 348 (Fn. 18). - Interessant hierzu auch die soziologische Studie von *E. Kuhlmann* in *G. Feuerstein et al.*, Prioritäten und Wertkonflikte (1997), S. 1 ff. (*G. Feuerstein/E. Kuhlmann*, Rationierung im Gesundheitswesen (1998); S. 11 ff.).

[75] Hierzu auch *E. Kuhlmann*, a.a.O.; *K. Engert* in *G. Feuerstein et al.*, Prioritäten und Wertkonflikte (1997), S. 79 ff. (= *G. Feuerstein/E. Kuhlmann*, Rationierung im Gesundheitswesen (1998); S. 97 ff. Jüngst auch noch einmal *E. Kuhlmann*, EthikMed 11 (1999), S. 146 ff.

bereitete diese Entscheidung verständlicherweise unter dem Eindruck einer möglichen straf- und/oder zivilrechtlichen Verfolgung sehr viel Unbehagen, was letztlich auch dazu führte, daß diese Praxis nicht öffentlich diskutiert wurde.[76] Ohne eine öffentliche Diskussion entziehen sich die so getroffenen Entscheidungen über Behandlung oder Nicht-Behandlung im Regelfall aber auch jeglicher (juristischer) Kontrolle, die zu einer Wahrung der Patienteninteressen im Einzelfall von Nöten wäre.

Da bereits die Einweisung zur Behandlung in ein Krankenhaus im Normalfall aufgrund einer Prüfung der Behandlungswürdigkeit und des Behandlungsbedarfs durch den niedergelassenen Arzt erfolgt ist, kann der Nutzen einer Krankenhausbehandlung als gegeben vorausgesetzt werden. Wenn die Aufnahme in das Krankenhaus durch den aufnehmenden Arzt dennoch verweigert wird, so handelt es sich nach der oben gefundenen Definition im Sinne einer Verweigerung medizinischer Maßnahmen mit unbestrittenem Nutzen zweifellos um eine *Rationierung*. In diesen Fällen wird also durch die gesetzgeberischen Maßnahmen zur Kostenbegrenzung auf der Ebene der Makroallokation auf der Ebene der Mikroallokation eine Rationierung hervorgerufen.

b) Fallbeispiele:

Zur Verdeutlichung der soeben geschilderten Mechanismen, die durch die zunehmende Verschärfung der rechtsförmigen Regulierung der Kostenseite im Krankenhauswesen hervorgerufen werden, sollen folgende Beispiele einer budgetbedingten Rationierung gebildet werden:

Fall 1: Der 67-jährige Patient "A" begibt sich aufgrund der Einweisung des ihn ambulant behandelnden Onkologen in das Krankenhaus, der Stadt „Z“, das von dieser als Eigenbetrieb, also in völliger wirtschaftlicher Unabhängigkeit, betrieben wird. Der Zeitpunkt der Konsultation liegt am Ende des Monats November und damit auch am Ende des Wirtschaftsjahres des Krankenhauses. Aufgrund der anhaltenden Steigerung der Zahl der Behandlungsfälle im bisherigen Wirtschaftszeitraum sind sowohl das Budget, also der Kostenrahmen, der Inneren Klinik mit ihrer Onkologischen Abteilung wie auch das Gesamtbudget des Krankenhauses bereits überschritten. Der Leitende Chefarzt der Abteilung hat deshalb die interne Anweisung herausgegeben, Patienten, deren Behandlung aus medizinischen Gründen nicht zwingend und umgehend geboten ist, abzuweisen und auf den Beginn des kommenden Kalenderjahres - und damit nächsten Wirtschaftsjahres - zu vertrösten.

Da es sich im Falle des Patienten "A" um ein langsam wachsendes Karzinom, etwa ein Prostatakarzinom im Frühstadium, handelt, teilt der aufnehmende Krankenhausarzt dem Patienten zutreffend mit, daß eine sofortige Aufnahme aus medizinischen Gründen nicht geboten und aus wirtschaftlichen Gründen nicht möglich sei, weil eine chemotherapeuti-

[76] Es gab lediglich sehr knapp gehaltene Meldungen in der Tagespresse z.B. *Süddeutsche Zeitung* vom 12.11.1996 oder DÄBl. 47/1996, S. B-2414. Eingehender *E. Kuhlmann*, a.a.O.

sche Behandlung, wie sie vom einweisenden Onkologen erbeten wurde, gegenwärtig etwa allein 2000,- DM an Arzneimittelkosten verursachen würde. Der Arzt schlägt dem Patienten vor, sich möglichst bald zu Beginn des kommenden Jahres noch einmal vorzustellen. Dann werde er mit Sicherheit sofort aufgenommen und auch behandelt. „A“ ist mit diesem Vorschlag einverstanden, weil er in der Wartezeit von etwa fünf Wochen noch einige dringende private Dinge erledigen kann. Bis zum Beginn der chemotherapeutischen Behandlung im Januar des nächsten Jahres hat der Patient weiterhin Beschwerden beim Wasserlassen. Eine deutliche Vergrößerung des Tumors ist indes nicht feststellbar.

Fall 2: Auch die Patientin „B“ begibt sich am Jahresende zur Behandlung in das Krankenhaus der Stadt „Z“. Sie leidet seit Jahren an einer Colitis ulcerosa, einer Erkrankung des Dickdarms, die eine Reihe von Beschwerden mit sich bringt und im fortgeschrittenen Stadium zum Durchbruch der Darmwand und damit zu einer lebensbedrohlichen Bauchfellentzündung führen kann.[77] Da sie trotz der langjährigen, intensiven medikamentösen Behandlung in den letzten Monaten in kurzen Abständen an wiederkehrenden Blutungen aus dem Darm litt, riet der behandelnde Arzt ihr, bald möglichst eine Teilresektion des Dickdarms vornehmen zu lassen, da ihre Erkrankung anderweitig nicht mehr zu beherrschen sei.

Der aufnehmende Chirurg ist von seinem Chefarzt darüber informiert worden, daß das Abteilungsbudget seit Wochen überschritten sei und daß angesichts der Überschreitung des Gesamtbudgets des Hauses auch sonderentgeltfähige Eingriffe,[78] wie die hier verordnete Dickdarmteilresektion, zu lasten der Klinik gehen, indem sie im folgenden Wirtschaftsjahr vom Budget abgezogen werden. Nicht zuletzt auch unter diesen Gesichtspunkten teilt er der Patientin nach eingehender Untersuchung zutreffend mit, daß eine Kolonteilresektion die „ultima ratio“ bei einer Colitis und ihr Zustand nach seiner Meinung nicht akut lebensbedrohlich sei. Da auch die Operationskapazitäten der Klinik derzeit ausgeschöpft seien, wolle er sie zunächst wieder nach Hause schicken mit der Maßgabe, daß sie sich in zwei Monaten wieder vorstellen möchte. Die Patientin befolgt den ärztlichen Rat und wird im Rahmen der Wiedereinbestellung auch zur Operation aufgenommen. Zwischenzeitlich litt die Patientin regelmäßig an Blutungen in den Darm im Wechsel mit schmerzhaften Verstopfungen.

2) Die Folgen des Preissystems

Mit dem zuletzt beschriebenen Fall ist zugleich auch eine Überleitung zu den Auswirkungen des mit der BPflV'95 endgültig eingeführten Preissystems in der Vergütung von Krankenhausleistungen gegeben. Dieses ist noch ein wenig komplexer als das reine Budgetsystem und soll insofern zunächst auch von seiner historischen Entwicklung und seiner grundsätzlichen Bedeutung her betrachtet werden.

---

77 Vgl.: *W. Pschyrembel*, Klinisches Wörterbuch (1994), S. 629.

78 Vgl.: Anlage 2 zur BPflV'95: Die hier angestrebte Teilresektion des Kolons ist unter der Sonderentgelt-Nummer 12.06 aufgeführt. - Zur weiteren Bedeutung des Sonderentgelt folgen Erläuterungen in den nächsten Absätzen.

Eine Diskussion um die Einführung fallbezogener Leistungsentgelte im Sinne eines Preissystems wurde in Fachkreisen seit Beginn der 80-er Jahre geführt.[79] Erstmals eröffnet wurde den Deutschen Krankenhäusern die Möglichkeit, Krankenhausleistungen über Fallpauschalen und Sonderentgelte abzurechnen, mit der BPflV'85.[80] Mit den §§ 5 und 6 BPflV'85[81] wurde den Krankenhäusern einerseits gestattet, mit den Kostenträgern „besondere Pflegesätze“ für Abteilungen (z.B. für die Geburtshilfe, für die Behandlung von Schwerbrandverletzten, Dialysebehandlung aber auch für Langzeitbehandlungen oder die Behandlung von psychisch Kranken) zu vereinbaren. Daneben konnten auch Sonderentgelte für Herzoperationen, Transplantationen, die Implantation von Herzschrittmachern oder künstlichen Gelenken sowie für die Behandlung von Blutern u.ä. vereinbart werden. Von diesen Möglichkeiten machten die Kliniken und die Kostenträger, abgesehen von oft vereinbarten Abteilungspflegesätzen für die Geburtshilfe und die Dialysebehandlung, jedoch kaum Gebrauch.

Als eines der ersten Deutschen Krankenhäuser begann zu Beginn der 90-er Jahre das Zentralklinikum des Krankenhauszweckverbandes Augsburg mit einer differenzierten Staffelung der Pflegesätze. Der Hintergrund dieser Entscheidung lag darin, daß mit dem Zentralklinikum einerseits eine hochqualifizierte medizinische Versorgung der ganzen Region betrieben wurde, andererseits aber die Versicherten der Augsburger Krankenkassen über den damals bundesweit höchsten Tagespflegesatz dieses spezialisierte Angebot für die Region überwiegend finanzieren mußten. Ende 1991 gelang den Kassen und dem Krankenhausträger schließlich der Durchbruch zu einem „neuen“ Finanzierungsmodell. Danach wurden über die Regelungen des § 5 BPflV'85 hinaus für die meisten Abteilungen des Klinikums gesonderte Pflegesätze vereinbart und der Katalog der Sonderentgelte gem. § 6 BPflV'85 wurde deutlich erweitert.[82] Die meisten anderen deutschen Kliniken hielten sich indes, was die Vereinbarung differenzierter Leistungsentgelte angeht, sehr zurück, was nicht zuletzt daran lag, daß vielfach das System der Leistungserfassung und Kostenrechnung in den Kran-

---

79 Vgl.: *Enquête-Kommission BT*, Strukturreform der gesetzlichen Krankenversicherung (1990), S.216 ff.; mit Beispielen auch *E. Bruckenberger*, Dauerpatient Krankenhaus (1989), S. 37 ff, *R. J. Vollmer/K. H. Graeve*, KHG-Kommentar (1994), Ziff. 150, S. 3 f.

80 Vgl.: *I. Breitmeier*, Einführung in das Pflegesatzrecht (1995), S. XV f., *R. J. Vollmer/K. H. Graeve*, KHG-Kommentar (1994); Ziff. 160, S. 16 f.

81 vom 21.8.1985 (BGBl. I 1985, S. 1666).

82 Vgl. zum Ganzen: entsprechende Zeitungsberichte in der in *Süddeutschen Zeitung* vom 31.12.1990, 10.1.1991, 16.1.1991 und 6.12.1991 - zu den Auswirkungen: *G. Fink*, das krankenhaus 1993, S. 471 ff.

kenhäusern eine exakte Zuordnung der Behandlungskosten zu einer bestimmbaren Behandlungsform kaum zuließ.[83]

a) Beschreibung der Mechanismen

Erst mit dem „Gesundheitsstrukturgesetz" (GSG)[84] kam für viele Deutsche Krankenhäuser der „Moment des Erwachens".[85] Neben der schon genannten „Deckelung des Budgets" sah der durch das GSG geänderte § 17 KHG vor, daß spätestens ab dem 1.1.1996 nach einer noch zu verabschiedenden Rechtsverordnung Fallpauschalen und pauschalierte Sonderentgelte der Abrechnung von Krankenhausleistungen zugrunde zu legen sind.[86] Auf freiwilliger Basis - mit dem Anreiz hierdurch der „Deckelung" durch das feste Budget frühzeitig zu entgehen - konnten bereits ab Januar 1995 die noch zu bestimmenden Fallpauschalen und Sonderentgelte zur Grundlage der Leistungsvergütung gewählt werden.[87] Aus den schon genannten Gründen machten auch zu diesem Zeitpunkt nur wenige Krankenhäuser von dieser Möglichkeit Gebrauch.[88] Zumal angesichts des erforderlichen Aufwands und der Tatsache, daß die kalkulierten Einnahmen im Wege des Erlösabzugsverfahrens vom Gesamtbudget abgezogen werden mußten, dieses Angebot eher unattraktiv war. Einer der Gründe hierfür war aber auch, daß die BPflV'95[89] und mit ihr die Bestimmung von Fallpauschalen und Sonderentgelten in den Anlagen durch Probleme bei der Umsetzung der Forderungen des GSG erst im September '94, für viele Anwendungswillige zu spät, verabschiedet werden konnte.

(1) Die Leistungsvergütung im Rahmen der BPflV'95

Seit dem 1. Januar 1996 gelten die Regelungen der BPflV'95, eingeschränkt durch die feste Budgetierung der Gesamterlöse durch das StabG'96 und das BeitrEntlG, verbindlich für alle Deutschen Krankenhäuser. Die Anwendung von Fallpauschalen und Sonderentgelten ist damit zwingend vorgeschrieben.[90] Insgesamt wurden bislang 62 Fallpauschalen und ca. 140 Sonderentgelte als Preis-

---

[83] Vgl. zur Problematik der Kostendifferenzierung: *G. Nierhoff/H. Rossels*, f&w 1994, S. 280 ff. (288); *N. Lenke/K. Graf*, f&w 1994, S. 466 ff.; *P. Jäger*, das krankenhaus 1993, S. 36 ff. (S.39).

[84] Gesetz zur Sicherung und Strukturverbesserung der gesetzlichen Krankenversicherung (BGBl. I 1992, S. 2266).

[85] Vgl.: *K. Prößdorf*, das krankenhaus 1993, S. 1 ff.; *P. Jäger*, das krankenhaus 1993, S. 36 ff.

[86] § 17 Abs. 2a KHG i.d.F. des GSG vom 21.12.1992.

[87] § 17 Abs. 1a S. 4 KHG i.d.F. des GSG vom 21.12.1992.

[88] Ebenso, wenngleich mit anderer Begründung: *I. Breitmeier*, Einführung in das Pflegesatzrecht (1995), S. 69

[89] vom 26.9.1994 (BGBl. I 1994, S. 2750).

[90] § 14 BPflV' 95.

system in den Anlagen zur BPflV'95 katalogisiert.[91] Für diese katalogisierten Leistungen, die jeweils durch Zuordnung zu ICD-9- und ICPM-Ziffern[92] konkretisiert sind, sind in den Anlagen zur BPflV'95 bundesweit einheitliche Punktwerte zur Berechnung ihrer Vergütung vorgegeben. Die Bewertung dieser Punkte wurde zunächst durch Rechtsverordnung des BMG bundesweit mit einem Wert von 1,-DM pro Punkt festgesetzt.[93] Grundsätzlich aber ist die Bestimmung des Wertes der Punkte einer Vereinbarung auf Landesebene zwischen Krankenhausträgern und den Kostenträgern überlassen.[94] Nach einem komplizierten System dürfen zudem, beispielsweise, um eine bedarfsgerechte Versorgung der Bevölkerung sicherzustellen, oder zur Qualitätssicherung Zuschläge, aber z.B. für sehr spezialisierte Krankenhäuser auch Abschläge auf die Fallpauschalen und Sonderentgelte vereinbart werden.[95]

Die Vergütung nach der BPflV'95 erfolgt praktisch in einem komplexen Nebeneinander des Preissystems und des Budgetsystems mit tagesgleichen Pflegesätzen, die ihrerseits bestimmt werden durch Abteilungsbudgets für alle bettenführenden Abteilungen[96] und einem Basispflegesatz mit dem krankenhauseinheitlich alle Leistungen vergütet werden, die nicht durch die ärztliche und pflegerische Tätigkeit veranlaßt werden.[97] Wird für die operative Leistung eines Krankenhauses ein Sonderentgelt geltend gemacht, so ist der Abteilungspflegesatz der operierenden Abteilung um 20 % zu mindern.[98] Grundsätzlich ist jedoch gem. § 14 Abs. 1 BPflV'95 für alle Behandlungsfälle, für die die Berechnung einer Fallpauschale eröffnet ist, bis zur Ausschöpfung der jeweiligen Grenzverweildauer eine Vergütung durch Sonderentgelte und tagesgleiche Pflegesätze ausgeschlossen. Von dieser Regel ist wiederum zur Vermeidung unnötiger finanzieller Risiken für die Kliniken, die zwangsläufig nicht er-

---

91 Stand 2.VO zur Änderung der Bundespflegesatzverordnung vom 18.12.1995 vgl. Anlagen 1 bis 3.

92 ICD-9 = Internationale Klassifikation der Krankheiten / ICPM = Internationale Klassifikation der Prozeduren in der Medizin (vgl. auch § 301 Abs. 2 SGB V) ausführlich: *B. Werner*, Verschlüsseln von Diagnosen nach der ICD (1994); oder *D. Rümmelin*, Das Verschlüsseln der Fallpauschalen nach ICD und ICPM (1995).

93 Vgl.: § 28 Abs. 7 BPflV'95.

94 Vgl.: § 16 BPflV'95.

95 § 14 Abs. 6 BPflV'95 -etwas ausführlicher: *BMG*, Besondere Erläuterungen zu Fallpauschalen und Sonderentgelten (1994), S. 6 f. (abgedruckt bei *I. Breitmeier*, Einführung in das Pflegesatzrecht (1995), S. 179 ff.)) und *I. Breitmeier*, Einführung in das Pflegesatzrecht (1995), S. 94 ff.

96 § 13 Abs. 2 BPflV'95.

97 § 13 Abs. 3 BPflV'95. Zu diesen Leistungsarten gehören beispielsweise die Versorgung mit Lebensmitteln, Wasser und Energie, Reinigungsdienste, Verwaltung udgl. (ausführlich hierzu: *I. Breitmeier*, Einführung in das Pflegesatzrecht (1995), S. 89 ff.).

98 § 14 Abs. 2 S. 3 BPflV'95.

wünschte Steuerungseffekte mit sich bringen würden, eine begrenzte Zahl von Ausnahmen zugelassen.[99] So darf beispielsweise zusätzlich zur der Fallpauschale ein Sonderentgelt vereinbart werden bei der Operation in einem anderen Operationsgebiet oder bei einer Rezidivoperation während desselben Krankenhausaufenthalts, für diagnostische Maßnahmen, die nicht von der Fallpauschale umfaßt sind, oder bei der Behandlung von Blutern. Außerdem darf bei der Behandlung von Dialysepatienten für diese ein zusätzlicher teilstationärer Pflegesatz geltend gemacht werden.[100] Eine weitere Ausnahme von der Vergütung durch die Fallpauschalen besteht darin, daß die Behandlung von Kindern unter 14 Jahren, soweit der Katalog der Fallpauschalen nicht anderes vorsieht, ausgeschlossen ist.[101]

Schließlich entfällt die Pflicht zur Abrechnung einer Fallpauschale, wenn besonders schwere und aufwendige Behandlungen von Nebenerkrankungen (z.B. entgleister Diabetes, Nierenversagen, Polytrauma) neben der Hauptleistung der Fallpauschale erbracht werden.[102] Dies gilt jedoch nicht für typische z.B. altersbedingte Begleiterkrankungen, wie Diabetes und Hypertonie oder postoperative Komplikationen, wie Wundinfektionen.[103] Als Hauptleistung ist im Regelfall die jeweils aufwendigere Leistung anzusehen, wobei sowohl der Zeitaufwand als auch der Materialaufwand als Beurteilungskriterien heranzuziehen sind. So wird beispielsweise der im Verlauf einer Blinddarmoperation auftretende behandlungsbedürftige Darmverschluß dazu führen, daß nicht mehr die Fallpauschalen für die Appendektomie (12.05 oder 12.06) zu Abrechnung gelangen, sondern daß der Basispflegesatz und Abteilungspflegesatz der behandelnden (Intensiv-)Abteilung sowie ggf. die den nötigen Eingriffen entsprechenden Sonderentgelte geltend gemacht werden können.[104]

Soweit diese zahlreichen Ausnahme- und Auffangvorschriften im Rahmen der grundsätzlich vorgeschriebenen Anwendung von Fallpauschalen zu einer gewissen Anpassung an das tatsächliche Leistungsgeschehen im Krankenhaus

---

[99] Vgl.: § 14 Abs. VI Ziff. 1 u. 2 und Abs. 7 BPflV'95.

[100] Diese besondere Ausnahme für die besonders aufwendige Dialysebehandlung gilt im übrigen auch bei der Berechnung von Abteilungspflegesätzen - Umfassend hierzu: *BMG*, Leitfaden zur Einführung von Fallpauschalen und Sonderentgelten ... (1995), S. 150 ff.

[101] Vgl.: § 14 Abs. 4 BPflV'95 - wobei bisher lediglich bei der Tonsillektomie (Ziff. 7.01) auch Kinder in die Fallpauschalenberechnung mit einbezogen sind.

[102] Vgl.: *BMG*, Leitfaden zur Einführung von Fallpauschalen und Sonderentgelten ... (1995), S. 147 ff.

[103] a.a.O., S. 148 und S. 152 ausführlicher: *K.-H. Tuschen/M. Quaas,* Bundespflegesatzverordnung - Kommentar ...(1996); S. 347 - zu den im engen Rahmen möglichen Ausnahmen auch *K.-H. Tuschen/M. Quaas*, Bundespflegesatzverordnung - Kommentar ...(1996) S. 340.

[104] Mit differenzierter Begründung hierzu: *K.-J. Schmidt/P. Pfaffenberger/M. Schwind,* f&w 1995, S. 14 ff.

verhelfen sollen, wird damit zugleich ein Problem deutlich, das regelmäßig mit der Anwendung von Pauschalvergütungen verbunden ist: Es wird nur schwerlich möglich sein, eine behandlungsfallbezogene Pauschalvergütung zu kreieren, die die Besonderheiten eines jeden Einzelfalls in hinreichender Weise zu berücksichtigen in der Lage ist. Diese Aufgabe hat der Gesetzgeber allerdings den Selbstverwaltungsgremien mit der Einfügung des § 17b KHG durch das GKV-Gesundheitsreformgesetz 2000[105] ins Heft geschrieben.. Es soll bis zum 1.1.2003 für alle Krankenhäuser, die der Bundespflegesatzverordnung unterliegen, ein durchgängiges, leistungsorientiertes und pauschalierendes Vergütungssystem eingeführt werden, also Fallpauschalen für alle Leistungsfälle im Krankenhaus.[106] Hierzu haben die Spitzenverbände der Krankenversicherer und die Deutsche Krankenhausgesellschaft bis zum 30.6.2000 die Grundstrukturen eines Vergütungssystems zu entwickeln, das Komplexitäten und Comorbiditäten abzubilden in der Lage ist und einen praktikablen Differenzierungsgrad ausweist.[107] Grundlage dieses Systems sollen sogenannte „Diagnosis-Related-Groups" (DRG) bilden, die bereits in anderen Ländern Anwendung finden.[108] Zwar weisen diese DRG-Systeme je nach Anwenderland bis zu 660 verschiedene Fallgruppen auf, ob damit aber letztlich der geforderte und auch aus der Perspektive der Kliniken notwendige Differenzierungsgrad erreicht werden kann, bleibt zu prüfen und erst die Anwendung in der Praxis wird schließlich zeigen, ob ein solches System wirklich auch praktikabel sein kann.[109] Die bisherigen Fallpauschalen und Sonderentgelten weisen jedenfalls Mängel auf, die anhand der nachfolgenden Darstellung ihrer Entwicklung verdeutlicht werden sollen.

(2) Die Entwicklung der Fallpauschalen und Sonderentgelte

Die Entwicklung der Definitionen und Kalkulationen der Fallpauschalen und Sonderentgelte erfolgte unter der Koordination durch die Expertengruppe „Entgeltsystem" beim BMG in der Zeit vom Frühjahr 1992 bis zum Herbst 1993.[110] An ihr waren im wesentlichen vier Beratungs- und Forschungsgesellschaften aus dem Bereich des Gesundheitswesens beteiligt, die zum Teil auch schon

---

105 GKV-Gesundheitsreformgesetz 2000 v. 22.12.1999 (BGBl. I 1999, S. 2626 ff.).

106 Ausnahmen sind lediglich für den Bereich der Psychiatrie vorgesehen. - Zu den Einzelheiten auch *K.-H. Tuschen*, f&w 2000, S. 10 f.

107 So die Formulierung im § 17b Abs. 1 S. 2 KGH i.d.F. d. GKV-Gesundheitsreformgesetz 2000 v. 22.12.1999 (BGBl. I 1999, S. 2626 ff.).

108 Hierzu im Einzelnen *F. Rau/M. Schnürer*, f&w 2000, S. 46 ff. und *H. Schmitz et.al.*, f&w 2000, S. 51 ff.

109 Eher skeptisch auch *F. Rau/M. Schnürer*, a.a.O.

110 Ausführlich zum Verlauf und zu den Ergebnissen der Forschungsprojekte zu den einzelnen Bereichen: *BMG*, Kalkulation von Fallpauschalen und Sonderentgelten ... (1995).

Vorarbeiten in die Projekte einbringen konnten.[111] Das Basisjahr der Auswertungen war überwiegend das Jahr 1992 - teilweise mußte auch auf Daten aus dem Jahre 1991 zurückgegriffen werden.[112] Grundlage der Statistiken waren Erhebungen an 33 bzw. 40 Krankenhäuser.

Für den Sonderentgeltkatalog wurden zur Kalkulation der dort aufgeführten Entgeltpunkte die durchschnittlichen Personal- und Sachkosten der einzelnen Eingriffe ermittelt und schließlich unter der Maßgabe, daß der Wert eines Punktes einer DM entspricht, zu einem Gesamtpunktwert für eine Krankenhausleistung addiert. Die so ermittelten Kosten sind als Vergütungspunkte, noch einmal differenziert nach Leistungserbringung durch Hauptabteilungen und Leistungserbringung durch Belegabteilungen, wo generell geringere Kosten veranschlagt wurden, in der Anlage 2 zu § 11 Abs. 2 BPflV'95 im einzelnen aufgeführt. Damit sind quasi administrativ die Preise für bestimmte Krankenhausleistungen festgelegt worden. Da es sich im Falle der Sonderentgelte nur um einen relativ kleinen Ausschnitt der Krankenhausbehandlung, dem eigentlichen operativen Eingriff bzw. der eigentlichen diagnostischen oder therapeutischen Maßnahme, handelt, sind Unterschiede, die sich aus dem Alter bzw. der Morbidität des behandelten Patienten ergeben, eher unbedeutend, so daß eine Vernachlässigung dieser Faktoren bei der Bestimmung der „Preise" für die einzelnen Sonderentgelte nicht zu beanstanden sind.

Ein etwas anderes Bild ergibt sich jedoch für den Bereich der Fallpauschalen. Auch für den Fallpauschalenkatalog, der ebenfalls fast ausschließlich operative Leistungen abdeckt, wurden für jeden Behandlungsfall gesondert die Kosten der verschiedenen, an der Behandlung eines „Falles" beteiligten Abteilungen von der Aufnahme bis zur Entlassung differenziert nach Sach- und Personalkosten erfaßt. Weil auch im Budgetbereich der Krankenhäuser der Basispflegesatz gesondert ermittelt wird und insofern eventuell die Notwendigkeit besteht, von den Basiskosten eines Krankenhauses den Teil, der auf Fallpauschalen entfällt, abzuziehen, wurden in der tabellarischen Darstellung der Bewertungsrelationen in der Anlage 1 zu § 11 Abs. 1 BPflV'95 die Anteile der Basisleistungen extra ausgewiesen.[113] Ansonsten wurden auch hier die sich ergebenden Gesamtpunkte differenziert nach Versorgung durch Hauptabteilung und Belegabteilung aufgelistet.

Da es bei der Fallpauschale, anders als beim Sonderentgelt, nicht um die Vergütung einer Einzelleistung im Sinne eines konkreten Eingriffs, der für alle Patienten etwa gleich sein dürfte, sondern um die Vergütung der Gesamtkosten

---

[111] Vgl.: *BMG*, Kalkulation von Fallpauschalen und Sonderentgelten ... (1995), S. II/8 ff. und III/8 ff.

[112] ebenda, S. II/23 und III/27.

[113] ausführlich: *BMG*, a.a.O., S. III/36 ff.

eines Behandlungsfalls geht, die regelmäßig stark von der Verweildauer des Patienten abhängig ist, wurde für die Ermittlung der Punktwerte der Fallpauschalen auch die Verweildauer der Patienten berücksichtigt. Zu diesem Zweck wurden unter der Annahme, daß der Übergang von einer pflegetagebezogenen zu einer fallbezogenen Vergütung zur einer deutlichen Verringerung der Verweildauer führen werde, von den tatsächlich ermittelten bisherigen Pflegetagen pro Fall 15 % abgezogen und dieser Wert als durchschnittliche, für die Bewertung relevante Verweildauer zugrunde gelegt.[114] In einem weiteren Schritt wurde zur Vermeidung von Finanzierungsrisiken durch besonders schwierige Verläufe eine „Grenzverweildauer“[115] eingeführt, ab der trotz der Abgeltung der eigentlichen Leistung durch die Fallpauschale der Abteilungspflegesatz und der Basispflegesatz berechnet werden dürfen. Diese Möglichkeit ist immer dann gegeben, wenn die zugrunde gelegte Verweildauer um mehr als 7 Tage überschritten wird. Der Wert für die Grenzverweildauer entspricht dann einer Überschreitung der durchschnittlichen Verweildauer um die zweifache Standardabweichung, die für den jeweiligen Behandlungsfall ermittelt wurde.[116]

Ein ganz wesentlicher Faktor für die Bestimmung der Verweildauer und damit nicht zuletzt auch für die Ermittlung der Behandlungskosten eines Einzelfalles ist regelmäßig das Alter des Patienten, das seinerseits wieder als Indiz für dessen Morbidität gewertet werden kann. Insofern wurden für die Bestimmung eines „Normalfalls“ auch der Altersdurchschnitt der Patienten und der Anteil der Patienten im Alter von über 65 Jahren herangezogen. Auffällig und im Bericht der Forschungsgruppe an dem vergleichsweise drastischen Beispiel des Einbaus einer Hüftkopf-/Schaftprothese bei geschlossener Schenkelhalsfraktur (Fallpauschale 17.02) dargestellt, ist die Tatsache, daß in 17 der 40 ursprünglich definierten Fallpauschalen keine direkt proportionale Verbindung von Patientenalter und Verweildauer bzw. Kosten zu verzeichnen war. Die Expertengruppe nimmt dieses zunächst überraschende Ergebnis als Anlaß zu der Feststellung, daß das Alter der Patienten nicht grundsätzlich zur Erklärung höherer oder niedrigerer Fallkosten dienen kann. Vielmehr seien ganz überwiegend die Verweildauerunterschiede für das niedrigste bzw. höchste Fallkostenergebnis verantwortlich.[117]

Ganz unwidersprochen kann diese These an dieser Stelle nicht hingenommen werden, weil sie, soweit sie auch für die Fallpauschale 17.02 zutreffend gewesen sein mag, nicht verallgemeinerbar ist und auch im Fall des Einbaus einer Hüftgelenksendoprothese einen, aus der Sicht des Patienten nicht unerheblichen

---

[114] Vgl.: Spalte 12 der Anlage 1 zu § 11 Abs. 1 BPflV'95.

[115] Spalte 8 der Anlage 1 zu § 11 Abs. 1 BPflV'95.

[116] Ausführlich zum Ganzen: *BMG*, Kalkulation von Fallpauschalen und Sonderentgelten ... (1995), S. III/50 ff.

[117] *BMG*, Kalkulation von Fallpauschalen und Sonderentgelten ... (1995), S. III 36 ff.

Faktor außer Acht läßt. Die Rede ist hier von der Versorgungsqualität. So ergaben sich, gegliedert nach dem Krankenhaus mit minimalen Kosten, Mittelwert über alle Krankenhäuser und Krankenhaus mit maximalen Fallkosten die in der Tabelle 1 wiedergegebenen ausgewählten Strukturmerkmale.

Tab. 1: Fallpauschale 17.02

Strukturmerkmale	Krankenhaus mit minimalen Fallkosten	Mittelwert über alle Krankenhäuser	Krankenhaus mit maximalen Kosten
1)[118] Altersdurchschnitt	83,46	80,56	76,85
2) Anteil Patienten > 65 Jahre	100 %	93, 65 %	80.00 %
3) Pflegetage	17,89	24,60	29,25
6) Sachkosten Normalstation	193,06	604,40	568,98
7) Gesamtkosten Normalstation	1945,15	4125,60	5432,43
10) Sachkosten Intensivstation	110,45	102,85	668,62
11) Gesamtkosten Intensivstation	362,99	442,64	2556,27
18) Gesamtkosten OP und Anästhesie	3942,97	3893,71	4880,27
20) Gesamtkosten medizinische Institutionen (incl. KG)	172,99	174,99	486,53
21) Gesamtkosten medizinische Institutionen	649,00	677,30	1138,32
24) Gesamtkosten Basisleistungen	2198,67	3178,48	4546,33
27) Fallkosten	**9098,78**	**12317,73**	**18553,62**

Teilweise Wiedergabe einer Tabelle aus dem Bericht der Expertengruppe „Entgeltsystem" (*BMG*, Kalkulation von Fallpauschalen und Sonderentgelten ... (1995), S. III/37)

Bemerkenswert an den hier ermittelten Werten sind folgende Besonderheiten:

- Die Basiskosten des Krankenhauses mit maximalen Fallkosten liegen um mehr als 100 % über den Kosten des Krankenhauses mit minimalen Fallkosten und auch noch etwa 50 % über dem Mittelwert über alle Krankenhäuser. Hier handelt es sich zweifellos um eine Abweichung, die allein durch die längere Verweildauer erklärt werden kann.
- Die Kosten für die Medizinischen Institutionen des Krankenhauses mit maximalen Fallkosten sind ebenfalls fast doppelt so hoch wie die entsprechenden Kosten des Krankenhauses mit minimalen Fallkosten und auch wie Mittelwert über alle Krankenhäuser. Hier liegen aber die Sachkosten der medizinischen Institutionen, zu denen auch das Labor und die physi-

[118] Die Zeilennummer entspricht der im Ergebnisbericht verwandten Zuordnung.

kalische Therapie gehören, um etwa 180 % über denen der anderen Krankenhäuser, was sich nicht allein durch die höhere Verweildauer erklären läßt, sondern offenbar seinen Grund darin hat, daß im Bereich der Diagnostik und/oder der physikalischen Therapie ein erheblich größerer Aufwand betrieben wurde.

- Während die Abweichungen im OP-Bereich vergleichsweise gering sind, wodurch letztlich auch noch einmal die These gestützt wird, daß im Bereich der Sonderentgelte von bundesweit vergleichbaren Standards auszugehen ist, ergibt sich für den Bereich der intensivmedizinischen Behandlung, zu der in erster Linie die postoperative Nachsorge gehören dürfte, ein noch drastischeres Bild als im zuvor erwähnten Bereich der medizinischen Institutionen. Dort sind sowohl die Sachkosten als auch die Gesamtkosten annähernd sechsmal so hoch wie im Krankenhaus mit minimalen Fallkosten und wie der Mittelwert über alle Krankenhäuser. Es wurde also im Bereich der postoperativen Versorgung offenbar ein wesentlich höherer Medizinischer Aufwand betrieben.
- Ein ähnliches Bild ergibt sich für den Bereich der Normalstation, wo allerdings angesichts fast gleicher Sachkosten im Vergleich zum Mittelwert über alle Krankenhäuser in der Tat wieder vor allem die längere Verweildauer für die höheren Fallkosten verantwortlich gemacht werden können.

Insgesamt zeigt sich an diesem Beispiel, daß die Annahme, die längere Verweildauer sei der Hauptfaktor für höhere Fallkosten, nicht in jeder Hinsicht zutreffend ist. Vielmehr wird auch die Intensität der postoperativen Diagnostik und Therapie letztlich immer zu einem bestimmenden Faktor für die Höhe der Fallkosten. - Ob diese höhere Intensität immer medizinisch gerechtfertigt ist, soll an dieser Stelle nicht erörtert werden, zumal diese Frage auch nicht Gegenstand der Arbeit der Forschungsgruppe war. - Zweifellos ist aber eine höhere Intensität der postoperativen Diagnostik und Therapie immer in den Fällen geboten, wo es sich bei der behandelten Klientel um multimorbide Patienten handelt. Solche Mehrfacherkrankungen sind aber erfahrungsgemäß eher im hohen Alter als in jüngeren Jahren zu erwarten. So verwundert es denn auch nicht, daß bei 23 der 40 Fallpauschalen ein Zusammenhang zwischen höherer Verweildauer, höheren Fallkosten und dem höheren Durchschnittsalter der behandelten Patienten festzustellen ist. In den verbleibenden 17 Fallpauschalen waren, wie im Fall der Schenkelhalsfraktur, die Kosten der postoperativen Intensivbehandlung auffällig geringer oder aber der Anteil der älteren Patienten an der behandelten Klientel war äußerst gering.

Für den Bereich der Schenkelhalsfrakturen, die typischerweise eher ältere Menschen, die bereits in ihrer Gehfähigkeit eingeschränkt sind, durch Sturz erleiden, ist in diesem Kontext eine weitere Besonderheit zu erwähnen, die offenbar von der Forschungsgruppe nicht berücksichtigt worden ist: Viele, gerade die ältesten unter den Patienten, die mit der Diagnose Schenkelhalsfraktur zur Behandlung ins Krankenhaus eingewiesen werden, waren bereits vor der Fraktur bettlägerig und in einem Pflegeheim untergebracht. Zu dem Frakturereignis kommt es nicht selten durch Sturz aus dem Bett. Insofern ergibt sich in diesem Bereich gerade bei den ältesten Patienten oft gar nicht mehr die Notwendigkeit, diese bis zur endgültigen, nur unwesentlich beeinträchtigten Gehfähigkeit zu behandeln. Es geht hier häufig nur darum, einen Zustand der Schmerzfreiheit zu erreichen. Insofern kann der Patient schon bald nach der Operation wieder ins Heim, wo die Pflege gewährleistet ist, zurückverlegt werden. Dieses Phänomen ist eine mögliche Erklärung für die Tatsache, daß im oben dargestellten Fall ausgerechnet das Krankenhaus, daß die ältesten Patienten behandelt hatte, die geringste Verweildauer aufweisen kann.

(3) Fehlsteuernde Auswirkungen des Preissystems

Was diesem Teil der Untersuchung fehlt, ist eine Erfassung des Patientenstatus' vor bzw. bei der Aufnahme im Sinne der Bestimmung des Schweregrads der Erkrankung und vor allem eine Bestimmung des Genesungsgrades bei der Entlassung des Patienten. Im Falle der Ermittlung der Bewertungsrelationen für die Fallpauschalen in der Herzchirurgie, die den Anlagen zur BPflV'95 mit der zweiten Verordnung zur Änderung der Bundespflegesatzverordnung[119] Ende 1995 hinzugefügt wurden, wurden solche Untersuchungen angestellt. Diese hatten zum Ergebnis, daß ein Einfluß des Schweregrads der Herzerkrankung auf die Fallkosten nicht nachgewiesen werden konnten, aber auch daß die Patienten in den Krankenhäusern mit deutlich längerer Verweildauer und höheren Fallkosten weitgehend „austherapiert" waren, während Kliniken mit kurzer Verweildauer und geringeren Kosten häufig vor Abschluß der eigentlichen Heilbehandlung an weiterversorgende Kliniken verlegt haben. Daß ein solches Vorgehen immer zu Lasten des Patienten geht, soll an dieser Stelle keineswegs unterstellt werden. Im Gegenteil, durch eine gute Zusammenarbeit zwischen der herzchirurgischen und der weiterversorgenden, auf die Rehabilitation spezialisierte Klinik kann die Verweildauer, wie die Forschungsgruppe hervorhebt,[120] ohne Qualitätseinbußen, wenn nicht gar zum Vorteil des Patienten verkürzt werden. Wahrscheinlich mangels ausreichenden Datenmaterials hinsichtlich des Patientenstatus' bei Aufnahme und Entlassung, ein Problem, das die Forschungsgruppen auch sonst häufiger zu beklagen hatten,[121] wurden Aspekte der Versorgungsqualität bei der Ermittlung der Bewertungsrelationen der ersten 40 Fallpauschalen nicht berücksichtigt.

Gleichwohl darf nicht verkannt werden, daß der bundesweit einheitlichen Festlegung von Preisen für bestimmte Behandlungsfälle auch ein steuerndes Element für die Art und Weise der Behandlung innewohnt, was auch die

[119] vom 18.12.1995 - siehe auch Anlagenband zum BGBl. I 1995, Nr. 68 vom 28.12.1995.

[120] *BMG*, Kalkulation von Fallpauschalen und Sonderentgelten ... (1995), S. V/24.

[121] a.a.O., S. III/27 und II/23.

Expertengruppe „Entgeltsystem“ einräumt.[122] Mit der Festschreibung eines bestimmten Kostenrahmens für bestimmte Behandlungsfälle werden zugleich auch „Standards“ gesetzt, deren Überschreitung sich regelmäßig zu Lasten des leistungserbringenden Krankenhauses auswirkt. Wenn bei dieser Festsetzung Abweichungen von den „Normalfällen“ nicht auch in Hinblick auf das Alter bzw. Morbidität der behandelten Patienten, sondern nur im Rahmen von extremen Überschreitungen der durchschnittlichen Verweildauer berücksichtigt werden, so ist eine fehlsteuernde Einflußnahme auf die praktische Erbringung der Heilbehandlung nicht mehr auszuschließen.[123] Es werden Anreize geschaffen, Patienten, die neben der Haupterkrankung, die akut behandelt werden soll, noch einige, möglicherweise chronische Nebenerkrankungen aufweisen, gar nicht erst zu behandeln oder aber eine eventuell erforderliche intensive postoperative Überwachung und Behandlung zu unterlassen. Im Falle der Dialysepatienten oder der Bluter wurde dieses Problem durchaus gesehen, und durch die beschriebenen Ausnahmeregelungen in der BPflV'95 ausgeglichen. Wie aber verhält es sich bei Diabetikern, oder bei Patienten mit chronisch obstruktiven Lungenerkrankungen, die ebenfalls nach größeren operativen Eingriffen häufig zu erheblichen Komplikationen mit entsprechend erhöhtem Behandlungsaufwand und verzögerten Heilungsverläufen neigen? - Hier geht die aufwendigere Behandlung, soweit nicht die Grenzverweildauer, die mindestens eine Woche über der zu erwartenden durchschnittlichen Verweildauer liegt, überschritten wird, voll zu Lasten der behandelnden Klinik. Die Behandlung aufwendiger Patienten wird für die behandelnde Klinik zum Balanceakt zwischen wirtschaftlichen Vorgaben und haftungsrechtlichen Grenzen. Für den Patienten kann ein solcher Balanceakt nicht ohne Wirkungen bleiben. Besonders kraß mag diese Situation für Kliniken sein, die primär Stadtteile oder ländliche Regionen versorgen, deren Bewohnen besonderes arm und/oder besonders alt sind. Die Morbidität innerhalb solcher Regionen ist nachweislich besonders hoch.[124] Ob die Zuschläge für strukturelle Besonderheiten, soweit sie überhaupt gewährt werden, ausreichend sind, um die Probleme in einem solchen Krankenhaus aufgrund der Morbiditätsstruktur seiner Klienten auszugleichen, könnte nur die Beobachtung speziell solcher Kliniken in den Jahren nach der Einführung von Fallpauschalen erweisen.

---

[122] a.a.O., S. III/56; zu der Problematik der Preissystems und seiner Auswirkungen auf die Praxis der Leistungserbringung im stationären Bereich vgl. auch: *H. D. Scheinert/T. Riegel*, Qualitätssicherung bei Fallpauschalen und Sonderentgelten ... , in *H.-J. Jaster*, Qualitätssicherung im Gesundheitswesen (1997), S. 174 ff.

[123] Grundsätzlich anderer Ansicht: *BMG*, Kalkulation von Fallpauschalen und Sonderentgelten ... (1995), S. III/45.

[124] Vgl. nur : *Th. Elkeles/A. Mielck*, Soziale und gesundheitliche Ungleichheit (1993) m.w.Nachw. und Theoretischen Ansätzen zur Erklärung.

Darüber hinaus darf an dieser Stelle nicht verkannt werden, daß nicht nur bei komplizierten Behandlungsfällen Anreize für die Kliniken bestehen, die Patienten gemessen an ihrem Krankheitsbild nur unvollständig zu versorgen. Grundsätzlich liegt in der Tatsache, daß die Vergütung für einen Behandlungsfall unabhängig von der Dauer eines Krankenhausaufenthalts gewährt wird, ein Anreiz für die Krankenhäuser, die stationäre Verweildauer der Patienten maximal zu verkürzen. Ein Patient oder eine Patientin, die im Krankenhaus verbleibt, „blockiert" letztlich ein Bett auf den Stationen. Dies bedeutet einerseits Kosten für die Klinik, weil Personal- und Sachmittel für die Versorgung der Patienten gebunden werden; andererseits wird, solange die Betten der Stationen belegt sind, auch die Aufnahme und Behandlung anderer Patienten, die ihrerseits wieder eine erneute Vergütung über die Fallpauschalen einbringen könnten, verhindert. Die wirtschaftlich denkende Klinik wird also bemüht sein, Patienten, deren Krankheitsbild und Behandlung zur Vergütung über eine Fallpauschale berechtigt, so schnell wie möglich wieder zu entlassen.[125] Ebenso ist es für die Kliniken unter wirtschaftlichen Gesichtspunkten sinnvoll, den Patienten medizinisch erforderliche Leistungen, wie eine postoperative krankengymnastische Behandlung, die im „Preis" der Fallpauschale einkalkuliert sind, vorzuenthalten.[126]

Soweit also neben der Standardsetzung nach oben, die durch den Preis und die darin enthaltene Begrenzung des Ausmaßes der Leistungen im einzelnen unter finanziellen Gesichtspunkten gegeben ist, nicht zugleich auch eine Standardsetzung nach unten mit klaren Sanktionen für die Unterschreitung des Mindestmaßes einer medizinischen Versorgung im Einzelfall erfolgt, werden Behandlungsverzicht oder suboptimale Behandlung auf der Seite der Leistungserbringer die logische und geradezu zwingende Konsequenz aus dem wirtschaftlichen Druck auf die Anbieter medizinischer Leistungen sein. In den Bereichen, wo Qualitätsstandards bislang nicht existieren oder wo es in Hinblick darauf, was als „state of the art" anzusehen ist, erhebliche Differenzen in der Fachwelt gibt, werden die Mediziner, möglicherweise im Rahmen ganz

---

[125] Zum Ganzen: *H. D. Scheinert/T. Riegel*, Qualitätssicherung bei Fallpauschalen und Sonderentgelten ... , in *H.-J. Jaster*, Qualitätssicherung im Gesundheitswesen (1997), S. 175 f.

[126] Ebenda - selbstverständlich liegen in dem Preissystem auch Anreize, Leistungen über das medizinisch erforderliche Maß hinaus zu erbringen, was von *H. D. Scheinert/T. Riegel* in diesem Kontext als mindestens ebenso problematisch angesehen wird. Dieser Aspekt wird durchaus nicht verkannt, läßt sich jedoch nicht unter dem Oberbegriff „Rationierung" im Sinne der Vorenthaltung einer medizinisch sinnvollen Behandlung subsumieren. Insofern wird diesem zweifellos bedeutsamen Effekt des Preissystems keine weitere Beachtung geschenkt. Er verdeutlicht aber noch einmal, wie wichtig es ist, daß neben den staatlichen Bemühungen um eine finanzielle Steuerung im Gesundheitswesen eine ebenso deutliche Steuerung in Hinblick auf die Sicherstellung einer qualitativ hochwertigen Versorgung der Patienten in diesem System erforderlich ist. (hierzu mehr im dritten Kapitel der Arbeit).

individueller ethisch-moralischer Vorstellungen, den Umfang ihrer Leistungen an den wirtschaftlich vorgegebenen Größen ausrichten.

b) Fallbeispiele:

Im Sinne einer weiteren Systematisierung der beschriebenen Mechanismen sollen nachfolgend einige Fälle konstruiert werden, anhand derer die soeben geschilderte Situation noch einmal verdeutlicht werden soll:

Fall 3:[127] Auch die 93-jährige Patientin „D" begibt zur Behandlung in das Krankenhaus der Stadt „Z". Sie ist rüstig, leidet aber seit Jahren schon an Gallensteinen (Cholezystolithiasis) und regelmäßig wiederkehrenden Gallenblasenentzündungen (Cholezystitis). Sie hatte sich vor zehn bis zwölf Jahren bereits schon einmal zur OP im Krankenhaus vorgestellt, ist damals jedoch aufgrund ihres fortgeschrittenen Alters als inoperabel abgewiesen worden. Zwischenzeitlich hatte sie im Fernsehen Berichte von der neuen „Schlüsselloch-Chirurgie", die anscheinend weitaus weniger belastend für die Patienten ist, gesehen und hat Hoffnung geschöpft, ihre Beschwerden nun endlich noch loszuwerden. Ihr Hausarzt, der weiß, daß auch das Krankenhaus der Stadt „Z" laparoskopische Cholezystektomien durchführt, stimmt ihr zu und weist sie ein.

Dem aufnehmenden Chirurgen ist bekannt, daß eine bei Frau „D" durchzuführende Cholezystektomie im Rahmen des Fallpauschalenkatalogs der BPflV'95 abzurechnen ist. Ebenso wie der einweisende Arzt gelangt er zu der Überzeugung, der Eingriff sei elektiv und nicht akut durchführbar. Er klärt die Patientin darüber auf, das auch das neue Operationsverfahren, insbesondere durch die extreme Lagerung auf dem OP-Tisch, gerade für ältere Menschen mit erheblichen Kreislaufbelastungen verbunden sei. Zudem sei bekannt, daß gerade alte Menschen, die durch Operationen aus ihrem normalen Lebensrhythmus herausgerissen werden, oft nach der Operation an erheblichen Verwirrtheitszuständen leiden, die zum Teil über Tage anhalten. Er fürchte all diese Komplikationen und würde die Patientin bitten, doch auf eine Operation zu verzichten, zumal sie doch jetzt schon so lange mit den Gallensteinen lebe. Die Patientin läßt sich überzeugen, ärgert sich aber fortan bei jeder erneuten Gallenkolik wieder darüber, daß sie nicht auf einer Operation beharrt hatte.

Fall 4: Der 63-jährige Patient „E" leidet seit einiger Zeit unter Beschwerden im Bereich der Hüften. Der niedergelassene Orthopäde stellt eine fortgeschrittene Coxathrose links fest und überweist „E" zur Implantation einer Hüftgelenks-Totalendoprothese (TEP) an die orthopädische Klinik „X", wo er nach Ablauf einer für orthopädische Verhältnisse recht geringen Wartezeit von einem halben Jahr ohne größere Schwierigkeiten aufgenommen und operiert wird.

Bis zum Jahre 1996 lagen die Fallkosten für den Einbau einer TEP an der „X"-Klinik mit 21.141,97 DM deutlich über dem Durchschnitt anderer orthopädischer Kliniken. Ein Vergleich mit den Unterlagen zur Kalkulation der Fallpauschalen in der Orthopädie ergab, daß hier insbesondere die intensivmedizinische postoperative Überwachung der Patienten zu Buche schlug. Der Chefarzt der Klinik beschloß daraufhin, die Kapazitäten der Intensivbehandlungs- und Überwachungsstation seiner Klinik soweit zu reduzieren, daß eine

[127] Aktualisierung des Falles aus der Einleitung, der sich noch vor der obligatorischen Einführung von Fallpauschalen in der Chirurgie abspielte.

intensivmedizinische Überwachung der Patienten nach der Operation nur noch bis zum Abend des OP-Tages gewährleistet war. Patienten, deren Zustand sich bis dahin noch nicht genügend stabilisiert hatte, was nur selten vorkam, konnten vereinbarungsgemäß auf die anästhesiologisch-chirurgische Intensivstation des benachbarten Krankenhauses der Stadt „Z" verlegt werden.

„E", dem es nach der Operation bis auf die ganz normalen Schmerzen bereits wieder recht gut ging und dem, weil er wegen der Hüftbeschwerden schon seit langem keinen Sport mehr getrieben hat, auch verborgen geblieben ist, daß er infolge eines Herzleidens körperlich bei weitem nicht mehr so belastbar wie früher war, wurde, so die neue Regelung, gegen 18.00 Uhr des OP-Tages wieder von der Wachstation auf die Normalstation zurück verlegt, wo ab 20.30 Uhr mit der Unterstützung durch eine Hauptnachtwache für Notfälle nur noch eine Nachtschwester für die Überwachung und Pflege von 32 Patienten zuständig war. Da die Nachtschwester Anweisung hatte, nur noch in begrenztem Umfang Schmerzmittel zu verabreichen, erlitt „E" in der Nacht infolge seiner starken Schmerzen, die er sich nicht anmerken ließ, einen fulminanten Herzinfarkt. Die Nachtschwester bemerkte den Vorfall erst im Rahmen ihres „Routine-Rundgangs". Eine sofort eingeleitete Reanimation war erfolglos.

Fall 5:[128] Die 89-jährige Patientin „F" fällt im Pflegeheim, in dem sie aufgrund ihrer fortgeschrittenen „Alzheimer'schen Krankheit" seit einigen Jahren gepflegt wird, aus dem Bett. Schon vorher war die Patienten überwiegend bettlägerig und wurde nur noch zwei- bis dreimal täglich zu den Mahlzeiten in einen Sessel gesetzt. Nach dem Sturz läßt sie sich wegen heftiger Schmerzäußerungen gar nicht mehr mobilisieren. Der sie betreuende Arzt weist sie deshalb mit der Verdachtsdiagnose „laterale Schenkelhalsfraktur"[129] in das Krankenhaus der Stadt „Z" ein. Dort wird diese Verdachtsdiagnose durch Röntgenaufnahmen bestätigt.

Die behandelnden Chirurgen entschließen sich angesichts ihres schlechten Allgemeinzustands, der Patientin keine künstliche Hüfte einzubauen, sondern die Fraktur osteosynthetisch mit einer „Dynamischen Hüftschraube"[130] zu versorgen. Das Verfahren belastet wegen der eingesparten Kosten für das Implantat das Gesamtbudget der Klinik deutlich weniger. Es hat allerdings den Nachteil, daß die Mobilisierung der Patienten generell erst nach Tagen und nur unter anfänglicher Teilbelastung möglich ist. Die Ärzte sind der Auffassung, dieser Nachteil sei im Fall der Frau „F" gering, weil sie ohnehin nicht mehr gelaufen hat. Am 14. postoperativen Tag, als das Bein wieder „übungsstabil" ist, wird Frau „F" ins Pflegeheim zurück verlegt. Meterweise laufen, was früher an guten Tagen immerhin noch möglich war, konnte Frau „F" ab diesem Zeitpunkt nicht mehr. Sie wurde vom Pflegepersonal des Heims fortan mit einem Lifter in den Sessel transportiert.

3) Fazit

Die bisher geschilderten Fälle aus dem Problemkreis der Budgetierung und aus dem Anwendungsbereich der Fallpauschalen mögen verdeutlicht haben, daß die

[128] Dieser Fall ist einen Beispiel nachgebildet, daß auch *H. D. Scheinert/T. Riegel*, Qualitätssicherung bei Fallpauschalen und Sonderentgelten ... , in *H.-J. Jaster*, Qualitätssicherung im Gesundheitswesen (1997), S. 175 dargestellt haben.

[129] Knapp zum Ganzen: *W. Pschyrembel*, Klinisches Wörterbuch (1994), S. 1368 f.

[130] Näheres hierzu bei: *W. Pschyrembel*, Klinisches Wörterbuch (1994), S. 1123 f.

beschriebenen Maßnahmen der Kostendämpfung im Krankenhauswesen neben der beabsichtigten Schaffung von Anreizen zu einer weiteren Rationalisierung in diesem Bereich auch Anreize enthalten, die rationierende Wirkungen insofern entfalten können, als Patienten, die starke Abweichungen vom „Normalpatienten" aufweisen, Leistungen der Heilbehandlung vorenthalten werden. Außerdem besteht die Gefahr, daß bei drohender Budgetüberschreitung zum Ende eines Wirtschaftsjahres die notwendige Behandlung von Patienten, die sich zu elektiven Behandlungen ins Krankenhaus begeben, allein aus wirtschaftlichen Gründen auf das folgende Rechnungsjahr verschoben werden. Die rationierenden Wirkungen derartiger Strategien auf der Ebene der Mikroallokation, die sich aus der politisch gewollten Kostenbegrenzung im Krankenhausbereich auf der Makroebene ergeben, sind unter Berücksichtigung der zuvor beschriebenen Fällen wie folgt gekennzeichnet:

- der generelle Behandlungsverzicht einzelner Leistungserbringer mit dem Effekt, daß das Behandlungsangebot künstlich reduziert wird und die Patienten längere Wartezeiten in Kauf nehmen müssen;
- ein vorübergehender Behandlungsverzicht am Ende eines Wirtschaftsjahres, der ebenfalls zu Wartezeiten für die Patienten führt;
- die Verschiebung einer aufwendigen, aber nicht hoch akuten Behandlung bis zu einem Zeitpunkt, an dem ein weiterer Behandlungsverzicht für den Betroffenen lebensbedrohlich ist;
- die Wahl einer weniger aufwendigen Behandlungsmethode, die nicht selten zu einem verzögerten Heilungs- bzw. Wiederherstellungsverlauf führt, oder für den Patienten in anderer Weise mit Einschränkungen verbunden ist;
- die Wahl eines niedrigeren Standards der perioperativen Diagnostik und Behandlung bei aufwendigen Hauptleistungen;
- der vorzeitige Abbruch einer Behandlung, die nicht im ersten Behandlungsversuch zu dem erwünschten Heilungserfolg führt;
- die Verlegung von Patienten weit vor der zu erreichenden Wiederherstellung.

Ob diese Liste möglicher rationierender Auswirkungen kostendämpfender Maßnahmen bereits vollständig ist, oder ob weitere nicht „erwünschte Nebenwirkungen" oder auch nur spezielle Variationen der schon beschriebenen zu erkennen sind, wird sich bei den folgenden, etwas knapper gehaltenen Betrachtungen der Budgetierung im vertragsärztlichen Bereich und den Auswirkungen der sektoralen Budgetierung überhaupt erweisen.

II. Staatliche Regulierung der Ausgaben im vertragsärztlichen Bereich

Anders als der Krankenhausbereich, der schon seit den 30-er Jahren den Kostendämpfungsbemühungen der Politik ausgesetzt ist, konnte sich der Bereich der ambulanten medizinischen Versorgung der Versicherten, also die Leistungserbringung durch die Vertragsärzte - früher Kassenärzte -,[131] diesen Bemühungen über lange Zeit hinweg entziehen. Eindrucksvoll schildert *Götz Frank*[132] am Beispiel des Kostendämpfungsgesetzes 1977 in einer Abhandlung aus dem Jahre 1983, wie es den ärztlichen Verbänden immer wieder gelang, über gezielte Lobbyarbeit die Versuche der Politik, wirkungsvolle Kontrollinstrumente für den Bereich der kassenärztlichen Leistungserbringung in das System des Gesundheitswesen einzubringen, zu untergraben.[133]

Historisch gesehen war ein erster, aus der Sicht der Ärzteschaft bedeutender Erfolg, der bis zur heutigen Zeit von Bedeutung ist,[134] der gelungene Versuch, maßgeblich des Hartmannbundes, in das ursprüngliche System der gesetzlichen Krankenversicherung das Institut der „Freien Arztwahl" zu etablieren.[135] Damit wurde den zur Jahrhundertwende noch verbreitet bestehenden Kassenambulatorien nach und nach „das Wasser abgegraben". Seit dem „Berliner Abkommen" im Jahre 1913 konnten die ambulant praktizierenden Ärzte außerdem nicht mehr nur als Einzelpersonen mit den Kassen Verträge abschließen, die sie von diesen wirtschaftlich abhängig machten, sondern sie konnten - zusammengeschlossen zu Kassenarztvereinen - Vereinbarungen mit Kassenverbänden treffen, wodurch die monopolistische Stellung der Kassen bei der Vertragsgestaltung und deren Einfluß auf die ärztliche Zulassung aufgehoben wurde.[136] Durch die Umwandlung der Kassenarztvereine in „Kassenärztliche Vereinigungen" (KVen), die Ermöglichung von „Gesamtverträgen" mit den Kassenverbänden und die Honorierung der ärztlichen Leistungen durch eine

---

[131] An dieser Stelle sei noch einmal ausdrücklich darauf hingewiesen, daß dem Bereich der zahnärztlichen Versorgung, der letztlich einen gesonderten Bereich der vertragsärztlichen Versorgung darstellt, keine weitere Aufmerksamkeit gewidmet werden soll. Dies geschieht einerseits unter der Prämisse, daß weite Bereiche der vertragszahnärztlichen Leistungserbringung und deren Vergütung gemeinsamen Regelungen mit der vertragsärztlichen Vergütung unterworfen sind (vgl.: §§ 72 ff SGB V (insbesondere § 77 I 1 SGB V)). Darüber hinaus sind in den Bereichen der kieferorthopädischen Versorgung, der Prothetik und der Versorgung mit zahntechnischen Leistungen inzwischen spezielle Regelungen im Bereich der Kostenerstattung getroffen worden, deren differenzierte Darlegung und Diskussion, die zahlreiche besondere Fragestellungen aufwirft, den Rahmen der Arbeit sprengen würde.

[132] *G. Frank*, Sozialstaatsprinzip und Gesundheitssystem (1983), S. 13 bis S. 60.

[133] Mit einer positiveren Gesamtbewertung zu der weiteren Entwicklung vor dem GSG auch: *J. Wasem* in *IGSF (Hrsg.)*, ...Künftige Finanzierung der Gesundheitsversorgung...(1993), S. 141 ff.

[134] Vgl.: § 76 SGB V.

[135] Vgl.: *G. Schneider*, Handbuch d. Kassenarztrechts (1994), S. 17 ff.; *D. Wiegand*, Kassenarztrecht (1995), Einführung Rdnr. 3 ff.; *G. Frank*, Sozialstaatsprinzip und Gesundheitssystem (1983), S. 56 ff.

[136] *G. Frank*, Sozialstaatsprinzip und Gesundheitssystem (1983), S. 57; *D. Wiegand*, Kassenarztrecht (1995), Einführung Rdnr. 5 f.; *Schmitt* in *Schulin*: Handbuch d. Sozialversicherungsrechts - Bd. 1 (1994), § 28 Rdnr. 24.

„Gesamtvergütung“ wurde in den Jahren 1931/1932 im Rahmen entsprechender Neufassungen der RVO und des Kassenarztrechts das heute bestehende System der vertragsärztlichen Versorgung praktisch vorgeformt.[137]

In den Nachkriegsjahren wurde dieses System mit dem „Gesetz über das Kassenarztrecht“ (GKAR)[138] letztlich wieder erneuert. Es wurden die Kassenärztlichen Vereinigungen als Körperschaften öffentlichen Rechts mit Zwangsmitgliedschaft für alle Kassenärzte auf Länderebene und die Kassenärztliche Bundesvereinigung (*KBV*) als öffentlich-rechtliche Körperschaft der KVen auf der Bundesebene errichtet. Auf der anderen Seite wurden auch die Landes- und Bundesverbände der Krankenkassen zu Körperschaften öffentlichen Rechts erhoben.[139] Im Sinne der „Sicherstellung der ärztlichen Versorgung“ (§ 368 Abs. 1 S. 1 RVO (1955)) hatten die KVen mit Krankenkassen *Gesamtverträge*[140] zu schließen, darüber hinaus wird die Ausgestaltung der kassen-(bzw. vertrags-)ärztlichen Versorgung seither durch Landesmantelverträge auf der Länderebene und vor allem durch Bundesmantelverträge auf Bundesebene bestimmt. Die Vergütung der kassenärztlichen Leistung erfolgte durch die Zahlung einer Gesamtvergütung, die ihrerseits im Rahmen des auf der Landesebene vereinbarten *Honorarverteilungsmaßstabs* auf eine Vergütung der Leistung des einzelnen Arztes heruntergebrochen wurde.[141] Zum Zwecke der Umrechnung der Gesamtvergütung auf die Einzelleistungen des Arztes wurden vom Bundesausschuß, der paritätisch mit Vertretern der Spitzenverbände der Krankenkassen und der *KBV* besetzt ist, Bewertungsmaßstäbe entwickelt,[142] die später auch in Form des *einheitlichen Bewertungsmaßstabs* (EBM) durch das „Krankenversicherungs-Kostendämpfungsgesetz“ (KVKG) aus dem Jahre 1977

---

[137] „4.VO des Reichspräsidenten zur Sicherung der Wirtschaft und Finanzen und zur Sicherung des inneren Friedens“ vom 9.12.1931 (RGBl. I 1931, S. 699) und VO'en vom 30.12.1931 (RGBl. I 1932; S. 2) und vom 14.1.1932 (RGBl. I 1932, S: 19.) zum ganzen auch *D. Wiegand*, Kassenarztrecht (1995), Einführung Rdnr. 8 und *G. Schneider*, Handbuch d. Kassenarztrechts (1994), S. 31 ff.; *Schmitt* in *Schulin*: Handbuch d. Sozialversicherungsrechts - Bd. 1 (1994), § 28 Rdnr. 26 f.

[138] „Gesetz über Änderung von Vorschriften des 2. Buchs der Reichsversicherungsordnung und zur Änderung des Sozialgerichtsgesetzes“ vom 17.8.1955 (BGBl. I 1955, S: 513).

[139] „Gesetz über die Verbände der gesetzlichen Krankenkassen und der Ersatzkassen“ vom 17.8.1955 (BGBl. I 1955, S. 524).

[140] Zur heutigen Bedeutung der Gesamtverträge vgl. nur: Kasseler Kommentar -*Hess*-, § 83 SGB V, Rdnr. 3 ff.; *Funk* in *Schulin*: Handbuch d. Sozialversicherungsrechts - Bd. 1 (1994), § 32 Rdnr. 22 f.

[141] Vgl.: *G. Schneider*, Handbuch d. Kassenarztrechts (1994), S. 57 f.; *Enquête-Kommission BT*, Strukturreform der gesetzlichen Krankenversicherung (1990), S. 134 ff.

[142] Vgl.: *G. Schneider*, Handbuch d. Kassenarztrechts (1994), S. 288 (Rdnr. 704 ff.); ders.: MedR 1997, S. 2 -Fn. 14.

Bestandteil der Gesetzlichen Vorschriften geworden sind.[143] Dieser einheitliche Bewertungsmaßstab stellt gem. § 87 Abs. 2 SGB V einerseits einen Katalog der durch den Kassenarzt überhaupt erbringbaren Leistungen dar, denn nur die dort aufgeführten Leistungen sind gegenüber den Kassen abrechenbar. Anderseits sind dort jeder einzelnen Leistung Punktbeträge zugeordnet, denen mit Hilfe des Honorarverteilungsmaßstabs unter Berücksichtigung der vereinbarten Gesamtvergütung Punktwerte zugeordnet werden. Dieses System hat in seinen grundlegenden Prinzipen bis zum heutigen Tage Bestand.[144] Zur Vereinfachung der Darstellung des komplexen Systems der Rechtsbeziehungen und der Vergütung im Bereich der vertragsärztlichen Leistungserbringung mag die Übersicht der Abb. 2 dienen.

Die Vergütung der vertragsärztlichen Leistung erfolgt demnach direkt durch die jeweilige KV, der die Vertragsärzte qua Zulassung zur vertragsärztlichen Versorgung angehören. Die KV erhält die zu verteilende Gesamtvergütung von den Kassen.[145] Grundsätzlich ist die Berechnungsgrundlage der Gesamtvergütung der Vereinbarung zwischen den Parteien der Gesamtverträge überlassen. Konnten diese auch bisher hinsichtlich der Vergütungsform noch zwischen Festbeträgen, Kopfpauschalen, Fallpauschalen oder Einzelleistungsvergütung wählen,[146] so hat sich doch verbreitet in der Vergangenheit ein ebenfalls zulässiges Mischsystem der genannten Berechnungsgrundlagen durchgesetzt.[147] Für die Fortschreibung der Gesamtvergütung sind die Vorschriften des § 85 Abs. 3 SGB V maßgebend, wonach neben Veränderungen in Art und Umfang der Leistungserbringung auch der Grundsatz der Beitragssatzstabilität von den Vertragsparteien zu beachten ist. Die so ermittelte Gesamtvergütung wird nun mit Hilfe des auf der Landesebene vereinbarten Honorarverteilungsmaß-

---

[143] Durch das „Gesetz zur Dämpfung der Ausgabenentwicklung und zur Strukturverbesserung in der gesetzlichen Krankenversicherung" (KVKG) vom 27.6.1977 (BGBl. I 1977, S. 1069) wurde der „einheitliche Bewertungsmaßstab" im Rahmen des § 368g Abs. 4 RVO institutionalisiert (Vgl. auch *G. Schneider*, MedR 1998, S. 541 f.).

[144] Vgl. nur: *G. Schneider*, Handbuch d. Kassenarztrechts (1994), S. 59 f.

[145] § 85 Abs. 1 SGB V.

[146] Vgl. auch: *Enquête-Kommission BT*, Strukturreform der gesetzlichen Krankenversicherung (1990) Bd. 1, S. 135; *M. Jörg*, Das neue Kassenarztrecht (1993), Rdnr 380 ff.; *Funk* in *Schulin*: Handbuch d. Sozialversicherungsrechts - Bd. 1 (1994), § 32 Rdnr. 96; *G. Schneider*, MedR 1998, S. 542; ausführlich auch: Kasseler Kommentar -*Hess*-, § 85 SGB V, Rdnr. 13 ff.

[147] *M. Jörg*, Das neue Kassenarztrecht (1993), Rdnr. 381; Kasseler Kommentar -*Hess*-, § 85 SGB V, Rdnr. 13.

Abb. 2: Übersicht über die Rechtsbeziehungen im vertragsärztlichen Versorgungssystem (Stand: März 1999)

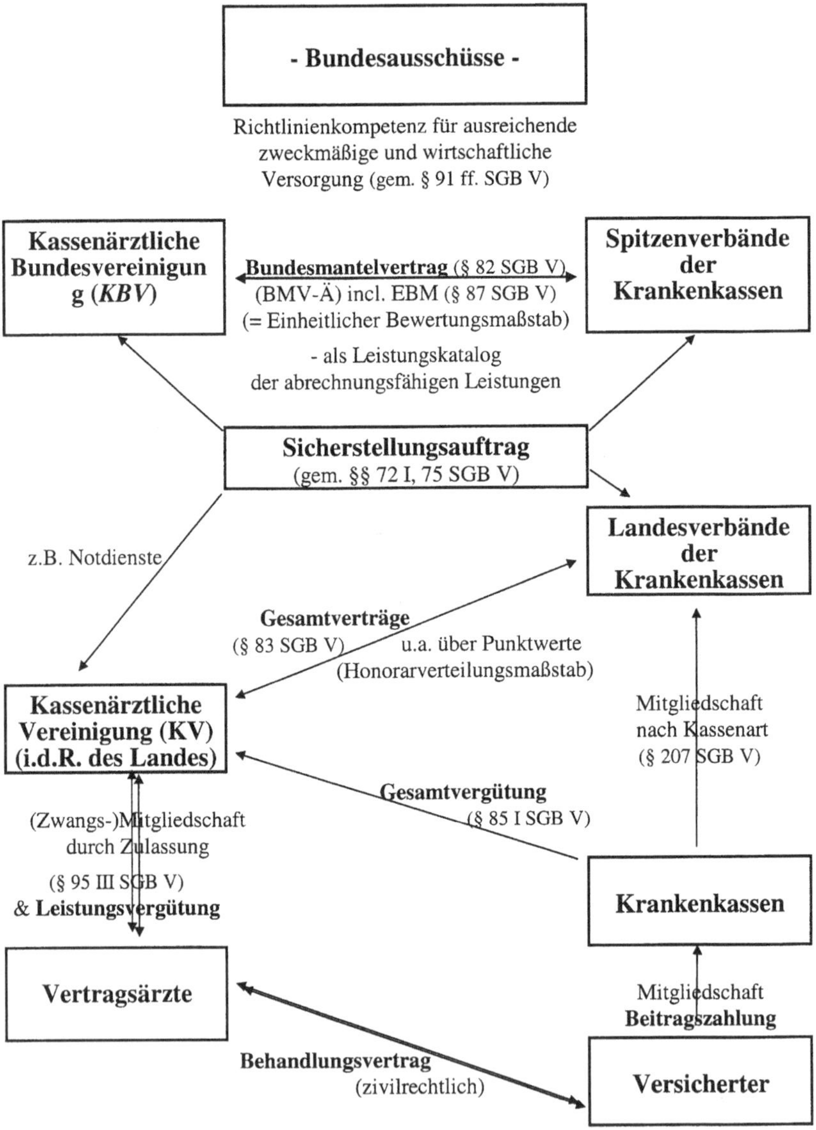

stabs unter den einzelnen Vertragsärzten verteilt.[148] Dabei können beispielsweise für einzelne Arztgruppen, für den Gesamtkomplex der Laboratoriumsmedizin oder den Bereich des ambulanten Operierens Teilbudgets gebildet werden.[149]

Zur Vergütung ihrer Leistungen reichen die angeschlossenen Vertragsärzte eine Abrechnung aller von ihnen erbrachten Einzelleistungen quartalsweise bei der jeweiligen KV ein. Als Berechnungsgrundlage dienen hierzu die Punkte nach dem Einheitlichen Bewertungsmaßstab (EBM). Die Bewertung der jeweiligen Einzelleistungen erfolgt sodann auf der Grundlage der aus der Gesamtvergütung gebildeten Teilbudgets, indem deren Quartalsbeträge durch die Summe aller eingereichter Punkte aus dem jeweiligen Bereich dividiert werden. Der sich aus diesem Verfahren ergebende Punktwert für das jeweilige Rechnungsquartal wird dem einzelnen Arzt dann wiederum für jeden geltend gemachten Leistungspunkt vergütet (zur Übersicht: Abb. 3).

Abb. 3: Übersicht über die Vergütung der vertragsärztlichen Leistungen
(Stand: März '99)

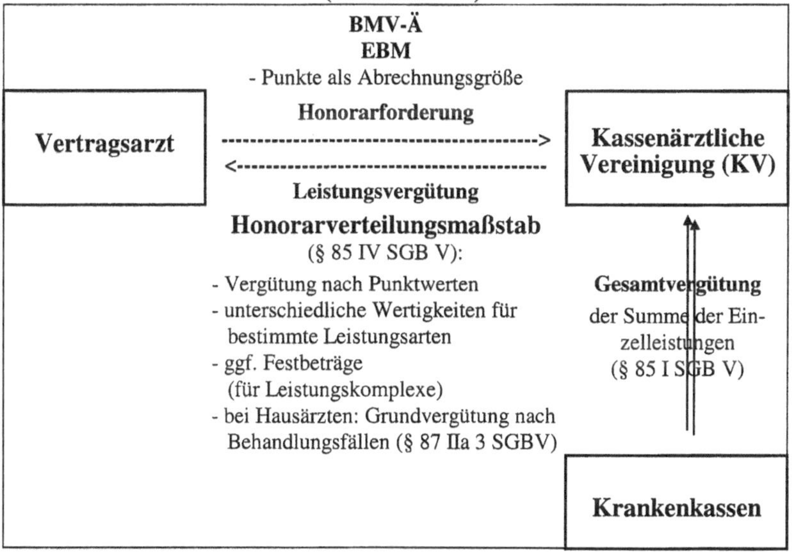

[148] *M. Jörg*, Das neue Kassenarztrecht (1993), Rdnr. 390 ff.; *Funk* in *Schulin*: Handbuch d. Sozialversicherungsrechts - Bd. 1 (1994), § 32, Rdnr. 105 ff.; Kasseler Kommentar -*Hess*-, § 85 SGB V, Rdnr. 49 ff.

[149] § 85 Abs. 2c SGB V - vgl. auch: Kasseler Kommentar -*Hess*-, § 85 SGB V, Rdnr. 54 ff.

1) Rationierung durch die Festschreibung der kassenärztlichen Gesamtvergütung

Die Tatsache, daß die Höhe der Gesamtvergütung bis dahin im wesentlichen durch den Aufwand für die Leistungserbringung und besonders auch durch die Leistungsmenge bestimmt war, führte zu einer vielfach kritisierten „Doppeldynamik" in der Entwicklung der Arzteinkommen,[150] die den Gesetzgeber veranlaßte, mit dem Gesundheitsstrukturgesetz (GSG)[151] ab dem Jahre 1993 erstmals rigoros in das System der vertragsärztlichen Vergütung einzugreifen. Dieser Eingriff erfolgte unter dem Grundsatz der Beitragssatzstabilität in Form einer strikten Budgetierung der Gesamtvergütung.[152] Mit den entsprechenden Vorschriften, die im Rahmen der Absätze 3a bis 3c des § 85 in das SGB V eingefügt wurden, erhielten die Parteien der Gesamtverträge die Auflage, daß sich auf der Grundlage des Vergütungsvolumens des Jahres 1991 die Gesamtvergütung für die Jahre 1993 bis 1995 nur noch um den Vomhundertsatz der Steigerung der beitragspflichtigen Einnahmen der Mitglieder aller Krankenkassen erhöhen dürfe. Damit gab es, ähnlich wie im Krankenhausbereich, auch für den Bereich der ambulanten Heilbehandlung ein „gedeckeltes Budget", das an die Steigerung der Grundlohnsumme angeknüpft war.[153] Als Sonderregelung wurden unter anderem für den Teilbereich des ambulanten Operierens, zu dem durch eine entsprechende Ermächtigung im § 115 b SGB V mit den GSG auch die Krankenhäuser zugelassen worden sind, feste Steigerungsraten der Vergütung im Gesetz vorgegeben. Der einmal beschrittene Wege der Budgetierung der Gesamtvergütung im Sinne einer Anbindung der Steigerungsraten der Gesamtvergütung an die Entwicklung der beitragspflichtigen Löhne und Gehälter der Versicherten wurde im weiteren auch über das Jahr 1995 hinaus fortgeführt.[154] Nach dem Scheitern des geplanten „Globalbudgets" im Rahmen der „Gesundheitsreform 2000"[155] sind mit der Neugestaltung des § 71 SGB V durch

---

[150] Vgl.: *Enquête-Kommission BT*, Strukturreform der gesetzlichen Krankenversicherung (1990), Bd. 1; S. 136 f.

[151] vom 21.12.1992 (BGBl. I, S. 2266).

[152] Vgl. auch: Kasseler Kommentar *-Hess-*, § 85 SGB V, Rdnr. 34, ff.; *Funk* in: *Schulin*: Handbuch d. Sozialversicherungsrechts - Bd. 1 (1994), § 32, Rdnr. 102 - zur Gesetzesbegründung auch: *W. Engelhard* in *K. Hauck*, SGB-V-Kommentar, K§85 Rdnr. 7 ff.; SGB-SozVers-Gesamtkommentar, *-Heinze-*, § 85 SGB V, S. 0.6 ff.

[153] Zum Verfahren der Ermittlung der Steigerungsrate der Grundlöhne bzw. der beitragspflichtigen Einnahme vgl.: § 270a SGB V.

[154] Vgl.: *BMAS (Hrsg.)*, Sozialrecht ^{5}1998, S. 205 ff; zu den entsprechenden Regelungen des 2. GKV-NOG: *D. Schirmer*, MedR 1997, S. 431 ff. (444 ff.).

[155] Vgl. die Begründung zum Referentenentwurf eines Gesetzes zur Reform der gesetzlichen Krankenversicherung ab dem Jahr 2000 (GKV-Gesundheitsreform 2000) (BT-Drcks. 14/1245).

das GKV-Gesundheitsreformgesetz 2000[156] die Zügel für die Vertragspartner der Vergütungsverhandlungen noch einmal deutlich angezogen worden. Hieß es in der vorherigen Fassung der Vorschrift zu den Vereinbarungen über die Leistungsvergütung noch, die Krankenkassen und die Leistungserbringer hätten „den Grundsatz der Beitragssatzstabilität zu beachten“, so lautet die Formulierung nun „die Vertragspartner auf Seiten der Krankenkassen und der Leistungserbringer haben die Vereinbarungen über die Vergütungen (...) so zu gestalten, dass Beitragssatzerhöhungen ausgeschlossen werden“.[157] Damit ist klargestellt, daß die Gesamtvergütung der vertragsärztlichen Leistungen gem. § 85 Abs. 1 SGB V auch weiterhin strikt an die Entwicklung der beitragspflichtigen Einnahmen aller Mitglieder der Krankenkassen (§ 267 Abs. 1 Nr. 2 SGB V) je Mitglied gebunden sein wird.

a) Beschreibung der Mechanismen

Schon in seinem Sondergutachten 1991 im Jahresgutachten 1992 brachte der *Sachverständigenrat für die Konzertierte Aktion im Gesundheitswesen (SVRKAiG)* zum Ausdruck, daß eine feste Budgetierung bei gleichzeitig wachsenden Arztzahlen zu einem Verfall der vertragsärztlichen Vergütung führen werde.[158] Diesen Bedenken trug der Gesetzgeber insofern Rechnung, als er mit dem GSG die schon im SGB V vorhandenen Zulassungsbeschränkungen noch einmal deutlich verschärfte.[159] Zwar wurde dadurch der Zuwachs der an der vertragsärztlichen Versorgung teilnehmenden Ärzte im Dreijahreszeitraum '93 bis '95 auf weniger als 4500 Neuzulassungen begrenzt und konnte damit gegenüber dem Dreijahreszeitraum '90 bis '92 fast halbiert werden, von '92 auf '93 gab es jedoch - vermutlich infolge der angekündigten Zulassungsbeschränkungen - einen Sprung von annähernd 10 000 Neuzulassungen, so daß diese Bemühungen des Gesetzgebers im Prinzip in Leere liefen.[160] Als Besonderheit kam aber noch hinzu, daß der Bewertungsausschuß, der gem. § 87 SGB V gemeinsam von *KBV* und Spitzenverbänden der Krankenkassen zu bilden ist, dem gesetzgeberischen Auftrag (§ 85 Abs. 4a SGB V)[161] entsprechend mit Wirkung von

[156] GKV-Gesundheitsreformgesetz 2000 v. 22.12.1999 (BGBl. I 1999, S. 2626 ff.).

[157] So § 71 Abs. 1 S. 1 SGB V i.d.F. d. GKV-Gesundheitsreformgesetz 2000 v. 22.12.1999 (BGBl. I 1999, S. 2626 ff.).

[158] SVRKAiG, SG 1991, S. Ziff. 31 - in Hinblick auf den Eigriff in die ärztliche Berufsfreiheit auch: *R. Francke*, Ärztliche Berufsfreiheit und Patientenrechte (1994), S. 263 f.

[159] Vgl.: §§ 99 ff. SGB V - insbesondere § 101 SGB V; zum Ganzen auch knapp: *R. Francke*, Ärztliche Berufsfreiheit und Patientenrechte (1994), S. 254 ff. - ausführlicher *G. Schneider*, Handbuch d. Kassenarztrechts (1994), S. 161 ff.

[160] Zu den zugrunde gelegten Zulassungszahlen vgl.: *BMG*, Statistisches Taschenbuch Gesundheit 1996, S. 7.2a.

[161] i.d.F. des 4. SGBV-Änderungsgesetzes vom 4.12.1995 (BGBl. I 1995, S. 1558).

1.1.1996 einige Neuerungen in den EBM aufnahm, mit deren Hilfe eine Stärkung der Position der Hausärzte erreicht werden sollte. Die wesentlichen Aspekte dieser EBM-Reform waren die Bildung von Leistungskomplexen sowie eine Erhöhung der Bewertung von Gesprächsleistungen, die klassischerweise zu den Hauptmerkmalen hausärztlicher Tätigkeit gehören, im Rahmen einer neu eingeführten Ordinationsgebühr.[162] Für dieses Mehr an Leistung war sogar noch ein Ausgleich bei der Gesamtvergütung vorgesehen.[163] Was jedoch entgegen der schon erwähnten Warnung des SVRKAiG nicht bedacht wurde, war der Umstand, daß die Vertragsärzte, nicht nur im hausärztlichen Bereich, von diesen neu eröffneten (Verdienst-) Möglichkeiten in kaum geahnten Umfang Gebrauch machten. Dies führte im Ergebnis zu einem drastischen Punktwertverfall, der sich allerdings aufgrund des aufwendigen Berechnungsverfahrens erst weit nach dem Ende des ersten Abrechnungsquartals 1996 bemerkbar machte.[164]

Unter dem Eindruck dieser Entwicklung beschloß der Bewertungsausschuß (gem. § 87 Abs. 3 SGB V) die Einführung von sogenannten „arztgruppenbezogenen fallzahlabhängigen Praxisbudgets“ zur Honorarverteilung mit Wirkung vom 1.7.1997.[165] Mit dieser Neuregelung wurde die Abrechnung der ärztlichen Leistungen, die weiterhin grundsätzlich nach dem EBM erfolgte, für jede einzelne Arztpraxis mit einer Obergrenze für die Gesamtpunktzahl der erbrachten Leistungen versehen (= Praxisbudget).[166] Diese Grenze der Gesamtpunktzahl orientiert sich, vereinfacht dargestellt, an den durchschnittlichen Betriebsausgaben der jeweiligen Arztgruppe und an einem einheitlich für alle Arztgruppen festgestellten Ansatz für das Arzteinkommen auf der Grundlage einer durchschnittlichen Fallzahl (Vgl.: Tab. 2). In diesem Sinne wurden, noch einmal differenziert nach Mitgliedern und Familienversicherten einerseits und Rentnern andererseits, jeder Arztgruppe Fallpunktzahlen pro Behandlungsfall zugeordnet.

---

[162] Vgl.: *Süddeutsche Zeitung* vom 4.6.1996 und 19.8.1996. - Knapp hierzu auch *G. Schneider*, MedR 1998, S. 540.

[163] Vgl.: § 85 Abs. 3a S. 8 i.V.m. § 87 Abs. 2a S. 6 SGB V.

[164] Vgl.: *Süddeutsche Zeitung* vom 4.6.1996 und 19.8.1996; mit einer Darstellung der Mechanismen und weiterer Auswirkungen auch: *W. Beck*, Dr.med.Mabuse Nr. 102/1996, S. 22 ff. und *Th. Gerlinger*, Dr.med.Mabuse Nr. 104/1996, S. 46 ff.

[165] Vgl.: Bekanntmachung des Beschlusses des Bewertungsausschusses vom 11.3.1997, DÄBl. 13/1997, S. B-695 ff., zuvor auch schon Beschluß des Bewertungsausschusses vom 19.11.1996: DÄBl. 50/1996, S. B-2618 ff.; zum Ganzen auch *Th. Gerlinger*, Dr.med.Mabuse Nr. 104/1996, S. 46 ff.

[166] Die Klage eines Kassenarztes gegen sein Budget wurde übrigen vom SG Dortmund in einer Entscheidung vom 3.5.99 (Az.: S 26 KA 226/98 (nicht rechtskräftig)) abgewiesen. Zur früheren Rechtsprechung des BSG auch *W. Engelhard* in *K. Hauck*, SGB-V-Kommentar, K §85 Rdnr. 227 m.w.Nachw.

Tab. 2: Verkürzte und vereinfachte Darstellung der Fallpunktzahlen je Arztgruppe (Stand 1997)[167]

Arztgruppe	Versichertengruppe	
	Fallpunktzahl Mitglieder/Familie	Fallpunktzahl Rentner
Allg. / Prakt. Ärzte	610	1220
Augenärzte	475	700
Chirurgen	650	750
Frauenärzte	520	490
HNO-Ärzte	700	680
Hausärztl. Internisten	690	1090
Kinderärzte	670	670
Nervenärzte	1300	1250
Orthopäden	685	855
Urologen	760	920

Im Prinzip stellt die Summe dieser Fallpunktzahlen je Behandlungsfall für den Abrechnungszeitraum die Obergrenze für die Vergütung der vertragsärztlichen Leistungen nach den EBM-Punkten, also die jeweiligen Praxisbudgets, dar.[168] Dabei definiert sich der Behandlungsfall, anders als im Bereich der Krankenhausfinanzierung, nicht anhand der jeweiligen Diagnose, sondern ein Behandlungsfall ist nach den entsprechenden Regelungen im Bundesmantelvertrag-Ärzte (§ 21 Abs. 1 BMV-Ä) bzw. dem Arzt-/Ersatzkassenvertrag „die gesamte von demselben Vertragsarzt innerhalb desselben Kalendervierteljahres an demselben Kranken ambulant zu Lasten derselben Krankenkasse vorgenommene Behandlung“. Dies gilt unabhängig davon, ob sich aus einer Erkrankung eventuell während der Behandlung eine andere entwickelt oder ob während eines Quartals auch noch andere Erkrankungen behandelt werden.[169]

Eine solche Vergütungsregelung enthält ihrer Art nach allerdings Anreize, Behandlungsfälle zu „produzieren“. Um dem entgegenzuwirken, ist im EBM weiter vorgesehen, eine Überschreitung der durchschnittlichen Fallzahlen einer Arztgruppe durch 10- bzw. 20-prozentige Abzüge von den jeweiligen Fall-

---

[167] In Anlehnung an DÄBl. 13/1997, S. B-699.

[168] Vgl. auch *W. Engelhard* in *K. Hauck* , SGB-V-Kommentar, K §87 Rdnr.120 f. m.w.Nachw.

[169] § 21 Abs. 1 S. 2 BMV-Ä i.V.m. A I. Teil B 1.4 EBM - „Budgetrelevante Fälle“ (DÄBl. 13/1997, S. B-698).

punktzahlen zu sanktionieren.[170] Den entsprechenden Berechnungen wird dabei der regionale Fallzahlendurchschnitt des Jahres 1995 in der Arztgruppe zugrunde gelegt.[171] Dieser Form der Beschränkung der Zahl der Behandlungsfälle in den einzelnen Vertragsarztpraxen innerhalb des EBM sind ergänzend im Rahmen der Honorarverteilungsmaßstäbe (HVM) vieler KVen noch rigidere Maßnahmen zur Begrenzung der Fallzahlenzuwächse hinzugefügt worden, um die Punktwerte unter einer budgetierten Gesamtvergütung stabil zu halten.[172] Andererseits sind aber sowohl in den HVM als auch innerhalb des EBM Verfahrensvorschriften zur Anpassung der Praxisbudgets an die regionale Versorgungsstruktur, sowie die Möglichkeit zur Einrichtung von Zusatzbudgets für ganz bestimmte Leistungsbereiche, z. B. für die Betreuung von HIV-Patienten, vorgesehen.[173] Der Rahmen dieser differenzierten Vergütungsregelungen bleibt indes die weiterhin streng budgetierte Gesamtvergütung.

Eine gesetzliche Berücksichtigung hat die auf die einzelne vertragsärztliche Praxis heruntergebrochene Budgetierung der vertragsärztlichen Vergütung in der Neufassung des § 85 Abs. 2 SGB V durch das 2. GKV-NOG[174] erfahren. Mit der damaligen Regelung, die inzwischen im § 85 Abs. 4 SGB V[175] verankert ist, war vorgesehen, von 1.1.1998 an sogenannte „arztgruppenspezifische Regelleistungsvolumina“ je Vertragsarzt durch die Partner der Gesamtverträge bestimmen zu lassen, die allerdings hinsichtlich ihrer Auswirkungen kaum anders als die Praxisbudgets zu bewerten wären.[176] Bis zum Sommer des Jahres 1999 war der hierzu erforderliche Umstrukturierungsprozeß für den EBM noch nicht endgültig abgeschlossen. Es zeichnete sich aber ab, daß der Einigungsprozeß zwischen den KVen und den Spitzenverbänden der Krankenkassen im Ergebnis zu einer „Mischform“ von Praxisbudgets und Regelleistungsvolumina führen könnte, deren Bestimmungsverfahren zwar noch einmal deutlich komplizierter, und damit vielleicht auch den Erfordernissen der einzelnen Arztgrup-

[170] A I. Teil B 2 EBM (DÄBl. 13/1997, S. B-699).

[171] Ebenda.

[172] So gibt es beispielsweise eine komplexe Regelung zur „Fallzahlenzuwachsbegrenzung“ im § 11 des Honorarverteilungsmaßstab der KV Bremen vom 3.6.1997. - Vgl. auch DÄBl. 13/1997, S. B-694).

[173] Im Interesse der Überschaubarkeit der Arbeit wird auf eine detaillierte Darstellung der Sonderregelungen an dieser Stelle verzichtet (vgl. aber im DÄBl. 13/1997, S. B-699 ff., und DÄBl. 50/1996, S. B-2619 ff.) - Zum Ganzen auch *G. Schneider*, MedR 1998, S. 542 ff.

[174] Zweites Gesetz zur Neuordnung von Selbstverwaltung und Eigenverantwortung in der gesetzlichen Krankenversicherung v. 23.6.1997 (BGBl. I 1997, S. 1520).

[175] I.d.F. d. GKV-Gesundheitsreformgesetz 2000 v. 22.12.1999 (BGBl. I 1999, S. 2626 ff.).

[176] So auch *G. Schneider*, MedR 1998, S. 543. Eingehend zu den Regelleistungsvolumina auch *D. Schirmer*, MedR 1997, S. 431 ff. (444 f.). - Zur weiteren Entwicklung *W. Engelhard* in *K. Hauck*, SGB-V-Kommentar, K§85 Rdnr. 255.

pen etwas gerechter werden würde, die aber in ihrer Wirkung doch weitgehend den Praxisbudgets entsprechen würde.[177]

Schon vor der Einführung der Praxisbudgets war manchenorts eine *Neigung zum Leistungsverzicht* zu verzeichnen. Eine Umfrage, die im Frühjahr 1997 im Rahmen dieser Arbeit zum Zwecke der Orientierung über die Auswirkungen der Budgetierung im vertragsärztlichen Bereich auch unter den KVen durchgeführt wurde, brachte zwar keine repräsentativen Ergebnisse: Von den 23 angeschriebenen KVen antworteten nur 10 und von diesen wiederum hatten 6 keinerlei Informationen über budgetbedingten Behandlungsverzicht oder Wartezeiten in ihrem Bereich. Lediglich die Vertreter von 4 KVen waren der Überzeugung, daß kaschierte Rationierungen stattfinden, oder daß jedenfalls Wartezeiten auftreten könnten. In einem Fall gab es sogar eine klare Anweisung der KV an die Vertragsärzte, die Injektion eines in seiner Wirksamkeit umstrittenen Medikamentes fortan zu unterlassen, oder gegenüber dem Patienten privat zu liquidieren. Gleiches galt auch für Ultraschalluntersuchungen bei werdenden Müttern, die zusätzlich zu den im Rahmen der Mutterschaftsrichtlinien vorgesehenen Untersuchungen erbracht werden.[178]

In der Folge solcher und ähnlicher Reaktionen entspann sich innerhalb der Ärzteschaft eine Diskussion um die Frage, was „notwendig" im Sinne des Wirtschaftlichkeitsgebots des § 12 SGB V sei.[179] Diese Diskussion wurde vor dem Hintergrund geführt, daß unter dem Eindruck des akuten Punktwerteverfalls im Jahre 1996 und der Einführung der Praxisbudgets im Jahre 1997 Vertragsärzte letztlich gezwungen seien, nurmehr ein selektiertes Leistungsangebot vorzuhalten. Im Rahmen dieses selektierten Leistungsangebots würden die Vertragsärzte die Leistungen, die sie besonders wirtschaftlich erbringen können, in ihrem Angebot bevorzugen, wohingegen sie Leistungen mit einem hohen Kostenanteil aus ihrem Angebot streichen könnten.[180]

---

[177] Näheres hierzu bei *J. Maus,* DÄBl. 1998. S. A-3260 ff. - Zu den Auswirkungen der geplanten Regelleistungsvolumina auch *G. Schneider*, MedR 1998, S. 543 ff. - Zum Nebeneinander vom Regelleistungsvolumina und Praxisbudgets: *W. Engelhard* in *K. Hauck* , SGB-V-Kommentar, K§85 Rdnr. 264.

[178] Dies war der Inhalt eines Rundschreibens der KV Hessen an ihre Mitglieder vom 11.7.1996 (vgl. auch: *Dr.med.Mabuse* Nr. 103/1996, S. 13) mit weiteren Beispielen auch *W. Beck*, Dr.med.Mabuse Nr. 102/1996, S. 22 ff - mit welcher Emotionalität die Debatte innerhalb der (Vertrags-)Ärzteschaft geführt wird verdeutlichen auch die Leserbriefe auf diesen Artikel in den nachfolgenden Ausgaben der Zeitschrift.

[179] Z.B.: *L. Krimmel*, DÄBl. 1-2/1997, S. B-16 und „Ärzte im Konflikt zwischen Sozial- und Vertragsrecht" in: *Niedersächsisches Ärzteblatt* 12/1996, S. 7.

[180] Zitiert aus einer Stellungnahme des Vorsitzenden *Dr. med. Spies* anläßlich einer Diskussion um das zuvor erwähnt Rundschreiben der KV Hessen.

Auf der Grundlage dieser sachlich zweifellos zutreffenden Prämisse ist davon auszugehen, daß der Vertragsarzt bei Entscheidungen über Behandlung oder Nicht-Behandlung durch die Vorgabe von „Preisen" im Sinne der EBM-Punkte darauf verzichten wird, einzelne Behandlungen, die für ihn - gemessen an dem für die Behandlung aus dem EBM noch zu erzielenden Erlös - mit zu hohen Selbstkosten verbunden sind, durchzuführen. Soweit medizinisch vertretbar - und hier sind, wie die erwähnte Diskussion um die „Notwendigkeit" verdeutlicht, die Ermessensgrenzen derzeit offenbar noch nicht sehr klar umschrieben - wird er die Behandlung entweder gänzlich unterlassen, den Patienten falls möglich an Kollegen einer anderen Fachdisziplin überweisen oder aber eine minderaufwendige und damit eventuell auch minderwirksame Behandlungsmethode wählen.[181] Dem entspricht auch das Ergebnis einer Leserumfrage im *Deutschen Ärzteblatt* im Jahre 1998: Hier waren von den 457 Befragten immerhin 73, 1 % der Meinung, daß bereits damals eine Rationierung von Gesundheitsleistungen erfolgte und nurmehr 12, 9 % der Befragten vertrat die Auffassung, es könnten noch alle Patienten optimal versorgt werden.[182]

Als zweite Komponente kommt zu diesem durch die Vergütung der Einzelleistung hervorgerufenen Phänomen bei einem Festhalten an dem System fallzahlabhängiger, arztgruppenbezogener Praxisbudgets oder Regelleistungsvolumina ein weiteres: Der wirtschaftlich denkende Arzt muß sich komplizierter und/oder infolge von Multimorbidität besonders behandlungsaufwendiger „Fälle" nach Möglichkeit entledigen. Er wird versuchen, die Übernahme der Behandlung „schlechter Risiken" in Form von multimorbiden Patienten einzugrenzen.[183] Es zeigt sich damit, daß auch im Bereich der vertragsärztlichen Versorgung gesetzgeberische Maßnahmen zur Kostenbegrenzung auf der Ebene der Makroallokation, soweit sie nicht mit eindeutigen Vorgaben hinsichtlich des zu erwartenden Behandlungsstandards verbunden sind, geradezu zwangsläufig auf der Ebene der Mikroallokation rationierende Effekte nach sich ziehen werden.

Die strikte Budgetierung der Gesamtvergütung und der daraus resultierende Verfall der Punktwerte hat im vertragsärztlichen Bereich schließlich noch einen dritten Effekt: Anders als im Krankenhauswesen, wo die Investitionsfinanzierung gesondert über Ländermittel erfolgt, müssen die vertragsärztlichen Praxen ihre Investitionen aus den Einnahmen der Leistungsvergütung bestreiten. Ein Sinken der Leistungsvergütung wird deshalb geradezu zwangsläufig auch eine deutliche Zurückhaltung bei den Praxisinvestitionen nach sich ziehen. Einer in der *Ärztezeitung* vom Dezember 1996[184] veröffentlichten Umfrage zufolge hat-

---

[181] Vgl. auch: *Th. Gerlinger*, Dr.med.Mabuse Nr. 104/1996, S. 48. Einige Beispiele hierzu gab es in der *Süddeutschen Zeitung* vom 6.2.1999 und vom 10.4.1999.

[182] So A. O. Kern/F. Beske/H. Lescow, DÄBl. 1999, S. C-86 ff.

[183] So auch *G. Schneider*, MedR 1997, S. 6 und *ders.*, MedR 1998, S. 545.

[184] Vgl.: *Ärztezeitung* vom 5.12.1996, S. 4.

ten die Rückgänge der Honorarumsätze insbesondere im Bereich der Diagnostik gegen Ende des Jahres 1996 zu einem Investitionsstau in den Praxen von hochgerechnet vier Milliarden DM geführt. Der Geräteaustausch werde, so ein Sprecher des Instituts, das die Befragung durchgeführt hatte, von einem Fünf- auf einen Zehnjahresrhythmus verschoben. Insofern sei eine Qualitätsminderung in der Diagnostik der ambulanten Medizin zu befürchten.

b) Fallbeispiele:

Da durch die Umsetzung der noch zu erläuternden Budgetierung der Arznei- und Heilmittelversorgung weitere Effekte im Bereich der vertragsärztlichen Versorgung zu verzeichnen sind, soll nachfolgend zunächst nur die Auswirkung der Budgetierung der vertragsärztlichen Gesamtvergütung und die daraus folgenden Beschränkungen im EBM-Preissystem anhand von zwei Beispielsfällen beschrieben werden:

Fall 6: Die 85-jährige Patientin „G", die seit einigen Jahren an Bluthochdruck und Depressionen leidet und kürzlich im Rahmen im Verlauf einer Mamma-Amputation eine Beinvenenthrombose erlitt, wird nach ihren Krankenhausaufenthalt wieder an den sie bisher behandelnden hausärztlich tätigen Internisten „I" überwiesen. Der Hausarzt ist über die Entlassung der aufwendigen Patientin nicht gerade begeistert. Zumal Frau „G" in der Folge der Krankenhausbehandlung noch erhebliche Schmerzen in Bein und Brust hat, die sich ihrerseits negativ auf die bestehende Depression, die nun aufwendiger medikamentös behandelt werden muß, auswirken. Er stellt fest, daß die häufigen Besuche von Frau „G" in seiner Praxis weit mehr von seiner Zeit in Anspruch nehmen, als sich nach dem gegenwärtigen Punktwert aus der arztgruppenspezifischen Fallpunktzahl für Rentner ergibt und entschließt sich, schon wegen der medikamentösen Umstellung zur Behandlung der Depression, Frau „G" an den Nervenarzt „N" zu überweisen. Diesem wiederum ist die Behandlung der Frau „G" ebenfalls zu aufwendig. Wegen der vielen Nebenerkrankungen sieht er sich nicht zuständig und verweist Frau „G" zur weiteren Behandlung an den hausärztlich tätigen Allgemeinmediziner „H". Da dieser mit der medikamentösen Einstellung von Depressionen kaum Erfahrungen hat, dauert die medikamentöse Neueinstellung der Frau „G" bis zum Erreichen einer gewissen seelischen Stabilität mehrere Monate.

Fall 7: Die 25-jährige Patientin „H" begibt sich mit heftigen krampfartigen Schmerzen im Unterbauch, die auch in den Rücken ausstrahlen, in die Praxis ihres Hausarztes. Da die Patientin bereits appendektomiert ist, ist eine Blinddarmentzündung ausgeschlossen. Der Hausarzt bedient sich insofern der Ultraschalldiagnostik, um auch eine Extrauteringravidität („Bauchhöhlenschwangerschaft")[185] ausschließen zu können. Das Sonographiegerät ist allerdings schon acht Jahre alt und entspricht nicht mehr ganz dem Stand der Technik. Eine bis zu 80 000, - DM teuere Neuanschaffung ist dem Arzt aber bisher angesichts sinkender Honorarumsätze nicht möglich gewesen. Die Ultraschalluntersuchung verläuft ergebnislos. Das leichte Fieber der Patientin, den in den Rücken ausstrahlenden Schmerz und die Tatsache, daß sie schon häufiger mit einer Blasenentzündung bei ihm in Behandlung war, nimmt der Arzt zum Anlaß, zunächst einen aufsteigenden Harnwegsinfekt zu

[185] Vgl.: *W. Pschyrembel*, Klinisches Wörterbuch (1994), S. 450.

diagnostizieren. Er verordnet reichlich Flüssigkeitszufuhr in Form von Nieren- und Blasentee und verabreicht der Patientin zudem ein schmerz- und krampflösendes Mittel.

Am Abend des gleichen Tages wird Frau „H“, nachdem sie Zuhause kollabiert ist, vom Notarztwagen in das nächst gelegene Krankenhaus eingeliefert, dort wird sie notfallmäßig operiert, weil sie eine Tubarruptur mit erheblicher Blutung in die Bauchhöhle infolge einer Tubargravidität[186] erlitten hat. Der behandelnde Krankenhausarzt ist erstaunt, daß diese Eileiterschwangerschaft dem Hausarzt trotz Ultraschalldiagnostik verborgen geblieben ist.

2) Rationierung durch Arznei- und Heilmittelbudgets

Die staatliche Regulierung der Ausgaben im vertragsärztlichen Bereich betrifft jedoch nicht nur die Vergütung der eigentlichen vertragsärztlichen Leistungserbringung. Auch der Bereich des Arznei- und Heilmittelmarktes, an dem die Vertragsärzte im Rahmen ihrer Verordnungshoheit (§ 15 Abs. 1 SGB V) beteiligt sind, ist seit einiger Zeit ebenfalls von der staatlichen Regulierung betroffen. Historisch gesehen begann die gesetzgeberische Steuerung insbesondere des Arzneimittelmarktes noch zu Zeiten der Reichsversicherungsordnung. Im Rahmen des § 182f RVO[187] wurde erstmals eine sogenannte „Negativliste“ von Bagatellarzneimitteln, die aus dem Leistungskatalog der GKV ausgeschlossen sind, gesetzlich festgeschrieben. Diese Regelung wurde mit dem § 34 SGB V übernommen und erweitert.[188] Ursprünglich war im § 92a Abs. 8 SGB V, der in Verbindung mit einem § 34a durch das GSG in das SGB V eingefügt worden war, vorgesehen, die „Negativliste“ bis zum 31.12.1995 durch eine „Positivliste“ zu ersetzen.[189] Dieses Vorhaben wurde indes, nicht zuletzt wohl auch unter dem Druck der Pharmaindustrie und mit Rücksicht auf die ärztliche Therapiefreiheit, durch das 6. SGBV-Änderungsgesetz[190] im Jahre 1995 wieder aufgehoben.[191] Dagegen ist seit dem Gesundheitsreformgesetz (GRG)[192] im Rahmen der

---

[186] Zum Ganzen: *W. Pschyrembel*, Klinisches Wörterbuch (1994), S. 1575.

[187] eingefügt ab dem 1.1.1982 durch das Kostendämpfungs-Ergänzungsgesetz (KVEG) vom 22.12.1981 (BGBl. I 1981, S. 1578); zum Ganzen vgl. auch: SGB-SozVers-Gesamtkommentar, -*Heinze*-, § 182 f. RVO, S. 126/1 ff.

[188] Zum Ganzen: SGB-SozVers-Gesamtkommentar, -*Heinze*-, § 34 SGB V, S. 2 ff. und Kasseler Kommentar -*Hess*-, § 34 SGB V, Rdnr. 2 ff. – umfassend auch *B. Frieß*, Die Steuerungsinstrumente der Selbstverwaltung im SGB V (1992), S. 22 ff.

[189] Art 1 Nr. 21 GSG vom 21.12.1992 (BGBl. I 1992, S. 2266) vgl. auch SGB-SozVers-Gesamtkommentar, -*Heinze*-, § 34a SGB V, S. 0.1 - umfassend zum Ganzen mit einer verfassungsrechtlichen Beurteilung: *A. Philipp*, Arzneimittellisten und Grundrechte (1995), S. 74 ff.

[190] 6. SGBV-Änderungsgesetz vom 18.12.1995 (BGBl. I 1995, S. 1987).

[191] Zum Ganzen vgl.: *F. J. Oldiges* , DOK 1994, S. 346 ff.; *D. Becker* , DOK 1995, S. 596 f. und kurze Stellungnahme in: *DOK* 1996, S. 94. Mit dem GKV-Gesundheitsreformgesetz 2000 v. 22.12.1999 (BGBl. I 1999, S. 2626 ff.) wurde inzwischen erneut in dem umfangreichen § 33a SGB V der gesetzgeberische Auftrag für die Erstellung einer „Positivliste“

Vorschriften des § 35 SGB V eine „Festbetragsregelung“ für Arznei- und Verbandmittel in Kraft, aufgrund derer die Spitzenverbände der Krankenkassen in Zusammenarbeit mit dem Bundesausschuß der Ärzte und Krankenkassen für bestimmte Gruppen von Arzneimitteln Festbeträge für die Ausgabenerstattung durch die Krankenkasse festsetzen.[193]

Ebenfalls mit dem GRG hatte der Gesetzgeber im § 84 SGB V eine Regelung verankert, aufgrund derer die Partner der Gesamtverträge den Auftrag hatten, arztgruppenspezifische „Richtgrößen“ für das Volumen der je Arzt verordneten Leistungen für den Bereich der Arznei-, Verband- und Heilmittel zu vereinbaren.[194] Diese Richtgrößen sollten und sollen gem. § 106 Abs. 2 SGB V dazu dienen, die Verordnungsweise der Vertragsärzte auf ihre Wirtschaftlichkeit hin zu überprüfen.[195] In der Praxis erfolgte jedoch eine Umsetzung der gesetzlichen Regelung bis zum Ende des Jahres 1992 nicht bzw. nur in kleinen Teilbereichen.[196] Auch der erneute gesetzgeberische „Anlauf“, die Partner der Gesamtverträge durch eine entsprechende Vorschrift im § 84 Abs. 3 SGB V i.d.F. des 2.GKV-NOG[197] zur Vereinbarung arztgruppenspezifischer Richtgrößen zu bewegen, ist bislang an der mangelhaften Datenlage gescheitert.[198] Allerdings hat auch der Gesetzgeber des „GKV-Gesundheitsreformgesetzes 2000“[199] an den Richtgrößen für das Volumen der verordneten Leistungen im Bereich der Arznei- Verband- und Hilfsmittel festgehalten. Er hat deren Bedeutung sogar noch einmal unterstrichen, indem mit dem veränderten § 106 SGB V dezidiert das Verfahren von Wirtschaftlichkeitsprüfungen anhand der Richtgrößen geregelt und die Sanktionen bei Überschreitung der Richtgrößen noch einmal verschärft

---

durch ein neuzuerrichtendes Institut für die Arzneimittelverordnung in der gesetzlichen Krankenversicherung verankert.

[192] vom 20.12.1988 (BGBl. I 1988, S. 2477).

[193] Knapp und mit unterschiedlichen Ergebnissen hinsichtlich der erwarteten Steuerungseffekte: *Enquête-Kommission BT*, Strukturreform der gesetzlichen Krankenversicherung (1990) Bd. 1, S. 507 f. und S. 545 (Arzneimittelversorgung - Berichte A und B) - differenzierter: *G. W. Selke* in: *Schwabe/Paffrath*, Arzneiverordnungsreport '92, S. 444 ff.

[194] § 84 SGB V i.d.F. des Art 1. GRG vom 20.12.1988 (BGBl. I 1988, S. 2477) - vgl. hierzu auch: Kasseler Kommentar *-Hess-*, § 84 SGB V, Rdnr. 30 ff. und *A. Philipp*, Arzneimittellisten und Grundrechte (1995), S. 69 ff.

[195] Vgl.: SGB-SozVers-Gesamtkommentar, *-Heinze-*, § 84 SGB V, S. 1 Anm. 2; *A. Philipp*, Arzneimittellisten und Grundrechte (1995), S. 69.f.

[196] *A. Philipp*, Arzneimittellisten und Grundrechte (1995), S. 70 m.w.Nachw.; Kasseler Kommentar *-Hess-*, § 84 SGB V, Rdnr. 4.

[197] Zweites Gesetz zur Neuordnung von Selbstverwaltung und Eigenverantwortung in der gesetzlichen Krankenversicherung v. 23.6.1997 (BGBl. I 1997, S. 1520). Eingehend zu den Neuregelungen des 2.GKV-NOG auch *D. Schirmer*, MedR 1997, S. 431 ff.

[198] Vgl.: *D. Krauskopf*, MedR 1998, S. 494 f.

[199] GKV-Gesundheitsreformgesetz 2000 v. 22.12.1999 (BGBl. I 1999, S. 2626 ff.).

hat. Drohten den einzelnen Vertragsärzten bzw. Vertragsarztpraxen bislang nur bei einer nicht durch Praxisbesonderheiten begründeten Überschreitung der Richtgrößen von mehr als 25 Prozent individuelle Regresse, so sollen diese nunmehr bereits bei einer Überschreitung der Richtgrößen von mehr als 15 Prozent zum Tragen kommen.[200]

Darüber hinaus drohen den Vertragsärzten aber auch auf der kollektiven Ebene Regresse im Bereich der Verordnung von Arznei- Verband- und Hilfsmittel. Die „Trägheit" der Selbstverwaltungsorgane veranlaßte den Gesetzgeber des Gesundheitsstrukturgesetzes unter dem Eindruck weiterhin steigender Arzneimittelausgaben ab dem Jahre 1993, mit dem neugefaßten § 84 SGB V ein Arznei- und Heilmittelbudget einzuführen. Mit dem Effekt, daß die Budgetierung der Arzneimittelausgaben im Jahre 1996 zu ersten Auswirkungen auf die ärztliche Vergütung führte.[201] Nach einer kurzfristigen Lockerung der strikten Budgetierung im Bereich der Arznei- und Heilmittelversorgung durch das 2. GKV-NOG hat die „rot-grüne Koalition" bereits zu Beginn ihrer Legislaturperiode mit dem Solidaritätsstärkungsgesetz[202] die strikte Budgetierung im Arznei- und Heilmittelbereich wieder eingeführt. Diese Strategie wurde nach dem Scheitern der „Globalbudgets" auch für die „Gesundheitsreform 2000" beibehalten.[203] Die entsprechende Regelung im § 84 Abs. 1 SGB V besagt, daß die Gesamtvergütungen der vertragsärztlichen Leistungen im Folgejahr um bis zu 5 Prozent des vereinbarten Budgets vermindert werden, wenn die Ausgaben für Arznei-, Verband- und Heilmittel das vereinbarte Budget überschreiten. Bei der Berechnung des Ausgleichsbetrags für die Gesamtvergütung sind allerdings die Erstattungen aufgrund von Individualregressen zu berücksichtigen.[204] Die Vertragsärzte haften also, wie immer wieder öffentlichkeitswirksam von den ärztlichen Verbandsvertretern bekundet wird, bei einer Überschreitung der Budgets im Bereich der Arznei- Verband- und Hilfsmittel mit ihren Einkommen.

a) Beschreibung der Effekte und Ausweichstrategien

Anfangs hatte bereits die Einführung der Festbeträge durch das GRG deutliche Effekte auf die Preisentwicklung im Arzneimittelmarkt. Diese Senkung der Preise auf das Festbetragsniveau wurde aber seitens der Pharmazeutischen Industrie durch eine deutliche Anhebung der Preise der Präparate, für die keine

---

[200] So die Neufassung des § 106 Abs. 5a SGB V durch das „GKV-Gesundheitsreformgesetz 2000". - Hierzu auch *gid* Nr.3/2000 S. 14 ff.

[201] Zur Situation am Jahresende 1996: *H. Korzilius,* DÄBl. 5/1997, S. B-176 f.

[202] Gesetz zur Stärkung der Solidarität in der gesetzlichen Krankenversicherung v. 19.12.1998 (BGBl. I 1998, S. 3853).

[203] Hierzu schon: BT-Drcks. 14/1245.

[204] So die Klarstellung im § 84 Abs. 1 S. 6 2. HS SGB V durch das „GKV-Gesundheitsreformgesetz 2000".

Festbetragsregelung getroffen wurde, mehr als ausgeglichen.[205] Im Ergebnis blieben die Arzneimittelausgaben lediglich in den Jahren 1988/1989 annähernd konstant, um in den Folgejahren ungleich mehr anzusteigen.[206] Demgegenüber führte die Budgetierung der Arznei- und Heilmittelausgaben durch das GSG in den Jahren 1993 und 1994 zu einem deutlichen Abbau der Arzneimittelausgaben im ambulanten Bereich.[207] Erst im Jahre 1995 kam es bei 9 der 23 KVen zu Überschreitungen der inzwischen regional vereinbarten Arznei- und Heilmittelbudgets, die sich bundesweit auf 1,61 Mrd. DM summierten.[208] Für 1996 war am Jahresende absehbar, daß fast alle KVen ihr Arznei- und Heilmittelbudget bereits vor dem Jahresende ausgeschöpft haben würden. Es wurde mit einer erneuten Überschreitung der Arznei- und Heilmittelbudgets um weitere 4,8 Milliarden DM gerechnet.[209]

Entsprechend der gesetzlichen Regelung (§ 84 Abs. 1 S. 6 SGB V a.F.) kündigten die Krankenkassen an, die Budgetüberschreitungen der einzelnen KVen durch eine entsprechende Minderung der Gesamtvergütung auszugleichen.[210] Diese Ankündigung veranlaßte die *Kassenärztliche Bundesvereinigung (KBV)* im November 1996 zu dem Entwurf eines „Vorläufigen Notprogramms zur Verhinderung existenzbedrohender Regresse aus der Überschreitung der Arznei- und Heilmittelbudgets".[211] In diesem Entwurf wurden den Vertragsärzten - immer unter der Maßgabe, daß keinen Patienten das „unbedingt Notwendige"

[205] Vgl.: *Enquête-Kommission BT*, Strukturreform der gesetzlichen Krankenversicherung (1990) Bd. 1, S. 507 f. und S. 545 (Arzneimittelversorgung - Berichte A und B) und *G. W. Selke* in: *Schwabe/Paffrath*, Arzneiverordnungsreport '92, S. 444 ff.(450).

[206] Vgl.: *Schwabe/Paffrath*, Arzneiverordnungsreport '92, S. 2 und BMG, Statistisches Taschenbuch Gesundheit 1994, S. 10.7.

[207] Vgl.: *SVRKAiG*, SG 1995, S. 128 - Ziff. 411; *BMG*, Statistisches Taschenbuch Gesundheit 1996, S. 10.7. - Hierzu auch *D. Krauskopf*, MedR 1998, S. 491 f.

[208] Vgl.: *L. Krimmel*, DÄBl. 39/1996, S. B-1918.

[209] A.a.O., S. B-1919. - Zum Ganzen auch *D. Krauskopf*, MedR 1998, S. 491 ff.

[210] Vgl.: *L. Krimmel*, DÄBl. 39/1996, B-1918 ff im Detail zu den gesetzlichen Grundlagen dieser Regelung und der verfassungsrechtlichen Problematik solcher Maßnahmen aus der Perspektive der Vertragsärzte auch *R. Ratzel*, MedR 1996, S. 180 ff. - So kündigten beispielsweise die Krankenkassen in Mecklenburg-Vorpommern, in deren Bereich die höchsten Überschreitungen des Arzneimittelbudgets (1995: 87 Mio. DM) vorkamen, im Frühjahr 1997 an, die Gesamtvergütung der Kassenärzte um 5 Mio. DM monatlich zu kürzen (Vgl. *Süddeutsche Zeitung* vom 16.5.1997, S. 5).

[211] *KBV*, Vorläufiges Notprogramm ... (1996) herausgegeben am 21.11.1996 - die Verbreitung der Schrift als Beilage zum *Deutschen Ärzteblatt* wurde allerdings aufgrund einer einstweiligen Verfügung auf Betreiben der Pharmazeutischen Industrie untersagt, so daß dieses „Notprogramm" einer breiteren Öffentlichkeit nicht zugänglich gemacht worden ist. Gleichwohl eignet sich dieses Programm sehr gut zu Darstellung der Folgen der strikten Arznei- und Heilmittelbudgets.

vorenthalten werden dürfe - folgende Empfehlungen zur Vermeidung weiterer Budgetüberschreitungen nahegelegt:

1) Verzicht auf alle medizinisch nicht zwingend erforderlichen Heilmittelverordnungen, insbesondere bei Massagen und Bädern. Dies bedeutet, daß die Verordnung medizinischer Bäder und Massagen bis hinunter zu dem, was medizinisch unbedingt notwendig ist, „massiv" reduziert werden sollte. Die Begründung für diese Maßnahme sah die *KBV* darin, daß seitens der Gesundheitspolitik und der Krankenkassen der Verdacht geäußert wurde, daß im Bereich der Verordnung von Heilmitteln, die nicht zuletzt auch immer das individuelle Wohlbefinden des Patienten steigernd können, die Verordnung solcher Anwendungen stark nachfragegesteuert sei. Die *KBV* empfahl den Vertragsärzten in Fällen, in denen GKV-Versicherte auf die Verordnung nicht zwingend erforderlicher Medizinischer Bäder und Massagen bestehen würden, solche Verordnungen nurmehr auf Privatrezept mit dem ausdrücklichen Hinweis „auf Wunsch" vorzunehmen. Die Kassen seien in diesen Fällen nicht berechtigt , die Kosten für die Heilmittel zu erstatten.[212]

Soweit nicht bereits das „Wohlbefinden" an sich als wesentliche Voraussetzung für die Gesundheit gewertet werden soll,[213] stellt unter dem Aspekt, daß eine Steigerung des körperlichen Wohlbefindens nicht selten auch zu einem rascheren Heilungsverlauf beitragen kann, ein Verzicht auf die Verordnung derartiger Leistungen, deren Heilwirkung auch von der *KBV* nicht bestritten wird, eine Vorenthaltung medizinischer Leistungen mit unbestrittenem Nutzen dar.

2) Verzicht auf die Verordnung der sogenannten „umstrittenen" Arzneimittel. Dieses sind Arzneimittel, deren Wirksamkeit umstritten ist, oder deren therapeutischer Nutzen nur gering ist.[214] Eine Auflistung derartiger Präparate aus dem *Arzneiverordnungsreport '96* umfaßte als umsatzstärkste Arzneimittelgruppen u.a. die durchblutungsfördernden Mittel, Exspektorantien, die hustenlösend wirken, Venenmittel und äußerlich anwendbare Rheumamittel.[215] Diese Mittel sollten unter dem Aspekt, daß sie von Krankenkassen und Gesundheitspolitik immer wieder als „umstritten" bezeichnet wurden, nur noch mit äußerster Zurückhaltung verordnet werden. In Fällen, in denen der GKV-Versicherte trotz des Hinweises auf den bestrittenen therapeutischen Nutzen und eine Aufklärung über therapeutische Alternativen auf eine Verordnung solcher umstrittener Arzneimittel bestehe, sollten ihm diese ebenfalls nur noch auf Privatrezept verordnet werden.

Schon die Tatsache, daß der Nutzen zwar bestritten, aber nicht ausgeschlossen ist, läßt dieses Vorgehen aus der Sicht der Patienten höchst zweifelhaft erscheinen. Insbesondere im Bereich der Arzneimittel mit geringem Nutzen, zu denen auch viele aus den oben erwähnten Stoffgruppen gehören, kommt der Verzicht auf Verordnung einer Vorenthaltung

---

212 Zum Ganzen der nicht veröffentlichte „Vorläufige Notprogramm" der *KBV*, S. 3 f.

213 Die Diskussion, um die Definition der Begriffe „Gesundheit" und „Krankheit", die sich durch eine Gegenüberstellung der Definition im Sozialversicherungsrecht und der Definition der WHO aufdrängt, soll an dieser Stelle nicht vertieft werden (Hierzu mehr im Zweiten Kapitel der Arbeit). - Vgl. auch *SVRKAiG*, SG 1995, S. 47 - Ziff. 57 ff. m.w.Nachw. Ausführlich zum erweiterten Gesundheitsbegriff auch: *E. Göpel/U.Schneider-Wohlfahrt (Hrsg.),* Provokationen zur Gesundheit (1994).

214 Ausführlich zu den umstrittenen Arzneimittelgruppen: *U. Schwabe* in: *Schwabe/Paffrath*, Arzneiverordnungsreport '96, S. 13 ff.

215 Zur kompletten Übersicht vgl. auch *KBV,* Vorläufiges Notprogramm ... (1996), S. 5.

medizinisch nützlicher Maßnahmen gleich. Warum sollte beispielsweise ein Rheumakranker darauf verzichten, sich Salben verordnen zu lassen, deren durchblutungsfördernde und damit stark wärmende Wirkung ihm bisher immer eine deutliche Linderung seiner Schmerzen gebracht hat. Auch wenn eine objektive Wirkung in Hinblick auf den Krankheitsverlauf nicht nachgewiesen ist, so kann im Einzelfall die subjektive Linderung der Beschwerden vom betroffenen Patienten als überaus nützlich empfunden werden.

3) Einschränkung der Verordnung von hochpreisigen sogenannten „Me-Too"-Präparaten mit marginalen Vorteilen gegenüber bewährten Leitsubstanzen. Auch hier lautete die Empfehlung der *KBV*, in Fällen, in denen der GKV-Versicherte trotz des Hinweises auf den geringen Vorteil, den die teueren Neuentwicklungen gegenüber den bewährten und preisgünstigen Alternativen bieten, auf eine Verordnung solcher umstrittener Arzneimittel besteht, eine Verordnung nur auf Privatrezept vorzunehmen. - Die sogenannten „Me-Too"-Präparate sind Nachahmerentwicklungen, die durch eine neuartige chemische Zusammensetzung bzw. geringfügige Molekülveränderungen mit eingeführten Arzneimitteln in Konkurrenz treten. Bei gleichbleibenden Wirkweisen ist der Unterschied zu bewährten Präparaten nur gering.[216]

Nicht selten aber haben diese Neuentwicklungen einen verbesserten Anwendungskomfort gegenüber den eingeführten Arzneimitteln, die - wie auch die *KBV* in ihrem „Notprogramm" eingeräumt hatte - eine Steigerung der Lebensqualität des Patienten bringen kann.[217] Insofern kann also eine Einschränkung der Behandlung mit den „Me-Too"-Präparaten unter Umständen einen Verlust an Lebensqualität für den behandelten Patienten und bei vergleichsweise umständlicher Handhabung des bewährten Medikaments, bedingt durch mögliche Unregelmäßigkeiten bei der Einnahme, auch einen verzögerten Genesungsverlauf oder eine höhere Komplikationsrate nach sich ziehen.

4) Der letzte Vorschlag der *KBV* ist schließlich eine weitestgehende Ausschöpfung des Preiswettbewerbs bei generikafähigen Wirkstoffen verbunden mit der Vorgabe, GKV-Versicherten, die auf die Verordnung eines höherpreisigen Arzneimittels bei gleichem Grundwirkstoff bestehen, diese nurmehr auf Privatrezept zu verordnen. Diese Strategie zur Senkung der Arzneimittelausgaben ist zweifellos eine der wirksamsten und, soweit ersichtlich, auch in Hinblick auf die Interessen der Patienten kaum zu beanstanden. Zwar gibt es auch im Bereich der Generikaanwendung immer wieder Stimmen, die behaupten, daß unter Umständen andere Trägersubstanzen auch eine andere Wirksamkeit des Wirkstoffes nach sich ziehen können. Aussagen dieser Art waren aber bisher eher subjektiver Natur und sind insofern weitgehend auf den Placeboeffekt des eingeführten Markenpräparats zurückzuführen, der allerdings auch nicht unterschätzt werden darf. Wirkliche Einbußen bei Heilungsverlauf oder Lebensqualität auf der Seite der Patienten sind demnach bei einer weitestgehenden Ausschöpfung der Möglichkeiten auf dem Generikamarkt kaum zu befürchten.

Diese Strategien zur Verhinderung von Regressen aus der Überschreitung der Arznei- und Heilmittelbudgets wurden zwar aufgrund einer einstweiligen Verfügung, die die Pharmaindustrie gegen das „Vorläufige Notprogramm" erwirkt hatte,[218] nicht veröffentlicht und die Initiatoren innerhalb der *KBV* haben sich

[216] Hierzu auch: *U. Schwabe* in: *Schwabe/Paffrath*, Arzneiverordnungsreport '96, S. 9 f.

[217] Vgl.: *KBV*, Vorläufiges Notprogramm ... (1996), S. 6.

[218] Vgl.: *D. Krauskopf*, MedR 1998, S. 492.

später auch von den dort getroffenen Aussagen distanziert.[219] Im Sommer 1999 reagierte die *KBV* auf die erneute Budgetierung des Arznei- und Heilmittelsektors allerdings zunächst wiederum mit einem „Notprogramm", das erst im Rahmen eines schwierigen Einigungsprozesses zwischen Gesundheitsministerium und *KBV* wieder zurückgenommen wurde.[220] Auch frühere Reaktionen einzelner KVen auf Landesebene[221] belegen, daß aus der Sicht der Vertragsärzte die genannten Strategien als geeigneter Mittelweg im Konflikt zwischen den drohenden Regreßforderungen auf der sozialrechtlichen Ebene und dem Haftungsrisiko aus dem Deliktsrecht angesehen wurde. Es ist insofern davon auszugehen, daß wirtschaftlich denkende Vertragsärzte genau diese Strategien künftig wählen werden, um den drohenden Regreßforderungen aus der Überschreitung der Arznei- und Heilmittelbudgets zu entgehen. Auch die arztgruppenspezifischen, praxisbezogenen Richtgrößen, durch die die vielfach kritisierte Kollektivhaftung durch die Arznei- und Heilmittelbudgets in eine individuelle Einstandpflicht umgewandelt würde,[222] ändern an den dargestellten Strategien nichts. Im Gegenteil: Durch das „Herunterbrechen" der Arznei- und Heilmittelbudgets auf die Ebene der einzelnen Praxis wird der wirtschaftliche Druck auf die Vertragsärzte für diese noch deutlicher spürbar, denn beim Überschreiten der Richtgrößen drohen den Vertragsärzten, wie beschrieben, Wirtschaftlichkeitsprüfungen und in deren Folge bei unwirtschaftlicher Verordnungsweise wiederum Regresse - nunmehr aber auf individueller Ebene.[223]

b) Fallbeispiel:

Als Beispiele für die Ausweichstrategien der Vertragsärzte und die Auswirkungen auf die Patienten werden in letzter Zeit immer wieder die Verordnung sogenannter atypischer Neuroleptika zur Behandlung von Psychosen[224] oder der Einsatz von Betaferon zur Behandlung der multiplen Sklerose (MS)[225] genannt. Aus den zahlreichen beschriebenen Fällen, sei zur Verdeutlichung der Auswir-

---

[219] *H. Korzilius,* DÄBl. 1997, S. 175 f. Vgl. auch *D. Krauskopf,* MedR 1998, S. 492.

[220] Anschaulich hierzu die Berichte in der *Süddeutschen Zeitung* vom 1.6., 11.8., 19.8. u. 20.8. 1999 und im *gid* Nr. 29/1999 (v. 17.9.99) S. 2 ff.

[221] hier zum Beispiel die KV Hessen in einem Rundschreiben an ihre Mitglieder vom 11.7.1996 (Vgl. auch: *Dr.med.Mabuse* Nr. 103/1996, S. 13) und mit einigen Beispielen auch *W. Beck,* Dr.med.Mabuse Nr. 102/1996, S. 22 ff.

[222] So *D. Krauskopf,* MedR 1998, S. 493. Zum den Regelungen nach dem 2. GKV-NOG auch: *H. Clade,* DÄBl. 1997, 715 f. und *D. Schirmer,* MedR 1997, S. 431 ff. (445 f.).

[223] Hierzu eingehend *D. Krauskopf,* MedR 1998, S. 493 ff.

[224] Zur den Verbesserungen durch den Einsatz solcher Präparate z.B. *A. Bischoff,* DÄBl. 43/1997, S. A-2845.

[225] Eingehend zu dem therapeutischen Hintergrund z.B. *P. Rieckmann/H.-P. Hartung/K. Toyka,* DÄBl. 46/1996, S. A-3022 ff. - Zur aktuellen Problematik um den Einsatz von Betaferon auch *K. Toyka,* DÄBl. 26/1999, S. A-1785.

kung der Arznei- und Heilmittelbudgets ein Beispiel aus dem letztgenannten Bereich herausgegriffen:

Fall 8:[226] Der 40-jährige Patient „I", leidet seit neun Jahren unter multipler Sklerose, einer Entzündung des Nervensystems. Längere Wege schafft er nur im Rollstuhl, das Sprechen fällt ihm schwer. Jeder Krankheitsschub brachte den 40-jährigen Frührentner etwas näher an das von vielen MS-Patienten gefürchtete Ende: die schwere Pflegebedürftigkeit. Seit die ihn behandelnde Neurologin damit begonnen hatte, ihm regelmäßig das neuartige, gentechnisch hergestellte Medikament „Betaferon" subcutan, also ins Unterhautfettgewebe, zu spritzen, blieben die Schübe aus. Die Zahl der Krämpfe nahm ab, das Kribbeln in Armen und Beinen wurde weniger. Das Medikament ist allerdings teuer. Bis zu 7.000 Mark kostet eine Behandlung pro Patient im Quartal.[227] Vielleicht war das der Grund, warum Herrn I's Neurologin ihm das neue Mittel nicht mehr verschreiben wollte. I suchte sich einen anderen Arzt und glaubte auch, jemanden gefunden zu haben, dem er wieder konnte. Bis der Arzt ihm mitteilte, er möge doch zu der Ärztin zurückkehren, von der er gekommen sei. Sie solle das benötigte „Betaferon" verschreiben. Nachdem Herr keinen Vertragsarzt mehr finden konnte, der bereit war, ihm das teure Medikament zu verschreiben, setzten kurze Zeit später beim ihm die Krämpfe wieder ein.[228]

3) Fazit

Die Fallbeispiele aus dem Problemkreis der Budgetierung der Ausgaben im vertragsärztlichen Bereich, der Budgetierung der Gesamtvergütung bzw. der einzelnen Praxisbudgets sowie auch der Umsetzung von Arznei- und Heilmittelbudgets bzw. praxisbezogener Richtgrößen mögen verdeutlicht haben, daß die beschriebenen Maßnahmen der Kostendämpfung im Bereich der ambulanten Versorgung mit Gesundheitsleistungen genau wie im Krankenhauswesen neben der beabsichtigten Schaffung von Anreizen zum Verzicht auf unnötige Behandlungen und Verordnung im Einzelfall auch Konsequenzen nach sich ziehen, die rationierende Wirkungen insofern entfalten können, als Patienten unter dem Eindruck einschneidender Sparmaßnahmen sowohl im Bereich der Diagnose wie auch der Therapie mit Methoden behandelt werden, die nicht mehr dem Stand des medizinisch Möglichen entsprechen. Die Ausgabenbegrenzung in diesem Bereich beinhaltet insofern die Gefahr, daß bei drohender Budgetüberschreitung oder aber aus grundsätzlichen Erwägungen zur Einhaltung der vorgegebenen Richtgrößen oder Budgets den Patienten, die sich in die Hand eines Vertragsarztes begeben, allein aus wirtschaftlichen Gründen eine optima-

---

[226] Das Beispiel ist angelehnt an eine Fallbeschreibung bei *M. Spiewak,* Die Zeit 17/1999, S. 15.

[227] *P. Rieckmann/H.-P. Hartung/K. Toyka* (DÄBl. 46/1996, S. A-3027) sprachen sogar noch von 25.000 bis 30.000 DM pro Jahr.

[228] Vergleichbare Geschichten aus dem Anwendungsbereich der atypischen Neuroleptika finden sich beispielsweise bei *B. Matuscheck-Labitzke,* S.Z. v. 31.5.1999 und 19.1.2000. - Hier geht es maßgeblich um die deutlich verringerten Nebenwirkungen der neuartigen, atypischen Neuroleptika.

le, der individuellen Situationen entsprechende Heilbehandlung vorenthalten wird.

Die rationierenden Wirkungen der dargelegten Strategien auf der Ebene der Mikroallokation, die sich aus der politisch gewollten Kostenbegrenzung im Bereich der ambulanten medizinischen Versorgung ergeben, sind unter Berücksichtigung der beschriebenen Fälle wie folgt gekennzeichnet:

- unsichere Diagnostik wegen der mangelhaften Finanzierung medizinisch-technischer Neuanschaffungen in den Vertragsarztpraxen;
- Verzicht auf die Behandlung mit neueren, kostenintensiven Behandlungsmethoden, die mit größerer Sicherheit zu dem erwünschten Behandlungserfolg führen oder aber anstelle einer Linderung der Beschwerden zu einer vollständigen Heilung der Krankheit führen würden;
- Verzicht auf die Verordnung neuartiger Arzneimittel, die zu einen erhöhten Anwendungskomfort und damit zu mehr Lebensqualität für den Patienten führen können;
- Verzicht auf die Verordnung von Heilmitteln, die das Wohlbefinden des Patienten steigern und damit zu einem rascheren Heilungsverlauf führen oder die Beschwerden des Patienten lindern;
- Überweisung oder Abweisung von behandlungsaufwendigen Patienten, die nicht innerhalb der praxisbezogenen Budgets oder Richtgrößen behandelt werden können und damit letztlich auf Kosten des ärztlichen Einkommens behandelt werden müssen, womit letztlich auf der Seite des Patienten mindestens Verzögerungen in der Behandlung einhergehen.

Insgesamt zeigt sich, daß die negativen Auswirkungen der Ausgabenbegrenzung im ambulanten Bereich weitgehend in Form von minderoptimalen Behandlungsformen in Erscheinung treten, die in der Regel für die behandelten Patienten Einbußen an Lebensqualität und/oder Verzögerungen im Heilungsverlauf zur Folge haben. Hierbei enthalten die Beispiele auch Hinweise darauf, daß vielfach die vorgenommen Einschränkungen der medizinischen Behandlung den betroffenen Patienten nicht mit den tatsächlichen wirtschaftlichen Zwängen, sondern im Sinne der Vermeidung von Konflikten mit medizinischen Gründen erklärt werden.[229] Dadurch wird das Verhalten der behandelnden Ärzte letztlich für die Patienten undurchschaubar. Hinzu kommt als Folge des aus der Sicht der Vertragsärzte verständlichen Versuchs, sich kostenintensiver Behandlungsfälle zu entledigen, zusätzlich aber auch hier häufig das Phänomen des Wartens auf den Beginn der eigentlichen wirkungsvollen Behandlung. Dieses Phänomen wird nachfolgend im Kontext der Auswirkungen einer sektoralen Budgetierung noch einmal besonders in Erscheinung treten.

---

[229] So im Ergebnis auch eine Studie von *E. Kuhlmann*, EthikMed 11/1999, S. 146 ff.

III. Besondere Effekte einer sektoralen Budgetierung im Gesundheitswesen

Bisher waren Gegenstand dieser Betrachtung nur die Auswirkungen der Budgetierung in den einzelnen Bereichen des Gesundheitswesen. Zu diesen einzelnen Effekten der Kostendämpfungsbemühungen kommt aber noch ein Phänomen hinzu, daß sich aus der *sektoralen Budgetierung* als solche ergibt.

Unter dem Begriff „sektorale Budgetierung" wird die getrennte Budgetierung der einzelnen Versorgungsbereich des Gesundheitswesen und das damit verbundene Nebeneinander der verschiedenen Budgets verstanden. Dieses Nebeneinander verschiedener in sich geschlossenen Budgets für die einzelnen Sektoren des Gesundheitswesens in Deutschland gibt es im Prinzip seit dem Gesundheitsstrukturgesetz,[230] also seit dem 1.1.1993. Seit dieser Zeit besteht, wie oben dargelegt, neben der festen Budgetierung der Ausgaben im Stationären Sektor auch eine Budgetierung der Gesamtausgaben im Bereich der vertragsärztlichen Leistungserbringung, sowie eine rigorose Begrenzung der Ausgaben für die Arznei- und Heilmittel. Insofern sind seit 1993 die Ausgaben in fast allen relevanten Bereichen der Leistungserbringung im Gesundheitswesen durch starre Vorgaben begrenzt.[231]

Ein letzter noch offener Bereich blieb zunächst die Leistungserbringung im Rahmen der Häuslichen Krankenpflege und der Leistungen bei Schwerpflegebedürftigkeit, die mit dem GRG im Leistungskatalog der gesetzlichen Krankenversicherung verankert wurden.[232] Dieser Bereich wurde aber durch die Schaffung der Sozialen Pflegeversicherung und die Einführung der Leistungen der Pflegekassen bei Pflegebedürftigkeit ab dem 1.4.1995 im häuslichen Bereich finanziell deutlich entlastet. - Immerhin lagen die Ausgaben der gesetzlichen Krankenkassen für Schwerpflegebedürftigkeit im Jahre 1994 bei 2, 85 Mrd. DM.[233] Auch im Bereich der sozialen Pflegeversicherung wurde aber, abgesehen von der Abwälzung der Lasten auf die Arbeitnehmer durch die Kompensation des Arbeitgeberbeitrags im Wege der Streichung eines bundesweiten Feiertags, eine rigide Ausgabenbegrenzung vorgenommen. Hier sind zwar nicht die Gesamtausgaben, sondern nur die Höhe der Beitragssätze gesetzlich begrenzt worden. Es wurde aber mit der Einführung eines Drei-Stufen-Systems, durch das der Umfang der Leistungen geregelt wird, eine Begrenzung

---

[230] vom 21.12.1992 (BGBl. I, S. 2266).

[231] Dies gilt letztlich auch für den Bereich der zahnärztlichen Versorgung, dem aus den genannten Gründen (Fn. 131) im Rahmen dieser Arbeit keine weitere Aufmerksamkeit gewidmet wird.

[232] § 37 SGB V für die häusliche Krankenpflege und §§ 53 ff. SGB V a.F. für die Leistungen bei Schwerpflegebedürftigkeit, die mit Ausnahme der „Verhinderungspflege" (§ 56 SGB V a.F.) erst am 1.1.1991 in Kraft traten.

[233] Vgl.: *BMG*, Statistisches Taschenbuch Gesundheit 1996, S. 10.7; *BMG*, Daten des Gesundheitswesens 1997, S. 321.

der Ausgaben der Pflegekassen für jeden einzelnen Versicherungsfall vorgenommen.[234]

Darüber hinaus wurden in den Folgejahren kontinuierlich Leistungen aus dem Bereich der Krankenpflege, die an sich zu den Leistungen der Krankenversicherung gehören, in den Leistungsbereich der Pflegekassen verschoben. Den Anfang machte die Einführung der zweiten Stufe der Pflegeversicherung, der Leistungsgewährung in Heimen, im Juli 1996. Im Vorfeld des Inkrafttretens der zweiten Stufe der Pflegeversicherung verständigten sich die Minister *Blüm* und *Seehofer* darüber, daß zunächst befristet bis zum 31.12.1999 auch die Leistungen der medizinischen Behandlungspflege im Rahmen des § 43 SGB XI von den Pflegekassen übernommen werden.[235] Im Art. 7 des 1. SGB XI-Änderungsgesetzes[236] war außerdem vorgesehen, daß die Gesetzgebungsorgane im Jahre 1999 prüfen, ob und in welchem Umfang die Aufwendungen für die medizinische Behandlungspflege in stationären Einrichtungen ab dem 1.1.2000 von den Pflegekassen oder den Krankenkassen zu tragen sind. Im Ergebnis dieser Prüfung ist allerdings die bisherige Kostenverteilungsstruktur vorerst beibehalten worden.[237]

Parallel zu den Bemühungen des Gesetzgebers, Verschiebungen von Leistungen aus dem Bereich der GKV in den Bereich der sozialen Pflegeversicherung vorzunehmen, wurden auch die Spitzenverbände der Krankenkassen und die *KBV* im Frühjahr 1997 in diese Richtung aktiv: Sie vereinbarten einen bundesweit einheitlichen „Abgrenzungskatalog", aufgrund dessen zahlreiche Leistungen der medizinischen Behandlungspflege als Verrichtungen der Grundpflege klassifiziert und damit in den Leistungsbereich der Pflegekassen verschoben wurden.[238] Dieser Katalog scheiterte zunächst am Widerstand der Pflegeverbände. Im Herbst 1999 beschloß der Bundesausschuß der Ärzte und Krankenkassen erneut Richtlinien zur Verordnung häuslicher Krankenpflege, mit denen Leistungen der Behandlungspflege zu grundpflegerischen Leistungen abqualifiziert und damit in den Leistungsbereich der Sozialen Pflegeversicherung verschoben

---

[234] Zu den Einzelheiten vgl.: *B. Schulin (Hrsg.)*: Handbuch d. Sozialversicherungsrechts - Bd. 4: Pflegeversicherungsrecht (1996); *G. Igl*, Das neue Pflegeversicherungsrecht (1995); umfassend zur Entstehungsgeschichte auch: *J. A. Meyer,* Der Weg zur Pflegeversicherung (1996).

[235] Art. 49a Pflege-VG i.d.F. des Ersten SGB XI-Änderungsgesetzes vom 14.6.1996 (BGBl. I 1996, S. 830).

[236] Ebenda.

[237] Entsprechend der Regelung im Art. 3 Ziff. 4 des GKV-Gesundheitsreformgesetzes 2000 v. 22.12.1999 (BGBl. I 1999, S. 2626 ff.) wurde Frist des § 43 Abs. 2 S. 1 SGB XI vom 31.12.1999 auf den 31.12.2001 verlängert. - Hierzu auch *gid* Nr. 4/2000 S. 8 ff.

[238] So eine Meldung der *Süddeutschen Zeitung* vom 25.4.1997 - Zuvor bereits *J. A. Meyer,* Dr.med.Mabuse Nr.105/1997, S. 22 ff.

wurden.[239] Dieser erneute Vorstoß des Bundesausschusses wurde allerdings vorläufig durch das Bundesministerium für Gesundheit vereitelt, weil mit den Richtlinien der Leistungsanspruch der Versicherten „in unzulässiger Weise" eingeengt worden wäre.[240]

Aber auch ohne diese Bemühungen einiger Akteure im Gesundheitswesen, Kosten und mit ihnen auch die Leistungen am Patienten vom Sektor „Krankenpflege" in den Sektor „Grundpflege" zu verschieben, gibt es innerhalb des sektoral budgetierten Systems der Krankenbehandlung hinreichend genug Anreize, Patienten und Behandlungskosten von dem einen Sektor in den anderen oder aber innerhalb der Sektoren von einem Leistungserbringer zu dem Anderen zu verschieben. Ob sich durch die Einführung eines kassenartenbezogenen „Globalbudgets"[241] an der Notwendigkeit der Verschiebung der Kosten in andere Leistungsbereiche aus der Sicht der Leistungserbringer etwas geändert hätte, bleibt zweifelhaft, zumal kaum vorstellbar ist, wie anders als mit Einzelbudgets die Kassen ihre Globalbudgets hätten handhaben sollen.

1) Beschreibung der Mechanismen

Die Phänomene der kosten- oder risikoorientierten Patientenselektion beschreiben Experten gemeinhin mit den aus dem Amerikanischen übernommenen Begriffen „patient-shifting" oder „cost-shifting".[242] *Michael Simon* bediente sich in einer Bewertung der Umsetzung des GSG im Krankenhausbereich des vielleicht noch treffenderen Begriffs der „Rosinenpickerei".[243] Schon im Jahre 1993 warnte *Michael Arnold* davor, daß in den Fallpauschalen im Krankenhausbereich Anreize enthalten seien, komplizierte Fälle in andere Einrichtungen zu verlegen oder die Kosten auf andere Art und Weise abzuwälzen.[244] Im „Medicare"-System der USA seien daher Fallpauschalen aufgrund der mit zunehmenden Alter auftretenden Multimorbidität ab dem 65. Lebensjahr sehr umstritten.[245] Für den Krankenhaussektor sieht *Arnold* in einer Bewertung des Leistungsgeschehens nach der Einführung der BPflV'95 einerseits eine inter-

---

[239] Vgl.: DÄBl. 47/1999, S. A-3015; *Süddeutsche Zeitung* vom 4.10.99.

[240] So eine Pressemitteilung des BMG vom 5.1.2000 (http//www.bmgesundheit.de/presse-/2000/2000//2.htm) - Vgl. auch DÄBl. 3/2000, S. A-78.

[241] Hierzu beispielsweise *G. Neubauer*, f&w 1999, S. 300 ff.

[242] So *M. Arnold*, Solidarität 2000 (1993), S. 53 f., der bereits vor dem Inkrafttreten des GSG vor diesen Effekten der Fallpauschalen und Sonderentgelte im Krankenhausbereich warnte. Ebenso *SVRKAiG*, SG 1995, S. 156 - Ziff. 527 - dieser aber bereits unter Berücksichtigung der Verschiebungen zwischen dem ambulanten und stationären Sektor.

[243] *M. Simon*, ZfGesundheitswiss. 1996, S. 38.

[244] Vgl.: *M. Arnold*, Solidarität 2000 (1993), S. 54.

[245] A.a.O., S. 137.

sektorale Verschiebung der Patienten in den ambulanten Bereich,[246] bei aufwendigen, multimorbiden Patienten aber vor allem eine intrasektorale Verschiebung von privaten zu öffentlichen Krankenhäusern.[247] Diese Tendenz bestätigt auch *Simon* mit seiner Untersuchung.[248] Daneben wird es aber auf seiten der Krankenhausbetreiber zweifellos auch eine Tendenz geben, alte, multimorbide Patienten, deren Behandlung langwierig und aufwendig ist, in den Bereich der ambulanten oder der stationären Pflege zu verlegen. Mit der Vergütung der stationären Pflegeleistung durch die Pflegekassen sind im übrigen Krankenhäuser auch dazu übergegangen, einzelne Stationen in Pflegestationen umzuwandeln, so daß es praktisch nicht einmal mehr der Verlegung bedarf, sondern lediglich die Kostenträger ausgetauscht werden.

Ganz ähnliche Effekte sah *Arnold* auch auf den Sektor der ambulanten Versorgung zukommen.[249] Insbesondere die Budgetierung der Arznei- und Heilmittel mit ihren rigiden Regreßrisiken beinhalte, wie übereinstimmend auch der *SVRKAiG* in seinem Sondergutachten 1995 feststellt, Anreize für die Vertragsärzte, das eigene Budget durch vermehrte Krankenhauseinweisungen zu entlasten.[250] In der Realität wird es unter dem Eindruck der festen sektoralen Budgets mit den permanent drohenden Einbußen bei der Vergütung der Leistungen je nach Spezialisierung oder Interessenlage der behandelnden Ärzte sowohl im stationären als auch im ambulanten Bereich eine Tendenz geben, die kostenintensiven Patienten, an denen kein weiterreichendes persönliches Interesse besteht, in den jeweils anderen Sektor zu verschieben, wobei die günstigste, weil dauerhafteste Lösung immer die Verschiebung der Patienten in den Bereich der Sozialen Pflegeversicherung sein wird.

2) Fallbeispiele:

Zwei konstruierte Beispiele mögen auch die Auswirkungen der sektoralen Budgetierung auf die Patienten noch einmal etwas verdeutlichen, wobei zunächst die schon bekannte Frau „G“ auf ihrem Wege durch die budgetierten Sektoren weiter begleitet werden soll:

> **Fall 9:**[251] Die 85-jährige Patientin „G“, die seit einigen Jahren an Bluthochdruck und Depressionen leidet und kürzlich im Rahmen im Verlauf einer Mammaamputation eine Beinvenenthrombose erlitt, wird nach ihren Krankenhausaufenthalt wieder an den sie bisher behandelnden hausärztlich tätigen Internisten „I“ überwiesen. Dieser entschließt sich, nicht zuletzt auch aus fachlichen Gründen, Frau „G“ zur weiteren Behandlung ihren De-

[246] *M. Arnold*, NZS 1996, S. 358.

[247] Ebenda.

[248] Vgl.: *M. Simon*, ZfGesundheitswiss. 1996, S. 36 ff.

[249] *M. Arnold*, Solidarität 2000 (1993), S. 135 f.

[250] Vgl.: *SVRKAiG*, SG 1995, S. 156 - Ziff. 527.

[251] Fortsetzung des Falls 6.

pression an den Nervenarzt „Dr. N“ zu überweisen. Auch dem Nervenarzt ist die Behandlung der mehrfach erkrankten Patientin letztlich zu aufwendig. Er ist der Meinung, daß sie in der geronto-psychiatrischen Abteilung der nächstgelegen psychiatrischen Klinik wesentlich besser behandelt werden würde. Dort wird sie auch aufgenommen, als aber nach zwei Wochen ein Behandlungsversuch der Altersdepression nicht den gewünschten Erfolg zeigt, beschließt man, keine weiteren Behandlungsversuche zu unternehmen. Nach Rücksprache mit den Angehörigen, die sich letztlich außer Stande sehen, Frau „G“ im derzeitigen Zustand Zuhause zu versorgen, wird sie bis zur Verlegung in ein Pflegeheim von der Kurzzeitpflegestation der Klinik, deren Leistungen mit der Pflegekasse verrechnet werden, übernommen. Dort fühlt sich Frau „G“ ganz wohl, auf Seiten der Angehörigen bestehen aber Zweifel, ob nicht eine weitere konsequente Ausschöpfung der Therapiemöglichkeit der Klinik doch zu einer Verbesserung des Krankheitsbildes der Frau „G“ geführt hätte.

Fall 10: „L“ hat vor kurzem einen Leistenbruch erlitten. Er leidet außerdem seit einigen Jahren an einem Altersdiabetes, der mit Insulin eingestellt ist. Zudem hat er einen labilen Hypertonus, der medikamentös behandelt wird, sowie Durchblutungsstörungen in den Beinen. Er begibt sich zunächst in die Praxis des Chirurgen „C“, der auch ambulante Operationen durchführt, was ihm am angenehmsten wäre, zumal er durch seine Frau und Tochter Zuhause auch sehr gut betreut wäre. „C“ teilt ihm allerdings mit, daß bei seinen Vorerkrankungen eine ambulante Leistenhernienoperation völlig indiskutabel sei. Daraufhin sucht er das in der Nähe seines Wohnortes gelegene Klinikum der „S-GmbH“ auf. Dort zeigt man sich angesichts der Risiken, die Herr „L“ mit sich bringt und die in keinem Fall über die Fallpauschale für die Herniotomie (12.07) abgegolten wären, wenig beglückt und weigert sich, ihn zu operieren. Erst in einem städtischen Krankenhaus der 80 km entfernten Landeshauptstadt ist man zur Operation des Herrn „L“ bereit. Diese Operation war auch erfolgreich. Die „Odyssee“ des Herr „L“ dauerte einschließlich der Wartezeit auf den Operationstermin an dem Städtischen Krankenhaus 12 Wochen. Während dieser Zeit lebte Herr „L“ ständig in der Gefahr, daß sich eine Darmschlinge in dem Bruchsack verfängt, was einen wesentlich komplizierteren Notfalleingriff erforderlich gemacht hätte.

3) Fazit

Die Fallbeispiele aus dem Problemkreis der sektoralen Budgetierung machen deutlich, daß die negativen Folgen dieser starren Festschreibung der Ausgaben in allen wesentlichen Bereichen der Leistungserbringung auf der Seite der Patienten zu einer verlängerten Wartezeit auf eine effektive Behandlung durch die wechselseitigen Bemühungen der Leistungserbringer, die Patienten intersektoral oder intrasektoral zu verschieben, führen kann. Eine weitere Aufsplittung der Budgets, wie sie durch die Einrichtung von Praxisbudgets erfolgt ist, leistet dieser Tendenz zur Verschiebung der Patienten auch innerhalb des Sektors der ambulanten Versorgung nur noch weiteren Vorschub.

Über die Wartezeiten hinaus, die naturgemäß ein erhebliches Risiko der akuten Verschlechterung für die Patienten beinhalten, sind insbesondere auch lange Wege zum und vom Behandlungsort die Folge des „patient-shifting“. Im übrigen wird aber auch ein frühzeitiger Abruch der Bemühungen um die Genesung der Patienten, der mit dem „cost-shifting“, also der Verlagerung einzelner Behandlungskosten in andere Bereich einhergeht, in aller Regel zu Einbußen bei der Lebensqualität der betroffenen Patienten führen.

IV. Zwischenergebnis

Die Beschreibung der Mechanismen und die Fallbeispiele aus den einzelnen Problemkreisen der Budgetierung der Ausgaben im Gesundheitswesen läßt deutlich werden, daß neben der beabsichtigten Beitragssatzstabilität die rigorose Ausgabenbegrenzung in den einzelnen Teilbereichen der Krankenversorgung eine Reihe von Nebeneffekten verursacht, die jedenfalls erklärtermaßen nicht beabsichtigt waren. Die verschiedenen Eingriffe in den „Markt" Gesundheitswesen enthalten neben den beabsichtigen und drastisch umgesetzten Anreizen zur Ausgabenbegrenzung auch fehlsteuernde Anreize für die Leistungserbringer, die sich letztlich zu Lasten der Patienten auswirken. Diese Anreize bewirken sowohl Leistungsausweitungen in Bereichen, in denen sich Leistungen besonders günstig erbringen lassen, als auch Leistungsbegrenzungen in Bereichen, die besonders kostenträchtig und damit für die Leistungserbringer unwirtschaftlich sind. Nachdem der Gegenstand der Untersuchung dieser Arbeit die Rationierung im Gesundheitswesen sein soll, werden die Aspekte der Leistungsausweitung, wenngleich sie für die betroffenen Patienten ebenso problematisch sein mögen, wie die der Leistungseinschränkung,[252] bewußt nicht weiter berücksichtigt. Zumal der Katalog der Varianten eines wirtschaftlich bedingten Behandlungsverzichts schon lang genug ist.

In der Zusammenfassung weisen diese Varianten einige ganz typische Merkmale auf. Dieses sind:

- zeitliche Verschiebung von elektiven Behandlungen am Ende eines Budgetjahres bei drohender Budgetüberschreitung mit dem Effekt unnötiger Wartezeiten für die Patienten;
- Verzicht auf die Behandlung mit neueren oder kostenintensiven Behandlungsmethoden, die mit größerer Sicherheit zu dem erwünschten Behandlungserfolg führen oder aber anstelle einer Linderung der Beschwerden zu einer vollständigen Heilung der Krankheit führen würden;
- unsichere Diagnostik wegen der mangelhaften Finanzierung medizinisch-technischer Neuanschaffungen in den Vertragsarztpraxen mit dem Ergebnis der Fehlbehandlung des Patienten und der Verzögerung einer effektiven Behandlung;

[252] Hierzu mit einigen Beispielen: *H. D. Scheinert/T. Riegel*, in *H.-J. Jaster*, Qualitätssicherung im Gesundheitswesen 1997, S. 175 ff. - grundsätzlich wäre aber auch noch eine differenzierte Untersuchung zu der Frage erforderlich, ob nicht den Staat, der regulierend in das Gesundheitswesen eingreift, auch eine Verpflichtung zum Schutz der Patienten vor ein wirtschaftlich bedingtes Übermaß ärztlicher Heilbehandlung trifft.

- Verzicht auf die Verordnung von Arznei- oder Heilmitteln, die das Wohlbefinden des Patienten steigern und damit zu einem rascheren Heilungsverlauf führen oder die Beschwerden des Patienten lindern;
- intersektorale oder intrasektorale Überweisung von behandlungsaufwendigen Patienten, die nicht innerhalb der Festpreisvorgaben oder Budgets behandelt werden können und damit letztlich auf Kosten der Einkünfte der Leistungserbringer behandelt werden müßten, womit letztlich auf der Seite des Patienten mindestens Verzögerungen in der Behandlung einhergehen.
- Vorzeitige Entlassung des Patienten aus der Behandlung mit dem Effekt, daß aufgrund der fehlenden Kontinuität Verzögerungen im Heilungsverlauf hingenommen werden müssen.

Vor einer abschließenden Zusammenfassung und Bewertung der rationierenden Maßnahmen im Gesundheitswesen soll im Folgenden noch ein Bereich untersucht werden, in dem die staatliche Einflußnahme und Steuerung wesentlich deutlicher erfolgt. Gemeint ist hier die Bedarfsplanung im Gesundheitswesen.

C. Rationierung durch Bedarfsplanung

Ist schon die Ausgabenbegrenzung durch Budgetierung in gewisser Weise eine Form der Bedarfsregulierung, indem zwar nicht ausdrücklich, aber, wie sich gezeigt hat, letztlich doch faktisch das Angebot an Gesundheitsleistungen vermindert wird,[253] so sind in den einschlägigen Bestimmungen des Leistungserbringungsrechts noch einmal wesentlich deutlichere Vorschriften zur Regulierung des Bedarfs enthalten. Grundlage dieser Regelungen ist, wie der SVRKAiG[254] noch 1991 feststellte, erklärtermaßen das Ziel einer „bedarfsgerechten Gesundheitsversorgung von hoher Qualität, unabhängig vom Einkommen, Wohnort und sozialen Status“. Für den Bereich der stationären Versorgung wurde dieses Ziel im Jahre 1972 mit dem Erlaß des Krankenhausfinanzierungsgesetzes[255] erstmals gesetzlich festgeschrieben.[256] Dort heißt es in dem bis heute weitgehend beibehaltenen Wortlaut des § 1 KHG, der Zweck des Gesetzes sei die Gewährleistung einer „...bedarfsgerechte(n) Versorgung der Bevölkerung mit leistungsfähigen Krankenhäusern ...“. An diesen Grundsätzen hätte sich auch nichts geändert, wenn, wie ursprünglich mit der Gesundheitsreform 2000 vorgesehen,[257] die Krankenkassen stärker in die Krankenhausplanung

[253] Ähnlich auch: *K.-D. Henke*, SDSRV Bd. 35/1991, S. 167 ff. (176).

[254] *SVRKAiG*, JG 1991, S. 207

[255] vom 29.6.1972 (BGBl. I 1972, S. 1009).

[256] Zum Ganzen auch: *Enquête-Kommission BT*, Strukturreform der gesetzlichen Krankenversicherung (1990), Bd. 2, S. 34 ff.

[257] Vgl. die Anmerkungen zu § 109 SGB V und § 1 KHG in BT-Drcks. 14/1245.

eingebunden worden wären. Die Frage ist nur, mit welchen Mitteln und nach welchen Kriterien der Bedarf der Bevölkerung an Krankenhausleistungen gesichert wird.

Im ambulanten Bereich wurde die Bedarfsplanung im Jahre 1976 mit dem Krankenversicherungsweiterentwicklungsgesetz[258] formal festgeschrieben.[259] Die heute entsprechende Regelung bezweckt ebenfalls die Gewährleistung einer „bedarfsgerechte(n) und gleichmäßige(n), ...Versorgung der Versicherten..“ (§ 70 Abs. 1 S. 1 SGB V).[260]

Bislang jedenfalls werden im ambulanten wie im stationären Bereich zur Erreichung dieser Ziele per Gesetz Bedarfsplanungen verordnet, wobei bezeichnenderweise im § 6 KHG mit der Neufassung der Regelung durch das KHNG '84[261] der Begriff „Krankenhausbedarfsplan“ durch den Begriff „Krankenhausplan“ ersetzt wurde. Tatsächlich gibt es bei der Bedarfsplanung im vertragsärztlichen wie im Krankenhausbereich zahlreiche Probleme, die seit den 70-er Jahren immer wieder Anlaß zu Veröffentlichungen und vor allem im ambulanten Bereich auch zu Rechtsstreitigkeiten geben.[262] Ein Schwerpunkt der Diskussion liegt hier bei der Frage der Unterscheidung zwischen Bedarf und Bedürfnis.[263]

Der Gesundheitssystemforscher *Michael Arnold* umschreibt 1993 den Bedarf mit „Notwendigkeit“ und das Bedürfnis mit „Präferenz“.[264] Er räumt aber zugleich ein, daß die Bestimmung des Bedarfs als objektive Größe nur schwerlich möglich ist und hält insofern den Begriff „Bedürfnis“ für zutreffender.[265] Im Vorfeld einer Klärung der Frage, inwieweit die Bedarfsplanung im Gesund-

---

[258] Gesetz zur Weiterentwicklung des Kassenarztrechts (Krankenversicherungs-Weiterentwicklungsgesetz) vom 28.12.1976 (BGBl. I 1976, S. 3871.)

[259] Im § 368 Abs. 3 S. 2 RVO wurde als Ziel „eine bedarfsgerechte und gleichmäßige ärztliche Versorgung genannt. Mit dem damals neueingefügten § 368r RVO i.V.m. § 368 Abs. 4 RVO erhielten die Landesausschüsse der KVen die Aufgabe zugewiesen Bedarfspläne zu beraten und im Einvernehmen mit den Landesverbänden der Krankenkassen und im Benehmen mit der zuständigen Landesbehörde umzusetzen.

[260] Die vertragsärztliche Bedarfsplanung und Bedarfszulassung ist inzwischen in den §§ 99 ff. SGB V geregelt.

[261] vom 20.12.1984 (BGBl. I 1984, S. 1716).

[262] Für den Krankenhausbereich beispielhaft seinen hier genannt: *H. R. Vogel (Hrsg.)*, Bedarf und Bedarfsplanung ... (1983); *O. Depenheuer*, Staatliche Finanzierung und Planung im Krankenhauswesen (1986); - für den vertragsärztlichen Bereich: *I. Ebsen*, ZSR 1992, S. 328 ff. - alle m.w.Nachw. Interessant auch BSG v. 18.3.1998 - B 6 KA 37/96 = NZS 1999, S. 98 ff. (Vertragsärztliche Bedarfsplanung).

[263] Vgl.: *SVRKAiG*, JG 1991, S. 206 ff.

[264] *M. Arnold*, Solidarität 2000 (1993), S. 12.

[265] Ebenda; mit gleicher Aussage auch noch einmal *M. Arnold*, Anästh./Intensivmed. 1993, S. 79 ff. (S. 80)

heitswesen zu Rationierungen führen kann, ist demnach zunächst eine Differenzierung der Begrifflichkeiten von „Bedarf" und „Bedürfnis" vorzunehmen.

I. Was ist der „Bedarf"?

Im wirtschaftswissenschaftlichen Sinne ist der Bedarf zunächst einmal ein mit Kaufkraft ausgestattetes und damit konkretisiertes Bedürfnis.[266] Andernorts wird der Bedarf auch als die „Summe der individuellen Bedürfnisse" definiert.[267] Offenbar gibt es jedenfalls eine sehr enge Beziehung zwischen dem Bedarf und den Bedürfnissen, die ihrerseits weitgehend übereinstimmend als Ausdruck für ein vorliegendes Spannungs- oder Mangelgefühl in Hinblick auf einen positiv bewerteten Zustand oder die Verfügbarkeit einer bestimmten Sache gewertet werden.[268]

In Bezug auf die Leistungen im Gesundheitswesen wurde bisher weitgehend davon ausgegangen, daß die Bedürfnisse „unendlich" oder „grenzenlos" seien.[269] Diese Aussage mag in Bezug auf das Gut „Gesundheit" im Allgemeinen zweifellos zutreffend sein, bezogen auf die konkreten Leistungen im Gesundheitswesen ist sie indes nicht ohne weiteres zu verallgemeinern. Abgesehen von einigen natürlich bestimmten Grundbedürfnissen, wie dem Bedürfnis nach Nahrung und vielleicht auch dem Bedürfnis nach Gesundheit, die absolut und unspezifisch bestehen, weisen Bedürfnisse überwiegend eine Objektbindung auf und leben vom sozialen Vergleich.[270] Ein konkretes Bedürfnis existiert insofern fast immer nur in Hinblick auf bestimmte Dinge oder Leistungen. Sachen oder Dienstleistungen, die absolut nicht verfügbar sind, werden in der Regel auch nicht nachgefragt. Erweitert man somit die Begrifflichkeiten noch um den Aspekt der Nachfrage als Indiz für vorhandene Bedürfnisse, so liegt unter den genannten ökonomischen Aspekten der Schluß auf eine angebotsinduzierte Nachfrage nahe.[271]

Für das Gesundheitswesen könnte dieser Schluß bedeuten, daß das Bedürfnis nach Leistungen letztlich wesentlich vom Angebot der Leistungserbringer be-

---

[266] So jedenfalls *K. Töpfer* in: *Vogel*, Bedarf und Bedarfsplanung ... (1983), S. 22; *H. Bartling* in: *Vogel*, Bedarf und Bedarfsplanung ... (1983), S. 3.

[267] Vgl.: *D. Nord* in: *Vogel*, Bedarf und Bedarfsplanung ... (1983), S. 24 m.w.Nachw.

[268] Ebenda.

[269] Vgl.: *Enquête-Kommission BT*, Strukturreform der gesetzlichen Krankenversicherung (1990) Bd. 2, S. 47 f.; *SVRKAiG*, JG 1991, S. 206, 208; - kürzlich auch noch *M. Arnold*, Zum Umgang mit der Knappheit... (1995), S. 27 + 41; a.A. mit guten Argumenten: *H. Kühn*, Rationierung im Gesundheitswesen (1991), S. 25 ff.

[270] Vgl.: *D. Nord* in: *Vogel*, Bedarf und Bedarfsplanung ... (1983); 24 f.

[271] Vgl.: *H. Bartling* in: *Vogel*, Bedarf und Bedarfsplanung ... (1983), S. 10; *D. Nord* in: *Vogel*, Bedarf und Bedarfsplanung ... (1983), S. 24 ff. – beide m.w.Nachw.; ähnlich auch *SVRKAiG*, SG 1995, S. 39 - Ziff. 26 ff.

stimmt wird. Dieser Rückschluß mag um so mehr gelten, als gerade im Bereich der Nachfrage nach Arzneimitteln und Heilbehandlungen vergleichsweise wenig informierte Konsumenten (Patienten) auf ein System treffen, daß sich aufgrund des medizinischen Fortschritts in einem ständigen Wandel befindet.[272] Die Patienten sind daher, trotz der inzwischen fast überschießenden Gesundheitsberichterstattung im Fernsehen und in den Printmedien,[273] im Normalfall kaum in der Lage, ihre Nachfrageentscheidungen autonom zu treffen.[274] Sie sind vielmehr in ihrer Entscheidung abhängig vom Angebot der Leistungserbringer, die zwar ihr „Halbgott-in-Weiß"-Image inzwischen weitgehend abgelegt haben, aber angesichts der vielfach bestehenden höchstkomplexen Zusammenhänge eines Krankheitsgeschehens nach wie vor einen Wissensvorsprung haben, der nur noch von den Selbsthilfegruppen der Kranken, die ihrerseits zu Experten für das jeweilige Krankheitsbild geworden sind, überboten wird.[275] Der „Normalpatient" wird sich in aller Regel im Krankheitsfall zunächst an den Arzt wenden, - schon um überhaupt erst einmal eine (halbwegs) gesicherte Diagnose seiner Beschwerden zu erhalten.

Die ärztlichen Leistungserbringer sowohl im ambulanten wie auch im stationären Bereich befinden sich bei ihrer Entscheidungsfindung hinsichtlich dessen, was dem Patienten, der sich vertrauensvoll an sie wendet, zu raten ist, in einem doppelten Dilemma. Auf der einen Seite steht dort das Haftungsrecht, daß den Arzt, der um die neuen Erkenntnisse der medizinischen Wissenschaft weiß, letztlich veranlaßt, die gebotenen neuen Möglichkeiten auch zu nutzen.[276] Auf der anderen Seite steht die Notwendigkeit im Interesse des wirtschaftlichen Fortbestehens der Praxis bzw. des Krankenhauses, deren Existenz schließlich von den Einkünften aus der Leistungserbringung abhängt, oder auch im Interesse der eigenen Einkünfte, die sich jedenfalls im ambulanten Bereich aus dem Umfang der abrechenbaren Leistungen ergeben, nicht nur möglichst moderne, sondern auch noch möglichst viele Leistungen für die Patienten zu erbringen.[277] Das Problem der angebotsinduzierten Nachfrage im Gesundheitswesen liegt

[272] Mit zahlreichen Beispielen: *W. Krämer,* Krankheit des Gesundheitswesens (1989), S. 40 ff.

[273] wodurch nach *M. Arnold* (Zum Umgang mit der Knappheit... (1995), S. 37 f.) letztlich ebenfalls eine Steigerung der Nachfrage verursacht wird.

[274] So auch *H. Bartling* in: *Vogel*, Bedarf und Bedarfsplanung ... (1983), S. 10 f.

[275] Interessant hierzu der Bericht: „Das Chaos und die Ohnmacht der Medizin" in *Süddeutsche Zeitung* vom 24.5.1997.

[276] Mehr hierzu im Dritten Teil der Arbeit.

[277] Zum Ganzen auch: *H. Bartling* in: *Vogel*, Bedarf und Bedarfsplanung ... (1983), S. 11 f.; *W. Krämer,* Krankheit des Gesundheitswesens (1989), S. 40 ff.; *W. Krämer,* Wir kurieren uns zu Tode (1993), 44 ff.; *M. Arnold*, Zum Umgang mit der Knappheit... (1995); 37 f.

darin, daß der Arzt die Anbieter-Konsumenten-Beziehung weitgehend dominiert und daß insofern „jedes Angebot sich seine eigene Nachfrage schafft".[278]

Unter dem Eindruck steigender Ausgaben ist der Ansatz der Gesundheitspolitik folgerichtig auch der, die Bedürfnissteuerung im Gesundheitswesen über das Angebot vorzunehmen. Zu diesem Zweck kann sich die Politik *drei verschiedener Methoden* bedienen.[279] Der direkteste und vermutlich auch wirkungsvollste Weg ist die Einführung von *ermessensbegrenzenden Vorschriften* über die zu gewährenden Leistungen. Die „Negativlisten" im Bereich der Arzneimittelversorgung sind ein Beispiel für ein derartiges Vorgehen. Das Beispiel der früheren „Positivlisten" zeigt aber zugleich, daß der politische Druck der Verbände in Deutschland bislang zu groß war, um solche Wege konsequent weiter zu verfolgen.[280] Der zweite Weg der Angebotsbeschränkung ist die Einführung von *Höchstbeträgen*, was mit der konsequenten Budgetierung der Ausgaben in den einzelnen Bereichen des Gesundheitswesen in den vergangenen Jahren weitgehend geschehen ist. Wie im ersten Teil dieser Betrachtung dargestellt, sind mit dieser Art der Angebotssteuerung auch einige Anreize verbunden, die fehlsteuernd wirken und damit einerseits die Wirksamkeit der Maßnahme in Frage stellen und andererseits zum Teil erhebliche Nachteile für die betroffenen Patienten mit sich bringen. Die Geeignetheit dieses Instruments bedarf insofern einer weiteren Überprüfung.

Das dritte Instrument ist die *Festlegung von Schlüsselgrößen* zur Beschreibung einer angestrebten Versorgungsstruktur. Dieses Instruments bedient sich letztlich die Bedarfsplanung für die ambulanten und stationären Versorgungsstrukturen seit den siebziger Jahren. Die Bedarfsplanung ist insofern nichts anderes als eine Angebotsplanung und der damit ermittelte Bedarf ist gekennzeichnet durch das, was auf der Angebotsseite politisch gewollt ist.[281]

Ehe für den ambulanten und stationären Bereich die einzelnen Methoden der Bedarfsplanung näher betrachtet werden, muß noch auf ein grundsätzliches Problem dieser Form der angebotssteuernden Bedarfsplanung eingegangen werden. Auf die Frage nämlich, inwieweit der Grundgedanke der angebotsinduzierten Nachfrage für das Gesundheitswesen überhaupt zutreffend ist. Zwar

---

[278] So *Ph. Herder-Dorneich* (1976) zitiert nach *H. Bartling* in: *Vogel*, Bedarf und Bedarfsplanung ... (1983), S. 10; ebenso auch noch *Enquête-Kommission BT*, Strukturreform der gesetzlichen Krankenversicherung (1990) Bd. 2, S. 48. Deutlich differenzierter noch einmal *Ph. Herder-Dorneich,* Ökonomische Theorie des Gesundheitswesens (1994), S. 690 ff.

[279] Ein Übersicht über diese Methoden bietet auch *W. Hamm* in: *Vogel*, Bedarf und Bedarfsplanung ... (1983), S. 64 f.; ähnlich auch *Enquête-Kommission BT*, Strukturreform der gesetzlichen Krankenversicherung (1990) Bd. 2, S. 57 ff.

[280] Vgl. zum Ganzen: oben in diesem Kapitel unter B, II, 2.

[281] Vgl.: *W. Hamm* a.a.O.; und *K. Töpfer* in: *Vogel*, Bedarf und Bedarfsplanung ... (1983), S. 18 ff.

wurde in der Vergangenheit immer wieder beobachtet, daß beispielsweise im Krankenhausbereich im Sinne des sogenannten „Roemerschen Gesetzes“ Krankenhausbetten, unabhängig von der Anzahl der Betten in Bezug auf die Einwohnerzahl, stets belegt sind,[282] und auch im ambulanten Bereich sind gelegentlich Zusammenhänge zwischen der Arztdichte und den Ausgaben der Krankenkassen[283] oder aber der Häufigkeit der Krankenhauseinweisungen[284] zu beobachten. Es gibt aber auch gegenläufige Tendenzen. So war beispielsweise zu Anfang der achtziger Jahre festzustellen, daß die Zahl der Arzt-Patienten-Kontakte trotz der steigenden Zahl der Ärzte immer weiter zurückging.[285] Es muß also auch noch weitere Faktoren geben, die die Nachfrage und damit die meßbaren Bedürfnisse im Gesundheitswesen bestimmen, was zum Anlaß genommen werden muß, die These von der angebotsinduzierten Nachfrage nachhaltig zu hinterfragen.[286]

Hagen Kühn fragt beispielsweise in seiner Veröffentlichung zum Thema „Rationierung im Gesundheitswesen...“[287] treffend, warum Menschen ein grenzenloses Bedürfnis nach Krankenhausaufenthalten, nach Herzkatheteruntersuchungen oder nach Röntgenbildern haben sollten.[288] Er führt weiter aus, daß selbst im Bereich der Früherkennungsuntersuchungen, die kostenlos und für den Versicherten kaum belastend sind und noch dazu durch gezielte Werbung gefördert werden, die Nachfrage nur in erstaunlich geringen Prozentsätzen vorhanden ist.[289] Insgesamt zeigt sich bei näherer Betrachtung des Systems, daß sich, selbst unter Zugrundelegung der Behauptung einer zunehmenden Medikalisierung des Lebens und der Gesellschaft,[290] die Nachfrage nach Leistungen durch die Eröffnung weiterer Angebote nicht beliebig steigern läßt. Was sollte, so kann man mit *Kühn* weiter fragen, einen „gesunden“, oder jedenfalls beschwerdefreien Menschen dazu bewegen, sich einer aufwendigen diagnostischen oder thera-

---

[282] Vgl.: *Enquête-Kommission BT*, Strukturreform der gesetzlichen Krankenversicherung (1990), Bd. 2, S. 75; *H. Bartling* in: *Vogel*, Bedarf und Bedarfsplanung ... (1983), S. 12 m.w.Nachw.

[283] Vgl.: *W. Krämer*, Krankheit des Gesundheitswesens (1989), S. 162 f.

[284] Vgl.: *J. Keisers*, Einführung in die Krankenhausbetriebslehre (1993), S. 40 f.; *Enquête-Kommission BT*, Strukturreform der gesetzlichen Krankenversicherung (1990), Bd. 2, S. 75 m.w.Nachw.

[285] Vgl.: *D. Nord* in: *Vogel*, Bedarf und Bedarfsplanung ... (1983), S. 25 f. - m.w.Nachw.; später auch noch *M. Arnold*, Solidarität 2000 (1993), 92 f.; 118.

[286] Ebenso *D. Nord*, a.a.O. *H. Kühn*, Rationierung im Gesundheitswesen (1991), S. 23 ff.

[287] *Kühn, Hagen*, Rationierung im Gesundheitswesen - Politische Ökonomie einer internationalen Ethikdebatte, in *Jahrbuch für kritische Medizin* Bd. 17 (1991), S. 40 ff. (=WZB-Paper Nr. P91-209 - vorliegend wird auf die Seitenzahlen des WZB-Papers verwiesen).

[288] A.a.O., S. 26.

[289] Ebenda.

[290] So *I. Illich*, Nemesis der Medizin (1995); S. 31 ff.

peutischen Prozedur zu unterziehen? Warum sollten aber im Umkehrschluß die Herzschmerzen eines Patienten, der sich mit Stenocardien ins Krankenhaus begibt, an der Pforte der Aufnahme plötzlich nachlassen, nur weil im Augenblick alle Behandlungsmöglichkeiten des Hauses belegt sind?

Anhand dieser Betrachtung zeigt sich, daß die Bedürfnisse der Menschen subjektiver Natur und daher kaum objektivierbar sind.[291] Sie sind abhängig von den individuellen Wertvorstellungen und besonders auch von der individuellen Situation der einzelnen Bürger. Gleiches gilt letztlich auch für den Bedarf, der sich, wie eingangs erwähnt, aus der Summe der Bedürfnisse ergibt. Daß dennoch ein „Bedarf" im Gesundheitswesen „verplant" wird, hat seinen Grund in der politisch gewollten Steuerungsfunktion der Bedürfnisse der Beteiligten des Gesundheitssystems.[292] Anstelle einer Berücksichtigung der Bedürfnisse der Bevölkerung, wie sie die Formulierung der entsprechenden gesetzlichen Bestimmungen nahelegt, wird mit der Bedarfsplanung nichts anderes als eine Angebotssteuerung in Form der Beschneidung eben der Bedürfnisse der Bevölkerung auf das politisch gewollte Maß vorgenommen.

Im *Engelhardt'schen*[293] System der Differenzierung der Allokationsebenen ist die Bedarfsplanung der zweiten oder unteren Ebene der Makro-Allokation zuzuordnen, bei der es um die Aufteilung eines Gesamtbudgets auf verschiedene Bereiche der Gesundheitsversorgung geht. Die Trennung zu der oberen Ebene der Mikroallokation ist allerdings nicht völlig eindeutig vorzunehmen, denn es geht hier letztlich auch immer um die Frage der Verteilung der vorhandenen Ressourcen auf Teile der Bevölkerung, soweit sie einen bestimmten, eben den verplanten, objektiven Bedarf an Leistungen aus dem System haben. Dieses könnten nierenkranke Patienten sein, die einer Dialysebehandlung und damit auch eines Behandlungsplatzes bedürfen, Herzpatienten mit Operationsbedarf, Diabetiker und andere chronisch Kranke mit einem Bedarf an Behandlung durch speziell geschulte Fachärzte oder gar die Opfer eines Verkehrsunfalls mit dem existentiellen Bedarf eines Intensivbehandlungsplatzes.[294]

Die vielfältigen Aspekte dieser Beispiele verdeutlichen, wie differenziert eine Bedarfsplanung sein müßte, um all diese unterschiedlichen Bedarfe zu erfassen und zu befriedigen. Ebenso deutlich wird aber bereits an dieser Stelle, daß die Allokationslenkung durch die Bedarfsplanung im Sinne einer Beschränkung der Behandlungsangebote auf der unteren Mikroebene, also bei den Benutzern der

---

[291] Ebenso: *H. Bartling* in: *Vogel*, Bedarf und Bedarfsplanung ... (1983), S. 16; *A. Holler* in: *Vogel*, Bedarf und Bedarfsplanung ... (1983), S. 35.

[292] Vgl.: *K. Töpfer* in: *Vogel*, Bedarf und Bedarfsplanung ... (1983), S. 18 f. Eingehend zu den Steuerungsmechanismen auch *Ph. Herder-Dorneich,* Ökonomische Theorie des Gesundheitswesens (1994), S. 690 ff.

[293] Näheres hierzu in der Einleitung.

[294] Dieser Beispiele bedient sich auch *M. Arnold*, Solidarität 2000 (1993), S. 149.

so verplanten Angebote in Gesundheitssystem, zwangsläufig zu Einbußen führen wird. Diese Einbußen sollen nachfolgend anhand von zwei Beispielen näher beschrieben werden. Zuvor soll aber, wie schon für den Bereich der Budgetierungen, in der gebotenen Kürze dargestellt werden, wie die Bedarfsplanung im ambulanten und stationären Bereich vorgenommen wird.

II. Methoden der Bedarfsplanung

Nach dem soeben erläuterten Grundsatz der Steuerung der Bedürfnisse bzw. des Bedarfs über eine gezielte Beeinflussung des Angebots ist mittlerweile die Teilnahme an der Leistungserbringung für die gesetzliche Krankenversicherung in fast allen Bereichen der Leistungserbringung an eine Zulassung gebunden.[295] Damit soll gewährleistet werden, daß einerseits nur fachlich geeignete Leistungserbringer an der Versorgung der Versicherten teilnehmen und daß andererseits die Angebotssteuerung nicht durch Leistungserbringer, die nicht als bedarfsentsprechend eingestuft wurden, unterlaufen wird.[296]

1) Im Bereich der vertragsärztlichen Versorgung

Im Bereich der vertragsärztlichen Versorgung wird die Teilnahme der ärztlichen Leistungserbringer an der Versorgung der Versicherten der GKV im Rahmen der §§ 95 ff. SGB V geregelt. Als fachliche (subjektive) Voraussetzungen werden dort in erster Linie die Approbation als Arzt oder Zahnarzt sowie eine erfolgreich abgeschlossene Weiterbildung und die Ableistung einer einjährigen Vorbereitungszeit als Vertragsarzt oder eine zweijährige Vorbereitungszeit als Vertragszahnarzt gefordert (§§ 95 und 95a SGB V).[297] Objektive Zulassungsbeschränkungen können sich darüber hinaus aus den Zulassungsverordnungen und der vertragsärztlichen Bedarfsplanung ergeben.[298]

---

[295] Vgl.: *J. Schmitt* in *Schulin*: Handbuch d. Sozialversicherungsrechts - Bd. 1 (1994), § 30, Rdnr. 19 ff. -etwas anderes galt bis zum Jahre 1977 zum Beispiel im Bereich der Krankenhäuser, wo alle Krankenhäuser grundsätzlich zur Leistungserbringung berechtigt waren (Vgl.: *O. Depenheuer*, Staatliche Finanzierung und Planung im Krankenhauswesen (1986), S. 69 m.w.Nachw.).

[296] Vgl.: *Funk* in: *Schulin*: Handbuch d. Sozialversicherungsrechts - Bd. 1 (1994), § 32, Rdnr. 57 ff.; *O. Depenheuer*, Staatliche Finanzierung und Planung im Krankenhauswesen (1986); S. 68 ff. Zur Mengensteuerung durch Steuerung der Vertragsärztezahlen vgl.: auch BT-Drcks. 12/3608, S. 97 f. (nach *I. Ebsen*, SDSRV 38 (1994), S. 22).

[297] Vgl.: *Funk* in: *Schulin*: Handbuch d. Sozialversicherungsrechts - Bd. 1 (1994), § 32, Rdnr. 63.

[298] Vgl.: *Funk* in: *Schulin*: Handbuch d. Sozialversicherungsrechts - Bd. 1 (1994), § 32, Rdnr. 65.

a) Zulassung und Bedarfsplan gem. §§ 95 ff. SGB V

Die Grundlagen dieser Bedarfsplanung werden ihrerseits gem. § 99 Abs. 1 S. 1 SGB V und den §§ 12 ff. der Zulassungsverordnungen für Vertragsärzte (Ärzte-ZV)[299] und Vertragszahnärzte (Zahnärzte-ZV)[300] im wesentlichen von den Bundesausschüssen im Rahmen von Richtlinien festgelegt.[301] Hierdurch soll eine Bundeseinheitlichkeit bei der Bedarfsplanung durch die KVen und die Krankenkassen erreicht werden. Nach den aktuell gültigen „Bedarfsplanungs-Richtlinien-Ärzte"[302] werden einerseits verschiedene Planungsbereiche und -Kategorien bestimmt, wodurch eine unterschiedliche Versorgungsdichte in den verschiedenen regionalen Strukturen erreicht werden soll. Andererseits wird eine Unterteilung in 12 verschiedene Arztgruppen vorgenommen, mit deren Hilfe dann, arztgruppenspezifisch, Anhaltszahlen für das Verhältnis der Zahl der zugelassenen Ärzte zur Zahl der Einwohner differenziert nach den einzelnen Planungsbereichen festgelegt werden.[303]

Im Fall einer bestehenden oder unmittelbar drohenden *Unterversorgung* hat gem. § 100 Abs. 1 SGB V und §§ 15, 16 der jeweiligen ZV die zuständige KV eine angemessene Frist zur Beseitigung dieses Zustandes. Wenn eine solche nicht erfolgt, wird der jeweilige Landesausschuß der Ärzte und Krankenkassen ermächtigt, Zulassungsbeschränkungen in anderen Versorgungsbereichen zu erlassen und auf diesem Wege eine direkte Steuerung der Zulassung im vertragsärztlichen Bereich vorzunehmen.[304] Im Vergleich zu den Regelungen bei der Unterversorgung hat der Gesetzgeber für Fälle einer festgestellten Überversorgung ein deutlich dichteres Regelungswerk geschaffen, woran erkennbar ist, daß er, entsprechend der Häufigkeit ihres Vorkommens, diesen Fällen eine wesentlich größere Bedeutung zumißt.[305] Nach den derzeit gültigen Regelungen

---

[299] vom 28.5.1957 (BGBl. I 1957, 572) i.d.F. d. GKV-Solidaritätsstärkungsgesetz v. 19.12.1998 (BGBl. I 1998, S. 3853 ff.) - abgedruckt bei *Aichberger*, Nr. 280.

[300] vom 28.5.1957 (BGBl. I 1957, 582) i.d.F. d. GKV-Solidaritätsstärkungsgesetz v. 19.12.1998 (BGBl. I 1998, S. 3853 ff.) - abgedruckt bei *Aichberger*, Nr. 281.

[301] *Funk* , a.a.O., Rdnr. 66; Kasseler Kommentar -*Hess*-, § 99 SGB V, Rdnr. 4.

[302] „Richtlinien des Bundesausschusses der Ärzte und Krankenkassen über die Bedarfsplanung sowie die Maßstäbe zur Feststellung von Überversorgung und Unterversorgung in der vertragsärztlichen Versorgung" vom 9.3.1993 (BAnz, Jg. 45, Nr. 110a).

[303] Vgl.: *Funk* in: *Schulin*: Handbuch d. Sozialversicherungsrechts - Bd. 1 (1994), § 32, Rdnr. 66; Kasseler Kommentar -*Hess*-, § 99 SGB V, Rdnr. 5. Das BSG hat die Form der Bedarfsplanung im übrigen auch als mit der Verfassung vereinbar angesehen (BSG v. 18.3.1998 - B 6 KA 37/96 = NZS 1999, S. 98 ff. (Vertragsärztliche Bedarfsplanung).

[304] Ausführlicher: Kasseler Kommentar -*Hess*-, § 100 SGB V, Rdnr. 3 ff., der lediglich ein Beispiel der KV Bayern aus dem Jahre 1982 anführt, wo von dieser Möglichkeit Gebrauch gemacht wurde.

[305] Vgl.: *Funk* in: *Schulin*: Handbuch d. Sozialversicherungsrechts - Bd. 1 (1994), § 32, Rdnr. 68; Kasseler Kommentar -*Hess*-, § 101 SGB V, Rdnr. 2 f.; *I. Ebsen*, ZSR 1992, S. 337.

des § 101 SGB V und des § 16b der ZVen ist eine *Überversorgung* bereits anzunehmen, wenn der festgesetzte *allgemeine bedarfsgerechte Versorgungsgrad* um 10 Prozent überschritten ist.[306] In diesen Fällen haben die jeweiligen Landesausschüsse - ohne Ermessensspielraum - Zulassungsbeschränkungen anzuordnen.

In dem vorliegend bearbeiteten Kontext ist in Hinblick auf die so verordneten Zulassungsbeschränkungen weniger deren verfassungsmäßige Zulässigkeit als Eingriff in die ärztliche Berufsfreiheit von Belang[307] als vielmehr das Verfahren für die Ermittlung der den Entscheidungen der Landesausschüsse zugrunde liegenden Verhältniszahlen. Hier hat der Gesetzgeber angesichts des Fehlens wissenschaftlich anerkannter Methoden[308] einen *allgemeinen bedarfsgerechten Versorgungsgrad* insoweit gesetzlich vorgegeben, als durch die Bundesausschüsse ein bundeseinheitlicher Versorgungsstand vom 31.12.1990 arztgruppenbezogen ermittelt wird. Die so ermittelten Verhältniszahlen von zugelassenen Ärzten zur Bevölkerung werden durch die Bundesausschüsse noch einmal um die Entwicklung bei der Zulassung seit dem 31.12.1981 bereinigt mit dem Ziel, nicht bedarfsentsprechende Entwicklungen bei der vertragsärztlichen Zulassung durch bestimmte ärztliche Präferenzen korrigieren zu können.[309]

Mit diesem Verfahren wird der vertragsärztliche und vertragszahnärztliche Versorgungsgrad letztlich auf einen (mehr oder minder zufälligen) Stand irgendwo zwischen dem 31.12.1980 und dem 31.12.1990 festgeschrieben. Wer aber könnte bestätigen, daß die so gewonnenen Verhältniszahlen von Vertragsärzten zur Bevölkerung geeignet sind oder je dazu geeignet waren, deren Bedarf an allgemein- oder fachärztlicher Versorgung[310] tatsächlich zu decken. Lange Wartezeiten auf Termine in orthopädischen Praxen oder auf eine zahnärztliche Behandlung deuten daraufhin, daß jedenfalls in einzelnen Bereichen den „be-

---

306 Vgl.: *Funk* in: *Schulin*: Handbuch d. Sozialversicherungsrechts - Bd. 1 (1994), § 32, Rdnr. 69; - ausführlicher: Kasseler Kommentar -*Hess*-, § 101 SGB V, Rdnr. 7 ff.

307 Ausführlich hierzu *I. Ebsen*, ZSR 1992, S. 328 ff. und *I. Ebsen*, SDSRV 1994, S. 7 ff. - die hierzu getroffenen Erwägungen können allerdings verstärkend auf die Rechtspositionen der „Konsumenten" des Systems wirken (so *I. Ebsen*, NDV 1997, S. 71 ff. (73)). - vgl. auch: SG München Vorlagebeschl. v. 22.12.1994 -S 32 Ka 815/94 = MedR 1995, S. 295 ff. und jüngst auch BSG v. 18.3.1998 - B 6 KA 37/96 = NZS 1999, S. 98 ff. (Vertragsärztliche Bedarfsplanung).

308 So Kasseler Kommentar -*Hess*-, § 99 SGB V, Rdnr. 6.

309 Im Detail: Kasseler Kommentar -*Hess*-, § 101 SGB V, Rdnr. 3 ff.; - mit einzelnen Verhältniszahlen auch: *Funk* in: *Schulin*: Handbuch d. Sozialversicherungsrechts - Bd. 1 (1994), § 32, Rdnr. 66.

310 Zur Schaffung eines ausgewogenen Verhältnisses dieser beiden Gruppen ist im § 101 Abs. 1 S. 1 Nr. 2 SGB V eine Regelung getroffen worden, die hier nicht nähere erörtert werden soll (Vgl. aber: Kasseler Kommentar -*Hess*-, § 101 SGB V, Rdnr. 8).

handlungsbedürftigen" Kranken eine Behandlung zumindest vorübergehend vorenthalten wird. Die Angebotssteuerung auf der Seite der Leistungserbringer entfaltet also auf der Seite der Konsumenten im Einzelfall eine rationierende Wirkung.

b) Bedarfszulassung nach § 102 SGB V

An diesem Befund wird sich voraussichtlich auch durch die gem. § 102 SGB V ab 1.1.2003[311] vorzunehmende Bedarfszulassung wenig ändern. Hier ist vorgesehen, die Bundesausschüsse mit der Entwicklung neuer Verhältniszahlen zu beauftragen. Diese arztgruppenspezifische Verhältniszahlen, anhand derer die Zulassungsausschüsse über die eingehenden Zulassungsanträge zu entscheiden haben, sollen angepaßt werden, soweit die Änderung der fachlichen Ordnung, ein bundesweites Übersteigen der Zahlen einer Arztgruppe um 1000, die Gewährleistung eines Mindestzugangs oder die bedarfsgerechte Versorgung der Bevölkerung dies erforderlich machen.[312] Inwieweit derartige, bundesweit einheitliche Verhältniszahlen unter Aspekten des Eingriffs in die ärztliche Berufsfreiheit und unter Berücksichtigung einer - alternativ möglichen - regionalen Feinplanung einer verfassungsrechtlichen Überprüfung standhalten können,[313] ist an dieser Stelle nicht zu erörtern.

Es steht zu befürchten, daß die Bundesausschüsse von den Möglichkeiten, die die elektronische Erfassung und Verarbeitung von Daten im Gesundheitswesen bereits heute bietet, um einen Feinsteuerung im Bereich der vertragsärztlichen Versorgung vorzunehmen, keinen Gebrauch machen werden. Es wird bei der Bestimmung von Verhältniszahlen anhand der Strukturen in der Vergangenheit bleiben.[314] Wichtige Aspekte, beispielsweise der Morbiditätsentwicklung in der Bevölkerung, der Verschiebung von Akut-Erkrankungen hin zu einer Zunahme der chronischen Krankheitsverläufe mit ganz anderen therapeutischen Notwendigkeiten, einer veränderten Altersstruktur der Bevölkerung oder auch nur der ständigen Weiterentwicklung auf dem Gebiet der Medizintechnik, die auf der Nachfragerseite den Bedarf an Leistungen des Gesundheitswesens bestim-

---

[311] So die Fassung des § 102 SGB V nach dem GKV-Gesundheitsreformgesetz 2000 v. 22.12.1999 (BGBl. I 1999, S. 2626 ff.). Ursprünglich sollte die Bedarfszulassung bereits ab dem 1.1.1999 erfolgen.

[312] Zum Ganzen auch *D. Schirmer*, MedR 1997, S. 441 ff.

[313] Mit gut begründeten Zweifeln hierzu: Kasseler Kommentar *-Hess-*, § 102 SGB V, Rdnr. 3 ff.; m.w.Nachw. auch: *Funk* in: *Schulin*: Handbuch d. Sozialversicherungsrechts - Bd. 1 (1994), § 32, Rdnr. 71. Von der Verfassungsmäßigkeit entsprechender Regelungen dagegen überzeugt BSG v. 18.3.1998 - B 6 KA 37/96 = NZS 1999, S. 98 ff. (Vertragsärztliche Bedarfsplanung).

[314] Vgl.: *SVRKAiG*, SB 1994, S. 154 - Ziff. 308 ff. Mit Zweifeln auch *D. Schirmer*, MedR 1997, S. 443.

men,[315] bleiben auf diese Weise weitgehend unberücksichtigt. Eine völlig unsinnige Festschreibung der Versorgungsstrukturen auf einen früheren Status quo ist die Folge einer starren Vorgabe von Verhältniszahlen für die Bedarfsermittlung. Dies ist auf der einen Seite unwirtschaftlich, weil damit unter Umständen ein Leistungsangebot aufrechterhalten und letztlich auch finanziert wird, das dem aktuellen Stand der Möglichkeiten und Bedürfnisse nicht mehr entspricht. Andererseits werden eben diese Möglichkeiten und die daraus resultierenden Bedürfnisse sehenden Auges unbefriedigt gelassen und den Patienten im Einzelfall nützliche und erforderliche Leistungen vorenthalten.

Entsprechend dem gesetzgeberischen Auftrag im GKV-Gesundheitsreformgesetz 2000 ist allerdings das Bundesgesundheitsministerium auch gehalten, ein geeignetes wissenschaftliches Institut mit der Erstellung der erforderlichen Datengrundlage für die Bedarfszulassung zu beauftragen.[316] Damit ist das Instrument der Bedarfszulassung künftig nicht mehr allein der Entscheidungshoheit der Bundesausschüsse vorbehalten. Es bleibt zu hoffen, daß die genannten Aspekte im Rahmen der nötigen Entscheidungsprozesse Berücksichtigung finden.

2) Im Bereich der stationären Versorgung

Nicht viel anders als im vertragsärztlichen Bereich ist die Lage im Bereich der stationären Krankenbehandlung zu beurteilen. Auch hier erfolgt die Krankenhaus(-bedarfs-)planung nach § 6 KHG mit wissenschaftlich unzureichenden Methoden.[317] Von den vier grundsätzlich möglichen Formen der Bedarfsermittlung, die inzwischen womöglich um einige weitere Aspekte einer bedürfnisorientierten Feinsteuerung ergänzt werden könnten, der angebotsorientierten, der mortalitätsorientierten, der morbiditätsorientierten oder der analytischen Bedarfsermittlung, haben sich die Planungsgremien auf der Länderebene, denen die nähere Regelung der Bedarfsplanung obliegt, bislang übereinstimmend der letzteren bedient.[318] Danach wird die Zahl der Planbetten unter Berücksichtigung der Entwicklung der Einwohnerzahl des jeweiligen Bundeslandes, der Krankenhaushäufigkeit der Bevölkerung, der Entwicklung der Verweildauer

---

[315] Vgl.: *SVRKAiG*, SG 1995, S. 41 - Ziff. 34.

[316] So der neuangefügte § 102 Abs. 2 SGB V i.d.F. d. GKV-Gesundheitsreformgesetz 2000 v. 22.12.1999 (BGBl. I 1999, S. 2626 ff.).

[317] Vgl.: *G. Bauer* in „Diskurs" Nr. 2 (1980), S. 46 ff.; *O. Depenheuer*, Staatliche Finanzierung und Planung im Krankenhauswesen (1986), S. 42 ff.; aber auch noch *F. Beske/J.G. Brecht/A.-M. Reinkemeier*, Das Gesundheitswesen in Deutschland (1995), S. 118 und *SVRKAiG*, SG 1995, S. 113 - Ziff. 340.

[318] Ausführlich zur Gesamtproblematik: *O. Depenheuer*, Staatliche Finanzierung und Planung im Krankenhauswesen (1986), S. 40 ff. (44) m.w.Nachw.

und einem festgelegten Bettennutzungsgrad nach der sogenannten „Hill-Burton-Formel" wie folgt bestimmt:[319]

$$\text{Zahl der Planbetten} = \frac{\text{Einwohnerzahl x Krankenhaushäufigkeit x Verweildauer}}{\text{Bettennutzungsgrad x 365}}$$

Dabei läßt sich die Einwohnerzahl anhand der Bevölkerungsprognosen für das jeweilige Bundesland ermitteln. Die Krankenhaushäufigkeit wird bestimmt durch die Zahl der Krankenhauseinweisungen pro 1000 Einwohner im Jahr. Die Verweildauer ergibt sich regelmäßig aus der Division der ermittelten Pflegetage durch die Zahl der behandelten Patienten und der Bettennutzungsgrad ist im Regelfall durch die Planungsbehörden oder die Landesgesetzgeber mit einer Bettenauslastung von 85 % vorgegeben.[320] Als weitere Faktoren, die jeweils zu Zu- oder Abschlägen bei den einzelnen Berechnungsgrößen und der Prognose ihrer weiteren Entwicklung führen, werden außerdem Verschiebungen durch die Einweisung von Patienten benachbarter Bundesländer berücksichtigt. Die so gewonnenen Zahlen werden schließlich noch auf Prognosen für den Bettenbedarf in den einzelnen Versorgungsdisziplinen und auch für einzelne Krankenhäuser heruntergebrochen.[321] Insoweit wird von den Planungsbehörden versucht, mit dem geschätzten Bedarf einer „bedarfsgerechten Versorgung der Bevölkerung..." Genüge zu leisten.

Es bleiben aber etliche Faktoren, die bei dieser Form der Bedarfsplanung unberücksichtigt sind.[322] Hierzu gehören unter anderem die Altersstruktur der Bevölkerung, deren Mortalität, deren Morbidität sowie nicht zuletzt auch die Einführung neuer diagnostischer und therapeutischer Verfahren.[323] Zwar wurde beispielsweise in Hamburg versucht, wenigstens der Morbiditätsentwicklung im Krankenhausbereich durch eine modifizierte Krankenhausplanung Rechnung zu tragen,[324] letztlich wurde aber auch hier im Grundsatz an der sogenannten Hill-Burton-Formel festgehalten.

---

[319] Vgl.: *J. Keisers*, Einführung in die Krankenhausbetriebslehre (1993), S. 38 und, wenngleich mit einem etwas anderen Ansatz, auch noch: *Ch. Brandt/W. Gerlach/E. Huster-Nowak*, das Krankenhaus 1995, S. 386.

[320] Vgl. zum Ganzen: *G. Bauer* in „Diskurs" Nr. 2 (1980), S. 46 ff.; *O. Depenheuer*, Staatliche Finanzierung und Planung im Krankenhauswesen (1986), S. 44 ff.; *J. Keisers*, Einführung in die Krankenhausbetriebslehre (1993), S. 34 ff.

[321] Vgl.: *Freie Hansestadt Bremen*, Krankenhausbedarfsplan 1981-1990, S. 37 ff.

[322] Vgl.: *S. Eichhorn*, Krankenhausbetriebslehre Bd. I (1975), S. 56 ff.; und ihm folgend auch *J. Keisers*, Einführung in die Krankenhausbetriebslehre (1993), S. 39 f.

[323] Am Beispiel des neuzugelassenen ambulanten Operierens verdeutlichen dies *Ch. Brandt/W. Gerlach/E. Huster-Nowak*, das Krankenhaus 1995, S. 389 f.

[324] ausführlich hierzu: *Ch. Brandt/W. Gerlach/E. Huster-Nowak*, das Krankenhaus 1995, S. 385 ff.

Insgesamt zeigt sich bei näherer Betrachtung dieser Formel und der sich hieraus ergebenden Bedarfspläne,[325] daß bereits die Bestimmung der Prognosen zu den Einzelfaktoren von zahlreichen Unwägbarkeiten geprägt ist, die im Ergebnis zu ganz erheblichen Abweichungen führen können.[326] Die Skepsis gegenüber dieser Art der Krankenhaus(-bedarfs-)planung ist insofern verbreitet und ohne Zweifel auch gerechtfertigt.[327] Das Ergebnis der Krankenhausplanung bleibt letztendlich immer eine politische Entscheidung, zu deren Stützung sich die Planungsbehörden mehr oder minder auffällig fragwürdiger Prognosen bedienen.[328] Die Rechtsprechung räumt insofern -bedauerlicherweise- den Planungsbehörden einen weiten Ermessensspielraum ein und beschränkt die verwaltungsgerichtliche Kontrolle der Krankenhausplanung auf die Frage, ob die Behörde von zutreffenden Ausgangsdaten ausgegangen sei und ob sie sich wissenschaftlich vertretbarer Methoden bedient habe.[329]

Gemessen an der geringen Planungssicherheit sind dagegen die praktischen Auswirkungen der Krankenhausplanung um so gravierender. Die Krankenhausplanung ist bislang die entscheidende Größe für die Teilnahme der Krankenhäuser an der Versorgung der Versicherten der GKV mit Krankenhausleistungen, indem der § 109 Abs. 1 S. 2 SGB V klarstellt, daß Krankenhäuser, die in den Krankenhausplan eines Landes aufgenommen sind, quasi automatisch als „Vertragskrankenhäuser" Leistungen für die Krankenkassen erbringen dürfen.[330] Dieses wird sich entgegen der ursprünglichen Absicht der rot-grünen „Gesundheitsreform 2000", mit der die Position der Krankenkassen gegenüber der Krankenhausplanung gestärkt werden sollte,[331] aufgrund des Widerstands der Ländervertretung vorläufig auch nicht ändern. Selbst wenn dem so wäre, bliebe im übrigen die Tatsache erhalten, daß nur Plankrankenhäuser nach § 8 KHG öffentliche Fördergelder aus Landesmitteln nach dem System der dualen Kran-

---

[325] Eine eindrucksvolle Möglichkeit hierzu bietet der Krankenhausplan der Freien Hansestadt Bremen 1981-1990 (*Freie Hansestadt Bremen*, Krankenhausbedarfsplan 1981-1990).

[326] A.a.O., S. 12; vgl. auch *G. Bauer* in „Diskurs" Nr. 2 (1980), S. 47 ff.

[327] Vgl.: *O. Depenheuer*, Staatliche Finanzierung und Planung im Krankenhauswesen (1986), S. 45; *J. Keisers*, Einführung in die Krankenhausbetriebslehre (1993), S. 39 f.

[328] So findet sich beispielsweise eine erkennbar gewollte Abweichung der Krankenhaushäufigkeit von der bisherigen Entwicklung im Krankenhausplan der Freien Hansestadt Bremen 1981-1990: *Freie Hansestadt Bremen*, Krankenhausbedarfsplan 1981-1990, S. 19.

[329] BVerwGE 62, 86 (107) - zitiert nach *O. Depenheuer*, Staatliche Finanzierung und Planung im Krankenhauswesen (1986), S. 46.

[330] Vgl.: Kasseler Kommentar *-Hess-*, § 108 SGB V, Rdnr. 3; zur historischen Entwicklung dieser Vorschrift auch: *O. Depenheuer*, Staatliche Finanzierung und Planung im Krankenhauswesen (1986), S. 68 ff m.w.Nachw. und knapper *J. Schmitt* in *Schulin*: Handbuch d. Sozialversicherungsrechts - Bd. 1 (1994), § 28, Rdnr. 28 ff.

[331] Vgl. die entsprechenden Anmerkungen zu § 109 SGB V in BT-Drcks. 14/1245.

kenhausfinanzierung erhalten, um die Krankenhäuser in ihrem baulichen Bestand den Erfordernissen einer bedarfsgerechten Versorgung anzupassen.

Diese Form der Investitionsförderung gliedert sich einerseits in eine pauschale Förderung, die u.a. für die Wiederbeschaffung und Ergänzung kurzfristiger Anlagegüter (Nutzungsdauer 3 - 15 Jahre) und für kleinere Baumaßnahmen landesrechtlich festgelegte Fördermittel bisher stark orientiert an der Zahl der Planbetten gewährt. Andererseits wird die Finanzierung für mittel- und langfristige Anlagegüter (Nutzungsdauer >15 Jahre) und für größere Baumaßnahmen nur auf Antrag im Ermessen der zuständigen Landesbehörde gewährt.[332] Die Vorhaltung von Krankenhausleistungen wird damit in doppelter Weise abhängig gemacht von der Aufnahme der Krankenhäuser in den Krankenhausplan. Dies ist insofern problematisch, als mit der beschriebenen Art der Bedarfsplanung, wie im vertragsärztlichen Bereich, immer nur ein Ausgangsstatus fortgeschrieben wird und auf neuere Entwicklungen nur unzureichend eingegangen werden kann.[333]

Nur im Ansatz hat sich in neuerer Zeit im Bereich der Pauschalförderung eine Tendenz zur Abkehr von dem „Planbett" als alleinige Grundlage der Zuwendung pauschaler Fördermittel ergeben. So wird beispielsweise in Hamburg inzwischen ein Gutteil der pauschalen Fördermittel nicht mehr nach der Zahl der aufgestellten Planbetten, sondern nach der Zahl der behandelten Patienten („Behandlungsfälle") gewährt.[334] Andernorts ist dagegen die Zahl der Planbetten die entscheidende Größe für die Bemesssung der Fördermittel geblieben.[335] Angesichts des Drucks, den die Krankenkassen mit ihren Forderungen nach Bettenkürzungen auf die Krankenhausplanung ausüben, den andererseits aber auch Fehlbelegungsabgaben und Verweildauerverkürzungen auf die Krankenhausträger bewirken, erscheint indes eine Modifizierung der Investitionsförderung im Krankenhauswesen zugunsten einer fallzahlabhängigen Pauschalförderung dringend geboten.

---

[332] Vgl. zum Ganzen *J. Keisers*, Einführung in die Krankenhausbetriebslehre (1993), S. 22 ff.. - Entsprechende Vorschriften sind auch den jeweiligen Landeskrankenhausgesetzen zu entnehmen.

[333] Vgl.: *J. Keisers*, Einführung in die Krankenhausbetriebslehre (1993), S. 39; *SVRKAiG*, SG 1995, S. 113 - Ziff. 340.

[334] Hierzu eingehend *P. Demgenski/H. Nee*, das Krankenhaus 1996, S. 363 ff. In Prozenten ausgedrückt liegt in Hamburg der Anteil der Fördermittel aufgrund der Zahl der Behandlungsfälle in der Größenordnung von 60 bis 75 Prozent.

[335] So überwiegt beispielsweise in Bremen nach der Neuregelung der pauschalen Förderung durch die „VO über die pauschale Förderung nach § 11 Abs. 9 des BremKHG" vom 8.7.1997 (Brem.GBl 1997, S. 239) noch deutlich die Förderung nach Planbetten. Ihr Anteil liegt hier im Schnitt immer noch bei etwa 80 Prozent.

Wenn in der Vergangenheit gelegentlich festzustellen war, daß einzelne Krankenhäuser im Bereich der normalen stationären Versorgung den im Krankenhausplan vorgegebenen Bettenabbau nur teilweise nachvollzogen haben, so ist dies nicht zuletzt darauf zurückzuführen, daß in diesen Bereichen aktuell keine Investitionen anfielen. Im Gegenteil: Eine entsprechende Umstrukturierung der Versorgungsstruktur der Häuser hätte eher noch Kosten verursacht, für die Fördermittel verbraucht worden wären. Demgegenüber wird die Nicht-Gewährung entsprechender Fördermittel aber kaum dazu führen, daß Krankenhäuser in kostenträchtigen Bereichen wie der Vorhaltung von Operationskapazitäten oder Intensivbehandlungsplätzen, die nicht nur mit hohen Investitionskosten, sondern auch mit hohen Folgekosten verbunden sind, über die Krankenhausplanung hinausgehend Kapazitäten schaffen werden. Dies gilt in der Regel selbst dort, wo auf der Nachfrageseite ein akuter Bedarf an Behandlungsmöglichkeiten deutlich erkennbar wird. Hinsichtlich der Schaffung der Kapazitäten für neue und möglicherweise aufwendigere Behandlungsmethoden schlägt die gewollte Angebotssteuerung durch die Krankenhausplanung somit voll durch.

III. Folgen der Bedarfsplanung für die Patienten

Mögen im Bereich der vertragsärztlichen Versorgung die Folgen der Bedarfsplanung und der künftigen Bedarfszulassung sich im wesentlichen in Form einer längeren Wartezeit auf die ärztliche Behandlung in den Wartezimmern der Praxen bzw. auf einen Termin für den Arztbesuch auswirken.[336] So sind, gerade weil ein Verzicht auf bzw. eine Verzögerung der Ausweitung der Kapazitäten am ehesten in den besonders kostenträchtigen Bereichen erfolgt, die Auswirkungen der staatlichen Bedarfssteuerung im Bereich der stationären Versorgung um einiges dramatischer. Diese Situation wird dadurch verstärkt, daß die Bundesländer selbst gegenüber den Plankrankenhäusern ihren Finanzierungsverpflichtungen nur zögernd nachkommen, was sich insbesondere auf dem Gebiet der dringend überfälligen Umstrukturierung der Versorgungsstruktur im stationären Bereich negativ auswirkt.[337] Anhand von zwei besonders signifikanten Bereichen sollen die Auswirkungen der Krankenhausplanung auf die Versorgung der Bevölkerung mit Leistungen der stationären Krankenbehandlung nachfolgend dargestellt werden.

---

[336] Hier gibt es nach den hier vorliegenden Erkenntnissen in Deutschland keinerlei Untersuchungen darüber wie lang beispielsweise die genannten Wartezeiten in den Praxen der verschiedenen Arztgruppen sind oder welches die Gründe für die Wartezeiten sind.

[337] So hatte sich beispielsweise nach einer Meldung der Bremer Krankenhausgesellschaft im Bremer *Weser-Kurier* von 8.12.1994 ein Investitionsstau von 300 Millionen Mark allein für die 13 Bremer Kliniken aufgestaut. (ähnlich auch noch einmal *Weser Kurier* vom 21.3.1995).

1) Begrenzung der Intensivbehandlungsmöglichkeiten durch die Krankenhausplanung

Ein besonders kostenträchtiger, aber auch, bezogen auf seine Auswirkung für die behandlungsbedürftigen Bürger, besonders existentieller Bereich der stationären Krankenbehandlung ist die Intensivbehandlung von Schwer- und Schwerstkranken und -verletzten. In diesem Bereich hat sicherlich, wie bereits das Beispiel der alten Dame, von der in der Einleitung berichtet wurde, belegt, in den vergangenen 20 Jahren eine rasante medizinisch-technische Entwicklung stattgefunden. Zwar mag diese Entwicklung auch in negativer Hinsicht einigen Anlaß zur Diskussion geben,[338] Tatsache bleibt aber, daß insbesondere im Bereich der Notfallbehandlung die Intensivmedizin in der Lage ist, heute Menschenleben zu erhalten, die noch vor wenigen Jahren verloren gewesen wären.

Zugleich stellt sich im Bereich der Intensivmedizin aber auch immer wieder das Problem, daß die vorhandenen Kapazitäten nicht ausreichen, um den Bedarf an Intensivbehandlungsplätzen zu decken. Nicht selten sind die Intensivstationen aufgrund vollständiger Belegung bei den Rettungsleitstellen „abgemeldet" und die Rettungsdienste oder Notarztwagen sehen sich einem Problem ausgesetzt, das neuerdings mit den Begriff „Notfall-Tourismus"[339] umschrieben wird. Zwar ist es aufgrund des Vorhandenseins von Rettungsleitstellen nur selten so, daß Rettungswagen oder Notarztwagen, die mit einem Patienten das nächstgelegene Krankenhaus anfahren, dort abgewiesen werden. Dieses Problem ist auf die Rettungsleitstellen verlagert worden, die sich im Einzelfall darum bemühen müssen, für den Akut-Patienten einen Behandlungsplatz zu finden. Wenn die Mehrzahl der erreichbaren Kliniken ihre Intensivbehandlungsplätze „abgemeldet" hat, liegt vor dem Patienten aber eine längere „Reise" im Rettungswagen oder Notarztwagen, die ihn nicht selten sogar über die Landesgrenzen hinausführt.

Noch im Frühjahr 1996 beklagte *R. Neugebauer* als Vorsitzender der *Vereinigung Leitender Unfallchirurgen Bayerns* die Situation bei der Versorgung von Unfallopfern in Bayern. Nach einer dpa-Meldung vom 5.2.1996[340] müssen selbst die Rettungshubschrauber mit Notfall-Patienten an Bord weite Flugstrecken zurücklegen und Wartezeiten von bis zu 3 Stunden in Kauf nehmen. Auch *Ch. Fuchs* weiß von ähnlichen Situationen zu berichten,[341] und *R. Simon-Weidner* berichtete gar von einem Fall, in dem eine Notfall-Patientin aus Baden

---

[338] Vgl. statt vieler: *H.W. Opderbecke*, MedR 1985, S. 23 ff.; zum Ganzen auch *M. A. Rie*, Ökonomische Grenzen der Lebensrettung, in *Ch. Sachße/H.T. Engelhardt,* Sicherheit ..., (1990), S. 274 ff.

[339] Vgl.: *R. Dennerlein/M. Schneider,* Wirtschaftlichkeitsreserven im Rettungsdienst (1995), S. 141 m.w.Nachw.

[340] Vgl.: *Süddeutsche Zeitung* vom 5.2.1996.

[341] Vgl.: *Ch. Fuchs*, MedR 1993, S. 323 m.w.Nachw.

wegen fehlender Aufnahmekapazitäten über die Grenze nach Straßburg transportiert werden mußte, wo sie tot ankam.[342]

Nun müssen die Konsequenzen der staatlichen Regulierung der Vorhaltung von Intensiv- oder Akutbehandlungsplätze nicht immer solch drastische Auswirkungen haben, wie in dem zuletzt geschilderten Fall. Eine deutliche Verzögerung der akut erforderlichen Behandlung wird aber im Einzelfall immer dann festzustellen sein, wenn die staatliche Planung des Bedarfs die sich ändernden Möglichkeiten in der Medizin ebenso wie die sich verändernde Morbidität in der Bevölkerung und die daraus resultierenden Behandlungsbedürfnisse nicht hinreichend berücksichtigt.

Nicht verschwiegen werden soll an dieser Stelle, daß besonders in der Intensivmedizin auch personelle Engpässe innerhalb der Krankenhausorganisation für das Angebot an stationären Versorgungsleistungen eine bedeutende Rolle spielen.[343] Hier liegt indes ebenfalls eine Mitverantwortung im Bereich der staatlichen Steuerung. So weigerte sich beispielsweise das Gesundheitsministerium im Jahre 1993 ausdrücklich und nicht zuletzt auch unter Verweis auf die daraus resultierenden Kosten, eine der Pflege-Personalregelung vergleichbare Personalbemessungsregelung für die Intensivbehandlung zu erlassen.[344] In dem entsprechenden Antwortschreiben des BMG wird deutlich, daß eine weitere Ausweitung der Intensivmedizinischen Behandlung in unserem Gesundheitssystem von politischer Seite ausdrücklich nicht erwünscht ist.[345] In diesem Sinne wird offenbar einerseits der Bedarf an Intensivbehandlungsplätzen bei der Krankenhausplanung nicht hinreichend berücksichtigt, andererseits werden gesetzliche Regelungen, aufgrund derer die vorhandenen Behandlungsplätze mit ausreichenden personellen Ressourcen ausgestattet werden könnten, bewußt zurückgehalten, um so das Angebot an entsprechenden Behandlungsmöglichkeiten gezielt zu verkürzen. Mit der Folge, daß durch die daraus entstehende Verzögerung oder Verhinderung einer angemessenen, dem Stand der medizinischen Wissenschaft entsprechenden Behandlung die Chancen auf eine vollständige und baldige Genesung vermindert oder im Extremfall sogar das Leben eines betroffenen Menschen gefährdet wird.

---

[342] Vgl.: *R. Simon-Weidner*, ArztR 1995, S. 42.

[343] Einer Meldung in der *Süddeutsche Zeitung* vom 2.6.1996 zufolge mußte beispielsweise am Münchener Klinikum Großhadern 25 der 129 Intensivbehandlungsplätze wegen Personalmangels geschlossen bleiben.

[344] So das BMG in einer ausdrücklichen Erklärung gegenüber der Deutschen Gesellschaft für Anästhesiologie und Intensivmedizin - wiedergegeben bei *H. W. Opderbecke/H. Sorgatz*, Anästh. Intensivmed. 1993, S. 285 ff. (288).

[345] Ebenda.

2) Begrenzung der Operationsmöglichkeiten durch die Krankenhausplanung am Beispiel der Cardiochirurgie

Die Auswirkungen solcher im Rahmen der Bedarfsplanung implizierter Strategien zur Begrenzung des Angebots an medizinischen Leistungen zeigen sich indes nicht nur im Bereich der Intensivmedizin. Auch in anderen Bereichen, namentlich der operativen Versorgung der Bevölkerung, ist eine Verknappung des Leistungsangebots durch die Bedarfsplanung zu verzeichnen. Es ist davon auszugehen, daß diese Verknappung des Leistungsangebots, soweit sie nicht sogar politisch gewollt ist, mindestens von den Planungsbehörden der Länder hingenommen wird.

Es gibt leider so gut wie keine verwertbaren, öffentlichen Informationen über die Wartezeiten und die Gründe für diese Wartezeiten in den einzelnen operativen Disziplinen oder in Hinblick auf einzelne Operationen.[346] Einzelne informelle Anfragen bei entsprechenden Kliniken in Bremen und im Bremer Umland ergaben aber, daß Wartezeiten von einem halben bis zu einem dreiviertel Jahr auf einige Operationen im Bereich der Orthopädie oder der Augenheilkunde keine Seltenheit sein dürften. Darüber hinaus erhärteten diese Anfragen den Verdacht, daß es zum Teil erhebliche Unterschiede bei den Wartezeiten für gesetzlich Versicherten gegenüber den Selbstzahlern gibt.[347] Eine echte statistische Aussagekraft ist diesen Informationen jedoch nicht beizumessen. Insofern soll an dieser Stelle lediglich auf den Bereich der Cardiochirurgie eingegangen werden, für den seit dem Jahre 1987 jährliche Analysen der Versorgungssituation vorliegen.[348]

Im 8. Bericht des Krankenhausausschusses der Arbeitsgemeinschaft der Leitenden Medizinalbeamtinnen und Medizinalbeamten (AGLMB) zur Situation der Herzchirurgie 1995 in Deutschland wird zum einen deutlich, daß die Zahl der Todesfälle in Folge eines akuten Myokardinfarkts seit 1979 deutlich rückläufig ist. Auffällig ist aber auch, daß die Zahl der Todesfälle infolge Myokardinfarkts bezogen auf 100.000 Einwohner mit einer Spannbreite von 148,9 (Branden-

---

[346] Eine Ausnahme stellt hier die Arbeit von *S. Ziems, / A. Roeber* zum Thema „Wartezeiten auf chirurgische Leistungen bei 5 ausgewählten Krankheitsbildern" (1994) dar. Diese Arbeit bezieht sich aber auf Untersuchungsergebnisse aus der DDR und der „Wendezeit" (1989-1991), so daß die Ergebnisse nicht ohne weiteres übertragbar sein dürften. Anders als beispielsweise in Großbritannien, wo anscheinend wesentlich offener mit der Rationierungsproblematik umgegangen wird als hierzulande, waren bei den Recherchen für diese Arbeit selbst in den einschlägigen Fachzeitschriften keine Angaben zur Wartezeiten veröffentlicht und auch die erwähnte Befragung der KVen und der Krankenhausgesellschaften brachte hier keinerlei Informationen.

[347] So ließ sich durch die Intervention eines befreundetes Oberarztes die Wartezeit einer GKV-Patientin zur Hüftoperation von neun Monaten auf drei Wochen verkürzen.

[348] Vgl.: *E. Bruckenberger (AGLMB)*, Situation der Herzchirurgie 1995 in Deutschland, S. 55; *E. Bruckenberger (AOLG)*, Herzbericht 1997 (1998), S. 21 ff.

burg) bis 79,7 (Hessen) von Bundesland zu Bundesland ausgesprochen hohe Abweichungen aufweist, die allein mit einer unterschiedlichen Morbidität der Bevölkerung nicht erklärt werden können.[349] Diese Annahme wird erhärtet durch die Tatsache, daß selbst in den benachbarten norddeutschen Stadtstaaten Bremen (122,2 (1997: 148)) und Hamburg (82,5 (1997: 95)) die Sterberate beim Myokardinfarkt drastische Unterschiede aufweist und dies, obwohl hinsichtlich der behandelten Fälle eines Myokardinfarkts die Verhältniszahlen in Hamburg sogar noch über denen von Bremen liegen.[350] Hier stellt sich die Frage, ob nicht Unterschiede in der Versorgungsstruktur und den zur Verfügung stehenden, bzw. den zur Verfügung gestellten Behandlungsplätzen eine wesentliche Ursache für diese Differenzen sind. Mit anderen Worten: „Muß ein Infarkt-Patient in Bremen eher sterben als in Hamburg?“

Ohne auf diese Frage näher einzugehen, stellt die AGLMB im weiteren Verlauf des Berichts fest, daß die Zahl der Herzoperationen mit Herz-Lungen-Maschine (HLM) seit 1978 von 8.325 auf 69.398 pro Jahr gestiegen ist.[351] Die seit Jahren bestehende Warteliste in der Herzchirurgie für Erwachsene konnte 1995 gegenüber dem Vorjahr um 2500 Patienten reduziert werden. Dennoch standen 1995 noch 12.699 Patienten auf der Warteliste, was gemessen an der Operationskapazität des Jahres 1995, für die alten Bundesländer etwa einem Anteil von 15 Prozent entspricht.[352] Dagegen umfaßte die Warteliste für Kinder allein in den alten Bundesländern noch 1.000 Patienten, was immerhin einem Anteil von 30 Prozent der vorhandenen Operationskapazitäten entspricht.[353]

Diese Zahlen und mehr noch die Zahlen aus dem Jahre 1997, wo besonders im Bereich der Kinderherzchirurgie noch einmal deutliche Verbesserungen erzielt wurden,[354] belegen, daß in den vergangenen Jahren zwar eine deutliche Verbesserung der Versorgungsstruktur in der Herzchirurgie in Deutschland erreicht werden konnte. Von einer wirklich bedarfsgerechten Versorgung der Bevölkerung kann indes (noch) nicht die Rede sein. Die Folge der unzureichenden Versorgung der Bevölkerung mit den entsprechenden Operationsangeboten sind die genannten Wartelisten, in deren Rahmen die Leiden, oder jedenfalls die Einbußen an Wohlbefinden für die Betroffenen hinsichtlich der vorhandenen medizi-

---

[349] A.a.O., S. 5 ff. zur weiteren Entwicklung allerdings ohne den zeitlichen Verlauf *E. Bruckenberger (AOLG)*, Herzbericht 1997 (1998), S. 13.

[350] A.a.O., S. 4. zur weiteren Entwicklung *E. Bruckenberger (AOLG)*, Herzbericht 1997 (1998), S. 9. und S. 13 mit vergleichbaren Zahlen.

[351] A.a.O., S. 25.

[352] A.a.O., S. 28.

[353] A.a.O., S. 38.

[354] *E. Bruckenberger (AOLG)*, Herzbericht 1997 (1998), S. 29.

nisch-technischen Möglichkeiten unnötig prolongiert werden. Unter Umständen werden einzelne Patienten während der Wartezeit auch versterben.[355]

IV. Fazit

Die dargestellten Auswirkungen der Bedarfsplanung im stationären Bereich und die genannten Beispiele belegen, ohne daß eine weitere Konstruktion von Fallbeispielen wie im vorhergehenden Abschnitt hierzu noch nötig wäre, inwieweit eine staatliche Allokationslenkung auf der Makroebene durch die Bedarfsplanung schwerwiegende Folgen für die Allokationsentscheidung auf der Mikroebene hat. Im Prinzip wird durch die Vorgaben auf der Makroebene die Entscheidungsmöglichkeit auf der Mikroebene vorweggenommen. Der über Behandlung oder Nicht-Behandlung entscheidende Arzt kann seine Entscheidung nicht mehr nach dem Grundsatz „salus aegroti suprema lex"[356] unter der alleinigen Rücksichtnahme auf das Wohl des individuellen Patienten treffen. Er muß vielmehr abwägen zwischen dem Wohl des Einen und dem Wohl des Anderen, der bei der Vergabe der Behandlungsmöglichkeiten zum Ersten in Konkurrenz tritt. Es werden Nutzen-Abwägungen getroffen werden müssen, die den einzelnen Arzt vor Ort nicht selten überfordern mögen. Im Ergebnis wird jedenfalls das Wohl des (nach der Einschätzung des jeweils entscheidenden Arztes) weniger bedürftigen Patienten hinter dem des Anderen zurücktreten müssen. Er muß warten, bis die nächste Behandlungsmöglichkeit zur Verfügung steht, tritt dann aber möglicherweise erneut in Konkurrenz zu weiteren Mitbewerbern. Hieraus ergeben sich die am Beispiel der Herzchirurgie dargestellten Wartelisten, in deren Rahmen eine aktuell nötige und die Situation des Leidenden verbessernde Behandlung diesem vorenthalten wird.

Ein weiterer, weniger spektakulärer Aspekt der Auswirkungen der Bedarfsplanung ist die suboptimale Versorgung der Patienten. Die erwähnte Ausrichtung der Bedarfsplanung an den bestehenden Strukturen, gepaart mit einer zögerlichen Erfüllung der Finanzierungsaufgabe der Bundesländer gegenüber den Krankenhäusern, führen zu Versorgungsstrukturen, die nicht dem Stand der medizinischen Wissenschaft entsprechen.[357] Das Fallbeispiel Nr. 7, mit dem Auswirkungen des Investitionsstaus auf die Praxis der vertragsärztlichen Leistungserbringung im ambulanten Bereich veranschaulicht wurden, läßt sich in diesem Zusammenhang auch auf die stationäre Leistungserbringung übertragen. Auch hier wird die suboptimale Ausstattung der Kliniken mit technischem Gerät unter Umständen zu verzögerten oder fehlerhaften Diagnosen führen, durch

---

[355] *E. Bruckenberger (AGLMB)*, Situation der Herzchirurgie 1995 in Deutschland, S. 38. - Vgl. auch: *W. Krämer*, Krankheit des Gesundheitswesens (1989), S. 69.

[356] Aus dem Hypokratischen Eid, abgedruckt in der deutschen Übersetzung z.B. bei *H.-M. Sass*, Medizin und Ethik (1989), S. 351 m.w.Nachw.

[357] Hierzu beispielsweise OLG Oldenburg v. 27.7.1993, 5 U 49/93; VersR 1995, S. 49.

die den betroffenen Patienten eine ihrem Krankheitsbild angemessene Behandlung vorenthalten wird. Hinzu kommt, daß aufgrund einer tendenziell immer noch anhaltenden Verkürzung der Verweildauer Behandlungskapazitäten im Bereich der stationären Krankenversorgung entbehrlich und nicht zuletzt auf Druck der Krankenkassen[358] abgebaut werden. Damit wird insgesamt das Behandlungsangebot verkürzt und die Patienten müssen längere Wege zur nächst gelegenen Behandlungsmöglichkeit oder bei saisonal bedingten Erkrankungshäufungen auch Wartezeiten oder überlastete Kliniken in Kauf nehmen.[359]

Im Ergebnis ist die Bedarfsplanung nichts anderes als die staatlich verordnete Begrenzung des Angebots an Therapiemöglichkeiten, die deshalb besonders perfide ist, weil sie unter der offiziellen Prämisse der „Bedarfsgerechtigkeit" stattfindet. Durch diesen Begriff wird dem Bürger suggeriert, daß seine Bedürfnisse an Behandlungsmöglichkeiten erfaßt und auch gedeckt werden, wohingegen in der Realität, wie die Beispiele belegen, das Angebot an Leistungen nach den politischen Zielen gezielt gesteuert wird. Hierbei wird es im Einzelfall immer wieder vorkommen, daß zum Teil existentielle Bedürfnisse der Betroffenen in Bezug auf Leistungen aus dem System der Gesundheitsversorgung nicht befriedigt werden.

Bedarfsplanung ist demnach nicht anderes als ein staatlicher Eingriff in den freien Markt von Angebot und Nachfrage im Bereich des Gesundheitswesens, indem das Angebot bestimmter Leistungen durch politische Entscheidungen künstlich verkürzt wird. Hier findet ganz gezielt, aber eben nicht öffentlich, eine „Rationierung" in der eingangs umschriebenen Form statt. Soweit man nicht generell die Bedarfsplanung schon als Rationierung medizinischer Leistungen ansehen will, muß doch mindestens zur Kenntnis genommen werden, daß die Bedarfsplanung durchaus auch rationierende Elemente enthalten kann.

D. Definition des Begriffs „Rationierung"

Nachdem bisher die verschiedenen Nuancen der stattfindenden, mehr oder minder „heimlichen" bzw. impliziten Rationierung in den verschiedenen Bereichen des Gesundheitswesens dargestellt wurden, ist es nun an der Zeit, sich einer abschließenden Definition des Begriffs „Rationierung" zu widmen und die dar-

---

[358] So hielt beispielsweise der AOK-Bundesvorsitzende *H. J. Ahrens* (nach einer Meldung der *Süddeutschen Zeitung* vom 23.2.99) 85.000 der vorhandenen rund 580 000 Betten für überflüssig.

[359] Besonders eindrucksvoll trat dieses Phänomen im Frühjahr 1999 während einer Grippeepidemie in Großbritannien in Erscheinung (vgl.: *Süddeutsche Zeitung* vom 8.1.99). Aber auch in Deutschland werden beispielsweise im Bereich der Kinderheilkunde fehlende Behandlungskapazitäten von Fachleuten beklagt (Hierzu *Weser-Kurier* vom 16.9.99).

aus resultierenden Fragen für die Betrachtung der Rechte der Patienten und der staatlichen Pflichten zu formulieren.

Rationierung im Gesundheitswesen ist, womit die ursprüngliche grammatikalische Definition des Begriffs wieder erreicht wurde, nichts anderes als Angebotssteuerung. Sei es durch „Kostendämpfung" im Sinne von Budgetierung, sei es durch Ausgabenlenkung durch Fallpauschalen oder sei es durch die Bedarfsplanung. Um eine vermittelnde Position zwischen der knappen Definition *Porzsolts,* der Rationierung aus der Sicht des Klinikarztes als „die Verweigerung medizinischer Maßnahmen mit unbestrittenem Nutzen" definiert[360] und der Definition des Politologen *Kühn*, der mit der US-amerikanischen Definition Rationierung als „die ökonomisch, juristisch und ethisch legitimierte Verweigerung medizinischer Leistungen auch dann, wenn sie klinisch anerkannt sind und ihr Nutzen unbestritten ist" ansieht,[361] zu beziehen, könnte man Rationierung als „die politisch und durch die gesetzlichen Rahmenbedingungen der Leistungserbringung hervorgerufene Verweigerung medizinischer Leistungen, die klinisch anerkannt und in ihrem Nutzen unbestritten sind" umschreiben. Inwieweit und unter welchen Rahmenbedingungen diese Leistungsverweigerungen letztlich juristisch legitimiert sind, ist nachfolgend zu klären.

Die Erscheinungsformen der Leistungsverweigerung, die im Deutschen Gesundheitswesen bisher nur verdeckt, aber bei näherer Betrachtung durchaus erkennbar, stattfindet, sind einerseits die Verweigerung einer aktuell erforderlichen Leistung durch eine zeitliche Verzögerung der Leistungserbringung oder sogar durch den vollständigen Verzicht auf die Leistungserbringung. Andererseits begegnet man, wie die Beispiele zeigen, nicht selten auch einer Verweigerung einer erforderlichen und angemessenen Leistung durch die Behandlung mit suboptimalen Methoden. Die Folgen dieser Leistungsverweigerung auf der Seite der Patienten sind, soweit sie nicht zu deren unmittelbaren oder mittelbaren Tode führen, jedenfalls eine medizinisch nicht gerechtfertigte Prolongierung des Krankheitsgeschehens, die ihrerseits für den Betroffenen mit Schmerzen oder anderen Beschwerden verbunden ist. Darüber hinaus ist die Leistungsverweigerung durch Leistungsverzögerung oder suboptimale Leistungserbringung geeignet, bei den betroffenen Patienten bleibende Funktionsstörungen des Körpers oder Beeinträchtigungen des körperlichen Wohlbefindens, die medizinisch vermeidbar gewesen wären, hervorzurufen.

Mag die politische und in gesetzlichen Rahmenbestimmungen gefaßte Begrenzung des Angebots auf der Seite der Leistungserbringer auf der Makroebene auch zweckmäßig, erforderlich und vielleicht sogar angemessen sein. Auf der Ebene der Mikroallokation sind Einschränkungen der Behandlungsmöglichkei-

[360] zum Ganzen: *F. Porzsolt*, DOK 1996, S. 536(537 f.), in ganz ähnlicher Weise zuvor auch schon *H.-H. Abholz*, Jahrbuch für Kritische Medizin Nr. 17 / 1991, S. 15 ff.

[361] *H. Kühn*, Rationierung im Gesundheitswesen (1991), S. 3 f. m.w.Nachw.

ten für alle oder mehr noch für einzelne Betroffene die Folge der oben getroffenen Allokationsentscheidungen. Einschränkungen, die den behandelnden Arzt zwingen, zwischen dem Wohl des einen und dem Wohl des anderen, vielleicht auch nur künftigen, Patienten und nicht zuletzt auch seinem eigenen pekuniären Wohlergehen zu entscheiden.

Rechtlich problematisch an dieser Situation ist nicht so sehr die Tatsache, daß der entscheidende Arzt womöglich mit seiner Aufgabe, für die er letztlich nicht ausgebildet wurde, überfordert ist,[362] und unter Umständen deshalb auch Fehlentscheidungen trifft. Hier wird man zurecht sagen dürfen, wer, wenn nicht der Experte, dem alle wichtigen Voraussetzungen für diese Entscheidung bekannt sind, sollte diese Entscheidung letzten Endes treffen?[363] Problematischer ist vielmehr, daß der Prozeß solcher Entscheidungen in aller Regel ohne die nötige Transparenz für die Patienten oder gar für die Öffentlichkeit stattfindet und daß es der Gesetzgeber bislang versäumt hat, verfahrensmäßige Rahmenbedingungen zu kodifizieren, die dazu geeignet sind, die Interessen der betroffenen Patientinnen und Patienten im Rahmen dieser Entscheidungsfindung zu wahren.

Die Interessen der betroffenen Patienten sind bereits weitgehend umrissen. Es sind die unverzögerte Erbringung einer Leistung aus dem System des Gesundheitswesens, soweit sie geeignet und erforderlich ist, seinen aktuellen Gesundheitszustand zu verbessern, sowie die Erbringung einer Leistung, die in Hinblick auf die aktuell vorliegenden wissenschaftlichen Erkenntnisse am besten geeignet ist, die Beschwerden der Patienten zu lindern und/oder eine Verbesserung ihres gesundheitlichen Zustands herbei zuführen. Die Frage ist aber, wie die betroffenen Patienten diese Interessen in dem System der medizinischen Versorgung in Deutschland rechtlich durchsetzen können. Oder genauer, über welche rechtlichen Ansprüche die Patienten gegenüber den Leistungsträgern und den Leistungserbringern verfügen.

---

[362] Vgl.: *W. Uhlenbruck*, MedR 1995, S. 430 m.w.Nachw.

[363] So schon *H.W. Opderbecke*, MedR 1985, S. 29; ebenso auch *A. Künschner*, Wirtschaftlicher Behandlungsverzicht ... (1992), S. 89 f m.w.Nachw.

2. Kapitel: *Ansprüche und Schutz der Patienten im System der Krankenversorgung*

Das System der Krankenversorgung in Deutschland zeichnet sich durch eine ausgesprochene Komplexität der rechtlichen Beziehungen aus. Für den Laien erkennbar steht hier zunächst die direkte Beziehung zwischen dem Patienten und dem Arzt, bzw. im Bereich der stationären Krankenversorgung, dem Arzt und dem Krankenhaus im Vordergrund. Dieser Bereich stellt aber nur einen kleinen Teil der tatsächlich gegebenen rechtlichen Bindungen und Ebenen dar, die – ohne den Anspruch auf Vollständigkeit - in den Abbildungen 4 und 5 übersichtsweise wiedergegeben sind. Die Arzt-Patienten-Beziehung gestaltet sich in ihrem Kern zunächst einmal nur nach zivilrechtlichen Grundsätzen, die sich aus dem Wesen des ärztlichen Behandlungsvertrages ergeben.[1] Dies gilt nach der herrschenden Meinung auch für die sogenannten Kassenpatienten, selbst dann, wenn sie zum Zwecke der Behandlung ein Krankenhaus in öffentlich-rechtlicher Trägerschaft aufsuchen.[2] Im Normalfall entsteht die vertragliche Beziehung hier allerdings zwischen dem Patienten und den Krankenhausträgern im Rahmen des Krankenhaus-(aufnahme-)vertrages. Die direkt mit dem Patienten in Berührung kommenden Ärzte und Krankenschwestern treten in diesem Fall lediglich als Erfüllungsgehilfen in Erscheinung,[3] wodurch im Falle der Krankenhausbehandlung zudem noch die arbeitsrechtlichen Maßstäbe hinzutreten.[4]

Überlagert wird die privatrechtliche Beziehung zwischen den Ärzten und den Patienten allerdings durch zahlreiche Vorschriften des öffentlichen Rechts im weiteren Sinne. Dabei kommen einerseits die ordnenden Funktionen des Strafrechts und des ärztlichen wie auch des pflegerischen Berufsrechts zum Tragen. Andererseits wirken die gestaltenden Vorschriften des Sozialrechts und im Krankenhausbereich auch des Krankenhausfinanzierungs- und Planungsrechts auf die rechtlichen Beziehungen zwischen dem Patienten und dem behandelnden Arzt ein. Über allem steht letztlich wiederum der Staat als Garant für die Wahrung der Grundrechte, die ihre Wirkungen sowohl für den Patienten als auch für den Arzt und auch das Krankenhaus entfalten können.

---

1 Ausführlich zum Ganzen: *A. Laufs*, Arztrecht ⁵1993, Rdnr. 86 ff.; *Schmitt* in *Schulin*: Handbuch d. Sozialversicherungsrechts - Bd. 1 (1994), § 30 Rdnr. 40 ff.

2 Mit einer differenzierten Darstellung der rechtlichen Beziehung und der möglichen Vertragsformen *A. Laufs*, Arztrecht ⁵1993, Rdnr. 88 ff.; *Heinze* in *Schulin*: Handbuch d. Sozialversicherungsrechts - Bd. 1 (1994), § 38 Rdnr. 1 ff.

3 Vgl.: *A. Laufs*, Arztrecht ⁵1993, Rdnr. 559 ff. – unter Umständen gelten die Chefärzte eines Krankenhauses auch als Organ des Krankenhausträgers, so daß dieser gem. § 31 BGB für ärztliche Pflichtverstöße einstehen muß (so *A. Laufs*, Arztrecht ⁵1993, Rdnr. 571 ff.).

4 Vgl.: Abb. 5.

Abb. 4: Rechtsbeziehungen und rechtliche Ebenen der ambulanten Krankenversorgung

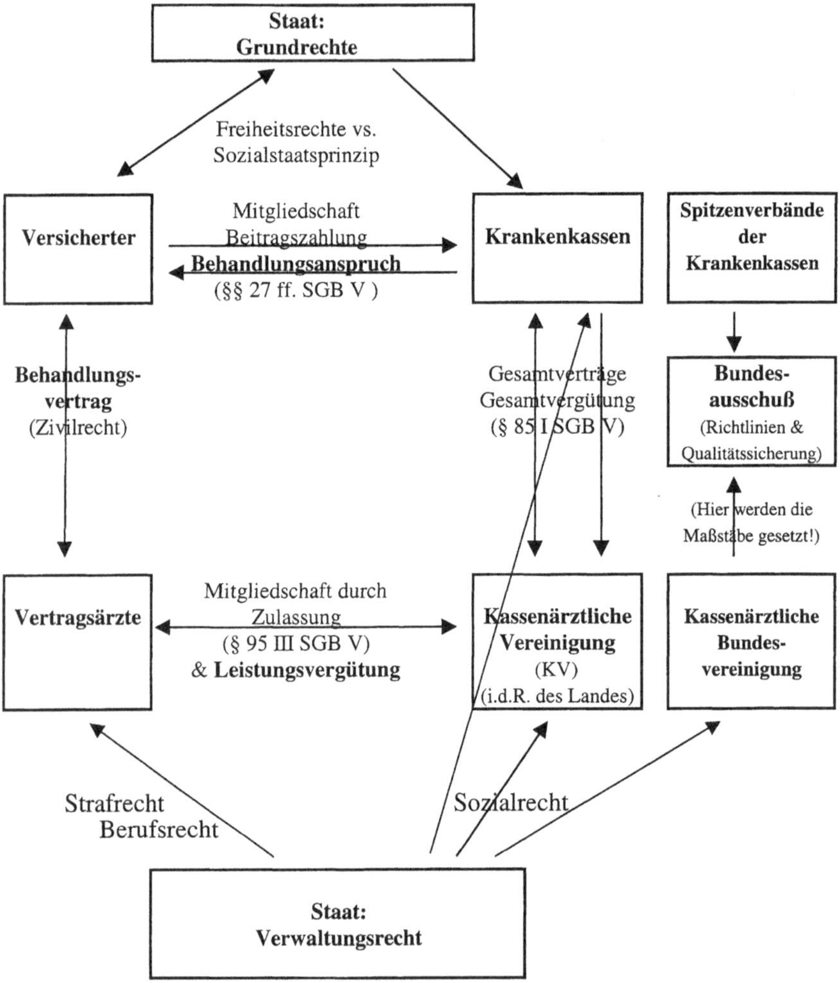

Abb. 5: Rechtsbeziehungen und rechtliche Ebenen der stationären Krankenversorgung

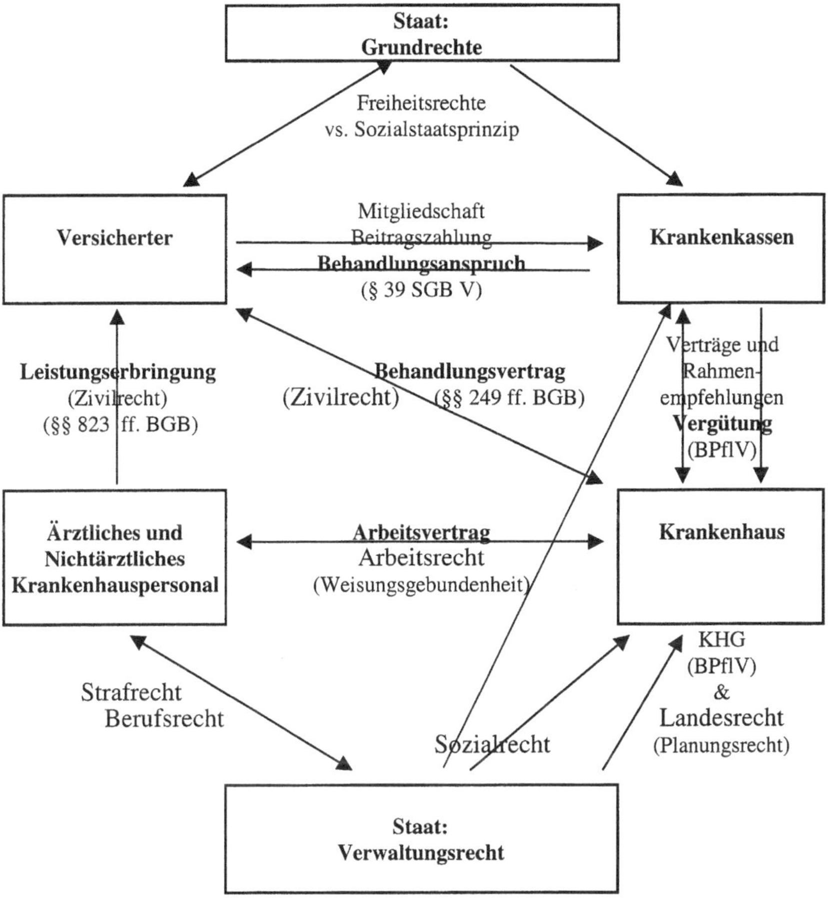

Die zuvor getroffenen Feststellungen zu den Auswirkungen der politischen Steuerungsbemühungen im System der Krankenversorgung in Deutschland auf die Patienten legen es nahe, zunächst einmal die rechtliche Position der Patienten gegenüber den Leistungserbringern in der Krankenversorgung zu untersuchen. Für die gesetzlich versicherten Patienten – und nur diese sollen ja Gegenstand der vorliegenden Untersuchung sein – ergibt sich der Anspruch auf Leistungen in erster Linie aus dem Sozialversicherungsrecht des SGB V. Ihr Leistungsanspruch richtet sich nach dem Wortlaut des Gesetzes zunächst gegen die Krankenkassen. Diese stellen, dem Sachleistungsgrundsatz des § 2 Abs. 2 S. 1 SGB V folgend, ihren Versicherten die Leistungen der Krankenversicherung[5] zur Verfügung[6], wozu sie gemäß § 2 Abs. 2 S. 2 SGB V Verträge mit den eigentlichen Leistungserbringern abschließen. Von besonderem Interesse sind demnach die Regelungen, die im Rechtsgebiet der gesetzlichen Krankenversicherung in Hinblick auf den Anspruch der Versicherten, die im Versicherungsfall zu Patienten werden, und dessen Umfang gegenüber den Krankenkassen getroffen wurden.

A. Ansprüche im Recht der gesetzlichen Krankenversicherung

In Hinblick auf die zuvor beschriebenen möglichen Einschränkungen bei der Inanspruchnahme der medizinischen Ressourcen geht es hier vor allem um die subjektiven Ansprüche der Versicherten auf eine unverzügliche und möglichst optimale medizinische Behandlung. Fraglich ist also, wie weit der Anspruch der Versicherten konkret reicht.

Unter Berücksichtigung der eingangs beschriebenen Allokationsebenen handelt es sich hier allerdings zunächst nicht um eine Frage der Verteilung knapper Ressourcen auf den einzelnen Bürger. Im System der gesetzlichen Krankenversicherung wird vielmehr der Anspruch für eine ganze Gruppe von Bürgern, den Versicherten nämlich, jedenfalls soweit sie einer bestimmten Krankenkasse zuzuordnen sind, festgelegt. Die aufgeworfene Frage ist demnach auf der oberen Ebene der Mikro-Allokation angesiedelt, auf der bestimmt wird, welche Bevölkerungsgruppe welche Leistungen in Anspruch nehmen darf.

I. Der Leistungsanspruch nach dem SGB V

Schon der im § 1 Abs. 1 S. 1 SGB V festgelegte Auftrag an die Krankenversicherung als Solidargemeinschaft, wonach die Gesundheit der Versicherten zu erhalten bzw. wiederherzustellen oder der Gesundheitszustand zu bessern ist, deutet auf eine sehr weitreichende gesetzliche Umschreibung des Anspruchs der Versicherten in der gesetzlichen Krankenversicherung hin.[7] Der Leistungskatalog des § 11 SGB V unterstützt mit der Aufzählung einer ganzen Reihe von Ansprüchen diesen Eindruck. Vorliegend können indes viele Aspekte dieses

---

[5] Aufgeführt im dritten Kapitel des SGB V (§§ 11 – 68 SGB V).

[6] § 2 Abs. 1 S. 1 SGB V; - zum Ganzen auch *Schulin* in *Schulin*: Handbuch d. Sozialversicherungsrechts - Bd. 1 (1994), § 6 Rdnr. 106 ff.

[7] Vgl.: *Schulin* in *Schulin*: Handbuch d. Sozialversicherungsrechts - Bd. 1 (1994), § 6 Rdnr. 153.

Leistungskatalogs außer Betracht bleiben, weil es in den zuvor entwickelten Fällen allein um den Anspruch auf Krankenbehandlung geht.

1) Der Anspruch auf Krankenbehandlung

Der Anspruch auf Krankenbehandlung ergibt sich aus dem § 11 I Nr. 4 i.V.m. §§ 27 ff. SGB V. Er umfaßt neben der eigentlichen ärztlichen und zahnärztlichen Behandlung (§ 28 SGB V) und einigen anderen Posten, die hier nicht im Vordergrund der Betrachtung stehen, auch die Versorgung mit Arzneimitteln, mit Verbandmitteln, mit Heilmitteln und mit Hilfsmitteln (§§ 31 ff SGB V) sowie die häusliche Krankenpflege (§ 37 SGB V) und die Krankenhausbehandlung (§ 39 SGB V).[8] Insofern zutreffend wird in der Literatur davon ausgegangen, daß die Leistungspflicht der Krankenkassen und damit korrelierend auch der Leistungsanspruch der Versicherten in bezug auf die Krankenbehandlung umfassend ist. [9]

Die ärztliche Behandlung stellt gewissermaßen den Kernbereich des Leistungskatalogs zur Krankenbehandlung dar. Von der ärztlichen Behandlung, mit der grundsätzlich die Tätigkeit des niedergelassenen Vertragsarztes gemeint ist,[10] leiten sich Ansprüche auf weitergehende Leistungen im Bereich der Arzneimittel- und Verbandmittelversorgung wie auch der Versorgung mit Heil- und Hilfsmittel sowie der Anspruch auf häusliche Krankenpflege ab.[11] Die Ansprüche der Versicherten in diesen Bereichen stützen sich letztlich auf die Verordnungstätigkeit des Vertragsarztes, der insofern befugt ist, das subjektiv-öffentliche Recht auf Krankenbehandlung zu konkretisieren.[12] Soweit aber, wie es im § 28 Abs. 1 S. 1 SGB V heißt, die Tätigkeit des Arztes nach den Regeln der ärztlichen Kunst ausreichend und zweckmäßig ist, ergibt sich aus der gesetzlichen Umschreibung des Anspruches auf Krankenbehandlung für die ambulante Krankenbehandlung keine Einschränkung in Hinblick auf den Zeitpunkt oder die Art der Durchführung.[13]

---

[8] Übersichtlich zum Gesamtumfang der Leistungen zur Krankenbehandlung: *Schneider* in *Schulin*: Handbuch d. Sozialversicherungsrechts - Bd. 1 (1994), § 22 Rdnr. 12 ff.

[9] Vgl.: *Schulin* in *Schulin*: Handbuch d. Sozialversicherungsrechts - Bd. 1 (1994), § 6 Rdnr. 153 m.w.Nachw.

[10] Vgl.: *Schneider* in *Schulin*: Handbuch d. Sozialversicherungsrechts - Bd. 1 (1994), § 22 Rdnr. 31.

[11] Ausführlich: *Schneider* in *Schulin*: Handbuch d. Sozialversicherungsrechts - Bd. 1 (1994), § 22 Rdnr. 138 ff. – instruktiv auch BSG Urteil v. 16.12.1993 - 4 RK 5/92 = BSGE 73, 271 = SozR3–2500, § 13, Nr. 4. (Krankengymnastik).

[12] So auch die Formulierung des BSG in dem Urteil v. 9.6.1998 - B 1 KR 18/96 R = SozR 3-2500 § 39 Nr. 5 (Hodenprothese) (S. 26 f.).

[13] Anderes gilt indes für die sogenannte Krankenhausersatzpflege gem. § 37 Abs. 1 SGB V: Diese sehr umfassende Leistung wird, von begründeten Ausnahmen abgesehen, generell

Ähnliches gilt auch für den Bereich der Krankenhausbehandlung gem. § 39 SGB V. Diese umfaßt neben der Unterkunft und Verpflegung, an der sich die Patienten seit dem GSG durch eine Zuzahlung von derzeit 17 DM pro Tag in den ersten 14 Tagen der Krankenhausbehandlung zu beteiligen haben,[14] auch bereits die Versorgung mit Arznei-, Heil- und Hilfsmitteln, die im ambulanten Bereich jeweils einer gesonderten Verordnung bedürfen.[15] Eine einschränkende Konkretisierung des Leistungsanspruchs der Versicherten ergibt sich insofern aus dem eigentlichen Leistungsrecht der gesetzlichen Krankenversicherung weder für die ambulante noch für die stationäre Krankenbehandlung. Grundvoraussetzung für diesen Leistungsanspruch ist aber gemäß § 27 Abs. 1 SGB V der Versicherungsfall der „Krankheit".

2) Der Versicherungsfall Krankheit

Der Versicherungsfall der Krankheit ist, anders als die meisten Versicherungsfälle in den anderen Leistungsgesetzen des Sozialversicherungsrechts, im SGB V nicht näher definiert.[16] Insofern war und ist die Rechtsprechung zum Krankenversicherungsrecht seit jeher gezwungen, eine eigene Definition des Krankheitsbegriffs vorzunehmen.[17] Ausgehend von der Tatsache, daß es sich bei den zu entscheidenden Fällen um Streitigkeiten des Leistungsrechts in der Krankenversicherung handelte, orientierte sich die Rechtsprechung dabei an dem Leistungskatalog der gesetzlichen Krankenversicherung, so daß einerseits die Krankenbehandlung, als eine der Hauptleistungen der Krankenversicherung, und andererseits der Krankengeldanspruch, als zweite „Säule der Versicherungsleistungen",[18] als Leitgedanken der definitorischen Bemühungen gewirkt haben. Daß der dadurch entstandene Krankheitsbegriff nicht mit der sehr um-

---

nur für höchstens 4 Wochen je Krankheitsfall gewährt. Eine Diskussion der damit verbundenen Problematik, der Phänomene des „cost-„ und „patienten-shifting", die bereits kurz erwähnt wurden, fällt in den Problembereich des Nebeneinanders von Krankenversicherung und Pflegeversicherung und würde aufgrund ihrer Komplexität den Rahmen dieser Arbeit sprengen, weshalb bewußt auf eine nur im groben bleibende Darstellung verzichtet wird.

14 § 39 Abs. 4 SGB V i.d.F. des 2. GKV-NOG vom 23.6.1997 (BGBl. I 1997, S. 1520).

15 Die weit verbreitete These, die Krankenhausbehandlung sei der größte Ausgabenfaktor der gesetzlichen Krankenversicherung müßte insofern eigentlich relativiert werden, denn im Bereich der ambulanten ärztlichen Behandlung werden diese Posten in den Statistiken immer gesondert aufgeführt. (Vgl.: *BMG*, Daten des Gesundheitswesens 1997, S. 317 ff.; *Sozialpolitische Umschau* Nr. 118/1997, Nr. 120/1997; ebenso *M. Arnold*, f&w 1994, S. 460.

16 Vgl.: Die wohl präziseste Definition des Versicherungsfalls findet sich bislang im Recht der sozialen Pflegeversicherung in den Vorschriften der §§ 14 + 15 SGB XI.

17 Ausführlich zur Entstehungsgeschichte der Begrifflichkeiten des Versicherungsfalls „Krankheit": *R. Schmidt* in *Peters*, Handbuch KV II, SGB V vor § 27, Rdnr. 59 ff.

18 So Kasseler Kommentar – *Höfler*, § 27 SGB V, Rdnr. 5 und *R. Schmidt* in *Peters*, Handbuch KV II, SGB V vor § 27, Rdnr. 7 ff.

fassenden Definition von „Gesundheit" der Weltgesundheitsorganisation (WHO) korreliert,[19] ist naheliegend und soll an dieser Stelle angesichts der geringen Bedeutung für die vorliegende Fragestellung nicht weiter problematisiert werden. „Krankheit" als grundlegender Versicherungsfall des Leistungsrechts der gesetzlichen Krankenversicherung jedenfalls ist seit geraumer Zeit definiert als „regelwidriger Körper- oder Geisteszustand, der entweder Behandlungsbedürftigkeit oder Arbeitsunfähigkeit oder beides zur Folge hat".[20]

a) Regelwidrigkeit

Von vorrangiger Bedeutung ist damit zunächst die Frage, welche Körper- oder Geisteszustände als regelwidrig erklärt werden. Die bereits kurz erwähnte Problematik um die Bestimmung eines Grenzwertes für die Behandlung eines erhöhten Blutfettspiegels (Cholesterinspiegel) könnte ein gutes Beispiel für die Fragwürdigkeit der Festsetzung von Grenzwerten in Hinblick auf die Regelwidrigkeit eines Körperzustandes sein.[21] Die in der medizinischen Wissenschaft, nicht zuletzt auch unter Wirtschaftlichkeitsgesichtspunkten verbreitete Diskussion, ab welcher Höhe des Cholesterinspiegels im Blut denn nun ein Behandlungsbedarf einsetze, verdeutlicht eindrücklich, wie schwierig es ist, eindeutige Grenzwerte für Regelwidrigkeiten zu bestimmen. Letztlich wird hier immer mit Risiken und Wahrscheinlichkeiten gearbeitet und nicht selten werden dabei ganz subjektive Aspekte, wie das Befinden des Patienten, der sich möglicherweise bereits über Jahre hin bei gutem Allgemeinbefinden an vermeintlich hohe Werte adaptiert hat, außer Acht gelassen.

Entsprechend großzügig verfährt auch die Rechtsprechung bei der Bestimmung eines regelwidrigen Körperzustands im Sinne des versicherungsrechtlichen Krankheitsbegriffs. Ausgehend von dem „Leitbild des gesunden Menschen", der zur Ausübung normaler körperlicher und psychischer Funktionen in der Lage ist, kann jede erhebliche Abweichung, die mit Störungen der körperlichen oder psychischen Funktion einhergeht, als regelwidriger Körperzustand gewertet werden.[22] Eine Übersicht über die bisher ergangene Rechtsprechung zu die-

---

[19] Die WHO definiert: „Gesundheit ist ein Zustand von umfassendem körperlichen, seelischen und sozialen Wohlsein, also mehr als die bloße Abwesenheit von Krankheit" – zitiert nach *H. Milz* in *Göpel/Schneider-Wohlfahrt*, Provokationen zur Gesundheit (1994), S.20.

[20] Ständige Rechtsprechung des BSG z.B.: BSG v. 10.2.1993 - 1 RK 14/92 = BSGE 72, 96 (Beinverlängerung), BSG v. 12.6.1993 - 3 RKa 21/91 = BSGE 72, 227 (Verhaltenstherapeut) oder BSG v. 6.8.1987 - 3 RK 15/86 = BSGE 62, 83 (Geschlechtsumwandlung) – weitere und frühere Nachw. auch bei Kasseler Kommentar – *Höfler*, § 27 SGB V, Rdnr. 9; *R. Schmidt* in *Peters*, Handbuch KV II, SGB V § 27, Rdnr. 30 ff.

[21] Knapp hierzu: *F. Porzsolt*, DOK 1996, S. 536 ff. - Eingehender *J. Windeler/O. Gefeller*, Jahrbuch für Kritische Medizin Nr. 20/1993, S. 177 ff.

[22] Vgl. zur Frage der Regelwidrigkeit einer Kiefer- und Zahnstellungsanomalie: BSG Urteil v. 20.10.1972 - 3 RK 93/71 = BSGE 35, 10; zur Unfruchtbarkeit auch: BSG Urteil v.

ser Frage zeigt, daß diese Maßstäbe zu einer sehr weitreichenden Annahme von „Krankheit" auch bei angeborenen oder schicksalhaft erworbenen Funktionsstörungen führen kann. Die gelegentlich vertretene Aussage, bestimmte Funktionsstörungen, wie verschleißbedingte Gelenkbeschwerden oder altersbedingte Verminderung der Hör- oder Sehfähigkeit seien ab einem gewissen Alter normal und deshalb von den Patienten hinzunehmen,[23] findet bislang jedenfalls in der Rechtsprechung keine Resonanz. Soweit die Störung der körperlichen Funktionstüchtigkeit nur erheblich genug und nicht etwa selbst gewollt ist, wird der Versicherungsfall „Krankheit" anerkannt.[24]

Für die Beurteilung der Fälle, die zum Zwecke der Beschreibung der rationierenden Auswirkung der Steuerung im Bereich der Krankenversorgung gebildet wurden, ist nach den soeben dargestellten Grundsätzen eine Rechtfertigung des Behandlungsverzichts, die sich aus der Definition des Versicherungsfalls des SGB V ergeben könnte, ausgeschlossen. In allen Fällen waren die körperlichen Funktionsstörungen erheblich. Sie hatten immer Einschränkungen in der Lebensqualität zur Folge, gingen vielfach einher mit Schmerzen oder hatten am Ende gar den Tod zur Folge, so daß unstreitig in jedem dieser Fälle ein Krankheitsfall im Sinne des Rechts der gesetzlichen Krankenversicherung anzunehmen ist.

b) Behandlungsbedürftigkeit

Während die Arbeitsunfähigkeit als drittes maßgebliches Kriterium für die Annahmen des Versicherungsfalls des SGB V vorliegend keine Rolle spielt, weil ihre Funktion sich im wesentlichen auf die Gewährung des Krankengelds beschränkt, könnte sich eine Einschränkung des Leistungsanspruchs der Versicherten in Hinblick auf die Frage nach dem Eintritt des Versicherungsfalls allerdings unter Berücksichtigung des zweiten Aspekts der Definition, der Behandlungsbedürftigkeit, ergeben. Grundsätzlich kommt der Behandlungsbedürftigkeit bei der

---

8.3.1990 - 3 RK 24/89 = BSGE 66, 248 (In-vitro-Fertilisation) - ausführlich zum ganzen: Kasseler Kommentar – *Höfler*, § 27 SGB V, Rdnr. 12 ff.; *R. Schmidt* in *Peters*, Handbuch KV II, SGB V § 27, Rdnr. 30 ff. und *Kummer* in *Schulin*: Handbuch d. Sozialversicherungsrechts - Bd. 1 (1994), § 20 Rdnr. 26. ff.

[23] In diesem Sinne wohl *W. Krämer,* Krankheit des Gesundheitswesens (1989), S. 186 ff.; - knapp m.w.Nachw hierzu auch Kasseler Kommentar – *Höfler*, § 27 SGB V, Rdnr. 14.

[24] Ablehnend dagegen: BSG v. 10.2.1993 - 1 RK 14/92 = BSGE 72, 96 = SozR 3-2200 § 182 Nr. 14 (Beinverlängerung) (= Einschränkung zu BSG v. 23.11.1971 - 3 RK 26/70 = BSGE 33, 202 (Beinverkürzung)) oder auch BSG v. 12.11.1985 - 3 RK 48/83 = BSGE 59, 119 = SozR 2200 § 182 Nr. 101 (Refertilisierung) und BSG v. 10.7.1979 – 3 RK 21/78 = BSGE 48, 258 = SozR 2200 § 182 Nr. 47 (Legasthenie) jüngst auch BSG v. 9.6.1998 - 1 RK 18/96 = SozR 3-2500 § 39 Nr. 5(Hodenprothese).

Definition des Versicherungsfalls eine erhebliche Bedeutung zu,[25] denn nur soweit eine Regelwidrigkeit so erheblich ist, daß „ihre Wiederherstellung der Mithilfe eines Arztes bedarf"[26] und nicht ohne die ärztliche Hilfe behoben werden kann, besteht eine Leistungspflicht der Krankenkasse.[27] Die Bedeutung der Behandlungsbedürftigkeit zieht indes einen weiteren Aspekt nach sich: Grundvoraussetzung einer Behandlungsbedürftigkeit ist sachlogisch auch eine Behandlungsfähigkeit.[28] Hierin liegt die schon erwähnte Abgrenzung zum Behandlungsverzicht bei einer schlichten Altersgebrechlichkeit.[29] Die Grenzen der Behandlungsfähigkeit liegen allerdings nicht bereits vor, wenn eine Aussicht auf Heilung der Grunderkrankung nicht mehr gegeben ist. Behandlungsfähigkeit ist auch dann noch gegeben, wenn eines der in § 27 Abs. 1 S. 1 SGB V genannten Behandlungsziele – also das „Erkennen", die „Heilung", „Verhütung der Verschlimmerung" oder auch nur die „Linderung" der Beschwerden einer Erkrankung erreicht werden kann. Dabei soll es nach der Rechtsprechung des BSG bereits ausreichen, daß eine Verschlimmerung wahrscheinlich ist, der mit Erfolgsaussicht entgegengewirkt werden kann.[30]

Grenzen findet die Behandlungsbedürftigkeit bisher lediglich dort, wo das Leiden eines Versicherten durch eine ärztliche Behandlung nicht mehr zu beeinflussen, oder mit anderen Worten „keiner mit Heilungs- oder Besserungsaussichten verbundenen Behandlung mehr zugänglich ist".[31] Nur in diesen Fällen ist nach der bisherigen Rechtsprechung des BSG von sogenannten „Pflegefällen" die Rede, in denen die Leistungspflicht der gesetzlichen Krankenversicherung entfällt.[32] Zwar findet seit dem Inkrafttreten des SGB XI und insbesondere seit der Gewährung auch von Leistungen der stationären Pflege eine zum Teil schon sehr heftig geführte Diskussion um die Leistungspflicht der Krankenkassen für Pflegebedürftige statt und viele Kassen bzw. deren Sachbearbeiter nehmen diese Diskussion

---

[25] Vgl.: *B. Schulin*, Sozialrecht [5]1993, Rdnr. 243 f.; *H. Bley/R. Kreikebohm*, Sozialrecht [7]1993, Rdnr. 484.

[26] So BSG v. 10.7.1979 – 3 RK 21/78 = BSGE 48, 258 [265] (Legasthenie).

[27] Vgl.: *B. Schulin*, Sozialrecht [5]1993, Rdnr. 243; *H. Bley/R. Kreikebohm*, Sozialrecht [7]1993, Rdnr. 484; Kasseler Kommentar – *Höfler*, § 27 SGB V, Rdnr. 19 m.w.Nachw.

[28] Vgl.: Kasseler Kommentar – *Höfler*, § 27 SGB V, Rdnr. 25 m.w.Nachw.

[29] Vgl.: Kasseler Kommentar – *Höfler*, § 27 SGB V, Rdnr. 14 m.w.Nachw.

[30] So BSG v. 18.11.1969 - 3 RK 75/66 = BSGE 30, 151 [153] (Kinder-Armprothese) – vgl. auch Kasseler Kommentar – *Höfler*, § 27 SGB V, Rdnr. 21. ff.

[31] BSG v.12.11.1985 - 3 RK 45/83 = BSGE 59, 116 = SozR 2200 § 184 Nr. 27 (Behandlungszugänglichkeit bei psychiatrischen Dauererkrankungen); zuvor auch schon BSG v. 17.10.1969 - 3 RK 82/66 = SozR 2200 § 184 Nr. 23 (Trunksucht). - Vgl. auch *W. Noftz* in *K. Hauck*, SGB-V-Kommentar, K § 2 Rdnr. 66 und K § 12 Rdnr. 34.

[32] Vgl.: Kasseler Kommentar – *Höfler*, § 27 SGB V, Rdnr. 26 m.w.Nachw; - jüngst unter Bestätigung der bisherigen Rechtsprechung auch BSG v. 23.4.1996 - 1 RK 10/95 = DOK 1996, 445 (Chorea Huntington).

immer wieder zum Anlaß, Leistungen der medizinischen Behandlungspflege oder Hilfsmittel für ihre Versicherten nicht zu bewilligen.[33] Entgegen der Auffassung der Krankenkassen, die ihren Ausdruck auch in internen Entschließungen findet, geht die Rechtsprechung, soweit erkennbar, bislang allerdings davon aus, daß eine Leistungspflicht der Krankenkassen auch im Bereich der stationären Pflege solange besteht, wie beispielsweise ein Hilfsmittel geeignet ist, die Krankheitsbeschwerden eines Pflegebedürftigen zu lindern oder eine Verschlimmerung zu verhindern.[34]

Nach der bisherigen Rechtsprechung, so auch noch einmal das BSG in seiner „Methadon-RL-Entscheidung“[35], darf auch eine Konkretisierung des Wirtschaftlichkeitsgebots „nicht dazu führen, daß eine behandlungsfähige und behandlungsbedürftige Erkrankung unbehandelt bleiben muß.“[36] Wenn, so daß BSG, im Einzelfall nur eine dem Stand der medizinischen Erkenntnisse entsprechende Methode bei notwendigerweise prognostischer Beurteilung der Erfolgsaussichten eine reale Chance zur Erreichung des Behandlungsziels biete, dann verdichte sich das Rahmenrecht des § 27 Abs. 1 SGB V zum Anspruch auf diese Behandlungsmaßnahme.[37]

Unter diesen Gesichtspunkten läßt sich auch unter Berücksichtigung der Behandlungsbedürftigkeit oder Behandlungsfähigkeit für die eingangs konstruierten Fälle ein wenn auch nur vorübergehender Behandlungsverzicht nicht rechtfertigen.

c) Zwischenergebnis

Allein im Hinblick auf die Definition des Versicherungsfalls in der gesetzlichen Krankenversicherung läßt sich somit ein Verzicht des behandelnden Arztes auf eine Behandlung nicht rechtfertigen. Auch eine zeitliche Verzögerung der Behandlung eines behandlungsbedürftigen und behandlungsfähigen Patienten, die letztlich nichts anderes als einen vorübergehenden Behandlungsverzicht darstellt, ist durch die Einschränkungen aufgrund der Definition des Versicherungsfalls nicht gedeckt. Andererseits ergibt sich aus der Definition des Versicherungsfalls aber auch kein ausdrückliches Gebot, eine mögliche Behandlung unverzüglich

---

[33] Hierzu eine Serie von Artikeln in der *Süddeutschen Zeitung* im Oktober 1997 (1.10., 7.10., 11.10., 16.10., 29.10., 30.10.).

[34] Vgl.: A. Scholl/H. Nakielski, Pro ALTER 4/1997, S. 21; H. Griep/H. Renn, PflR 1998, S. 190 ff. - interessant auch die Gemeinsame Verlautbarung der Spitzenverbände der Krankenkassen/Pflegekassen zur Ausstattung von Pflegeheimen mit Hilfsmitteln vom 26.5.1997 und die Dokumentation „Hilfsmittel in stationären Altenpflegeeinrichtungen“, der Arbeiterwohlfahrt - Bezirksverband Westliches Westfalen.

[35] Vom 20.3.1996 - 6 RKa 62/94 = SozR 3-2500 § 92 Nr. 6 (Methadon-Richtlinien).

[36] SozR 3-2500 § 92 Nr. 6, S. 41.

[37] A.a.O. m.w.Nachw.

durchzuführen. Hier müssen ggf. noch andere rechtliche Grundlagen gefunden werden. Auch für eine rechtliche Bewertung der Fällen, in denen sich der behandelnde Arzt jeweils für eine weniger wirksame oder eine für den Patienten unbequemere Behandlungsform entschieden hat, ist ein Herangehen über den Versicherungsfall gänzlich ungeeignet, denn der Versicherungsfall muß in diesen Fällen schon deshalb vorausgesetzt werden, weil der Behandler im Auftrage der Krankenkasse jeweils bereits tätig geworden ist und lediglich eine minderoptimale Behandlungsmethode gewählt hat. In diesen Fällen aber eventuell auch in den Fällen der (vorübergehenden) Leistungsverweigerung könnte allerdings das Wirtschaftlichkeitsgebot des § 12 SGB V, das dem Leistungsrecht der gesetzlichen Krankenversicherung zugrunde liegt, als Rechtfertigungsgrund zum Tragen kommen.

3) Das Wirtschaftlichkeitsgebot

Das Wirtschaftlichkeitsgebot des § 12 SGB V stellt letzten Endes eine Konkretisierung des bereits im § 2 Abs. 1 S. 1 im allgemeinen Teil des SGB V genannten und durch die Formulierung des § 2 Abs. 4 SGB V noch einmal hervorgehobenen Wirtschaftlichkeitsgebots dar.[38] Es findet seine inhaltliche Entsprechung insbesondere auch in den Rechtsvorschriften zur Leistungserbringung im § 70 Abs. 1 SGB V.[39] Von seiner rechtlichen Konstruktion her handelt es sich bei dem Begriff der Wirtschaftlichkeit um einen unbestimmten Rechtsbegriff.[40] Wie im sonstigen Verwaltungsrecht auch ist es gleichsam ein grundlegendes Gebot für das Handeln der öffentlichen Verwaltung, zu der auch die Krankenkassen gehören. Seit seiner Einführung durch eine Notverordnung des Reichspräsidenten im Jahre 1930 hat es sich zu einer Leitbestimmung für das Leistungsrecht der gesetzlichen Krankenversicherung entwickelt.[41] Im Sinne einer kontinuierlichen Weiterentwicklung des Krankenversicherungsrechts entspricht der Wortlaut des § 12 Abs. 1 SGB V nahezu wortgleich der früheren Regelung des § 182 Abs. 2 RVO,[42] mit der vor dem GRG die Wirtschaftlichkeit der Leistungserbringung für die Krankenkassen und deren Leistungserbringer geregelt wurde. Insofern ist nicht davon auszugehen, daß es sich bei dem Wirtschaftlichkeitsgebot um eine Neuerung handelt, die erst unter dem aktuellen Druck knapper werdender finanzieller Ressourcen in das Recht der gesetzlichen Krankenversicherung eingeführt wurde. Es gehört vielmehr traditionell zu den

---

[38] Vgl.: Kasseler Kommentar – *Peters*, § 2 SGB V Rdnr. 3, SGB-SozVers-Gesamtkommentar, *-Heinze-*, § 12 Ziff. 2; *H. Peters* in *Peters*, Handbuch KV II, SGB V § 2, Rdnr. 17.

[39] So auch Kasseler Kommentar – *Höfler*, § 12 SGB V Rdnr. 3 f.

[40] *W. Noftz* in *K. Hauck*, SGB-V-Kommentar, K § 12 Rdnr. 14 m.w.Nachw.

[41] Zur Entstehungsgeschichte: SGB-SozVers-Gesamtkommentar, *-Heinze-*, § 12 Ziff. 2.

[42] So auch SGB-SozVers-Gesamtkommentar, *-Heinze-*, § 12 Ziff. 1.

Grundregeln des Leistungsrechts der gesetzlichen Krankenversicherung und könnte bestenfalls unter dem Eindruck beständig wachsender Sparzwänge eine erweiterte Funktion zugewiesen bekommen. Bisher ist eine solche Erweiterung der Funktion des Wirtschaftlichkeitsgebots allerdings nicht erkennbar,[43] so daß eine Betrachtung seiner Auswirkung auf die Leistungsansprüche der Versicherten und die Rahmenbedingungen der Leistungserbringung sich zunächst darauf beschränkt, die bisherige Konkretisierung dieser Vorschrift nachzuzeichnen.

Insgesamt wird die Wirtschaftlichkeit der Leistungserbringung im Krankenversicherungsrecht übereinstimmend als Oberbegriff für die Auslegung der nachfolgend aufgeführten Rechtsbegriffe zur Konkretisierung der Leistungsansprüche der Versicherten und der Pflichten der Leistungserbringer angesehen.[44] Zur weiteren Konkretisierung des Wirtschaftlichkeitsgebots ist im § 12 SGB V ausgeführt, daß die Leistungen ausreichend und zweckmäßig sein müssen und das Maß des Notwendigen nicht überschreiten dürfen. Auch zu diesen Begrifflichkeiten gibt es eine Entsprechung in der Auffangvorschrift des § 2 Abs. 4 SGB V, wo die Einhaltung von Wirksamkeit, Wirtschaftlichkeit und Notwendigkeit als gemeinsame Aufgabe der Krankenkassen, der Leistungserbringer und der Versicherten erklärt wird.[45] Die hier erwähnten Einzelbegriffe sind ihrerseits unbestimmt und kaum scharf voneinander zu trennen. Insofern definierte der Kassenarztsenat des BSG im Jahre 1983 im Rahmen einer Entscheidung zur Regelungskompetenz des Bundesausschusses der Ärzte und Krankenkassen hinsichtlich der Maßnahmen zur Früherkennung von Krebserkrankungen[46] den Begriff des „Ausreichens“ im Sinn einer „zweckmäßigen Umfassung des Notwendigen“.

Angesichts der zunehmenden Bedeutung, die die Wirtschaftlichkeit der Leistungen und der Leistungserbringung im System der gesetzlichen Krankenversicherung inne hat, kann es zur Bestimmung der Leistungsansprüche der Versicherten im Sinne einer möglichen Legitimationsgrundlage für die dargestellten Rationierungsformen bei einer solch umfassenden Beschreibung der Inhalte des Wirtschaftlichkeitsgebots nicht belassen werden. Aus jedem einzelnen der im § 12 Abs. 1 SGB V genannten Aspekte könnte sich ein Rechtfertigungsgrund für eine Leistungsverweigerung ergeben, so daß eine dezidierte Betrachtung der Inhalte der einzelnen Gesichtspunkte des Wirtschaftlichkeits-

---

[43] Vgl.: *W. Noftz* in *K. Hauck*, SGB-V-Kommentar, K § 2 Rdnr. 44.

[44] Vgl. zum Ganzen: Kasseler Kommentar – *Höfler*, § 12 SGB V Rdnr. 5 ff.; *H. Peters* in *Peters*, Handbuch KV II, SGB V § 2, Rdnr. 17, *W. Noftz* in *K. Hauck*, SGB-V-Kommentar, K § 12 Rdnr. 9.

[45] Vgl.: Kasseler Kommentar – *Peters*, § 27 SGB V, Rdnr. 8 und *H. Peters* in *Peters*, Handbuch KV II, SGB V § 2, Rdnr. 17.

[46] Urt. v. 18.4.1984 - 6 RKa 32/82 = USK 8450 (Kolposkopie).

gebots, wie sie sich aus der Literatur und insbesondere aus der Rechtsprechung des BSG ergeben, geboten ist.

a) Ausreichend

Die umfassende Formulierung des 6. Senats mag verdeutlichen, daß die einzelnen Determinanten der Wirtschaftlichkeit einander bedingen und beeinflussen. Es ist fast selbstverständlich, daß nur solche Leistungen ausreichend sein können, die sich hinsichtlich der Ziele der Krankenbehandlung auch als zweckmäßig erweisen, weil die Krankenkassen durch die Gewährung unzweckmäßiger Leistungen ihrem Auftrag nicht gerecht werden können. Andererseits kann nur dann eine Aussage darüber getroffen werden, ob eine Behandlungsmaßnahme ausreichend ist, wenn zuvor auch die Frage beantwortet wird, was im Einzelfall als notwendig erachtet wird. Angesichts der Komplexität und der wechselseitigen Bedingtheit der einzelnen Begrifflichkeiten nimmt es wenig Wunder, daß die Rechtsprechung sich bei der Eingrenzung der einzelnen Faktoren recht schwer tut.

In der erwähnten Entscheidung vom 18.4.1984[47] enthielt sich der erkennende Senat insofern folgerichtig einer Bestimmung dessen, was als *ausreichend* anzusehen war und überließ diese Entscheidung unter Berücksichtigung der dort gegebenen Fachkompetenz dem Bundesausschuß der Ärzte und Krankenkasse im Rahmen seiner Richtlinienkompetenz, die sich für die Maßnahmen zur Früherkennung von Krebserkrankungen seinerzeit aus dem § 181 Abs. 2 S. 2 RVO herleitete. In einer etwas früheren Entscheidung versuchte bereits der 8. Senat eine, wenngleich sehr weite, Umschreibung dessen, was als ausreichend im Sinne des Krankenversicherungsrechts anzusehen ist. Danach ist eine Krankenbehandlung ausreichend, wenn sie „die Chance eines Heilerfolgs" bietet.[48] *Höfler* erweitert diese Formulierung in der Wiese, daß er ausreichende Leistungen als solche definiert, die nach Umfang und Qualität eine hinreichende Chance für einen Heilerfolg bieten.[49] *Heinze* und *Peters* verwenden zur Umschreibung dessen, was ausreichend ist, das Synonym „genügend" und rekurrieren schließlich auf die Besonderheiten des Einzelfalls bzw. auf den Stand der medizinischen Wissenschaft.[50] Eine abstrakte Definition des Begriffs „ausreichend", der im Recht der gesetzlichen Krankenversicherung die Minimalgrenze der Leistungsverpflichtung festlegen soll, ist letztlich nach der übereinstimmenden Auffassung

---

47 Az: 6 RKa 32/82 = USK 8450 (Kolposkopie).

48 Urt. v. 28.6.1983 - 8 RK 22/81 = BSGE 55, 188-195 = SozR 2200 § 257a Nr. 10 (Krankenpflege im Ausland)

49 Vgl.: Kasseler Kommentar – *Höfler*, § 12 SGB V Rdnr. 7. - Ähnlich auch *W. Noftz* in *K. Hauck*, SGB-V-Kommentar, K § 12 Rdnr. 18.

50 *H. Peters* in *Peters*, Handbuch KV II, SGB V § 12, Rdnr. 30 und SGB-SozVers-Gesamtkommentar, -*Heinze*-, § 12 Ziff. 3.

der Kommentatoren nicht möglich.[51] Soweit allerdings der Begriff „ausreichend" im Sinne der Schulnote als unterdurchschnittlich oder mit Mängeln behaftet definiert werden sollte, kann dem nicht gefolgt werden, denn eine solche Definition würde im Widerspruch zu der grundsätzlich geforderten Wirksamkeit und Qualität des Leistungen stehen.[52]

b) Zweckmäßig

Von zentraler Bedeutung im Rahmen des Wirtschaftlichkeitsgebots ist die Zweckmäßigkeit der Behandlungsleistung.[53] Mit ihr wird der Bogen geschlagen zur Wirksamkeit, die im § 2 Abs. 4 SGB V als maßgebliche Voraussetzung der Leistungserbringung noch vor der Wirtschaftlichkeit genannt wird. Tatsächlich steht die Wirksamkeit in einer engen Wechselwirkung zur Wirtschaftlichkeit,[54] denn unwirksame Leistungen sind schon deshalb unwirtschaftlich, weil sie nicht geeignet sind, dem Zweck des Anspruchs auf Krankenbehandlung innerhalb der gesetzlichen Krankenversicherung, nämlich die Erkennung, Heilung oder Linderung von Krankheiten, zu dienen. Insofern setzt die Zweckmäßigkeit einer Leistung voraus, daß ein Erfolg der Behandlung mit einiger Sicherheit zu erwarten ist. Die Anforderungen, die seitens der Rechtsprechung an die Planbarkeit und Vorhersehbarkeit des Erfolgs einer medizinischen Behandlung gestellt werden, sind in den vergangenen Jahren nicht zuletzt auch unter dem Eindruck einer zunehmenden Betonung und Ausgestaltung des Qualitätssicherungsaspekts im SGB V deutlich gestiegen.

Noch im Jahre 1991 hat der 3. BSG-Senat in der sogenannten „Ney-Tumorin-Entscheidung"[55] unter Fortführung seiner bisherigen Rechtsprechung zum Zweckmäßigkeitsbegriff[56] festgestellt, eine Verordnung sei (auch) dann „zweckmäßig", wenn andere Behandlungsmöglichkeiten aus medizinischen Gründen auszuscheiden haben und bestimmte Voraussetzungen hinsichtlich der Möglichkeit eines Behandlungserfolges erfüllt seien. Dies gelte, so der 3. Senat, jedenfalls dann, wenn eine generelle Wirksamkeit einer Behandlungsmethode zwar nicht nachgewiesen sei, diese aber doch mit einer nicht ganz entfernt liegenden Er-

---

51 Ebenda.

52 Z. B. § 2 Abs. 1 S. 3 SGB V. - Ebenso auch *W. Noftz* in *K. Hauck*, SGB-V-Kommentar, K § 12 Rdnr. 18.

53 So auch *W. Noftz* in *K. Hauck*, SGB-V-Kommentar, K § 12 Rdnr. 19.

54 *W. Noftz* in *K. Hauck*, SGB-V-Kommentar, K § 2 Rdnr. 39.

55 Urt. v. 21.11.1991 - 3 RK 8/90 = BSGE 70, 24-31 = SozR 3-2500 § 12 Nr. 2 (Ney-Tumorin)

56 Vgl. insbesondere Urteile vom 9.2.1989 – 3 RK 19/87 = BSGE 64, 255, 257 f = SozR 2200 § 182 Nr. 114 (Thymusextrakte); vom 23.3.1988 – 3/8 RK 5/87 = BSGE 63, 102, 103 (KUF-Reihen) und bereits Urteil vom 22.7.1981 – 3 RK 50/79 = BSGE 52, 70, 74 f (Hippotherapie) sowie auch Urteil vom 22.9.1981 – 11 RK 10/79 = BSGE 52, 134, 136 f.

folgsaussicht angewandt werden konnte. Der Senat stützte seine Aussage auf die Tatsache, daß mit dem Fehlen eines allgemeinen Erfahrungssatzes über einen positiven Wirkungsnachweis eines Mittels noch nicht auszuschließen sei, daß das Mittel in Einzelfällen durchaus wirksam sein könne. Allgemeine Erfahrungssätze dieser Art seien Sätze über die Häufigkeit von Kausalwirkungen, über typische Abläufe. Bei ihrer Verneinung sei nur dann auch eine Einzelfallwirkung auszuschließen, wenn alle Ablaufbedingungen notwendig gleich, also von naturwissenschaftlicher Gesetzmäßigkeit, seien. Davon könne aber bei Heilungsabläufen (generell) nicht die Rede sein.[57]

Zwar wirkt diese Argumentation des 3. Senats auf dem ersten Blick überzeugend. Der darin zum Ausdruck kommenden Grundsatz "Wer heilt, hat Recht“[58] muß aber inzwischen als überholt angesehen werden. Bereits in seiner „Remedacen-Entscheidung“[59] aus dem Jahre 1995 hat der 1. Senat unter Berufung auf die Regierungsbegründung[60] zu § 2 Abs. 1 SGB V ein Abstellen auf den Erfolg im Einzelfall für unzulässig erklärt. Der Senat führte aus, der Gesetzgeber habe die Anwendung von noch nicht allgemein anerkannten Behandlungsmethoden im Rahmen der gesetzlichen Krankenversicherung einengen wollen. Eine Behandlungsmethode gehöre deshalb erst dann zum Leistungsumfang der gesetzlichen Krankenversicherung, wenn die Erprobung abgeschlossen sei und über Qualität und Wirkungsweise der neuen Methode zuverlässige, wissenschaftlich nachprüfbare Aussagen gemacht werden könnten. Das setze einen Erfolg der Behandlungsmethode in einer für die sichere Beurteilung ausreichenden Zahl von Behandlungsfällen voraus.[61] Der 6.-BSG-Senat hat diese Auffassung im Rahmen seiner „Methadon-Entscheidung“[62] noch einmal bekräftigt. Seiner Auffassung nach ist die **„Heilung der Krankheit** - d.h. die Beseitigung des leistungsauslösenden Versicherungsfalls -„ das vorrangige Behandlungsziel. Eine mögliche Linderung der Beschwerden oder eine Verschlimmerung des Krankheitsgeschehens treten dahinter zurück. Soweit nur eine Behandlungsmethode bei „notwendigerweise prognostischer Beurteilung der Erfolgsaussichten eine reale Chance zur Erreichung des Behandlungsziels“ biete, verdichte sich das Rahmenrecht des § 27 Abs. 1 SGB V zum Anspruch auf diese Behandlung.[63] Im übrigen verweist

---

[57] Vgl.: BSGE 70, 24 [27 ff.] – zuvor bereits Urt. v. 9.2.1989 – 3 RK 19/87 = BSGE 64, 255, 257 f (Thymusextrakte). – Zum Ganzen auch *R. Schmidt* in *Peters*, Handbuch KV II, SGB V § 27, Rdnr. 199 ff.

[58] So *W. Noftz* in *K. Hauck*, SGB-V-Kommentar, K § 12 Rdnr. 20.

[59] BSG v. 5.7.1995 - 1 RK 6/95 = BSGE 76, 194 = SozR 3-2500 § 27 Nr. 5 = NZS 1996, 169 (170 ff.) (Remedacen).

[60] Vgl.: BT-Drcks. 11/2237, S. 157.

[61] So zum Ganzen BSG-NZS 1996, S. 171.

[62] BSG v. 20.3.1996 - 6 RKa 62/94 = SozR 3-2500 § 92 Nr. 6 (Methadon-Richtlinien).

[63] SozR 3-2500 § 92 Nr. 6 [S. 40 f.] (Methadon-Richtlinien).

der Senat in dieser Entscheidung und mehr noch der 1. BSG-Senat in seinen sogenannten „September-Entscheidungen“[64] deutlich auf die Richtlinien des Bundesausschusses der Ärzte und Krankenkassen als Instrumente zur Konkretisierung des Wirtschaftlichkeitsgebots, auf die nachfolgend noch einzugehen sein wird.

Als zweckmäßig sind damit nur solche Behandlungsleistungen anzusehen, die nach dem allgemein anerkannten Stand der medizinischen Erkenntnisse eine deutliche Erfolgsprognose bieten.[65] Der Erfolg einer Behandlungsmethode muß insofern grundsätzlich in entsprechenden medizinischen Studien nachgewiesen sein, ehe sie in den Leistungskatalog der gesetzlichen Krankenversicherung aufgenommen werden kann.[66] Diesen Anforderungen folgt letztlich auch der Bundesausschuß der Ärzte und Krankenkassen in seinen *Richtlinien über die Einführung neuer Untersuchungs- und Behandlungsmethoden* (NUB).[67] Die Strenge dieser Anforderung wird allerdings insofern noch ein wenig relativiert, als mit der Neufassung der Vorschrift des § 135 Abs. 1 Nr. 1 SGB V durch das 2. GKV-NOG die besonderen Therapierichtungen gegenüber der sogenannten „Schulmedizin“ eine gewisse Aufwertung in der Weise erfahren haben, daß bereits eine Anerkennung des Nutzens der Behandlungsmethode nach dem Stand der wissenschaftlichen Erkenntnisse *in der jeweiligen Therapierichtung* zur Aufnahme in eine Empfehlung der Bundesausschüsse ausreichen soll.[68] Damit ist klargestellt, daß neben den klassischen, schulmedizinischen („allgemeinen“)[69] und den „neuen“ Untersuchungs- und Behandlungsmethoden, die vor ihrem Einsatz am Patienten einer Empfehlung durch den Bundesausschuß bedürfen, auch noch „besondere Therapierichtungen“ im Rahmen der gesetzlichen Krankenversicherung zum Einsatz kommen dürfen. Zu ihnen gehören insbesondere die Phytotherapie, die Homöopathie, die anthroposophische Medizin sowie wegen fehlender Abgrenzbarkeit nur eingeschränkt auch die allgemeine Naturheilkunde.[70]

---

64 Vgl.: BSG v. 16.9.1997 - 1 RK 32/95 = SozR 3-2500, § 92, Nr. 7 [S. 52 f.] (immunoaugmentative Therapie) und BSG v. 16.9.1997 - 1 RK 28/95 = SozR 3-2500, § 135, Nr. 4 [S. 16] (immunbiologische Therapie).

65 Vgl.: *W. Noftz* in *K. Hauck*, SGB-V-Kommentar, K § 12 Rdnr. 20.

66 *W. Noftz* in *K. Hauck*, SGB-V-Kommentar, K § 12 Rdnr. 24 ff.

67 Vgl: *W. Noftz* in *K. Hauck*, SGB-V-Kommentar, K § 12 Rdnr. 31.

68 Übersichtlich zu den Änderungen durch die Neuordnungsgesetze: *H.D. Schirmer*, MedR 1997, 431, 446 f.

69 Vgl.: *W. Noftz* in *K. Hauck*, SGB-V-Kommentar, K § 12 Rdnr. 36 ff.

70 Vgl.: § 34 Abs. 2 S. 3 SGB V und Kasseler Kommentar – *Höfler*, § 12 SGB V, Rdnr. 26, *W. Noftz* in *K. Hauck*, SGB-V-Kommentar, K § 12 Rdnr. 37 – Naturheilkunde seit BSG-Urteil v. 8.9.1993 - 14a RKa 7/92 = BSGE 73, 66 = SozR 3-2500 § 2 Nr. 2 (Amalgam). Weiter zu den Begrifflichkeiten: *U. Freudenberg*, Der Leistungsanspruch bei alternativen Heilmethoden ... (1994), S. 4 ff.

Insgesamt ist somit festzustellen, daß unter dem Gesichtspunkt der „Zweckmäßigkeit“ als Teil des Wirtschaftlichkeitsgebots sehr wohl Einschränkungen des Leistungsanspruchs der Versicherten zu verzeichnen sind. Diese betreffen allerdings bislang nur Behandlungsmethoden, für die der Beweis einer Wirksamkeit mit statistisch und wissenschaftlich einwandfreien Mitteln nicht zu führen ist. Die im vorhergehenden Kapitel entwickelten Fälle weisen allesamt kein Merkmal auf, das auf derartige Methoden hindeutet. Im Gegenteil es handelt sich, wie die Verweise auf medizinische Standardliteratur und Lexika belegen mögen, bei den verweigerten oder verzögerten Behandlungen durchweg um solche, deren Wirksamkeit über Jahre oder gar Jahrzehnte hinweg nachgeprüft und bestätigt wurde. Unter dem Gesichtspunkt der Zweckmäßigkeit ist die hier untersuchte Form der Leistungsverweigerung damit nicht gerechtfertigt.

c) Wirtschaftlich im engeren Sinne

Das Wirtschaftlichkeitsgebot des § 12 Abs. 1 SGB V umfaßt aber noch zwei weitere unbestimmte Rechtsbegriffe, die einer näheren Eingrenzung bedürfen. Diese sind die Wirtschaftlichkeit und die Notwendigkeit.[71] Folgt man der *Höfler'schen* Unterscheidung zwischen der Wirtschaftlichkeit als Oberbegriff des Wirtschaftlichkeitsgebots und der Wirtschaftlichkeit als Einzelkriterium, so kann man nur zu dem Ergebnis kommen, daß es bei der Wirtschaftlichkeit im engeren Sinne in erster Linie um die Relation zwischen Kosten und Heilerfolg gehen kann.[72] Damit wäre nur jene Leistung wirtschaftlich, bei der das günstigste Verhältnis zwischen Aufwand und Wirkung besteht. Eine solche „reinökonomische“ Form der *Kosten-Nutzen-Analyse* oder auch die eingangs erwähnte Form, daß bei einzelnen Behandlungen abgewogen wird, welchem volkswirtschaftlichen Nutzen die Kosten einer individuellen Behandlung gegenüber stehen, ist bisher im System der gesetzlichen Krankenversicherung nicht erfolgt.[73] Nach der überwiegend vertretenen Meinung kommt eine Kosten-Nutzen-Analyse lediglich bei neuen Heilmethoden in Betracht oder aber wenn mehrere ausreichende, zweckmäßige und notwendige Therapiemethoden zur Auswahl stehen.[74]

---

71 Knapp zum Ganzen: Kasseler Kommentar – *Höfler*, § 12 SGB V Rdnr. 28 f.

72 Vgl.: Kasseler Kommentar – *Höfler*, § 12 SGB V Rdnr. 29; SGB-SozVers-Gesamtkommentar, -*Heinze*-, § 12 Ziff. 3.

73 So *W. Noftz* in *K. Hauck*, SGB-V-Kommentar, K § 2 Rdnr 44. Übersichtlich zum Ganzen: *F. Porzsolt* , DOK 1996, S. 536 ff. und ausführlicher *J.-M. Graf v.d. Schulenburg / O. Schöffski*, Kosten-Nutzen-Analysen im Gesundheitswesen (1993), S. 172 ff.

74 Vgl.: Kasseler Kommentar – *Höfler*, § 12 SGB V, Rdnr. 29; *W. Noftz* in *K. Hauck*, SGB-V-Kommentar, K § 12 Rdnr. 23; ausführlich zum Wirtschaftlichkeitsbegriff auch *R. Schmidt* in *Peters*, Handbuch KV II, SGB V § 27, Rdnr. 259 ff. mit zahlreichen Beispielen.

Gleichwohl gibt es aber auch im System der gesetzlichen Krankenversicherung unter dem Gesichtspunkt der Wirtschaftlichkeit im engeren Sinne eine Abwägung von Kosten und Nutzen einer Maßnahme zur Behandlung in Bezug auf den Einzelfall. So wurde beispielsweise in der Rechtsprechung der letzten Jahre in einer ganzen Reihe von Fällen der Rechtsanspruch auf Hilfsmitteln durch den 3. BSG-Senat konkretisiert.[75] Im Großen und Ganzen kommt der Senat zu dem Schluß, daß ein Hilfsmittel insbesondere dann unwirtschaftlich ist, wenn es eine Behinderung nur in einem unwesentlichen Umfang ausgleicht oder wenn jede begründbare Relation zwischen Kosten und Gebrauchsvorteil fehlt.[76] Dabei sind, so der Senat, die möglicherweise nicht unerheblichen Kosten von Alternativen, wie etwa einer umfangreichen Medikamentenbehandlung oder Kuraufenthalte einerseits und die Möglichkeit der Wiederherstellung der Arbeitsfähigkeit der Versicherten andererseits mit in die Überlegungen einzubeziehen.[77] Die Betrachtung der Kosten-Nutzen-Aspekte einer Behandlung finden demnach auf einer sehr individualisierten Ebene statt. Überlegungen der volkswirtschaftlichen Auswirkungen der Bewilligung einer Leistung spielen kaum eine Rolle. Insofern zutreffend geht *Heinze* davon aus, daß unter dem Gesichtspunkt der Wirtschaftlichkeit keineswegs nur die billigste Leistung zu bewilligen wäre, wenn eine teurere Einzelleistung schneller oder sicherer oder in schonenderer Weise zum jeweils angestrebten Behandlungserfolg führt.[78]

Bislang sind unter dem Aspekt der Wirtschaftlichkeit im engeren Sinne gerichtliche Entscheidungen nur am Rand der eigentlichen Krankenbehandlung getroffen worden, so zum Beispiel im Bereich der Arznei- und Hilfsmittelversorgung,[79] zum Krankentransport[80] und im Hinblick auf die Fehl-

---

75 Vgl.: Urt. v. 21.11.1991 – RK 43/89 = SozR 3-2500 § 33 Nr. 4 (Bildschirmlesegerät); Urt. v. 23.8.1995 - 3 RK 7/95 = SozR 3-2500 § 33 Nr. 16 (Lese-Sprechgerät); Urt. v. 25.10.1995 - 3 RK 30/94 SozR 3-2500 § 33 Nr. 17 (Schreibtelefon); Urt. v. 17.1.1996 - 3 RK 39/94 SozR 3-2500 § 33 Nr. 19 (Telefaxgerät); und zuletzt unter Fortführung der getroffenen Feststellungen auch Urt. v. 17.1.1996 - 3 RK 16/95 0 SozR 3-2500 § 33 Nr. 20 (Luftreinigungsgerät).

76 So in Zusammenfassung der bisherigen ständigen Rechtsprechung der 3. Senat im Urt. v. 17.1.1996 – 3 RK 16/95 = SozR 3-2500 § 33 Nr. 20 (Luftreinigungsgerät).

77 Ebenda.

78 Vgl.: SGB-SozVers-Gesamtkommentar, -*Heinze*-, § 12 Ziff. 3. Ähnlich auch *W. Noftz* in *K. Hauck*, SGB-V-Kommentar, K § 12 Rdnr. 23.

79 Zu der entsprechenden Regelung für den Bereich der Arzneimittel: Urt. v. 14.6.1995 – 3 RK 20/94 = NSZ 1995, S. 502 (Adalat); für den Hilfsmittelbereich z.B.: Urt. v. 14.6.1995 – 3 RK 23/94 = SozSich 1995, 274 f. (Sehhilfen).

80 So Urt. v. 29.11.1995 - 3 RK 32/94 = BSGE 77, 119 = SozR 3-2500 § 133 Nr. 1 (Krankentransport) unter Berufung auf BT-Drcks. 12/3937, S 16.

belegung von Krankenhausbetten.[81] Eine Zusammenschau dieser Fälle zeigt, daß der Begriff der Wirtschaftlichkeit im engeren Sinne regelmäßig nur in Bezug auf die Frage des Vergleichs von Kosten und Nutzen im jeweiligen Einzelfall Anwendung findet. Eine Entscheidung unter Wirtschaftlichkeitsgesichtspunkten kann nach den vom Gesetzgeber gesetzten und von der Rechtsprechung weiterentwickelten Grundsätzen im bestehenden System der gesetzlichen Krankenversicherung nur dort zum Tragen kommen, wo mehrere annähernd gleichwertige, ausreichende, zweckmäßige und notwendige Therapiemöglichkeiten zur Auswahl stehen.[82] Selbst in diesen Fällen ist jedoch keineswegs automatisch davon auszugehen, daß dann immer nur die jeweils billigste Möglichkeit in Betracht kommt.[83] Entscheidend sind immer auch qualitative medizinische Gesichtspunkte, die letztlich am ehesten im Rahmen einer innerfachlichen, untergesetzlichen Normenkonkretisierung erfaßt werden können.[84]

In keinem der bisher bekannten Fälle wurde von der Rechtsprechung jemals in Erwägung gezogen, ob möglicherweise das Alter des Versicherten gegen eine besonders aufwendige Behandlungsmöglichkeit spreche oder ob gar die hohen Aufwendungen im Einzelfall noch in einem vernünftigen Verhältnis zum volkswirtschaftlichen Nutzen einer Behandlung stehen. *Soweit eine Behandlungsmethode allgemein anerkannt und mit zugelassenen Arzneimitteln durchführbar ist, ist auch älteren oder chronisch kranken Patienten, deren Erkrankung oder deren allgemeiner Gesundheitszustand aufgrund der Behandlung nur eine geringfügige Linderung der Beschwerden erwarten läßt, jede Behandlung zu gewähren, die geeignet ist, die angestrebte Linderung zu bewirken.*

Eine Rechtfertigung des Behandlungsverzichts für alte, multimorbide oder chronisch-kranke Versicherte, so wie er in den eingangs entwickelten Fällen in Erscheinung tritt, ergibt sich damit unter Berücksichtigung der bisherigen Rechtsprechung zu dem Gebot der Wirtschaftlichkeit im engeren Sinne nicht. Im Gegenteil: gerade dieses Gebot kann dazu führen, daß auch dieser Versicherten- bzw. Patientengruppe eine modernere und (kosten-) aufwendigere Behandlungsmethode gewährt wird, wenn damit mehr Behandlungssicherheit oder auch nur mehr Behandlungskomfort und damit eine schnellere oder bessere Linderung der Beschwerden verbunden ist.

---

[81] BSG v. 23.4.1996 - 1 RK 10/95 = DOK 1996, 445-446 (Chorea Huntington) mit zahlreichen w. Nachw. - Vgl. auch BSG v. 23.4.1996 - 1 RK 20/95 = SozR 3-2500 § 39 Nr. 3 (Fehlbelegung durch „Pflegefall").

[82] Vgl.: Kasseler Kommentar – *Höfler*, § 12 SGB V Rdnr. 29.

[83] Vgl.: SGB-SozVers-Gesamtkommentar, -*Heinze*-, § 12 Ziff. 3.

[84] So *W. Noftz* in *K. Hauck*, SGB-V-Kommentar, K § 12 Rdnr. 23.

d) Notwendigkeit der Leistung

Nachdem die bisherige Betrachtung der Maßstäbe, anhand derer sich das Wirtschaftlichkeitsgebot des § 12 Abs. 1 SGB V konkretisieren läßt, eine Einschränkung des rechtlich definierten Leistungsumfangs der gesetzlichen Krankenversicherung nur für solche Fälle erkennen läßt, in denen die Leistung entweder gemessen an dem im Einzelfall zu erzielenden Erfolg bzw. gemessen an anderen ebenso geeigneten Therapieformen zu aufwendig ist, oder in denen die Leistung schlicht unzweckmäßig, also bezogen auf den angestrebten Behandlungserfolg als nicht geeignet erscheint,[85] reduziert sich für alle anderen Fälle die Frage, ob unter Wirtschaftlichkeitsgesichtspunkten im bestehenden System der Krankenversorgung ein Leistungsverzicht oder eine Leistungseinschränkung juristisch legitimiert ist, auf die Feststellung dessen, was im Sinne der Wirtschaftlichkeit der Leistungserbringung als *notwendig* erachtet wird.[86]

Notwendig ist nach verbreiteter Meinung eine Leistung, die hinsichtlich des Zwecks der Krankenbehandlung (Erkennung, Heilung, Linderung usw.) nach Art und Umfang *unentbehrlich*, *unvermeidlich* oder *unverzichtbar* ist.[87] Auch hier zeigt sich wieder, daß die einzelnen Parameter des Wirtschaftlichkeitsgebots zueinander in enger Beziehung stehen. Geradezu zwangsläufig muß sich eine Antwort auf die Frage, was notwendig ist, im Einzelfall immer an dem angestrebten Therapieziel orientieren. Eine Behandlung kann also nur dann notwendig sein, wenn sie zugleich auch zweckmäßig ist. Soweit die Zweckmäßigkeit einer Behandlungsmethode aber gegeben ist, wirft die Frage, ob sie dennoch entbehrlich oder verzichtbar sein könnte, erhebliche ethische Probleme auf, deren Klärung nur unter Berücksichtigung aller Umstände des Einzelfalls möglich sein dürfte.[88] Die Rechtsprechung hält sich insofern, von Ausnahmen im bereits erwähnten Bereich der Hilfsmittelversorgung abgesehen,[89] bei Feststellungen zur Notwendigkeit einer Leistung auch weitgehend zurück.

---

85 Übersichtlich zum Ganzen auch noch einmal BSG v. 16.12.1993 - 4 RK 5/92 = BSGE 73, 271 = SozR 3-2500 § 13 Nr. 4 [S. 18] (Krankengymnastik).

86 Zur Frage der Notwendigkeit einer Hodenprothese BSG v. 9.6.1998 - B1 RK 18/96 = SozR 3-2500 § 39 Nr. 5(Hodenprothese).

87 Vgl.: Kasseler Kommentar – *Höfler*, § 12 SGB V, Rdnr. 28; ebenso: *H. Peters* in *Peters*, Handbuch KV II, SGB V § 12, Rdnr. 32 u. *W. Noftz* in *K. Hauck*, SGB-V-Kommentar, K § 12 Rdnr. 21. – Zu Wirtschaftlichkeit und Notwendigkeit einer Arzneimittelbehandlung vgl. auch: BSG v. 27.9.1994 - 8 RKn 9/92 = DOK 1995, S. 112 ff. (Wernarzer Wasser).

88 Vgl.: SGB-SozVers-Gesamtkommentar, -*Heinze*-, § 12 Ziff. 3.

89 Vgl.: Urt. v. 21.11.1991 – 3 RK 43/89 = SozR 3-2500 § 33 Nr. 4 (Bildschirmlesegerät); Urt. v. 23.8.1995 – 3 RK 7/95 = SozR 3-2500 § 33 Nr. 16 (Lese-Sprechgerät); Urt. v. 25.10.1995 – 3 RK 30/94 SozR 3-2500 § 33 Nr. 17 (Schreibtelefon); Urt. v. 17.1.1996 – 3 RK 39/94 SozR 3-2500 § 33 Nr. 19 (Telefaxgerät); und zuletzt unter Fortführung der getroffenen Feststellungen auch Urt. v. 17.1.1996 – 3 RK 16/95 0 SozR 3-2500 § 33 Nr. 20

Sie verlegt die Entscheidungen letztlich auf die unterste Entscheidungsebene zwischen Arzt und Patienten indem sie feststellt:[90] welchen Inhalt der vom Gesetz zugesagte „Behandlungsanspruch“ im einzelnen Leistungsfall tatsächlich habe, werde weder vom Gesetz noch von der Krankenkasse vorgegeben, sondern richte sich nach den medizinischen Bedürfnissen des Erkrankten, über die der Behandler nach den Kriterien des § 70 SGB V zu entscheiden habe. Die gesetzlichen Vorschriften geben den Behandlern wie auch den Versicherten also lediglich ein "Rahmenrecht" vor. Der Anspruch auf Behandlung im Sinne eines bestimmten Tuns oder Unterlassens entstehe in aller Regel erst im Laufe der Behandlung dadurch, daß der Leistungserbringer die nächsten Behandlungsschritte festlege.[91] Nachträgliche Einwendungen gegen ihre Leistungspflicht könne die Krankenkasse - außer im Fall des Mißbrauchs durch den Versicherten - nur im Verhältnis zum Leistungserbringer geltend machen.[92] Die Entscheidung über die Notwendigkeit der ambulanten Heilbehandlung trifft insofern stets der behandelnde Vertragsarzt. An seine Entscheidung, seine Diagnose und das von ihm festgelegte Therapieziel sind die Krankenkassen und auch die Gerichte außer bei mißbräuchlicher Ausübung seiner Pflichten gebunden. Dem Vertragsarzt kommt insofern bei der Ausgestaltung des Leistungsanspruch der Versicherten im Bereich der ambulanten Heilbehandlung eine „Schlüsselrolle“ zu.[93] Ihm obliegt zum Zweck der Feststellung dessen, was notwendig ist oder nicht, die letztliche Entscheidungsgewalt. Allerdings ist er in seiner Entscheidung nicht völlig frei, sondern durch das Leistungserbringerrecht gebunden an die untergesetzliche Normenkonkretisierung des Bundesausschusses der Ärzte und Krankenkassen.[94] Insofern entfalten die Richtlinien ihre Wirkung auch für die Versicherten.

(Luftreinigungsgerät). – noch zum alten Recht grundlegend bereits Urt. v. 24.11.1983 - 8 RK 6/82 = SozR 2200 § 182 Nr. 93 (Kassenbrille).

[90] Z.B.: BSG v. 16.12.1993 - 4 RK 5/92 = BSGE 73, 271 = SozR 3-2500 § 13 Nr. 4 (Krankengymnastik).

[91] Zur Konkretisierung des Rahmenrechts durch den Vertrags- oder Krankenhausarzt BSG v. 16.9.1997 - 1 RK 32/95 = SozR 3-2500, § 92, Nr. 7 [S. 53 f.] (immuno-augmentative Therapie) und BSG v. 9.6.1998 - B1 RK 18/96 = SozR 3-2500 § 39 Nr. 5[S. 26 f.] (Hodenprothese).

[92] BSG v. 16.12.1993 - 4 RK 5/92 = BSGE 73, 271 = SozR 3-2500 § 13 Nr. 4 [S. 19 ff.] (Krankengymnastik). Ebenso BSG v. 9.6.1998 - B1 RK 18/96 = SozR 3-2500 § 39 Nr. 5[S. 27] (Hodenprothese).

[93] So der 4. Senat im Urt. v. 16.12.1993 - 4 RK 5/92 = BSGE 73, 271 = SozR 3-2500 § 13 Nr. 4 [S. 22] (Krankengymnastik)

[94] BSG v. 16.9.1997 - 1 RK 32/95 = SozR 3-2500, § 92, Nr. 7 [S. 54] (immuno-augmentative Therapie) und 1 RK 28/95 = SozR 3-2500, § 135, Nr. 4 [S. 16 f.] (immunbiologische Therapie)

Auch im Bereich der Krankenhausbehandlung billigt die Rechtsprechung des BSG dem Krankenhausarzt die Befugnis zur Konkretisierung des allgemeinen Leistungsanspruchs auf stationäre Heilbehandlung in der Weise zu, daß „der im Gesetz global zugesagte Anspruch auf Krankenhausbehandlung ... durch die Entscheidung des Krankenhausarztes über die jeweils geplanten Behandlungsmaßnahmen fortlaufend konkretisiert" wird.[95] Hier ergeben sich allerdings insoweit Einschränkungen, als die Krankenkassen die Notwendigkeit einer weiteren Krankenhausbehandlung in regelmäßigen Zeitabständen überprüfen.[96] Diese Überprüfung dient in erster Linie der Vermeidung von unnötigen Krankenhausaufenthalten von nurmehr pflegebedürftigen Patienten. Im Sinne der bereits erwähnten Rechtsprechung zur Unwirtschaftlichkeit der Krankenhausbehandlung gegenüber einer ambulanten Pflege und Behandlung[97] obliegt es dem behandelnden Krankenhausarzt, darzulegen, weshalb die Behandlung des Patienten nur mit den besonderen Mitteln des Krankenhauses erfolgen kann. Soweit dieser aber hinreichend tragfähige medizinische Gründe für die Fortsetzung der Krankenhausbehandlung vorbringen kann, dürfte auch im Bereich der stationären Krankenbehandlung die Feststellung des behandelnden Arztes hinsichtlich der Notwendigkeit der Krankenhausbehandlung regelmäßig die Grundlage für die Konkretisierung des Leistungsanspruchs des Versicherten bilden.

Wenn der 1. Senat des BSG jüngst im Leitsatz seiner „Hodenprothesen-Entscheidung"[98] formuliert: „Die Entscheidung darüber, ob nach dem Leistungsrecht der gesetzlichen Krankenversicherung dem Versicherten eine Krankenhausbehandlung zusteht, obliegt nicht dem einweisenden Arzt oder dem Krankenhaus, sondern der Krankenkasse", so ist die Aussage im vorgenannten Sinne zwar zutreffend. Sie gilt aber nicht in der Schärfe, die die Formulierung des Leitsatzes nahelegt. Gegenstand der zu entscheidenden Klage war eine von der Krankenkasse nicht bewilligte und als nicht medizinisch notwendig erachtete Krankenhausbehandlung, die der Versicherte wider besseren Wissens ohne eine Kostenübernahmeerklärung der Krankenkasse angetreten hat. Im übrigen gelangt der Senat aber auch in dieser Entscheidung zu der Feststellung, daß die

---

[95] Leitsatz BSG - Urt: v. 21.8.1996 - 3 RK 2/96 = SozR 3-2500 § 39 Nr. 4 = SozSich 11/1997, S. 390 ff., NZS 5/1997, S. 228 ff. (Krankenhauswanderer). Ebenso BSG v. 9.6.1998 - B1 RK 18/96 = SozR 3-2500 § 39 Nr. 5[S. 26 f.] (Hodenprothese).

[96] Dieses Überprüfungsrecht ergib sich aus dem Sicherstellungsvertrag gem. § 112 Abs. 2 S. 1 SGB V wonach unter anderem die Aufnahme und Entlassung der Versicherten (Satz 1 Nr. la), die Kostenübernahme und Abrechnung der Entgelte (Satz 1 Nr. lb) sowie die Überprüfung der Notwendigkeit und Dauer der Krankenhausbehandlung (Satz 1 Nr. 2) zu regeln ist.

[97] Zuletzt BSG - Urt. v. 23.4.1996 - 1 RK 10/95 = DOK 1996, 445-446 (Chorea Huntington) und Urt. v. 26.2.1992 - 1 RK 4/91 = USK 92130 (apallisches Syndrom) beide m.w.Nachw.

[98] BSG v. 9.6.1998 - B1 RK 18/96 = SozR 3-2500 § 39 Nr. 5 (Hodenprothese).

Vertrags- oder Krankenhausärzte zwar nicht über das rechtliche Bestehen eines Leistungsanspruchs zu befinden oder gar hierüber Verwaltungsakte zu erlassen hätten. Ihre Aufgabe sei es aber, den als Rahmenrecht ausgestalteten Leistungsanspruch zu konkretisieren, wobei ihnen ein „weiter Entscheidungsspielraum" eingeräumt wird.[99] Die Krankenkasse muß auch nach dieser Entscheidung des BSG die „... im Rahmen der Therapiefreiheit liegenden Behandlungsentscheidungen des Arztes gegen sich gelten lassen ..."[100].

Insgesamt läßt sich somit feststellen, daß die Frage, ob dem einzelnen Versicherten eine bestimmte Behandlung zuteil wird oder nicht, durch den jeweils behandelnden Arzt entschieden wird. Dieser entscheidet bei allen Behandlungen, die zweckmäßig und nicht im engeren Sinne unwirtschaftlich sind, letztlich über deren Notwendigkeit. Eine ablehnende Entscheidung im Sinne von Verzicht oder Verzögerung wäre insofern durch das Recht der gesetzlichen Krankenversicherung gedeckt. Andererseits ergibt sich aber aus dem Wirtschaftlichkeitsgebot des SGB V für Leistungen, die zweckmäßig sind und für die eine gleichwertige, kostengünstigere Behandlung nicht zur Verfügung steht, keine, wie auch immer begründete, ausdrückliche Legitimation in Sinne einer Verpflichtung zu einem Behandlungsverzicht oder einer Behandlungsverzögerung, so daß zwangsläufig die Anschlußfrage folgt, durch wen und vor allem mit welchen Maßstäben die ärztliche Entscheidung gesteuert oder überprüft wird.

4) Normenkonkretisierung durch die Bundesausschüsse

Eine ganz wesentliche Funktion in Hinblick auf die Steuerung des Verhaltens der Vertragsärzte kommt den Bundesausschüssen der Ärzte und Krankenkassen bzw. auch der Zahnärzte und Krankenkassen zu. Im Rahmen ihrer aus den Vorschriften des § 92 SGB V folgenden Ermächtigung zum Erlaß von Richtlinien sind sie befugt, das Rahmenrecht des SGB V hinsichtlich der Modalitäten der Leistungserbringung weiter auszugestalten. Diese Befugnis der Bundesausschüsse ist in den vergangenen Jahren mehr und mehr ausgeweitet worden.[101]

Bereits mit dem GKAR vom 17.8.1955[102] wurden im Rahmen der Norm des § 368p RVO Vorschriften über die Richtlinien der Bundesausschüsse der Ärzte und Krankenkassen in das Recht der gesetzlichen Krankenversicherung aufge-

---

[99] SozR 3-2500 § 39 Nr. 5 [S. 26 f.] (Hodenprothese).

[100] Ebenda.

[101] Eingehend hierzu jüngst auch *V. Neumann*, SGb 1998, S. 609 ff und *R. Francke*, SGb 1999, S. 5 ff. Zur historischen Entwicklung auch *P. Wigge*, MedR 1999, S. 524 f.

[102] „Gesetz über Änderungen von Vorschriften des 2. Buches der Reichsversicherungsordnung und zur Änderung des Sozialgerichtsgesetzes vom 17.8.1955 (BGBl. I 1955, S. 513).

nommen.[103] Diese Vorschriften waren zunächst ausschließlich im Recht der Leistungserbringung angesiedelt. Ihre Wirkung entfalteten sie in der Weise, daß die Kassenärztlichen Vereinigungen gehalten waren, die Beachtlichkeit der Richtlinien in ihren Satzungen vorzuschreiben.[104] Für das Leistungsrecht wurde die Ermächtigungsvorschrift des § 368p RVO erst mit dem 2. KVÄG[105] vom Dezember 1970 bedeutsam. Im Rahmen dieses Gesetzesvorhabens wurde dem Bundesausschuß aufgetragen, das Nähere über die Art der Untersuchungen zur Früherkennung von Krankheiten zu regeln.[106] Unter diesen Gesichtspunkten war sowohl in der Rechtsprechung als auch in der Literatur kaum bestritten, daß sich die Bindungswirkung der Richtlinien der Bundesausschüsse auf die Beteiligten der Bundesmantelverträge, also die Krankenkassen und die Kassenärzte, beschränke.[107]

Die Sachlage änderte sich nachhaltig mit der Schaffung des SGB V durch das Gesundheitsreformgesetz[108] zum Jahre 1989. Mit der Neufassung der entsprechenden Vorschriften wurden die Richtlinien nicht nur für die Vertragsärzte verbindlich.[109] Die Bindungswirkung wurde durch entsprechende Hinweise auf die Konkretisierungsbefugnis in den neugefaßten leistungsrechtlichen Vorschriften auch in weitem Umfang auf das Leistungsrecht ausgedehnt.[110] Infolge dieser gesetzgeberischen Ausweitung der Normkonkretisierungsbefugnisse der Bundesausschüsse war auch eine unmittelbare Ausgestaltung des Leistungsrechts der gesetzlichen Krankenversicherung, die bis dahin nur als mittelbare Wirkung der Richtlinien angesehen wurde,[111] kaum mehr bestritten.[112]

---

[103] Umfassend zum Ganzen: *R. Schmidt* in *Peters*, Handbuch KV II, SGB V vor § 27, Rdnr. 177 ff.

[104] §§ 368p Abs. 3 i.V.m. 368g Abs. 1 RVO – vgl. auch *R. Schmidt* in *Peters*, Handbuch KV II, SGB V vor § 27, Rdnr. 179.

[105] Gesetz zur Weiterentwicklung des Rechts der gesetzlichen Krankenversicherung vom 21.12.1970 (BGBl. I 1970, S. 1770).

[106] Vgl.: *R. Schmidt* in *Peters*, Handbuch KV II, SGB V vor § 27, Rdnr. 178 und *P. Wigge*, MedR 1999, S. 524.

[107] Vgl.: *R. Schmidt*, a.a.O., Rdnr. 180 m. w. Nachw. – umfassend zur damaligen Rechtsauffassung auch Urt. v. 22.7.1981 - 3 RK 50/79 = BSGE 52, 70 (73) = SozR 2200 § 182 Nr. 72 (Hippotherapie)

[108] Gesetz zur Strukturreform im Gesundheitswesen (GRG) v. 20.12.1988 (BGBl. I 1988, S. 2477).

[109] § 81 Abs. 3 Nr. 2 i.V.m. § 92 SGB V. – Vgl. zum Ganzen auch *I. Ebsen* in *Schulin*: Handbuch d. Sozialversicherungsrechts - Bd. 1 (1994), § 7 Rdnr. 157 ff.

[110] Vgl.: *R. Schmidt* in *Peters*, Handbuch KV II, SGB V vor § 27, Rdnr. 181 ff. – übersichtlich zur Entwicklung auch BSG-SozR 3-2500 § 92 Nr. 6; S. 32 f.

[111] Vgl.: BSG-Entsch. v. 5.5.1988 - 6 RKa 27/87 = BSGE 63, 163-167 = SozR 2200 § 368p Nr. 2 (Expectorans Solucampher)

In der Folge, insbesondere im Rahmen der Veränderungen durch das 2. GKV-NOG,[113] wurden die Kompetenzen des Bundesausschusses der Ärzte und Krankenkassen noch einmal erheblich ausgeweitet. So wurde mit dem 2. GKV-NOG dem Bundesausschuß auch die Richtlinienkompetenz für die Rahmenbedingungen der medizinischen Rehabilitation,[114] der Versorgung mit Heilmitteln[115] und der Versorgung mit häuslicher Krankenpflege[116] zugewiesen. Darüber hinaus wurde außerdem die Richtlinienkompetenz der Bundesausschüsse in Hinblick auf die Standardbildung im Bereich der Leistungserbringung durch die Erweiterung der Qualitätssicherungsnorm des § 135 SGB V erweitert.[117] Mit dieser Entwicklung einher geht auch die Beurteilung der Bindungswirkung für die Versicherten in der Rechtsprechung und Literatur.

a) Bindungswirkung der Richtlinien im Spiegel der Rechtsprechung

Noch in der „Amalgam-Entscheidung"[118] stellte der 14a-Senat unter Berufung auf die früheren Entscheidungen der Senate des BSG[119] fest: Richtlinien dürften den Anspruch des Versicherten auf eine notwendige und zweckmäßige ärztliche Behandlung in den Grenzen des Wirtschaftlichkeitsgebots nicht einschränken. Sie müßten dem Selbstbestimmungsrecht des Patienten und der Therapiefreiheit des Arztes, soweit sie in höherrangigem Recht gewährleistet werden, Rechnung tragen.[120] Diese Auffassung darf inzwischen als „überholt" angesehen werden.[121] Bereits mit der „Methadon-RL-Entscheidung"[122] kam der 6. Senat zu dem Schluß, das die Methadon-Richtlinien „die Rechte und Pflichten der Vertragsärzte und die

---

[112] Zum Stand der Diskussion auch *W. Noftz* in *K. Hauck*, SGB-V-Kommentar, K § 2 Rdnr. 98.

[113] Zweites Gesetz zur Neuordnung von Selbstverwaltung und Eigenverantwortung in der gesetzlichen Krankenversicherung vom 23.6.1997 (BGBl. I 1997, S. 1520).

[114] § 111a SGB V i.d.F. d. 2. GKV-NOG.

[115] § 125 SGB V i.d.F. d. 2. GKV-NOG.

[116] § 132a SGB V i.d.F. d. 2. GKV-NOG.

[117] Zum Ganzen übersichtlich *D. Schirmer*, MedR 1997, S. 431, (446 ff.) und *F. J. Oldiges* , DOK 1997, S. 367 ff.

[118] Urt. v. 8.9.1993 - 14a RKa 7/92 = BSGE 73, 66 = SozR 3-2500 § 2 Nr. 2 (Amalgam).

[119] Urt. v. 22.7.1981 - 3 RK 50/79 = BSGE 52, 70 (73) = SozR 2200 § 182 Nr. 72 (Hippotherapie) und Urt. v. 3.7.1974 - 6 RKa 22/73 = BSGE 38, 35-39 = SozR 2200 § 368p Nr. 1 (ArzneimittelRL I).

[120] So der 14a-Senat in seiner Entsch. v. 8.9.1993 - 14a RKa 7/92 = BSGE 73, 66 = SozR 3-2500 § 2 Nr. 2 [S. 70] (Amalgam).

[121] Vgl.: *W. Noftz* in *K. Hauck*, SGB-V-Kommentar, K § 2 Rdnr 94.

[122] Urt. v. 20.3.1996 - 6 RKa 62/94 = SozR 3-2500 § 92 Nr. 6 (Methadon-Richtlinien).

Leistungsansprüche der Versicherten mit bindender Wirkung" regeln.[123] Er begründete diese Auffassung einerseits damit, daß bereits in einigen Vorschriften des Leistungsrechts des SGB V dessen Ausgestaltung vom Gesetzgeber ausdrücklich der Richtliniengebung übertragen wurde. Andererseits strahle die inzwischen eindeutig geregelte Bindungswirkung für die Vertragsärzte zwangsläufig auf die Versicherten aus.[124]

War schon vor der „Methadon-RL-Entscheidung" des 6. Senats insbesondere die demokratische Legitimation der Bundesausschüsse in der juristischen Diskussion bezweifelt worden,[125] so erlangte diese Frage angesichts der Tragweite der Entscheidung in der nachfolgenden Auseinandersetzung mit der Thematik neben der damit verbundenen Frage der Normqualität die höchste Bedeutung.[126] Der 6. Senat leitete die Rechtsetzungsbefugnis im Sinne einer Normkonkretisierungsbefugnis aus einer eher anstaltlichen Struktur der Bundesausschüsse her.[127] Diese Konstruktion bleibt aber mit erheblichen Zweifeln behaftet. Zum einen deshalb, weil es widersinnig wäre, einem an sich körperschaftlich organisierten System, wie dem der gesetzlichen Krankenversicherung, ein oberstes Rechtsetzungsorgan in Form einer Anstalt aufzupfropfen. Zum anderen haben die Bundesausschüsse, wie *Ossenbühl* zutreffend feststellt, nicht die typischen Eigenschaften einer Anstalt, denn es ihnen an den anstaltstypischen solchen Benutzerverhältnissen ebenso wie an Leistungen, die erbracht werden.[128]

---

[123] 3. Leitsatz des Urt. v. 20.3.1996 - 6 RKa 62/94 = SozR 3-2500 § 92 Nr. 6 (Methadon-Richtlinien).

[124] Vgl.: BSG-SozR 3-2500 § 92 Nr. 6 (S. 30 ff.).

[125] Zur Diskussion noch zum Recht der RVO: *D. Bredehorn*, Die Rechtsnatur der Richtlinien ... (1987); *A. Hiller*, Die Verweisungen in den Satzungen der KVen ... (1988) – zur Rechtslage nach Inkrafttreten des SGB V: *E. Baader*, JZ 1990; S. 409 ff.; *F. v. Zezschwitz*, FS Söllner (1990), S. 645 ff.; *I. Ebsen*, VSSR 1990, S. 57 ff.; *P. Krause*, VSSR 1990, S. 107 ff.; *H-J. Papier*, VSSR 1990, S. 123 ff.; *B. Frieß*, Die Steuerungsinstrumente der Selbstverwaltung im SGB V (1992); *H. Tempel-Kromminga*, Die Problematik der Richtlinien ... (1994); *U. Freudenberg*, Der Leistungsanspruch bei alternativen Heilmethoden ... (1994), S. 67 ff.; *I. Ebsen*, SDSRV 38 (1994), S. 7 ff.; *G. Schwerdtfeger*, SDSRV 38 (1994), S. 27 ff.

[126] Zur Diskussion nach der „Methadon-RL-Entscheidung": *F. Ossenbühl*, NZS 1997, S. 497 ff.; *G. Schwerdtfeger*, NZS 1998, S. 49 ff (Teil 1) und S. 97 ff. (Teil 2).

[127] BSG-SozR 3-2500 § 92 Nr. 6 (S. 35) unter Berufung auf *H. Tempel-Kromminga*, Die Problematik der Richtlinien ... (1994); S. 117 ff. Ebenso *G. Schwerdtfeger*, SDSRV 38 (1994), S. 45 ff. und im Nachruf auf die „Methadon-RL-Entscheidung" auch noch einmal *G. Schwerdtfeger*, NZS 1998, S. 51f.

[128] Vgl.: *F. Ossenbühl*, NZS 1997, S. 502 m.w.Nachw.

Diesen Bedenken wurde in der neueren Rechtsprechung des 1. BSG-Senats[129] durch eine neue Konstruktion der Rechtsetzungsbefugnis Rechnung getragen.[130] Der Senat begründet die Außenwirkung der Rechtsetzung des Bundesausschusses für die Patienten mit der schon erwähnten *Rahmenrechtsdogmatik*. Danach seien im dritten Kapitel des SGB V, in dem die Leistungsansprüche der Versicherten normiert sind, nur ausnahmsweise konkrete Leistungsansprüche vorgegeben. In der Regel werde den Versicherten dort lediglich ein ausfüllungsbedürftiges Rahmenrecht auf Behandlung in Aussicht gestellt.[131] Diesen Umstand nimmt der Senat zum Anlaß unter Berufung auf die zur Ausfüllung der Bestimmungen des Krankenversicherungsrechts traditionell bestehende Zuweisung von Normsetzungsbefugnissen an die Partner der Gesamtverträge und das insofern vorhandene „System kollektivvertraglicher Normsetzung“, die Rechtsetzung durch die Bundesausschüsse als Teil eines „Regelinstrumentariums eigener Art“ anzusehen.[132] Da dieses Regelinstrumentarium bislang unangefochten geblieben ist, qualifiziert der Senat im Weiteren die Richtlinien der Bundesausschüsse als untergesetzliche Rechtsnormen, die auch für die Versicherten rechtliche Wirkung entfalten.[133] Zudem nimmt der Senat aufgrund des weiten Gestaltungs- und Beurteilungsspielraums der Bundesausschüsse die gerichtliche Kontrolldichte gegenüber den Richtlinien noch einmal deutlich zurück.[134]

---

[129] BSG v. 16.9.1997 - 1 RK 32/95 = SozR 3-2500, § 92, Nr. 7 (immuno-augmentative Therapie) und BSG v. 16.9.1997 - 1 RK 28/95 = SozR 3-2500, § 135, Nr. 4 [S. 29] (immunbiologische Therapie).

[130] Hierzu auch *V. Neumann*, SGb 1998, S. 609 ff. und *R. Francke*, SGb 1999, S. 5 ff.

[131] BSG v. 16.9.1997 - 1 RK 28/95 = SozR 3-2500, § 135, Nr. 4 [S. 16] (immunbiologische Therapie); BSG v. 16.9.1997 - 1 RK 32/95 = SozR 3-2500, § 92, Nr. 7 [S. 53] (immuno-augmentative Therapie). Den Rahmenrechtsgedanken fortführend auch BSG v. 9.6.1998 - B1 RK 18/96 = SozR 3-2500 § 39 Nr. 5 [S. 26 f.] (Hodenprothese).

[132] BSG v. 16.9.1997 - 1 RK 32/95 = SozR 3-2500, § 92, Nr. 7 [S. 57] (immuno-augmentative Therapie); BSG v. 16.9.1997 - 1 RK 28/95 = SozR 3-2500, § 135, Nr. 4 [S. 19 f.] (immunbiologische Therapie). - Hiergegen jüngst LSG Niedersachsen v. 23.2.2000 - Az.: L 4/KR 130/98 (= Breith. 2000, S. 525 ff.) Vgl. auch *R. Francke*, SGb 1999, S. 6 f. Eingehend zu den Grundlagen und Grenzen von Normsetzungsverträgen im Sozialversicherungsrecht zuvor auch bereits *H. Sodan*, NZS 1998, S. 305 ff.

[133] BSG v. 16.9.1997 - 1 RK 32/95 = SozR 3-2500, § 92, Nr. 7 [S. 60] (immuno-augmentative Therapie); BSG v. 16.9.1997 - 1 RK 28/95 = SozR 3-2500, § 135, Nr. 4 [S. 20] (immunbiologische Therapie).

[134] BSG v. 16.9.1997 - 1 RK 32/95 = SozR 3-2500, § 92, Nr. 7 [S. 20] (immuno-augmentative Therapie). Vgl. auch *R. Francke*, SGb 1999, S. 7.

b) Rechtliche Bedenken gegen die Bindungswirkung der Richtlinien

Die ursprüngliche Kritik an der Rechtskonkretisierungsbefugnis der Bundesausschüsse und deren Bindungswirkung für die Versicherten bestand vor allem darin, daß die Bundesausschüsse nach der Zusammensetzung und dem Verfahren ihrer Errichtung eine Repräsentanz der Versicherten nur in einem sehr geringem Umfang gewährleisten.[135] Nach den Vorschriften des § 91 SGB V bestehen die Bundesausschüsse aus einem unparteiischen Vorsitzenden und zwei weiteren unparteiischen Mitgliedern außerdem gibt es dort neun Vertreter der Ärzteschaft und neun Vertreter der Krankenkassen.[136] Da außer bei den Ersatzkassen die Gremien der Krankenkassen paritätisch von Mitgliedern und Arbeitgebervertretern besetzt sind, ist davon auszugehen, daß die Versicherten gegenüber der Zahl in jedem Fall unterrepräsentiert sind. Damit ist die Repräsentanz der Versicherteninteressen und noch einmal mehr die der Patienteninteressen ist in den Bundesausschüssen, wie *Krause* es ausgedrückt hat, bis zu „homöopathischen Größen“ verdünnt.[137] Hinsichtlich der demokratischen Legitimation ist die Rechtsetzungsbefugnis der Bundesausschüsse insofern mehr als fragwürdig.[138] Ob aber das Erfordernis einer demokratischen Legitimation mit der Rahmenrechts-Konstruktion des 1. Senats letztlich erfolgreich umgangen wurde, darf angesichts des Festhaltens des Senats an der Außenwirkung der Richtlinien nachhaltig bezweifelt werden.[139]

Von besonderer Bedeutung für die vorliegende Fragestellung ist schließlich auch, ob ein Leistungsausschluß für die Versicherten durch die Bundesausschüsse in jedem Fall mit der verfassungsrechtlichen *Wesentlichkeitstheorie*

---

[135] Vgl.: *H. Tempel-Kromminga*, Die Problematik der Richtlinien ... (1994), S. 28 ff.; *U. Freudenberg*, Der Leistungsanspruch bei alternativen Heilmethoden ... (1994), S. 72 f. beide m.w.Nachw.

[136] Diese setzen sich wiederum aus drei Vertretern der Ortskrankenkassen, zwei Vertretern der Ersatzkassen sowie jeweils einem Vertreter der Betriebskrankenkassen, der Innungskrankenkassen, der landwirtschaftlichen Krankenkassen sowie der knappschaftlichen Krankenversicherung zusammen. Die Mitglieder der Bundesausschüsse werden von der Kassenärztlichen Bundesvereinigung wie auch von den Verbänden der Krankenkassen nicht formal gewählt, sondern „bestellt“. Sie unterliegen im übrigen keiner rechtlichen Bindung an die entsendenden Verbände (*H-J. Papier*, VSSR 1990, S. 131 - Kritisch hierzu auch *F. Ossenbühl*, NZS 1997, S. 502).

[137] *P. Krause*, VSSR 1990, S. 119. – Ebenso noch einmal *G. Schwerdtfeger*, SDSRV 38 (1994), S. 45 und *Schulin* in *Schulin*: Handbuch d. Sozialversicherungsrechts - Bd. 1 (1994), § 6 Rdnr. 79 ff.

[138] So auch noch *V. Neumann*, SGb 1998, S. 614 und das LSG Niedersachsen v. 23.2.2000 - Az.: L 4/KR 130/98 (= Breith. 2000, S. 534).

[139] *R. Francke*, SGb 1999, S. 7. Zu dem Erfordernis der demokratischen Legitimation auch bei Normsetzungsverträgen vgl. *H. Sodan*, NZS 1998, S. 309 und LSG Niedersachsen v. 23.2.2000 - Az.: L 4/KR 130/98 (= Breith. 2000, S. 534).

vereinbar ist.[140] Im Sinne der „Wesentlichkeitsjudikatur“ des BVerfG und im übrigen auch nach der Auffassung des BSG muß der Gesetzgeber Regelungen, die für die Versicherten als Grundrechtsträger von wesentlicher Bedeutung sind, selbst treffen.[141] Zwar wird im Rahmen der „September-Entscheidungen“ eine Grundrechtsverletzung durch das Ergebnis des Verfahrens ausdrücklich verneint.[142] Die knappe Begründung des Senats läßt aber Fragen offen. Insbesondere die Aussage, der Umfang des Behandlungsanspruchs sei durch die Leistungsgesetze bestimmt und begrenzt, weshalb der Grundrechtsschutz bei der Erprobung einer „vorerst unsicheren Methode“ nicht tangiert sein könne, kann nicht unwidersprochen bleiben.[143] Die vorhergehenden Betrachtungen zum Wirtschaftlichkeitsgebot haben gezeigt, daß die Konkretisierung des Behandlungsanspruchs im wesentlichen auf unbestimmten Rechtsbegriffen aufbaut. Die weitgehende Verwendung unbestimmter Rechtsbegriffe im Leistungsrecht des SGB V legen aber Zweifel an der Bestimmtheit des Leistungsanspruchs aus der Sicht der Versicherten nahe.[144] Angesichts dieser Zweifel muß die Prüfung der Fragen der Beachtung des Wesentlichkeitsgrundsatzes und besonderes auch der ausreichenden Bestimmtheit der Ermächtigungsgrundlage im Sinne des Art 80 Abs. 1 S. 2 GG in *jeden* Einzelfall einer behaupteten ungerechtfertigten Leistungsverkürzung aufgrund der Richtlinien der Bundesausschüsse den zuständigen Gerichten vorbehalten bleiben.

Zu einem vergleichbaren Ergebnis kommt auch *Rüdiger Zuck* in seiner Besprechung der „Viagra-Entscheidung“ des Bundesausschusses.[145] Er stellt die Zulässigkeit der Rechtsetzung durch den Bundesausschuß zwar grundsätzlich nicht in Frage, gelangt aber abschließend doch zu der Feststellung, daß ein originärer Leistungsausschluß nicht Sache des Bundesausschusses sein kann. Dieses Recht habe nur der Gesetz- bzw. der Verordnungsgeber.[146]

Ganz ähnlich argumentierte im Herbst 1999 auch der 8 BSG-Senat in einer Entscheidung zur Frage eines Leistungsanspruch auf eine Behandlung mit einem Medikament zur sogenannten „Schwellkörper-Autoinjektionstherapie“

---

[140] Vgl. nur: *H. D. Jarass/B. Pieroth*, Grundgesetz ... ^{4}1997, Art. 20 Rdnr. 30 ff. m.w.Nachw.

[141] Vgl.: *H-J. Papier*, VSSR 1990, S. 126 ff. und *G. Schwerdtfeger*, NZS 1998, S. 52 f. - Ebenso im Hinblick auf die Normsetzungsverträge auch *H. Sodan*, NZS 1998, S. 309 f.

[142] BSG v. 16.9.1997 - 1 RK 28/95 = SozR 3-2500, § 135, Nr. 4 [S. 29] (immunbiologische Therapie), - 1 RK 32/95 = SozR 3-2500, § 92, Nr. 7 [S. 53 f.] (immuno-augmentative Therapie)

[143] Zum „Abwehrrecht auf Zugang zu Heilmethoden“ im 3. Kapitel unter C.II.2.

[144] So auch *G. Schwerdtfeger*, NZS 1998, S. 53 in Hinblick auf die Versorgung der Versicherten mit Arzneimitteln.

[145] *R. Zuck*, NZS 1999, S. 167 ff. Diferenzierter dagegen *A. Schneider-Danwitz/G. Glaeske*, MedR 1999, S. 164 ff.

[146] A. a. O., S. 172. - Vgl. auch *P. Wigge*, MedR 1999, S. 529.

(SKAT)[147] bei einer krankhaften erektilen Dysfunktion (Erektionsstörung). Hier war zwar nicht die Versorgung von Versicherten mit dem Arzneimittel „Viagra“ Gegenstand der Entscheidung. Der Senat billigte dem Versicherten aber die Versorgung mit einem Medikament zur Behebung der erektilen Dysfunktion zu und erklärte die entgegenstehenden Arzneimittelrichtlinien des Bundesausschusses, soweit einschlägig, für unwirksam, weil es allein dem Gesetzgeber obliege, zu entscheiden, ob die Verordnung von Arzneimitteln deshalb zu untersagen sei, weil die Wirtschaftlichkeit eines Arzneimittel nicht überprüft werden kann.[148] Auch das LSG Niedersachsen beruft sich in einer unlängst getroffenen Entscheidung auf die Wesentlichkeitstheorie, wenn es zu dem Schluß kommt, der Ausschluß der streitigen Behandlung stelle „eine Rationierungsmaßnahme“ dar, zu der der Bundesausschuß nicht legitimiert sei.[149]

c) Ergebnis zur Bindungswirkung der Richtlinien

Die zweifelhafte demokratische Legitimation der Ausschüsse mag dadurch kompensiert werden, daß die Normkonkretisierungskompetenzen der Bundesausschüsse auf ein Maß begrenzt werden, das die Gewähr dafür bietet, daß Rechte der Versicherten nur in geringem Umfang beeinträchtigt werden. Unter dieser Prämisse kommt den Richtlinien schon aufgrund der unbestrittenen Sachkompetenz der Bundesausschüsse[150] eine gewisse Bindungswirkung auch für die Bestimmung der Leistungsansprüche durch die Rechtsprechung zu. Dies kann allerdings nicht dazu führen, daß sich die Inhalte der Richtlinien einer gerichtlichen Kontrolle letztlich entziehen und daß sich zudem der Gesetzgeber seiner Aufgabe entzieht, die wesentlichen Aspekte des Leistungsanspruchs der Versicherten selbst zu regeln.

Aus Gründen der Durchschaubarkeit des Leistungsgeschehens[151] für die Versicherten und nicht zuletzt auch aus Gründen der Rechtssicherheit muß es dem Gesetzgeber vorbehalten bleiben, im Sinne der verfassungsrechtlichen Vorga-

---

[147] BSG v. 30.9.1999 - B 8 KN 9/98 KR R = Breith. 2000, S. 251 ff. (SKAT).

[148] So *K. Jung*, Forum für Gesellschaftspolitik 1/2000, S. 12.

[149] LSG Niedersachsen v. 23.2.2000 - Az.: L 4/KR 130/98 = Breith. 2000, S. 537 - Zur Frage des Kostenerstattungsanspruchs einer Versicherten für eine Form der künstlichen Befruchtung, die der Bundesausschuß aus dem Leistungskatalog wegen fehlender Unterlagen für eine Beurteilung der Methode ausgeschlossen hat. - Das LSG erklärt die Außenwirkung der Richtlinien im übrigen mit Art. 3 Abs. 1 GG: Das Gleichbehandlungsgebot führe dazu, daß die Richtlinien eine mittelbare Rechtswirkung für die Versicherten haben weil sie von den Krankenkassen faktisch beachtet und angewandt werden (A.a.O., S. 535 f.).

[150] So ausdrücklich auch das Bundesverfassungsgericht in seiner „Facharzt-Entscheidung“ v. 9.5.1972 –1 BvR 518/62 und 308/64 = BVerfGE 33, 125, S. 157 und das BSG in seiner „Methadon-RL-Entscheidung“ (BSG-SozR 3-2500 § 92 Nr. 6, S. 35.

[151] *I. Ebsen* in *Schulin*: Handbuch d. Sozialversicherungsrechts - Bd. 1 (1994), § 7 Rdnr. 9 f. unterstellt dem Gesetzgeber gar eine Steuerung durch „bewußt eingesetzte Unklarheit“.

ben des Art 80 Abs. 1 S. 2 GG den Inhalt, den Zweck und das Ausmaß der Regulierung des Leistungsgeschehens in klaren Ermächtigungs-Vorschriften vorzugeben. Fehlt es an diesen klaren Vorgaben, so bleibt den Richtlinien im Falle einer gerichtlichen Auseinandersetzung um konkrete Leistungsansprüche nur eine Indizwirkung, die sich allerdings in Fällen, in denen gesicherte Erkenntnisse über die Zweckmäßigkeit einer Behandlungsmethode (noch) nicht vorliegen, bis zur Konkretisierung des subjektiven Leistungsanspruch verdichten kann.[152]

Nach der zuvor entwickelten Systematik zum Wirtschaftlichkeitsbegriff der gesetzlichen Krankenversicherung bedeutet diese Begrenzung der Wirksamkeit der Richtlinien, daß die Bundesausschüsse keineswegs die Kompetenz haben dürfen, den Versicherten Behandlungsmethoden vorzuenthalten, deren Zweckmäßigkeit allgemein anerkannt ist. In solchen Fälle würden die Bundesausschüsse gegen höherrangiges Recht verstoßen, so daß entsprechende Beschlüsse einer gerichtlichen Überprüfung ohnehin kaum standhalten dürften. Bei den Behandlungsmethoden, deren Zweckmäßigkeit (noch) nicht gesichert ist, also den „NUB-Methoden" ist eine weitreichende Rechtsetzungsbefugnis der Bundesausschüsse durchaus vertretbar, wenn nicht im Interesse der Versicherten sogar geboten. Immerhin verfügen die Bundesausschüsse über eine hinreichende medizinische Fachkompetenz, um Wirkungen und Nebenwirkungen soweit vorhanden einander gegenüberzustellen und so nicht zuletzt auch zum Schutz der Versicherten beitragen zu können. Für nichts anderes stehen m. E. die „Methadon-RL-Entscheidung" des 6. Senats und die neueren Entscheidungen des 1. Senats. Hier unterwirft sich das Gericht der Entscheidung der Bundesausschüsse, was ja mangels eigener Einschätzungsmöglichkeiten nicht anders als sinnvoll erscheint.

Schließlich steht den Versicherten, deren Rechte durch Entscheidungen der Bundesausschüsse und deren Akzeptanz durch die Sozialgerichtsbarkeit verkürzt worden sind, auch noch der Weg zum Bundesverfassungsgericht offen. Das dann betroffene „Abwehrrecht auf Zugang Heilbehandlungen" muß allerdings, wie an späterer Stelle erörtert, noch weiter entwickelt und präzisiert werden.

5) Zwischenergebnis

Insgesamt bleibt festzustellen, daß weder das Wirtschaftlichkeitsgebot des § 12 Abs. 1 SGB V noch dessen Konkretisierung durch die Bundesausschüsse der Ärzte und Krankenkassen gem. § 92 SGB V geeignet sind, eine hinreichende Legitimation für einen Behandlungsverzicht oder eine Behandlungsverzögerung in den eingangs geschilderten Fällen zu bieten. In Fällen, in denen die Behand-

---

[152] Zur Bedeutung der Richtlinien als „antizipiertes Sachverständigengutachten" vgl. *R. Francke*, SGb 1999, S. 8. - Sehr ähnlich auch LSG Niedersachsen v. 23.2.2000 - Az.: L 4/KR 130/98 (= Breith. 2000, S. 525 ff. [535 f.])

lungsmethode zweckmäßig und wirtschaftlich im engeren Sinne ist, werden auch künftig zu erlassende Richtlinien der Bundesausschüsse, die den Anspruch der Versicherten auf solche Behandlungen verkürzen, nach den rechtsstaatlichen Prinzipien der Bundesrepublik Deutschland nicht legitimiert sein. Nichts anderes gilt für entsprechende Klauseln in den Honorarordnungen der Kassenärztlichen Vereinigungen, wie sie in den vergangenen Jahren gelegentlich angedacht waren.[153] Die leistungserbringenden Ärzte bleiben insofern für ihre Entscheidung, die sie hinsichtlich der (unverzüglichen) Notwendigkeit einer Krankenbehandlung zu treffen haben, weitgehend auf sich allein gestellt und können diese Verantwortung nicht an übergeordnete Stellen einer (halb-)staatlichen Verwaltung abgeben.

II. Ergebnis zu den Ansprüchen der Patienten im Recht der gesetzlichen Krankenversicherung

Insofern ergeben sich zur Frage der Legitimation rationierender Maßnahmen aufgrund der Leistungsansprüche der Versicherten, wie sie sich aus dem Recht der gesetzlichen Krankenversicherung ergeben, die folgenden Thesen:

- Soweit eine Leistung zur Krankenbehandlung im Sinne der gesetzlichen Bestimmungen des SGB V zweckmäßig ist und eine gleichwertige, kostengünstigere Behandlung nicht zur Verfügung steht, ergibt sich aus dem Recht der gesetzlichen Krankenversicherung keine Legitimation für einen Behandlungsverzicht oder eine Behandlungsverzögerung im Sinne der Definition von Rationierung!
- Über die Notwendigkeit der jeweiligen Leistung im Einzelfall haben nach dem Recht der gesetzlichen Krankenversicherung die jeweils behandelnden Vertrags- oder Krankenhausärzte zu entscheiden.
- Die Verantwortung für diese Entscheidung kann ihnen nach den bestehenden Prinzipien der Normkonkretisierung und der Rechtsetzung im System der gesetzlichen Krankenversicherung von keiner übergeordneten Instanz der Selbstverwaltung abgenommen werden.

Ob und wieweit durch den Gesetzgeber die Behandlungsansprüche der Versicherten verkürzt werden können, ist in erster Linie eine Frage der verfassungsrechtlichen Definition der Ansprüche von Versicherten und Patienten, auf die im Detail noch einzugehen sein wird.

Zuvor aber ist hinsichtlich der weitreichenden Entscheidungskompetenz, die der Gesetzgeber und die Rechtsprechung dem jeweils behandelnden Arzt im Rahmen des Rechts der gesetzlichen Krankenversicherung einräumen, zu klären,

---

[153] So wollte beispielsweise die KV Nordrhein in ihre Honorarordnung eine Klausel aufnehmen, wonach ärztliche Leistungen, die von den Vertragsärzten nicht kostendeckend erbracht werden können, nicht angeboten werden müssen (vgl. entsprechende dpa-Meldung in *Süddeutsche Zeitung* vom 2.6.1998 und *G. Krieger,* MedR 1999, S. 519 ff.)

durch wen und vor allem anhand welcher Maßstäbe die jeweilige ärztliche Entscheidung im geltenden Recht kontrolliert wird. Da im Rechtsgebiet der gesetzlichen Krankenversicherung Instrumente der Überprüfung einzelner ärztlicher Entscheidungen, z. B. durch die Sozialgerichtsbarkeit, nicht vorgesehen sind, reduzieren sich die Möglichkeiten einer juristischen Überprüfung der genannten ärztlichen Entscheidungen auf die rechtlichen Rahmenbedingungen, die für die direkte Beziehung vom Patienten zum Arzt bzw. zum Krankenhaus gegeben sind. Da diese Beziehung, wie anfangs erwähnt, zivilrechtlicher Natur ist, ist also vorrangig zu erörtern, ob die Instrumente der juristischen Überprüfung ärztlicher Entscheidungen, wie sie sich aus den Grundsätzen im Strafrecht und Zivilrecht ergeben, zur Sicherstellung der Rechte des Patienten ausreichen.

B. Schutz der Patienten durch das Strafrecht und das Zivilrecht

Die Möglichkeiten staatlicher Einwirkung auf das Verhältnis von medizinischen Leistungserbringern zu den Empfängern medizinischer Leistungen sind, wie die Übersichten zu Anfang dieses Kapitels verdeutlichen sollten, vielfältig. Die Einwirkung erfolgt entweder unmittelbar über das ärztliche Berufsrecht, aber auch durch das Zivilrecht und das Strafrecht. Der letztgenannte Bereich ist derjenige, der in der Öffentlichkeit wohl die meiste Beachtung findet. Jedenfalls wird bei Verstößen gegen Behandlungspflichten der Ärzte nicht selten der Ruf nach der Staatsanwaltschaft als staatliche Kontrollinstanz laut. Die Frage, ob die Staatsanwaltschaft bzw. das Strafrecht diese Funktion tatsächlich einnehmen kann, soll die nachfolgende Untersuchung zeigen. Vorab ist allerdings zu bedenken, daß das Strafrecht zwar sehr wohl die Funktion hat, den Bürgern Sicherheit und der Rechtsordnung Stabilität zu gewähren.[154] Es ist aber lediglich „ein Teil des Gesamtsystems der sozialen Kontrolle"[155] und soll, wie das Bundesverfassungsgericht einst feststellte, „gewissermaßen die „ultima ratio" im Instrumentarium des Gesetzgebers" zum Schutze der Gesellschaft darstellen.[156] Es ist also durchaus fraglich, inwieweit dieses Instrumentarium den Patienten vor einer verdeckten Rationierung letztlich zu schützen vermag.

---

[154] Vgl. auch *W. Stree* in *Schönke/Schröder*, StGB [25]1997, vor §§ 38 ff. Rdnr. 19 ff. und *W. Ruß*, Leipziger Kommentar[10](1985), § 56 Rdnr. 29 ff. [31] oder *G. Hirsch*, Leipziger Kommentar[10](1985), vor § 46 Rdnr. 2 und auch *G. Gribbohm*, Leipziger Kommentar[11](1993), § 56 Rdnr. 45 ff. [46].

[155] So *H.-H. Jescheck*, Leipziger Kommentar[11](1992), Einl. Rdnr. 1 ff.

[156] So BVerfG v. 25.2.1975 - Az: 1 BvF 1, 2, 3, 4, 5, 6/74 = BVerfGE 39, 1 [47] (Schwangerschaftsabbruch I) - dem zustimmend auch *H.-H. Jescheck*, Leipziger Kommentar[11](1993), Einl. Rdnr. 3.

I. Der Strafrechtliche Schutz der Patienten vor Behandlungsverzicht und suboptimale Behandlung

Einen erheblichen Beitrag zur Verdeutlichung der strafrechtlichen Aspekte dieser Untersuchung hat bereits *Alfred Künschner* mit seiner Arbeit zu wirtschaftlichem Behandlungsverzicht und Patientenauswahl aus Jahre 1991 geleistet.[157] Vieles von dem, was *Künschner* seinerzeit als rechtlichen Befund erhoben hat, wird, soweit es um Fragen des Behandlungsverzichts geht, in die nachfolgenden Betrachtungen mit einfließen und nur gelegentlich um Aspekte der aktuellen Rechtsprechung ergänzt oder erweitert werden. Andererseits ist, wie festgestellt, die verdeckte Rationierung in Deutschland nicht nur vom Behandlungsverzicht, schon gar nicht von einem endgültigen, zum Tode führenden Behandlungsverzicht geprägt, sondern weist ein deutlich breiteres Spektrum an Einzelphänomenen und Zwischenstufen auf.

Die zuvor beschriebenen Erscheinungsformen der (verdeckten) Rationierung in Deutschland lassen sich unter strafrechtlichen Gesichtspunkten auf zwei wesentliche Phänomene reduzieren. Der **Verzicht** auf Behandlung und die **Verzögerung** der Behandlung kann zusammengefaßt werden unter der Überschrift „Unterlassen einer gebotenen (rechtzeitigen) Behandlung", was vom Prinzip her, wenngleich eher nicht mit tödlichem Ausgang, dem Behandlungsverzicht *Künschners* entspricht. Davon zu trennen ist die ganze Bandbreite der **suboptimalen Behandlungen**. Diese könnten im Rahmen der strafrechtlichen Ordnung als Verletzung der ärztlichen Sorgfaltspflicht und damit als Fahrlässigkeit gewertet werden. Nach einer Darstellung der jeweiligen Grundprinzipien dieser strafrechtlichen Kategorien wird sich die Frage klären, ob diese vorab so getroffene Zuordnung zutreffend ist und ob der daraus für die betroffenen Patienten resultierende Schutz auch ausreichend ist.

1) Normierung ärztlicher Handlungspflichten durch das Strafrecht und Behandlungsverzicht

Hinsichtlich des Behandlungsverzichts muß, wie schon *Künschner*[158] treffend herausgearbeitet hat, für eine dogmatisch saubere Untersuchung der ärztlichen Pflichten unterschieden werden zwischen den Handlungspflichten und den Sorgfaltspflichten. Mit den Handlungspflichten ist nichts anderes gemeint, als daß Ärzte, aber auch ärztliches Hilfspersonal und andere, ganz „normale" Bürger durch die Rechtsordnung verpflichtet werden, überhaupt in irgendeiner Weise tätig zu werden. Es liegt auf der Hand, daß ein Behandlungsverzicht auch gegen solche Handlungspflichten verstoßen kann. Behandlungsverzicht kann aber mehr noch im Bereich der Sorgfaltspflichten zum Tragen kommen. Näm-

---

[157] *A. Künschner*, Wirtschaftlicher Behandlungsverzicht und Patientenauswahl - Knappe medizinische Ressourcen als Rechtsproblem, Stuttgart 1992.

[158] Vgl.: *A. Künschner*, Wirtschaftlicher Behandlungsverzicht ... (1992), S. 207 ff (209).

lich in der Weise, daß von einem sorgfältig arbeitenden Mediziner ganz bestimmte Leistungen der medizinischen Behandlung erwartet werden, die im Falle eines teilweisen Behandlungsverzichts den Patienten vorenthalten werden. Insofern gibt es also beim Behandlungsverzicht eine enge Verknüpfung von Handlungs- und Sorgfaltspflichten, die in Hinblick auf eine juristisch einwandfreie Bewertung eines Behandlungsverzichts zunächst aufgelöst werden und durch eine Zuordnung der einzelnen Phänomene zu den dogmatischen Oberbegriffen konkretisiert werden muß.

Die grundlegenden Handlungspflichten sind in der strafrechtlichen Dogmatik auf zweierlei Weise normiert. Sie finden ihren Ausdruck zum einen als sogenanntes „echtes Unterlassungsdelikt", namentlich in Form der Unterlassenen Hilfeleistung gem. § 323c StGB.[159] Diese „echten Unterlassungsdelikte" sind dadurch gekennzeichnet, daß von seiten des Gesetzes ein bestimmtes Verhalten ausdrücklich gefordert wird, indem die Nichtvornahme einer bestimmten Handlung im Rahmen der Straftatbestände des besonderen Teils des StGB unter Strafe gestellt wird. Zum anderen kennt die Strafrechtsdogmatik die sogenannten „unechten Unterlassungsdelikte", die sich aus der Regelung des § 13 StGB ergeben. Durch diese Vorschrift im allgemeinen Teil des StGB wird das Unterlassen einer bestimmten Handlung dem positiven Tun gleichgestellt, wenn der Täter durch seine Untätigkeit einen straftatbestandlichen „Erfolg", in Form eines wie auch immer gearteten Schadens, nicht abgewendet hat, obwohl er - aus welchem Grund auch immer - verpflichtet gewesen wäre, eben diesen Erfolg zu verhindern.[160] Beiden strafgesetzlichen Regelungen ist gemein, daß sie mehr oder minder konkret Handlungspflichten normieren, die bezogen auf die Leistungserbringer der gesetzlichen Krankenversicherung durchaus zu *Behandlungspflichten* werden können. Die Regelung zur Unterlassenen Hilfeleistung ist zwar gegenüber den unechten Unterlassungsdelikten nach der strafrechtlichen Dogmatik eher als Auffangtatbestand anzusehen,[161] sie hat aber gleichwohl auch im Kontext unterlassener ärztlicher Hilfeleistung ihre Bedeutung[162] und soll daher dem allgemeinen Sprachgebrauch folgend noch vor den besonderen Hilfeleistungspflichten der Ärzte, die aus der engen Beziehung zum Patienten entstehen können, untersucht werden.

---

[159] Andere Echte Unterlassungsdelikte sind z.B. auch die unterlassene Verbrechensanzeige (§ 138 StGB), das Sichnichtentfernen beim Hausfriedensbruch (§ 123 2. Alt. StGB) oder das Nichtgewähren des gesetzlich geschuldeten Unterhalts (§ 170b StGB). – vgl. zum Ganzen auch *W. Stree* in *Schönke/Schröder*, StGB [25]1997, vor §§ 13 ff. Rdnr. 134.

[160] Übersichtlich hierzu: *W. Stree* in *Schönke/Schröder*, StGB [25]1997, vor §§ 13 ff. Rdnr. 135 ff und § 13 Rdnr. 1 ff. und *H.-H. Jescheck*, Leipziger Kommentar[11](1993), § 13 Rdnr. 2 ff.

[161] Vgl.: *K. Lackner*, Strafgesetzbuch [22]1997, § 323c Rdnr.8 oder *G. Spendel*, Leipziger Kommentar[11](1996), § 323c Rdnr. 197 ff.

[162] Hierzu übersichtlich *G. Spendel*, Leipziger Kommentar[11](1996), § 323c Rdnr. 109 ff.

a) (Be-)handlungspflichten im Rahmen der Unterlassenen Hilfeleistung

Nach einhelliger Auffassung ist die Strafnorm des § 323c StGB Ausdruck einer allgemeinen Hilfeleistungspflicht.[163] Anders als bei den unechten Unterlassungsdelikten steht hier nicht der Erfolg der Handlung bzw. des Unterlassens, sondern die Nichtvornahme einer Handlung als solche gleichsam als erkennbare Bereitschaft zur „tätigen Nächstenliebe“ im Vordergrund der Betrachtung.[164] Adressat der Rechtsnorm des § 323c StGB ist „jedermann“,[165] dementsprechend wird der Tatbestand der unterlassenen Hilfeleistung allgemein auch als Auffangtatbestand gewertet für die Fälle, für die eine konkrete Pflicht zur Erfolgsabwendung nicht festgestellt werden oder in denen der nicht nachgewiesen werden kann, daß ein normgemäßes Verhalten den tatbestandlichen Erfolg verhindert hätte.[166]

(1) Die Unglücksfälle des § 323c StGB

Zu den tatbestandlichen Grundvoraussetzungen des § 323c StGB gehört das Vorliegen einer Notsituation. Beispielhaft aufgeführt sind im Tatbestand des § 323c StGB die Unglücksfälle, die gemeine Gefahr oder die Not. Während der „Not“ als sehr allgemeine Umschreibung einer Gefahrenlage kaum eine eigenständige Bedeutung zukommt[167] und die Voraussetzung der „gemeinen Gefahr“ dadurch gekennzeichnet ist, daß sie als Ausdruck einer allgemeinen Bedrohung eine eher unbestimmte Gefahrenlage für die Rechtsgüter vieler, beispielsweise bei Bränden oder Überschwemmungen, beschreibt,[168] beziehen sich die genannten Unglücksfälle auf plötzlich eintretende Ereignisse, die mit konkreten Gefahren für die Rechtsgüter von Menschen verbunden sind.[169] Solche „Unglücksfälle“ können Unfälle, aber auch plötzliche Krankheiten oder plötzliche Verschlimmerungen einer Krankheit sein.[170] Maßgeblich ist nicht so sehr der

[163] Vgl.: *P. Cramer* in *Schönke/Schröder*, StGB ^{25}1997, § 323c Rdnr. 1 ff.; *G. Arzt/U. Weber*, Strafrecht, BT – LH 2 (1983), Rdnr. 375 ff.

[164] Vgl.: *G. Arzt/U. Weber*, Strafrecht, BT – LH 2 (1983), Rdnr. 377.

[165] *G. Arzt/U. Weber*, Strafrecht, BT – LH 2 (1983), Rdnr. 375.

[166] So z.B. auch BGH v. 22.3.1966 - 1 StR 567/65 = BGHSt 21, 50 (Schenkelhalsfraktur); m.w.Nachw auch *G. Arzt/U. Weber*, Strafrecht, BT – LH 2 (1983), Rdnr. 380 ff. und *P. Cramer* in *Schönke/Schröder*, StGB ^{25}1997, § 323c Rdnr. 34.

[167] Vgl.: *G. Arzt/U. Weber*, Strafrecht, BT – LH 2 (1983), Rdnr. 388.

[168] Vgl.: *G. Arzt/U. Weber*, Strafrecht, BT – LH 2 (1983), Rdnr. 387 und auch *P. Cramer* in *Schönke/Schröder*, StGB ^{25}1997, § 323c Rdnr. 8.

[169] Vgl.: *G. Spendel*, Leipziger Kommentar^{11}(1996), § 323c Rdnr. 33 ff.; *P. Cramer* in *Schönke/Schröder*, StGB ^{25}1997, § 323c Rdnr. 3 f. und *G. Arzt/U. Weber*, Strafrecht, BT – LH 2 (1983), Rdnr. 384 ff.

[170] Ebenda – vgl. auch BGH, Urteil v. 26.10.1982 – 1 StR 413/82 = NJW 1983, 350 [351] (Eileiterschwangerschaft) mit zahlreichen weiteren Nachweisen.

Umstand, daß bereits ein Schaden für das Opfer entstanden ist, als vielmehr die Gefahr von (weiteren) Schäden, also ein akute Gefahrenlage.[171]

Bezogen auf den Teilbereich der Handlungspflichten im Bereich der medizinischen Versorgung, die sich im Rahmen des § 323c StGB aus plötzlichen Krankheitsereignissen bzw. der plötzlichen Verschlimmerung eines bestehenden Krankheitsgeschehens ergeben können, sind in den letzten Jahre beispielhaft die nachfolgenden Unglücksfälle wegen unterlassener Hilfeleistung zur Anklage gekommen:[172]

- Zunächst natürlich tatsächliche Unfälle mit Verletzungsfolgen aller Art. Beispielhaft könnte hier ein Sturz mit einem Bruch des Oberschenkelhalses angeführt werden.[173]
- Ebenso auch eine Eileiterschwangerschaft, die von heftigen Schmerzen und einem Kreislaufkollaps begleitet war.[174]

Jedenfalls nicht zu den Unglücksfällen des § 323c StGB gehört nach der Rechtsprechung des OLG Düsseldorf eine normal verlaufende Schwangerschaft, wobei sich hier allerdings Handlungspflichten für Ärzte und Hebammen aus den noch zu erörternden Garantenstellungen ergeben können.[175] Damit wird noch einmal verdeutlicht, daß bei der Unterlassenen Hilfeleistung tatsächlich das Vorhandensein einer gegenwärtigen Gefahr maßgeblich ist.

Die geschützten Rechtsgüter des Opfers sind in erster Linie das Leben, die körperliche Unversehrtheit und die sexuelle Selbstbestimmung. Ob und inwieweit auch Sachwerte wie das Eigentum zu den geschützten Rechtsgütern des § 323c StGB gehören, ist nicht unumstritten.[176] Diese Frage ist aber vorliegend von geringerem Interesse und darf insofern hintan gestellt bleiben. Auch die Bewertung der Gefahrenlage ist nicht ganz unproblematisch, denn nicht selten stellt sich eine Situation rückwirkend (ex post) anders dar, als sie für den Betrachter in der Situation des Täters im Moment der Unterlassung mit Blick auf die weitere Entwicklung des Geschehens (ex ante) erkennbar ist. Der Meinungsstreit[177] zu dieser Frage läßt sich für die vorliegende Untersuchung in der Weise verkürzen und auf die hier bedeutsamen Aspekte reduzieren, daß jeden-

---

[171] *P. Cramer* in *Schönke/Schröder*, StGB [25]1997, § 323c Rdnr. 9 m.w.Nachw.

[172] Weitere Beispiele aus dem Bereich der ärztlichen Behandlungspflicht bei *G. Spendel*, Leipziger Kommentar[11](1996), § 323c Rdnr. 109 ff.

[173] Vgl.: BGH v. 22.3.1966 - 1 StR 567/65 = BGHSt 21, 50 [53] (Schenkelhalsfraktur) mit weiteren früheren Nachw.

[174] BGH, Urteil v. 26.10.1982 – 1 StR 413/82 = NJW 1983, 350 (Eileiterschwangerschaft).

[175] Vgl.: OLG Düsseldorf v. 24.6.1991 – 5 Ss 206/91 – 68/91 I = NJW 1991, 2979 = JR 1992, 37 m. Anm. von *Meurer*.

[176] Vgl.: *G. Arzt/U. Weber*, Strafrecht, BT – LH 2 (1983), Rdnr. 376 m.w.Nachw.

[177] Ausführlich dargestellt bei *K. Seelmann*, JuS 1995, S. 284 f. oder *G. Spendel*, Leipziger Kommentar[11](1996), § 323c Rdnr. 35.

falls die Gefahren zum Zeitpunkt der Unterlassung, ex-post betrachtet, tatsächlich auch vorhanden gewesen sein mußten.[178] Sollte sich ein potentieller Täter (z.B. der Arzt) etwa vorhandener Gefahren zum Zeitpunkt der Unterlassung nicht bewußt gewesen sein, so würde dessen Strafbarkeit spätestens im Rahmen der Vorsatzprüfung – denn die unterlassenen Hilfeleistung ist ein Vorsatz- und kein Fahrlässigkeitsdelikt - entfallen.[179] In diesem Sinne würde eine ex-ante-Beurteilung letztlich weder für das Opfer noch für den Täter ein deutliches Mehr an Gerechtigkeit bieten. Das Problem der Betrachtungsebene stellt sich aber in ähnlicher Weise noch einmal im Rahmen der Frage dessen, was an Hilfeleistung als erforderlich angesehen wird.

(2) Die Erforderlichkeit der Hilfe

Rechtlich erwartet wird, wie *Gunther Arzt* es in seinem Lehrbuch ausdrückt, ein „Minimum an tätiger Nächstenliebe".[180] Das bedeutet, daß der „Nächste" das ihm mögliche tun muß, um eine akute Gefahr für das Opfer abzuwenden. Diese gleichsam minimale Hilfspflicht kann sich unter Umständen darauf beschränken, daß wenigstens eine zur Hilfe geeignetere Person (Ärzte, Rettungsdienst, Feuerwehr) benachrichtigt werden muß, oder aber daß sich der Hilfspflichtige vergewissern muß, daß bereits andere Personen im Begriff sind, Hilfe zu leisten.[181] Häufig wird sich das Ausmaß der Hilfs- bzw. Handlungspflichten allerdings nicht auf dieses Minimum an Hilfeleistung beschränken. Nach der ständigen Rechtsprechung des BHG richten sich Art und Umfang der erwarteten Hilfeleistung nicht nur nach der Art des Unglücks oder der drohenden Gefahren, sondern auch nach den Fähigkeiten und Möglichkeiten des jeweils Hilfspflichtigen.[182] Wer insoweit über Spezialkenntnisse oder spezielle Hilfsmittel verfügt, wie Medizinalpersonen, wird also verpflichtet sein, diese auch zum Einsatz zu bringen.[183]

Auf der anderen Seite wird die Handlungspflicht aber auch begrenzt durch die tatsächlichen Möglichkeiten des Hilfspflichtigen. So führt beispielsweise *Ulsenheimer* unter Berufung auf eine entsprechende Entscheidung des *LG Bad Kreuznach* einen Fall an, in dem ein Patient, der mit einem „unklaren Abdomen" in ein Krankenhaus eingeliefert wurde, von dort aber wegen Übermüdung

---

[178] So übereinstimmend *G. Arzt/U. Weber*, Strafrecht, BT – LH 2 (1983), Rdnr. 378 ff. und *K. Seelmann*, JuS 1995, S. 384.

[179] So auch *K. Seelmann*, JuS 1995, S. 284 m.w.Nachw.

[180] Vgl.: *G. Arzt/U. Weber*, Strafrecht, BT – LH 2 (1983), Rdnr. 377.

[181] Vgl.: *P. Cramer* in *Schönke/Schröder*, StGB [25]1997, § 323c Rdnr. 18.

[182] Vgl.: BGH, Urteil v. 26.10.1982 – 1 StR 413/82 = NJW 1983, 350 (Eileiterschwangerschaft); ebenso auch bereits *G. Arzt/U. Weber*, Strafrecht, BT – LH 2 (1983), Rdnr. 392 – beide m.w.Nachw.

[183] Vgl.: *A. Laufs*, Arztrecht [5]1993, Rdnr. 144. Zu den diesbezüglichen Grenzen auch *G. Spendel*, Leipziger Kommentar[11](1996), § 323c Rdnr. 112 f.

des Operationsteams, nachdem sich der Chefarzt von der Transportfähigkeit überzeugt hatte, zur Operation in ein anderes Krankenhaus verlegt wurde.[184] Er kommt mit dem LG zu dem Schluß, daß unter diesen Umständen die ärztliche Nothilfepflicht erfüllt sei. Diese Entscheidung ist insofern zutreffend, als in der Tat die gegenwärtige Gefahr, weitere Schmerzen oder gar den Tod zu erleiden, durch die Verlegung in einen andere Klinik mit entsprechenden Operationsmöglichkeiten abgewendet worden ist. Wäre der Patient in der aufnehmenden Klinik verblieben und dort gegebenenfalls von dem übermüdeten OP-Team operiert worden, so wäre dessen Risiko für gesundheitliche Folgeschäden eventuell sogar noch erhöht worden. Die Überweisung war also gleichsam in doppelter Hinsicht unter dem Gesichtspunkt der Handlungspflichten des § 323c StGB geboten.

Andererseits ist die Hilfspflicht insbesondere für medizinisch ausgebildetes Fachpersonal nicht nur auf die notfallmäßige Erstversorgung beschränkt. Sie kann, wie der BGH ausführt,[185] bis zur endgültigen Leistung der gebotenen, d.h. der erforderlichen und möglichen Hilfe andauern.[186] Verbliebe im Beispielsfall *Ulsenheimers* der Patient nach der erfolgten Erstuntersuchung in der Klinik, so wäre bei entsprechender Indikation die Hilfeleistungspflicht der dortigen Ärzte erst dann erfüllt, wenn die notwendige Operation erfolgt wäre.[187] Entscheidend ist letztlich, daß noch irgendeine Form von Hilfe im Sinne einer Vermeidung weiterer Gefahren möglich ist. Hierzu zählt auch bereits das Abwenden weiterer Schmerzen eines Verunglückten.[188] Daraus folgt, daß selbst die Tatsache, daß der Tod eines Verletzten nicht abgewendet werden kann, die Pflicht zur Hilfeleistung nicht generell ausschließt.[189]

Von wesentlicher Bedeutung ist auch an dieser Stelle die Frage der Perspektive bei der Beurteilung dessen, was als erforderlich anzusehen ist.[190] Da mit dem Tatbestand der unterlassenen Hilfeleistung nicht der Erfolg des Unterlassens einer Handlung, sondern die Unterlassung der Handlung als solche geahndet werden soll, wird eine letztlich erfolgsbezogene Ex-post-Bewertung der Erfor-

---

184 *K. Ulsenheimer*, MedR 1992, S. 131.

185 BGH v. 22.3.1966 - 1 StR 567/65 = BGHSt 21, 50 (Schenkelhalsfraktur).

186 Ebenso auch *A. Künschner*, Wirtschaftlicher Behandlungsverzicht ... (1992), S. 163 f. unter Berufung auf eine frühere Arbeit von *Arthur Kreuzer* (Ärztliche Hilfeleistungspflicht ...(1965)).

187 Zu einen ähnlichen Schluß kommt auch der BGH im Urteil v. 22.3.1966 (Az. 1 StR 567/65 = BGHSt 21, 50 (Schenkelhalsfraktur)) in dem er den Chefarzt des aufnehmenden Krankenhauses erst dann aus seiner Pflicht entläßt, als die notwendige Röntgenaufnahme zur Abklärung des Einweisungsbefundes erstellt worden ist.

188 OLG Hamm v. 24.6.1991 – 5 Ss 206/91 – 68/91 I = NJW 1975, 604.

189 *P. Cramer* in *Schönke/Schröder*, StGB [25]1997, § 323c Rdnr. 14 m.w.Nachw.

190 Zum Ganzen: *K. Seelmann*, JuS 1995, S. 284 f.

derlichkeit einer Hilfeleistung nach der herrschenden Meinung abgelehnt.[191] Um nicht Momente von Skrupellosigkeit und Leichtsinn in unangemessener Weise in die Beurteilung der Handlungspflichten mit einfließen zu lassen, die allerdings in Fällen eines Behandlungsverzichts durch Mediziner auch nicht unbedingt anzunehmen sind, darf im Rahmen der Ex-ante-Beurteilung sicher auch die rein subjektive Perspektive des Täters unbeachtet bleiben.[192] Mit der Rechtsprechung und der überwiegenden Meinung ist insofern davon auszugehen, daß sich die Erforderlichkeit einer Hilfeleistung im Rahmen einer Ex-ante-Betrachtung aus der Sicht eines „verständigen Beobachters" bestimmen sollte.[193] Getan werden muß also, was ein objektiver Dritter mit den Kenntnissen und Fähigkeiten und den technischen Möglichkeiten des Täters getan hätte. Und zwar ohne Rücksicht darauf, ob die Hilfeleistung dem Opfer - rückwirkend betrachtet - tatsächlich geholfen hätte oder nicht. Allein die mißachtete Chance zur Hilfe soll bereits bestraft werden.[194]

(3) Zumutbarkeit der Hilfe

Eine deutliche Einschränkung erfahren die Handlungspflichten des § 323c StGB nun allerdings durch das im Tatbestand ebenfalls aufgeführte Moment der Zumutbarkeit. In der Begründung zur Vorschrift des § 323c StGB wird die Zumutbarkeit als Regulativ zu dem unter Erforderlichkeitsgesichtspunkten verhältnismäßig hohen Strafbarkeitsrisiko angesehen. Es sei Aufgabe des Moments der Zumutbarkeit, den Umfang der Beistandspflicht auf das notwendige Maß sozial unerträglichen Unterlassens zu reduzieren.[195] In diesem Sinne hat im Rahmen der Zumutbarkeitsprüfung eine „umfassende Interessenabwägung"[196] zu erfolgen. Was danach zumutbar ist, wird abstrakt nur schwer zu bestimmen sein. Maßgeblich sind hier die jeweils widerstreitenden Interessen des Opfers und des (potentiellen) Täters in der konkreten Situation.

(a) Wirtschaftliche Grenzen der Zumutbarkeit

Sicher wird kein bis zur Selbstaufopferung gehender Heroismus verlangt werden können, wohl aber die Inkaufnahme eines geschäftlichen Schadens oder

[191] Ebenda und *G. Arzt/U. Weber*, Strafrecht, BT – LH 2 (1983), Rdnr. 389 m.w.Nachw. – a.A.: *P. Cramer* in *Schönke/Schröder*, StGB [25]1997, § 323c Rdnr. 2.

[192] *G. Arzt* möchte immerhin noch nach einem „gemischt subjektiv-objektiven" Maßstab beurteilen (*G. Arzt/U. Weber*, Strafrecht, BT – LH 2 (1983), Rdnr. 389).

[193] So BGH v. 18.4.1960 - 4 StR 2/60 = BGHSt 14, 213 (215) und bestätigend noch einmal BGH v. 2.3.1962 - 4 StR 355/61 = BGHSt 17, 166; ebenso *K. Seelmann*, JuS 1995, S. 285.

[194] Im Ergebnis so auch *K. Seelmann*, JuS 1995, S. 285 und *P. Cramer* in *Schönke/Schröder*, StGB [25]1997, § 323c Rdnr. 13 ff.

[195] Zitiert nach *K. Seelmann*, JuS 1995, S. 285.

[196] So *G. Arzt/U. Weber*, Strafrecht, BT – LH 2 (1983), Rdnr. 394 – vgl. auch *P. Cramer* in *Schönke/Schröder*, StGB [25]1997, § 323c Rdnr. 20 und *K. Seelmann*, JuS 1995, S. 286.

aber die latente, nicht direkt drohende Gefahr einer Körperverletzung.[197] Durch Vergütungsregelungen nicht gedeckte Unkosten des Hilfspflichtigen können hier bei geringeren Gefahren, die dem Opfer drohen, mit hoher Wahrscheinlichkeit zur Ablehnung der Zumutbarkeit führen. Dagegen wird dieses Argument bei drohender Lebensgefahr kaum als Begründung für die Unzumutbarkeit pflichtgemäßen Handelns rechtlichen Bestand haben können.[198] Unzumutbar ist ein unverhältnismäßig hoher Aufwand oder eine unverhältnismäßige Verletzung der Rechtsgüter des Helfers, wie zum Beispiel Lebens- oder Gesundheitsgefahren für den Retter.[199] *Seelmann* kommt bei seiner Analyse des Straftatbestands der unterlassenen Hilfeleistung zu dem Schluß, daß bereits beim bloßen Bestehen als legitim noch anzuerkennender Interessen des potentiellen Täters über das Moment der Zumutbarkeit ein Verzicht auf die Strafbarkeit erfolge.[200]

Dieser Grundsatz erfährt allerdings für professionelle Retter, ebenso wie für die Unglücksverursacher, noch einmal eine Einschränkung. Letztere haben quasi eine Garantenstellung aus vorangegangenem gefährlichen Handeln (Ingerenz).[201] Die professionellen Retter können dagegen so etwas wie eine „berufsspezifische Gefahrtragungspflicht"[202] haben. Wie weit diese Gefahrtragungspflicht letztlich gehen kann, muß unter den bereits erwähnten Gesichtspunkten der umfassenden Interessenabwägung weitgehend offen bleiben. Bezogen auf die ärztliche Pflicht zur Heilbehandlung sind in der Rechtsprechung allerdings durchaus Tendenzen erkennbar, die auch den Ärzten weiterreichende Pflichten auferlegen wollen.[203] Namentlich in der Entscheidung

---

[197] Vgl.: *P. Cramer* in *Schönke/Schröder*, StGB ^{25}1997, § 323c Rdnr. 20.

[198] Nur am Rande sei hier bemerkt, daß das gewählte Beispiel schon deshalb hinkt, weil schon mit dem Vorhandensein einer bestehenden Vergütungsregelung und einem entsprechenden Vergütungsanspruch anzunehmen ist, das zwischen Opfer und Täter ein Vertragsverhältnis zustande gekommen ist, so daß nicht mehr ohne weiteres von einer „Jedermanns-Pflicht" zur Hilfeleistung auszugehen ist. Vielmehr wird in diesem Fall zunächst einmal von einer der alsbald zu erörternden „Garantenpflichten" auszugehen sein. Das Beispiel hat nur insofern seine Berechtigung als sich bereits aus der Rechtsprechung (z.B. BGHSt 21, 50) ergibt, daß die „unterlassene Hilfeleistung" gelegentlich als Auffangtatbestand für unterlassene Garantenpflichten, deren Strafverfolgung an Beweisproblemen scheitert, herangezogen wird.

[199] Vgl.: *G. Arzt/U. Weber*, Strafrecht, BT – LH 2 (1983), Rdnr. 394.

[200] *K. Seelmann*, JuS 1995, S. 286 m.w.Nachw.

[201] Mehr zu diesem Themenkomplex in diesem Kapitel unter B, I, b) (1) - Vgl. auch *G. Arzt/U. Weber*, Strafrecht, BT – LH 2 (1983), Rdnr. 395 und *K. Seelmann*, a.a.O.

[202] So *K. Seelmann*, a.a.O. m.w.Nachw.

[203] Vgl. – wenngleich im Grundsatz ablehnend - : *P. Cramer* in *Schönke/Schröder*, StGB ^{25}1997, § 323c Rdnr. 25a f. m.w.Nachw.

des ersten Strafsenats aus dem Jahre 1982[204] zu den ärztlichen Hilfeleistungspflichten bei der Verdachtsdiagnose einer Eileiterschwangerschaft ging der Senat davon aus, daß es dem Arzt durchaus zuzumuten sei, sich über den Willen der Patientin hinwegzusetzen und, mindestens teilweise, auch die ihm obliegende ärztliche Schweigepflicht zu brechen. An gleicher Stelle unterstreicht der Senat aber nochmals die frühere Rechtsprechung des BGH, wonach aus dem § 323c StGB keine Sonderpflichten für Ärzte abgeleitet werden können.[205]

Bezogen auf die hier erörterte Fragestellung führt *Künschner* zutreffend aus, daß wirtschaftliche Probleme in Hinblick auf die Hilfeleistungspflicht des § 323c StGB nur eine untergeordnete Rolle spielen dürften. Für chronische Erkrankungen sei, außer vielleicht im Falle eines akuten Krankheitsschubs, bereits die Definition des Unglücksfalls nicht mehr zutreffend. Bei Notfällen ebenso wie bei akuten Krankheitsschüben seien indes angesichts der fehlenden Zeit, solche Überlegungen überhaupt anzustellen, wirtschaftliche Erwägungen als zumutbarkeitsbegrenzende Kriterien kaum anzunehmen.[206] Wo bereits grundsätzlich solche Überlegungen unabhängig von einem konkreten Einzelfall getroffen wurden, wird man bei einer vernünftigen und umfassenden Abwägung der widerstreitenden Interessen wohl mit *Künschner* zu dem Schluß kommen müssen, daß die wirtschaftlichen Interessen des behandelnden Arztes bzw. der Klinik hinter dem Interesse der Lebenserhaltung und der Schmerzlinderung des Patienten zurücktreten müssen.[207] Es kann schließlich nur schwerlich akzeptiert werden, daß vorhandene Behandlungsmöglichkeiten ungenutzt bleiben, während ein Patient, dem diese Therapiemöglichkeiten das Leben retten könnten, verstirbt.

(b) Kapazitätsprobleme

Etwas anderes gilt, wenn die Therapiemöglichkeiten real nicht vorhanden oder aber alle geeigneten Therapieplätze belegt sind. In diesem Fall, der in der rechtswissenschaftlichen Literatur eine Würdigung in dem sogenannten „Welzelschen Respiratorfall“[208] gefunden hat, wird man kaum davon ausgehen können, daß die hinzugezogenen Ärzte gezwungen werden können, den bereits behandelten Patienten dem sicheren Tod auszusetzen, um das Leben des neu hinzukommenden Patienten zu retten. Gegen eine solche Lösung des Problems

---

[204] BGH, Urteil v. 26.10.1982 – 1 StR 413/82 = NJW 1983, 350 (351) (Eileiterschwangerschaft).

[205] Ebenda m.w.Nachw –vgl. auch *P. Cramer* in *Schönke/Schröder*, StGB [25]1997, § 323c Rdnr. 25a.

[206] *A. Künschner*, Wirtschaftlicher Behandlungsverzicht ... (1992), S. 164.

[207] Ebenda.

[208] *H. Welzel*, Das deutsche Strafrecht[11] (1969), S. 185. – Mit einer umfassenden Würdigung aller Aspekte dieses Falles *A. Künschner*, Wirtschaftlicher Behandlungsverzicht ... (1992), S. 312 ff. und S. 344 ff.

sprechen im Wesentlichen zwei Argumente. Auf der einen Seite wird man zugunsten des bereits an dem Beatmungsgerät liegenden Patienten annehmen dürfen, daß zwischen diesem und dem behandelnden Arzt ein schutzwürdiges Vertrauensverhältnis im Sinne einer Garantenstellung[209] entstanden ist. Es wäre quasi „vertragswidrig", diesen zugunsten des nachfolgenden Patienten sterben zu lassen.[210]

Das andere, letztlich wohl bedeutsamere Argument ist die von *Künschner* sogenannte „Inkommensurabilität" allen Lebens. Zutreffend geht *Künschner* davon aus, daß die deutsche Rechtsordnung trotz oder wohl sogar wegen der „Verirrungen" des Euthanasiegedankenguts in der Zeit des Nationalsozialismus' eine Abwägung unter dem Gesichtspunkt des Werts eines Menschenlebens grundsätzlich nicht zuläßt.[211] Jede Form menschlichen Lebens sei in gleicher Weise schützenswert. Deshalb gelangt *Künschner* in seiner Arbeit zu dem Schluß, daß es grundsätzlich nicht zulässig ist, dem einen Menschen die Rettungschance vorzuenthalten, um einen anderen zu retten.[212] Dies müsse selbst dann gelten, wenn letzterer die bessere Überlebenschance hätte.[213]

Unabhängig von der Frage der Kapazitätsprobleme kommt nach der neueren höchstrichterlichen Rechtsprechung zur Rechtmäßigkeit eines Behandlungsabbruchs die Straffreiheit eines solchen bestenfalls dann in Betracht, wenn der behandelte Patienten sich in einem Zustand tiefster Bewußlosigkeit infolge einer cerebralen Schädigung befindet, eine Aussicht auf Besserung dieses Zustandes nicht besteht und tatsächliche Äußerungen des Patienten Anlaß geben zu der Annahme, daß der Patient eine „künstliche" Verlängerung seines Lebens nicht wünscht. In diesen Fällen kann aufgrund des mutmaßlichen Willens des Patienten im Einvernehmen mit den Angehörigen oder gar aufgrund eines vormundschaftsgerichtlichen Beschlusses ein Abbruch der Behandlung gerechtfertigt sein.[214] Wenngleich damit die bislang absolute Pflicht zur Lebenserhaltung etwas relativiert wurde, dürfte die praktische Relevanz dieser Fälle allerdings gering sein, denn im Akutfall der Kollision von Behandlungspflichten wird

---

[209] Mehr hierzu im folgenden Kapitel.

[210] Vgl.: *A. Künschner*, Wirtschaftlicher Behandlungsverzicht ... (1992), S. 345 f. m.w.Nachw.

[211] A.a.O., S. 12 ff. m.w.Nachw.

[212] Ebenso auch *B. Jähnke*, Leipziger Kommentar[11], Vor § 211 Rdnr. 19 - mit der Begründung, daß sich das Recht, wolle es die unterlassene Behandlung des einen rügen, die Rettung des anderen mit dem Verdikt der Unrechtmäßigkeit belegen müsse und sich damit zu seinem Ausgangspunkt in Widerspruch setze.

[213] Vgl.: *A. Künschner*, Wirtschaftlicher Behandlungsverzicht ... (1992), S. 325 ff. (327) mit zahlreichen w. Nachw.

[214] Vgl.: BGH, Urteil v. 13.09.1994 – 1 StR 357/94 = NJW 1995, 204 = BGHSt 40, 257 – und in Hinblick auf die vormundschaftsgerichtliche Entscheidung OLG Frankfurt/M. v. 15.7.1998 – 20 W 224/98 = NJW 1998, 2747 = PflR 1998, 161.

eben gerade die genaue Kenntnis des mutmaßlichen Patientenwillens auf der Seite der entscheidenden Ärzte nicht gegeben sein, so daß eine solche Entscheidung letztlich nicht in rechtlich gebilligter Weise getroffen werden könnte.

Darüber hinaus kann aufgrund der hier vorliegenden praktischen Erfahrungen in der Intensivpflege davon ausgegangen werden, daß die von *Welzel* konstruierte Situation der Konkurrenz zweier Patienten um eine Behandlungsoption in dieser Krassheit real kaum gegeben sein dürfte. Selbst wenn, wie im „Welzelschen Respiratorfall", zwei Patienten akut eines Beatmungsgerätes bedürfen, das nur einmal vorhanden ist, so wird in der Praxis dieser Konflikt in der Weise zu lösen sein, daß auf weniger effektiv arbeitende Narkosegeräte oder Geräte für den Transport von beatmungspflichtigen Patienten zurückgegriffen werden kann oder daß schlicht bis zu einer für den Patienten und das betroffene Personal günstigeren Lösung des Problems eine Beatmung von Hand durchgeführt wird. Diese Optionen sollten in jeder Klinik bereits in Hinblick auf den Ausfall eines vorhandenen Geräts immer gegeben sein, so daß eine Notwendigkeit zum Behandlungsverzicht tatsächlich nicht gegeben und ein solcher damit auch nicht gerechtfertigt sein wird. Die Folge einer solchen Lösung im Falle kollidierender Patienteninteressen dürfte jedoch regelmäßig eine weniger optimale Behandlung für den jeweils betroffenen sein und für den zuletzt beschriebenen Fall, daß das medizinische Personal die Funktionen des Geräts übernimmt, werden Einschränkungen in der Versorgung aller in der jeweiligen Behandlungseinheit vorhandener Patienten die Folge sein. Diese wären dann allerdings unter strafrechtlichen Gesichtspunkten in Hinblick auf die geforderte Abwägung der widerstreitenden Interessen gedeckt.

Auch die frühzeitige Verlegung von Patienten von der Intensivbehandlungseinheit auf die Normalstation wird sich im Rahmen einer solchen Abwägung rechtfertigen lassen. Das Strafrecht kennt für diese Fälle das sogenannte „erlaubte Risiko" als unrechtsausschließendes bzw. tatbestandseinschränkendes Rechtsinstitut.[215] Diese Überlegungen führen aber bereits deutlich in Richtung auf die Sorgfaltspflichten und sollen deshalb auch dort näher ausgeführt werden.[216] Der klassische Lehrbuchfall wird jedenfalls in der Praxis kaum in Erscheinung treten und selbst Katastrophenfälle, wie unlängst das große Zugunglück von Eschede, müssen offenbar nicht zu einem Behandlungsverzicht für einzelne Patienten führen. Für solche Fälle gibt es in der Regel in den Krankenhäusern und den Rettungsleitstellen ausgearbeitete Katastrophenpläne, die eine bestmögliche Versorgung aller Unglücksopfer gewährleisten.[217]

---

[215] Vgl.: *Th. Lenckner* in *Schönke/Schröder*, StGB [25]1997, vor §§ 13 ff. Rdnr. 70c – ausführlicher auch *A. Künschner*, Wirtschaftlicher Behandlungsverzicht ... (1992), S. 372 ff.

[216] In diesem Kapitel unter B, I, 2.

[217] Ausführlich zu diesen Katastrophenplänen und zum Ablauf der Patientenversorgung nach dem Zugunglück im Allgemeinen Krankenhaus Celle *G. Westphal*, f&w 1998, 402 ff.

Eine strafrechtliche Entlastung der auf eine Behandlung verzichtenden Ärzte unter Zumutbarkeitsgesichtspunkten dürfte nach alledem in akuten Notfällen – und nur solche sind im Rahmen der unterlassenen Hilfeleistung relevant – kaum möglich sein. Lediglich Einschränkungen in der Qualität der medizinischen Versorgung sind unter diesen Umständen hinzunehmen. Diese werden aber regelmäßig nicht unter dem Gesichtspunkt der unterlassenen Hilfeleistung zu diskutieren sein, da es sich hierbei um ein Vorsatz- und nicht um ein Fahrlässigkeitsdelikt handelt.[218]

(4) Anwendbarkeit des § 323c StGB auf den Behandlungsverzicht

Die Anwendbarkeit des Straftatbestands der unterlassenen Hilfeleistung bleibt auf den Vorsatz beschränkt. D.h. nur das Wissen um die Rettungsmöglichkeit und der bewußte Verzicht auf Rettungsmaßnahmen werden im Rahmen der Norm des § 323c StGB unter Strafe gestellt. Irrtümer über Erforderlichkeit und Zumutbarkeit der Hilfeleistung lassen den Vorsatz entfallen.[219] Damit ist dieser Straftatbestand im Rahmen der Bewertung ärztlicher Handlungspflichten kaum mehr als ein Auffangtatbestand, der allerdings, wie die zuvor erwähnte Rechtsprechung belegen mag, nicht selten dann zur Anwendung kommen kann, wenn zwar erkennbar fehlerhaft auf eine gebotene (Be-)Handlung verzichtet wurde, ein Nachweis der Kausalität der fehlerhaften Nichtbehandlung für den straftatbestandlichen Erfolg[220] aber nicht zu erbringen ist. Die Bedeutung der unterlassenen Hilfeleistung für die strafrechtliche Bewertung eines Behandlungsverzichts ist demnach nachrangig. Sie beschränkt sich auf Notfälle, die eben gerade nicht zu den eingangs dargestellten typischen Erscheinungsformen der verdeckten Rationierung im Bereich der medizinischen Versorgung gehören. Lediglich im Falle von begrenzten Behandlungskapazitäten, wie sie vorliegend im Rahmen der Betrachtungen zu den Folgen einer unzureichenden Bedarfsplanung in Erscheinung getreten sind, könnte das Moment der unterlassenen Hilfeleistung eine gewisse praktische Relevanz haben. Hier kommen dann allerdings die Aspekte des Möglichen und des Zumutbaren zum Tragen, aufgrund derer die ärztlichen Hilfspflichten deutlich eingeschränkt werden können.

In Ermangelung des Nachweises eines Vorsatzes wird, abgesehen von der fehlenden Nähe zum eigentlichen Handlungsgeschehen, in aller Regel auch übergeordneten Personen, die maßgeblich über die Bereitstellung von Behandlungskapazitäten zu befinden haben, kein Vorwurf aus unterlassener Hilfeleistung zu machen sein. Eine Pflicht zur Bereitstellung von Behand-

---

[218] Mit Einschränkungen und weiteren Nachweisen *Th. Lenckner* in *Schönke/Schröder*, StGB ^{25}1997, vor §§ 13 ff. Rdnr. 70c

[219] Vgl.: *P. Cramer* in *Schönke/Schröder*, StGB ^{25}1997, § 323c Rdnr. 28 f. und *K. Ulsenheimer*, MedR 1992, S. 131.

[220] Hierzu mehr im Folgenden.

lungsmöglichkeiten folgt daher aus der Vorschrift des § 323c StGB nicht. Insofern ist der Straftatbestand der unterlassenen Hilfeleistung kaum geeignet, um den betroffenen Patienten in den Fällen eines Behandlungsverzichts eine gesicherte Rechtsposition in Hinblick auf eine technisch mögliche und zweckmäßige Behandlung zu verschaffen. Mangelhafte Regelungen zur Absicherung des Notfalls werden eher im Bereich der nachfolgend zu untersuchenden „unechten" Unterlassungsdelikte zu Tragen kommen, wo sich allerdings auch nur unwesentlich mehr ergibt.

b) (Be-)handlungspflichten im Rahmen der „unechten" Unterlassungsdelikte

Neben den echten Unterlassungsdelikten sind im deutschen Strafrecht auch Unterlassungen unter Strafe gestellt, die nicht ausdrücklich im Rahmen der Straftatbestände des Besonderen Teils des StGB aufgeführt sind. Dies ist immer dann der Fall, wenn das Unterlassen der Verwirklichung eines gesetzlichen Tatbestands durch ein Tun entspricht. Normiert ist dieser Grundsatz in der Vorschrift des § 13 StGB, wobei entgegen dem dortigen Wortlaut nicht zwingend der Eintritt eines tatbestandlichen Erfolgs erforderlich ist, sondern auch die sogenannten Gefährdungsdelikte, bei denen anstelle des tatbestandlichen Erfolgs die Gefährdung des Rechtsguts eines anderen strafrechtlich geahndet wird, unter Strafe gestellt sein können.[221] Diese Differenzierung ist hier indes nicht von großer Bedeutung, weil im Bereich der medizinischen Nichtbehandlung regelmäßig ein tatbestandlicher „Erfolg" in Form des Eintritts eines Todesfalls oder einer Körperverletzung im Sinne einer Gesundheitsbeschädigung, die ihrerseits als das Hervorrufen oder Steigern eines pathologischen Körperzustands umschrieben wird,[222] gegeben sein wird. Ausgehend von diesem tatbestandlichen Erfolg fragt nun das Strafrecht mit dem Wortlaut des § 13 StGB, ob der Täter rechtlich dafür einzustehen hatte, daß der Erfolg nicht eintritt. Diese Einstandspflicht, die durchaus mit den Handlungspflichten des § 323c StGB gleichgesetzt werden kann, setzt allerdings entweder eine gewisse Nähe zum Opfer oder aber eine gewisse Verantwortung für die sich verwirklichende Gefahr voraus, die sich regelmäßig aus der sogenannten „Garantenstellung" ergibt.[223]

---

[221] Vgl.: *W. Stree* in *Schönke/Schröder*, StGB [25]1997, vor §§ 13 ff. Rdnr. 161 und § 13 Rdnr. 3 m.w.Nachw.

[222] Vgl. nur *A. Eser* in *Schönke/Schröder*, StGB [25]1997, § 223 Rdnr. 2 ff. m.w.Nachw.

[223] Wenngleich sie einander insofern bedingen unterscheidet *A. Künschner* (Wirtschaftlicher Behandlungsverzicht ... (1992), S. 157 ff.) mit der strafrechtlichen Literatur deutlich zwischen den Garantenstellungen und den Garantenpflichten. Im Sinne einer dogmatisch sauberen Bearbeitung der Fragestellung soll dieser Unterscheidung auch hier gefolgt werden.

(1) Garantenstellungen gem. § 13 StGB

Ausgehend von der jeweiligen Beziehung oder der rechtlichen Stellung des Täters zum Opfer bzw. zu den auf das Opfer einwirkenden Gefahrenquellen wird in Hinblick auf die Garantenstellung und nicht zuletzt auch hinsichtlich der daraus resultierenden Garantenpflichten unterschieden zwischen den Beschützergaranten und den Überwachungsgaranten.[224] Zu den letzteren gehören all jene, die bestimmte Gefahrenquellen eröffnet haben oder aber für solche Gefahrenquellen verantwortlich sind. Neben den klassischen Aufsichtspflichten gegenüber anderen (z.B. verwirrten) Personen und den Überwachungspflichten für die Halter von Tieren oder den Betreibern von gefährlichen Anlagen gehören zu dem Kreis der Überwachungsgaranten nicht zuletzt auch solche Personen, die durch ein pflichtwidriges Vorverhalten überhaupt erst eine Gefahrenlage geschaffen haben (Ingerenz).[225]

Für die vorliegende Bearbeitung von größerem Interesse ist die erste Gruppe der Garanten. Eine rechtliche Beschützerrolle kann sich, ebenso wie die Rolle des Überwachungsgaranten, aus verschiedenen Gründen ergeben, die aber alle dadurch gekennzeichnet sind, daß Täter und Opfer in einer wie auch immer gearteten engen rechtlichen oder faktischen Beziehung zueinander stehen.[226] Die klassische, unbestrittene Form ist die familiäre Bindung. Die hieraus resultierende Garantenposition beschränkt sich indes auf Eheleute und Verwandte in gerader Linie untereinander, wobei bereits bei Verwandten zweiten Grades weitere Voraussetzungen, wie beispielsweise das Bestehen einer häuslichen Gemeinschaft, hinzukommen müssen. Die andere typische Situation ist die der Gefahrengemeinschaft, die beispielsweise bei den genannten häuslichen Lebensgemeinschaften aber auch bei Expedition und dergleichen gegeben sein kann. Der für die hier zur Diskussion stehenden Fälle weit bedeutsamere Grund für eine Garantenstellung kann sich allerdings aus der Übernahme eben gerade dieser Beschützerrolle ergeben. Dabei ist es gar nicht unbedingt erforderlich, daß der Schutz der Rechtsgüter des anderen ausdrücklich vertraglich übernommen wurde. Es reicht aus, daß der Garant seine Stellung faktisch übernimmt und daß der Schutzbedürftige im Vertrauen auf den Garanten auf weitere Schutzmaßnahmen verzichtet.[227]

---

224 Vgl.: *W. Stree* in *Schönke/Schröder*, StGB [25]1997, § 13 Rdnr. 9 ff.

225 A.a.O., Rdnr. 32 ff. mit zahlreichen Beispielen und Nachweisen.

226 A.a.O., Rdnr. 17 ff. ebenfalls mit Beispielen und Nachweisen. Umfassend auch *H.-H. Jescheck*, Leipziger Kommentar[11](1993), § 13 Rdnr. 20 ff.

227 Eingehend hierzu *K. Ulsenheimer*, Arztstrafrecht ... [2]1998, Rdnr. 34 und *H. Kamps*, Ärztliche Arbeitsteilung und strafrechtliches Fahrlässigkeitsdelikt (1981), S. 99 ff. - Vgl. auch: *A. Künschner*, Wirtschaftlicher Behandlungsverzicht ... (1992), S. 157 und *W. Stree* in *Schönke/Schröder*, StGB [25]1997, § 13 Rdnr. 28 - alle m.w.Nachw.

(a) *Die Garantenstellung der Ärzte*

Zwar gibt es für Ärzte eine Garantenstellung allein aufgrund ihres Berufes ausdrücklich nicht.[228] Das nach wie vor überwiegende Vertrauensverhältnis[229] zwischen Patienten und Ärzten legt aber nahe, daß die Garantenstellung kraft Übernahme hier eine entscheidende Bedeutung hat.[230] Welche Anforderungen an das Vorliegen einer Übernahme gestellt werden, ist letztlich nicht definiert und, wie vieles andere auch, abhängig von der Beurteilung des Einzelfalls. Der Medizinrechtler *A. Laufs* zitiert in diesem Kontext das OLG Celle mit den Worten: „Die Übernahme des Pflichtenkreises muß, damit aus ihr eine Garantenstellung erwächst, zu einer sozialethischen Gebundenheit führen. Diese kann auf verschiedenen Gründen, vornehmlich der Schaffung einer Vertrauenslage, beruhen und hat zur Folge, daß die Rechtsordnung der in diesem Lebensbereich eingenommenen Stellung eine Schutzfunktion zuzuweisen vermag."[231] Diese Aussage ist ebenso umfassend wie unbestimmt. Sie verdeutlicht aber, daß das bereits erwähnte Vertrauen eine Schlüsselstellung einnimmt. Unter Umständen wird so bereits mit der telefonischen Konsultation eines Arztes eine Garantenstellung des Arztes begründet.[232] Will man diese Auffassung generell auch als überzogen zurückweisen, so wird man doch anerkennen müssen, daß eine Garantenstellung jedenfalls dann begründet wird, wenn der Anrufer einen Arzt im Bereitschaftsdienst um Hilfe bittet. Dies gilt nicht zuletzt deshalb, weil bereits durch die Übernahme des Bereitschaftsdienstes gleichsam eine Garantenstellung gegenüber allen Hilfesuchenden entsteht.[233] Insofern ist davon auszugehen, daß derjenige, der als Arzt in dieser Funktion konsultiert wird und sich als solcher auch konsultieren läßt, zunächst einmal eine Garantenstellung gegenüber dem Patienten einnimmt.[234]

Eine andere Frage ist, wann und unter welchen Umständen diese Garantenstellung endet. Unter zivilrechtlichen Gesichtspunkten kann der Arzt den Behand-

---

[228] *A. Künschner*, a.a.O. - Deutlicher zuvor bereits *H. Kamps*, a.a.O., S. 103 ff. m.w.Nachw.

[229] Vgl. hierzu *R. Francke*, Ärztliche Berufsfreiheit und Patientenrechte (1994), S. 29.

[230] So auch *W. Stree* in *Schönke/Schröder*, StGB [25]1997, § 13 Rdnr. 28a und *A. Künschner*, Wirtschaftlicher Behandlungsverzicht ... (1992), S. 157.

[231] OLG Celle v. 4.5.1961 – 1 Ss 12/61 = NJW 1961, 1939 (Streupflicht) zitiert nach *A. Laufs*, Arztrecht [5]1993, Rdnr. 132.

[232] So *A. Laufs*, Arztrecht [5]1993, Rdnr. 132 und *A. Künschner*, Wirtschaftlicher Behandlungsverzicht ... (1992), S. 157 übereinstimmend unter Berufung auf BGHSt 7, 211 [212]. Ebenso *G. Krieger*, MedR 1999, S. 519.

[233] Hierzu auch: *W. Stree* in *Schönke/Schröder*, StGB [25]1997, § 13 Rdnr. 28a und *H. Kamps*, Ärztliche Arbeitsteilung und strafrechtliches Fahrlässigkeitsdelikt (1981), S. 105 - m.w.Nachw.

[234] Ebenso auch *A. Laufs*, Arztrecht [5]1993, Rdnr. 138 f.

lungsvertrag grundsätzlich jederzeit kündigen.[235] Im Verhältnis vom Vertragsarzt zum gesetzlich versicherten Patienten ist die Sache jedoch nicht ganz so einfach zu beurteilen. Hier können sich bereits aus der Zulassung als Vertragsarzt oder als Krankenhaus zur Versorgung der Versicherten im breiten Umfang auch Verpflichtungen ergeben, diese Versorgung auch sicherzustellen.[236] Unter strafrechtlichen Gesichtspunkten wird die Vertragsfreiheit der Ärzte noch weiter eingeschränkt. Ausgehend von der Annahme, daß die Patienten aufgrund des Vertrauens in den behandelnden Arzt ihrerseits eigene Vorkehrungen zum Schutz ihrer körperlichen Unversehrtheit unterlassen werden, oder aber aufgrund der Tatsache, daß der Arzt im Rahmen der einmal begonnenen Behandlung bestimmte Risiken für den Patienten überhaupt erst geschaffen hat, ist eine Beendigung der Behandlungsbeziehung ohne weiteres nicht möglich.[237] Soweit dem Patienten ein akuter Schaden droht, den er aus eigener Hilfe nicht abwenden kann, wird eine Kündigung des Behandlungsvertrages und damit eine Aufkündigung der Garantenstellung in diesen Fällen als unzulässig erachtet.[238] Ganz besonders gilt dieser Grundsatz, wenn der Arzt durch seine Hilfe die Situation wesentlich für den Hilfsbedürftigen verändert, insbesondere andere Rettungsmöglichkeiten ausschließt oder neue Gefahren begründet.[239]

Diese Konstruktion der Garantenstellung ähnelt insoweit der Hilfspflicht gem. § 323c StGB: Erst wenn die akuten Gefahren für den Patienten abgewendet sind, kann sich der Arzt aus der Garantenstellung lösen. Dies wird insbesondere dann der Fall sein, wenn, wie am Beispiel der unterlassenen Hilfeleistung dargestellt, der Patient durch die Überweisung an andere Ärzte oder Kliniken anderweitig versorgt ist.[240] Andererseits wird es einem behandelnden Arzt kaum möglich sein, sich eines kostenintensiven Patienten zu entledigen, wenn er nicht dazu in der Lage ist, andere Ärzte oder Krankenhäuser zu finden, die sich dieser

---

[235] Unter Berufung auf § 627 BGB so *A. Künschner*, Wirtschaftlicher Behandlungsverzicht ... (1992), S. 158. Mit den noch folgenden Einschränkungen auch *A. Laufs*, Arztrecht ^{5}1993, Rdnr. 132.

[236] Vgl. z. B. § 95 Abs. 3. S. 1 SGB V und § 109 Abs. 4 S. 2 SGB V. Vgl. auch *G. Krieger*, MedR 1999, S. 519 f.

[237] Vgl.: *K. Ulsenheimer*, Arztstrafrecht ... ^{2}1998, Rdnr. 34 und *H. Kamps*, Ärztliche Arbeitsteilung und strafrechtliches Fahrlässigkeitsdelikt (1981), S. 101 ff.

[238] Vgl.: *A. Künschner* und *A. Laufs*, beide a.a.O. ebenso *W. Stree* in *Schönke/Schröder*, StGB ^{25}1997, § 13 Rdnr. 29.

[239] *K. Ulsenheimer*, Arztstrafrecht ... ^{2}1998, Rdnr. 34 unter Berufung auf BGH v. 22.06.1993 – 1 StR 264/93 = NJW 1993, 2628 (Unterkühlung) m.w.Nachw.

[240] *A. Künschner* (A.a.O.) zitiert an dieser Stelle das Reichsgericht mit seiner bekannten „Pflegefall-Entscheidung" mit den Worten, die Angeklagten hätten die Pflege solange fortsetzen müssen, bis ein anderer sie ihnen abgenommen hätte. (RGSt 17, 260 [261 f.]

Aufgabe stellen. Gelingt ihm dies aber, so dürfte die eingangs mit dem Begriff „patient-shifting" umschriebene Praxis vom strafrechtlich legitimiert sein.[241]

(b) Garantenstellung für nichtärztliche Entscheidungsträger

Hinsichtlich der beschriebenen Einschränkungen, die sich aus der Bedarfsplanung im Krankenhaus- und Vertragsarztwesen und der arbeitsteiligen Organisation des Krankenhauses ergeben, bleibt noch zu klären, inwieweit auch die nichtärztlichen Entscheidungsträger auf der politischen und Verwaltungsebene und in den Organen der Krankenhäuser eine Garantenstellung gegenüber den Patienten einnehmen können. Im Zivilrecht ist die Haftung des Krankenhausträgers aufgrund der vertraglichen Haftung, wie noch darzustellen sein wird, seit langem unbestritten. Für die Pflegekräfte, die im engen Kontakt mit den Patienten arbeiten, gilt letztlich schon wegen des in sie gesetzten Vertrauens prinzipiell das Gleiche wie für die Ärzte. Für Mitarbeiter in der Verwaltung eines Krankenhauses aber ist die Zuweisung einer Garantenstellung nur schwerlich zu begründen. Selbst wenn die administrativen Organe eines Krankenhauses grundsätzliche Entscheidungen, zum Beispiel über die Verteilung des Gesamtbudgets auf die einzelnen Abteilungen, treffen, die immer auch Auswirkungen für die Patienten haben, so wird sich eine auf der Verwaltungsebene getroffene Entscheidung doch immer nur indirekt auf den einzelnen Patienten auswirken.[242] Im Einzelfall, und nur dieser wird eine strafrechtliche Relevanz haben können, werden Ärzte und Pflegekräfte immer als Mittler der Verwaltungsentscheidung in Erscheinung treten. Neben einer grundsätzlichen Weisungsfreiheit der Ärzte[243] gibt es auch in den einschlägigen arbeitsrechtlichen Bestimmungen Regelungen, nach denen es den Mitarbeiterinnen und Mitarbeitern ausdrücklich untersagt ist, Weisungen, die erkennbar strafrechtlichen Bestimmungen zuwiderlaufen, zu befolgen.[244] Damit wird ein erhebliches Stück der strafrechtlichen Verantwortung auf die direkt am Patienten Tätigen übertragen und der Rückgriff auf übergeordnete Entscheidungsträger weitgehend vereitelt. Etwas anderes könnte, wie *Künschner* am Rande anmerkt, dann gelten, wenn die Krankenhausverwaltung gegen den ausdrücklichen ärztlichen Rat eine Abteilung aufrecht erhält, die dem medizinischen Standard nicht mehr gerecht und damit zu einer lebensbedrohenden oder gesundheitsgefährdenden Einrichtung wird. Hier könnte laut *Künschner* eine Garantenstellung aus Ingerenz in

---

[241] Zur Rechtfertigung der starken Bindung des Arztes an seine Garantenstellung vgl.: *A. Künschner*, Wirtschaftlicher Behandlungsverzicht ... (1992), S. 159.

[242] Gelegentlich ist in der strafrechtlichen Literatur dieses Phänomen auch mit dem Begriff „organisierte Unverantwortlichkeit" umschrieben (so *H. Otto*, Die Strafbarkeit von Unternehmen und Verbänden (1993), S. 8 m.w.Nachw.- Zum Ganzen auch *B. Ackermann*, Die Strafbarkeit juristischer Personen ... (1984)).

[243] Dieses Argument bevorzugt *A. Künschner* (a.a.O., S. 161).

[244] Vgl.: § 8 Abs. 2 S. 2 Bundesangestelltentarifvertrag.

Betracht kommen.[245] In der Praxis wird aber eine derart kontroverse Entscheidungsfindung kaum anzutreffen sein, so daß letztlich doch immer das ärztliche Personal oder eventuell noch die Pflegekräfte zur Verantwortung gezogen werden.

Noch weiter vom eigentlichen Handlungs- oder Tatgeschehen entfernt sind die politisch Verantwortlichen und die Verwaltungsgremien der Krankenkassen, den Entscheidungsträgern auf der Makroebene. Wenngleich auch, wie eingangs ausgeführt, jede der dort getroffenen Entscheidung mit Auswirkungen für den einzelnen Patienten verbunden ist, so gilt hier, mehr noch als für die Verwaltungsebene des Krankenhauses, daß jede dieser Entscheidungen nachhaltig durch die zwischen ihnen und den Patienten liegenden Entscheidungsinstanzen vermittelt wird. Ein für die Annahme einer Garantenstellung maßgebliches Vertrauensverhältnis wird sich hier kaum mehr begründen lassen. Darüber hinaus dürfte auch der Nachweis der Ursächlichkeit der Verwaltungsentscheidung für den entstandenen tatbestandlichen Erfolg, auf den an späterer Stelle noch näher einzugehen sein wird,[246] angesichts der vielen zwischengeschalteten Entscheidungsmittler nur noch schwerlich gelingen. Für die Sanktion von Entscheidungen zuungunsten der Patienten auf der Makroebene ist das Strafrecht damit ein denkbar ungeeignetes Mittel. Es bleibt also bei der Letztverantwortung der Ärzte und Pflegekräfte für die strafrechtlich einwandfreie Verteilung der knappen zur Verfügung stehenden Ressourcen.

(2) Garantenpflichten gem. § 13 StGB

Damit ergibt sich die Frage nach dem eigentlichen Umfang und Inhalt der sich aus der Garantenstellung ergebenden Handlungspflichten. Verbirgt sich hinter der Garantenstellung der Ärzte das rechtlich schützenswerte Vertrauen der Patienten, so stehen hinter den Handlungspflichten des Garanten letztlich die an ihn gerichteten Erwartungen.[247] Strafbar ist damit nicht anderes als die „Enttäuschte Erwartung“, die Nichtvornahme einer geforderten Handlung, die bezogen auf eine bestimmte, sich aus dem konkreten Zusammenhang ergebende normative Handlungspflicht zu erwarten gewesen wäre.[248] Die so umschriebene Handlungspflicht muß zwangsläufig mit der gesetzlichen Regelung unbestimmt bleiben.[249] Sie hängt maßgeblich von den Umständen des Einzelfalls ab und wird in diesem Kontext geprägt von den persönlichen Merkmalen des Garanten und den

---

[245] A.a.O., S. 161 – Fn 18.

[246] In diesem Kapitel unter B, I, 1), b) (2) (a).

[247] Vgl.: *W. Stree* in *Schönke/Schröder*, StGB ^{25}1997, vor §§ 13 ff. Rdnr. 139.

[248] Ähnlich auch: *F. Haft*, Strafrecht, allg. Teil (1994), S. 170 f.

[249] Zu denn verfassungsrechtlichen Bedenken dieser zunächst unbestimmten rechtlichen Anforderungen in Hinblick auf das Bestimmtheitsgebot vgl.: *W. Stree* in *Schönke/Schröder*, StGB ^{25}1997, § 13 Rdnr. 5 f. m.w.Nachw.

Bedingungen des abzuwendenden Erfolgs.[250] Einzelne, die Handlungspflicht begrenzende Faktoren sind die Erforderlichkeit, die Möglichkeit und die Zumutbarkeit des Handelns.[251]

(a) Erforderlichkeit des Handelns und „Quasi-Kausalität"

Erforderlich ist grundsätzlich die Hilfe, die geeignet ist, den drohenden Schaden abzuwenden. Eine nähere Eingrenzung der Erforderlichkeit kann im Kontext der medizinischen Behandlungspflichten durchaus mit Hilfe der bereits aus der Betrachtung der krankenversicherungsrechtlichen Rahmenbedingungen bekannten Begrifflichkeiten ausreichend, zweckmäßig und notwendig erreicht werden. Hier wie dort bedingen die einzelnen Maßstäbe einander und sind, für sich genommen und abstrakt, letztlich nicht zu definieren. Erforderlich im Sinne von notwendig sind damit all die Handlungen, die im Hinblick auf den Heilerfolg bzw. die Abwendung des drohenden Schadens zweckmäßig und ausreichend sind.[252] Dabei ist zu berücksichtigen, daß sich im Strafrecht Einschränkungen aber auch Erweiterungen der ärztlichen Hilfspflichten aus den persönlichen Fähigkeiten des Garanten ergeben können.[253]

(i) Erforderlichkeit

Als erforderlich wird im Prinzip immer die wirksamste Therapie angesehen.[254] Das heißt, der Arzt in der Stellung des Garanten ist verpflichtet, alles ihm mögliche zu tun, um den tatbestandlichen Erfolg abzuwenden.[255] Die Einschränkungen dieser Pflicht werden dogmatisch richtig erst an späterer Stelle, nämlich im Rahmen der Möglichkeitsprüfung, diskutiert. Im arbeitsteiligen System des Krankenhauses ergeben sich allerdings auch von vornherein Einschränkungen des von dem einzelnen Arzt Geforderten aus seinen Aufgaben und seiner Funktion in diesem System.[256]

Eine nicht unbedeutende Frage, die insbesondere auch *Künschner* in seiner Arbeit zur Frage der Grenzen der ärztlichen Behandlungspflicht erörtert, ergibt sich aus dem Problem, daß nicht selten selbst intensivste Bemühungen der

---

[250] Zum Ganzen auch *W. Stree* in *Schönke/Schröder*, StGB [25]1997, vor §§ 13 ff. Rdnr. 146 ff. – knapp auch *A. Künschner*, Wirtschaftlicher Behandlungsverzicht ... (1992), S. 164 f.

[251] Vgl.: *W. Stree* a.a.O. und *F. Haft*, Strafrecht, allg. Teil (1994), S. 172 ff.

[252] Sehr ähnlich, wenn auch nicht mit den sozialversicherungsrechtlichen Begrifflichkeiten: *A. Künschner*, Wirtschaftlicher Behandlungsverzicht ... (1992), S. 165 m.w.Nachw.

[253] Vgl.: *W. Stree* in *Schönke/Schröder*, StGB [25]1997, vor §§ 13 ff. Rdnr. 151 und *A. Künschner*, Wirtschaftlicher Behandlungsverzicht ... (1992), S. 167.

[254] Vgl.: *A. Künschner*, a.a.O. m.w.Nachw.

[255] Vgl.: *Th. Lenckner*, Praxis der Rechtsmedizin (1986), S. 574.

[256] So *A. Künschner*, Wirtschaftlicher Behandlungsverzicht ... (1992), S. 167 f. – Zur Abgrenzung der Verantwortlichkeit zwischen Chirurgen und Anästhesisten vgl. auch BGH v. 16.10.1979 - 1 StR 360/79 = NJW 1980, S. 650.

Ärzteschaft die Verschlimmerung oder den drohenden tödlichen Ausgang einer Krankheit nicht verhindern können. Die Klärung dieser Frage ist in erster Linie Aufgabe der im Strafrecht, wie auch im Zivilrecht, regelmäßig anzustellenden Kausalitätsprüfung. Vorab sei allerdings angemerkt, daß Überlegungen zur Kosten-Nutzen-Relation in diesem Zusammenhang von der strafrechtlichen Rechtsprechung bislang nicht angestellt worden sind.[257] Es deutet sich im übrigen auch an, daß sich hier derartige Überlegungen verbieten, denn ohne Einschränkungen wird bisher die Auffassung vertreten, daß selbst eine nur kurzfristige Verkürzung des Lebens eine Tötung im Sinne des Gesetzes darstellt.[258] Im Umkehrschluß bedeutet dies, daß selbst die Verkürzung des Lebens um wenige Stunden als Eintritt eines tatbestandlichen Erfolgs im Sinne der §§ 211 ff. StGB zu werten ist. Dem Garanten, der rechtlich zur Abwendung dieses Erfolges verpflichtet ist, wird man insofern auferlegen müssen, selbst bei erfahrungsgemäß aussichtslosen Krankheitsverläufen alles ihm Mögliche zu tun, um das Leben seines Schützlings wenigstens vorübergehend zu retten oder doch wenigstens um Stunden zu verlängern.[259]

Grundsätzlich anders stellen sich die Garantenpflichten dar, wenn sich der Patient weigert, die angebotene Hilfe anzunehmen. In diesen Fällen entfällt die Pflicht zur Abwendung der Gefahr. Die Voraussetzung hierfür ist allerdings, daß diese Weigerung auf dem freien Willen des Patienten beruht, und sich dieser der vollen Tragweite seiner Entscheidung bewußt ist.[260] Mit der neueren Rechtsprechung[261] zur Frage der Zulässigkeit von Behandlungsabbrüchen bei Patienten im Zustand tiefster Bewußtlosigkeit, bei denen eine Aussicht auf Besserung nicht besteht, wird man in diesem Zusammenhang davon ausgehen können, daß, soweit der mutmaßliche Wille des Patienten einer Hilfeleistung in Form einer (weiteren) Behandlung entgegensteht, die Pflicht des Garanten zur Hilfeleistung entfällt. Dies jedenfalls ist zu schließen aus der entsprechenden Entscheidung des ersten Strafsenats des BGH, wenn dieser ausführt, daß wegen der Beachtlichkeit des Selbstbestimmungsrecht des Patienten, gegen dessen Willen eine ärztliche Behandlung grundsätzlich weder eingeleitet noch fortge-

---

[257] Vgl.: *A. Eser* in *Schönke/Schröder*, StGB ^{25}1997, vor §§ 211 ff. Rdnr. 30 und *A. Künschner*, Wirtschaftlicher Behandlungsverzicht ... (1992), S. 168.

[258] Die strafrechtliche Theorie spricht in diesem Zusammenhang von der „überholenden Kausalität". Vgl.: *A. Künschner*, Wirtschaftlicher Behandlungsverzicht ... (1992), S. 168 f. und *A. Eser* in *Schönke/Schröder*, StGB ^{25}1997, vor §§ 211 ff. Rdnr. 14 beide m.w.Nachw.

[259] So auch der erste Strafsenat des BGH in seiner Entscheidung vom 10.8.1984 – 1 StR 9/84 = NStZ 1985, 26 f. [27] (Peritonitis).

[260] Mit einigen Beispielen *W. Stree* in *Schönke/Schröder*, StGB ^{25}1997, vor §§ 13 ff. Rdnr. 154.

[261] Vgl.: BGH v. 13.09.1994 – 1 StR 357/94 = NJW 1995, 204 = BGHSt 40, 257 – und OLG Frankfurt/M. v. 15.7.1998 – 20 W 224/98 = NJW 1998, 2747 = PflR 1998, 161.

setzt werden dürfe.[262] Soweit sich der Senat hier auf den mutmaßlichen Willen der Patientin bezieht, ist dieser, wenn er mit hinreichender Sicherheit zu ermitteln ist, dem tatsächlichen Willen gleichzusetzen.[263] Unter diesen Bedingungen kann auch ein Behandlungsverzicht im Sinne einer „Passiven Sterbehilfe" gerechtfertigt sein.[264]

Bereits seit längerer Zeit gilt als unbestritten, daß im Stadium der Agonie, des unmittelbar bevorstehenden Todes des Patienten, ein Verzicht auf lebensverlängernde Maßnahmen erlaubt ist.[265] Diese Erlaubnis soll auch ohne die ausdrückliche oder mutmaßliche Einwilligung des Patienten jedenfalls dann gelten, wenn der Sterbeprozeß unwiderruflich eingesetzt hat.[266] Es liegt auf der Hand, daß sich an dieser Stelle erhebliche Abgrenzungs- und Beweisprobleme ergeben können: Wer könnte schon mit an Sicherheit grenzender Wahrscheinlichkeit den unmittelbar bevorstehenden Tod eines Patienten vorhersagen. Man muß nicht auf einer Intensivstation tätig gewesen sein, um sich vorstellen zu können, daß sich der Übergang vom Leben zum Tod oft sehr langwierig gestaltet. Nicht selten können Patienten trotz des vermeintlich unmittelbar bevorstehenden Todes selbst nach Abbruch aller lebensverlängernden Maßnahmen noch Stunden, ja manchmal sogar Tage weiterleben.[267] Im übrigen bedeutet die Legitimation des Verzichts auf lebensverlängernde oder lebenserhaltende Maßnahmen bei weitem nicht, daß der Arzt in diesen Fälle vollständig aus seiner Garantenstellung entlassen wäre. Das Mindeste, was er seinem sterbenden Patienten schuldet, ist einen möglichst schmerzfrei gestalteten Übergang vom Leben zum Tod.[268]

---

[262] BGH v. 13.09.1994 – 1 StR 357/94 = NJW 1995, 204 [205] mit weiteren Nachw.

[263] BGH, a.a.O. – Mit zahlreichen weiteren Ausführungen zum Thema Sterbehilfe die nicht zum Thema dieser Untersuchung gemacht werden sollen, zu dieser BGH-Entscheidung auch *K. Ulsenheimer*, MedR 1995, 72 ff. und in einer Bewertung weiterer Fälle *ders.*, Arztstrafrecht ... (1998), S. 208 ff.; *W. Weißauer/H.W. Opderbecke*, MedR 1995, 456 ff. - Zu den Richtlinien der Bundesärztekammer zur ärztlichen Sterbebegleitung und der neueren betreuungsrechtlichen Entscheidung des OLG Frankfurt auch *P. Schmidt/B. Madea*, MedR 1998, 406 ff.

[264] Vgl.: *P. Schmidt/B. Madea*, MedR 1998, 406.

[265] Vgl.: *A. Eser* in *A. Auer/H. Menzel/A. Eser*, Zwischen Heilauftrag und Sterbehilfe (1977), S. 121 f. - ihm folgend auch *A. Künschner*, Wirtschaftlicher Behandlungsverzicht ... (1992), S. 138 beide m.w.Nachw.

[266] Vgl.: *A. Eser* in *A. Auer/H. Menzel/A. Eser*, Zwischen Heilauftrag und Sterbehilfe (1977), S. 123; *B. Jähnke*, Leipziger Kommentar[11], Vor § 211 Rdnr. 16 f.

[267] *A. Künschner* beschreibt in seiner Arbeit solch einen Fall (a.a.O., S. 144), wie er, weniger extrem, in der alltäglichen Praxis immer wieder anzutreffen ist.

[268] Ausführlicher: *W. Uhlenbruck*, FS Narr (1988) und *A. Eser* in *Schönke/Schröder*, StGB [25]1997, vor §§ 211 ff. Rdnr. 29 beide m.w.Nachw.

(ii) Hypothetische Kausalität und Zurechnung

Nicht nur die Frage, ob und wann der Tod eines Patienten bevorsteht, wirft erhebliche Beweisprobleme auf. Entscheidend für die Bestimmung der Garantenpflichten ist die Klärung der Frage, was an Maßnahmen erforderlich ist - genauer: was erforderlich gewesen wäre -, um den Eintritt des tatbestandlichen Erfolgs zu verhindern. Es geht hier um den Problemkomplex der Ursächlichkeit von Nichtbehandlung und Erfolg. Einer Klärung werden diese Fragen bei den Erfolgsdelikten im Strafrecht normalerweise im Rahmen einer Kausalitätsprüfung in der Weise näher gebracht, daß zunächst untersucht wird, ob die Handlung des Täters hinweggedacht werden kann, ohne daß der tatbestandliche Erfolg entfiele. Entfällt mit der Handlung auch die Rechtsgutsverletzung, so gilt nach der sogenannten „Conditio-sine-qua-non-Formel", daß die Handlung des Täters nicht ursächlich für den tatbestandlichen Erfolg ist. Dieser also für die Rechtsgutsverletzung nicht zur Verantwortung gezogen werden kann. Im Umkehrschluß bedeutet dies, daß die Verantwortung für einen tatbestandlichen Erfolg im Strafrecht denjenigen trifft, dessen Handlung nicht hinweggedacht werden kann, ohne daß der Erfolg entfiele.[269]

Problematisch für die Unterlassungsdelikte ist in diesem Zusammenhang die Tatsache, daß es gar keine Handlung gegeben hat, die man hinwegdenken könnte. Da die Frage der Kausalität eine ontologische ist, sich also an dem Tatsächlichen orientiert, lassen sich die Grundsätze aus der „Conditio-sine-qua-non-Formel" nicht so ohne weiteres auf die Unterlassungsdelikte übertragen.[270] Die strafrechtliche Dogmatik behilft sich an dieser Stelle mit einer aus dem normativen Charakter der Unterlassungsdelikten folgenden Konstruktion: der „hypothetischen" oder „Quasi-Kausalität". Im Rahmen der „Quasi-Kausalitäts"-Prüfung wird gefragt, ob bei Vornahme der pflichtgemäßen Handlung der tatbestandliche Erfolg nicht eingetreten wäre *(Hypothetische Kausalität)*.[271] Nur wenn das erwartete Handeln den Erfolg mit *an Sicherheit grenzender Wahrscheinlichkeit* hätte abwenden können, ist das Unterlassen als ursächlich für den tatbestandlichen Erfolg anzusehen.[272] Neben den sich schon hieraus andeuten-

---

[269] Zum Ganzen übersichtlich *H.-H. Jescheck*, Leipziger Kommentar[11](1993), vor § 13 Rdnr. 53 ff.

[270] *H.-H. Jescheck*, a.a.O., § 13 Rdnr. 16 ff.

[271] Vgl.: *W. Stree* in *Schönke/Schröder*, StGB [25]1997, vor §§ 13 ff. Rdnr. 61, ausführlich unter Berücksichtigung der Besonderheiten im Bereich der medizinischen Behandlung auch *A. Künschner*, Wirtschaftlicher Behandlungsverzicht ... (1992), S. 168 ff. und jüngst auch *Ch. Schneider*, ... Abbruch lebenserhaltender medizinischer Behandlung (1997), S. 110 ff.

[272] Vgl.: *W. Stree* in *Schönke/Schröder*, StGB [25]1997, § 13 Rdnr. 61; grundlegend BGH v. 20.5.1980 – 1 StR 177/80 = NStZ 1981, 218 [219] (Peritonitis I); v. 10.8.1984 – 1 StR 9/84 = NStZ 1985, 26 [27] (Peritonitis II) und v. 08.07.1987 – 2 StR 269/87 = NJW 1987, 2940 (Bestrahlung) – bezogen auf diese Rechtsprechung mit einer differenzierten Betrachtung der Entscheidungsfindung *K. Ulsenheimer*, Arztstrafrecht [2]1998, Rdnr. 219 ff.

den Beweisproblemen ergibt sich gerade bei Krankheitsfällen ein weiteres Problem aus den Tatsachen, daß in erster Linie die Erkrankung selbst, wie auch immer sie verursacht wurde, zu dem Körperverletzungserfolg führt und daß der Tod, jedenfalls nach der derzeitigen Stand der medizinischen Wissenschaft, letztlich nicht endgültig zu verhindern ist. – Irgendwann werden wir alle einmal sterben. Hinzu kommt, daß in einem arbeitsteiligen System wie dem Krankenhaus typischerweise verschiedene Personen durch unterschiedliche Handlungen zur Vermeidung des strafrechtlichen Erfolgs beizutragen haben. Hier stellt sich dann zusätzlich noch die Frage, wer entweder durch Handeln oder durch Unterlassen letztlich zum beklagten Erfolg in strafrechtlich relevanter Weise beigetragen hat.[273]

Die moderne strafrechtliche Dogmatik löst diese Probleme durch die sogenannte „Objektive Zurechnung", mit deren Hilfe die ontologische Basis der „Conditio-sine-qua-non-Formel" um normative Elemente ergänzt wird. Die wesentlichen Faktoren dieser Ergänzung sind zum einen *die rechtlich mißbilligte Gefahr*, vor der das gefährdete Rechtsgut durch die Strafnorm geschützt werden soll und zum anderen *die Verwirklichung dieser Gefahr.* Auf eine griffige Formel gebracht, ist ein tatbestandlicher Erfolg dann objektiv zurechenbar, wenn erstens die Handlung für den Erfolg im Sinne der Conditio-sine-qua-non-Formel kausal gewesen ist, zweitens die Handlung gegen eine Verhaltensnorm verstoßen hat, welche dem Straftatbestand zum Schutze des Rechtsguts zugrunde liegt, wodurch eine rechtlich mißbilligte Gefahr geschaffen wurde und schließlich sich eben diese Gefahr mit dem Eintritt des tatbestandlichen Erfolges auch verwirklicht hat.[274]

Für die Unterlassungsdelikte bedeutet dies, daß mit dem hypothetisch kausalen Unterlassen zunächst eine rechtlich relevante Gefahr geschaffen worden sein müßte, die sich sodann im Erfolgseintritt konkretisiert haben müßte. Die Schwierigkeiten bei der Bestimmung einer rechtlich relevanten Gefahr versucht die sogenannte „Risikoerhöhungslehre" in der Weise auszugleichen, daß bereits die Feststellung, eine mögliche Handlung hätte größere Rettungschancen geboten und das Risiko des Erfolgseintritts vermindert, wohingegen das Nichteingreifen in den Kausalverlauf das Risiko des Erfolgseintritts erhöht habe, zur

---

[273] Beispielhaft für diese Abgrenzungsproblematik BGH v. 2.10.1979 – 1 StR 440/79 = NJW 1980, 649 und v. 16.10.1979 – 1 StR 360/79 = NJW 1980, 650 (beide zur Abgrenzung der Verantwortlichkeit zwischen Chirurg und Anästhesist). Eingehend zur dieser Problematik mit zahlreichen neueren Nachweisen auch *K. Ulsenheimer*, Arztstrafrecht ... ²1998, Rdnr. 138 ff.

[274] *H.-H. Jescheck*, Leipziger Kommentar¹¹(1993), vor § 13 Rdnr. 64; – ausführlich auch *Th. Lenckner* in *Schönke/Schröder*, StGB ²⁵1997, vor §§ 13 ff. Rdnr. 91 ff.

Zurechnung des tatbestandlichen Erfolgs führen soll.[275] Das Für und Wider dieses theoretischen Ansatzes soll an dieser Stelle schon mit Rücksicht auf den Umfang der Arbeit nicht eingehender diskutiert werden. Es ist jedoch kaum zu verkennen, daß unter Umständen mit diesem Ansatz ein Unterlassungstäter für einen Erfolg zur Verantwortung gezogen wird, den er faktisch selbst bei äußerster Anstrengung gar nicht hätte verhindern können.[276] Vielleicht auch aus diesem Grund hat sich die Rechtsprechung bislang bei den Unterlassensfällen nicht von diesem Ansatz leiten lassen. Sie geht bei ihrer Bewertung dessen, was rechtlich geboten gewesen wäre, streng vom tatbestandlichen Erfolg aus, bezieht hier aber auch einen zeitlichen Faktor mit ein. Sie kommt so zu dem Schluß, daß beim Tod des Opfers *selbst Stunden*, um die dessen Leben mit an Sicherheit grenzender Wahrscheinlichkeit verkürzt wurde, ausreichen sollen, um einen Kausalzusammenhang zwischen dem Unterlassen und dem tatbestandlichen Erfolg zu bejahen.[277]

Unabhängig davon, welcher Theorie man folgt, bleibt in jedem Fall die *Beweisproblematik*. Es geht hier um Wahrscheinlichkeiten, wenn auch um an Sicherheit grenzende. Diese Wahrscheinlichkeiten sind allerdings allein durch die Anwendung des Rechts nicht zu ermitteln. Hierzu bedarf es des Gutachtens eines oder mehrerer medizinischer Sachverständiger, in deren Wertung ohne jeden Zweifel immer auch mit einfließt, was medizinisch im Einzelfall für sinnvoll und notwendig erachtet wird.[278] Insofern paßt sich die Rechtsprechung regelmäßig dem jeweiligen Stand der medizinischen Erkenntnisse an, was auch notwendig ist, denn umgekehrt orientiert sich die medizinische Praxis natürlich auch an der Rechtsprechung. Hier korrespondieren die Handlungspflichten durch die Einbeziehung des medizinischen Standards eng mit den noch zu erörternden Sorgfaltspflichten im Bereich der fehlerhaften Behandlung, denn selbstverständlich kann in dem Unterlassen auch ein Fehler in der ansonsten sehr wohl durchgeführten Behandlung liegen. Da im Falle der unechten Unterlassungsdelikte, anders als im Rahmen der Unterlassenen Hilfeleistung, nicht

---

[275] Vgl.: *Th. Lenckner* in *Schönke/Schröder*, StGB [25]1997, vor §§ 13 ff. Rdnr. 92 – kritisch zur Risikoerhöhungslehre allerdings *W. Stree* in *Schönke/Schröder*, StGB [25]1997, § 13, Rdnr. 61 und auch *A. Künschner*, Wirtschaftlicher Behandlungsverzicht ... (1992), S. 175 f. und *Ch. Schneider*, ... Abbruch lebenserhaltender medizinischer Behandlung (1997), S. 114 ff.

[276] So *W. Stree* in *Schönke/Schröder*, StGB [25]1997, § 13, Rdnr. 61.

[277] BGH v. 20.5.1980 – 1 StR 177/80 = NStZ 1981, 218 [219] (Peritonitis I); v. 10.8.1984 – 1 StR 9/84 = NStZ 1985, 26 [27] (Peritonitis II) – dem im Ergebnis zustimmend auch *A. Künschner*, Wirtschaftlicher Behandlungsverzicht ... (1992), S. 175 ff. deutlich kritischer *K. Ulsenheimer*, Arztstrafrecht ... [2]1998, Rdnr. 224 ff.

[278] Vom Ansatz her ähnlich auch *A. Künschner*, Wirtschaftlicher Behandlungsverzicht ... (1992), S. 177. Zu den Befunden der sachverständigen Gutachter in den genannten Fällen vgl. *K. Ulsenheimer*, Arztstrafrecht ... [2]1998, Rdnr. 220 ff.

nur der Vorsatz, sondern auch Fahrlässigkeit zur Bestrafung führen kann,[279] ist diese Verbindung durchaus sachgerecht. Maßgeblich für die Behandlungspflichten eines ärztlichen Garanten wird damit in erster Linie sein, was nach dem Stand der Wissenschaft und Technik zum Zeitpunkt der Unterlassung möglich war.

(b) Tatsächliche Möglichkeit des Handelns

In Hinblick auf die aus der Bedarfsplanung und der Ressourcenverteilung auf der mittleren Allokationsebenen gegebenenfalls folgende Knappheit an Behandlungsplätzen, geeignetem Personal und technischen Hilfsmitteln ist für die vorliegende Untersuchung bedeutsam, inwieweit Behandlungspflichten durch fehlende materielle oder personelle Ressourcen begrenzt werden können. Ähnlich wie im Bereich der unterlassenen Hilfeleistung gilt auch im Bereich der unechten Unterlassungsdelikte, daß nur gefordert werden kann, was praktisch auch möglich ist.[280] Unmögliches oder Unsinniges kann also nicht erwartet werden. Demnach wird von dem Garanten rechtlich nur erwartet, wozu er von seinen persönlichen Fähigkeiten und von den ihm zur Verfügung stehenden Ressourcen her faktisch in der Lage gewesen wäre. Es kann also nicht von einem Nichtschwimmer verlangt werden, daß er ins Wasser geht, um Ertrinkende zu retten. Ebensowenig kann, wer nötige Hilfsmittel nicht zur Verfügung hat, bestraft werden, weil er eine nur mit diesen Mitteln mögliche Hilfeleistung unterlassen hat.[281] Als sinnvoll kann in diesem Zusammenhang nur angesehen werden, was Entscheidendes zur Rettung des gefährdeten Rechtsguts beitragen kann, wobei eine endgültige Abwendung des Erfolgseintritts nicht erwartet wird, wohl aber eine zeitliche Verzögerung des Erfolgseintritts als relevant anzusehen ist.[282]

Das heißt also: steht ein Behandlungsplatz oder ein medizinisch-technisches Gerät tatsächlich nicht zur Verfügung, weil es bereits anderweitig belegt ist, so kann eine Behandlung mit diesem Gerät nicht verlangt werden. Es können dem ärztlichen Garanten allerdings weiterreichende Pflichten entstehen. Die Patienten sind entweder an eine geeignete Klinik weiter zu verweisen oder aber, falls eine Verlegung nicht möglich ist, mindestens über diese Situation und die weiterreichenden theoretischen Behandlungsmöglichkeiten aufzuklären.[283] Im Not-

---

[279] Vgl.: *P. Cramer* in *Schönke/Schröder*, StGB [25]1997, § 15 Rdnr. 132 ff. und *K. Ulsenheimer*, Arztstrafrecht ... [2]1998, Rdnr.249a ff.

[280] Vgl.: *W. Stree* in *Schönke/Schröder*, StGB [25]1997, vor §§ 13 ff. Rdnr. 140 ff. und *A. Künschner*, Wirtschaftlicher Behandlungsverzicht ... (1992), S. 177 ff.

[281] *W. Stree* in *Schönke/Schröder*, StGB [25]1997, vor §§ 13 ff. Rdnr. 142; *A. Künschner*, a.a.O. mit weiteren Beispielen.

[282] Ebenda. - Vgl. auch BGH v. 3.3.1994 – 4 StR 819/93 = JR 1994, 514 m. Anm. *I. Puppe*. (Tumorresektion).

[283] Vgl.: *A. Künschner*, Wirtschaftlicher Behandlungsverzicht ... (1992), S. 238 ff.

fall, wenn eine zeitliche Verzögerung durch die Verlegung nicht mehr toleriert werden kann, wird es zu einem Spannungsverhältnis zwischen den bestehenden Garantenstellungen und dem Tatbestand der unterlassenen Hilfeleistung kommen.[284] In diesem Falle wird der Arzt oder das Ärzteteam verpflichtet sein, die verbleibenden Möglichkeiten maximal auszuschöpfen. Das kann, wie bereits im Kontext der unterlassenen Hilfeleistung erwähnt, dazu führen, daß beispielsweise eine Beatmung von Hand durchgeführt wird. Dies kann auch dazu führen, daß das noch vorhandene Personal gleichmäßig und eventuell auch unter Vernachlässigung anderer Patienten auf die Aufgaben zu verteilen ist. Hier wird letztendlich wohl eine Abwägung der konkurrierenden Patienteninteressen in Hinblick auf den zu verhindernden Erfolg zu erwarten sein.[285] Notfalls müssen alle einem etwas höheren Risiko ausgesetzt werden.[286]

In der strafrechtlichen Rechtsprechung und auch in der Literatur ist dieses Problem bislang weitgehend unbeachtet geblieben.[287] Selbst *Künschner*, der dieser Fragestellung einen Gutteil seiner Arbeit widmet, kommt letztlich zu keinem befriedigenden Ergebnis.[288] Er gelangt letztlich zu der Feststellung, daß das strafrechtliche Instrumentarium zur Kontrolle derartiger Entscheidungen nicht geeignet sei.[289] Wenn daher sinnvolles Handeln praktisch nicht mehr möglich ist, so entfällt auch die Handlungspflicht. Etwas anderes kann nur gelten, wenn der Garant seine Handlungsunfähigkeit selbst herbeigeführt hat.[290] Die Bereitstellung von Ressourcen dagegen fällt in der Regel nicht in den Verantwortungsbereich der auf der unteren Ebene der Mikroallokation Tätigen. Bestenfalls die Krankenhausträger können auf der zivilrechtlichen und vor allem auf der öffentlich-rechtlichen Ebene hierzu verpflichtet sein. Eine strafrechtliche Konsequenz hat diese Verpflichtung aber mangels Garantenstellung für den konkreten Einzelfall nicht.[291]

---

[284] Zum Ganzen *A. Künschner*, Wirtschaftlicher Behandlungsverzicht ... (1992), S. 311 ff.

[285] Eine Diskussion möglicher Abwägungskriterien bei *A. Künschner*, Wirtschaftlicher Behandlungsverzicht ... (1992), S. 325 ff.

[286] Vgl.: *A. Künschner*, Wirtschaftlicher Behandlungsverzicht ... (1992), S. 370 und S. 372 ff. - Die Praxis und persönliche Erfahrungen im Rahmen der Intensivkrankenpflege zeigen, daß derartige Entscheidungen im Ernstfall nicht immer sachgerecht getroffen werden. Es kann daher angezeigt sein, daß sich einzelne Teams bereits im Vorfeld solcher Notfallsituationen Gedanken über sinnvolle Abwägungskriterien machen und eventuell in entsprechenden Plänen über notwendige und weniger notwendige Maßnahmen entscheiden.

[287] Vgl.: *A. Künschner*, Wirtschaftlicher Behandlungsverzicht ... (1992), S. 332 – Fn. 82.

[288] A.a.O., S. 337.

[289] Ebenda und auch S. 369.

[290] Unter dem Stichwort „omissio {=Unterlassung} libera in causa" wird hier gerne vorsätzliches oder fahrlässiges Sichbetrinken bis zur Handlungsunfähigkeit angeführt (Vgl. *W. Stree* in *Schönke/Schröder*, StGB [25]1997, vor §§ 13 ff. Rdnr. 144).

[291] Vgl.: *A. Künschner*, Wirtschaftlicher Behandlungsverzicht ... (1992), S. 369.

(c) *Zumutbarkeit des Handelns*

Selbst bei an sich bestehender Möglichkeit zum Handeln gilt aber die Handlungspflicht für den Garanten nicht absolut. Ein weiteres begrenzendes Moment der Handlungspflichten ist die Zumutbarkeit des Handelns.[292] Zwar sind, wie unlängst der 2. Strafsenat des BGH noch einmal festgestellt hat, zur Erhaltung eines Menschenlebens äußerste Anstrengungen zu fordern. „Aber so wie die sicher voraussehbare Erfolglosigkeit eines Rettungsbemühens die Handlungspflicht entfallen läßt, kann es unter dem Gesichtspunkt der Zumutbarkeit bedeutsam werden, daß dieses Bemühen nur eine verschwindend geringe Rettungschance bietet."[293] In dem vorliegenden Fall ging es um die Frage, ob ein Schiffsführer rechtlich verpflichtet wäre, seiner von Bord gesprungenen und ertrinkenden Ehefrau ins kalte Wasser nachzuspringen, um sie zu retten. Der Senat verneinte diese Pflicht, weil es dem Garanten nicht zuzumuten gewesen sei, eine konkrete Lebensgefahr auf sich zu nehmen oder gar sein Leben zu opfern.[294] Auch hier muß also eine Abwägung der Garanteninteressen mit denen des Schutzobjektes erfolgen nach dem Grundsatz: „Je schwerer das drohende Übel für das Opfer, desto mehr kann dem Garanten an Opfern oder Selbstgefährdungen zugemutet werden."[295]

Dem Garanten ist insofern durchaus auch ein „angemessenes wirtschaftliches Opfer" zumutbar, was um so mehr gilt, wenn Fälle der Ingerenz vorliegen.[296] Als unzumutbar wird dagegen ein Tätigwerden angesehen, wenn nur geringfügige Körperschäden abzuwenden sind und das hierfür erforderliche Handeln mit schwerwiegenden Einbußen materieller Art, etwa mit einer Gefährdung der materiellen Existenz, verbunden ist.[297] Hier geht es allerdings, um dies ausdrücklich zu betonen, nicht etwa um die eingangs erwähnten Kosten-Nutzen-Überlegungen, sondern allein um die wirtschaftlichen Aspekte aus der Sicht des Arztes als Garanten, der gleichzeitig als Selbständiger für die wirtschaftliche Sicherung seiner Praxis oder als Angestellter für die wirtschaftlichen Interessen seines Arbeitgebers verantwortlich ist.[298] Für unsere konstruierten Fälle bedeu-

---

[292] Vgl.: *W. Stree* in *Schönke/Schröder*, StGB [25]1997, vor §§ 13 ff. Rdnr. 155 ff.

[293] BGH v. 16.7.1993 – 2 StR 9/84 = NStZ 1994, 29 = NJW 1994, 1357 (Schiffsführer)

[294] Ebenda.

[295] Grundlegend BGH v. 22.1.1953 – 4 StR 417/52 = BGHSt 4, 20 [23] (Gastwirt-Fall I) – Sehr differenziert zur Frage der Zumutbarkeit und der Behandlungspflichten auch bereits *A. Eser* in *A. Auer/H. Menzel/A. Eser*, Zwischen Heilauftrag und Sterbehilfe (1977), S. 126 ff.

[296] Ebenda – dem zustimmend auch *W. Stree* in *Schönke/Schröder*, StGB [25]1997, vor §§ 13 ff. Rdnr. 156.

[297] So *W. Stree* a.a.O. und *A. Künschner*, Wirtschaftlicher Behandlungsverzicht ... (1992), S. 180 f.

[298] Vgl.: *A. Künschner*, Wirtschaftlicher Behandlungsverzicht ... (1992), S. 181.

ten diese Feststellungen, daß eine *fehlende Kostendeckung* die Unzumutbarkeit einer Behandlung durch den konsultierten Arzt begründen kann. Die beschriebenen Phänomene der impliziten Rationierung in Form des Verzichts auf nützliche aber nicht zwingend erforderliche Behandlungs- oder Diagnosemöglichkeiten (Fälle 5 und 7) oder aber in Form der Verschiebung der Behandlung auf das folgende Wirtschaftsjahr (Fälle 1 und 2) in minderakuten Fällen fallen insoweit nicht in den strafrechtlichen Schutzbereich. Diese Aussage beschränkt sich indes auf die Fälle, in denen eine akute Gefahr für das Leben und die körperliche Unversehrtheit des Patienten dem konsultierten Arzt, der durch die Konsultation zum Garanten wird, nicht erkennbar war und auch nach dem Stand der medizinischen Wissenschaft nicht hätte erkennbar gewesen sein müssen. In Fällen, in denen ein nicht wiedergutzumachender Schaden droht, namentlich in Notfällen, wird man kaum mehr annehmen können, die Behandlung sei dem Arzt unter wirtschaftlichen Gesichtspunkten unzumutbar gewesen. Hier treten die Vermögensinteressen regelmäßig hinter die Rechtsgüter der körperlichen Unversehrtheit und mehr noch des Lebens zurück. Als Anhaltspunkte können hier Gesichtspunkte dienen, die ansonsten ausführlicher unter dem Aspekt der Notwehr oder des Notstands erörtert werden.[299]

Im übrigen gibt es unter den Garanten Personengruppen mit *besonderen Gefahrtragungspflichten.* Zu diesen gehören neben Bergführern und Bademeistern auch die Ärzte und das Pflegepersonal.[300] Begründet werden diese besonderen Gefahrtragungspflichten in der Regel mit der konkreten Übernahme dieser Pflicht (Bergführer) oder mit dem besonderen Vertrauen, das mit der Garantenstellung verbunden ist. In diesem Sinne darf beispielsweise von einem Arzt erwartet werden, daß er sich auch einer Ansteckungsgefahr aussetzt, um einen Patienten (weiter-)behandeln zu können. [301] Auch Ingerenzfälle begründen grundsätzlich ein höheres Maß an Zumutbarkeit.

(3) Vorsatz, Fahrlässigkeit und Beweisprobleme

Anders als die echten Unterlassungsdelikte, bei denen mindestens ein bedingter Vorsatz auf der Seite des unterlassenden Täters erforderlich ist,[302] können die unechten Unterlassungsdelikte sowohl *vorsätzlich*, als auch - was häufiger der Fall sein wird - *fahrlässig* geschehen.[303] Soweit also, wie im Falle der fahrlässigen Tötung (§ 222 StGB) und der fahrlässigen Körperverletzung (§ 229

---

[299] Vgl.: *W. Stree* in *Schönke/Schröder*, StGB [25]1997, vor §§ 13 ff. Rdnr. 156 und *A. Künschner*, Wirtschaftlicher Behandlungsverzicht ... (1992), S. 183 f. – zu den einzelnen Gesichtspunkten *F. Haft*, Strafrecht, allg. Teil (1994), S. 174 f. und S. 82 ff.

[300] Vgl.: *W. Stree* a.a.O.

[301] Ebenda.

[302] Hierzu auch *K. Ulsenheimer*, Arztstrafrecht ... [2]1998, Rdnr. 267.

[303] Vgl.: *W. Stree* in *Schönke/Schröder*, StGB [25]1997, vor §§ 13 ff. Rdnr. 162 m.w.Nachw.

StGB)[304], die fahrlässige Verursachung eines straftatbestandlichen Erfolgs unter Strafe gestellt ist, ist gem. § 15 StGB in Verbindung mit § 13 StGB auch die fahrlässige Herbeiführung des Erfolgs durch Unterlassen strafbar. Die Anforderungen an die Beweisführung sind damit im Falle der unechten Unterlassung nicht ganz so hoch wie bei den echten Unterlassungsdelikten, weil es nicht erforderlich ist, dem Täter nachzuweisen, daß er um die Möglichkeit des Erfolgseintritts wußte, oder sie wenigstens für wahrscheinlich hielt und den Erfolgseintritt durch den (Be-)Handlungsverzicht mindestens billigend in Kauf genommen hat. Hier reicht es regelmäßig aus, wenn der Täter den Erfolgseintritt für möglich hielt, oder wenigstens um diese Möglichkeit hätte wissen müssen und nichts zur Gefahrenabwehr getan hat.[305]

Erhebliche Probleme ergeben sich bei den erfolgsbezogenen unechten Unterlassungsdelikten indes bei der Prüfung der Quasikausalität, der Frage also, ob ein pflichtgemäßes Handeln des Täters den beklagten tatbestandlichen Erfolg mit an Sicherheit grenzender Wahrscheinlichkeit hätte verhindern können. Dieser Nachweis wird sich, wie *Ulsenheimer* in seiner Arbeit zur Praxis des Arztstrafrechts zutreffend feststellt, vielfach nicht führen lassen.[306] Zwar wird mit der Einbeziehung einer zeitlichen Komponente in die Kausalitätsprüfung, wie erwähnt, ein höheres Maß an Sicherheit bei den Wahrscheinlichkeiten und damit eine gewisse Beweiserleichterung zu Lasten des Unterlassenden bei der Erfolgszurechnung erreicht. Bei den Unterlassungen, die lediglich eine Körperverletzung zur Folge haben, nützt dieses zeitliche Moment allerdings wenig. Hier geht es allein darum, ob der Verletzungserfolg mit an Sicherheit grenzender Wahrscheinlichkeit hätte vermieden werden können, was selbst bei typischen Krankheitsverläufen nicht immer leicht zu beweisen ist, weil es bei vielen medizinischen Therapien an den hierzu notwendigen Evidenznachweisen fehlt.[307]

Maßstab ist auch hier der Stand der medizinischen Wissenschaft. Darin liegt die Verbindung zwischen den Unterlassungsdelikten und den Sorgfaltspflichtverletzungen, denn die konkrete Handlungspflicht ergibt sich in erster Linie aus dem, was nach den Regeln der ärztlichen Kunst von einem sorgfältig arbeitenden Mediziner an therapeutischen Maßnahmen zu erwarten gewesen wäre. Auch diese Erwartungen sind indes im Rahmen der strafrechtlichen Überprüfung ärztlichen Verhaltens, wie sich nachfolgend zeigen wird, nicht immer leicht zu konkretisieren. Wobei es immer noch leichter ist, von einem Täter die

---

[304] Bis zum Inkrafttreten des 6. Strafrechtsreformgesetzes am 1.4.1998 (v. 26.1.1998 (BGBl. I 1998, S. 164)) war die fahrlässige Körperverletzung inhaltsgleich im § 230 StGB geregelt (vgl.: *G. Wolters*, JuS 1998, S. 585).

[305] Vgl. zum Ganzen: *P. Cramer* in *Schönke/Schröder*, StGB [25]1997, § 15 Rdnr. 38 ff.

[306] *K. Ulsenheimer*, Arztstrafrecht ... [2]1998, Rdnr. 219.

[307] Eingehend auch *A. Künschner*, Wirtschaftlicher Behandlungsverzicht ... (1992), S. 171 ff.

Einhaltung des Gebots, etwas nicht zu tun, zu fordern, als ihm Handlungspflichten aufzuerlegen, denn bei den Unterlassungsdelikten wird die Erwartung einerseits durch die Beweisprobleme im Rahmen der hypothetischen Kausalität und andererseits auch durch die Einschränkungen hinsichtlich der individuellen Möglichkeiten zur Pflichterfüllung und deren Zumutbarkeit stark relativiert.[308]

c) Ergebnis zu den (Be-)Handlungspflichten

Zusammenfassend ist festzustellen, daß mit dem Strafrecht sehr wohl für die Ärzte auch Behandlungspflichten normiert werden. Dies geschieht im Wege der Festlegung von Garantenpflichten entweder im Rahmen der unechten Unterlassungsdelikte oder aber, soweit sich eine konkrete Garantenpflicht, insbesondere wegen der Probleme beim Nachweis der hypothetischen Kausalität des Unterlassens für den tatbestandlichen Erfolgs, nicht begründen läßt, auch im Rahmen der unterlassenen Hilfeleistung, aus der sich zwar keine erweiterte ärztliche Berufspflicht ergibt, die aber dennoch nicht selten als Auffangtatbestand verwandt wird für den Fall, daß dem unterlassenden Arzt nicht nachzuweisen ist, daß der tatbestandliche Erfolg mit an Sicherheit grenzender Wahrscheinlichkeit bei pflichtgemäßem Verhalten hätte vermieden werden können.[309] Das Strafrecht hält also im engen Rahmen Instrumente bereit, um die Patienten vor einem ungerechtfertigten Behandlungsverzicht zu schützen.

Dieser Schutz der Patienten wird aber unter strafrechtlich durchaus vernünftigen Erwägungen des Täterschutzes stark relativiert durch die Einbeziehung des zum Unterlassenszeitpunkt faktisch Möglichen und durch die Berücksichtigung vom Zumutbarkeitsaspekten, aufgrund derer in den Fällen, in denen keine akute Bedrohung des Lebens des Patienten oder keine akute Gefahr der Verschlechterung des Gesundheitszustands des Patienten besteht, ein Behandlungsverzicht selbst unter wirtschaftlichen Gesichtspunkten legitimiert wäre. Bezogen auf die eingangs entwickelten Fallbeispiele bedeutet dies, daß die Fälle, in denen eine deutliche Verschlechterung des Gesundheitszustandes durch den vorübergehenden oder endgültigen Behandlungsverzicht nicht eingetreten ist (Fälle 1, 2, 3), schon wegen des ausgebliebenen tatbestandlichen Erfolgs strafrechtlich nicht zu ahnden sind. Etwas anders könnte nur gelten, wenn die Einschätzung der behandelnden Ärzte, eine Operation sei die ultima ratio und deshalb, weil ein akut lebensbedrohlicher Zustand nicht gegeben sei, derzeit nicht nötig, in deutlichem Widerspruch zu den, zum Zeitpunkt der Ablehnung geltenden Regeln der ärztlichen Heilkunst gestanden hätte oder wenn diese Einschätzung auf einer fehler-

---

[308] Vgl. zum Ganzen: *P. Cramer* in *Schönke/Schröder*, StGB [25]1997, § 15 Rdnr. 132 ff. und auch *C. Roxin*, Strafverfahrensrecht [22]1993, § , Rdnr.

[309] Vgl.: *A. Künschner*, Wirtschaftlicher Behandlungsverzicht ... (1992), S. 204 - Kritisch zu dieser Praxis *K. Ulsenheimer*, Arztstrafrecht ... [2]1998, Rdnr. 247 ff.

haften Befunderhebung beruht hätte.[310] Im übrigen haben die Ärzte, die ihre Patienten an andere Ärzte oder Kliniken weiterverwiesen haben, die ihrerseits die Behandlung letztlich dann durchgeführt haben (Fälle 6, 10), ihrer Handlungspflicht genüge geleistet.

In den Fällen, in denen eine Behandlung aufgrund von Kapazitätsengpässen nicht erfolgte, die sich ihrerseits aus einer möglicherweise unzureichenden Bedarfsplanung ergeben haben,[311] ist eine Strafverfolgung schon wegen der fehlenden faktischen Möglichkeit zur Behandlung für das vor Ort tätige medizinische Personal in der Regel ausgeschlossen. Eine strafrechtliche Verfolgung der politisch Verantwortlichen scheidet regelmäßig aufgrund einer fehlenden Garantenstellung aus.[312] Lediglich im Fall des Patienten, der nach einer Hüftoperation an einem Herzinfarkt verstorben ist, könnte die Tatsache, daß der Patient wegen der aus Kostengründen reduzierten Kapazitäten der Intensivbehandlungs- und Überwachungsstation nicht umfassender überwacht wurde (Fall 4), zu dem Vorwurf eines Verstoßes gegen bestehende ärztliche Handlungspflichten führen. In diesem Fall, müßte aber nachgewiesen werden, daß der Tod des Patienten *mit an Sicherheit grenzender Wahrscheinlichkeit* ausgeblieben wäre, wenn er besser überwacht oder in eine Intensivüberwachungseinheit verlegt worden wäre. Dies indes ist bei einem fulminanten Herzinfarkt eher unwahrscheinlich, so daß die geforderte an Sicherheit grenzende Wahrscheinlichkeit des Ausbleibens des Erfolgs wohl letztlich nicht zu beweisen wäre.

Es zeigt sich damit, daß die im Strafrecht normierten Handlungspflichten, von eklatanten Fällen abgesehen, insgesamt kaum geeignet sind, die Patienten vor den Auswirkungen einer verdeckten Rationierung zu schützen.

2) Konkretisierung ärztlicher Sorgfaltspflichten durch das Strafrecht und suboptimale Behandlung

Immer wieder wird man bei der Betrachtung ärztlichen Verhaltens mit der Frage nach den gegebenen Sorgfaltspflichten konfrontiert. Die Konkretisierung der ärztlichen Sorgfaltspflichten hat ihre Bedeutung einerseits in der Umschreibung der Inhalte ärztlicher (Be-)Handlungspflichten in den genannten Fällen eines partiellen Behandlungsverzichts. Weit mehr aber noch sind die ärztlichen Sorgfaltspflichten von Belang, wenn es um die Frage der strafrechtlichen Bewertung einer suboptimalen ärztlichen Behandlung geht. Diese eingangs beschriebene Form der verdeckten, sicher aber auch der offenen Rationierung von medizini-

---

[310] So mit Beispielen *W. Stree* in *Schönke/Schröder*, StGB [25]1997, § 13 Rdnr. 28a. – Hier wäre evtl. der Fall 9 einzuordnen.

[311] Vgl.: im ersten Kapitel unter C, III.

[312] So auch *A. Künschner*, Wirtschaftlicher Behandlungsverzicht ... (1992), S. 204.

schen Leistungen ist dadurch gekennzeichnet, daß anstelle einer theoretisch möglichen optimalen Behandlung unter Berücksichtigung des neuesten Stands der medizinischen Wissenschaft und Technik eine weniger effektive oder für den Patienten mit stärkeren Einschränkungen verbundene, eventuell auch veraltete Behandlungsmethode gewählt wird.

a) Suboptimale Behandlung als fahrlässige Körperverletzung

Solche suboptimalen Behandlungen können, sofern soweit sie nicht zum Tod des Patienten führen, als *Körperverletzung* im Sinne der §§ 223 ff. StGB gewertet werden. Dies gilt jedenfalls in den Fällen, in denen durch die Behandlung eine *Gesundheitsbeschädigung* im Sinne des Hervorrufens oder Steigerns eines regelwidrigen Zustandes körperlicher oder psychischer Art zu verzeichnen ist.[313] Bereits die Aufrechterhaltung eines bestehenden Krankheitsgeschehens ist, wie vor mehr als hundert Jahren bereits der 1. Strafsenat am Reichsgericht festgestellt hat,[314] als Gesundheitsbeschädigung im genannten Sinne anzusehen.[315] Dies gilt insbesondere dann, wenn mit diesem Krankheitsgeschehen auch noch Schmerzen für das Opfer verbunden sind.[316] Ohne den Konflikt, der für die vorliegende Untersuchung im Ergebnis bedeutungslos ist, eingehender diskutieren zu wollen, soll an dieser Stelle nicht unerwähnt bleiben, daß, anders als die herrschende Lehre,[317] die Rechtsprechung den ärztlichen Heileingriff selbst bereits als tatbestandliche Körperverletzung wertet, die allerdings durch eine wirksame (notfalls: mutmaßliche) Einwilligung des Patienten gerechtfertigt wird.[318]

Körperverletzungen können, wie schon angedeutet, durch Tun oder Unterlassen herbei geführt werden.[319] Außerdem wird sowohl die vorsätzliche wie auch die fahrlässige Körperverletzung strafrechtlich geahndet. Dies ergibt sich aus der ausdrücklichen Erwähnung der fahrlässigen Körperverletzung im § 229 StGB

---

[313] Vgl.: *A. Eser* in *Schönke/Schröder*, StGB [25]1997, vor § 223 Rdnr. 5.

[314] *RG* v. 20.5.1889 – g. G. Rep. 1034/89 = RGSt 19, 226 f. (Gesundheitsbeschädigung).

[315] Neuerlich auch BGH v. 21.6.1960 – 1 StR 180/60 = NJW 1960, 2253 (Krebsleiden).

[316] Vgl.: OLG Düsseldorf v. 10.1.1989 – 2 Ss 302/88 = NStZ 1989, 269 (Großflächige Hautverletzung) – umfassend zur Schmerzlinderungspflicht auch bereits *W. Uhlenbruck*, FS Narr (1988), 159 ff.

[317] Hierzu beispielsweise *H. J. Hirsch*, Leipziger Kommentar[10](1989), vor § 223 Rdnr. 3 f.

[318] Differenzierter zum Ganzen Vgl.: *A. Eser* in *Schönke/Schröder*, StGB [25]1997, vor § 223 Rdnr. 28 ff. – Zur Auflösung dieses Konflikts wurde erwogen im Rahmen des 6. Strafrechtsreformgesetzes zwei Sondertatbestände für die ärztliche Heilbehandlung ins StGB einzuführen (§ 229 Eigenmächtige Heilbehandlung u. § 230 Fehlerhafte Heilbehandlung). Ein wie auch immer begründeter Behandlungsverzicht war in den geplanten Straftatbeständen nicht gesondert aufgeführt. (Vgl.: *Ch. Katzenmeier*, ZRP 1997, 156 ff.)

[319] Vgl.: Vgl.: *A. Eser* in *Schönke/Schröder*, StGB [25]1997, vor § 223 Rdnr. 8

und den entsprechenden Verweisungen in den §§ 15 und 13 StGB. Nun wird man in den Fällen, in denen der Arzt aufgrund von wirtschaftlichen Überlegungen zu einer minderoptimalen Heilmethode greift oder aber eine Heilbehandlung vor dem noch möglichen endgültigen Erreichen des Behandlungsziels als beendet erklärt, durchaus gewisse Elemente des Vorsatzes erkennen können. Denn sowohl das Wissen um die schlechtere Wahl der Methode und um deren Konsequenzen für den Patienten als auch das voluntative Moment, mindestens in der Form, daß der tatbestandliche Erfolg billigend in Kauf genommen wird (dolus eventualis),[320] dürften bei dem handelnden Arzt vorhanden sein. Damit kann davon ausgegangen werden, daß der so handelnde Arzt den tatbestandlichen Erfolg zu einem gewissen Grad wissentlich und willentlich herbeigeführt hat, womit er den Tatbestand einer vorsätzlichen Körperverletzung erfüllt hätte.[321]

Kaum ein Arzt wird sich aber im Strafverfahren zu der Einlassung hinreißen lassen, er habe um die Gefahr der Tatbestandsverwirklichung, die von der gewählten Behandlungsmethode ausging, gewußt oder eine solche ernstlich für möglich gehalten, womit er das Wissenselement des (bedingten) Vorsatzes erfüllt hätte.[322] Noch weniger wird er zugeben, daß er die Verwirklichung des Körperverletzungstatbestands gewollt oder sich wenigstens mit dieser Erfolgsverwirklichung abgefunden hätte. Damit ergeben sich spätestens auf der Willensebene des Vorsatzes Beweisprobleme, die letztlich eine Verurteilung des verdeckt rationierenden Arztes wegen einer vorsätzlichen Körperverletzung verhindern würden. Die strafrechtliche Lehre hält für diese Fälle mit der *Wahrscheinlichkeitstheorie*, die das Wissenselement betont, und der *Einwilligungstheorie*, die mehr auf die Willensseite abstellt, zwei Theorien bereit, mit deren Hilfe vertretbare Ergebnisse für die Praxis erzielt werden sollen und die Beweisprobleme jedenfalls teilweise umgangen werden können. Wie eine Betrachtung der Rechtsprechung zeigt,[323] umgeht die Praxis der strafrechtlichen Verfolgung von Behandlungsfehlern diese Probleme, indem sie von vornherein nur auf eine fahrlässige Herbeiführung des tatbestandlichen Erfolgs abstellt.[324] Daß auch diese „reduzierte Form“ der strafrechtlichen Verfolgung hinreichend Beweisprobleme beinhaltet, mag sich nicht zuletzt aus der nachfolgende Betrachtung der Sorgfaltspflichten ergeben.

---

[320] Eingehend hierzu *P. Cramer* in *Schönke/Schröder*, StGB [25]1997, § 15 Rdnr. 72 ff.

[321] Im Ganzen zur Abgrenzung von Vorsatz und Fahrlässigkeit *P. Cramer* in *Schönke/Schröder*, StGB [25]1997, § 15 Rdnr. 38 – 130. – Übersichtlicher *F. Haft*, Strafrecht, allg. Teil (1994), S. 141 – 166.

[322] So auch *H. J. Hirsch*, Leipziger Kommentar[10](1989), vor § 223 Rdnr. 5.

[323] Eine Übersicht hierzu bei *A. Eser* in *Schönke/Schröder*, StGB [25]1997, vor § 223 Rdnr. 35a.

[324] *H. J. Hirsch*, Leipziger Kommentar[10](1989), vor § 223 Rdnr. 5 und § 230 Rdnr. 12.

b) Fahrlässigkeitsmaßstab und strafrechtliche Anforderungen an die ärztliche Sorgfalt

Durch die Aufnahme der fahrlässigen Tötung (§ 222 StGB) und der fahrlässigen Körperverletzung (§ 229 StGB) in die Straftatbestände des besonderen Teils des Strafgesetzbuches ist es den Strafverfolgungsbehörden mit der Anwendung des § 15 StGB ermöglicht, nicht nur vorsätzliches, sondern auch fahrlässiges Handeln im Rahmen der ärztlichen Heilbehandlung zu ahnden. Aus der Formulierung der beiden Straftatbestände ergibt sich als Grundvoraussetzung einer solchen Strafverfolgung die Verursachung des tatbestandlichen Erfolgs, also des Todes oder einer Körperverletzung. Ohne diesen strafrechtlich relevanten Erfolg wird also auch eine nachweislich fehlerhafte Behandlung, soweit sie von der Einwilligung des Patienten gedeckt ist, nicht zu verfolgen sein.[325] Ist dagegen der tatbestandliche Erfolg eingetreten, so ergeben auch an dieser Stelle wieder die bereits beschriebenen Probleme bei der Bestimmung von Kausalität und Zurechenbarkeit.

(1) Verwirklichung des Tatbestands der Körperverletzung

Hinsichtlich der Körperverletzung ist mit der bereits erwähnten rechtlichen Definition als Gesundheitsbeschädigung oder körperliche Mißhandlung davon auszugehen, daß auch Schmerzzustände und deren Verlängerung als Körperverletzung zu werten sind.[326] Dabei ist im Hinblick auf die Verlängerung von Schmerzzuständen als tatbestandliche Körperverletzung jedoch anzumerken, daß die dieser Auffassung zugrundeliegende Entscheidung des *OLG Düsseldorf* darüber zu befinden hatte, ob ein Angehöriger, der es unterläßt, einen Arzt herbeizurufen, sich einer Gesundheitsbeschädigung durch Unterlassen schuldig gemacht hatte.[327] Dies war also letztlich eine Frage der Handlungspflichten. Im Falle einer suboptimalen Behandlung hätte der Arzt zwar gehandelt und damit auch Schritte zur Abwendung eines tatbestandlichen Erfolgs unternommen, seine Handlung war aber eben nur ausreichend und nicht optimal. Hier geht es also weniger um das „ob“ als vielmehr um das „wie“ des ärztlichen Handelns. Soweit es überhaupt Sinn macht, Handlungs- und Sorgfaltspflichten in dieser Weise zu trennen, wäre bei den Sorgfaltspflichten zu prüfen, ob das verlängerte Fortbestehen von Schmerzen oder ein Mehr an Schmerzen durch eine minderoptimale Handlung bereits eine Strafbarkeit im Sinne des § 229 StGB begründen kann.

Mehr noch drängen sich Fragen nach der Tatbestandsmäßigkeit auf, wenn letztlich durch die ärztliche Behandlung weder Schmerzen verlängert wurden noch

---

[325] Vgl.: *K. Ulsenheimer*, Arztstrafrecht ... ²1998, Rdnr. 10 ff.

[326] So jedenfalls das OLG Düsseldorf v. 10.1.1989 – 2 Ss 302/88 = NStZ 1989, 269 (Großflächige Hautverletzung).

[327] A.a.O.

eine Verschlimmerung des Krankheitsgeschehens aufgetreten ist und dieses auch nicht aufrechterhalten, sondern nur langsamer gemindert wurde. Diese Fragestellung war bislang, soweit ersichtlich, nicht Gegenstand einer strafrechtlichen Erörterung. Auch die eingangs erwähnte Diskussion um die Tatbestandlichkeit der ärztlichen Heilbehandlung vermag nur für wenig Erhellung in dieser Angelegenheit sorgen.[328] Denn selbst wenn der ärztliche Heileingriff, wie in der Rechtsprechung üblich, als Körperverletzung zu werten ist, so wäre diese Körperverletzung doch durch die Einwilligung des Patienten in eben diese Form der körperlichen Mißhandlung oder Gesundheitsbeschädigung gedeckt, denn nirgendwo steht bislang geschrieben, daß nur die Einwilligung in eine optimale ärztliche Behandlung rechtswirksam sein kann. Es ist aber unverkennbar, daß es aus systematischen und rechtspolitischen Erwägungen kaum angehen kann, daß der Unterlassende für etwas bestraft werden soll, für das der Handelnde straffrei bleibt.

Im Prinzip sollte man davon ausgehen, daß, sobald durch eine unzureichende Behandlung ein Schmerzzustand unnötig lange aufrechterhalten wird, diese Behandlung als ursächlich für den tatbestandlichen Erfolg einer Körperverletzung angesehen werden muß. Nicht anders kann gelten, wenn keine Schmerzen auftreten, aber eine Krankheit länger aufrechterhalten wird, als dies nach dem herrschenden Stand der medizinischen Wissenschaft nötig gewesen wäre, weil die Behandlung eines Kranken mit einer minderoptimalen Methode immer auch ein Unterlassen der optimalen Behandlung bedeutet. Den bisher geltenden Definitionen der Körperverletzung entspräche dies jedoch nicht.[329] Letztlich zu lösen wären diese Probleme bei der Erfolgszurechnung wohl nur durch die schon für das 6. Strafrechtsreformgesetz vorgesehene, aber wieder verworfene Einführung eines Sonderstraftatbestands der *fehlerhaften Heilbehandlung*. Damit könnte mehr auf die Behandlung als solche abgestellt werden und, unabhängig von dem tatbestandlichen Erfolg, eine suboptimale Behandlung, soweit sie den geltenden Regeln der ärztlichen Heilkunst entgegen stände, als Behandlungsfehler geahndet werden.[330]

---

[328] Zu dieser Diskussion vgl.: *A. Eser* in *Schönke/Schröder*, StGB [25]1997, vor § 223 Rdnr. 28 ff. mit zahlreichen weiteren Nachweisen.

[329] Vgl.: *A. Eser* in *Schönke/Schröder*, StGB [25]1997, vor § 223 Rdnr. 2 ff. – zu vergleichbaren Problemen hinsichtlich der Feststellung eines tatbestandlichen Erfolgs vgl. auch BGH v. 3. 12. 1997 - 2 StR 397/97 = NJW 1998, 833 (Röntgenaufnahmen).

[330] Dies gilt allerdings nur soweit nicht in den Tatbestand der „fehlerhaften Heilbehandlung" wiederum, wie im Entwurf zum 6 Strafrechtsreformgesetz vorgesehen, die Gesundheitsbeschädigung als tatbestandlicher Erfolg eingeführt wird (Vgl. zum Ganzen *Ch. Katzenmeier*, ZRP 1997, 156 ff.).

(2) Zurechnung des tatbestandlichen Erfolgs

Eine erhebliche Bedeutung erlangt darüber hinaus bei den Fahrlässigkeitsdelikten die Frage der Zurechnung des tatbestandlichen Erfolgs. Soweit nicht eine fahrlässige Unterlassung, sondern eine fahrlässige Handlung zu dem tatbestandlichen Erfolg geführt hat, könnte man auf den ersten Blick schlicht mit der bereits erwähnten conditio-sine-qua-non-Formel die Ursächlichkeit der Handlung für den Erfolg nachweisen, indem man zu der Feststellung gelangt, daß mit dem Wegfallen der Handlung auch der Erfolg entfiele.[331] Diese rein ontologischen Kausalverbindung wird aber, wie bei den Unterlassungsdelikten, auch im Rahmen der Fahrlässigkeitsprüfung für unzulässig gehalten. Wie dort wird diese Unzulässigkeit damit begründet, daß die Fahrlässigkeitstatbestände auf eine Wertung des Verhaltens abzielen und insofern neben den tatsächlichen auch normative Elemente enthalten.[332] Geahndet werden soll ja mit den Fahrlässigkeitstatbeständen nicht irgendein Verhalten, sondern nur ein pflichtwidriges Verhalten. Es soll also der Zusammenhang zwischen der Pflichtwidrigkeit und dem Erfolg geprüft werden.[333] Gelöst wird dieses Problem, wie auch bei den unechten Unterlassungsdelikten, durch die Einführung einer hypothetischen Kausalität und der objektiven Zurechnung.[334] Die Frage wäre also, ob der Erfolg bei der Anwendung der pflichtgemäßen Sorgfalt vermieden worden wäre.[335]

Maßgeblich ist damit auch hier, was als pflichtgemäßes Verhalten zur Abwendung des Erfolgs zu erwarten gewesen wäre, wobei bei im Falle der fahrlässigen Tötung auch wiederum eine Verzögerung des Erfolgseintritts entscheidend sein kann.[336] Hier wie dort erfolgt der Nachweis der Relevanz der Pflichtverletzung für den Erfolgseintritt im Wege der *objektiven Zurechnung*. - Also mit der Feststellung, daß die Pflichtwidrigkeit für den Erfolgseintritt hypothetisch kausal war, und daß sich im tatbestandlichen Erfolg die spezifische Gefahr, die durch die Pflichtwidrigkeit gesetzt wurde, verwirklicht hat. Eine Zurechnung des Erfolgs kann regelmäßig nicht erfolgen, wenn feststeht oder wenn („in dubio pro reo") konkrete Anhaltspunkte dafür vorliegen, daß der Erfolg auch bei pflichtgemäßem Alternativverhalten eingetreten wäre.

(3) Inhaltliche Bestimmung der Sorgfaltsplichten

Ähnlich den Handlungspflichten gestaltet sich die inhaltliche Bestimmung der Sorgfaltspflichten ausgesprochen schwierig. In Anlehnung an die Ausführungen

---

[331] Vgl.: *Th. Lenckner* in *Schönke/Schröder*, StGB [25]1997, vor §§ 13 ff. Rdnr. 73

[332] Vgl.: *F. Ch. Schröder*, Leipziger Kommentar [11](1994), § 15 Rdnr. 1 ff.

[333] Vgl.: *P. Cramer* in *Schönke/Schröder*, StGB [25]1997, § 15 Rdnr. 162 f. m.w.Nachw.

[334] In diesem Kapitel unter B, I, 1), b) (2) (a).

[335] *P. Cramer* in *Schönke/Schröder*, StGB [25]1997, § 15 Rdnr. 163.

[336] Vgl.: BGH v. 3.3.1994 – 4 StR 819/93 = JR 1994, 514 m. Anm. *I. Puppe*. (Tumorresektion).

Cramers könnte man sagen, daß der dogmatische Ausgangspunkt für die Bestimmung der Sorgfaltspflicht im Einzelfall aus dem generellen Gebot, fremde Rechtsgüter zu respektieren, folgt.[337] Grundsätzlich ist die Bestimmung des Pflichtenumfangs damit in gewisser Weise immer auch erfolgsorieniert. Die Sorgfaltspflicht ist also wie die Handlungspflicht in erster Linie eine Erfolgsabwendungspflicht.[338] Weitere Schwierigkeiten ergeben sich dabei aus der Tatsache, daß in die Betrachtung der Sorgfaltspflichten neben den objektiven Faktoren immer auch subjektive Faktoren aus der Perspektive des jeweils Handelnden mit einfließen müssen. Problematisch ist hier insbesondere die dogmatische Einordnung der Faktoren auf den Ebenen der Tatbestandsmäßigkeit, der Rechtswidrigkeit und des Verschuldens.[339] Diesen Problemen soll aber vorliegend keine Beachtung geschenkt werden, weshalb nachfolgend objektive und subjektive Faktoren der Fahrlässigkeit gemeinsam erörtert und lediglich die sorgfaltspflichtsbegrenzenden Faktoren einer gesonderten Betrachtung unterzogen werden.[340]

(a) Sorgfaltsmaßstab

Läßt man den Meinungsstreit um die dogmatische richtige Zuordnung der objektiven und subjektiven Kriterien außer Acht, so kommt man unter der Prämisse, daß zur Vermeidung von Gefahren für die strafrechtlich geschützten Rechtsgüter ein Höchstmaß an Leistung aufgeboten werden muß,[341] zu dem Schluß, daß Jedermann verpflichtet ist, „bei der Durchführung oder Übernahme einer Tätigkeit diejenige Sorgfalt aufzubieten, zu der ein einsichtiger Mensch in der Lage des Täters imstande ist (Durchschnittsanforderungen). ... Ist der Täter hingegen zu überdurchschnittlichen Leistungen imstande, so hat er seine Kenntnisse und Fähigkeiten einzusetzen, um schädliche Erfolge zu vermeiden (individuelle Sorgfaltspflicht)".[342] Die Sorgfaltspflicht bestimmt sich damit im Einzelfall nach den Anforderungen, die an einen besonnenen und gewissenhaften Menschen in der konkreten Situation und in der sozialen Rolle des Täters gestellt werden können. Dabei sind - an welcher Stelle auch immer - auch die individuellen Fähigkeiten und Kenntnissen des Täters zu berücksichtigen.

Für die hier vorliegende Fragestellung bedeutet dies, daß ein jeder, der als Arzt, Krankenschwester, Heilpraktiker oder ähnliches firmiert, sein Verhalten zu-

---

[337] Vgl.: *P. Cramer* in *Schönke/Schröder*, StGB [25]1997, § 15 Rdnr. 131 m.w.Nachw.

[338] Vgl.: *A. Künschner*, Wirtschaftlicher Behandlungsverzicht ... (1992), S. 208.

[339] Zum Ganzen umfassend: *J. Wieseler*, Sorgfaltspflichtmaßstab (1995).

[340] Für eine Verbindung der objektiven und subjektiven Sorgfaltsmaßstäbe auf der Tatbestandsebene auch *J. Wieseler*, Sorgfaltspflichtmaßstab (1995); 163 ff. – zur früheren Diskussion vgl. auch *P. Cramer* in *Schönke/Schröder*, StGB [25]1997, § 15 Rdnr. 138 ff.

[341] Zu den Einschränkungen weiter unten.

[342] So *P. Cramer* in *Schönke/Schröder*, StGB [25]1997, § 15 Rdnr. 133 m.w.Nachw.

nächst an dem Sorgfaltsmaßstab des jeweiligen Berufskreises messen lassen muß. Er oder sie muß leisten, was typischerweise von dem Verhalten der Teilnehmer des jeweiligen Verkehrskreises erwartet wird.[343] Die Übernahme einer Tätigkeit, für die man nicht ausgebildet ist, oder über die man keine Erfahrung besitzt, gilt bereits als Pflichtwidrigkeit (Übernahmeverschulden).[344] Hieraus kann die Pflicht zur Fortbildung als Rechtspflicht folgen,[345] denn es kann nur schwerlich hingenommen werden, daß ein Kranker, der sich im Vertrauen auf dessen medizinische Fähigkeiten zum Arzt begibt, von diesem nicht nach den geltenden Regeln der ärztlichen Kunst behandelt wird. Nicht zuletzt dieses Vertrauen des Patienten, von dem konsultierten Arzt nach bestem Wissen und Gewissen behandelt zu werden, rechtfertigt im übrigen auch die Einbeziehung von Spezialkenntnissen in den ärztlichen Sorgfaltsmaßstab.[346] Es ist demnach davon auszugehen, daß ein größeres individuelles Leistungsvermögen auch zu größerer Umsicht und Vorsicht verpflichtet.[347] Der Sorgfaltsmaßstab orientiert sich damit am Optimum und nicht am Minimum.[348]

In diesem Sinne wird die ansonsten verbriefte ärztliche Therapiefreiheit[349] unter dem Gesichtspunkt des Schutzes der körperlichen Unversehrtheit der Patienten nachhaltig relativiert.[350] In der strafrechtlichen Literatur sind insofern folgende Einschränkungen zu verzeichnen: Grundsätzlich darf ein Arzt nur eine aussichtsreiche Therapie anwenden.[351] Je zuverlässiger und wirksamer eine Therapie ist, desto mehr ist er verpflichtet, diese anzuwenden oder eine Abweichung von dieser Methode zu begründen.[352] Dieser Befund kann sich aber durch neue

---

[343] Vgl.: *P. Cramer* in *Schönke/Schröder*, StGB ^{25}1997, § 15 Rdnr. 134 ff.

[344] Vgl.: *P. Cramer* in *Schönke/Schröder*, StGB ^{25}1997, § 15 Rdnr. 136; *A. Laufs*, Arztrecht ^{5}1993, Rdnr. 483.

[345] Vgl.: *A. Laufs*, Arztrecht ^{5}1993, Rdnr. 470.

[346] Vgl.: *A. Laufs*, Arztrecht ^{5}1993, Rdnr. 474 unter Berufung auf BGH v. 10.02.1987 - VI ZR 68/86 = NJW 1987, 1479 (Fascien-Spaltung)

[347] Vgl.: *P. Cramer* in *Schönke/Schröder*, StGB ^{25}1997, § 15 Rdnr. 138 ff. – einschränkend hierzu *K. Ulsenheimer* (Arztstrafrecht ... ^{2}1998, Rdnr. 25) wobei auch er eine gerichtliche Praxis in diesem Sinne konstatiert.

[348] Vgl.: *P. Cramer* in *Schönke/Schröder*, StGB ^{25}1997, § 15 Rdnr. 139 m.w.Nachw. – Dem zustimmend auch *A. Künschner*, Wirtschaftlicher Behandlungsverzicht ... (1992), S. 212.

[349] Vgl.: *A. Künschner*, Wirtschaftlicher Behandlungsverzicht ... (1992), S. 220 und *E. Goetze*, Arzthaftungsrecht und kassenärztliches Wirtschaftlichkeitsgebot (1989), S. 84 beide m.w.Nachw.

[350] Vgl.: *A. Künschner*, a.a.O.

[351] Vgl.: *E. Goetze*, Arzthaftungsrecht und kassenärztliches Wirtschaftlichkeitsgebot (1989), S. 31.

[352] Ebenso *L. Böllinger/S. Burkhardt* in *Neumeyer/Schmidt-Semisch*, Ecstasy ... (1997), S. 217, S. 231 ff. - Vgl. auch *P. Cramer* in *Schönke/Schröder*, StGB ^{25}1997, § 15 Rdnr. 219 alle m.w.Nachw.

Behandlungsmethoden schnell überleben, so daß die zivilrechtliche Rechtsprechung zu dem Ergebnis gelangt, daß ein Arzt veraltete, risikoreichere Methoden nicht mehr anwenden darf.[353] Im übrigen ist die zivilrechtliche Rechtsprechung, die zu den Behandlungsfehlern eine ausgereifte Kasuistik und Systematik entwickelt hat, letztlich auch bestimmend für die Sorgfaltspflichten, weil es im Sinne der Einheitlichkeit der Rechtsordnung keine unterschiedlichen Sorgfaltspflichten im Strafrecht und im Zivilrecht gibt.[354] Diese Systematik der Sorgfaltspflichten und Behandlung soll nach dem Entstehungsprinzip in den Einzelheiten auch erst im Rahmen der zivilrechtlichen Betrachtungen dargestellt werden.[355] Für die Abgrenzung der strafrechtlichen Sorgfaltspflichten und der Beurteilung einer suboptimalen Behandlung als fahrlässige Körperverletzung interessanter sind an dieser Stelle die Aspekte, unter denen die Strafbarkeit einer tatbestandlichen Sorgfaltspflichtverletzung wieder relativiert wird.

(b) Pflichtbegrenzende Faktoren

Neben den üblichen strafausschließenden bzw. strafbarkeitsbegrenzenden Elementen, die im Rahmen der Strafbarkeitsprüfung auf der Ebene der Rechtswidrigkeit und der Schuld zum Tragen kommen können, gibt es im Rahmen der Fahrlässigkeitsdogmatik einige Faktoren, die die vielfach kritisierte Strenge der Feststellung einer tatbestandlichen Sorgfaltspflichtverletzung wieder deutlich mildern.

(i) Voraussehbarkeit des Erfolgs

Eine der wesentlichen Voraussetzung für die Vermeidbarkeit des tatbestandlichen Erfolgs ist dessen Vorhersehbarkeit. Diese Vorhersehbarkeit spielt eine Rolle einerseits bei der Zurechnung des Erfolgs im Rahmen der Kausalitätsprüfung indem gefragt wird, ob der Erfolg in seiner konkreten Gestalt und der Kausalverlauf in seinen wesentlichen Merkmalen *objektiv* vorhersehbar war.[356] Über diese Fragestellung wird gleichsam der „state of the art" in die Fahrlässigkeitsprüfung eingeführt. *Cramer* wählt hierzu das Beispiel, daß eine Infektionserkrankung von Patienten aufgrund einer Behandlung mit nicht sterilisierten Instrumenten nicht vorhersehbar war, bevor der Wiener Arzt *Semmelweis* die Übertragung von Erregern durch infizierte Instrumente als Infektionsursache

---

[353] Vgl.: *A. Künschner*, Wirtschaftlicher Behandlungsverzicht ... (1992), S. 221 unter Berufung auf OLG Düsseldorf v. 28.12.1984 – 8 U 44/83 = VersR 1985, 645 (Ischiasdehnung).

[354] Dies gilt schon deshalb, weil es keine eigenständige Definition der Fahrlässigkeit im Strafrecht gibt, sondern diese sich auf die „im Verkehr erforderliche Sorgfalt gem. § 276 BGB bezieht. - Vgl.: *A. Künschner*, Wirtschaftlicher Behandlungsverzicht ... (1992), S. 218 f. m.w.Nachw.

[355] In diesem Kapitel unter B, II.

[356] Vgl.: *P. Cramer* in *Schönke/Schröder*, StGB [25]1997, § 15 Rdnr. 180 ff. und *H. J. Hirsch*, Leipziger Kommentar[10](1989), § 230 Rdnr.6

entdeckte.[357] Derlei Beispiele ließen sich in der medizinischen Wissenschaft beliebig viele finden und es werden immer wieder neue hinzu kommen. Neben diesen unbekannten Risiken sollen durch die objektive Vorhersehbarkeit auch die atypischen Kausalverläufe aus der Fahrlässigkeitshaftung ausgenommen werden. Besondere Risiken aus der Sphäre des Opfers oder durch die Einwirkung Dritter in den Kausalverlauf können zur Verneinung der objektiven Zurechnung und damit zu einem Ausschluß der Tatbestandlichkeit führen. Soweit es sich aber um mehr oder minder typische Komplikationen einer ärztlichen Heilbehandlung handelt - genannt werden hier Embolie, Lungenentzündung, Gehirnblutung - [358], sollen diese nach der Rechtsprechung durchaus vorhersehbar sein. Werden solche Verläufe nicht durch entsprechende prophylaktische Maßnahmen unterbunden, ist darin in der Regel eine Pflichtwidrigkeit zu sehen.[359]

Auf der Schuldebene wird die Frage aufgeworfen, ob der Täter in der jeweiligen Situation den Erfolg hätte voraussehen können (= subjektive Vorhersehbarkeit).[360] Dieses Fahrlässigkeitselement erlangt in den Fällen Bedeutung, in denen der Täter objektiv verpflichtet war, einer bestimmte Sorgfaltspflicht zu genügen, dieses aber nicht erkannte. In der Regel führt eine fehlende subjektive Vorhersehbarkeit zur Annahme einer unbewußten Fahrlässigkeit. Die Strafbarkeit des fahrlässig Handelnden bleibt also erhalten.[361] Für die strafrechtliche Beurteilung einer ärztlichen Behandlung dürfte im übrigen eine fehlende subjektive Vorhersehbarkeit kaum in Betrachtung kommen, zumal ein Arzt, der die Risiken einer Behandlung nicht kennt, diese aber dennoch übernimmt, sich immer dem Vorwurf eines Übernahmeverschuldens aussetzt.[362] Von Bedeutung ist das subjektive Fahrlässigkeitselement gelegentlich bei Vorsatz-Fahrlässigkeitskombinationen, wenn beim Täter ein höheres Maß an Fahrlässigkeit (*Leichtfertigkeit*) vorliegt, was häufig strafverschärfend wirkt.[363]

---

[357] *P. Cramer* in *Schönke/Schröder*, StGB [25]1997, § 15 Rdnr. 125

[358] Vgl.: *P. Cramer* in *Schönke/Schröder*, StGB [25]1997, § 15 Rdnr. 186

[359] Ebenda m.w.Nachw. – Zu den daraus folgenden Dokumentationspflichten aus zivilrechtlicher Sicht: BGH v. 18.03.1986 – VI ZR 215/84 = NJW 1986, 2365 (Dekubitusprophylaxe I) und BGH v. 02.06.1987 – VI ZR 174/86 = NJW 1988, 762 (Dekubitusprophylaxe II).

[360] Vgl.: *P. Cramer* in *Schönke/Schröder*, StGB [25]1997, § 15 Rdnr. 219.

[361] Hierzu auch *H. J. Hirsch*, Leipziger Kommentar[10](1989), § 230 Rdnr. 9.

[362] Vgl.: *A. Künschner*, Wirtschaftlicher Behandlungsverzicht ... (1992), S. 243 f. und *A. Laufs*, Arztrecht [5]1993, Rdnr. 483 beide m.w.Nachw. Ebenso *P. Cramer* in *Schönke/Schröder*, StGB [25] 1997, § 15 Rdnr.

[363] *F. Ch. Schröder*, Leipziger Kommentar [11](1994), § 15 Rdnr. 13 ff. Zu den typischen Kombinationsdelikten auch *F. Haft*, Strafrecht, allg. Teil (1994), S. 163 ff.

(ii) Vermeidbarkeit des Erfolgs und „erlaubtes Risiko"

Bedeutsamer für die hier untersuchte Fragestellung ist dagegen die Vermeidbarkeit des Erfolgs. Auch bei der Frage nach der Vermeidbarkeit des Erfolgs gibt es eine objektive und eine subjektive Betrachtungsebene.[364] Das objektiv Vermeidbare richtet sich nach dem allgemein Möglichen, nach dem Stand der Wissenschaft. Das subjektiv Vermeidbare wird von den individuellen Möglichkeiten des Täters bestimmt.[365] An dieser Stelle können durchaus auch die Auswirkungen der verdeckten Rationierung zum Tragen kommen. Fehlende materielle und personelle Ressourcen könne das objektiv vermeidbare subjektiv unvermeidbar erscheinen lassen. So können beispielsweise einem übermüdeten Operationsteam Fehler unterlaufen, die unter „normalen" Umständen nicht passieren würden.[366] *Künschner* nennt im Rahmen seiner Konkretisierung des Behandlungsstandards eine ganze Reihe solcher Erscheinungen.[367] Er verweist aber zutreffend immer wieder auf die aus diesen Umständen folgenden Pflichten zur Verlegung oder Weiterverweisung der Patienten bzw. zu dessen Aufklärung über die verminderten Möglichkeiten der Behandlung.[368] In diesem Zusammenhang sei angemerkt, daß die mangelhafte Aufklärung des Patienten im Strafrecht anders als im Zivilrecht nicht als besonderer Tatbestand in Erscheinung tritt. Sie erlangt vielmehr Bedeutung in der Weise, daß aufgrund der fehlerhaften Aufklärung die Einwilligung des Patienten in die Heilbehandlung unwirksam wird und damit keine Rechtfertigung für die tatbestandliche Körperverletzung durch die - auch ordnungsgemäß verlaufende – Heilbehandlung mehr gegeben ist.[369]

Gelegentlich tauchen in der strafrechtlichen Diskussion im Zusammenhang mit der Frage der Vorhersehbarkeit und der Vermeidbarkeit das sogenannte „erlaubte Risiko" oder die „soziale Adäquanz" als Stichwort auf.[370] Gemeint ist damit, daß sich nicht alle Gefährdungen der Rechtsgüter anderer durchweg pönalisieren lassen. Es gilt insofern solche kausalen Handlungen auszuschließen, die zwar Risiken in sich bergen, aber für die Aufrechterhaltung des sozialen Lebens unerläßlich sind.[371] *Goetze* vertritt in seiner Arbeit zu den Auswirkungen des kassenärztlichen Wirtschaftlichkeitsgebots auf die Arzthaf-

---

[364] Vgl.: *P. Cramer* in *Schönke/Schröder*, StGB [25]1997, § 15 Rdnr. 124.

[365] Ebenda und Rdnr. 143

[366] Vgl.: BGH v. 29.10.1985 – VI ZR 85/84 = NJW 1986, 776 (übermüdeter Operateur)

[367] A.a.O., S. 217 ff.

[368] Ebenda, S. 224, S. 226, S. 231 usw.

[369] Zu dieser Problematik ausführlich *A. Eser* in *Schönke/Schröder*, StGB [25]1997, vor § 223 Rdnr. 28 ff.

[370] Vgl.: *P. Cramer* in *Schönke/Schröder*, StGB [25]1997, § 15 Rdnr. 144 ff. – knapper *F. Haft*, Strafrecht, allg. Teil (1994), S. 160.

[371] Vgl.: *P. Cramer* in *Schönke/Schröder*, StGB [25]1997, § 15 Rdnr. 146.

tung die Auffassung, die Beachtung des Kostenaspekts durch den behandelnden Arzt sei ein Fall des erlaubten Risikos.[372] Bei der Bestimmung des erlaubten Risikos seien auch die Kosten einer Behandlung mit zu berücksichtigen. Eine Gefährdung des Lebens dürfe im Rahmen des erlaubten Risikos allerdings nur eingegangen werden, wenn die Verwirklichung des Erfolgs extrem unwahrscheinlich und die Abwendung der Gefahr mit sehr hohen Kosten verbunden sei.[373] Dieser Auffassung tritt *Künschner* entschieden entgegen, indem er darauf hinweist, daß mit dem Gebot einer riskanten Behandlungsweise, wie sie *Goetze* aus dem erlaubten Risiko ableiten will, der Vorrang von Leben und körperlicher Unversehrtheit vor den wirtschaftlichen Belangen ins Gegenteil verkehrt werde.[374] Ähnlich äußert sich auch *Cramer* zum erlaubten Risiko, indem er feststellt, daß das erlaubte Risiko dort an seine Grenzen gelangt, wo erkennbar wird, daß ein Vertrauen auf das Funktionieren der zur Gefahrbegrenzung konkretisierten Sorgfaltsregeln nicht mehr gerechtfertigt ist.[375]

Für die vorliegende Untersuchung suboptimaler Behandlungsmethoden dürfte *Goetzes* Ansatz schon deshalb nicht in Betracht kommen, weil es bereits im Krankenversicherungsrecht keine eigentliche Legitimation für eine suboptimale Behandlung gibt. Eine Verminderung des Behandlungsstandards ist also erkennbar gesellschaftlich nicht gewollt. Sie kann insofern auch nicht, um auf den Ausgangspunkt der These zurückzukommen, unerläßlich für die Aufrechterhaltung des sozialen Lebens sein. Öffentliche Rationierungsgebote dagegen werden über kurz oder lang auf die Behandlungsstandards einwirken, so daß es in diesem Zusammenhang des „erlaubten Risikos“ als Rechtfertigungselement nicht bedarf, weil bereits auf der Tatbestandsebene im Rahmen der Definition der Sorgfaltspflichten eine Berücksichtigung der Rationierungsvorgaben erfolgt.[376]

(iii) Zumutbarkeit pflichtgemäßen Handelns

Als letztes pflichtbegrenzendes Moment der Fahrlässigkeit kommt im Rahmen der Schuldprüfung die Zumutbarkeit pflichtgemäßen Handelns zum Tragen.[377]

---

[372] *E. Goetze*, Arzthaftungsrecht und kassenärztliches Wirtschaftlichkeitsgebot (1989), S. 200 ff.

[373] A.a.O., S. 202.

[374] Vgl.: *A. Künschner*, Wirtschaftlicher Behandlungsverzicht ... (1992), S. 217.

[375] Vgl.: *P. Cramer* in *Schönke/Schröder*, StGB [25]1997, § 15 Rdnr. 147.

[376] Nicht verkannt werden soll dabei allerdings, daß das erlaubte Risiko im Alltag der ärztlichen Behandlung sehr wohl eine erhebliche Rolle spielt, weil im Grunde ständig Entscheidungen getroffen werden, die Risiken aber auch Chancen für die Patienten beinhalten ohne dieses Nebeneinander wäre das System vermutlich gar nicht funktionsfähig. (Vgl.: *A. Künschner*, Wirtschaftlicher Behandlungsverzicht ... (1992), S. 372 f.).

[377] Vgl.: *P. Cramer* in *Schönke/Schröder*, StGB [25]1997, § 15 Rdnr. 202 und übersichtlich auch *F. Haft*, Strafrecht, allg. Teil (1994), S. 162 f.

Grundlegend für die Erörterung der Zumutbarkeit im Rahmen des Fahrlässigkeitsdelikt ist der sogenannte „Leinenfänger-Fall“[378] des Reichsgerichts aus dem Jahre 1897. In diesem Fall ging es um die Frage, ob ein Kutscher, der wußte, daß von einem Pferd, das als „Leinenfänger“ bekannt war, die Gefahr ausging, daß dieses Pferd mitsamt der Kutsche durchgehen und damit auch andere Verkehrsteilnehmer gefährden könnte, verpflichtet wäre, sich der Anweisung seines Dienstherrn, das Pferd vorzuspannen, zu widersetzen. Der entscheidende Senat kam zu den Schluß, daß dem Kutscher, weil er mit arbeitsrechtlichen Konsequenzen zu rechnen gehabt hätte, ein solches normgerechtes Verhalten nicht zumutbar gewesen wäre. Es verneinte insofern eine Fahrlässigkeit des Kutschers. Derartige arbeitsrechtliche Erwägungen hätten zwar heute schon wegen des teilweise in den arbeitsvertraglichen Regelungen verankerten Remonstrationsgebots[379] keine wirkliche Bedeutung mehr. Die Rechtsauffassung des Reichsgericht steht aber dennoch exemplarisch für die vergleichsweise großzügige Anwendung des Unzumutbarkeitsprinzips in der strafrechtlichen Beurteilung der Fahrlässigkeit.[380]

Für eine Anwendung der Unzumutbarkeit als Entschuldigungsgrund bedarf es, wie der Leinenfängerfall verdeutlicht, einer Abwägung der widerstreitenden Interessen des Opfers und des Täters.[381] Hierin liegt eine Verbindung zur Frage des Zumutbaren im Rahmen der Prüfung des echten und unechten Unterlassungsdelikts. Die Abwägung erfolgt, wie gehabt, in der Weise, daß ein Täter, der höherwertigen Interessen den Vorrang gibt, aber auch derjenige, der mit vernünftigen Erwägungen sich zwischen zwei gleichwertigen Gefahren entscheidet, regelmäßig entschuldigt ist.[382] Wie oben bereits erörtert, können insofern wichtige finanzielle Interessen des Arztes oder seines Arbeitgebers zur Annahme der Unzumutbarkeit führen, wenn nicht einem höherwertigen Rechtsgut des Opfers größere Gefahren drohen.[383]

c) Patientenschutz durch die strafrechtlichen Sorgfaltspflichten

Insgesamt ist damit festzustellen, daß die strafrechtlichen Sorgfaltspflichten den behandelnden Arzt durchaus davon abhalten sollten, einen Kranken mit minderoptimalen Behandlungsmethoden zu versorgen. Es gibt aber eine Reihe von Elementen innerhalb der strafrechtlichen Fahrlässigkeitsprüfung, die diesen Schutz der Patienten vor suboptimalen Behandlungen wieder relativieren. Neben dem Aspekt der Zumutbarkeit normgemäßen Verhaltens sei hier besonders

---

[378] *RG* v. 23.3.1897 – g. G. Rep. 576/97 = RGSt 30, 25 (Leinenfänger).

[379] Vgl.: § 8 Abs. 2 S. 3 Bundesangestelltentarifvertrag.

[380] So auch *K. Ulsenheimer*, Arztstrafrecht ... ²1998, Rdnr. 21.

[381] Vgl.: *P. Cramer* in *Schönke/Schröder*, StGB ²⁵1997, § 15 Rdnr. 202.

[382] Vgl.: *F. Haft*, Strafrecht, allg. Teil (1994), S. 162.

[383] Ausführlicher hierzu in diesem Kapitel unter B, I, 1), a) (3).

die Frage der Zurechnung des tatbestandlichen Erfolgs, in die auch Fragen der objektiven Vorhersehbarkeit einfließen, genannt.

Nach dem Grundsatz „*in dubio pro reo*“ muß im Strafverfahren zweifelsfrei nachgewiesen werden, daß einerseits in dem Verhalten des suboptimal behandelnden Arztes ein Verstoß gegen die Pflichten des Berufskreises lag und daß andererseits dieser Pflichtenverstoß kausal für den beklagten tatbestandlichen Erfolg war. Da (sinnvollerweise) im Strafrecht wie im Zivilrecht *eindeutige Handlungsgebote* im Gesetz fehlen, entscheiden letztlich die medizinischen Sachverständigen, die das Gericht zur Ermittlung der Sorgfaltspflicht und der Kausalitäten bemühen muß, über den Ausgang des Verfahrens. Gearbeitet wird hier regelmäßig mit mehr oder minder hohen Wahrscheinlichkeiten, wobei sich verbleibende Zweifel immer zugunsten des Angeklagten auswirken müssen.

Da Elemente, die in Hinblick auf die durch das Bestimmtheitsgebot des Art. 103 Abs. 2 GG grundrechtliche geschützte Position des Täters den Anwendungsbereich des Strafrechts relativieren,[384] im Zivilrecht nicht erforderlich sind, können dort die einmal formulierten Sorgfaltspflichten direkter zur Anwendung kommen. Ob dies neben einer gewissen Vereinfachung der rechtlichen Prüfung auch ein Mehr an Schutz für den Patienten vor verdeckter Rationierung bietet, wird die folgende Untersuchung des Patientenschutzes durch das Zivilrecht erweisen.

II. Schutz der Patienten durch das Zivilrecht

Eine eigenständige Handlungspflicht, wie sie im Rahmen der strafrechtlichen Betrachtung erörtert wurde, gibt es im Zivilrecht nicht. Soweit nicht eine besondere Beziehung zwischen dem Arzt und dem Patienten besteht, wird sich im Zivilrecht daher ein Verzicht auf die ärztliche Behandlung ohne weiteres legitimieren lassen. Dieser Befund ist insofern nicht zu beanstanden, weil es nicht Aufgabe des Zivilrechts ist, dem Bürger irgendwelche Pflichten aufzuerlegen. Dies ist Aufgabe des öffentlichen Rechts, zu dem letztlich auch das Strafrecht zu rechnen ist. Das Zivilrecht dagegen hat eher die Funktion, das gleichberechtigte Nebeneinander der Bürger, die im Rahmen der ärztlichen Behandlung als Partner des Behandlungsvertrages (Abb. 4 + 5) in Erscheinung treten, zu regeln. Dabei kommt dem Recht einerseits die Aufgabe zu, dafür zu sorgen, daß Risiken in der Verantwortungssphäre dessen verbleiben, der sie verursacht hat bzw. der sie beherrschen kann. Darüber hinaus bemüht sich seit der Einführung des Sozialstaatsprinzips, das sowohl politisch als auch rechtlich wirkt,[385] auch die zivilrechtliche Rechtsetzung und Rechtsprechung darum, einen gewissen sozi-

---

[384] Hierzu *W. Stree* in *Schönke/Schröder*, StGB [25]1997, § 13 Rdnr. 5 m.w.Nachw.

[385] Eingehender hierzu im verfassungsrechtlichen Teil der Arbeit.

alen Ausgleich zu schaffen und unter Einschränkung der Vertragsfreiheit einseitigen Machtmißbrauch zu bändigen.[386]

In diesem Sinne greift das Zivilrecht auch in das Verhältnis zwischen Ärzten oder Krankenhausträgern auf der einen und den Patienten auf der anderen Seite regulierend ein. Diese Regulierung erfolgte bisher indes nicht von seiten der Gesetzgebung, sondern weitgehend durch die Rechtsprechung, die sich im Rahmen der haftungsrechtlichen Beurteilung ärztlichen Verhaltens auf die gebotene Sorgfalt nach § 276 BGB stützt.[387] Wie im Rahmen der strafrechtlichen Betrachtung schon angedeutet, hat die zivilrechtliche Rechtsprechung, der die strafrechtliche Rechtsprechung weitestgehend folgt, ein ausgeklügeltes System von ärztlichen Sorgfaltspflichten entwickelt, um das Ungleichgewicht der Vertragspartner in Hinblick auf Verhandlungsmacht und Information auszugleichen.[388] Innerhalb dieses Sorgfaltspflichtengefüges, das noch näher zu untersuchen sein wird, hält auch das Zivilrecht Handlungspflichten bereit, die allerdings nicht originär vorhanden sind, sondern sich aus den Sorgfaltspflichten des ärztlichen Behandlungsvertrages oder deliktisch schlicht aus der Durchführung der Behandlung ergeben.[389]

Ohne daß es zu einer wie auch immer gearteten Aufnahme der Behandlung gekommen wäre, wird es daher im Zivilrecht keine Handlungspflicht geben. Ein anonymer Behandlungsverzicht wäre somit zivilrechtlich legitimiert,[390] wenn nicht über die Vorschrift des § 823 Abs. 2 BGB die unterlassene Hilfeleistung als Verletzung eines Schutzgesetzes aus dem Strafrecht auch in das Zivilrecht eingeführt würde.[391] Hieraus ergeben sich aber für die Feststellung einer unterlassenen Hilfeleistung im Zivilrecht keine Besonderheiten, denn dieses orientiert sich bei der Erfassung der Schutzgesetzverletzung streng an den Maßstäben im Strafrecht.[392] Im übrigen kennt das Zivilrecht, gleichsam als Ausformung der Sorgfaltspflichten, auch ein unechtes Unterlassungsdelikt.[393] Voraussetzung dafür ist, wie im Strafrecht auch, zuallererst das Vorliegen einer Garantenstellung. Auch sonst sind die unechten Unterlassungen im Zivilrecht weitgehend dem strafrechtlichen Delikt nachgebildet (oder umgekehrt – es mag darüber

---

[386] Vgl.: *E. Schmidt/G. Brüggemeier,* Zivilrechtlicher Grundkurs ^{5}1998, S. 85 ff.

[387] Vgl.: *A. Laufs*, Arztrecht, ^{5}1993, Rdnr. 470 ff.

[388] Zur Ungleichheit der Bedingung für Arzt und Patient vgl. *R. Francke*, Ärztliche Berufsfreiheit und Patientenrechte (1994), S. 33 ff.

[389] Vgl.: *A. Laufs*, Arztrecht, ^{5}1993, Rdnr. 467 f.

[390] Vgl.: *H.-J. Mertens,* MünchKomm ^{3}1997, § 823 Rdnr. 366.

[391] Vgl.: *H.-J. Mertens,* MünchKomm ^{3}1997, § 823 Rdnr. 162 f.

[392] Vgl.: *H.-J. Mertens,* MünchKomm ^{3}1997, § 823 Rdnr. 172 f.

[393] Vgl.: *E. Schmidt/G. Brüggemeier,* Zivilrechtlicher Grundkurs ^{5}1998, S. 297 f.

gestritten werden, was hier nun Henne und was Ei ist),[394] so daß eine eingehendere Erörterung der allgemeinen Grundsätze zivilrechtlicher Handlungspflichten, die im Kontext der ärztlichen Heilbehandlung Behandlungspflichten genannt werden, an dieser Stellen unterbleiben kann. Auf die Behandlungspflichten im einzelnen wird sachgerecht im Rahmen der Betrachtung der ärztlichen Sorgfaltspflichten im Zivilrecht eingegangen werden, weshalb die zuvor vorgenommene Unterteilung der Phänomene der verdeckten Rationierung in Behandlungsverzicht und suboptimale Behandlung in diesem Zusammenhang wieder aufgeben wird und beide gemeinsam untersucht werden.

Zuvor allerdings müssen doch noch einige grundlegende Besonderheiten der zivilrechtlichen Haftung im Zusammenhang mit der ärztlichen Heilbehandlung dargelegt werden, die für die Patienten insofern von Belang sind, als sie ihnen hinsichtlich des Schadensausgleichs einen weiterreichenden Schutz als das Strafrecht gewähren. So wird beispielsweise im Zivilrecht der Kreis der Adressaten der Sorgfaltspflichten gleichsam auf eine höhere Ebene (der Allokation) gehoben. Hier haften nämlich nicht nur die direkt vor Ort Tätigen sondern auch die Organisationsverantwortlichen in den Krankenhäusern und die Krankenhausträger selbst im Rahmen der vertraglichen Haftung. Außerdem gibt es durch das Nebeneinander von vertraglicher und deliktischer Haftung unter Umständen mehrere Anspruchsmöglichkeiten.[395]

1) Vertragliche und deliktische Haftung

Eine Besonderheit des zivilrechtlichen Anspruchsaufbaus ist, daß mehrere Anspruchsgrundlagen und Anspruchsziele nebeneinander Berücksichtigung finden.[396] Diese Besonderheit erlangt auch für die Haftung im Rahmen der ärztlichen Heilbehandlung Bedeutung. Zunächst einmal muß unterschieden werden zwischen der deliktischen Haftung, die aus dem Recht der unerlaubten Handlungen (§§ 823 ff. BGB) folgt, und der vertraglichen Haftung, die durch eine Verletzung des Behandlungsvertrages hervorgerufen wird.[397]

---

[394] Vgl.: *D. Medicus*, Bürgerliches Recht ^{17}1996, Rdnr. 644 ff. – umfassend zu den Handlungspflichten im Zivilrecht auch *M.-J. Weigl*, Unterlassung und primäre Handlungspflichten (1970).

[395] Vgl.: *H.-J. Mertens*, MünchKomm ^{3}1997, § 823 Rdnr. 348 ff. - Zur Identität der deliktischen und vertraglichen Sorgfaltspflichten: BGH v. 20.09.1988 – VI ZR 37/88 = NJW 1989, 767 (Mittelfingerfraktur).

[396] Mit Beispielen *D. Medicus*, Bürgerliches Recht ^{17}1996, Rdnr. 3 ff.

[397] Vgl.: *H.-J. Mertens*, MünchKomm ^{3}1997, § 823 Rdnr. 348 und *E. Schmidt/G. Brüggemeier*, Zivilrechtlicher Grundkurs ^{5}1998, S. 265 ff. und S. 323 ff. - Übersichtlich zu dieser Differenzierung und bezogen auf die ärztliche Behandlung auch *Ch. M. Stegers* in *Arbeitsgemeinschaft Rechtsanwälte im Medizinrecht,* Die Budgetierung des Gesundheitswesens (1997), S. 87 ff.

a) Vertragliche Haftung

Seinem Wesen nach wird der ärztliche Behandlungsvertrag sowohl im ambulanten als auch im stationären Bereich allgemein als Dienstvertrag gem. §§ 611 ff. BGB gedeutet.[398] Der Arzt oder der Krankenhausträger schuldet damit, von wenigen Ausnahmen abgesehen,[399] nicht das Produkt ärztlichen Handelns (also die Heilung), sondern eine sorgfältige Behandlung als Tätigkeit.[400] Das Zustandekommen des ärztlichen Behandlungsvertrages kann sowohl durch eine beiderseitige ausdrückliche Willenserklärung als auch konkludent, durch die Tatsache, daß der Patient sich zum Arzt begibt und dieser mit der Behandlung beginnt, geschehen. Im Bereich der vertragsärztlichen Behandlung wird ein Behandlungsvertrag fast ausschließlich konkludent geschlossen.[401] Im Krankenhausbereich dagegen ist es, abgesehen von Notfallaufnahmen, üblich, einen schriftlichen Aufnahmevertrag zu schließen.[402] Konsequenzen hat das unterschiedliche Zustandekommen der Behandlungsverträge indes nicht, weil auch durch die formularmäßige Einführung von „allgemeinen Behandlungsbedingungen" in den Behandlungsvertrag Haftungsbeschränkungen weitgehend ausgeschlossen sind.[403] Gehaftet wird im Vertragsrecht allerdings nach den Regelungen des § 253 BGB nur für materielle Schäden.[404]

Die Schadensersatzpflicht des niedergelassenen Arztes gründet sich im Falle einer schuldhaften, also auch der fahrlässigen Verletzung der gebotenen Sorgfaltspflichten auf das Rechtsinstitut der „positiven Vertragsverletzung" (pVV).[405] Dieses wurde für die Fälle einer schuldhaften Verletzung vertraglicher Pflichten, die nicht als Erfüllungsmangel in Erscheinung treten, in Ermangelung einer ausdrücklichen gesetzlichen Regelung der vertraglichen Schlechtleistung

---

[398] Vgl.: *A. Laufs*, Arztrecht, ^{5}1993, Rdnr. 87 ff. [100], *E. Schmidt/G. Brüggemeier,* Zivilrechtlicher Grundkurs ^{5}1998, S. 262 + 268, *H.-J. Mertens,* MünchKomm ^{3}1997, § 823 Rdnr. 348; *W. Uhlenbruck*, Handbuch des Arztrechts (1992), § 93.

[399] Hierzu knapp *H.-J. Mertens,* MünchKomm ^{3}1997, § 823 Rdnr. 349 und *A. Laufs*, Arztrecht, ^{5}1993, Rdnr. 101 m.w.Nachw.

[400] Ebenda – vgl. auch *W. Uhlenbruck*, (1992), § 44.

[401] Vgl.: *A. Laufs*, Arztrecht, ^{5}1993, Rdnr. 105 f. und *W. Uhlenbruck*, Handbuch des Arztrechts (1992), § 41.

[402] Vgl.: *W. Uhlenbruck*, Handbuch des Arztrechts (1992), § 93.

[403] Vgl.: *H.-J. Mertens,* MünchKomm ^{3}1997, § 823 Rdnr. 349; *A. Laufs*, Arztrecht, ^{5}1993, Rdnr. 92.

[404] Vgl.: *H.-J. Mertens,* MünchKomm ^{3}1997, a.a.O.; *E. Schmidt/G. Brüggemeier,* Zivilrechtlicher Grundkurs ^{5}1998, S. 323; *H. Heinrichs* in *Palandt*, BGB ^{57}1998, § 253 Rdnr. 1 ff.

[405] Näheres hierzu bei *D. Medicus*, Bürgerliches Recht ^{17}1996, Rdnr. 306 ff. und *E. Schmidt/G. Brüggemeier,* Zivilrechtlicher Grundkurs ^{5}1998, S. 199.

durch die Rechtsprechung in das Zivilrecht eingeführt.[406] Anders als im Bereich der niedergelassenen Ärzte haftet aus pVV im Falle einer fehlerhaften stationären Behandlung nicht der behandelnde Arzt selbst, sondern, von den Besonderheiten geteilter Verträge bei belegärztlicher oder chefärztlicher Behandlung abgesehen, allein der Krankenhausträger.[407] Die angestellten Ärzte und Pflegekräfte dienen dem Krankenhausträger dabei als Erfüllungsgehilfen, deren Fehlverhalten dem Krankenhausträger, der eigentliche Vertragspartner des Patienten geworden ist, aufgrund der Vorschriften des § 278 BGB ohne Einschränkungen zugerechnet werden.[408] Gleiches gilt im übrigen auch für die Angestellten eines niedergelassenes Arztes.[409]

b) Haftung aus unerlaubter Handlung

Neben der vertraglichen Haftung kommt im Rahmen der zivilrechtlichen Arzthaftung auch eine deliktische Haftung wegen einer vorsätzlichen oder fahrlässigen Rechtsgutsverletzung gem. § 823 Abs. 1 BGB in Betracht. Als Rechtsgüter in diesem Sinne können sowohl die Gesundheit und die körperliche Unversehrtheit, als auch, im Falle eines Verstoßes gegen das Selbstbestimmungsrecht bei mangelhafter Aufklärung, das allgemeine Persönlichkeitsrecht in Betracht kommen.[410] Wie im Strafrecht stellt auch die bisherige zivilistische Rechtsprechung allen kritischen Stimmen aus der Wissenschaft zum Trotz allein auf die Gesundheitsbeschädigung bzw. die Körperverletzung durch den ärztlichen Heileingriff ab.[411] Danach ist auch ein fehlerfrei vorgenommener Heileingriff stets eine Körperverletzung im tatbestandlichen Sinne. Gerechtfertigt wird diese Körperverletzung lediglich durch die wirksame Einwilligung des Patienten, die

---

406 Vgl.: *D. Medicus*, Bürgerliches Recht [17]1996, Rdnr. 307 f. und *E. Schmidt/G. Brüggemeier,* Zivilrechtlicher Grundkurs [5]1998, S. 198 ff.; *H. Heinrichs* in *Palandt*, BGB [57]1998, § 276 Rdnr. 104 ff.

407 Vgl.: *E. Schmidt/G. Brüggemeier,* Zivilrechtlicher Grundkurs [5]1998, S. 268. Auf die Besonderheiten bei den Krankenhausverträgen, die in der Regel noch einmal unterschieden werden in: Totalvertrag, Belegarztvertrag, Zusatzvertrag (lt.: *W. Uhlenbruck*, Handbuch des Arztrechts (1992), § 93), soll im Interesse einer gewissen Konsumentenfreundlichkeit der Arbeiten bewußt verzichtet werden.

408 Vgl.: *A. Laufs*, Arztrecht, [5]1993, Rdnr. 559 – zum Ganzen auch *H. Heinrichs,* in *Palandt*, BGB [57]1998, § 278 Rdnr. 7 ff. [26].

409 Hierzu und zu den Besonderheiten bei Belegarztverträgen im Krankenhausbereich *A. Laufs*, Arztrecht, [5]1993, Rdnr. 90 ff.

410 Vgl.: *E. Schmidt/G. Brüggemeier,* Zivilrechtlicher Grundkurs [5]1998, S. 323 ff. und *A. Laufs*, Arztrecht, [5]1993, Rdnr. 174 ff.

411 Vgl.: *H.-J. Mertens,* MünchKomm [3]1997, § 823 Rdnr. 358 ff.; *A. Laufs*, Arztrecht, [5]1993, Rdnr. 174.

ihrerseits eine ausreichende Aufklärung voraussetzt.[412] Im Grunde genommen wird damit von der Rechtsprechung das Selbstbestimmungsrecht als Bestandteil der körperlichen Integrität indirekt in die Behandlungsfehlerdogmatik eingeführt.[413]

Über die Regelung des § 847 BGB ist im Rahmen der deliktischen Haftung nicht nur ein Ersatz der materiellen Schäden des Patienten wie im Vertragsrecht, sondern auch ein Ausgleich der immateriellen Schäden im Wege eines Schmerzensgeldsanspruchs ermöglicht. Über das Schmerzensgeld sollen letztlich auch die Verletzungen des Selbstbestimmungsrechts, die zu verzeichnen sind, ohne daß ein Schaden im materiellen Sinne zu verzeichnen wäre, ausgeglichen werden.[414] Bislang ist allerdings mit der Rechtsprechung davon auszugehen, daß mit einem Schmerzensgeldanspruch seitens des Patienten nur zu rechnen ist, wenn auch eine materieller Schaden oder eine Substanzverletzung entstanden ist.[415]

Wie auch das Strafrecht wendet sich die deliktische Haftung in erster Linie an den einzelnen Täter. Die Haftung für sogenannten Verrichtungsgehilfen, die, genau wie die Erfüllungsgehilfen im Vertragsrecht im Auftrage des eines anderen Aufgaben wahrnehmen und Arbeiten erledigen, ist in der deliktsrechtlichen Praxis eher die Ausnahme. Die Haftung für einen Anderen kommt gem. § 831 BGB immer dann zum Tragen, wenn der Geschäftsherr nicht nachweisen kann, daß er bei der Auswahl seiner Mitarbeiter, bei der Beschaffung und Bereitstellung von Arbeitsgeräten sowie bei der Anleitung seiner Mitarbeiter die erforderliche Sorgfalt hat walten lassen.[416] Bezogen auf die ärztliche Behandlung ist der Geschäftsherr entweder der niedergelassen Arzt oder der Träger des Krankenhauses, der für seines Mitarbeiter/innen Verantwortung übernehmen muß.[417] Da im Rahmen einer arbeitsteiligen Organisation wie der des Krankenhauses die Anforderungen an die genannte Nachweispflicht nicht zu hoch gespannt werden kann, wird vom Geschäftsherrn im Rahmen des „dezentralen Entlastungsbeweises“ in der Regel nur eine ausreichende Organisation in Hin-

---

412 Zur Kontroverse um die haftungsrechtliche Eigenständig der unzulänglichen Aufklärung im Zivilrecht, die Parallelen zur strafrechtlichen Diskussion aufweist vgl. auch *E. Schmidt/G. Brüggemeier,* Zivilrechtlicher Grundkurs ^{5}1998, S. 325 ff.

413 Vgl.: *H.-J. Mertens,* MünchKomm ^{3}1997, § 823 Rdnr. 361; *A. Laufs*, Arztrecht, ^{5}1993, Rdnr. 177.

414 Vgl.: *A. Laufs*, a.a.O.; *E. Schmidt/G. Brüggemeier,* Zivilrechtlicher Grundkurs ^{5}1998, S. 325.

415 Instruktiv: BGH v. 09.11.1993 – VI ZR 62/93= NJW 1994, 127 f. (Vernichtung von Sperma).

416 Vgl.: *H. Thomas* in *Palandt*, BGB ^{57}1998, § 831 Rdnr. 12 ff. und *A. Laufs*, Arztrecht, ^{5}1993, Rdnr. 567 ff.

417 Vgl.: *A. Laufs*, Arztrecht, ^{5}1993, Rdnr. 570 m.w.Nachw.

blick auf Auswahl und Anleitung erwartet.[418] Statt dessen hat die Rechtsprechung über das Organisationsverschulden weitreichende eigene Sorgfaltspflichten für organisatorisch Verantwortliche eingeführt.[419]

c) Identität des Sorgfaltsmaßstabs

Ergeben sich auch hinsichtlich der Verantwortlichkeiten und hinsichtlich der haftungsrechtlichen Auswirkungen der vertraglichen und der deliktischen Haftung erhebliche Unterschiede, so ist doch festzustellen, daß der Maßstab, an dem im Verkehr erforderliche Sorgfalt zu messen ist, weitgehend identisch.[420] Grundlage dieses Maßstabes ist die, auch im Strafrecht Berücksichtigung findende Vorschrift des § 276 BGB, in der die Fahrlässigkeit ganz allgemein definiert wird.[421] Maßgeblich ist damit regelmäßig das, was an Umsicht und Sorgfalt von dem Teilnehmern des jeweiligen Verkehrskreises erwartet werden kann, wobei anders als im Strafrecht hier rein objektiv betrachtet wird.[422] Ansonsten spielt, wie im Strafrecht, neben der Pflichtwidrigkeit des Verhaltens auch die (objektive) Vorhersehbarkeit der Gefahr des Schadenseintritts eine wesentliche Rolle – es darf insoweit auf die dort getroffenen Feststellungen verwiesen werden.[423]

Es liegt in der Natur der Sache, daß die einzelnen Sorgfaltspflichten in sich wandelnden gesellschaftlichen Zusammenhängen, zu denen zweifellos auch die Medizin mit ihrem täglich zu verzeichnenden wissenschaftlichen Fortschritt gehört, nicht starr und in Form von abschließenden Regelkatalogen zu bestimmen sind.[424] Es ist daher Aufgabe der Rechtsprechung, immer wieder neu und vom Einzelfall her die jeweiligen Sorgfaltspflichten zu bestimmen. Dabei kann es nicht Aufgabe der Gerichte sein, eigene Sorgfaltsanforderungen zu entwi-

---

[418] Vgl.: *E. Schmidt/G. Brüggemeier,* Zivilrechtlicher Grundkurs ^{5}1998, S. 334 und *H. Thomas* in *Palandt*, BGB ^{57}1998, § 831 Rdnr. 15 m.w.Nachw.

[419] Vgl.: *E. Schmidt/G. Brüggemeier,* a.a.O.; *A. Laufs*, Arztrecht, ^{5}1993, Rdnr. 551 – anschaulich zum Ganzen und zu den Besonderheiten bei der belegärztlichen Behandlung BGH, Urt v. 14.02.1995 – VI ZR 272/93 = NJW 1995, 1611 f. (Belegarzt/Freie Hebamme) mit zahlreichen weiteren Nachweisen. Zur Frage der Aufklärungspflicht über organisatorische Mängel auch *D. Hart*, MedR 1999, S. 47 ff.

[420] Vgl.: *H.-J. Mertens,* MünchKomm ^{3}1997, § 823 Rdnr. 350. Ebenso auch *Ch. M. Stegers* in *Arbeitsgemeinschaft Rechtsanwälte im Medizinrecht,* Die Budgetierung des Gesundheitswesens (1997), S. 87 ff.

[421] Vgl.: *A. Laufs*, Arztrecht, ^{5}1993, Rdnr. 471.

[422] Vgl.: *H. Heinrichs* in *Palandt*, BGB ^{57}1998, § 276 Rdnr. 15.

[423] Vgl.: *H. Heinrichs* a.a.O.

[424] Ebenso *Ch. M. Stegers* in *Arbeitsgemeinschaft Rechtsanwälte im Medizinrecht,* Die Budgetierung des Gesundheitswesens (1997), S. 91 ff. und *R. Jungbecker* in *Arbeitsgemeinschaft Rechtsanwälte im Medizinrecht,* Die Budgetierung des Gesundheitswesens (1997), S. 5 ff.

ckeln. Die Rechtsprechung orientiert sich hier vielmehr an den sich ebenfalls weiterentwickelnden ärztlichen Standards, die von Fall zu Fall durch die Hinzuziehung ärztlicher Gutachterinnen und Gutachter in die gerichtliche Bestimmung der Sorgfaltspflichten einfließen.[425] Daß umgekehrt die Rechtsprechung ihrerseits die fachlichen Sorgfaltsanforderungen immer wieder modifiziert, soll dabei nicht verkannt werden.[426] Vor einer eingehenderen Betrachtung der Sorgfaltspflichten im einzelnen und ihrer Auswirkungen auf die vorliegende Fragestellung des Schutzes der Patienten vor Rationierungseffekten gilt es indes, noch wenige, allgemeine Feststellungen zur zivilistischen Haftung zu treffen, die für den Patientenschutz nicht unbedeutend sind.

Zu einen ist darauf hinzuweisen, daß es als ein Element der Unterscheidung vertraglicher und deliktischer Haftung verschiedene Verjährungsfristen gibt. Die Schadensersatzansprüche der Patienten aus pVV verjähren gem. § 195 BGB erst nach 30 Jahren, während die Ansprüche aus der deliktischen Haftung gem. § 852 BGB bereits nach drei Jahren der Verjährungseinrede unterliegen. Maßgeblich für den Beginn der Laufzeit für die Verjährungsfrist ist nach der ständigen Rechtsprechung des BGH der Zeitpunkt, zu dem der Patient „eine ausreichende Kenntnis“ von den Tatsachen erhalten hat, die ein Fehlverhalten des Arztes in Form eines Behandlungs- oder Aufklärungsfehlers nahelegen.[427] Insofern mag es dem Schutz der Patienten dienen, daß grundsätzlich vertragliche und deliktische Haftung mit identischen Sorgfaltspflichten nebeneinander bestehen.

2) Erweiterter Adressatenkreis der Sorgfaltspflichten

Das Nebeneinander von deliktischer und vertraglicher Haftung hat aus der Sicht des Patienten aber auch den Vorteil, daß der Kreis derer, die er für eine Verletzung seiner Rechtsgüter durch ein pflichtwidriges Verhalten haftbar machen kann, ungleich größer ist als im Strafrecht. Während dort in der Regel der Zugriff auf die Verantwortlichen in den oberen Entscheidungsebenen verwehrt ist, sind hier, wie sich schon bei der Differenzierung der vertraglichen und der deliktischen Haftung gezeigt hat, die Verantwortlichkeiten deutlich weiter gesteckt.

---

[425] Vgl.: *A. Laufs*, Arztrecht, [5]1993, Rdnr. 470 und *Ch. M. Stegers* in *Arbeitsgemeinschaft Rechtsanwälte im Medizinrecht,* Die Budgetierung des Gesundheitswesens (1997), S. 87 ff. m.w.Nachw.

[426] So auch *A. Laufs*, Arztrecht, [5]1993, Rdnr. 471.

[427] *A. Laufs*, Arztrecht, [5]1993, Rdnr. 547 – vgl. auch BGH v. 23.02.1988 – VI ZR 56/87 = NJW 1988, 1516 (Aufklärung über Behandlungsalternativen) und BGH v. 16.05.1989 – VI ZR 251/88 = NJW 1989, 2323 (Verjährungsfrist im Arzthaftungsprozeß) beide mit zahlreichen weiteren Nachweisen. Jüngst auch noch einmal OLG Zweibrücken v. 21.10.1997 – 5 U 56/95 = VersR 1998, 1286; OLG München v. 9.4.1998 – 1 U 4426/97 = SZ. v. 28.6.99.

Insgesamt ergibt sich diese Erweiterung des Adressatenkreises neben der Haftung für Erfüllungsgehilfen und der Haftung für Verrichtungsgehilfen auch aus der Einführung von Organisationspflichten im Rahmen der deliktischen Haftung.[428] Im einzelnen gehören zu den Adressaten zivilrechtlicher Haftung neben den behandelnden Ärzten selbst auch deren Mitarbeiter, die eigenverantwortlich Tätigen anderer Berufsgruppen – und hier insbesondere die Pflegekräfte[429] – aber auch die Organisationsverantwortlichen im arbeitsteiligen System des Krankenhauses. Für die niedergelassenen Ärzte gilt dieser Befund allerdings nur eingeschränkt. Sie werden bei fehlerhafter Behandlung aus Verletzung sowohl der vertraglichen Sorgfaltspflichten als auch der deliktischen Sorgfaltspflichten haften. Für die Fehler seiner Angestellten als Erfüllungsgehilfen haftet der behandelnde Arzt dabei gem. § 278 BGB in vollem Umfang. Ihn trifft darüber hinaus auch die deliktische Haftung wegen eines möglichen Organisationsverschuldens.[430]

Deutlicher wird die Breite des Feldes der Haftungsadressaten noch im Krankenhaus. Zu allererst haftet hier als Partner des Behandlungsvertrages immer der Krankenhausträger für alle materiellen Schäden, die aus einer Sorgfaltspflichtverletzung der Beschäftigten als Erfüllungsgehilfen entstanden sind, aus positiver Vertragsverletzung. Im Rahmen der deliktischen Haftung wird zunächst Bezug genommen auf die vor Ort tätigen Beschäftigten, die durch ihre Sorgfaltswidrigkeit den Eintritt des Schadens verursacht haben. Daneben wird zu prüfen sein, ob deren Vorgesetzten der Vorwurf eines Organisationsfehlers gemacht werden kann.[431] Ist dies der Fall, so haften im Normalfall alle drei als Gesamtschuldner nach dem Grad ihres Verschuldens.[432] Die gesamtschuldnerische Haftung des Krankenhausträgers wird dabei auf einen entsprechenden Anteil am materiellen Schaden begrenzt sein, während das fehlerhaft handelnde ärztliche und nichtärztliche Personal und dessen Vorgesetze neben dem anteiligen Ersatz des Materiellen Schadens auch ein Schmerzensgeld zu leisten haben.[433] Diese Regelung der zivilrechtlichen Schadensausgleichsansprüche bleibt grundsätzlich unberührt von den arbeitsrechtlichen Ausgleichsregelungen im Rahmen der Arbeitnehmerhaftung. Hier kann die arbeitsgerichtliche Rechtspre-

---

428 Zu den einzelnen Organisationspflichten nachfolgend unter c). - Übersichtlich zum Ganzen *D. Hart*, MedR 1999, S. 47 ff.

429 Vgl. nur: *A. Laufs*, Arztrecht, ^{5}1993, Rdnr. 519.

430 Vgl.: *D. Hart*, MedR 1999, S. 47 ff.

431 Übersichtlich zum Ganzen *Th. Klie*, Rechtskunde (1996), S. 86 ff. - Zur Frage der Rechtsfolgen einer Besetzung von Bereitschaftsdiensten mit nicht voll ausgebildetem Personal *P. Rumler-Detzel*, VersR 1998, S. 548 f.

432 Dies ist natürlich abhängig davon, wen der Patient letztlich beklagt.

433 Wobei *D. Hart* (MedR 1999, S. 47 ff.) offenbar auch den Krankenhausträger für die Verletzung von Organisationspflichten haften lassen will.

chung intern dazu führen, daß der Krankenhausträger als Arbeitgeber seine Beschäftigten je nach dem Grad ihrer Fahrlässigkeit ganz oder teilweise von dem Haftungsanspruch gegen sie freizustellen hat.[434]

3) Die Sorgfaltspflichten im Rahmen der medizinischen Behandlung im einzelnen

Nachfolgend soll der Versuch unternommen werden, die einzelnen Feststellungen zu den Sorgfaltspflichten aus Rechtsprechung und Literatur ein wenig zu kategorisieren und sie in diesem Zusammenhang auf ihre Bedeutung für die vorliegende Fragestellung und die eingangs entwickelten Fallbeispiele hin zu untersuchen. Dabei kann und soll freilich nur der hier interessante Teil der Sorgfaltspflichten aus der umfangreichen Rechtsprechung Gegenstand der Betrachtung sein.[435] Da, wie schon erwähnt, die Sorgfaltspflichten nicht statisch sind, soll darüber hinaus eine kurze Erörterung des Einflusses wirtschaftlicher Faktoren auf den Sorgfaltsmaßstab erfolgen.[436] Gänzlich verzichtet wird dabei auf die Dokumentationspflichten, die zwar in gewisser Weise auch dem Schutz der Patienten dienen, aber doch eher eine prozessuale Bedeutung haben.[437] Und auch die Aufklärungspflichten und ihre Bedeutung für den Patientenschutz sollen im Anschluß nur kurz dargelegt werden.[438]

Wie sich aus den vorstehenden Darstellungen bereits erahnen läßt, ist das Spektrum der Sorgfaltspflichten vielfältig. Grundsätzlich bestimmen sich die einzelnen Sorgfaltspflichten nach dem jeweiligen, dem behandelnden Arzt verfügbaren oder bei zumutbaren Anstrengungen zugänglichen Stand der medizinischen Wissenschaft zum Zeitpunkt der Behandlung.[439] Dabei ist im

---

[434] Instruktiv zum Ganzen: BGH v. 19.09.1989 – VI ZR 349/88 = NJW 1989, 3273 (Aussenhaftung des Arbeitnehmer); *BAG* v. 25.09.1997 – 8 AZR 288/96 = NJW 1998, 1810 (Narkoseärztin); *BAG-GS*, Vorlagebeschluß v. 12.06.1992 – GS 1/89 = ArbuR 1993, 260 (Polier) – Anm. *F. Gamillscheg*; *BAG* v. 12.02.1985 – 3 AZR 487/80 = NZA 1986, 91 (Kinderkrankenschwester).

[435] Weitaus ausführlichere Übersichten bieten: *B.-R. Kern*, Handbuch des Arztrechts (1992), §§ 154 ff. - *H.-J. Mertens*, MünchKomm ³1997, § 823 Rdnr. 371 ff.; *A. Eser* in *Schönke/Schröder*, StGB ²⁵1997, § 223 Rdnr. 35 a.

[436] Hierzu auch schon *E. Buchborn*, MedR 1993, S. 328 ff.

[437] Ausführlich dazu aber *W. Uhlenbruck*, Handbuch des Arztrechts (1992), §§ 59 u. 60 – knapper: *A. Laufs*, Arztrecht, ⁵1993, Rdnr. 454; *H.-J. Mertens,* MünchKomm ³1997, § 823 Rdnr. 412 f.

[438] Eingehend und aktuell zu dieser Thematik *R. Francke/D. Hart*, Charta der Patientenrechte (1999), S. 114 ff.

[439] Zum Stand der Wissenschaft in der Rechtsprechung vgl.: BGH-NJW 82, 2121 (mehrere Methoden); BGH-NJW 84, 1374 (Strahlenbehandlung); BGH-NJW 84, 1400 (Überwachung); BGH-NJW 84 1810 (neuartige Methoden); BGH-NJW 85, 2189; BGH-NJW 86, 2365; BGH-NJW 87 1479 (Spezialkenntnisse); BGH-NJW 88, 763 (Aufklärung); BGH-

Allgemeinen anerkannt, daß namentlich im Bereich der Krankenhausversorgung der Standard für die personellen, räumlichen und apparativen Behandlungsbedingungen nicht generell dem von Universitätskliniken entsprechen muß.[440] Etwa vorhandene Spezialkenntnisse des Arztes sind aber, wie schon im Rahmen der strafrechtlichen Untersuchung dargelegt, zugunsten des Patienten einzusetzen.[441] Im Prinzip hat der behandelnde Arzt dem Patienten die bestmögliche medizinischen Versorgung zu bieten. Es darf allerdings nicht verkannt werden, daß selbst bei bester Behandlung nicht alle Risiken für den Patienten zu vermeiden sind. Insofern gebietet es die ärztliche Sorgfalt vor allem vermeidbare Gefahren für die Gesundheit des Patienten zu verhindern.[442] Was dem Arzt in diesem Zusammenhang an Aufwendungen zugemutet werden kann, orientiert sich an den Umständen des Einzelfalls und hängt insbesondere von der Dringlichkeit der ärztliche Maßnahme ab. Es versteht sich in diesem Kontext fast von selbst, daß der Arzt sich zur Erfüllung dieser Vorgaben durch regelmäßige Fortbildung und Fachliteratur auf dem laufenden zu halten hat.[443]

a) Diagnosepflichten

Dem Ablauf der ärztlichen Behandlung folgend stellt sich zunächst die Frage, welche Sorgfaltspflichten dem Arzt im Rahmen der Diagnosestellung auferlegt werden. Die Diagnosestellung ist zur Abwendung weiterer gesundheitlicher Schäden für den Patienten zweifellos von entscheidender Bedeutung. Gemessen daran sind die rechtlichen Anforderungen an die ärztliche Sorgfalt zur Vermeidung von Fehldiagnosen relativ gering, was insofern erklärlich ist, als die Stellung einer zutreffenden Diagnose von den zur Verfügung stehenden medizinisch-technischen Möglichkeiten aber besonders auch von der Erfahrung

---

NJW 88, 765 (Spezialisten); BGH-NJW 89, 2321 (medizinisches Gerät); BGH-NJW 96, 776 (Behandlungsalternativen). Weitere Nachweise auch bei *A. Künschner*, Wirtschaftlicher Behandlungsverzicht ... (1992), S. 216 oder *Ch. M. Stegers* in *Arbeitsgemeinschaft Rechtsanwälte im Medizinrecht,* Die Budgetierung des Gesundheitswesens (1997), S. 87 ff.

440 So grundlegend Steffen, S. 41. Dies bestätigend auch *Ch. M. Stegers* in *Arbeitsgemeinschaft Rechtsanwälte im Medizinrecht,* Die Budgetierung des Gesundheitswesens (1997), S. 93 f. Sinngemäß, allerdings mit Einschränkungen im Hinblick auf ein mögliches Übernahmeverschulden auch *P. Rumler-Detzel*, VersR 1998, S. 547 f.

441 BGH v. 10.02.1987 – VI ZR 68/86 = NJW 1987, 1479 (Fascien-Spaltung) m.w.Nachw. Zur neueren Rechtsprechung auch *P. Rumler-Detzel*, VersR 1998, S. 548.

442 Vgl. nur: *R. Jungbecker* und *G. Carstensen* in *Arbeitsgemeinschaft Rechtsanwälte im Medizinrecht,* Die Budgetierung des Gesundheitswesens (1997), S. 5 ff. und S. 11 ff. beide m.w.Nachw.

443 Zum Ganzen in ähnlicher Weise: *H.-J. Mertens,* MünchKomm ^{3}1997, § 823 Rdnr. 367 ff. und *A. Laufs*, Arztrecht, ^{5}1993, Rdnr. 473 ff. beide m.w.Nachw.

des jeweiligen Arztes abhängt. In diesem Sinne kann sicher nicht jede Fehldiagnose als ärztlicher Behandlungsfehler gewertet werden.[444]

Als Behandlungsfehler sind jedoch solche Diagnosen zu werten, die auf einer offensichtlichen Fehleinschätzung des Arztes beruhen.[445] Dies gilt nach der herrschenden Rechtsprechung vor allem in den Fällen, in denen „elementare Kontrollbefunde nicht erhoben worden sind oder die Überprüfung einer ersten Arbeitsdiagnose im weiteren Behandlungsverlauf unterblieben ist".[446] Zu solchen elementaren Kontrollbefunden kann beispielsweise bei Schwellungen und anhaltenden Schmerzen im Bein, die auf die Möglichkeit einer Beinvenenthrombose hindeuten, die Durchführung einer Phlebographie zum sicheren Ausschluß einer solchen Thrombose gehören.[447] Einer entsprechenden Entscheidung des *OLG Hamm*[448] ist zu im übrigen entnehmen, daß mit steigenden Risiken für das Leben des Kranken oder der Gefahr, bleibende Gesundheitsbeeinträchtigungen davonzutragen, auch die Anforderungen an die ärztliche Diagnostik steigen. Insofern müssen bei unklaren Krankheitsbildern insbesondere die diagnostischen Möglichkeiten zur Ausschließung schwerwiegender Erkrankungen ausgeschöpft werden.[449] Je deutlicher sich der Befund einer Krankheit abzeichnet, desto eher kann demgegenüber der Verzicht auf weitere belastenden und kostspielige Untersuchungen vertretbar sein.[450] Andererseits führt auch ein deutlicher Befund immer dann zu weiterreichenden differentialdiagnostischen Pflichten, wenn dieser Befund auf eine schwerwiegende Erkrankung hindeutet und insofern als „alarmierend" anzusehen ist.[451]

Wenn entsprechende diagnostische Möglichkeiten dem konsultierten Arzt nicht zur Verfügung stehen, so ist dieser unter den genannten Gesichtspunkten ver-

---

[444] Vgl.: *W. Uhlenbruck*, Handbuch des Arztrechts (1992), § 50 Rdnr. 3. Eine aktuelle und systematische Darstellung möglicher Diagnosefehler findet sich auch bei *R. Francke/D. Hart*, Charta der Patientenrechte (1999), S. 34 ff. Mit zahlreichen Nachweisen aus der Rechtsprechung auch *E. Steffen/W.-D. Dressler*, Arzthaftungsrecht (1999), Rdnr. 153 ff.

[445] Vgl.: *H.-J. Mertens*, MünchKomm ^{3}1997, § 823 Rdnr. 375 m.w.Nachw.

[446] So *A. Laufs*, Arztrecht, ^{5}1993, Rdnr. 496 unter Berufung auf die Rechtsprechung der OLG Köln, Oldenburg und Düsseldorf. M.w.Nachw auch *R. Francke/D. Hart*, Charta der Patientenrechte (1999), S. 37.

[447] Vgl.: OLG Hamm v. 06.03.1989 – 3 U 201/88 = VersR 1990, 660 (Phlebographie). Zur Frage einer unterlassenen computertomographischen Untersuchung bei subarachnoidalen Blutungen kürzlich auch BGH v. 3.11.1998 – VI ZR 253/97 = NJW 1999, 862 (Subarachnoidalblutung).

[448] OLG Hamm v. 06.03.1989 – 3 U 201/88 = VersR 1990, 660 (Phlebographie).

[449] So *H.-J. Mertens*, MünchKomm ^{3}1997, § 823 Rdnr. 375 unter Berufung auf OLG Hamm und OLG Oldenburg

[450] Vgl.: *A. Laufs*, Arztrecht, ^{5}1993, Rdnr. 495.

[451] OLG Stuttgart v. 21.06.1990 – 14 U 3/90 = VersR 1991, 821 (Halsgeschwulst).

pflichtet, den Patienten an einen Facharzt oder eine Fachklinik zu überweisen, die entsprechenden medizinisch-technischen Mittel zur Verfügung hat.[452] Wird dagegen ein Patient mit einer bereits erhobenen Diagnosen von einer personell und technisch hochwertig ausgestattete Klinik dem niedergelassenen Arzt, der über diese Mittel nicht verfügt, überwiesen, so darf dieser auf die übermittelte Diagnose vertrauen und braucht auch nicht erhobene Befunde nicht zum Anlaß erneuter Überprüfungen nehmen. Schwerwiegenden Zweifeln an der bestehenden Vordiagnose muß der behandelnde Arzt allerdings nachgehen. Darüber hinaus sollte ein sorgfältig arbeitender Arzt, der wegen einer speziellen Krankheit konsultiert wird, sein Augenmerk auch auf die Möglichkeit anderer Krankheiten richten.[453]

Für den im Kontext der fehlenden Kostendeckung der vertragsärztlichen Behandlung gebildeten Fall der unentdeckten Bauchhöhlenschwangerschaft (Fall 7) ist nicht zuletzt aus der Verwunderung des Krankenhausarztes, der die Patientin notfallmäßig aufnahm, zu schließen, daß die medizinischen Gutachter in einem Arzthaftungsverfahren zu dem Schluß kommen würden, daß die dargelegten Beschwerden der Patientin im gebärfähigen Alter den Verdacht einer Eileiterschwangerschaft nahelegen. Eileiterschwangerschaften stellen regelmäßig eine Gefahr für das Leben der Patientin dar, weshalb die Anforderungen an die ärztliche Sorgfalt in diesen Fälle besonders hoch angesetzt werden.[454] Insofern wird in der unzureichenden Diagnostik des Hausarztes ein – vermutlich sogar grober - Behandlungsfehler zu sehen sein, der zivilrechtlich auch durch die fehlenden optimalen diagnostischen Möglichkeiten nicht gedeckt ist.[455] Es ist allerdings bei der Fallgestaltung offengeblieben, welchen Schaden die Patientin durch die Behandlungsverzögerung erlitten hat. Von dem Nachweis, daß die Patientin diesen Schaden bei ordnungsgemäßer Diagnosestellung nicht erlitten hätte, wird letztlich die Begründung der ärztlichen Haftung und der Umfang der Schadensersatzpflicht des Arztes abhängen.[456] Nach der neueren Rechtsprechung des BGH[457] können sich in diesem Zusammenhang jedoch aus dem Versäumnis einer medizinisch gebotenen Untersuchung, die mit hinrei-

---

[452] OLG Hamm v. 06.03.1989 – 3 U 201/88 = VersR 1990, 660 [662] (Phlebographie). - M.w.Nachw auch *R. Francke/D. Hart*, Charta der Patientenrechte (1999), S. 36 f. oder *P. Rumler-Detzel*, VersR 1998, S. 547 f.

[453] Vgl. zum Ganzen: *H.-J. Mertens*, MünchKomm ^{3}1997, § 823 Rdnr. 375 und *A. Laufs*, Arztrecht, ^{5}1993, Rdnr. 496.

[454] Vgl. nur: BGH, Urteil v. 26.10.1982 – 1 StR 413/82 = NJW 1983, 350 (Eileiterschwangerschaft).

[455] So auch *D. Hart*, MedR 1999, S. 49 m.w.Nachw. Zuvor bereits *R. Damm*, NJW 1989, S. 739 ff.

[456] Für den Fall, daß dieser Nachweis nicht gelingt, geht die Patientin als Klägerin leer aus (so jüngst noch OLG Oldenburg v. 17.11.1998 – 5 U 106/98 = NJW-RR 1999, S. 1153 f.).

[457] BGH v. 3.11.1998 – VI ZR 253/97 = NJW 1999, 862 (Subarachnoidalblutung).

chender Wahrscheinlichkeit einen gravierenden Befund ergeben hätte, Beweiserleichterungen für die Patienten ergeben.[458]

b) Therapiewahl

In enger Verbindung zur Diagnose steht die Therapiewahl. Unter Anerkennung des Grundsatzes der ärztlichen Therapiefreiheit wird den Ärzten bei der Wahl der geeigneten Therapieform ein großer Entscheidungsspielraum zugebilligt.[459] Dies ist insoweit sachgerecht, als zum einen ein breites Spektrum an zulässigen Therapiemöglichkeiten dazu beiträgt, die Weiterentwicklung der ärztlichen Therapiepraxis zu sichern, und zum anderen es letztlich auch dem Schutz des Patienten dient, wenn der behandelnde Arzt unter mehreren die Therapieform wählen kann, die er am sichersten beherrscht und in der er die größten Erfahrungen besitzt.[460] In diesem Sinne darf es als legitim angesehen werden, wenn ein Arzt sich grundsätzlich oder im Einzelfall für eine ältere Methode mit hinreichender Wirksamkeit entscheidet, die er sicherer beherrscht als neuere Methoden. Dies entbindet den Arzt jedoch nicht von seiner Fortbildungspflicht, denn die Ärzte dürfen sich grundsätzlich nicht mit dem einmal erreichten Kenntnisstand zufriedengeben.[461] Der für Arzthaftungsfragen zuständige 6. Zivilsenat des BGH führt hierzu aus, der Arzt brauche nicht das jeweils neueste Therapiekonzept zu verfolgen. „Eine bestimmte Behandlungsmethode genügt aber von dem Zeitpunkt ab nicht mehr dem einzuhaltenden Qualitätsstandard, wenn es neue Methoden gibt, die risikoärmer oder für den Patienten weniger belastend sind und/oder bessere Heilungschancen versprechen und in der Medizinischen Wissenschaft im wesentlichen unumstritten sind".[462] Grundsätzlich, so der Senat in früheren Entscheidungen, beantworte sich die Frage, ob dem Arzt ein Behandlungsfehler anzulasten sei, danach, ob der Arzt unter Einsatz der von ihm zu fordernden medizinischen Kenntnisse und Erfahrungen im konkreten Fall vertretbare Entscheidungen über die diagnostischen und therapeutischen

---

[458] BGH v. 13.1.1998 – VI ZR 242/96 = NJW 1998, 1780 (Netzhautablösung). - M.w.Nachw auch *A. Laufs*, NJW 1999, S. 1767.

[459] BGH, Urt v. v. 11.05.1982 – VI ZR 171/80 = NJW 1982, 2121 [2122] (Küntschernagel): „Die Wahl der Behandlungsmethode ist primär Sache des Arztes"! – vgl. auch *H.-J. Mertens*, MünchKomm ^{3}1997, § 823 Rdnr. 381 und *A. Laufs*, Arztrecht, ^{5}1993, Rdnr. 484. Einschränkend *R. Francke/D. Hart*, Charta der Patientenrechte (1999), S. 38 f.

[460] Vgl.: *H.-J. Mertens*, MünchKomm ^{3}1997, § 823 Rdnr. 381; *E. Steffen/W.-D. Dressler*, Arzthaftungsrecht (1999), Rdnr. 157 m.w.Nachw.

[461] Vgl.: *A. Laufs*, Arztrecht, ^{5}1993, Rdnr. 481.

[462] BGH v. 26.11.1991 – VI ZR 389/90 = NJW 1992, 754 [755] (Mehrfeldbestrahlung) unter Berufung auf BGH v. 22.09.1987 – VI ZR 238/86 = NJW 1988, 763 (monopolare Elektrokoagulation). Kritisch zur letzteren Entscheidung *R. Damm*, NJW 1989, S. 737 ff.

Maßnahmen getroffen und diese sorgfältig durchgeführt hat.[463] Die Annahme eines Behandlungsfehlers kommt in der Regel nur dort in Betracht, wo sich die gewählte Methode als unvertretbar erweist oder wo sich eine eindeutige Überlegenheit einer nicht angewandten Methode belegen läßt.[464]

Entscheidend bei der Therapiewahl sind also zum einen der Stand der Wissenschaft, dem die zu fordernden medizinischen Kenntnisse des Arztes entsprechen müssen, zu anderen aber auch die individuellen Fähigkeiten des Arztes. Kommen mehrere annähernd gleichwertige Methoden in Betracht, so wird ihm ein großes Auswahlermessen zugebilligt.[465] Sind dagegen die in Hinblick auf die Wirksamkeit gleichwertigen Behandlungsmethoden mit unterschiedlichen Risiken für den Patienten verbunden, so wird der Arzt aus dem „Prinzip des sichersten Weges“ verpflichtet sein, diejenige mit dem geringsten Risiko auszuwählen.[466] Beherrscht ein Arzt den insoweit medizinisch gebotenen Standard nicht, so ist er verpflichtet, den Patienten an einen anderen Arzt zu überweisen.[467] Wählt er dennoch Verfahren mit höheren Risiken oder schlechterer Wirkung, so hat er den Patienten hierüber aufzuklären.[468]

In diesem Kontext sind die meisten der eingangs entwickelten Fälle sowohl des temporären Behandlungsverzichts als auch der suboptimalen Behandlung (Fälle 1, 2, 5, 8) angesiedelt. Es zeigt sich, daß der ärztliche Ermessensspielraum hier vergleichsweise weit gesteckt ist. Insofern sind zu den einzelnen Fällen keine rechtlich verbindlichen Aussagen zu treffen. Die bestimmende Größe für die Rechtmäßigkeit der getroffenen ärztlichen Entscheidung ist letztlich die Abwägung zwischen dem zu erwartenden Nutzen für den Kranken auf der einen und den mit der Wahl der Behandlungsmethode im Einzelfall verbundenen Risiken

---

463 BGH v. 24.11.1987 - VI ZR 65/87 = NJW 1988, 765 (Chondropathia patellae); BGH v. 13.01.1987 - VI ZR 82/86 = NJW 1987, 1481 (varisierenden Osteotomie); BGH v. 10.02.1987 - VI ZR 68/86 = NJW 1987, 1479 (Fascien-Spaltung).

464 Mit kritischen Anmerkungen *R. Damm*, NJW 1989, S. 739 f. und *R. Francke/D. Hart*, Ärztliche Verantwortung und Patienteninformation (1987), S. 38 f. Jüngst auch noch einmal *R. Francke/D. Hart*, Charta der Patientenrechte (1999), S. 44 ff., die, wie bereits *Damm*, diese großzügige Handhabung der ärztlichen Therapiefreiheit als offensichtlich ökonomisch begründet ansehen.

465 Vgl.: *A. Laufs*, Arztrecht, [5]1993, Rdnr. 484 m.w.Nachw.

466 Vgl.: *H.-J. Mertens*, MünchKomm [3]1997, § 823 Rdnr. 385.

467 Vgl.: *H.-J. Mertens*, MünchKomm [3]1997, § 823 Rdnr. 381 oder *P. Rumler-Detzel*, VersR 1998, S. 547 f. m.w.Nachw.

468 Zu den Aufklärungspflichten unten unter 2. II. 4). - Eingehend hierzu mit besonderem Augenmerk auf den hier diskutierten Kontext auch *D. Hart*, MedR 1999, S. 47 ff. Zu der diesbezüglichen Problematik aus der „Elektrokoagulationsentscheidung“ auch *R. Damm*, NJW 1989, S. 741 ff.

auf der anderen Seite.[469] Dabei erlangt der Stand der medizinischen Wissenschaft und dessen Verfügbarkeiten und Durchsetzung in der Praxis entscheidende Bedeutung. Die gerichtliche Bestimmung der ärztlichen Sorgfaltspflicht hängt damit wesentlich ab von dem jeweils geltenden medizinischen Standard, der durch die ärztlichen Gutachterinnen und Gutachter in die Beurteilung eingeführt wird.[470] Dabei wird, wie bereits *R. Damm* in seiner Besprechung der BGH-Entscheidungen zum Einsatz der „Computertomographie“ und der „bipolaren Elektrokoagulation“ dargelegt hat, der ärztliche Sorgfaltsmaßstab selbst aber auch dessen gerichtliche Bewertung nicht zuletzt auch geprägt sein von Aspekten der Wirtschaftlichkeit und der Finanzierbarkeit.[471]

c) Behandlungsfehler im engeren Sinne

Ist die Behandlungsmethode richtig gewählt, so kann es freilich im Verlauf der Behandlung jederzeit zu Fehlern kommen, die zu Gesundheitsschäden für die Patienten führen. Das Spektrum der Möglichkeiten ist hier schier unbegrenzt und auch für den medizinischen Laien leicht vorstellbar. Vorliegend soll in Hinblick auf die eingangs entwickelten Fälle nur ein kleiner Ausschnitt aus dem breiten Spektrum näher betrachtet werden.[472] Neben den offensichtlichen Behandlungsfehlern, wie dem Zurücklassen von Fremdkörpern im Operationsgebiet, der Verletzung anderer Organe im Verlauf eines therapeutischen Eingriffs oder der fehlerhaften Anwendung von Geräten oder handwerklichen Techniken, gibt es auch hier ein breites Feld fehlerhafter Vorgehensweisen, die sich erst durch den Vergleich mit dem medizinischen Standard als solche erkennen lassen. Der Stand der medizinischen Wissenschaft und deren Akzeptanz in der Praxis haben auch hier die letztlich entscheidende Bedeutung.[473]

Zur Beurteilung des konstruierten Falls zu den Auswirkungen der Budgetierung, in dem die Patientin aus Kostengründen vorzeitig entlassen wurden (Fall 5), lassen sich in der umfangreichen Behandlungsfehlerkasuistik auch Fälle finden, in denen eine vorzeitige Entlassung[474] oder die verfrühte Beendigung

---

[469] Vgl.: *A. Laufs*, Arztrecht, [5]1993, Rdnr. 489. Eingehender zur Frage der Nutzen-Risiko-Bilanz auch *Ch. M. Stegers* in *Arbeitsgemeinschaft Rechtsanwälte im Medizinrecht,* Die Budgetierung des Gesundheitswesens (1997), S. 95 f.

[470] Vgl.: *D. Hart*, MedR 1998, S. 8 f. m.w.Nachw. – Zur Standardbildung auch in diesem Kapitel unter B, II, 3), e).

[471] *R. Damm*, NJW 1989, S. 743 f. - Ähnlich später auch OLG Oldenburg v. 27.7.1993 – 5 U 49/93 = VersR 1995, S. 49 (Ballondilatation) unter Berufung auf *E. Steffen*; Neue Entwicklungen der BGH-Rechtsprechung zum Arzthaftungsrecht [4]1991, S. 37.

[472] Hierzu ausführlicher *H.-J. Mertens*, MünchKomm [3]1997, § 823 Rdnr. 398 ff.

[473] Vgl. auch: *A. Laufs*, Arztrecht, [5]1993, Rdnr. 479 ff.

[474] BGH v. 16.06.1981 – VI ZR 38/80 = NJW 1981, 2513 (Linksherzkatheter).

einer therapeutischen Maßnahme[475] als Behandlungsfehler gewertet wurden. Sollte, so der 6. Zivil-Senat des BGH in einer Entscheidung aus dem Jahre 1981,[476] eine vorzeitige Entlassung auf Wunsch des Patienten erfolgen, „muß der behandelnde Arzt wenigstens (...) dafür sorgen, daß der Patient und vor allem sein Hausarzt ausreichend informiert wird, damit Komplikationen rechtzeitig erkannt und sachgemäß behandelt werden können.“ Das Unterlassen dieser Benachrichtigung des Hausarztes sei ein schuldhafter Verstoß gegen die ärztlich gebotene Pflicht zur umfassenden Vorsorge gegen mögliche Schädigung des Patienten. Sind nach einer Behandlung größere Gefahren zu erwarten, so wird es nach Auffassung des Senats geboten sein, dem Patienten entweder die erbetene frühe Entlassung abzuschlagen oder doch wenigstens den Hausarzt auf die Möglichkeit der später verwirklichten Komplikation hinzuweisen.[477]

Nicht nur eine vorzeitige Entlassung als möglicherweise typische Erscheinungsform der verdeckten Rationierung, sondern auch der Verzicht auf eine frühzeitige Operation begründet weiterreichende Pflichten für die behandelnden Ärzte. So kam beispielsweise das OLG Düsseldorf[478] hinsichtlich der medizinisch vertretbaren Verschiebung eines gebotenen operativen Eingriffs zu dem Schluß, daß die Nichtvornahme einer engmaschigen Überwachung zur Vermeidung von weiterreichenden Konsequenzen für den Patienten, die mit einer sofortigen Operation zu umgehen gewesen wären, der behandelnden Klinik als Behandlungsfehler anzulasten sei.[479] Letztlich entscheidet sich aber auch die Frage nach den gegebenen Überwachungspflichten und der Sicherheitsstandards nach dem Stand der medizinischen Wissenschaft. Dabei können nach der „Ballondilatations-Entscheidung“ des OLG Oldenburg[480] auch wirtschaftliche Überlegungen in die Bestimmung des ärztlichen Sorgfaltsmaßstabs einfließen. Wörtlich heißt es dort unter Berufung auf *E. Steffen* „Es ist in der Rechtsprechung anerkannt, daß der rechtliche Sorgfaltsmaßstab den ärztlichen Standard zu berücksichtigen hat und die allgemeinen Grenzen im System der Krankenversorgung einschließlich der Finanzierbarkeit und der Wirtschaftlichkeit nicht völlig außer acht lassen

---

[475] Vgl.: *H.-J. Mertens*, MünchKomm ^{3}1997, § 823 Rdnr. 398 unter Berufung auf OLG Nürnberg, VersR 1982, 1153.

[476] BGH v. 16.06.1981 – VI ZR 38/80 = NJW 1981, 2513 (Linksherzkatheter)

[477] Ebenda.

[478] OLG Düsseldorf v. 11.8.1994 – 8 U 132/92 = VersR 1995, 579 f. (Hydrozephalus).

[479] A.a.O., S. 581. - Zur Frage der Zulässigkeit des Verschiebens einer Operation ohne Konsequenzen für die Klinik *P. Rumler-Detzel*, VersR 1998, S. 548 m.w.Nachw. Weitere Nachweise aus der neueren Rechtsprechung auch bei *E. Steffen/W.-D. Dressler*, Arzthaftungsrecht (1999), Rdnr. 165 (S. 72 ff.)

[480] OLG Oldenburg v. 27.7.1993 – 5 U 49/93 = VersR 1995, S. 49 (Ballondilatation).

darf."[481] Das Gericht zieht daraus den Schluß, es habe bei der Ballondilatation einer Nierenarterie nicht zwingend ein gefäßchirurgisches OP-Team für den Notfall bereitstehen müssen. Inwieweit sich diese Entscheidung auch auf andere wirtschaftlich bedingte Risikosteigerungen ausdehnen läßt, bleibt zweifelhaft. Vollständig auszuschließen sind derartige Einschränkungen der ärztlichen Sorgfaltspflicht allerdings nicht. *Steffen* begründet seine Auffassung mit der Annahme, eine haftungsrechtliche Abwälzung der aus den Grenzen der Finanzierbarkeit und der Wirtschaftlichkeit im System der Krankenversorgung resultierenden Defizite auf den Arzt sei ungeeignet.[482] Diese Annahme ist, soweit dem Arzt damit zugleich Einflußmöglichkeiten auf den Finanzierungsrahmen des Systems abgesprochen werden, sicherlich sachgerecht. Die Frage ist aber, ob es sachgerechter wäre, das Finanzierungsrisiko innerhalb des Systems der Krankenversorgung in vollem Umfang auf die Patienten abzuwälzen. Hier ist m.E. die Einflußmöglichkeit des Arztes über die Ausgestaltung der Leistungserbringung bislang allemal größer als die des Patienten. Fraglich ist ferner, wie weit eine solche Verlagerung der Risiken auf die Patientenseite mit dem höherrangigen Recht vereinbar sind und vor allem, ob aus solchen Einschränkungen nicht Aufklärungspflichten gegenüber dem Patienten entstehen.[483]

d) Organisationspflichten

Angesichts der zunehmenden Knappheit der zur Verfügung stehenden Mittel im Bereich der Krankenversorgung und der zum Teil Knappheit erzeugenden Auswirkungen der Bedarfsplanung stellt sich die Frage, ob die Umschreibung der ärztlichen Sorgfaltspflichten auch für die Verteilung der knapper gewordenen Ressourcen Handlungsvorgaben bereit hält. Wie erwähnt, gibt es originäre Handlungspflichten im Zivilrecht nicht. Diese sind hier vielmehr abgeleitet aus den allgemeinen Sorgfaltspflichten.[484] In diesem Zusammenhang sind besonders die schon kurz angedeuteten Organisationspflichten der Verantwortlichen im Krankenhaus von Bedeutung. Das Feld der Organisationspflichten ist nicht zuletzt durch die umfangreiche Rechtsprechung in diesem Bereich inzwischen weit gesteckt.[485] Nach einer von *D. Hart*[486] zusammengestellten Übersicht um-

---

[481] So OLG Oldenburg v. 27.7.1993 – 5 U 49/93 = VersR 1995, S. 49 f. (Ballondilatation) unter Berufung auf *E. Steffen*; Neue Entwicklungen der BGH-Rechtsprechung zum Arzthaftungsrecht [4]1991, S. 37. In diesem Sinne auch *P. Rumler-Detzel*, VersR 1998, S. 548 f.

[482] *E. Steffen/W.-D. Dressler*, Arzthaftungsrecht (1999), Rdnr. 134 ff.

[483] Das OLG Oldenburg hat eine solche Aufklärung nicht angenommen. Anders dagegen *D. Hart*, MedR 1999, S. 48 f.; differenzierter auch *P. Rumler-Detzel*, VersR 1998, S. 548 f.

[484] Eingehend hierzu *D. Hart*, MedR 1999, S. 47 ff.

[485] Vgl. die Rechtsprechungsübersicht bei *E. Steffen/W.-D. Dressler*, Arzthaftungsrecht (1999), Rdnr. 165 (S. 72 ff.).

fassen sie nicht nur die Bereitstellung und Organisation der räumlichen, sachlichen und personellen Mittel. Zu ihnen gehört auch die Organisation der Patienteninformation, der Dokumentation und nicht zuletzt auch der Einsichtsgewährung in die Krankenunterlagen.[487]

Grundsätzlich sind neben dem Krankenhausträger auch die medizinisch verantwortlichen Leitenden Angestellten in einer Klinik verpflichtet, dafür Sorge zu tragen, daß die Klinik in Hinblick auf die von ihr zu leistenden Aufgaben über eine angemessene Ausstattung an Personal und technischen Hilfsmitteln verfügt und daß die Klinikabläufe sachgerecht organisiert sind.[488] Mängel in der Krankenhaushygiene, unzureichender Unfallschutz für die Patienten und mangelhafte Versorgung mit technischen Hilfsmitteln und Medikamenten gehen eindeutig zu Lasten der medizinisch Verantwortlichen.[489] Es gibt insofern auch eine einklagbare Pflicht der Krankenhausträger und der medizinisch Verantwortlichen, für die Bereitstellung von Ressourcen zu sorgen.[490] Diese Verpflichtung gilt freilich nicht unbegrenzt.[491] Insbesondere wird es selbst bei gewissenhafter Organisation aus Gründen, die nicht im Verantwortungsbereich der Krankenhausträger und Klinikleitungen liegen, zu Situationen der Unmöglichkeit der Erbringung einer bestimmten medizinischen Leistung kommen können. Diese Risiken wird man nur schwerlich den Verantwortlichen in den Kliniken aufbürden können.[492]

In solchen Situationen werden sich die Verantwortlichen aber um eine angemessene Verteilung der verfügbaren Mittel bemühen müssen.[493] Einheitliche

---

486 *D. Hart*, MedR 1999, S. 47, oder auch *R. Francke/D. Hart*, Charta der Patientenrechte (1999), S. 29 f.

487 A.a.O. m.w.Nachw.

488 Grundlegend für den Krankenhausträger BGH v. 18.06.1985 – VI ZR 234/83 = NJW 1985, 2189 (Haftungsbegründendes Organisationsverschulden) - vgl. auch *H.-J. Mertens,* MünchKomm ³1997, § 823 Rdnr. 394; *A. Laufs*, Arztrecht, ⁵1993, Rdnr. 532 ff.; *E. Steffen/W.-D. Dressler,* Arzthaftungsrecht (1999), Rdnr. 165 (S. 72 ff.); *D. Hart*, MedR 1999, S. 47.

489 Beispielsweise BGH, Urt v. 01.02.1994 – VI ZR 65/93 = NJW 1994, 1594 (Wärmflasche) und BGH, Urt v. 11.12.1990 – VI ZR 151/90 = NJW 1991, 1543 (PPSB) beide m.w.Nachw. Weitere Beispiel bei *A. Laufs*, Arztrecht, ⁵1993, Rdnr. 534.

490 Mit besonderem Augenmerk auf die Bereitstellung personeller Ressourcen auch *P. Rumler-Detzel*, VersR 1998, S. 548 f.

491 Vgl.: *H.-J. Mertens,* MünchKomm ³1997, § 823 Rdnr. 394 unter Berufung auf BGH v. 27.09.1983 – VI ZR 230/81 = NJW 1984, 655 [656] (Anfängeroperation) und BGH v. 11.05.1982 – VI ZR 171/80 = NJW 1982, 2121 (Küntschernagel).

492 Vgl. hierzu die Überlegungen bei *A. Laufs*, Arztrecht, ⁵1993, Rdnr. 553.

493 Vgl.: OLG Köln v. 10.7.1991 - 27 U 13/91 = VersR 1993, S. 52 f. (Herzoperation) - Wichtig für die Frage einer rechtlich einwandfreien Verteilung der knappen Ressourcen könnte eine BGH-Entscheidung vom 10.10.1978 – VI ZR 98+99/77 = MDR 1979, 216 (Induktive

Maßstäbe zur Verteilung sind dabei kaum zu entwickeln; sie differieren von Einzelfall zu Einzelfall.[494] Es kann aber, wie schon erwähnt, angezeigt sein, für Notfälle einheitliche Handlungsstrategien zu entwickeln, in denen wenigstens die Prioritäten festgelegt sind. Ansonsten kommt die Rechtsprechung zu dem Schluß, daß Kapazitätsengpässe die Verschiebung einer Behandlung rechtfertigen.[495] In den Fällen, in denen eine akute Gefährdung der Patienten nicht erkennbar ist, dürfte damit eine Verweisung des Patienten auf einen späteren Behandlungszeitpunkt auch unter zivilrechtlichen Gesichtspunkten weitgehend zulässig sein. Im übrigen werden sich aus solchen Kapazitätsengpässen immer auch Aufklärungspflichten und, soweit möglich, auch Überweisungspflichten ergeben.[496]

e) Standardbildung und Einfluß wirtschaftlicher Aspekte

Wie sich gezeigt hat, ist der jeweils geltende medizinische Standard der entscheidendste Maßstab für die Bestimmung der Sorgfaltspflichten im Einzelfall. Interessant ist daher, wie sich ökonomische Aspekte auf die Festlegung eines medizinischen Standards auswirken.

Die Diskussion um den ärztlichen, medizinischen oder auch organisatorischen Standard und dessen systematischer Weiterentwicklung im Rahmen der medizinischen Versorgung ist vergleichsweise neu und nicht zuletzt auch auf die Notwendigkeit einer Effektivierung der ärztlichen Behandlung unter dem Eindruck der knapper werdenden Ressourcen im Gesundheitswesen zurückzuführen.[497] Dabei ist festzustellen, daß immer noch, oder vielleicht gerade deswegen die

---

Zugsicherung) sein. Interessant zur Frage der Risikoverteilung auch *R. Damm*, Neue Risiken und neue Rechte, in ARSP 79/1993, S. 159 ff.

[494] Einige Vorgaben können sich aber doch aus der nachfolgenden verfassungsrechtlichen Untersuchung ergeben.

[495] So BGH v. 07.07.1987 - VI ZR 193/86 = NJW 1987, 2923 (Amniozentese) - Weitere Nachweise bei *P. Rumler-Detzel*, VersR 1998, S. 548. Zuvor bereits zu den Kapazitätsengpässen bei Untersuchungsplätzen: BGH v. 22.11.1983 – VI ZR 85/82 = NJW 1984, 658 (Falschberatung einer Schwangeren). Interessant zur Frage eines vorliegenden Organisationsverschuldens: BGH v. 18.06.1985 – VI ZR 234/83 = NJW 1985, 2189 (2191) (ärztliche Unterversorgung). Hierzu auch *D. Hart*, MedR 1999, S. 47 ff.

[496] Vgl.: *H.-J. Mertens*, MünchKomm [3]1997, § 823 Rdnr. 396. In einer gedanklichen Fortentwicklung der Rechtsprechung zu den Aufklärungspflichten hat in diesem Kontext *D. Hart* (MedR 1999, S. 47 ff.) das Institut der „Organisationsaufklärung" entwickelt, wonach es zu den Pflichten eines Krankenhausträgers gehören soll, die Patienten über gegebene organisatorische Mängel aufzuklären.

[497] Zur Diskussion: *Arbeitsgemeinschaft Rechtsanwälte im Medizinrecht,* Die Budgetierung des Gesundheitswesens (1997); *E. Nagel/Ch. Fuchs*, Leitlinien und Standards im Gesundheitswesen (1997); *H.-K. Selbmann (Hrsg.),* Leitlinien in der Gesundheitsversorgung (1998); *D. Hart*, MedR 1998; S. 8 ff.

Abgrenzung der Begrifflichkeiten, die im Rahmen dieser Diskussion verwandt werden, immer recht unscharf ist.[498] So werden insbesondere die Begriffe Standard, Leitlinie und Richtlinie synonym oder aber mit, je nach Verfasser, unterschiedlichen Bedeutungsgehalten in der Diskussion verwandt. Insgesamt läßt sich aber doch in der Diskussion eine Tendenz zur begrifflichen Unterscheidung ausmachen:

Der *Standard* ist rein sprachlich gesehen ein Synonym für das „Normale". Gemeint ist das Durchschnittliche oder Übliche. Die Norm wird damit zum charakteristischen Merkmal des Standards.[499] Im Arzthaftungsrecht und in der ärztlichen Qualitätssicherung umschreibt der „ärztliche oder fachspezifische Standard" das tatsächliche, aktuell gegebene durchschnittliche Leistungsniveau sorgfältig arbeitender Kliniken und Ärzte, den sogenannten „state of the art" oder den „Stand der Wissenschaft und Technik".[500] Dieser Standard ist nicht statisch. Er ist abhängig von der Entwicklung in der medizinischen Wissenschaft, d. h. was an therapeutischer Sorgfalt von dem behandelnden Arzt typischerweise erwartet werden darf, richtet sich „nach dem Erkenntnisstand der medizinischen Wissenschaft zur Zeit der Behandlung."[501] Neuerdings wird in der juristischen Diskussion um den Standard vermehrt auf die Frage abgestellt, wie sich die zunehmende Entwicklung von Leitlinien für die medizinische Behandlung und/oder deren Ausgestaltung durch Richtlinien auf die Bestimmung des medizinischen Standards auswirkt.[502]

Unter *Leitlinien* sind systematisch entwickelte Darstellungen und Empfehlungen zu verstehen, die den Zweck haben, Ärzte und ggf. auch Patienten bei der Entscheidung über zweckdienliche Maßnahmen der Krankenversorgung (Prävention, Diagnostik, Therapie und Nachsorge) unter spezifischen klinischen Umständen zu unterstützen. Sie dienen letztlich der Steuerung von Prozessen und stellen in erster Linie praxisorientierte Handlungsempfehlungen oder Orientierungshilfen dar, von denen unter Umständen nicht nur abgewichen werden

---

[498] Zum Standardbegriff *E. Buchborn*, MedR 1993, S. 328 ff. Zur Abgrenzung der Begriffe auch *R. Francke/D. Hart*, Charta der Patientenrechte (1999), S. 22 ff.; *Bearbeiter*, in *H.-K. Selbmann (Hrsg.),* Leitlinien in der Gesundheitsversorgung (1998); S. 8 f.; *S. Grafe/W. Bruns*, ArztR 1998, S. 181 ff.

[499] So *S. Grafe/W. Bruns*, ArztR 1998, S. 182. Eingehend auch *R. Jungbecker* in *Arbeitsgemeinschaft Rechtsanwälte im Medizinrecht,* Die Budgetierung des Gesundheitswesens (1997), S. 5 ff.

[500] Vgl.: *A. Laufs*, Arztrecht, ^{5}1993, Rdnr. 470 f; *R. Francke/D. Hart*, Charta der Patientenrechte (1999), S. 23.

[501] So *E. Steffen/W.-D. Dressler,* Arzthaftungsrecht (1999), Rdnr. 166 m.w.Nachw.

[502] Vgl.: *D. Hart*, MedR 1998, S. 8 ff. Ausführlich auch *E. Nagel/Ch. Fuchs (Hrsg.)*, Leitlinien und Standards im Gesundheitswesen ... (1997).

darf, sondern sogar abgewichen werden muß.[503] Ihre Entwicklung erfolgt bislang innerhalb der Expertengruppen, z.B. den wissenschaftlichen medizinischen Fachgesellschaften und beruhen in der Regel auf einen innerfachlichen Konsens. Seit kurzem laufen Bemühungen der *Arbeitsgemeinschaft der Wissenschaftlichen Medizinischen Fachgesellschaften* (AWMF) und einer von der Bundesärztekammer und der Kassenärztlichen Bundesvereinigung gebildeten *Ärztlichen Zentralstelle für die Qualitätssicherung* (ÄZQ), die Flut der verschiedenen verfügbaren Handlungsempfehlungen zu systematisieren und die Kriterien, anhand derer sie entwickelt werden, zu vereinheitlichen.[504] Gleichwohl gibt es, wie ein Blick ins Internet, in dem viele der Leitlinien veröffentlicht sind,[505] zeigt, eine Vielzahl immer noch recht unterschiedlicher Leitlinien selbst zu gleichen Behandlungsarten.[506] Nicht zuletzt deshalb betont die *AWMF* am Schluß einer jeden Leitlinie, daß diese eine Handlungsempfehlung darstellt, die unverbindlich und auf ihre Anwendbarkeit auf den Einzelfall hin zu überprüfen ist.

---

[503] Vgl.: *R. Francke/D. Hart*, Charta der Patientenrechte (1999), S. 23 f.; *S. Grafe/W. Bruns*, ArztR 1998, S. 181 ff.; *H.-K. Selbmann (Hrsg.),* Leitlinien in der Gesundheitsversorgung (1998), S. 8.

[504] Vgl.: *R. Francke/D. Hart*, Charta der Patientenrechte (1999), S. 23 f. m.w.Nachw.

[505] Beispielsweise: www.azq.de; www.uni-düsseldorf.de/WWW/AWMF; www.leitlinien.de.

[506] So gibt es beispielsweise zum Thema „Thromboembolie-Prophylaxe“ eine Leitlinie der Deutschen Gesellschaft für Phlebologie und eine der Deutschen Gesellschaft für Chirurgie, die sich in ihren wesentlichen therapeutischen Aussagen zwar weitgehend decken, allerdings hinsichtlich der Einschätzung der Wirksamkeit und Risiken einzelner therapeutischer Maßnahmen durchaus zu abweichenden Aussagen kommen. So wird beispielsweise die Anwendung von sogenannten Antithrombosestrümpfen von der Deutschen Gesellschaft für Phlebologie grundsätzlich empfohlen, während die Deutsche Gesellschaft für Chirurgie darauf hinweist, daß solche Prophylaxestrümpfe nur bei sorgfältiger Anpassung einen wirksamen Beitrag leisten. Dies stellt zwar in sich keinen Widerspruch dar, ist aber eine Form der Präzisierung, die unter Umständen erhebliche Auswirkungen haben könnte, zumal Informationen aus der Praxis daraufhin deuten, daß eben gerade das Anpassen solcher Strümpfe eher lax gehandhabt wird. An dieser Stelle kommt hinzu, daß im Regelfall für die Anpassung der Prophylaxestrümpfe das (Kranken-) Pflegepersonal zuständig ist. Ein Hinweis auf etwaige Leitlinien (bzw. Standards) der Pflegeexperten fehlen allerdings in beiden AWMF-Leitlinien und das obwohl ein erneuter Blick ins Internet auch von dieser Berufsgruppe 2 verschieden „Pflegestandards“ zum Thema „Thromboseprophylaxe“ zutage fördert. – Einen vom *Kreiskrankenhaus München-Perlach* (http://www.home.t-online.de/home/0896375206/thrombos.htm) und einen vom *Merian-Inselin-Spital* in Basel (http://www.pflegenet.com/isfp/praxis/kritik/thrombosestandard.htm). Hier zeigt sich ein vielleicht grundlegendes Problem der derzeitigen Leitliniennbetwicklung: die vielfach fehlende Einbeziehung anderer Expertengruppen, die durchaus am Gesamtgeschehen Krankenbehandlung maßgeblich mitwirken. Eine Interdisziplinarität der Leitlinien ist offenbar nicht gegeben, wodurch ihre Bedeutung innerhalb einer arbeitsteilig organisierten Krankenversorgung eher zweifelhaft wird.

Von den Leitlinien zu unterscheiden sind namentlich im juristischen Sprachgebrauch die *Richtlinien.* Bei ihnen handelt es sich um Handlungsregeln einer gesetzlich, berufsrechtlich, standesrechtlich oder satzungsrechtlich legitimierten Institution, die für den Rechtsraum dieser Institution verbindlich sind und deren Nichtbeachtung definierte Sanktionen nach sich ziehen kann. Schon diese Unterscheidung zeigt, daß die Bindungswirkung der Richtlinien ungleich stärker ist als die der Leitlinien.[507] Eine besondere Bedeutung für die hier erörterte Fragestellung haben der (sozialversicherungsrechtlichen) Richtlinien des Bundesausschusses der Ärzte und Krankenkassen.[508] In diesen Richtlinien werden zwar nicht wie bei den Leitlinien die einzelnen Schritte eines Behandlungsprozesses vorgegeben. Durch den Ausschluß bestimmter therapeutischer Verfahren, durch die Festlegung von Untersuchungshäufigkeiten oder aber auch durch den Ausschluß bestimmter Arzneimittel entweder generell oder für bestimmte Behandlungen jedoch wirken diese Richtlinien unmittelbar und prägend auf die Definition eines medizinischen Standards ein,[509] denn letztlich wird von der Einhaltung der Vorgaben der sozialversicherungsrechtlichen Richtlinien auch die Gewährung der Leistungsvergütung durch die Krankenkassen bzw. die KVen abhängen.[510]

Die hohe Bindungswirkung der Richtlinien gilt für die Leitlinien nicht so uneingeschränkt. *Dieter Hart*[511] präzisiert das Nebeneinander von Standards und Leitlinien dahingehend, daß eine Leitlinie den Standard zum Zeitpunkt ihrer Verabschiedung feststellt. Standards und Leitlinien sollten übereinstimmen. Sie können aber auch auseinanderfallen, wenn es einen Erkenntnisfortschritt gegeben hat, der in der Leitlinie noch nicht berücksichtigt worden ist.[512] Die rechtliche Verbindlichkeit von Leitlinien und letztlich auch die Erreichung ihres Ziels, die Behandlungsqualität zu sichern, dürfte entscheidend von ihrer formalen, inhaltlichen und verfahrensmäßigen Harmonisierung abhängen. Im Rahmen des

---

507 Vgl.: *R. Francke/D. Hart*, Charta der Patientenrechte (1999), S. 23 ff. und *S. Grafe/W. Bruns*, ArztR 1998, S. 183 ff. m.w.Nachw.

508 Zu nennen wären hier die Mutterschafts-Richtlinien (u.a. Bestimmung der Zahl von Kontrolluntersuchungen), die NUB-Richtlinien („Methadon-Entscheidung"), die Arzneimittel-Richtlininen („Viagra") oder auch die Psychotherapie-Richtlinien (Festlegungen auf bestimmte Therapierichtungen).Weitere Richtlinien nennt *Ch. M. Stegers* in *Arbeitsgemeinschaft Rechtsanwälte im Medizinrecht,* Die Budgetierung des Gesundheitswesens (1997), S. 98 f.

509 Vgl.: *S. Grafe/W. Bruns*, ArztR 1998, S. 184

510 *Ch. M. Stegers* (in *Arbeitsgemeinschaft Rechtsanwälte im Medizinrecht,* Die Budgetierung des Gesundheitswesens (1997), S. 98 f.) führt die hohe Bindungswirkung der Richtlinien nicht zuletzt auch darauf zurück, daß sie als Verkörperung des Minimalstandards anzusehen sind.

511 *D. Hart*, MedR 1998, S. 9.

512 Ebenda.

Haftungsrechts könnte der Beachtung einer Leitlinie durchaus die Funktion einer „Haftungsimmunisierung“ zukommen. Damit könnte demjenigen, der sich einer Leitlinie entsprechend verhält, prinzipiell kein Behandlungsfehlervorwurf gemacht werden. Wer allerdings von der Leitlinie abweicht, dürfte sich regelmäßig in ein „Behandlungsfehlerrisiko“ begeben und wird mindestens hinsichtlich seiner Entscheidungsfindung begründungs- und dokumentationspflichtig.[513] Insgesamt könnten so die Leitlinien eine Rationalisierungsfunktion für die Feststellung des Behandlungsfehlers enthalten und damit zu einer Qualitätskontrolle auch der rechtlichen Entscheidung beitragen.[514]

Kaum bestreitbar ist allerdings, daß Leitlinien neben den rein medizinischen Aspekten der Heilbehandlung immer auch andere, die Praxis beeinflussende Faktoren mit berücksichtigen. Zu diesen Faktoren gehören zweifellos auch ökonomische Überlegungen, wie Rationalisierungs- und Rationierungsentscheidungen, die die Leistungserbringung im medizinischen Bereich prägen und damit notwendigerweise in die Leitlinien mit einfließen, wenn sie nicht sogar das ausschlaggebende Motiv für die Leitlinienentwicklung darstellen.[515] Mit dem Ergebnis der Diskussion auf einer Bremer Tagung zum Thema *„Richtlinien, Leitlinien, Standards: Empirie und Recht professioneller Normsetzung“*[516] kann man hinsichtlich der Frage, welche Auswirkungen die in die Leitlinien einfließenden ökonomischen Aspekte auf die Patienten-Arzt-Beziehung haben, zu der Feststellung kommen, daß Rationalisierungsaspekte, aufgrund derer eine Behandlung „gestrafft“ und um überflüssige oder unzweckmäßige Bestandteile bereinigt wird, durchaus auch auf den Sorgfaltsmaßstab, der an die ärztliche Behandlung gestellt wird, durchschlagen können.

Andererseits wird die Festschreibung eines medizinischen Standards in Leitlinien oder gar in Richtlinien auch nicht ohne Auswirkungen auf die Vergütung von Krankenversicherungsleistungen bleiben. Am Beispiel der Fallpauschalen und Sonderentgelte im Bereich der Krankenhausfinanzierung läßt sich dieser Zusammenhang leicht verdeutlichen.[517] Gerade das geschilderte Verfahren zur Ermittlung der Punktwerte für die Fallpauschalen zeigt, daß damit für die einzelnen Behandlungsfälle in erster Linie der „state of the art“ zum Zeitpunkt des Ermittlungsverfahrens abgebildet wurde. Wäre zu diesem Zeitpunkt beispielsweise nach einer Hüftendoprothese eine längere intensivmedizinische Überwa-

---

[513] Vgl.: *D. Hart*, MedR 1998, S. 12 f. m.w.Nachw; zum Ganzen auch *G. Röfer/S. Schlacke*, NJW 1999, S. 838 f.

[514] Vgl.: *D. Hart*, MedR 1998, S. 13.

[515] Vgl.: *S. Grafe/W. Bruns*, ArztR 1998, S. 185; *G. Gäfgen* in *E. Nagel/Ch. Fuchs*, Leitlinien und Standards im Gesundheitswesen (1997), S. 163 ff.

[516] Übersichtlich hierzu *G. Röfer/S. Schlacke*, NJW 1999, S. 838 f. - Ein Tagungsband (Hrsg. *D. Hart*) ist in Arbeit und wird demnächst erscheinen.

[517] Am Beispiel von Pflegestandards hierzu *J. Martin*, Pflegezeitschrift 1999, S. 122 ff.

chung üblich gewesen, so läge der Punktwert für die Fallpauschale sicher um einiges höher. Umgekehrt ist mit dem Punktwert für die Hüftendoprothese die kürzere intensivmedizinische Überwachung vorläufig gewissermaßen als medizinischer Standard festgeschrieben. Problematisch ist daran nicht so sehr die wechselseitige Beziehung zwischen medizinischem Standard und Vergütungssystem. Diese Beziehung ist naheliegend und kaum vermeidbar.[518] Problematischer ist dagegen die Tatsache, daß der zugrunde gelegte Standard quasi stichprobenartig ermittelt wurde und der von der AWMF und der ÄZQ geforderte innerfachliche Konsens nicht herbeigeführt wurde. Noch weniger wurde das Verfahren einer breiten öffentlichen Diskussion zugänglich gemacht. Die eigentlich betroffenen Patienten hatten also keine Möglichkeit der Einflußnahme auf das Ergebnis. Schließlich ist auch nicht vorgesehen, die Grundlagen für die Fallpauschalen einer regelmäßigen Überprüfungen auf ihre Gültigkeit hin zu unterziehen. Insofern ist der medizinische Standard des Jahres 1993 in weiten Teilen der operativen Versorgung durch das Vergütungssystem auf die nächsten Jahre festgeschrieben. Medizinische Neuentwicklungen können im Prinzip nur noch berücksichtigt werden, wenn sie Kosten einsparen oder doch wenigstens keine weiteren Kosten verursachen.

Unter diesem Aspekt gilt es, die weitere Entwicklung im Bereich der Leitlinien und Richtlinien und ihre Auswirkungen auf den medizinischen und organisatorischen Standard kritisch zu beobachten. Die Annahme, in Leitlinien zum Ausdruck gebrachte Rationierungsentscheidungen, durch die den Patienten an sich mögliche und zweckmäßige Behandlungsbestandteile in der Weise vorenthalten werden, daß der „Stand der Wissenschaft und Technik" verlassen wird, würde vom Haftungsrecht voraussichtlich nicht akzeptiert werden,[519] ist angesichts der dargelegten wechselseitigen Beziehungen von Standards und Finanzierungssystem mit großer Vorsicht zu genießen. Insbesondere ohne eine sorgfältige Ausgestaltung des Verfahrens der Leitliniengenerierung und ohne entsprechende Einbeziehung der Patienten oder der Öffentlichkeit ist die Gefahr groß, daß der medizinische Standard schleichend dem Diktat der Finanzierbarkeit unterworfen wird. Nicht von ungefähr gelangt *A. Laufs* in seinem jüngsten Jahresaufsatz zur Entwicklung des Medizinrechts zu der Aussage: „Sozialrechtliche Vorgaben wie Budgetierung und Wirtschaftlichkeitsprüfungen sowie Arzneimittel-Richtlinien setzen medizinische Standards und die dem Wohl des einzelnen Patienten verpflichtete ärztliche Therapiefreiheit unter Druck."[520]

---

[518] Vgl.: *E. Nagel/Ch. Fuchs (Hrsg.)*, Leitlinien und Standards im Gesundheitswesen (1997), S. 173 ff.

[519] So *W.-D. Dressler* auf der genannten Tagung in Bremen.

[520] *A. Laufs*, NJW 1999, S. 1767 m.w.Nachw.

4) Aufklärungsfehler und das Selbstbestimmungsrecht des Patienten

Neben den Behandlungsfehlern haben die Aufklärungsfehler innerhalb des zivilrechtlichen Systems der Arzthaftung eine maßgebliche Bedeutung.[521] Die ärztliche Aufklärungspflicht dient zum einen dazu, durch gezielte Patienteninformation die Wirkung der medizinischen Behandlung sicherzustellen, zum anderen aber auch dazu, dem Patienten sein Recht auf Selbstbestimmung zu sichern. Man unterscheidet daher zwischen der sogenannten *Sicherungs-* oder auch *therapeutischen Aufklärung* und der sogenannten *Selbstbestimmungsaufklärung.*[522] Während eine mangelhafte Sicherungsaufklärung als Behandlungsfehler anzusehen ist, kommt die Selbstbestimmungsaufklärung, entgegen einem nahezu einstimmigen Votum in der Literatur,[523] nach der Rechtsprechung bisher nur auf der Rechtfertigungsebene bei einer tatbestandlichen Körperverletzung zum Tragen. Bei mangelhafter Selbstbestimmungsaufklärung ist demnach die Einwilligung in die Heilbehandlung unwirksam und die Heilbehandlung stellt damit einen rechtswidrigen Eingriff in die körperliche Unversehrtheit dar.[524]

a) Die Sicherungsaufklärung

Die Sicherungsaufklärung bildet einen wesentlichen Teil der ärztlichen Behandlung. Zentrales Anliegen der Sicherungsaufklärung ist die gezielte Information des Patienten über Diagnose, Einzelheiten der Therapie - besonders hinsichtlich des Umgangs mit den verordneten Medikamenten - und nicht zuletzt auch allgemeine Verhaltenshinweise oder Diätvorschläge mit dem Ziel, den Erfolg der Behandlung weitmöglichst sicher zu stellen.[525] Es geht damit letztlich darum, den Patienten dazu zu bewegen, sein Verhalten möglichst optimal den Erfordernissen der gewählten Behandlung anzupassen und Effektivitätsverluste durch die „Patienten-Compliance"[526] zu minimieren. Dieser Teilbereich der ärztlichen Aufklärungspflichten mag für die Praxis der medizi-

---

[521] Zum Ganzen: *A. Laufs* in *Laufs/Uhlenbruck*, Handbuch des Arztrechts ^{2}(1999), §§ 61 ff.; *ders.*, Arztrecht, ^{5}1993, Rdnr. 160 ff.; *R. Francke/D. Hart*, Charta der Patientenrechte (1999), S. 112 ff.

[522] Zu den Einzelheiten ebenda. Zuvor bereits *R. Francke*, Ärztliche Berufsfreiheit und Patientenrechte (1994), S. 110 ff. - Übersichtlich unter strafrechtlichen Aspekten hierzu auch *G. Solbach*, JA 1986, S. 419 ff.

[523] Vgl. die Nachweise bei: *A. Laufs* in *Laufs/Uhlenbruck*, Handbuch des Arztrechts ^{2}(1999), § 63 Rdnr. 2 oder auch *E. Schmidt/G. Brüggemeier*, Zivilrechtl. Grundkurs ^{5}1998, S. 325 f.

[524] Vgl.: *H.-J. Mertens*, MünchKomm ^{3}1997, § 823 Rdnr. 358 f.; *A. Laufs* in *Laufs/Uhlenbruck*, Handbuch des Arztrechts ^{2}(1999), § 63 Rdnr. 2.

[525] Vgl.: *R. Francke*, Ärztliche Berufsfreiheit und Patientenrechte (1994), S. 111 f.; *R. Francke/D. Hart*, Charta der Patientenrechte (1999), S. 177 ff.; *A. Laufs* in *Laufs/Uhlenbruck*, Handbuch des Arztrechts ^{2}(1999), § 62.

[526] Zum Begriff *A. Laufs* in *Laufs/Uhlenbruck*, Handbuch des Arztrechts ^{2}(1999), § 62 Rdnr. 9 m.w.Nachw.

nischen Behandlung von erheblicher Bedeutung sein,[527] ein Schutz vor verdeckter oder gar offener Rationierung medizinischer Leistungen für die Patienten ergibt sich daraus indes nicht, denn hier geht es ja lediglich darum, den einmal eingeschlagenen Weg der Behandlung abzusichern und in enger Abstimmung mit dem Patienten die möglichen Komplikationen einer Behandlung gering zu halten.[528]

b) Die Selbstbestimmungsaufklärung

Eine weit größere Bedeutung im Sinne eines Schutzes vor allem vor den Erscheinungsformen der verdeckten Rationierung könnte der Selbstbestimmungsaufklärung zukommen. Die entscheidende Funktion der Selbstbestimmungsaufklärung liegt in der Wahrung der Entscheidungshoheit des Patienten über die Umstände seiner Krankenbehandlung, auf die es im Rahmen der Rechtfertigung des Eingriffs in die körperliche Unversehrtheit, die die ärztliche Heilbehandlung nach der Rechtsprechung immer noch darstellt, wesentlich ankommt.[529] Hierzu werden in der Literatur noch einmal drei Ebenen der Selbstbestimmungsaufklärung unterschieden. Dieses sind die *Diagnoseaufklärung*, die *Verlaufsaufklärung* und die *Risikoaufklärung*.[530] Zum Bereich der Risikoaufklärung wird vielfach auch die Pflicht zur Aufklärung über die Wahl der Behandlungsmethode und über alternative Behandlungsmethoden gerechnet. Dies ist der Bereich der ärztlichen Aufklärungspflicht, der den Patienten auch ein gewisses Maß an Schutz vor verdeckter Rationierung sichert.

Nach dem derzeitigen Stand der Rechtsprechung ist der behandelnde Arzt grundsätzlich verpflichtet, den Patienten „im großen und ganzen" über Chancen und Risiken der Behandlung aufzuklären.[531] Dem Patienten muß dabei eine allgemeine Vorstellung von der Schwere des Eingriffs und den spezifisch mit ihm verbundenen Risiken vermittelt werden.[532] Außerdem dürfen die Risiken

---

[527] Vgl. auch die Rechtsprechungsnachweise bei *A. Laufs* in *Laufs/Uhlenbruck*, Handbuch des Arztrechts ^{2}(1999), § 62 oder *R. Francke/D. Hart*, Charta der Patientenrechte (1999), S. 178 f.

[528] R. Francke/D. Hart, a.a.O.

[529] Zu den Einzelheiten *A. Laufs* in *Laufs/Uhlenbruck*, Handbuch des Arztrechts ^{2}(1999), § 63 Rdnr. 1 ff.; *R. Francke/D. Hart*, Charta der Patientenrechte (1999), S. 117 f. Zu den verfassungsrechtlichen Grundlagen im 3. Kapitel unter F.

[530] So auch *A. Laufs* in *Laufs/Uhlenbruck*, Handbuch des Arztrechts ^{2}(1999), § 63 Rdnr. 11 ff.; *R. Francke/D. Hart*, Charta der Patientenrechte (1999), S. 120 ff.

[531] Vgl.: BGH v. 08.05.1990 - VI ZR 227/89 = NJW 1990, 2929 = VersR 1990, 1010 (1011) (Pericardektomie). Zum Ganzen auch *R. Francke/D. Hart*, Charta der Patientenrechte (1999), S. 128 m.w.Nachw.

[532] Vgl.: BGH v. 07.02.1984 - VI ZR 174/82 = BGHZ 90, 103 (106) = NJW 1984, 1397 (Strahlentherapie).

weder verharmlost noch heruntergespielt werden.[533] Zur Frage der Informationspflicht über Behandlungsalternativen stellte der 6. Zivil-Senat des BGH in der Vergangenheit fest:

> „Die Wahl der Behandlungsmethode ist primär Sache des Arztes. Er ist, sofern es mehrere, gleich erfolgversprechende und übliche Behandlungsmöglichkeiten gibt, nicht stets verpflichtet, dem Patienten alle medizinischen Möglichkeiten darzustellen und seine Wahl ihm gegenüber zu begründen. Das kann etwa dann geboten sein, wenn jeweils unterschiedliche Risiken für den Patienten entstehen. Ihm muß dann die Entscheidung überlassen bleiben, auf welches er sich einlassen will."[534]

Oder später:

> „Solange dem Patienten im Krankenhaus eine Behandlung geboten wird, die dem jeweils zu fordernden medizinischen Standard genügt, ist er nicht darüber aufzuklären, daß dieselbe Behandlung andernorts mit besseren personellen und apparativen Mitteln und deshalb mit einem etwas geringeren Komplikationsrisiko möglich ist. Anderes gilt, sobald neue Verfahren sich weitgehend durchgesetzt haben und dem Patienten entscheidende Vorteile bieten."[535]

Insofern ist die Rechtsprechung, auch wenn sie die Bedeutung des Selbstbestimmungsrechts grundsätzlich anerkennt, in seiner Anwendung doch eher zurückhalten. *Laufs* zitiert das OLG Celle mit der Aussage: „So sehr die Rechtsprechung dazu verpflichtet ist, dem Patienten die Ausübung seines verfassungsrechtlich gewährleisteten Selbstbestimmungsrechts zu sichern, so sehr muß sie sich andererseits doch davor hüten, die Anforderungen an die Aufklärungspflicht der Ärzte zu übertreiben."[536] Der Grund für diese Zurückhaltung mag darin liegen, daß es bislang an klaren gesetzlichen Vorgaben hinsichtlich der ärztlichen Aufklärungspflicht fehlt und der gesamte diesbezügliche Regelungskatalog auf richterliche Rechtsfortbildung beruht.[537] Im Sinne einer Sicherstellung der Teilung der Gewalten im Staate ist diese Zurückhaltung sicher auch angebracht. Gleichwohl ist festzustellen, daß der Schutz des Selbstbestimmungsrechts der Patienten zunehmend an Bedeutung gewinnt.[538] In der jüngeren Rechtsprechung findet diese Entwicklung nicht zuletzt darin ihren Ausdruck, daß für die ärztliche Aufklärungspflicht bei zur Verfügung stehenden Behandlungsalternativen nicht vorausgesetzt wird, daß die wissenschaftliche

---

[533] Vgl.: AHRS 5350/2; VersR 1987, 200 = AHRS 4730/9 – umfassend auch BGH, Urt v. 26.11.1991 – VI ZR 389/90 = NJW 1992, 754 [755] (Mehrfeldbestrahlung).

[534] Vgl.: BGH v. 11.05.1982 – VI ZR 171/80 = NJW 1982, 2121 [2122] (Küntschernagel).

[535] Vgl.: BGH v. 22.09.1987 – VI ZR 238/86 = NJW 1988, 763 (monopolare Elektrokoagulation).

[536] *A. Laufs* in *Laufs/Uhlenbruck*, Handbuch des Arztrechts ²(1999), § 63 Rdnr. 7 (Fn. 7).

[537] Mit einigen interessanten Vorschlägen zur Kodifizierung der Patientenrechte *R. Francke/D. Hart*, Rechtswissenschaftlicher Gutachtenteil, in *B. Badura et al.*, Bürgerorientierung des Gesundheitswesens (1999), S. 135 ff.

[538] So auch *A. Laufs*, NJW 1999, S. 1765 oder auch schon *R. Giesen,* MedR 1997, S. 25.

Diskussion über bestimmte Risiken einer Behandlung bereits abgeschlossen ist und zu allgemein akzeptierten Ergebnissen geführt hat. Es genüge vielmehr, so der *6. Senat*, daß ernsthafte Stimmen in der medizinischen Wissenschaft auf bestimmte, mit einer Behandlung verbundene Gefahren hinweisen.[539]

Im übrigen wird man bei der Frage nach der Aufklärungspflicht über alternative Behandlungs- oder Diagnosemöglichkeiten davon ausgehen können, daß eine Verpflichtung zur Aufklärung über Behandlungsalternativen nur dort besteht, wo sich die Behandlungsalternative als erfolgversprechender bzw. mit weniger Risiken behaftet erweist und wo sie im Einzelfall auch verfügbar ist und damit für den betroffenen Patienten auch eine *echte Wahlmöglichkeit* darstellt.[540] Gibt es indessen für den konkreten Behandlungsfall mehrere medizinisch gleichermaßen indizierte und übliche Behandlungsmethoden, die gleichwertig sind, aber unterschiedliche Risiken und Erfolgschancen haben, besteht mithin für den Patienten eine echte Wahlmöglichkeit, dann muß ihm durch entsprechende vollständige ärztliche Belehrung die Entscheidung darüber überlassen bleiben, auf welchem Weg die Behandlung erfolgen soll und auf welches Risiko er sich einlassen will.[541] Ein für diese Situation typischer Fall ist der, daß eine konservative Behandlung als Alternative zu einer Operation medizinisch zur Wahl steht.[542] Es bedarf allerdings im Klagefall des Nachweises durch den Patienten, daß dieser sich im Falle einer ordnungsgemäßen Aufklärung tatsächlich anders entschieden hätte oder aber doch mindestens in einem echten Entscheidungskonflikt befunden hätte.[543]

In der Literatur gehen die Forderung nach einer umfassenden Aufklärung über Behandlungsalternativen und Risiken, die sich aus den besonderen Umständen der Behandlung ergeben, allerdings noch viel weiter. So hatte bereits *R. Damm*[544] in seiner Besprechung der „Elektrokoagulationsentscheidung"[545] dar-

---

[539] BGH v. 21.11.1995 – VI ZR 329/94 = NJW 1996, 776 (Thromboseprophylaxe).

[540] BGH v. 11.05.1982 – VI ZR 171/80 = NJW 1982, 2121 (Küntschernagel) – vgl. auch *R. Damm*, NJW 1989, S. 741; *R. Francke/D. Hart*, Ärztliche Verantwortung und Patienteninformation (1987), S. 41 ff. m.w.Nachw.

[541] So BGH v. 07.04.1992 – VI ZR 224/91 = NJW 1992, 2354 (Schulteroperation) unter Berufung auf BGH v. 22.09.1987 – VI ZR 238/86 = NJW 1988, 763 [765] (monopolare Elektrokoagulation).

[542] Ebenda.

[543] Vgl.: *A. Laufs*, NJW 1999, S. 1765 unter Berufung auf BGH, NJW 1998, S. 2734 und OLG Bamberg, VersR 1998, S. 1025. - Zu den Einschränkungen der Aufklärungspflicht, wenn die fehlerhafte Aufklärung auf einem nicht vorwerfbaren Diagnosefehler beruht auch *A. Laufs*, a.a.O., S. 1766. - Zur Rechtzeitigkeit der Aufklärung auch *R. Giesen*, MedR 1997, S. 17 f. (hierzu auch BGH v. 17.2.1998 - VI ZR 42/97 = NJW 1998, 1784 (Einwilligung auf dem Weg in den OP).

[544] *R. Damm*, NJW 1989, S. 737 ff.

auf hingewiesen, daß es zwar sachgerecht sei, für die Feststellung eines Behandlungsfehlers nicht generell auf die Möglichkeiten neuester Erkenntnisse, modernster Apparate oder ausgesuchter Spezialisten abzustellen, weil damit die „Grenzen der wirtschaftlichen Rationalität" überschritten würden.[546] Für den Bereich der Patientenaufklärung könne dies jedoch nicht gelten. Patientenentscheidungen seien auch im Zusammenhang mit medizintechnischen Behandlungsalternativen nicht einzuengen, sondern weitestgehend zu ermöglichen.[547] *D. Hart* [548] ging kürzlich noch einen Schritt weiter. Er entwickelte ausgehend von den Organisationspflichten der Krankenhausträger aber auch der niedergelassenen Ärzte in ihren Praxen das Institut der „Organisationsaufklärung". Hierzu gehört nach *Hart* eine Aufklärungspflicht hinsichtlich einer persönlichen Unterqualifikation des behandelnden Personals, soweit dieser Zustand nicht behebbar ist oder nicht behoben werden soll;[549] außerdem eine Aufklärungspflicht bei Unterschreitung des medizinischen Standards im Hinblick auf die Hygiene, die Medizintechnik oder die Behandlungsmethoden;[550] und nicht zuletzt auch eine Aufklärungspflicht, wenn, systembedingt, durch finanzielle Engpässe Behandlungen nicht durchgeführt oder verschoben werden.[551] Von einer derart weiten Auslegung der Aufklärungspflicht ist die Rechtsprechung noch weit entfernt. Es sind aber nicht zuletzt angesichts der Anreize und Strategien, die im ersten Teil der Arbeit dargelegt wurden, doch Defizite erkennbar, denen die künftige Diskussion um Behandlungsfehler und Aufklärungspflichten Rechnung tragen muß. Zu dieser Diskussion soll die vorliegende Arbeit einen Beitrag leisten.[552]

Abschließend und gleichsam als Überleitung zur Frage der Verteilung der Beweislast im zivilrechtlichen Arzthaftungsverfahren sei noch angemerkt, daß die Bedeutung, die der Verletzung von Aufklärungspflichten in der Praxis der gerichtlichen Beurteilung von fehlerhaftem ärztlichen Verhalten zukommt, inzwischen fast höher ist als die der Behandlungsfehler.[553] Der Grund dafür liegt in der Verteilung der Beweislast. Während im Falle eines Behandlungsfehlervor-

---

[545] Vgl.: BGH v. 22.09.1987 – VI ZR 238/86 = NJW 1988, 763 (monopolare Elektrokoagulation).

[546] So *R. Damm*, NJW 1989, S. 744 m.w.Nachw (Hervorhebung im Original).

[547] Ebenda.

[548] *D. Hart*, MedR 1999, S. 47 ff. entspr.: *R. Francke/D. Hart*, Charta der Patientenrechte (1999), S. 181 ff.

[549] *D. Hart*, MedR 1999, S. 48 f. - Vorsichtiger noch *P. Rumler-Detzel*, VersR 1998, S. 548 f.

[550] A.a.O., S. 49.

[551] A.a.O., S. 49 f. - Ganz ähnlich auch bereits *P. Rumler-Detzel*, VersR 1998, S. 548 f. m.w.Nachw.

[552] Näheres zu Forderungen und Vorschlägen am Ende der Arbeit.

[553] So *A. Laufs* in *Laufs/Uhlenbruck*, Handbuch des Arztrechts ^{2}(1999), § 63 Rdnr. 3.

wurfs der Patient darlegen muß, daß der Arzt fehlerhaft gehandelt hat und daraus ein Gesundheitsschaden entstanden ist, muß im Fall des Vorwurfs eines Aufklärungsfehlers der Arzt beweisen, daß der Patient hinreichend aufgeklärt worden ist, weil andernfalls dessen Einwilligung in die Behandlung unwirksam ist und diese damit zur rechtswidrigen Körperverletzung wird. Die Aufklärungspflichtverletzung wird damit zu einer Art „Auffangtatbestand" im Arzthaftungsverfahren und hat eine hohe praktische Bedeutung für die Fälle, in denen sich ein Behandlungsfehler oder dessen Ursächlichkeit für den eingetretenen Schaden nicht beweisen läßt.[554]

5) Die Beweiserleichterungen für die Patienten

Im Bereich der Behandlungsfehler liegt im Zivilrecht die Beweislast also grundsätzlich beim Kläger, beim betroffenen Patienten. Nach den Regeln der zivilrechtlichen Kausalitätsprüfung muß er dabei sowohl die Fehlerhaftigkeit der Behandlung als auch deren Ursächlichkeit für den eingetretenen Schaden beweisen.[555] Die Schwierigkeiten, die diese Beweisführung mit sich bringt, führen vielfach entweder zum Ausweichen auf den Aufklärungsfehler oder aber auch dazu, daß ein strafgerichtliches Verfahren zur Erhebung eindeutiger Beweise dem zivilgerichtlichen Verfahren vorgeschaltet wird.[556]

Bei schweren Behandlungsfehlern und bei Verletzung von Dokumentationspflichten gibt es jedoch eine *Umkehr der Beweislast* in der Weise, daß dem Patienten zwar noch der Nachweis des Behandlungsfehlers obliegt, dessen Kausalität für den eingetretenen Schaden aber vorausgesetzt wird. Jüngst hat der 6. Zivil-Senat des BGH in einem Arzthaftungsprozeß die Beweiserleichterungen zugunsten der Patienten noch einmal bekräftigt. Voraussetzung sei, heißt es in der Entscheidung, daß ein Arzt einen Befund "fundamental fehlerhaft" verkenne oder "grob fehlerhaft" nicht reagiere. In solchen Fällen seien die Anforderungen an den Nachweis eines Zusammenhanges zwischen einem Behandlungsfehler und einem Gesundheitsschaden zu senken. Ein schwer nierenkranker Mann hatte mit der Begründung auf Verdienstausfall und Schmerzensgeld geklagt, sein Urologe habe ein bestimmtes Syndrom nicht erkannt. Nach Aussage eines Sachverständigen wäre wegen alarmierender Blutwerte eine engmaschige Kontrolle nötig gewesen.[557]

Diese Beweiserleichterung im Arzthaftungsprozeß findet ihre Rechtfertigung darin, daß es erhebliche Schwierigkeiten bereitet, den Zusammenhang zwischen

---

[554] Ebenda. - Vgl. auch: *H.-J. Mertens,* MünchKomm ^{3}1997, § 823 Rdnr. 421.

[555] Vgl.: *H.-J. Mertens,* MünchKomm ^{3}1997, § 823 Rdnr. 405.

[556] Vgl.: D. Giesen, JZ 1988, S. 1030 ff. zu BGH v. 25.03.1988 – 2 StR 93/88 = NJW 1988, 2310 (mutmaßliche Einwilligung).

[557] BGH v. 6.10.1998 – VI ZR 239/97 = NJW 1999, 860 (Nierenprellung). Ähnlich auch BGH v. 3.11.1998 – VI ZR 253/97 = NJW 1999, 862 (Subarachnoidalblutung).

ärztlichem Handeln oder Unterlassen und dessen Auswirkung auf den menschlichen Organismus im Einzelfall festzustellen.[558] Der Rechtsprechung erscheint es dann billig, den Patienten von der ihm obliegenden, aber zuweilen kaum zu erfüllenden Beweispflicht zu entlasten, wenn dem behandelnden Arzt ein grober Behandlungsfehler unterlaufen ist, der generell geeignet war, den schädlichen Erfolg bei dem Patienten herbeizuführen. Die Grenzen dieser Billigkeitserwägungen liegen dort, wo feststeht, „daß nicht die dem Arzt zum groben Fehler gereichende Verkennung eines Risikos schadensursächlich geworden sein kann, sondern allenfalls ein in der Behandlungsentscheidung zum Ausdruck gekommener, aber nicht schwerwiegender Verstoß gegen weitere ärztliche Sorgfaltspflichten".[559] Im Prinzip sind damit nur solche Behandlungsfehler als grob anzusehen, die eindeutig gegen gesicherte medizinische Erkenntnisse verstoßen und aus objektiver Sicht nicht mehr verständlich weil sie einem Arzt schlechterdings nicht unterlaufen dürfen.[560]

An dieser Stelle wird deutlich, daß im zivilgerichtlichen Verfahren die Voten der Gutachterinnen und Gutachter dessen Ausgang maßgeblich bestimmen.[561] Die entscheidenden Richter sollen zwar die Ausführungen der Sachverständigen kritisch würdigen, eine Bewertung der medizinischen Aspekte eines Falls ist ihnen aber untersagt.[562] Mehr Objektivität und Nachprüfbarkeit könnte bestenfalls durch die bereits diskutierten Leitlinien, soweit sie gleichsam als „antizipiertes Sachverständigengutachten" im gerichtlichen Verfahren Berücksichtigung finden können, erreicht werden.[563] Bislang kann man sicher feststellen, daß eine „Waffengleichheit" im Arzthaftungsprozeß allen Bemühungen der Rechtsprechung zum Trotz nicht gegeben ist.[564]

---

[558] Zur Verteilung der Risiken auch *G. Müller*, NJW 1997; S. 3052; *R. Giesen*, MedR 1997, S. 20

[559] So grundlegend: BGH v. 16.06.1981 – VI ZR 38/80 = NJW 1981, 2513 f. (Linksherzkatheter). - Zu den Defiziten der Verteilung der Beweislast im Arzthaftungsverfahren auch *R. Francke/D. Hart*, Rechtswissenschaftlicher Gutachtenteil, in *B. Badura et al.*, Bürgerorientierung des Gesundheitswesens (1999), S. 191 und S. 195 f.

[560] So BGH v. 27.1.1998 – VI ZR 339/96 = NJW 1998, 1782 [1783] (Meningeom) m.w.Nachw.

[561] Diese „herausragenden Rolle" der Sachverständigen unterstreicht auch *G. Müller*, NJW 1997; S. 3054 f. - kritischer dazu *R. Giesen,* MedR 1997, S. 21 f.

[562] Vgl.: *R. Giesen,* MedR 1997, S. 22 m.w.Nachw.

[563] Hierzu auch *R. Francke/D. Hart*, Charta der Patientenrechte (1999), S. 27 f. und *D. Hart*, MedR 1998, S. 12 ff.

[564] So auch *R. Francke/D. Hart*, Rechtswissenschaftlicher Gutachtenteil, in *B. Badura et al.*, Bürgerorientierung des Gesundheitswesens (1999), S. 195.

Insgesamt ist damit festzustellen, daß das Zivilrecht im Grunde einiges Mehr an Schutzmechanismen für die Patienten bereithält als das Strafrecht. Zweifellos wirken sich die Ausweitung des Adressatenkreises zivilrechtlicher Haftung und die genannten Beweiserleichterungen zugunsten der Patienten aus. Im Falle einer verdeckten Rationierung sind die Effekte der rechtlichen Haftung indes gering. Es bleibt auch hier für die weniger groben Behandlungsfehler, durch Behandlungsmaßnahmen, die sich zwar am Rande des medizinischen Standards bewegen aber noch nicht schlechthin unvertretbar sind, das Beweisproblem für die betroffenen Patienten.

Darüber hinaus steht zu befürchten, das sich über die beschriebenen Mechanismen der Standardbildung langfristig rationierende Maßnahmen auf der Makroebene auch auf die Bestimmung der ärztlichen Sorgfaltspflichten auswirken. Der Schutz, den die Patienten bislang durch die Rechtsprechung erfahren, könnte dadurch nachhaltig relativiert werden. Dem könnte bestenfalls dadurch begegnet werden, daß die ärztlichen Aufklärungspflichten gegenüber den Patienten in diesem Bereich erheblich ausgeweitet werden. Im übrigen kann auch der zivilrechtliche Schutz der Patienten vor unerwünschten Effekten der kostendämpfenden Steuerungsentscheidungen auf der Mikroebene nur dort zur Wirkung kommen, wo die Betroffenen den Klageweg beschreiten. Den Patienten wird damit das Prozeßrisiko aufgebürdet, das angesichts der Tatsache, daß sowohl die gutachterlichen Aussagen im Einzelfall wie die Bestimmung des ärztlichen Standards insgesamt durch die Macht des Faktischen auch von ökonomischen Aspekten beeinflußt werden können, nicht eben gering ist.

III. Ergebnis zum strafrechtlichen und zivilrechtlichen Schutz der Patienteninteressen

Es zeigt sich, daß sowohl im Strafrecht wie auch im Zivilrecht eine Reihe von Instrumenten bereitstehen, die geeignet sind, die Patienten vor den Auswirkungen einer impliziten Rationierung zu schützen. Zugleich ist aber auch deutlich geworden, daß die damit gesicherten Rechte der Patienten keine absoluten sind. Die Handlungs- und Sorgfaltspflichten im Strafrecht und im Zivilrecht stellen nur in sehr begrenztem Maße feste Größen dar. Sie sind vielmehr dem gesellschaftlichen Wandel unterworfen und orientieren sich stark daran, was als medizinischer Standard, als „state of the art", aktuell definiert ist. In diesen Standard fließen aber entweder, wie bei den Richtlinien der Bundesausschüsse der Ärzte und Krankenkassen ganz unverblümt (quasi als explizite Rationierung, die allerdings kaum demokratisch legitimiert ist), mindestens aber unterschwellig (im Sinne einer impliziten Rationierung), immer auch wirtschaftliche Überlegungen ein. In diesen Fällen wird weder der strafrechtliche noch der zivilrechtliche Schutz der Patienteninteressen ausreichen, um zu gewährleisten, daß die Behandlungsansprüche der Patienten nicht in unangemessener Weise verkürzt werden.

Hinzu kommt, daß diese rechtlichen Instrumente immer erst dann greifen, wenn die betroffenen Patienten den Klageweg beschritten haben, wenn sie also bereits den Verdacht haben, in irgendeiner Weise fehlerhaft behandelt worden zu sein. Das Instrumentarium ist insgesamt zu unübersichtlich, um den Patienten eine echte Rechtssicherheit zu bieten. Die alltägliche verdeckte Rationierung im kleinen Stil, wie sie eingangs beschrieben wurde, wird von diesen Instrumenten der Sicherung der Patientenrechte im Regelfall und soweit sie ohne schwerwiegende Folgen für den Patienten bleibt, nicht erfaßt werden. Es stellt sich damit die Frage, ob insofern der grundrechtlich verbrieften Position der Patienten in Deutschland mit diesem Instrumentarium genüge geleistet wurde, oder ob nicht Lücken im Schutzgefüge auszumachen sind, die den Gesetzgeber zwingen, den Schutz der Patienten im System der medizinischen Versorgung nachhaltig auszuweiten.

C. Das ärztliche Berufsrecht

Eine nicht unbedeutende Funktion für die Steuerung ärztlichen Handelns könnte auch dem ärztlichen Berufsrecht zukommen, das in Form von Satzungen und Berufsordnungen der einzelnen ärztlichen Berufsverbände kodifiziert ist.[565] Im wesentlichen hat das in seiner Entwicklung weitgehend autonome Berufsrecht jedoch in seiner Funktion als Verbandsrecht vorrangig die beruflichen Interessen der jeweils vertretenen Ärzte im Blick.[566] Vielfach reagieren die Verbände mit ihren berufsrechtlichen Regelungen lediglich auf die Ergebnisse von Prozessen im Bereich des Arzthaftungsrechts. In diesem Sinne zeichnet sich ab, daß die standesrechtliche Entwicklung im ärztlichen Bereich letztlich der Entwicklung im Strafrecht und im Zivilrecht immer ein wenig hinterherhinkt.[567] Die Bedeutung des ärztlichen Berufsrechts für die Sicherung der Rechte kann insofern gegenüber den bereits dargestellten Aspekten aus dem Strafrecht und Zivilrecht als gering angesehen werden.[568] Im übrigen können auch die entsprechenden Regelungen im Leistungserbringerrecht der gesetzlichen Krankenversicherung als berufsrechtliche Regelungen angesehen werden,[569] so daß

---

[565] Zum Ganzen: *A. Laufs* in *Laufs/Uhlenbruck*, Handbuch des Arztrechts [2](1999), § 10 ff.

[566] *R. Francke*, Ärztliche Berufsfreiheit und Patientenrechte (1994), S. 228.

[567] Zum Ganzen bereits *R. Francke/D. Hart*, Ärztliche Verantwortung und Patienteninformation (1987), S. 147 ff.

[568] Zu den wenigen weiterreichenden Aspekten berufsrechtlicher Regulierung: *A. Laufs* in *Laufs/Uhlenbruck*, Handbuch des Arztrechts [2](1999), § 14 Rdnr. 24 ff.

[569] Vgl.: *D. Krauskopf*, Handbuch des Arztrechts (1992), § 24 Rdnr. 2 ff.

nachfolgend lediglich einige wenige Besonderheiten des ärztliches Standesrechts dargestellt werden sollen. Im einzelnen lassen sich in der gebotenen Kürze zu den Bereichen der Behandlungspflicht und der Sorgfaltspflichten folgende Feststellungen treffen:

I. Behandlungspflichten

Durch das ärztliche Berufsrecht wird die zivilrechtlich vorausgesetzte Vertragsfreiheit im Arzt-Patienten-Verhältnis ein wenig relativiert. Es gibt gerade auch im ärztlichen Berufsrecht eine ausdrückliche Behandlungspflicht. Diese ergibt sich aus dem traditionellen ärztlichen Berufsethos, das seinerseits maßgeblich auf den hippokratischen Eid zurückzuführen ist.[570] Die daraus entwickelten Berufspflichten sind der Schutz des Lebens, das Gebot, dem Patienten nicht zu schaden, das Wohl des Patienten voranzustellen und nicht zuletzt auch die Menschenwürde im Kranken zu achten.[571] Daraus wird im Prinzip auch eine „allgemeine Berufspflicht zur Übernahme erbetener Behandlungen" hergeleitet.[572] Für die Vertragsärzte wird diese allgemeine Berufspflicht auch im Leistungserbringerrecht gesetzlich normiert, in dem beispielsweise durch den Wortlaut des § 12 Abs. 2 S. 1 BMV-Ä[573] verdeutlicht wird, daß ein Vertragsarzt die Behandlung eines Versicherten nur in begründeten Fällen ablehnen darf.

Als legitime Gründe für die Ablehnung einer Behandlung werden hier erhebliche Störungen im Vertrauensverhältnis zwischen dem Arzt und dem Patienten, eine erhebliche Überlastung des Arztes oder der Wunsch des Patienten nach unzulässigen oder gar sittenwidrigen Behandlungen angesehen.[574] Insofern sind die Grundsätze des ärztlichen Berufsrechts auch für die Begrenzung der ärztlichen Garantenstellung im Strafrecht relevant. Darüber hinaus ergeben sich hinsichtlich der ärztlichen Behandlungspflicht im ärztlichen Berufsrecht keine weiteren Besonderheiten.

II. Sorgfaltspflichten im ärztlichen Berufsrecht

Ganz ähnlich verhält es sich mit den ärztlichen Sorgfaltspflichten. Diese sind im ärztlichen Berufsrecht nur sehr allgemein formuliert. Hier ist die Wechselwir-

---

[570] Vgl.: *A. Laufs* in *Laufs/Uhlenbruck*, Handbuch des Arztrechts ^{2}(1999), § 14 Rdnr. 1 m.w.Nachw.

[571] So *A. Laufs*, a.a.O.

[572] Vgl.: *A. Laufs* in *Laufs/Uhlenbruck*, Handbuch des Arztrechts ^{2}(1999), § 14 Rdnr. 12. Ebenso *R. Francke*, Ärztliche Berufsfreiheit und Patientenrechte (1994), S. 168.

[573] Bundesmantelvertrag – Ärzte vom 19.12.1994 - abgedruckt bei *Aichberger*, Nr. 242.

[574] So *A. Laufs* in *Laufs/Uhlenbruck*, Handbuch des Arztrechts ^{2}(1999), § 14 Rdnr. 12; *R. Francke*, Ärztliche Berufsfreiheit und Patientenrechte (1994), S. 171; *A. Laufs*, Arztrecht, ^{5}1993, Rdnr. 130 m.w.Nachw.

kung zwischen ärztlichem Berufsrecht und dem Straf- und Zivilrecht deshalb auch eher umgekehrt in der Weise, daß sich das ärztliche Berufsrecht bei der Bestimmung von ärztlichen Pflichten stark an der Rechtsprechung in Arzthaftungssachen orientiert.[575] Darüber hinausgehende berufsrechtliche Sanktionen ärztlichen Verhaltens ergeben sich bestenfalls dort, wo die strafrechtliche Sanktion ein berufsrechtlich besonders verwerfliches Verhalten ungesühnt läßt oder wo insbesondere das Ansehen des Berufsstands durch den Pflichtenverstoß gefährdet wird.[576] Nur in den Fällen, in denen eine ärztliche Pflichtverletzung strafrechtlich nicht geahndet wurde oder in denen ein zusätzliches, berufsrechtliches Ahndungsbedürfnis besteht, ist damit neben einer strafrechtlichen Verurteilung auch eine berufsrechtliche Ahndung möglich.[577] Die Bandbreite der Sanktionen reicht in diesen Fällen von der Geldbuße bis hin zum Berufsverbot.[578]

Insgesamt bietet das ärztliche Berufsrecht keine wesentlichen, über die im Strafrecht und Zivilrecht hinaus gehenden Schutzfunktionen für die Patienten. Hinzu kommt, daß die Regelungen des ärztlichen Berufsrecht für Außenstehende wenig transparent und noch dazu schwer zugänglich sind. Zwar wäre es vorstellbar, daß die ärztliche Profession im Rahmen von berufsrechtlichen Regelungen auch die Position der Patienten im System der Krankenversorgung stärkt, angesichts der engen Bindung des ärztlichen Berufsrechts einerseits an das Recht der Leistungserbringung innerhalb der gesetzlichen Krankenversicherung und andererseits an die übergeordneten straf- oder zivilrechtlichen Regelungen dürften die faktischen Möglichkeiten hierzu indes gering sein. Wegen der fehlenden Transparenz für Berufsgruppenfremde erscheint es im übrigen zweifelhaft, ob das ärztliche Berufsrecht der geeignete Ort ist, die Interessen der Patienten in der notwendigen Weise zu sichern.

D. Ergebnis zum individuellen Anspruch und Schutz der Patienten im System der Krankenversorgung auf der Grundlage des einfachen Rechts

Eine verbindliche Lösung der Frage, wie weit die Standards der medizinischen Versorgung gesenkt werden können, konnte die Betrachtung des Schutzes der Patienten vor rationierenden Eingriffen im System der Krankenversorgung auf der Grundlage des einfachen Rechts letztlich nicht bringen. Es zeigte sich allerdings, daß nach den derzeitigen sozialversicherungsrechtlichen Regelungen

---

[575] *A. Laufs* in *Laufs/Uhlenbruck*, Handbuch des Arztrechts ^{2}(1999), § 14 Rdnr. 14.

[576] Vgl.: *A. Laufs* in *Laufs/Uhlenbruck*, Handbuch des Arztrechts ^{2}(1999), § 14 Rdnr. 24 ff.

[577] So *A. Laufs* in *Laufs/Uhlenbruck*, Handbuch des Arztrechts ^{2}(1999), § 14 Rdnr. 25.

[578] A.a.O., Rdnr. 28.

eine explizite Rationierung von medizinisch notwendigen und zweckmäßigen Leistungen im System der gesetzlichen Krankenversicherung nicht vorgesehen ist. Insofern sind auch die beschriebenen Erscheinungsformen einer verdeckten Rationierung letztlich durch das Krankenversicherungsrecht nicht gedeckt. Im Krankenversicherungsrecht sind aber letztlich auch keine Mechanismen vorgesehen, eine verdeckte Rationierung zu verhindern.

Damit sind die betroffenen Patienten auf das Strafrecht und das Zivilrecht verwiesen. In diesen Rechtsbereichen gibt es zwar einige ärztliche Pflichten und Rechte der Patienten, die geeignet wären, auch die verdeckte Rationierung medizinischer Leistungen zu verhindern. Bislang geht aber die Ausgestaltung dieser Rechte nicht von einem Schutzbedürfnis der Patienten gegen eine verdeckte Leistungsverweigerung durch die Leistungserbringer aus, so daß die vorhandenen Schutzmöglichkeiten weitgehend ins Leere laufen. Dreh- und Angelpunkt in beiden Rechtsgebieten ist die Festlegung des ärztlichen Standards, der bislang immer nur bezogen auf den Einzelfall im Wege des Sachverständigengutachtens bestimmbar ist. Außerdem ist das, was als ärztlicher Standard anzusehen ist, den Patienten im Vorfeld einer Krankenbehandlung in der Regelung nicht bekannt und Informationen hierüber sind ihm auch nur schwer zugänglich oder aber doch wegen der fehlenden Fachkenntnis kaum verwertbar. Es zeigte sich außerdem, daß der ärztliche Standard durchaus ökonomischen Zwängen zugänglich ist und insofern keinen Schutz vor offener Rationierung bieten kann. Damit ist letztlich aber auch der Schutz vor den durch die Sparzwänge im Gesundheitswesen bedingten verdeckten Leistungseinschränkungen gering.

Ob dieser Befund mit den grundrechtlich geschützten Rechten der Patienten vereinbar ist, wird Gegenstand der nachfolgenden Überlegungen sein.

3. Kapitel: Schutz der Patienten durch das Verfassungsrecht

Der zuvor erhobene Befund zur Position der Patienten im einfachen Recht weist deutlich auf eine Diskrepanz zwischen den anfangs beschriebenen Anreizen für eine implizite Rationierung aus dem Vergütungsrecht der Leistungserbringer und den leistungsrechtlichen Ansprüchen der Versicherten im Recht der gesetzlichen Krankenversicherung hin. Es hat sich darüber hinaus ergeben, daß der Schutz der Patienten durch das Strafrecht und das zivilrechtliche Haftungssystem Unzulänglichkeiten aufweist, die sich in erster Linie daraus ergeben, daß es erhebliche Probleme gibt bei der Bestimmung dessen, was an rechtlich einwandfreiem Verhalten von den Leistungserbringern gefordert werden kann. Zum anderen bleibt auf der Seite der Patienten, sei es nun als Kläger im zivilrechtlichen Arzthaftungsverfahren oder sei es als Nebenkläger gemeinsam mit den Strafverfolgungsbehörden, im strafrechtlichen Verfahren das Problem der Beweislast, das sich nicht zuletzt auch aus dem Fehlen eindeutiger Vorgaben für ein rechtlich einwandfreies ärztliches Verhalten ergibt. Insgesamt muß dieser Befund sowohl aus der Sicht der betroffenen Patienten als auch aus der Perspektive der beteiligten Leistungserbringer unbefriedigend bleiben. Aus der Sicht der Patienten deshalb, weil der Schutz vor verdeckter Rationierung offenbar lückenhaft ist. Aus der Perspektive der beteiligten und insofern durch den Entscheidungskonflikt, in dem sie sich befinden, auch betroffenen Leistungserbringer deshalb, weil sich aus dem einfachen Recht letztlich keine eindeutigen Vorgaben für die Entscheidungsfindung ergeben, aus denen sich für die Leistungserbringer etwas mehr an Sicherheit für den Entscheidungsprozeß geben könnte.[1] Es drängt sich damit die Frage auf, ob sich nicht im übergeordneten Verfassungsrecht Ansätze finden lassen, die klarere Grenzen und Kriterien für eine, wie auch immer, verdeckte oder offene Rationierung medizinischer Leistungen ergeben.

Bereits aus den Übersichtsskizzen zu den rechtlichen Beziehungen im Bereich der ambulanten und der stationären medizinischen Versorgung am Beginn der Darstellung des einfachen Rechts ist zu entnehmen, daß der Staat in diesem Beziehungsgeflecht in zweifacher Hinsicht in Erscheinung tritt. (Zur Erleichterung der Orientierung ist die Übersicht über die rechtlichen Beziehungen für den Bereich der stationären Versorgung noch einmal dargestellt.)

---

[1] Dieser Mangel wird von den Ärzten, die sich zu der Thematik der vergütungsimmanenten Rationierungszwänge äußern, immer wieder beklagt. Vgl.: *E. Kuhlmann* in *G. Feuerstein et al.*, Prioritäten und Wertkonflikte (1997), S 56 ff.; *K. Engert* in *G. Feuerstein et al.*, Prioritäten und Wertkonflikte (1997), S. 84; zuvor auch bereits *Ch. Fuchs*, MedR 1993, S. 323 ff.

Abb. 5b: Rechtsbeziehungen und rechtliche Ebenen der stationären Krankenversorgung

Oben: Der Staat in seiner Garantenfunktion.

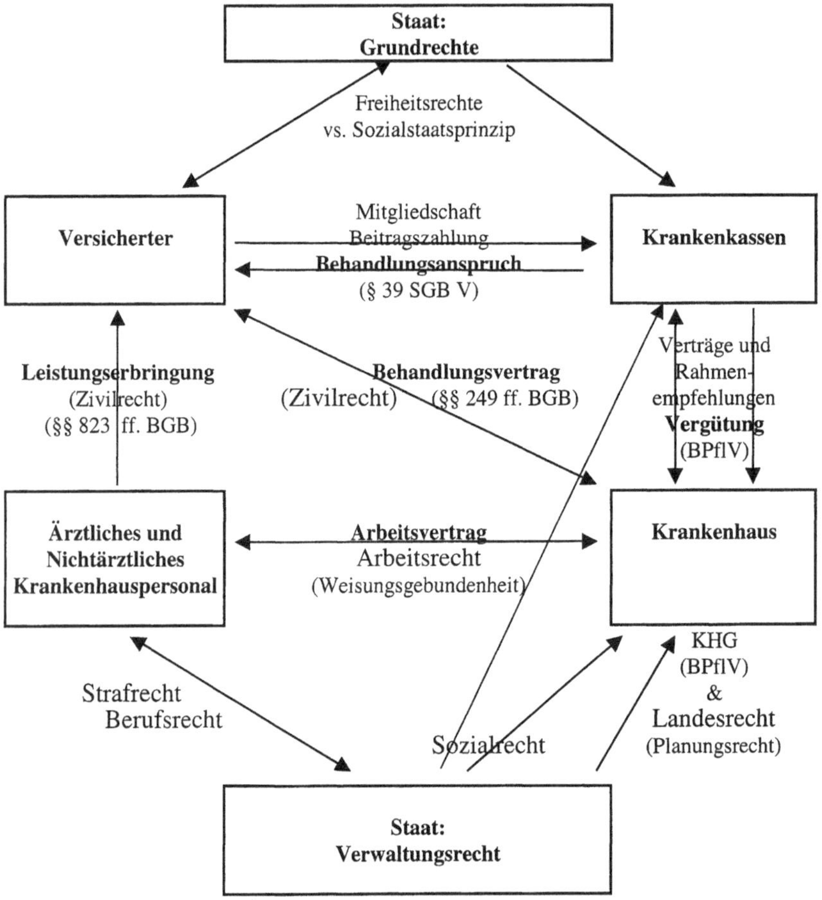

Unten: Der Staat in seiner ordnenden Funktion.

Es ergibt sich daraus, daß der Staat neben seiner verwaltenden und ordnenden Funktion,[2] die ihren Ausdruck in den rechtlichen Beziehungen der Versicherten zu den Krankenkassen aber auch den berufsrechtlichen Bindungen der Leis-

[2] Hierzu beispielsw. *R. Herzog* in *Isensee/Kirchhof (Hrsg.)*, HbStR III (1988), § 58 Rdnr. 26.

tungserbringer und deren Beziehungen zu den Leistungsträgern sowie schließlich auch, vermittelt durch die straf- und zivilrechtliche Ausgestaltung der Rechtsverhältnisse, in dem Beziehungssystem von Leistungserbringern und Patienten findet, durch die Gewährung von Grundrechten auch eine sichernde Funktion inne hat. Diese Auffassung ist durch die von der Staatsrechtslehre und der Rechtsprechung in Deutschland entwickelten Funktionen des deutschen Staates weitestgehend gedeckt.

Übereinstimmend wird in der Literatur und auch in der Rechtsprechung des BVerfG die Meinung vertreten, der Deutsche Staat habe, neben der verwaltenden und ordnenden Funktion, auch eine Pflicht zur Sicherung der Rechte der Bürgerinnen und Bürger.[3] Diese Verpflichtung ist historisch gesehen auf das Wirken *Bismarcks* im ausklingenden 19. Jahrhundert zurückzuführen. Damals führte die Verelendung der Arbeiterschaft und das daraus resultierende revolutionäre Potential zu der Auffassung, der Staat müsse sich schützend und fördernd vor seine Bürger, insbesondere vor die Arbeiter, stellen.[4] Infolge dieser grundsätzlichen Umorientierung[5] in Hinblick auf die Staatsfunktionen wurden dann auch die Grundlagen des heutigen Systems der sozialen Sicherung geschaffen.[6] Es galt fortan nicht mehr nur zum Wohl des Staates als solchen aber auch im Interesse seiner Bürger für eine Gefahrenabwehr nach außen sowie im Sinne einer Sicherung des inneren Friedens für eine stabile Rechtsordnung zu sorgen.[7] Der Staat wurde nicht zuletzt auch in Hinblick auf eine Sicherung des inneren Friedens gestalterisch tätig, indem er ein Mindestmaß an sozialer Sicherheit schafft und damit auch zu einem sozialen Frieden innerhalb der Gesellschaft beiträgt.[8]

Über die konkrete Ausgestaltung dieser sozialen Funktion des Staates, der Sozialstaatlichkeit, wird seit den Anfängen der Bundesrepublik Deutschland heftig gestritten, was nicht zuletzt damit zusammenhängt, daß die Sozialpolitik seit eh

---

[3] Übersichtlich zum Ganzen *Ch. Degenhardt*, Staatsrecht I [13](1997), Rdnr. 201 ff. und 353 ff.; *B. Pieroth / B. Schlink*, Grundrechte[13] (1997), Rdnr. 18 ff., *R. Herzog* in *Isensee/ Kirchhof (Hrsg.)*, HbStR IV (1989), § 58 Rdnr. 1 ff.; *E-W. Böckenförde*, NJW 1974, S. 1529 ff. - Zur Rechtsprechung vgl. BVerfG v. 18.6.1975 - 1 BvL 4/74 = BVerfGE 40, 121 (Waisenrente) und kürzlich auch BVerfG v. 12.3.1996 - 1 BvR 609, 692/90 = BVerfGE 94, 241 (Kindererziehungszeiten) beide m.w.Nachw.

[4] So Kaiser Wilhelm I in seiner kaiserlichen Botschaft vom 17.11.1881 (auszugsweise abgedruckt bei *H. Thieler*, Sozialrecht (1982), S.3 f. - Zur Entwicklung dieser Überzeugung vgl. auch *B. Vogel*, Bismarcks Arbeiterversicherung (1951). Kritisch zum Ganzen auch *R. Ptak* in *Ch. Butterwegge/R. Hickel/R. Ptak*, Sozialstaat und neoliberale Hegemonie (1998).

[5] Eingehend hierzu bereits *H. F. Zacher* in *Isensee/Kirchhof (Hrsg.)*, HbStR I (1987), § 25 Rdnr. 19 ff.; *R. Herzog* in *Maunz-Dürig*, Komm. z. GG (1980), Art. 20 Rdnr. 7 ff.

[6] Statt vieler *H. Bley/R. Kreikebohm*, Sozialrecht [7]1993, Rdnr. 295 ff. m.w.Nachw.

[7] So *R. Herzog* in *Isensee/Kirchhof (Hrsg.)*, HbStR III (1988), § 58 Rdnr. 25 f.

[8] Vgl.: *R. Herzog* in *Isensee/Kirchhof (Hrsg.)*, HbStR III (1988), § 58 Rdnr. 66 ff.

und je nichts anderes macht, als auf die tatsächlichen Gegebenheiten und Entwicklungen innerhalb des Staatsgebildes zu reagieren, um negativen Einflüssen auf den Bestand des Staates entgegenzuwirken.[9] Weitgehende Einigkeit besteht indes über die einzelnen Elemente der so verstandenen gestalterischen Aufgabe des Staates. Diese sind, wie *Roman Herzog* im Handbuch des Staatsrechts ausführt, die Daseinsvorsorge, die Freiheitsvorsorge und die Sorge für die Rahmenbedingungen einer freien Gesellschaft.[10] Ihren Ausdruck finden diese Elemente der gestalterischen Aufgabe des modernen Staates in der Verfassung, dem Grundgesetz der Bundesrepublik Deutschland[11] und hier wiederum besonders in der Kodifizierung von Grundrechten, die den Bürgern ein hohes Maß an Sicherheit und Freiheit gewähren.

Mit der Kodifizierung von Grundrechten wurde für die Bundesrepublik Deutschland allerdings zunächst eine deutliche Betonung auf die Freiheitsvorsorge gelegt, denn zu allererst sind die Grundrechte Abwehrrechte der Bürger zum Schutz vor freiheitsgefährenden Aktivitäten des Staates selbst.[12] Angesichts der dramatischen Freiheitsverletzungen durch das NS-Regime, von denen auch die Verfassungsgeber zum Teil selbst betroffen waren, ist es kaum verwunderlich, daß der Freiheitsvorsorge zunächst allerhöchste Bedeutung zugemessen wurde.[13] Es ist aber naheliegend, daß allein die Gewährung von Freiheit vor staatlichen Restriktionen für die Sicherung und tatsächliche Gewährleistung der Freiheitsrechte nicht ausreicht. Reale Freiheit ist für die Bürger nur zu erlangen, wenn die Rahmenbedingungen für eine Freiheitsbetätigung auch zur Verfügung stehen. Hierin liegt die wesentliche gestalterische Aufgabe des Staates moderner Prägung.[14] Die Schaffung einer chancenausgleichenden Rechtsordnung, beispielsweise im Arbeitsrecht, ist damit ein wesentlicher Bestandteil der staatlichen Freiheitsvorsorge geworden.[15] Schließlich dient insofern auch die Sorge für die Rahmenbedingungen einer freien Gesellschaft, zu denen nicht zuletzt auch die marktwirtschaftlichen Strukturen im Sinne eines sich selbst regulierenden Systems gehören, letzten Endes der Freiheitsvorsorge.

---

9 *R. Herzog* in *Maunz-Dürig*, Komm. z. GG, Art. 20 Rdnr. 9 f.; *H. F. Zacher* in *Isensee/ Kirchhof (Hrsg.)*, HbStR I (1987), § 25 Rdnr. 25 ff.

10 *R. Herzog* in *Isensee/Kirchhof (Hrsg.)*, HbStR III (1988), § 58 Rdnr. 66 ff. -. Ebenso auch

11 Vom 23.5.1949 (BGBl. I 1949, S. 1).

12 *R. Herzog* in *Isensee/Kirchhof (Hrsg.)*, HbStR III (1988), § 58 Rdnr. 75 f.; *E-W. Böckenförde*, NJW 1974, S. 1537; *K. Hesse*, EuGRZ 1978, S. 430; *B. Pieroth / B. Schlink*, Grundrechte[13] (1997), Rdnr. 57 ff. ebenso auch bereits BVerfG v. 22.11.1951 - 1 BvR 400/51 = BVerfGE 7, 198 [204] (Lüth-Urteil).

13 So auch *E-W. Böckenförde*, NJW 1974, S. 1537 und *K. Hesse*, EuGRZ 1978, S. 430 - beide m.w.Nachw.

14 *E-W. Böckenförde*, NJW 1974, S. 1538; *K. Hesse*, a.a.O.

15 Vgl.: *R. Herzog* in *Isensee/Kirchhof (Hrsg.)*, HbStR III (1988), § 58 Rdnr. 77 ff.

Aufgabe des Staates ist es damit beispielsweise, die Anhäufung allzu großer wirtschaftlicher Macht durch kartellrechtliche Regelungen zu unterbinden, aber auch durch Maßnahmen der Konjunktursteuerung auf die marktwirtschaftlichen Geschehen einzuwirken.[16] Hier sind sicher auch die eingangs dargestellten, langjährigen Bemühungen der Politik um eine Senkung der Krankenkassenausgaben und damit der Lohnnebenkosten anzusiedeln.

Ein wichtiges Element der Sicherung einer realen Freiheitsbetätigung für alle Bürger ist jedoch ohne jeden Zweifel auch die Aufgabe der „Daseinsvorsorge" und zwar in einer weit über den ursprünglich von *Forsthoff* im Jahre 1938 angedachten Rahmen hinaus.[17] Waren anfangs nur die Versorgung mit Elektrizität, Gas, Wasser udgl. von dem Begriff der Daseinsvorsorge erfaßt, so darf heute wohl durchaus einiges mehr, was zur Sicherung der menschlichen Existenz dient, zur Daseinsvorsorge gerechnet werden, wenn man nicht gar das Sozialstaatsprinzip an sich als Ausdruck eben dieser staatlichen Aufgabe ansehen will.[18] Unabhängig davon, ob die Sicherung der Existenz eines jeden einzelnen Bürgers nun als Aufgabe der staatlichen Daseinsvorsorge anzusehen, als der staatlichen Sozialpolitik im Sinne des Sozialstaatsprinzips zuzuordnen, oder als eigenständige fundamentale Staatsaufgabe zu werten ist,[19] unwidersprochene Tatsache ist, daß die Erhaltung menschlichen Lebens eine der fundamentalsten Aufgabe des heutigen Staates sein muß.[20] Denn ohne daß der Staat sich schützend vor das Leben stellt, würde die Freiheitsvorsorge schlicht ins Leere laufen.

Für die vorliegend aufgeworfene Fragestellung ist indes nicht nur die staatliche Aufgabe der Existenzsicherung und ihre Grenzen von Interesse. Auch aus den primär freiheitsichernden verfassungsrechtlich kodifizierten Staatsaufgaben mögen sich in Hinblick auf die Grenzen einer offenen oder verdeckten Rationierung einige interessante Aspekte ergeben. Rechtlicher Maßstab sowohl für die staatliche Pflicht zur Daseinsvorsorge als auch für die primäre Sicherung der bürgerlichen Freiheit sind die Grundrechte. Neben den Bedingungen und den Grenzen der staatlichen Sicherung der Existenz werden nachfolgend also auch

---

[16] Vgl.: *R. Herzog* in *Isensee/Kirchhof (Hrsg.)*, HbStR III (1988), § 58 Rdnr. 84 ff. m.w.Nachw.

[17] Zu den Grundgedanken *Forsthoffs* vgl.: *R. Herzog* in *Isensee/Kirchhof (Hrsg.)*, HbStR III (1988), § 58 Rdnr. 70 ff. m.w.Nachw.

[18] Vgl. zur Abgrenzung der Begrifflichkeiten: *R. Herzog* in *Maunz-Dürig*, Komm. z. GG, Art. 20 Rdnr. 12 ff. und *R. Herzog* in *Isensee/Kirchhof (Hrsg.)*, HbStR III (1988), § 58 Rdnr. 71 ff. - speziell zu Sozialstaatsprinzip auch nachfolgend unter A, II, 2) im Rahmen der Darstellung der Einzelnen verfassungsrechtlichen Elemente des Existenzminimums.

[19] So wohl *R. Herzog* in *Isensee/Kirchhof (Hrsg.)*, HbStR III (1988), § 58 Rdnr. 73.

[20] Vgl.: *R. Herzog*, a.a.O. aber auch *H. F. Zacher* in *Isensee/Kirchhof (Hrsg.)*, HbStR I (1987), § 25 Rdnr. 27 f.; *R. Gröschner*, in *Dreier*, Grundgesetz-Kommentar Bd. 1, 1996, Art. 20 Rdnr. 54; *H. D. Jarass/B. Pieroth*, Grundgesetz ... ^{4}1997, Art. 20 Rdnr. 74.

einige der im Grundgesetz festgeschriebenen Grundrechte, soweit sie hier von Relevanz sind, dargestellt und auf ihre Wirkungen gegen eine Rationierung medizinischer Behandlungsmaßnahmen hin untersucht. Die Grundrechte sind allerdings in erster Linie Abwehrrechte der Bürger vor überschießendem und freiheitsbeschränkendem staatlichen Handeln. Die Konstruktion von konkreten subjektiven und einklagbaren Ansprüchen auf staatliches Handeln gestaltet sich daher naturgemäß schwierig und ist bei weitem auch nicht unumstritten. Lediglich für die Sicherung des Existenzminimums als staatliche Aufgabe ist mittlerweile eine staatliche Leistungspflicht weitgehend anerkannt.[21] In der Absicht, die schwierige Frage der Herleitung von Schutzpflichten oder gar Leistungen aus den Abwehrrechten noch ein wenig zu verschieben, gelten die nachfolgenden Überlegungen deshalb zunächst der Frage, ob sich aus der staatlichen Sicherung des Existenzminimums rechtliche Grenzen einer Rationierung medizinischer Leistungen ergeben.

A. Gesundheitliches Existenzminimum

Die Daseinsvorsorge und damit die staatliche Verpflichtung zur Sicherung der menschlichen Existenz ist, wie bereits dargelegt, eine der fundamentalen Aufgaben des deutschen Staates. Sie entfaltet ihre Bedeutung nicht zuletzt auch für die von Rationierung medizinischer Leistungen bedrohten Patienten. Dabei ist bemerkenswert, daß entgegen der fundamentalen Bedeutung der Sicherung der Existenz der Bürger für den Staat das Existenzminimum im Grundgesetz weder begrifflich erfaßt noch inhaltlich ausgestaltet ist. Dieses Phänomen ließe sich einmal damit erklären, daß die Sicherung der Existenz der Bürger durch den Staat bei der Schaffung des Grundgesetzes nicht gewollt war und folglich auch nicht im Grundgesetz festgeschrieben worden ist. Es kann aber auch nicht ausgeschlossen werden, daß diesem Element staatlicher Aufgaben im Entstehungsprozeß des Grundgesetzes nicht die heutige Bedeutung beigemessen worden ist, was angesichts der weitgehenden Unsicherheit der staatlichen Zu-

---

[21] Früh schon *G. Dürig* in *Maunz-Dürig*, Komm. z. GG, Art. 1 Abs. 1 Rdnr. 44 - darauf aufbauend in Hinblick auf den Schutz der Gesundheit *O. Seewald*, Zum Verfassungsrecht auf Gesundheit (1981), S. 51 f.; 76 ff. und noch deutlicher *ders.*, Gesundheit als Grundrecht (1982), S. 18 ff. - Nach der neueren Rechtsprechung des BVerfG deutlich zustimmend: *W. Höfling,* in *Sachs*, Grundgesetz ²1999, Art. 1 Rdnr. 25; *H. Dreier,* in *Dreier*, Grundgesetz-Kommentar Bd. 1, 1996, Art. 1 Rdnr. 94.; *H. D. Jarass/B. Pieroth*, Grundgesetz ... ⁴1997, Art. 1 Rdnr. 8; *Ch. Starck* in *v. Mangoldt/Klein/Starck*, GG Bd.1 ³1985, Art. 1 Rdnr. 24; *I. Ebsen*, NDV 1997, S. 73 f.; *Ch. Degenhardt*, Staatsrecht ¹³1997, Rdnr. 359; *B. Gröttrup*, KritVjschr 1997; S. 123 ff.; *V. Neumann*, NVwZ 1995, S. 429 f. und *ders.*, NZS 1998, S. 410 - Noch vorsichtiger: *K.-J. Bieback*, Krit. Justiz 1998, S. 174 f.; *B. Pieroth/B. Schlink*, Grundrechte ¹³1997, Rdnr. 360 ff. - alle m.w.Nachw.

kunft in der Gründungszeit der Republik nicht weiter verwunderlich wäre.[22] Es bedürfte also zur Klärung unserer Frage zunächst einer rechtlichen Entwicklung des Begriffs und einer inhaltlichen Ausgestaltung des Existenzminimums.

I. Rechtliche Entwicklung des Existenzminimums

Die Sicherung des Existenzminimums als staatliche Pflicht und im Umkehrschluß als bürgerliches Recht war lange Zeit in der Staatsrechtstheorie umstritten und historisch gesehen keineswegs eine solche Selbstverständlichkeit, wie sie aus der heutigen Perspektive erscheinen mag.[23] Insofern hat auch die Praxis der Rechtsprechung durch das BVerfG anfänglich das Existenzminimum als staatliche Garantie grundsätzlich verneint, obwohl bereits früh einfachgesetzliche Regelungen zum Schutz des Minimums der ökonomischen Existenz und auch zur Gewährung einer finanziellen Hilfe zur Sicherung des Existenzminimums vorhanden gewesen sind.[24] Bis zum Kindergeld-Beschluß des BVerfG im Jahre 1990 jedenfalls wurde die Notwendigkeit der Sicherung der Existenz als staatliche Aufgabe auch von der Rechtsprechung zwar durchaus gesehen, einen rechtlichen Anspruch der Bürger auf Sicherstellung der Existenz aber regelmäßig nicht festgestellt.[25]

1) Angemessene Fürsorge gem. BVerfGE 1, 97

Grundlegend für die Haltung der Verfassungsrechtsprechung war eine der ersten Entscheidungen, die das BVerfG im Jahre 1951 zu treffen hatte.[26] Gegenstand der Verfassungsbeschwerde war u.a. das Begehren der Witwe eines im Krieg Gefallenen auf eine angemessene Erhöhung der Hinterbliebenenversorgung. Der 1. Senat des BVerfG kam damals zu dem Schluß, daß nur der Gesetzgeber selbst das „Wesentliche zur Verwirklichung des Sozialstaates" tun könne; er sei gewiß verfassungsrechtlich zu sozialer Aktivität, insbesondere dazu verpflichtet, sich um einen erträglichen Ausgleich der widerstreitenden Interessen und um die Herstellung erträglicher Lebensbedingungen für alle die zu bemühen, die durch die Folgen des Hitlerregimes in Not geraten seien. „Aber nur wenn der Gesetzgeber diese Pflicht willkürlich, d. h. ohne sachlichen Grund

---

22 Ähnlich auch *B. Gröttrup*, KritVjschr 1997; S. 123 f. (Fn. 5).

23 Vgl. nur: *G. Dürig* in *Maunz-Dürig*, Komm. z. GG, Art. 1 Abs. 1 Rdnr. 43 ff.

24 Zu nennen sind hier die Mindestbedarfe, Selbstbehalte und Freibeträge im Unterhaltsrecht, der Prozeßkostenhilfe und der Ausbildungsförderung aber auch die Regelungen durch das Sozialhilferecht. (Vgl.: *V. Neumann*, NVwZ 1995, S. 426 oder *B. Gröttrup*, KritVjschr 1997; S. 148).

25 Vgl. die Entscheidungsübersicht bei *W. Höfling*, in *Sachs*, Grundgesetz ^{2}1999, Art. 1 Rdnr. 25 (Fn. 92).

26 BVerfG v. 19.12.1951 - 1 BvR 220/51 = BVerfGE 1, 97 = NJW 1952, 297 (Anspruch auf angemessene Versorgung).

versäumte, könnte möglicherweise dem Einzelnen hieraus ein mit der Verfassungsbeschwerde verfolgbarer Anspruch erwachsen."[27]

Der Senat begründete diese Entscheidung damit, daß sich die Grundrechte, wie sie im Grundgesetz der Bundesrepublik Deutschland festgeschrieben sind, aus den im 18. Jahrhundert proklamierten Rechten der Freiheit und Gleichheit entwickelt hätten. Deren Grundgedanke sei der Schutz des Einzelnen gegen den als allmächtig und willkürlich gedachten Staat gewesen, nicht aber die Verleihung von Ansprüchen auf Fürsorge durch den Staat. Im Wandel der Zeiten sei der Gedanke der Fürsorge des im Staat repräsentierten Volkes für den Einzelnen immer stärker und diese Fürsorge vor allem durch die Folgen des zweiten Weltkrieges zu einer elementaren staatlichen Notwendigkeit geworden. Aber dieser - wie der Senat ausführt: „vergleichsweise neue" - Gedanke des Anspruchs auf positive Fürsorge durch den Staat habe in die Grundrechte nur in beschränktem Maße Eingang gefunden.[28] Auch aus dem Recht auf Menschenwürde wollte der Senat damals keine Verpflichtung zu staatlichen Leistungen zuerkennen. Er führt dazu aus: unter der Aussage des Art. 1 Abs. 1 GG "Die Würde des Menschen ist unantastbar" sei zu verstehen, daß er die Menschen nur negativ gegen Angriffe abschirmen wolle. Der zweite Satz: "...Sie zu achten und zu schützen ist Verpflichtung aller staatlichen Gewalt" verpflichte den Staat zwar zu dem positiven Tun des "Schützens", doch sei dabei nicht Schutz vor materieller Not, sondern Schutz gegen Angriffe auf die Menschenwürde durch andere, wie Erniedrigung, Brandmarkung, Verfolgung, Ächtung usw. gemeint.[29]

Eine möglich Herleitung eines Versorgungsanspruchs aus Art. 2 Abs. 2 S. 1 GG lehnte der Senat mit dem Hinweis darauf, daß eine vom Ausschuß für Grundsatzfragen des Parlamentarischen Rates vorgeschlagene Bestimmung über das Recht auf ein Mindestmaß an Nahrung, Kleidung und Wohnung später gestrichen und in das Grundgesetz nicht aufgenommen worden sei, ebenfalls ab.[30] Und auch unter Berücksichtigung des Sozialstaatsprinzips, das in der Formulierung vom „sozialen Bundesstaat" bereits im Art. 20 GG verortet wurde und in dem der Senat „ein Bekenntnis zum Sozialstaat, das bei der Auslegung des Grundgesetzes wie bei der Auslegung anderer Gesetze von entscheidender Be-

[27] BVerfG v. 19.12.1951 - 1 BvR 220/51 = BVerfGE 1, 97 [105] (Anspruch auf angemessene Versorgung).

[28] BVerfG v. 19.12.1951 - 1 BvR 220/51 = BVerfGE 1, 97 [104] (Anspruch auf angemessene Versorgung).

[29] Ebenda - Hervorhebungen im Original - Übersichtlich zum Ganzen auch die Entscheidungsbesprechung bei *H. Goerlich/J. Dietrich*, Jura 1992, S. 135.

[30] Eine Haltung die sich im übrigen, wie noch dargelegt wird, bis zum heutigen Tage behauptet hat.

deutung sein kann“, sah, kam er zu keinem anderen als dem genannten Ergebnis.[31]

Bereits wenige Jahre nach dieser Entscheidung wandte sich *Günter Dürig*[32] gegen diese restriktive Haltung des BVerfG. Er stützte sich dabei maßgeblich auf die Menschenwürdegarantie und entwickelte die These, die Freiheit zur Daseinsentfaltung werde zur Phrase, wenn sie nicht auf der Möglichkeit der ökonomischen Daseinserhaltung aufbaue. Er ging davon aus, daß die Menschenwürde betroffen sei, wenn der Mensch gezwungen werde, ökonomisch unter Lebensbedingungen zu existieren, die ihn zum Objekt erniedrigen. Bis sich diese Auffassung auch in der Rechtsprechung des Bundesverfassungsgericht durchsetzen konnte, sollten allerdings noch einige Jahre ins Land gehen.

2) Die Fürsorgeentscheidung des BVerwG (E 1, 159)

Deutlich früher konnte sich der fünfte Senat des Bundesverwaltungsgerichts BVerwG *Dürig's* Überzeugung anschließen. Drei Jahre nach der Entscheidung des BVerfG, im Jahre 1954, hatte das BVerwG zu befinden, ob das Fürsorgerecht entgegen seinem Wortlaut dem hilfebedürftigen Bürger einen Rechtsanspruch auf Unterstützung verleiht.[33] Hintergrund für diese Entscheidung war die Tatsache, daß nach dem Fürsorgerecht, wie es sich aus der Armenpflege der preußischen Rechtsordnung entwickelt und in der Bundesrepublik noch bis in die frühen fünfziger Jahre hinein Bestand hatte, der Hilfsbedürftige nicht Träger eines Hilfeanspruchs, sondern Objekt einer im öffentlichen Interesse auferlegten Verpflichtung war,[34] die ihrerseits ihre Grundlagen in den Bemühungen des Preußischen Staates hatte, trotz einer zunehmenden Verelendung des Proletariats die staatliche Ordnung aufrecht zu erhalten[35] Mit dieser ordnungserhaltenden oder „armenpolizeilichen“ Tradition[36] des Fürsorgerechts brach der 5. Senat des BVerwG, in dem er in seinem Leitsatz verkündet: „Soweit das Gesetz dem Träger der Fürsorge zugunsten des Bedürftigen Pflichten auferlegt, hat der Bedürfti-

---

[31] BVerfG v. 19.12.1951 - 1 BvR 220/51 = BVerfGE 1, 97 [105] (Anspruch auf angemessene Versorgung).

[32] Vgl.: *G. Dürig* in *Maunz-Dürig*, Komm. z. GG, Art. 1 Abs. 1 Rdnr. 43 m.w.Nachw.

[33] BVerwG v. 24.6.1954 - V C 78.54 = BVerwGE 1, 159 = NJW 1954, 1541 (Rechtsansprüche auf dem Gebiet der Fürsorge)

[34] So *V. Neumann*, NVwZ 1995, S. 427 mit einer Reihe von Nachweisen bis hin zu *W. Jelllinek* im Jahre 1948. Ebenso auch *H. Goerlich/J. Dietrich*, Jura 1992, S. 136 und *W. Rüfner*, VSSR 1997; S. 59.

[35] Eingehend *W. Vogel*, Bismarcks Arbeiterversicherung (1951), S. 51 ff aber auch *H. Peters*, Die Geschichte der sozialen Versicherung (1978), S. 29 f.

[36] Vgl.: *V. Neumann*, NVwZ 1995, S. 427.

ge entsprechende Rechte".[37] Er begründete seine Entscheidung mit den Prinzipien des demokratischen und sozialen Rechtsstaats, die über die Gewährung materieller Leistungen hinaus die Anerkennung aller Bürger als „Teilnehmer der Gemeinschaft" und „Träger eigener Rechte" erzwingen. Dabei berief er sich , wie zuvor schon *Dürig* auch auf die Menschenwürde, die es verbiete, den Hilfebedürftigen „lediglich als Gegenstand staatlichen Handelns zu betrachten, soweit es sich um die Sicherung ... seines Daseins überhaupt" handele.[38] Das war die konstitutionelle Geburtsstunde der sogenannten „Objektformel", die bis heute das Verständnis der Menschenwürdenorm prägt. Geboren war damit auch das Recht auf eine Mindestsicherung, zwar nicht als ein unmittelbar verfassungsrechtlich verbürgtes Recht, aber doch als ein durch menschenwürdekonforme Auslegung des Gesetzes gewonnener, einklagbarer Anspruch.[39] Der Gesetzgeber nahm sowohl den Rechtsanspruch auf die Hilfe als auch die Verpflichtung auf die Menschenwürde in das Bundessozialhilfegesetz auf, wenn es im § 1 Abs. 2 BSHG heißt: „Aufgabe der Sozialhilfe ist es, dem Empfänger der Hilfe die Führung eines Lebens zu ermöglichen, das der Würde des Menschen entspricht". Damit hat zwar der Anspruch eines jeden Menschen - oder jedenfalls eines jeden Staatsbürgers, hier gibt es feine Unterschiede, die hier nicht weiter vertieft werden sollen - auf Sicherung seines Existenzminimums als staatliche Leistung auf der Grundlage der Grundrechte eine einfachgesetzliche Ausformung gefunden. Als verfassungsrechtlich verbrieft war der Anspruch damit aber vorerst keineswegs anzusehen.[40]

3) Die Kindergeldentscheidung und Steuerfreiheit des Existenzminimums

Das BVerfG hat seine im Jahre 1951 vorgegebene Linie zur Frage der Sicherung des Existenzminimums durch staatliche Leistungen noch bis ins Jahr 1987[41] durchgehalten. Zur Frage des Unfallversicherungsschutzes für pränatale Schädigungen stellte der 1. Senat fest, daß eine Ausdehnung des Unfallversicherungsschutzes gegen eine Berufskrankheit der Mutter für ein zum Zeitpunkt der Erkrankung der Mutter noch nicht gezeugtes Kind nicht in Betracht komme, weil, soweit das Kind in einer Notlage gerate, das Sozialhilferecht zum Auffan-

---

[37] BVerwG v. 24.6.1954 - V C 78.54 = BVerwGE 1, 159 (amtl. Leitsatz). Vgl. auch die Entscheidungsbesprechung von *H. Goerlich/J. Dietrich*, Jura 1992, S. 135 f.

[38] BVerwG v. 24.6.1954 - V C 78.54 = BVerwGE 1, 159 [161 f.] (Rechtsansprüche auf dem Gebiet der Fürsorge) - Auch *H. Goerlich/J. Dietrich*, Jura 1992, S. 135) betont noch einmal die tragende Bedeutung der Menschenwürde, die allerdings in der Entscheidungsbegründung selbst nur neben anderen genannt wird (*V. Neumann*, NVwZ 1995, S. 427).

[39] *V. Neumann*, NVwZ 1995, S. 427; *H. Goerlich/J. Dietrich*, Jura 1992, S. 137.

[40] Vgl. auch: *Seewald*, Zum Verfassungsrecht auf Gesundheit (1981), S. 73.; *H. Goerlich/J. Dietrich*, Jura 1992, S. 139 ff.

[41] Vgl.: BVerfG v. 20.5.1987 – 1 BvR 762/85 = BVerfGE 75, 348 (Unfallversicherungsschutz für nicht gezeugtes Leben).

gen dieser Notlage geeignet sei. Die Frage, ob sich aus Art. 1 Abs. 1 GG ein Grundrecht des Einzelnen auf eine gesetzliche Regelung von Ansprüchen auf angemessene Versorgung begründen könnte, ließ der Senat dabei ausdrücklich offen.[42] In den siebziger Jahren hatte der Senat allerdings bereits, hier noch aus dem Sozialstaatsprinzip, eine gewisse Verpflichtung der staatlichen Gemeinschaft anerkannt, den Hilfsbedürftigen „die Mindestvoraussetzungen für ein menschenwürdiges Dasein" zu sichern.[43] Unter Berufung auf die gesetzgeberische Gestaltungsfreiheit lehnte er aber einen Anspruch auf eine bestimmte staatliche Leistung aus diesem Grundsatz ab und auch eine zwei Jahre später ergangene Entscheidung, in deren Rahmen die „grundlegenden Voraussetzungen individueller und sozialer Existenz des Menschen" und damit eine Verpflichtung des Staates „jenes Existenzminimum zu gewähren, das ein menschenwürdiges Dasein überhaupt erst ausmacht" inzwischen aus Art. 1 Abs. 1 GG in Verbindung mit dem Sozialstaatsprinzip hergeleitet wurde,[44] muß insofern hinsichtlich der Leistungsansprüche aus den Grundrechten bedeutungslos bleiben, als es hier um die Frage der Zulässigkeit lebenslanger Freiheitsentziehung ging, also allein die abwehrrechtliche Funktion der Grundrechte zur Diskussion stand. Immerhin war damit aber eine Richtung vorgegeben, die schließlich zu der Bejahung eines subjektivrechtlichen Anspruchs aus der Verpflichtung zur Sicherung des Existenzminimums führen sollte.

Eine Sicherung des Existenzminimums nicht mehr nur als objektiv-rechtlichen Gestaltungsauftrag an den Sozialstaat sondern als einklagbares subjektives Recht ergab sich schließlich aus einer Entscheidung zur Frage der verfassungsrechtlichen Zulässigkeit einer Kürzung des Kindergeldanspruchs für Besserverdienende im Jahre 1990.[45] Ausgangspunkt der verfassungsrechtlichen Beurteilung dieser Frage war der Grundsatz, daß der Staat dem Steuerpflichtigen sein Einkommen insoweit steuerfrei belassen muß, als es zur Schaffung der Mindestvoraussetzungen für ein menschenwürdiges Dasein benötigt wird. Dieses verfassungsrechtliche Gebot leitete der 1. Senat wiederum aus Art. 1 Abs. 1 GG in Verbindung mit dem Sozialstaatsprinzip des Art. 20 Abs. 1 GG her.[46] Unter Berufung auf die bereits erwähnte Entscheidung

---

42 BVerfG v. 20.5.1987 – 1 BvR 762/85 = BVerfGE 75, 348 [361].

43 BVerfG v. 18.6.1975 - 1 BvL 4/74 = BVerfGE 40, 121 [133] (Altersgrenze in der Waisenrente).

44 BVerfG v. 21.6.1977 - 1 BvL 14/76 = BVerfGE 45, 187 [228] (Lebenslange Freiheitsstrafe).

45 BVerfG v. 29.5.1990 - 1 BvL 20, 26/84, 4/86 = BVerfGE 82, 60 = NJW 1990, 2869 (Kindergeld + Existenzminimum).

46 BVerfGE 82, 60 [85 f.].

zur Altersgrenze bei der Waisenrente aus dem Jahre 1975[47] stellte der Senat fest, daß der Staat ebenso wie er nach diesen Verfassungsnormen verpflichtet sei, „dem mittellosen Bürger diese Mindestvoraussetzungen erforderlichenfalls durch Sozialleistungen zu sichern", dem Bürger das selbst erzielte Einkommen bis zu diesem Betrag, den der Senat als Existenzminimum bezeichnete, nicht entziehen dürfe.[48] Bei der Feststellung, daß bei der Besteuerung einer Familie das Existenzminimum sämtlicher Familienmitglieder steuerfrei bleiben müsse, bezog er sich jedoch nicht nur auf Art. 1 Abs. 1 GG und das Sozialstaatsprinzip, sondern auch auf Art. 6 Abs. 1 GG, dem eine staatliche Schutzpflicht für Ehe und Familie[49] zu entnehmen ist. Er gelangte zu dem Schluß, daß das Existenzminimum für die gesamte Familie steuerfrei bleiben müsse, denn wenn der Staat dem Steuerpflichtigen die Mittel für die Unterstützung der unterhaltsbedürftigen Familienmitglieder entzöge, müsse er diese in entsprechender Höhe aufgrund seiner verfassungsrechtlichen Verpflichtung aus dem Sozialstaatsgebot selbst unterstützen,[50] so daß der Senat die Besteuerung der Einkünfte einer Familie, die unterhalb des Existenzminimums für die Familie und ihre Mitglieder liegen, für verfassungswidrig hielt. Er setze zudem, weil die steuerliche Entlastung einerseits durch einen Kinderfreibetrag, daneben aber durch staatliche die Gewährung eines Kindergeldes bewirkt wurde, Freibetrag und Kindergeld als Faktoren der steuerlichen Entlastung gleich und schrieb vor, daß für die verfassungsrechtliche Prüfung das gekürzte Kindergeld in einen fiktiven Kinderfreibetrag umgerechnet und dann zusammen mit dem im Einkommensteuerrecht enthaltenen Freibetrag dem Betrag des Existenzminimums gegenübergestellt werden müsse.[51] Als entscheidenden Maßstab für die Bemessung des Existenzminimums wertete der Senat mit dem Verweis auf eine frühere steuerrechtliche Entscheidung[52] die Leistungen der Sozialhilfe, die dazu bestimmt seien, gerade dieses Existenzminimum zu gewährleisten und die verbrauchsbezogen ermittelt und regelmäßig den steigenden Lebenshaltungskosten angepaßt werden.[53]

---

47 BVerfG v. 18.6.1975 - 1 BvL 4/74 = BVerfGE 40, 121 [133] (Altersgrenze in der Waisenrente).

48 A. a. O.

49 Vgl. hierzu nur: *H. D. Jarass/B. Pieroth*, Grundgesetz ... [4]1997, Art. 6 Rdnr. 7 ff. und *B. Pieroth/B. Schlink*, Grundrechte [13]1997, Rdnr. 633 ff. (666) m.w.Nachw. - Zur Bedeutung des Art. 6 Abs. 1 GG für den Sozialstaat auch *H. F. Zacher* in *Isensee/Kirchhof (Hrsg.)*, HbStR I (1987), § 25 Rdnr. 29.

50 BVerfGE 82, 60 [87].

51 BVerfGE 82, 60 [90].

52 BVerfG v. 22.2.1984 - 1 BvL 10/80 = BVerfGE 66, 214 [224] (Zwangsläufige Unterhaltsaufwendungen).

53 BVerfGE 82, 60 [94 ff.].

Abgesehen davon , daß der 1. Senat des BVerfG mit dieser Entscheidung einige Bewegung in das deutsche Steuerrecht gebracht hat, liegt deren Bedeutung für die vorliegende Fragestellung in der Feststellung einer staatlichen Verpflichtung, dem mittellosen Bürger das Existenzminimum erforderlichenfalls durch Sozialhilfeleistungen zu sichern, aber vor allem auch darin, daß diese Verpflichtung zur Sicherung des Existenzminimums über das Sozialhilferecht hinaus zur Anwendung gebracht wurde.[54] Mit dieser Loslösung vom Sozialhilfe- bzw. Fürsorgerecht hat der Senat dem Recht auf Sicherung des Existenzminimums zu einer rechtlichen Eigenständigkeit verholfen. Als normative Grundlage für die staatliche Verpflichtung zur Sicherung des Existenzminimums der Bürger bezog sich der Senat auf Art. 1 Abs. 1 GG und das Sozialstaatsprinzip, wobei er wegen der hier vorliegenden Relevanz auch noch den Art. 6 Abs. 1 GG heranzog. Daß diese normative Zuordnung nicht zwingend ist, zeigt ein Beschluß zur Einkommensbesteuerung des 2. Senats aus dem Jahre 1992.[55] Dieser wertete die Besteuerung des Existenzminimums als Eingriff in das Grundrecht der allgemeinen Handlungsfreiheit in seiner „Ausprägung als persönliche Entfaltung im vermögensrechtlichen und im beruflichen Bereich (Art. 14, Art. 12 GG)".[56] Zwar sollten auch nach dieser Entscheidungen die Bedarfssätze des Sozialhilferechts den Maßstab für die steuerlich zu verschonenden Einkommensteile abgeben,[57] mit der Bezugnahme auf die allgemeine Handlungsfreiheit des Art. 2 Abs. 1 GG aber betonte der 2. Senat einen freiheitsrechtlichen Ansatz. Er wertet die Besteuerung des Existenzminimums als Eingriff in den Schutzbereich dieses Grundrechts, während der 1. Senat sowohl die Pflicht zur Leistung als auch das Verbot des Zugriffs des Steuerstaates mit Art. 1 Abs. 1 GG in Verbindung mit dem Sozialstaatsprinzip begründet. An dieser Entscheidung hat der 1. Senat bislang festgehalten und die Gleichsetzung von staatlicher Leistungspflicht und Schutz vor existenzgefährenden Besteuerungen der Familieneinkünfte in einer Entscheidung zum Steuerfreibetrag für die Berufsausbildung von Kindern[58] und einer zweiten Entscheidung zur Kürzung des Kindergeldes für Besserverdienende im Jahre 1994[59] seine Rechtsprechung

---

[54] Vgl. auch *H. Goerlich/J. Dietrich*, Jura 1992, S. 139 f.; *V. Neumann*, NVwZ 1995, S. 427; *I. Ebsen*, NDV 1997, S. 76; *B. Gröttrup*, KritVjschr 1997; S. 149 f.

[55] BVerfG v. 25.9.1992 - 2 BvL 5, 8, 14/91 = BVerfGE 87, 153 (Steuerfreiheit des Existenzminimums).

[56] BVerfGE 87, 153 [169].

[57] BVerfGE 87, 153 [171].

[58] BVerfG v. 26.1.1994 - 1 BvL 12/86 = BVerfGE 89, 346 = NJW 1994, 991 (Freibetrag für die Berufsausbildung).

[59] BVerfG v. 14.6.1994 - 1 BvR 1022/88 = BVerfGE 91, 93 = NJW 1994, 2817 (Kindergeldkürzung).

noch einmal bekräftigt.[60] Mit seiner jüngsten Entscheidung zur Frage der Steuerfreibeträge für Familien mit Kindern hat sich auch der 2. Senat des BVerfG der Auffassung des 1. Senats angeschlossen und eine staatliche Verpflichtung zur Förderung der Kinderbetreuung in der von den Eltern gewählten Form festgestellt.[61]

Problematisch für die Herleitung konkreter Aussagen für die hier aufgeworfene Fragestellung ist an diesen Entscheidungen zum einen die Tatsache, daß der Gegenstand der Klagen jeweils steuerrechtlicher Art war. Die Besteuerung von Einkommen stellt aber in klassischer Weise einen Eingriff des Staates in die grundrechtlich verbriefte bürgerliche Freiheit dar. Die Entscheidung des 2. Senats, die leistungsrechtliche Seite außer Acht zu lassen und allein auf das Abwehrrecht aus Art. 2 Abs. 1 GG abzustellen, ist daher durchaus naheliegend, wobei es allerdings bei dieser Entscheidung auch nur um eine rein steuerrechtliche Angelegenheit ging, während in den genannten Fällen des 1. Senats jeweils auch das Recht der Sozialen Förderung mindestens teilweise tangiert war. In jedem Fall ist aber vor einer vorschnellen Übertragung der dort aufgestellten verfassungsrechtlichen Grundsätze auf die hier aufgeworfenen Frage nach der Zulässigkeit der Rationierung von medizinischen Leistungen Vorsicht geboten.

Auch in der jüngeren Literatur ist die staatliche Verpflichtung zur Sicherung des Existenzminimums durch materielle Leistungen bislang keineswegs unumstritten. So weist beispielsweise *Bieback*[62] unter Berufung auf die genannten Entscheidungen des 1.Senats darauf hin, daß aus diesen ausdrücklich kein Gebot folge, soziale Leistungen in einem bestimmten Umfang zu gewähren. Zwingend sei lediglich, daß der Staat die Mindestvoraussetzungen für ein menschenwürdiges Dasein seiner Bürger schaffe.[63] Und selbst bei denjenigen Autoren, die die Annahme eines einklagbaren mit der objektiv-rechtlichen staatlichen Verpflichtung korrespondierenden subjektiven Rechts befürworten,[64] gibt es unterschiedliche Ansätze zur normativen Begründung der Pflicht zur Sicherung des Existenzminimums und vor allem auch Bedenken bezüglich der inhaltlichen Ausgestaltung dieser einklagbaren staatlichen Pflicht.[65]

---

60 Ebenda: Anmerkung zum 2. Leitsatz.

61 BVerfG v. 19.1.1999 - 2 BvR 1057/91, 2 BvL 42/93 (Steuerfreiheit des Betreuungsbedarfs für Kinder).

62 *K.-J. Bieback*, Krit. Justiz 1998, 162 ff. - Noch zweifelnd auch *V. Neumann*, NVwZ 1995, S. 431.

63 *K.-J. Bieback*, Krit. Justiz 1998 S. 174.

64 Z.B.: *H. Goerlich/J. Dietrich*, Jura 1992, S. 139 f.; *I. Ebsen*, NDV 1997, S. 76; *B. Gröttrup*, KritVjschr 1997; S. 123f.; *V. Neumann*, NZS 1998, S. 410 - alle m.w.Nachw.

65 *H. Goerlich/J. Dietrich*, Jura 1992, S. 141 f.; *I. Ebsen*, NDV 1997, S. 76 f.; *B. Gröttrup*, KritVjschr 1997; S. 147 ff. *V. Neumann*, NZS 1998, S. 410 f. und zuvor bereits *V. Neumann*, NVwZ 1995, S. 430 ff.

Eine Ausdehnung der Rechtsprechung des BVerfG bezüglich der staatlichen Pflicht zur Sicherung des Existenzminimums für seine Bürger auf die hier interessierende Frage der Sicherung der menschlichen Existenz durch Heilbehandlung ist bislang explizit nicht erfolgt. Angesichts der Aussagen, daß den Versicherten in der gesetzlichen Krankenversicherung alle notwendigen Behandlungen gewährt werden und aufgrund der Tatsache, daß Rationierung im deutschen System der medizinischen Versorgung bisher lediglich versteckt stattfindet, war eine solche Entscheidung nicht von Nöten. Eine entsprechende Verfassungsbeschwerde oder Normenkontrollklage hätte vermutlich auch keine Aussicht auf Zulassung, geschweige denn auf Erfolg gehabt, weil es schlicht an dem beweisbaren Grund für eine solche Klage gefehlt hätte. Mit der überwiegenden Literatur ist allerdings davon auszugehen, daß auch in solchen Fällen ein Anspruch auf Sicherung des Existenzminimums durch ein Mindestmaß an staatlicher Leistung zu bejahen wäre. Problematisch bleibt dabei aber die Frage, welchen Umfang eine so begründete staatliche Leistungspflicht hätte und ob neben der Menschenwürdegarantie aus Art. 1 Abs. 1 GG und dem Sozialstaatsprinzip nicht auch weitere Grundrechte zur Begründung eines entsprechenden Anspruchs der Bürger heranzuziehen wären. Namentlich das Grundrecht auf Leben und körperliche Unversehrtheit aus Art. 2 Abs. 2 S. 1 GG könnte hier in Betracht kommen.

Die relative Inkonsistenz der bisherigen Rechtsprechung und auch der Literatur in Hinblick auf die normative Begründung und inhaltliche Ausgestaltung eines Anspruchs auf Sicherung des Existenzminimums läßt es geboten erscheinen, noch einmal die genannten verfassungsrechtlichen Elemente eines Anspruchs auf Sicherung des gesundheitlichen Existenzminimums einer eingehenderen Betrachtung zu unterziehen.

II. Die einzelnen verfassungsrechtlichen Elemente des Existenzminimums

Während in der Rechtsprechung des Bundesverfassungsgerichts, von der überwiegend abwehrrechtlichen Konstruktion über die allgemeine Handlungsfreiheit des Art. 2 Abs. 1 GG durch den 2. Senat[66] abgesehen, die staatliche Verpflichtung zur Sicherung des Existenzminimums bislang immer aus der Menschenwürdegarantie des Art. 1 Abs. 1 GG, dem Sozialstaatsprinzip und einem weiteren Grundrecht - aufgrund der Fallkonstellationen der staatlichen Schutzpflicht für Ehe und Familie aus Art. 6 Abs. 1 GG - hergeleitet wurde,[67] wird in

---

66 BVerfG v. 25.9.1992 - 2 BvL 5, 8, 14/91 = BVerfGE 87, 153 (Steuerfreiheit des Existenzminimums).

67 BVerfG v. 29.5.1990 - 1 BvL 20, 26/84, 4/86 = BVerfGE 82, 60 und BVerfG v. 26.1.1994 - 1 BvL 12/86 = BVerfGE 89, 346, BVerfG v. 14.6.1994 - 1 BvR 1022/88 = BVerfGE 91, 93 - letztlich findet sich auch in der Entscheidung des 2. Senats ein solcher Verweis (BVerfG v. 25.9.1992 - 2 BvL 5, 8, 14/91 = BVerfGE 87, 153 [169].

der Literatur diese Verpflichtung zum Teil bereits aus den einzelnen normativen Elementen des Existenzminimums hergeleitet. So vertritt beispielsweise *Starck* die Auffassung, die Verpflichtung zum Lebensschutz erwachse dem Staat bereits aus der Menschenwürdegarantie.[68] Und die Verpflichtung zur Bereitstellung staatlicher Leistungen zum Schutze der Gesundheit im Rahmen eines eng bemessenen Existenzminimums folgert er aus Art. 1 Abs. 1 GG i.V.m. Art. 2 Abs. 2 S. 1 GG.[69] In ganz ähnlicher Weise argumentiert *Seewald* bei seiner Begründung für ein „Verfassungsrecht auf Gesundheit".[70] Aus dem Recht auf Leben und körperliche Unversehrtheit gem. Art. 2 Abs. 2 S. 1 GG an sich werden nur gelegentlich existenzsichernde Leistungsansprüche konstruiert.[71] Dagegen findet sich, auch unter Berufung auf die hohe Bedeutung, die dem Schutz des Lebens zukommt, häufiger eine Verpflichtung zur Sicherung der „nackten Existenz" aus der Wirkung von Art. 2 Abs. 2 S. 1 GG i.V.m. dem Sozialstaatsprinzip[72] oder aus Art. 2 Abs. 2 S. 1 GG i.V.m. Art. 1 Abs. 1 GG.[73] Nicht selten ist auch eine Herleitung der staatlichen Pflicht zur Sicherung eines gesundheitlichen Existenzminimums allein aus Art. 1 Abs. 1 GG i.V.m. dem Sozialstaatsprinzip anzutreffen,[74] wobei hier Art. 2 Abs. 2 S. 1 GG als objektivrechtlicher Beleg für die Wichtigkeit der betroffenen Position angesehen werden kann.[75] Dagegen wird regelmäßig eine Leistungspflicht allein aus dem Sozialstaatsprinzip verneint, weil dieses in seiner Funktion als Programmsatz konkrete Ansprüche nicht tragen könne.[76]

---

68 Vgl.: *Ch. Starck* in *v. Mangoldt/Klein/Starck*, GG Bd.1 ^{3}1985 , Art. 1 Rdnr. 24.

69 Vgl.: *Ch. Starck* in *v. Mangoldt/Klein/Starck*, GG Bd.1 ^{3}1985 , Art. 2 Rdnr. 157.

70 Vgl.: *Seewald*, Zum Verfassungsrecht auf Gesundheit (1981) S. 51 ff. [69] und 72 ff. sowie *ders.*, Gesundheit als Grundrecht (1982) S. 18 f.

71 Vgl.: *Ph. Kunig*, in *v. Münch/Kunig*, Grundgesetz-Kommentar Bd.1 ^{4}1992, Art. 2 Rdnr. 60 aber auch *G. Dürig* in *Maunz-Dürig*, Komm. z. GG, Art. 2 Abs. II Rdnr. 27.

72 So *D. Murswiek*, in *Sachs*, Grundgesetz ^{2}1999, Art. 2 Rdnr. 224 oder *D. Lorenz* in *Isensee/Kirchhof (Hrsg.)*, HbStR VI (1989), § 128 Rdnr. 52.

73 Vgl.: *H. Schulze-Fielitz*, in *Dreier*, Grundgesetz-Kommentar Bd. 1, 1996, Art. 2 Rdnr. 58

74 Vgl.: *I. Ebsen*, NDV 1997, S. 76 und *V. Neumann*, NZS 1998, S. 410.

75 Vgl.: *I. Ebsen*, a.a.O. - *B. Schulin* (VSSR 1997, S. 48 ff.) sieht dagegen eher eine Verknüpfung der Menschenwürde und des Sozialstaatsprinzips mit Art. 2 Abs. 1 GG als Grundlage für den Anspruch auf Sicherstellung des gesundheitlichen Schutzes in der gesetzlichen Krankenversicherung. Ihm geht es dabei in des nicht so sehr um die Sicherung des Existenzminimums sondern mehr um die Frage des Einflusses der Pflichtversicherung in der GKV auf deren Leistungskatalog. Hierauf wird im Rahmen der Betrachtungen zum „Recht auf Gesundheit" noch näher einzugehen sein.

76 So schon früh: *H. Genzel*, Sozialstaat und Gesundheitsökonomie (1983); S. 3 f. - aber auch *R. Herzog* in *Maunz-Dürig*, Komm. z. GG, Art. 20 Rdnr. 28; *Ch. Degenhardt*, Staatsrecht ^{13}1997, Rdnr. 361; *M. Sachs*, in *Sachs*, Grundgesetz ^{2}1999, Art. 20 Rdnr. 47 ff.

Bei der nachfolgenden Betrachtung der Einzelaspekte und ihrer Wirkungen für die Konkretisierung eines gesundheitlichen Existenzminimums soll nach dem bewährten verfassungsrechtlichen Prüfungsschema in der Weise verfahren werden, daß zum einen der Umfang der rechtlichen Wirkung (im Sinne von Schutzbereich und Eingriff) und zum anderen auf die möglichen Rechtfertigungen für Beschränkungen der ermittelten Rechtsansprüche eingegangen wird.[77]

1) Garantie der Menschenwürde (Art. 1 Abs. 1 GG)

Unter dem Eindruck der Verbrechen gegen die Menschlichkeit, wie sie von der NS-Diktatur verübt wurden, hat der parlamentarische Rat[78] im Art. 1 Abs. 1 GG die Würde des Menschen für unantastbar erklärt und zugleich den Staat und seine Organe verpflichtet, diese zu achten und zu schützen (Art. 1 Abs. 1 S. 2 GG).[79] Er hat darüber hinaus mit der sogenannten „Ewigkeitsgarantie" des Art. 79 Abs. 3 GG dafür gesorgt, daß die Garantie der Menschenwürde und der Menschenwürdegehalt der nachfolgenden Grundrechte einer Verfassungsänderung nicht zugänglich ist.[80] Mit der Stellung am Anfang der Verfassung, mit der Ewigkeitsgarantie und darüber hinaus auch mit der Bezugsetzung zur Bekenntnis zu unverletzlichen und unveräußerlichen Menschenrechten durch das Wörtchen „darum" im Art. 1 Abs. 2 GG haben die Verfassungsgeber die Bedeutung der Menschenwürdegarantie als staatstragendes Prinzip unterstrichen,[81] weshalb auch das BVerfG die Würde des Menschen gelegentlich als „obersten Wert" des Grundgesetzes definiert hat.[82] Dennoch ist der rechtliche Gehalt der Menschenwürdegarantie des Art. 1 Abs. 1 GG keineswegs unumstritten.[83] Vielfach wurde und wird, wenngleich mit deutlich abnehmender Tendenz, in der Literatur die Auffassung vertreten, eine eigenständige Grundrechtsgewährleistung sei der Menschenwürdegarantie nicht zu

---

[77] Zu dem klassischen Prüfungsschema im Verfassungsrecht vgl.: *B. Pieroth/B. Schlink*, Grundrechte [13]1997, Rdnr. 195 ff.

[78] Bewußt wurde hier auf den Begriff der „Väter des Grundgesetzes", wie er z.T. gebräuchlich ist, verzichtet, denn es gab auch „Mütter des Grundgesetzes" (vgl.: *Süddeutsche Zeitung* vom 16.1.1999).

[79] Vgl.: *B. Pieroth/B. Schlink*, Grundrechte [13]1997, Rdnr. 350 ff.; *H. D. Jarass/B. Pieroth*, Grundgesetz ... [4]1997, Art. 1 Rdnr. 1.

[80] Vgl.: *H. D. Jarass/B. Pieroth*, Grundgesetz ... [4]1997, Art. 79 Rdnr. 5 ff. [9].

[81] *H. D. Jarass/B. Pieroth*, Grundgesetz ... [4]1997, Art. 1 Rdnr. 2. ebenso auch BVerfG v. 16.1.1957 - 1 BvR 253/56 = BVerfGE 6, 32 [36] (Elfes-Urteil).

[82] Vgl.: BVerfG v. 21.6.1977 - 1 BvL 14/76 = BVerfGE 45, 187 [227] (Lebenslange Freiheitsstrafe) unter Berufung darauf auch noch einmal BVerfG v. 29.5.1990 - 1 BvL 20, 26/84, 4/86 = BVerfGE 82, 60 (Kindergeld + Existenzminimum).

[83] Vgl. zum Meinungsstand etwa: *W. Höfling*, JuS 1995, S. 857 f. m.w.Nachw.

entnehmen.[84] Den Gegenargumenten, die in der „strukturgebenden Fundamentalnorm“[85] der Verfassung mehr als nur einen objektiven Rechtssatz ohne subjektiv-rechtliche Entsprechung sehen wollen,[86] ist leicht zu folgen, weil es als systemwidrig anzusehen wäre, ausgerechnet dem höchsten Verfassungsgut Verwirklichung im Wege der Verfassungsbeschwerde versagen zu wollen.[87] Entscheidend ist eine Lösung dieses Problems letztlich jedoch nicht, denn durch die Ausstrahlung der Menschenwürdegarantie als Auslegungsmaßstab für die nachfolgenden Grundrechte könnte sich vielfach die Anwendung des Art. 1 Abs. 1 GG als eigenständiges Grundrecht auch erübrigen.[88] Unabhängig davon, welcher Auffassung man geneigt ist zu folgen, wird sich doch spätestens bei der Bestimmung des Schutzbereiches ein klarer Rahmen nur schwerlich bestimmen lassen.

a) Gewährleistungsgehalt der Menschenwürdegarantie

Die Umschreibung des Begriffs der Menschenwürde und der daraus resultierenden Ansprüche bereitet der Rechtsprechung[89] und der juristischen Literatur offensichtlich Mühe.[90] Das BVerfG geht insofern auch davon aus, daß sich die Feststellung, unter welchen Umständen die Menschenwürde verletzt sein kann, nicht generell, sondern immer nur „in Ansehung des konkreten Falles“ treffen läßt.[91] Soweit dennoch versucht wird, sich dem Begriff der Menschenwürde anzunähern, werden häufig Anleihen bei benachbarten geistenswissenschaftlichen Fakultäten vorgenommen. So verweisen *Pieroth/Schlink* auf *Luhmann* wenn sie als eine von zwei möglichen Auffassungen zur Menschenwürde, diese als „Leistung der Identitätsbildung“ bezeichnen.[92] Sie stellen aber zugleich auch fest, daß diese Interpretation dort unzureichend ist, wo der Mensch zur Identitätsbildung außerstande ist.[93] Dies könnte für den Bereich der medizinischen Behandlung beispielsweise im Zustand der Bewußtlosigkeit oder als Wachko-

---

84 Vgl.: *W. Höfling*, a.a.O. (Fn. 6) und auch *H. D. Jarass/B. Pieroth*, Grundgesetz ... ^{4}1997, Art. 1 Rdnr. 2a m.w.Nachw.

85 So *W. Höfling*, JuS 1995, S. 858.

86 Ebenda. - Vgl. auch *W. Höfling*, in *Sachs*, Grundgesetz ^{2}1999, Art. 1 Rdnr. 3 ff. m.w.Nachw.

87 Vgl.: *W. Höfling*, JuS 1995, S. 858.

88 So *H. D. Jarass/B. Pieroth*, Grundgesetz ... ^{4}1997, Art. 1 Rdnr. 3 m.w.Nachw.

89 Vgl.: BVerfG v. 15.12.1970 - 2 BvF 1/69, 2 BvR 629/68, 308/69 = BVerfGE 30, 1 [25 f.] (Abhörurteil).

90 Vgl.: *B. Pieroth/B. Schlink*, Grundrechte ^{13}1997, Rdnr. 353.

91 BVerfGE 30, 1 [25].

92 Vgl.: *B. Pieroth/B. Schlink*, Grundrechte ^{13}1997, Rdnr. 355 unter Berufung auf *N. Luhmann,* Grundrechte als Institution (1965), S. 53.

93 A.a.O., Rdnr. 356.

ma-PatientIn der Fall sein. Auch soweit *V. Neumann* unter Berufung auf *Ernst Bloch* zu dem Schluß gelangt, die menschliche Würde richte sich auf die Abschaffung von Erniedrigung, sie wolle wegräumen, was der Autonomie im Wege stehe,[94] ist anzumerken, daß aus den genannten Gründen die Gewährleistung von Autonomie als Garantie eines menschenwürdigen Lebens nicht ausreicht.

Es ist insofern naheliegend, die Menschenwürde eher aus den sozialen Wert- und Achtungsansprüchen herzuleiten, die dem Menschen kraft seines Menschseins zukommen, die ihn von Tieren oder gar Gegenständen unterscheiden und aufgrund derer es sich verbietet, den Menschen zu instrumentalisieren.[95] Dieser Grundsatz, der bereits in den fünfziger Jahren von *Dürig* [96] ausgehend vom dem Menschenwürdebegriff *Kants* entwickelt wurde und seither als sogenannte „Objektformel" in der Rechtsprechung und Literatur fortbesteht, kann als Leitbild der Menschenwürdegarantie des Art. 1 Abs. 1 GG gelten.[97] Nach dieser Objektformel soll es jedenfalls unzulässig sein, den Menschen zum bloßen Objekt staatlichen Handelns zu machen.[98] Die Konsequenz dieser Formel ist aber auch, daß der Schutzbereich des Art. 1 Abs. 1 GG nicht positiv von seinem Gehalt her, sondern fast immer negativ über Tatbestände, die als Verletzung der Menschenwürde zu werten sind, bestimmt wird.[99] In diesem Sinne bedient sich die Rechtsprechung zur weiteren Konkretisierung von Verletzungen der Menschenwürde der sogenannten „additiven Beispieltechnik"[100], wonach Erniedrigung, Brandmarkung, Verfolgung, Ächtung,[101] Diffamierung, Diskriminierung, Entrechtung oder grausame Bestrafung[102] als Verletzung der Menschenwürde zu werten sind.

Aus der Verbindung mit der Formulierung „Sie zu achten und zu schützen ist Verpflichtung aller staatlichen Gewalt" (Art. 1 Abs. 1 S. 2 GG) ergeben sich weitere Hinweise auf eine mögliche Konkretisierung der Menschenwürdegarantie. Zum einen ist die Achtung der Würde des Menschen ein staatliches Unterlassungsgebot und damit im klassischen Sinne ein Abwehrrecht, das den

---

94 Vgl.: *V. Neumann*, NVwZ 1995, S. 427 (Fn. 10).

95 Vgl.: *H. D. Jarass/B. Pieroth*, Grundgesetz ... ^{4}1997, Art. 1 Rdnr. 4

96 *G. Dürig* in *Maunz-Dürig*, Komm. z. GG, Art. 1 Abs. 1 Rdnr. 28.

97 Vgl. nur: *B. Pieroth/B. Schlink*, Grundrechte ^{13}1997, Rdnr. 359; *H. D. Jarass/B. Pieroth*, Grundgesetz ... ^{4}1997, Art. 1 Rdnr. 4 beide m.w.Nachw. Eingehender auf den *Kant'schen* Ansatz auch *V. Neumann*, NVwZ 1995, S. 428 f.

98 Ebenda. - vgl. auch *W. Höfling*, JuS 1995, S. 859 m.w.Nachw.

99 Vgl.: *B. Pieroth/B. Schlink*, Grundrechte ^{13}1997, Rdnr. 358; *W. Höfling*, JuS 1995, S. 859f.

100 Vgl.: *W. Höfling*, JuS 1995, S. 859 m.w.Nachw.

101 So schon BVerfG v. 19.12.1951 - 1 BvR 220/51 = BVerfGE 1, 97 [105] (Anspruch auf angemessene Versorgung).

102 Vgl.: *W. Höfling*, JuS 1995, S. 859. - Ebenso auch BVerfG v. 21.6.1977 - 1 BvL 14/76 = BVerfGE 45, 187 [228] (Lebenslange Freiheitsstrafe).

staatlichen Organen verbietet, in irgendeiner Weise menschenverachtend tätig zu werden und den Menschen damit zum Objekt staatlichen Handelns zu erniedrigen.[103] Hier wären auch die grausamen und unmenschlichen Strafen anzusiedeln. Hierzu gehört aber auch das Brechen der menschlichen Identität[104], genetische Manipulationen zu Züchtungszwecken oder auch nur eine grobe rechtliche Ungleichbehandlung.[105] Die Kernaussage, „der Mensch muß immer Zweck an sich selbst bleiben", gilt, wie der 1. Senat in seiner Freiheitsstrafen-Entscheidung im Jahre 1977 ausgeführt hat, uneingeschränkt für alle Rechtsgebiete. Denn die unverlierbare Würde des Menschen als Person bestehe gerade darin, daß er als selbstverantwortliche Persönlichkeit anerkannt bleibe.[106]

Der andere Aspekt des Art. 1 Abs. 1 S. 2 GG ist, wie schon der 1. Senat des BVerfG in seiner Entscheidung aus dem Jahre 1951[107] festgestellt hatte, für den Staat die Verpflichtung zu dem positiven Tun des „Schützens", wobei nach der damaligen Auffassung zunächst nicht Schutz vor materieller Not, sondern Schutz gegen Angriffe auf die Menschenwürde durch andere Bürger oder Staaten gemeint war.[108] Erst allmählich und nur sehr zögerlich wurde, wie beschrieben, der Schutz vor Beeinträchtigungen durch Dritte auf Ansprüche auf tatsächliche Leistungen des Staates ausgedehnt, so daß inzwischen, jedenfalls dort, wo die Menschen als Folge eines Verzichts auf staatliche Leistungen zum reinen Objekt erniedrigt werden, eine Leistungspflicht (auch) aus Art. 1 Abs. 1 GG angenommen wird.[109]

b) Grenzen der Menschenwürdegarantie

Diese Zurückhaltung bei der Bestimmung des Schutzbereiches der Menschenwürdegarantie und dessen Beeinträchtigung ist angesichts des strikten Verbots von Eingriffen im Sinne der „Unantastbarkeit" und auch unter Berücksichtigung der Ewigkeitsgarantie (Art. 79 Abs. 3 GG) nur allzu verständlich. Es gibt anders als bei manchen anderen Grundrechten keinen Gesetzesvorbehalt, aufgrund dessen durch ein Parlamentsgesetz bei entsprechender Rechtfertigung in das Grundrecht eingegriffen werden dürfte. Als höchstes Verfassungsgut läßt sich

---

[103] Vgl.: *H. D. Jarass/B. Pieroth*, Grundgesetz ... ^{4}1997, Art. 1 Rdnr. 6.

[104] Vgl.: *W. Höfling*, in *Sachs*, Grundgesetz ^{2}1999, Art. 1 Rdnr. 32.

[105] Vgl.: *B. Pieroth/B. Schlink*, Grundrechte ^{13}1997, Rdnr. 361 mit zahlreichen weiteren Beispielen.

[106] Vgl.: BVerfG v. 21.6.1977 - 1 BvL 14/76 = BVerfGE 45, 187 [228] (Lebenslange Freiheitsstrafe)

[107] BVerfGE 1, 97 [104] (Anspruch auf angemessene Versorgung).

[108] Vgl.: *H. D. Jarass/B. Pieroth*, Grundgesetz ... ^{4}1997, Art. 1 Rdnr. 7; *Ph. Kunig*, in *v. Münch/Kunig*, Grundgesetz-Kommentar Bd.1 ^{4}1992, Art. 1 Rdnr. 33.

[109] Vgl.: *H. D. Jarass/B. Pieroth*, Grundgesetz ... ^{4}1997, Art. Rdnr. 8; *W. Höfling*, in *Sachs*, Grundgesetz ^{2}1999, Art. 1 Rdnr. 24 ff.

darüber hinaus ein Eingriff in die Menschenwürde auch nicht wie andernorts, wo der Gesetzesvorbehalt fehlt, durch kollidierendes Verfassungsrecht rechtfertigen.[110] Auch die Menschenwürde eines anderen könnte damit nicht zur Rechtfertigung von Eingriffen herangezogen werden.[111] Jedwede Verletzung der Menschenwürde wäre damit zugleich ein verfassungsrechtlich unzulässiger Verstoß gegen Art. 1 Abs. 1 GG.[112]

Angesichts der weiten Interpretationsmöglichkeiten, die der Menschenwürdebegriff bietet, muß die Unantastbarkeitsformel zwangsläufig in ein „Konkretisierungsdilemma"[113] führen: Wollte man den Normtext in seiner ganzen programmatischen Breite ernst nehmen und Einschränkungen jeglicher Art verbieten, so könnte man dies nur unter einem weitgehenden Verzicht auf eine praktische Relevanz erreichen.[114] Will man dagegen die Menschenwürdegarantie für die praktische Anwendung der Rechtskonkretisierung nutzbar machen, so ginge dies nur um den Preis einer im Prinzip unzulässigen Relativierung oder Aufweichung der Unantastbarkeitsformel.[115] Es bestünde die Gefahr, daß sich, wie *Höfling* beispielhaft ausführt, die Menschenwürdegarantie im Kampf um die ö-Tüpfelchen auf der computergefertigten Telefonrechnung instrumentalisieren lassen müßte.[116] Dies wäre der Moment, wo sich die Menschenwürdegarantie als, wie *Dürig* es formulierte, „kleine Münze" abnutzen würde.[117] Die Rechtsprechung begegnet derartigen Bestrebungen bislang in der Weise, daß entsprechende Verfassungsbeschwerden als offensichtlich unbegründet zurückgewiesen werden.[118]

---

[110] Vgl.: *B. Pieroth/B. Schlink*, Grundrechte ^{13}1997, Rdnr. 365; *H. D. Jarass/B. Pieroth*, Grundgesetz ... ^{4}1997, Art. Rdnr. 8; *W. Höfling*, JuS 1995, S. 858 f.; ebenso auch BVerfGE 93, 266 [293].

[111] *H. D. Jarass/B. Pieroth*, Grundgesetz ... ^{4}1997, Art. 1 Rdnr. 10; *W. Höfling*, JuS 1995, S. 859 - a.A. *Ch. Starck* in *v. Mangoldt/Klein/Starck*, GG Bd.1 ^{3}1985 , Art. 1 Rdnr. 28.

[112] Vgl.: *Ph. Kunig,* in *v. Münch/Kunig*, Grundgesetz-Kommentar Bd.1 ^{4}1992, Art. 1 Rdnr. 4. - Ebenso BVerfG v. 3.6.1987 - 1 BvR 313/85 = BVerfGE 75, 369 [380] (Kunstfreiheit und Ehre) unter Berufung auf *Ch. Starck* in *v. Mangoldt/Klein/Starck*, GG Bd.1 ^{3}1985 , Art. 5 Abs. 3 Rdnr. 209.

[113] So *W. Höfling*, JuS 1995, S. 859.

[114] *G. Dürig* (in *Maunz-Dürig*, Komm. z. GG, Art. 1 Abs. 1 Rdnr. 43) spricht in diesem Kontext vom der „Scheu ein Heiligtum nicht in die Vorhöfe zu zerren" und sieht in dieser Haltung eine Isolierung des ethischen Wertgehalts von der notwendigen Wertverwirklichung.

[115] *W. Höfling*, a.a.O.

[116] A.a.O., S. 860 m.w.Nachw.

[117] Vgl.: *G. Dürig* in *Maunz-Dürig*, Komm. z. GG, Art. 1 Abs. 1 Rdnr. 43.

[118] Mit weiteren Beispielen: *B. Pieroth/B. Schlink*, Grundrechte ^{13}1997, Rdnr. 363 f.

Die Begründung für diese Entscheidungen und damit zugleich auch die Lösung des Konkretisierungsdilemmas ist darin zu sehen, daß unter Berücksichtigung der Objektformel die Regelungen zur Beschränkbarkeit anderer relevanter Grundrechtsvorschriften bei der Konturierung des Gewährleistungsbereichs des Art. 1 Abs. 1 GG gleichsam mitgedacht werden. Wenngleich ein solches Vorgehen auch als Argumentation „vom Ergebnis her" gewertet werden kann, so zeichnet sich dieses doch durch ein hohes Maß an Praktikabilität aus.[119] Die in der Rechtsprechung häufig anzutreffende Verknüpfung der Menschenwürdegarantie mit anderen Grundrechtsnormen entspricht diesem Ansatz. Soweit in diesem Sinne bei der Bestimmung des Gewährleistungsbereichs der Menschenwürdegarantie auf andere Grundrechtsnormen Bezug genommen wird, gehen diese im Rahmen der Grundrechtsprüfung als konkretere Normen selbstverständlich vor.[120] Die Funktion des Art. 1 Abs. 1 GG ist dann quasi die einer „Schranken-Schranke", d.h. den Gründen, die einen Eingriff in eines der in Art. 2 GG bis Art. 19 GG aufgeführten Grundrechte verfassungsrechtlich rechtfertigen, wird durch die Menschenwürde ihrerseits eine Schranke gesetzt.[121] Im Endeffekt kann aus dieser Funktion nur resultieren, daß durch die unveräußerbare und zugleich unantastbare Garantie der Menschenwürde nicht mehr, aber auch nicht weniger, als ein absoluter Kernbereich menschlicher Existenz geschützt wird.[122]

Ausgehend von der Grundthese, daß die Frage einer Verletzung der Menschenwürde prinzipiell bezogen auf den Einzelfall zu bestimmen ist,[123] werden in der Literatur allgemein drei bis fünf zentrale Kernbereiche als Bedingung zur Wahrung der Menschenwürde ausgemacht. Diese sind nach *Höfling*[124]
(1) Schutz der körperlichen Integrität;
(2) Sicherung menschengerechter Lebensgrundlagen;
(3) Gewährleistung elementarer Rechtsgleichheit;
(4) Wahrung der personalen Identität.

---

[119] Zum Ganzen *W. Höfling*, JuS 1995, S. 860 f. - Ebenso auch *B. Pieroth/B. Schlink*, Grundrechte [13]1997, Rdnr. 361 unter Berufung auf *A. Podlech*, AK - GG [2]1989, Art. 1 Abs. 1 Rdnr. 23 ff.

[120] Vgl.: *H. D. Jarass/B. Pieroth*, Grundgesetz ... [4]1997, Art. 1 Rdnr. 3 m.w.Nachw

[121] Vgl.: H. D. Jarass/B. Pieroth, a.a.O.

[122] Vgl.: *W. Höfling*, JuS 1995, S. 860 und *ders.*, in *Sachs*, Grundgesetz [2]1999, Art. 1 Rdnr. 16 m.w.Nachw. - Ebenso BVerfG v. 3.6.1987 - 1 BvR 313/85 = BVerfGE 75, 369 [380] (Kunstfreiheit und Ehre).

[123] Vgl.: BVerfG v. 15.12.1970 - 2 BvF 1/69, 2 BvR 629/68, 308/69 = BVerfGE 30, 1 [25 f.] (Abhörurteil). - Neuerdings auch noch einmal BGH v. 17.12.1998 – 1 StR 156/98 = NJW 1999, 657 [658 f.] (Lügendetektor).

[124] Vgl.: *W. Höfling*, JuS 1995, S. 861 und *W. Höfling*, in *Sachs*, Grundgesetz [2]1999, Art. 1 Rdnr. 19 ff.

Im Sinne der „additiven Beispieltechnik“ ließe sich diese Aufzählung noch um einige Aspekte differenzieren,[125] oder aber auch auf die drei Hauptgruppen, Schutz der Integrität und Identität, Gewährleistung von rechtlicher Gleichheit und Sicherung der Existenz reduzieren.[126] Im wesentlichen sind damit aber, wie ein Blick in die Kommentare zeigt,[127] die Kernbereiche der Menschenwürdegarantie deutlich genug umrissen. Zumal ja letztlich doch auf die Situation des jeweiligen Einzelfalls abzustellen ist.

c) Konsequenzen aus der Menschenwürdegarantie für die Sicherung des Existenzminimums und die Zulässigkeit von Rationierung

Im Hinblick auf die staatliche Verpflichtung zur Achtung aber auch zum Schutz der Kernbereiche der Menschenwürde ergibt sich, daß der Staat einerseits nicht von sich aus in diese Kernbereiche, die sich als Minimum der menschlichen Existenz in physischer, in psychischer und auch in rechtlicher Hinsicht darstellen, eingreifen darf. Die Schutzpflicht aus Art. 1 Abs. 1 S. 2 GG beinhaltet darüber hinaus, wie schon der 1. Senat in seiner Entscheidung aus dem Jahre 1951 festgestellt hat,[128] eine Verpflichtung des Staates zum Schutz der Bürger vor Eingriffen in diese Kernbereiche von seiten Dritter. Diese Verpflichtung ist inzwischen unbestritten. Soweit im Bereich der medizinischen Behandlung die physische Existenz und körperliche Integrität des Menschen betroffen ist, ist der Staat dieser Verpflichtung durch den strafrechtlichen Schutz seiner Bürger vor Verletzungen der Rechtsgüter Leben und körperliche Unversehrt in der im Rahmen der Betrachtungen zum Schutz der Patienten im Strafrecht beschriebenen Form nachgekommen.[129] Eine Ausdehnung der Schutzpflicht auf „eingriffs- bzw. gegnerlose Notlagen“[130], die das Leben des Menschen gefährden, läßt sich dagegen allein aus Art. 1 Abs. 1 GG nur schwerlich herleiten und ist insofern auch von einem Gutteil der Literatur bestritten.[131] Das BVerfG hat diese Frage

[125] So *A. Podlech*, AK - GG ^{2}1989, Art. 1 Abs. 1 Rdnr. 29 ff.

[126] So *B. Pieroth/B. Schlink*, Grundrechte ^{13}1997, Rdnr. 361.

[127] Vgl.: *H. D. Jarass/B. Pieroth*, Grundgesetz ... ^{4}1997, Art. 1 Rdnr. 11; *Bearbeiter,* in *Dreier*, Grundgesetz-Kommentar Bd. 1, 1996, Art. 1 Rdnr. 44; *Ch. Starck* in *v. Mangoldt/Klein/Starck*, GG Bd.1 ^{3}1985 , Art. 1 Rdnr. 19 ff.

[128] Vgl.: BVerfG v. 19.12.1951 - 1 BvR 220/51 = BVerfGE 1, 97 [104 f.] (Anspruch auf angemessene Versorgung).

[129] Vgl.: *A. Künschner*, Wirtschaftlicher Behandlungsverzicht ... (1992), S. 250 ff.

[130] *A. Künschner*, Wirtschaftlicher Behandlungsverzicht ... (1992), S. 254; *G. Hermes*, Das Grundrecht auf Schutz ... (1987), S. 118 f.

[131] Vgl. nur: *H. D. Jarass/B. Pieroth*, Grundgesetz ... ^{4}1997, Art. Rdnr. 8; *W. Höfling*, in *Sachs*, Grundgesetz ^{2}1999, Art. 1 Rdnr. 40 m.w.Nachw.

bislang ausdrücklich offengelassen.[132] Hier kann sich aber das Zusammenspiel mit dem Sozialstaatsprinzip, das nachfolgend erläutert werden soll, zugunsten der Bürger auswirken.

Ein wesentlicher Aspekt der Leistungsbegrenzung im Bereich der medizinischen Versorgung, der im Kontext der Menschenwürdegarantie diskutiert wird, ist die Frage nach der Zulässigkeit von Kosten-Nutzen-Überlegungen im Rahmen der medizinischen Behandlung.[133] Hier greift weniger die Menschenwürde in ihrer Ausgestaltung als Kerngehalt menschlicher Existenz als vielmehr die Objektformel *Dürig's*, der sich das BVerfG angeschlossen hat.[134] Soweit es danach verfassungsrechtlich untersagt ist, den Menschen zum bloßen Objekt im Staate zu machen,[135] könnte die Einbeziehung des Anspruchs auf Krankenbehandlung eines Menschen in Kosten-Nutzen-Überlegungen in der Tat einen Verstoß gegen die Menschenwürdegarantie darstellen. Dies gilt jedenfalls insoweit, als der Mensch - hier der Patient- damit zum Objekt als *Rechnungsposten eines ökonomischen Kalküls* gemacht wird.[136] Kosten-Nutzen-Überlegungen im Einzelfall, auch wenn sie, wie seit einiger Zeit diskutiert, in Bezug auf die mögliche Lebensqualität des Patienten angestellt werden,[137] stellen damit einen Verstoß gegen die Menschenwürdegarantie des Art. 1 Abs. 1 GG dar. Allein die Bestimmung von Lebensqualität, also des Werts eines Menschenlebens, könnte für sich genommen schon als Verstoß gegen das Menschenwürdeprinzip angesehen werden,[138] denn bereits aus der Entstehungsgeschichte der Norm folgt, daß sich angesichts der grausamen Verbrechen, die in der Zeit der NS-Diktatur unter dem Postulat der Vernichtung „lebensunwerten Lebens“ begangen wurden, eine Bestimmung des Wertes eines Menschenlebens unter der Geltung des

---

[132] Vgl.: BVerfG v. 20.5.1987 – 1 BvR 762/85 = BVerfGE 75, 348 [360] (Unfallversicherungsschutz für nicht gezeugtes Leben) unter Berufung auf BVerfG v. 19.12.1951 - 1 BvR 220/51 = BVerfGE 1, 97 [104] (Anspruch auf angemessene Versorgung).

[133] Vgl.: *A. Künschner*, Wirtschaftlicher Behandlungsverzicht ... (1992), S. 261 ff.

[134] BVerfG v. 21.6.1977 - 1 BvL 14/76 = BVerfGE 45, 187 [228] (Lebenslange Freiheitsstrafe)

[135] BVerfGE 45, 187 [228] m.w.Nachw.

[136] *A. Künschner*, Wirtschaftlicher Behandlungsverzicht ... (1992), S. 262 (Hervorhebung im Original). Übersichtlich hierzu auch *W. Höfling*, in *G. Feuerstein/E. Kuhlmann*, Rationierung im Gesundheitswesen (1998), S. 150 f.

[137] Eingehend zur Diskussion um die sogenannten „quality-adjusted-life-years“ (QALYs): *J.-M. Graf v.d. Schulenburg / O. Schöffski*, Kosten-Nutzen-Analysen im Gesundheitswesen , in *E. Nagel/Ch. Fuchs*, Soziale Gerechtigkeit im Gesundheitswesen (1993), S. 168 ff.; *G. Feuerstein*, Quality of life, in *H. Kaupen-Haas/Ch. Rothmaler (Hrsg.)*, Gesundheitsökonomie (1998), S. 43 ff. - Mit früheren Nachweisen auch *A. Künschner*, Wirtschaftlicher Behandlungsverzicht ... (1992), S. 106 f.

[138] So auch *A. Künschner*, Wirtschaftlicher Behandlungsverzicht ... (1992), S. 268 f.

Grundgesetzes gleichsam von selbst verbietet.[139] Der Mensch muß, wie das BVerfG ausführt, „immer Zweck an sich selbst bleiben" und zwar in allen Rechtsgebieten, „denn die unverlierbare Würde des Menschen als Person besteht gerade darin, daß er als selbstverantwortliche Persönlichkeit anerkannt bleibt."[140] Eine gerichtliche Entscheidung, wie sie im Jahre 1995 in Großbritannien getroffen wurde, aufgrund derer der 11-jährigen *Jaymee Bowen* eine zweite Leukämiebehandlung aus medizinischen aber auch aus finanziellen Gründen vorenthalten wurde, dürfte es damit in Deutschland unter Menschenwürdegesichtspunkten nicht geben.[141]

Wenngleich insofern Kosten-Nutzen-Überlegungen im Einzelfall, bei denen, nach welchen Methoden auch immer, der Wert eines menschlichen Lebens bestimmt wird, einen Verstoß gegen die Menschenwürdegarantie darstellen, muß diese Aussage für generalisierte Überlegungen zu Aufwand und Nutzen von Behandlungsmaßnahmen oder der Bereitstellung medizinischer Ressourcen doch relativiert werden. So geht es beispielsweise bei der Feststellung, routinemäßige präoperative Thoraxaufnahmen seien gemessen an den damit verhinderten Todesfällen unsinnig,[142] schließlich nicht um die Bestimmung des Wertes eines Menschen oder eines Menschenlebens von 550.000, das durch routinemäßige Röntgenuntersuchungen gerettet werden könnte. Es geht vielmehr um die grundsätzliche Frage des Wertes eines Behandlungsstandards für die Sicherstellung einer wirksamen Medizinischen Versorgung der Bevölkerung. Maßstab ist hier zwar auch das Menschenleben. Es wird aber nicht das Leben an sich bewertet, sondern nur die Behandlungsmethode im Vergleich zum Nutzen anderer Methoden. Eine Schutzpflicht gegen ein solches, ökonomisch geprägtes Vorgehen des Staates oder der medizinisch wissenschaftlichen Fachgesellschaften ist der Menschenwürdegarantie nicht zu entnehmen, weil es hier nicht darum geht, den Menschen zum Objekt der Planung zu erniedrigen. Ein Schutz vor den belastenden und einschränkenden Auswirkungen dieser planerischen Bemühungen kann sich aus Art. 1 Abs. 1 GG nicht ergeben. Hier ist bestenfalls auf das Recht auf Leben aus Art. 2 Abs. 2 S. 1 GG oder das Sozialstaatsprinzip zu verweisen.

---

[139] Zum Ganzen *A. Künschner*, Wirtschaftlicher Behandlungsverzicht ... (1992), S. 33 ff.

[140] Vgl.: BVerfG v. 21.6.1977 - 1 BvL 14/76 = BVerfGE 45, 187 [228] (Lebenslange Freiheitsstrafe)

[141] Hierzu die Tagespresse im Herbst 1995 (z.B. *Weser-Kurier* vom 3.10.1995, S.12) - Dem Mädchen wurde im übrigen aufgrund einer privaten Spendenaktion doch noch eine erneute Therapie für umgerechnet 180 000 DM zuteil, die ihr zu einer deutlichen und offenbar anhaltenden Verbesserung des Gesundheitszustands verholfen hat (so ein Bericht in der Sendung „Panorama" (ARD) vom 9.11.1995.

[142] So wohl der eingangs beschriebene Ansatz *F. Porzsolt's* (DOK 1996, S. 536 ff.).

2) Sozialstaatsprinzip (Art. 20 Abs. 1 GG)

Das Sozialstaatsprinzip ist, allgemein anerkannt, ein wesentliches Grundprinzip des Grundgesetzes.[143] Gemessen an der Bedeutung, die das Sozialstaatsprinzip inzwischen erlangt hat,[144] ist die normative Ausformung des Sozialstaatsprinzips eher bescheiden. Eine konkrete Benennung des Sozialstaatsprinzips ist im Grundgesetz nicht ersichtlich. Dennoch wird das Sozialstaatsprinzip allgemein als unmittelbar geltendes angesehen.[145] Die normative Herleitung erfolgt über Art. 20 Abs. 1 GG, wonach die Bundesrepublik ein demokratischer und *sozialer* Bundesstaat ist und über Art. 28 Abs. 1 GG, durch den für die Verfassungsordnungen der Länder verbindlich festgelegt wird, daß sie den Grundsätzen des republikanischen, demokratischen und *sozialen* Rechtsstaates entsprechen müssen.[146] Der Begriff des Sozialstaats findet damit nach dem Zweiten Weltkrieg erstmals in der deutschen Verfassungsgeschichte eine ausdrückliche normative Ausgestaltung. Unter dem Eindruck des Zusammenbruchs des totalitären Macht- und Unrechtsstaates sollte der freiheitliche, demokratische Rechtsstaat im Interesse seiner Stabilisierung und Erhaltung nach den Grundsätzen sozialer Gerechtigkeit ausgerichtet werden.[147] Da der Wortlaut durch die adjektivistische Fassung Auslegungszweifel eröffnet und die Konkretisierung des Begriffs „sozial" durch andere Normen des GG nur beschränkt möglich war,[148] wurde anfangs dem Begriff der Sozialstaatlichkeit überhaupt der Charakter eines konventionellen, subsumtionsfähigen Rechtssatzes abgesprochen.[149] Er wurde angesehen als gesellschaftspolitischer Auftrag, dessen Zielsetzung von Gesetzgebung und Rechtsanwendung in Richtung auf eine soziale Gesellschaftsordnung zu entfalten sei.

---

[143] *R. Herzog* in *Maunz-Dürig*, Komm. z. GG, Art. 20 VIII. Rdnr. 1, unter Berufung darauf auch *H. D. Jarass/B. Pieroth*, Grundgesetz ... ^{4}1997, Art. 20 Rdnr. 72 und *Ch. Degenhardt*, Staatsrecht ^{13}1997, Rdnr. 354.

[144] Zur allmählichen Zunahme der Bedeutung in Zeiten leerer werdender staatlicher Kassen *H. Genzel*, Sozialstaat und Gesundheitsökonomie (1983), S. 1 ff. - vgl. auch *H. F. Zacher* in *Isensee/Kirchhof (Hrsg.)*, HbStR I (1987), § 25 Rdnr. 22 ff.

[145] *R. Herzog* in *Maunz-Dürig*, Komm. z. GG, Art. 20 VIII. Rdnr. 2 ff.; *H. D. Jarass/B. Pieroth*, Grundgesetz ... ^{4}1997, Art. 20 Rdnr. 72

[146] Statt vieler *R. Herzog* in *Maunz-Dürig*, Komm. z. GG, Art. 20 VIII. Rdnr. 2 (Hervorhebungen vom Verf.) - Eingehend zur Herleitung auch *H. F. Zacher* in *Isensee/Kirchhof (Hrsg.)*, HbStR I (1987), § 25 Rdnr. 80 ff..

[147] Vgl.: *H. F. Zacher* in *Isensee/Kirchhof (Hrsg.)*, HbStR I (1987), § 25 Rdnr. 7 ff.; *H. Genzel*, Sozialstaat und Gesundheitsökonomie (1983), S. 1 f.

[148] Vgl.: *F. E. Schnapp*, JuS 1998, S. 874.

[149] Vgl.: *H. Genzel*, Sozialstaat und Gesundheitsökonomie (1983), S. 3 m.w.Nachw.

In diesem Sinne gelangte der 1. Senat in seiner Entscheidung aus dem Jahre 1951[150] zu dem Schluß, daß, auch wenn die „Wendung vom „sozialen Bundesstaat“ nicht in den Grundrechten, sondern in Art. 20 des Grundgesetzes (Bund und Länder) steht“, diese doch ein Bekenntnis zum Sozialstaat enthalte, „das bei der Auslegung des Grundgesetzes wie bei der Auslegung anderer Gesetze von entscheidender Bedeutung sein kann.“ Das Wesentliche zur Verwirklichung des Sozialstaates aber könne nur der Gesetzgeber tun; er sei verfassungsrechtlich zu sozialer Aktivität und insbesondere dazu verpflichtet, sich um einen erträglichen Ausgleich der widerstreitenden Interessen und um die Herstellung erträglicher Lebensbedingungen für alle die zu bemühen, die durch die Folgen des Hitlerregimes in Not geraten seien. „,... nur wenn der Gesetzgeber diese Pflicht willkürlich, d. h. ohne sachlichen Grund versäumte, könnte möglicherweise dem Einzelnen hieraus ein mit der Verfassungsbeschwerde verfolgbarer Anspruch erwachsen.“‘[151] Noch 1989 ging *Roman Herzog* davon aus, daß eine Gerichtsinstanz, die das Sozialstaatsprinzip rechtlich „auszujudizieren“ beginne, damit zur Übernahme der gesamtpolitischen Verantwortung ansetze.[152] Diese Kompetenzüberschreitung ist es, die an der Rechtsprechung des Bundesverfassungsgerichts zu Kindergeld und Steuerfreiheit des Existenzminimums bis heute kritisiert wird.[153] Und hierin ist nach *Herzogs* Auffassung auch der Grund für die langjährige Zurückhaltung der Rechtsprechung in Hinblick auf eine Konkretisierung der Inhalte des Sozialstaatsprinzips zu sehen.[154]

a) Inhalt des Sozialstaatsprinzips

Erst in den siebziger Jahren Zeit erhielt die Verfassungsaussage von der sozialen Demokratie durch Lehre und Rechtsprechung gesichertere Konturen.[155] Der Sozialstaat oder besser die Sozialstaatlichkeit ist demnach aufgrund ihrer Umschreibung im Grundgesetz eines der verfassungsmäßigen Grundprinzipien, eine Staatszielbestimmung mit unmittelbarer Rechtsgeltung und bedeutender Friedensschutzfunktion.[156] Inhaltlich ist das Sozialstaatsprinzip indes nur schwer zu bestimmen, zumal es, um seinem Ziel gerecht zu werden, auch dem Wandel der gesellschaftlichen Entwicklung unterworfen sein muß.[157] Es sind aber dennoch wenigstens grobe Kategorien auszumachen, anhand derer sich die

---

[150] BVerfG v. 19.12.1951 - 1 BvR 220/51 = BVerfGE 1, 97 [104] (Anspruch auf angemessene Versorgung).

[151] Ebenda.

[152] *R. Herzog*, NZA 1989, S. 2.

[153] Vgl.: *Süddeutsche Zeitung* vom 20.1.1999, S. 2

[154] Vgl.: *R. Herzog*, a.a.O.

[155] Vgl.: *H. Genzel,* Sozialstaat und Gesundheitsökonomie (1983), S. 3.

[156] Ebenda.

[157] *Ch. Degenhardt*, Staatsrecht [13]1997, Rdnr. 355 m.w.Nachw.

Inhalte des Sozialstaatsprinzips strukturieren lassen.[158] Diese groben Ziele sind soziale Gerechtigkeit, soziale Chancengleichheit, soziale Freiheit und Unabhängigkeit durch soziale Sicherung des Einzelnen.[159] Im einzelnen lassen sich aus der bisherigen Rechtsprechung des BVerfG folgende Inhalte des Sozialstaatsprinzips ableiten:

(1) Soziale Gerechtigkeit

Grundlegend ergibt sich aus dem Sozialstaatsprinzip zunächst einmal der Auftrag, für einen Ausgleich der sozialen Gegensätze zu sorgen.[160] Es verpflichtet den Staat, „für eine gerechte Sozialordnung zu sorgen".[161] Das bedeutet aber, wie der 1. Senat in seiner Entscheidung zu den Kindererziehungszeiten aus dem Jahre 1996 feststellt, keineswegs eine Verpflichtung zu besonderen staatlichen Maßnahmen, denn „angesichts der Weite und Unbestimmtheit dieses Grundsatzes läßt sich daraus (...) regelmäßig kein Gebot entnehmen, soziale Leistungen in einem bestimmten Umfang zu gewähren".[162] Dem Sozialstaatsprinzip mag es am besten entsprechen, soziale Ausgleichsleistungen nur dorthin zu lenken, wo im Einzelfall ein Bedarf festgestellt wird. Wo allerdings eine Notlage oder ein konkreter, aus eigenen Kräften nicht zu deckender Bedarf nicht vorhanden ist, kann sich aus der Verpflichtung zur Sorge für soziale Gerechtigkeit auch eine Berechtigung (Nicht die Pflicht!) zur Umverteilung der gesellschaftlich erwirtschafteten Güter ergeben.[163] Der Auftrag, für eine soziale Gerechtigkeit zu sorgen, ergibt sich letztlich aus einer Orientierung auf den „Schutz des Schwächeren"[164] mit der Intention, diesem nach den Grundsätzen der Gerechtigkeit zu einer gesellschaftlichen Teilhabe zu verhelfen.[165]

---

[158] Umfassender zu den Inhalten *H. F. Zacher* in *Isensee/Kirchhof (Hrsg.)*, HbStR I (1987), § 25 Rdnr. 78.

[159] Vgl.: *H. Genzel,* Sozialstaat und Gesundheitsökonomie (1983), S. 3. - Ganz ähnlich auch *H. D. Jarass/B. Pieroth*, Grundgesetz ... ^{4}1997, Art. 20 Rdnr. 74 ff. und vergleichbar *Ch. Degenhardt*, Staatsrecht ^{13}1997, Rdnr. 355 ff., *F. E. Schnapp*, JuS 1998, S. 877.

[160] BVerfG v. 16.7.1985 - 1 BvR 5/80, 1023, 1052/83, 1227/84 = BVerfGE 69, 272 [314] (Krankenversicherung der Rentner).

[161] BVerfG v. 3.12.1996 - 1 BvR 609, 692/90 = BVerfGE 94, 241 [263] (Kindererziehungszeiten).

[162] Ebenda mit zahlreichen weiteren Nachweisen.

[163] Ebenda. - Vgl. auch *H. D. Jarass/B. Pieroth*, Grundgesetz ... ^{4}1997, Art. Rdnr. 77; *R. Herzog* in *Maunz-Dürig*, Komm. z. GG, Art. 20 VIII. Rdnr. 28.

[164] Vgl.: *M. Sachs,* in *Sachs*, Grundgesetz ^{2}1999, Art. 20 Rdnr. 46 (Hervorhebung im Original).

[165] Umfassend *H. F. Zacher* in *Isensee/Kirchhof (Hrsg.)*, HbStR I (1987), § 25 Rdnr. 21 ff.

(2) Chancengleichheit

Der gleichen Orientierung entspringt auch das sozialstaatliche Ziel der Chancengleichheit. *Herzog* verknüpft beide sozialstaatlichen Aspekte insofern folgerichtig auch zu dem Begriff „Chancengerechtigkeit".[166] Gemeint ist aber doch unterschiedliches. Während der Gerechtigkeitsgedanke grundlegender ist und insofern auch den Staat zur Umverteilung des Vorhandenen berechtigt, erwächst das Ziel der Chancengleichheit letztlich erst aus diesem Grundmodell. Chancengleichheit im so verstandenen Sinne meint die Angleichung der Voraussetzungen zum Erwerb materieller und immaterieller Güter.[167] Es geht also um eine weitgehende Angleichung der Situation von Bemittelten und Unbemittelten im Hinblick auf den Zugang zu den gesellschaftlichen Errungenschaften aber auch zu den Voraussetzungen zur Verwirklichung der Freiheitsrechte. Bereits früh leitete das BVerfG diese Angleichungspflicht aus dem Gleichheitssatz des Art. 3 Abs. 1 GG in Verbindung mit der „Sozialpflicht des Staates" her.[168]

Mit der Chancengleichheit ist aber durchaus mehr als nur die Gleichbehandlung gem. Art. 3 Abs. 1 GG gemeint.[169] Das Angleichungsgebot der Chancen beinhaltet in erster Linie eine Verpflichtung des Staates, geeignete Möglichkeiten zur Erlangung der Teilhabe an den Errungenschaften der Gesellschaft zur Verfügung zu stellen. Es gebietet zugleich aber auch, den Zugang zu diesen Möglichkeiten durch Organisation und Verfahren sicherzustellen.[170] Als Beispiel für die Verwirklichung dieser staatlichen Verpflichtung wird das Schul- Hochschul- und Berufsbildungswesen als Konkretisierung eines Rechts auf Bildung genannt.[171] Daneben gehört zur Schaffung von Chancengleichheit auch die Bereitstellung von Arbeitsplätzen und die Schaffung von Wohnraum,[172] wobei hier nicht die Gewährung von Wohngeld gemeint ist, denn die ist zwar letztlich auch ein Ausfluß des Sozialstaatsprinzips, aber doch eher dem Ziel der sozialen Sicherung zuzuordnen.

---

[166] *R. Herzog* in *Maunz-Dürig*, Komm. z. GG, Art. 20 VIII. Rdnr. 40. Dagegen betont Zacher das Gleichheitsmoment (vgl.: *H. F. Zacher* in *Isensee/Kirchhof (Hrsg.)*, HbStR I (1987), § 25 Rdnr.32 ff.) wobei er das Recht zur Umverteilung eher im Bereich der sozialen Sicherung angesiedelt wissen will (a.a.O., Rdnr. 45 ff.).

[167] *H. D. Jarass/B. Pieroth*, Grundgesetz ... ^{4}1997, Art. 20 Rdnr.

[168] BVerfG v. 22.1.1959 - 1 BvR 154/55 = BVerfGE 9, 124 [130] (Armenrecht).

[169] Vgl.: *H. D. Jarass/B. Pieroth*, Grundgesetz ... ^{4}1997, Art. 20 Rdnr. 76.

[170] Vgl.: *H. D. Jarass/B. Pieroth*, Grundgesetz ... ^{4}1997, Art. 20 Rdnr. 76 - Instruktiv zum Ganzen BVerfG v. 18.7.1972 - 1 BvL 32/70, 25/71 = BVerfGE 33, 303 [330 ff.] (Numerus clausus).

[171] BVerfG v. 18.7.1972 - 1 BvL 32/70, 25/71 = BVerfGE 33, 303 [331] (Numerus clausus) vgl. auch *M. Kittner*, AK - GG ^{2}1989, Art. 20 Rdnr. 66 f.

[172] Vgl.: *H. D. Jarass/B. Pieroth*, Grundgesetz ... ^{4}1997, Art. 20 Rdnr. 76.

(3) Soziale Sicherheit

Die soziale Sicherung der Bürger als Ausdruck der Verpflichtung zu staatlicher Fürsorge ist nicht nur für die vorliegende Fragestellung von größter Bedeutung, sie hat auch von der historischen Entwicklung des Sozialstaatsgedankens her das größte Gewicht.[173] Ein wesentliches Element dieser Sicherungspflicht des sozialen Staates ist zweifellos die Fürsorge für Hilfsbedürftige.[174] Dies schließt notwendig die soziale Hilfe für die Mitbürger ein, die wegen körperlicher oder geistiger Gebrechen an ihrer persönlichen und sozialen Entfaltung gehindert und außerstande sind, sich selbst zu unterhalten. Die staatliche Gemeinschaft muß ihnen nach der Feststellung des BVerfG[175] jedenfalls die Mindestvoraussetzungen für ein menschenwürdiges Dasein sichern und sich darüber hinaus bemühen, sie soweit wie möglich in die Gesellschaft einzugliedern, ihre angemessene Betreuung in der Familie oder durch Dritte zu fördern sowie die notwendigen Pflegeeinrichtungen zu schaffen. Diese allgemeine Schutzpflicht muß dem jeweils vorhandenen Bedarf an sozialer Hilfe entsprechen. Jedoch bestehen vielfältige Möglichkeiten, den gebotenen Schutz zu verwirklichen.[176]

Es liegt grundsätzlich in der Gestaltungsfreiheit des Gesetzgebers, den ihm geeignet erscheinenden Weg zu bestimmen, zwischen den verschiedenen Formen finanzieller Hilfe für den Unterhalt und die Betreuung gebrechlicher Menschen zu wählen und entsprechend die Anspruchsberechtigung festzulegen. Ebenso hat er, soweit es sich nicht um die bezeichneten Mindestvoraussetzungen handelt, zu entscheiden, in welchem Umfang soziale Hilfe unter Berücksichtigung der vorhandenen Mittel und anderer gleichrangiger Staatsaufgaben gewährt werden kann und soll.[177] Unter dieser Maßgabe entzieht sich das Sozialstaatsprinzip letztlich auch für den Bereich der sozialen Sicherung einer allgemein verbindlichen Konkretisierung und selbst in Hinblick auf die Sicherung des Existenzminimums bleibt das Sozialstaatsprinzip präzise Antworten schuldig.[178] Ein Verstoß gegen die Verfassungsgrundsätze des Art. 20 Abs. 1 GG wird regelmäßig erst angenommen, wenn die gewährte Hilfe für Gebrechliche nicht den Anforderungen sozialer Gerechtigkeit entspricht, sei es, daß der Kreis der Empfänger einer bestimmten staatlichen Leistung sachwidrig abgegrenzt ist

---

[173] Zur Entwicklung auch *R. Herzog* in *Maunz-Dürig*, Komm. z. GG, Art. 20 VIII. Rdnr. 9 ff.

[174] Vgl.: BVerfG v. 18.6.1975 - 1 BvL 4/74 = BVerfGE 40, 121 [133] (Altersgrenze in der Waisenrente) m.w.Nachw.

[175] A.a.O.

[176] Vgl.: *M. Sachs,* in *Sachs*, Grundgesetz ^{2}1999, Art. 20 Rdnr. 46 f.

[177] BVerfG v. 18.6.1975 - 1 BvL 4/74 = BVerfGE 40, 121 [133] (Altersgrenze in der Waisenrente).

[178] Vgl.: *M. Sachs,* in *Sachs*, Grundgesetz ^{2}1999, Art. 20 Rdnr. 48 m.w.Nachw.

oder daß bei einer Gesamtbetrachtung der soziale Schutz einer ins Gewicht fallenden Gruppe vernachlässigt wird.[179]

Neben der Fürsorge, die mit der heutigen Sozialhilfe gewährleistet wird, gehört zum Regelungsbereich der Sozialen Sicherung besonders auch die Sozialversicherung.[180] Gegenstand dieses Bereiches der sozialen Sicherung ist die annähernde Gewährleistung des durch eigene Kraft errungenen Lebensstandards[181] und ausgehend vom klassischen Verständnis der *Bismarck'schen* Sozialversicherung ein weitgehender Schutz gegenüber den sogenannten „Wechselfällen des Lebens".[182] Dabei ist aber, mehr noch als im Bereich der Fürsorge, dem Gesetzgeber ein weiter gestalterischer Spielraum gegeben, zumal gerade in diesem Bereich der Eigenvorsorge der Bürger eine besondere Bedeutung zukommt.[183] Ein Beispiel für den weiten Gestaltungsspielraum des Gesetzgebers bei der Verwirklichung des Sozialstaatsgebots im Bereich der sozialen Sicherung aus der jüngeren Zeit stellt die Schaffung der Sozialen Pflegeversicherung dar. Hier wurde keineswegs eine Vollversicherung gegen das Risiko der Pflegebedürftigkeit geschaffen, sondern lediglich ein System der Grundsicherung ins Leben gerufen und Ansätze zur Selbsthilfe, Nachbarschaftshilfe und Eigenvorsorge damit unterstützt.[184] Eine konkrete Vorgabe für den Gestaltungsauftrag der sozialen Sicherung ist demnach dem Sozialstaatsprinzip nicht zu entnehmen. Nach der Rechtsprechung des Bundesverfassungsgerichts läßt sich nicht einmal eine Verfassungsgarantie des bestehenden Systems der Sozialversicherung oder seiner tragenden Organisationsprinzipien dem Grundgesetz entnehmen.[185]

b) Direktiven und Grenzen des Sozialstaatsprinzips

Insgesamt stellt das Sozialstaatsprinzip also den Staat vor eine Aufgabe, die sich in eine Reihe von Teilaufgaben aufgliedern läßt. Es besagt aber nichts dar-

---

[179] BVerfG v. 18.6.1976 - 1 BvL 4/74 = BVerfGE 40, 121 [133] (Altersgrenze in der Waisenrente).

[180] Vgl.: *H. D. Jarass/B. Pieroth*, Grundgesetz ... [4]1997, Art. Rdnr. 75. - Instruktiv auch BVerfG v. 22.6.1977 - 1 BvL 2/74 = BVerfGE 45, 376 [387] (Unfallversicherung für Ungeborenes Leben I) und in Angrenzung dazu BVerfG v. 20.5.1987 – 1 BvR 762/85 = BVerfGE 75, 348 (Unfallversicherung für Ungeborenes Leben II).

[181] Vgl.: *R. Herzog*, NZA 1989, S. 2

[182] Vgl.: *R. Herzog*, a.a.O.; *H. D. Jarass/B. Pieroth*, a.a.O.; umfassend auch *H. F. Zacher* in *Isensee/Kirchhof (Hrsg.)*, HbStR I (1987), § 25 Rdnr. 44 ff.

[183] Knapp zum Ganzen auch *Ch. Degenhardt*, Staatsrecht [13]1997, Rdnr. 357.

[184] Vgl. hierzu § 8 Abs. 2 SGB XI zur Entwicklungsgeschichte: *J. A. Meyer,* Der Weg zur Pflegeversicherung (1996) zum Teilkasko-Charakter der Pflegeversicherung auch *G. Igl*, NJW 1994, S. 3185 ff. m.w.Nachw.

[185] BVerfG v. 15.12.1987 - 2 BvL 11/86 = BVerfGE 77, 340 [344) (Selbstverwaltungsgarantie) m.w.Nachw.

über, wie diese Aufgaben im einzelnen zu verwirklichen sind.[186] Der Gestaltungsauftrag des Sozialstaatsgebots gebietet dem Staat zwar für sozialen Ausgleich zu sorgen[187] und gebrechlichen Bürgern soziale Hilfen zur Verfügung zu stellen.[188] Angesicht der Weite und Unbestimmtheit läßt sich jedoch aus dem Sozialstaatsprinzip grundsätzlich kein Gebot entnehmen, soziale Leistungen in einem bestimmten Umfang zu gewähren.[189] So sehr mit Teilbereichen soziale Gerechtigkeit, Chancengleichheit und soziale Sicherung und Fürsorge deutliche Vorgaben über das Ziel der Sozialstaatlichkeit gegeben sind, so sehr herrscht aber auch eine „große Ungewißheit darüber (...), was es konkret anordnet".[190] Aus dieser Ungewißheit wird allgemein gefolgert, daß sich aus dem Sozialstaatsprinzip selbst regelmäßig keine subjektiven Rechte herleiten lassen.[191]

Immerhin wird aber dem Sozialstaatsprinzip oder -Gebot eine wesentliche Bedeutung bei der Auslegung und Anwendung bestehender Rechtsnormen beigemessen.[192] Das Spannungsfeld, in dem die so verstandene Sozialstaatlichkeit ihre Funktion entfaltet, erstreckt sich vom Versorgungsstaat einerseits, der die Freiheit des Einzelnen in einer totalen Verplanung erstickt,[193] zu dem „Nachtwächterstaat" andererseits, dessen einzige Funktion darin besteht, den rechtlichen status quo zu bewahren.[194] Ziel ist es, für jedermann die Voraussetzungen der Freiheit, also für die Verwirklichung der Grundrechte, zu schaffen.[195] Insofern können sich die zur Diskussion stehenden Grundrechte und die Inhalte des Sozialstaatsgebots je nach dem, ob eine praktische Verwirklichung der Grundrechte im Einzelfall möglich ist oder nicht, wechselseitig beeinflussen,[196] so daß

---

[186] BVerfG v. 13.1.1982 - 1 BvR 848, 1047/77; 916, 1307/78; 350/79; 475, ... 1461/80 = BVerfGE 59, 231 [263] (Freie Mitarbeiter der Rundfunkanstalten). So auch *R. Herzog*, NZA 1989, S. 2.

[187] Vgl.: BVerfGE 59; 231 [263] m.w.Nachw.

[188] Vgl.: BVerfG v. 20.11.1992 - 1 BvR 1375/92 = SozR 3-3100 § 1 Nr. 9 (Verkehrsunfall als Kriegsfolge) m.w.Nachw.

[189] So BVerfG v. 20.11.1992 - 1 BvR 1375/92 = SozR 3-3100 § 1 Nr. 9 (Verkehrsunfall als Kriegsfolge) unter Berufung auf frühere Entscheidungen.

[190] Vgl.: *H. F. Zacher* in *Isensee/Kirchhof (Hrsg.)*, HbStR I (1987), § 25 Rdnr. 78 und unter Berufung darauf auch *F. E. Schnapp*, JuS 1998, S. 877.

[191] Vgl.: *H. F. Zacher* in *Isensee/Kirchhof (Hrsg.)*, HbStR I (1987), § 25 Rdnr. 107; *F. E. Schnapp*, JuS 1998, S. 877; *M. Sachs,* in *Sachs*, Grundgesetz ^{2}1999, Art. 20 Rdnr. 50.

[192] Vgl.: *H. Genzel,* Sozialstaat und Gesundheitsökonomie (1983), S. 4 f.; *H. D. Jarass/B. Pieroth*, Grundgesetz ... ^{4}1997, Art. Rdnr. 79; *Ch. Degenhardt*, Staatsrecht ^{13}1997, Rdnr. 365; *F. E. Schnapp*, JuS 1998, S. 877.

[193] Vgl.: *R. Herzog* in *Maunz-Dürig*, Komm. z. GG, Art. 20 VIII. Rdnr. 46.

[194] Vgl.: *F. E. Schnapp*, JuS 1998, S. 877 m.w.Nachw.

[195] Vgl.: *H. D. Jarass/B. Pieroth*, Grundgesetz ... ^{4}1997, Art. Rdnr. 79. In diesem Sinne wohl auch *R. Herzog* in *Maunz-Dürig*, Komm. z. GG, Art. 20 VIII. Rdnr. 48 f.

[196] Vgl.: *R. Herzog* in *Maunz-Dürig*, Komm. z. GG, Art. 20 VIII. Rdnr. 36 ff. und 46 ff.

die Sozialstaatlichkeit letztlich auch für die Begründung einklagbarer subjektiver öffentlicher Rechte entscheidend sein kann.[197] Eine verfassungskonforme Auslegung unter Berücksichtigung des Sozialstaatsprinzips darf indes nicht dazu führen, daß der normative Gehalt der auszulegenden Norm grundlegend neu bestimmt wird.[198]

Nicht verschwiegen werden soll an dieser Stelle die Tatsache, daß das Sozialstaatsprinzip naturgemäß auch eine staatliche Legitimation zur Beschränkung der Grundrechte beinhalten kann. Das Sozialstaatsprinzip kann also einer Grundrechtsverwirklichung entweder als kollidierendes Verfassungsrecht oder aber im Rahmen von Gesetzesvorbehalten Grenzen setzen.[199] Es ist jedoch, wie das BVerfG festgestellt hat,[200] nicht geeignet, Grundrechte ohne nähere Konkretisierung durch den Gesetzgeber, also unmittelbar, zu beschränken. Das Sozialstaatsprinzip stellt somit dem Staat eine Aufgabe, sagt aber nichts darüber, wie diese Aufgabe im einzelnen zu verwirklichen ist. - Wäre es anders, dann würde es mit den Prinzipien der Demokratie in Widerspruch geraten: Die demokratische Ordnung des Grundgesetzes würde als Ordnung eines freien politischen Prozesses entscheidend eingeschränkt und verkürzt, wenn der politischen Willensbildung eine so und nicht anders einzulösende verfassungsrechtliche Verpflichtung vorgegeben wäre.[201] Wegen dieser Offenheit kann das Sozialstaatsprinzip den Grundrechten keine unmittelbaren Schranken ziehen.[202] Auch hier gibt es einen weiten gesetzgeberischen Spielraum und eine wechselseitige Beeinflussung der Gehalte des betroffenen Grundrechts und des Sozialstaatsprinzips.[203] Diese Unbestimmtheit führt, wie *Schnapp* in einem Versuch der Annäherung an das Sozialstaatsprinzip ausführt, keineswegs zu einem „juristischen Offenbarungseid“. Es hilft vielmehr, den Eindruck zu vermeiden, die Lösung jedweden gesellschaftlichen Problems sei verfassungsrechtlich bereits vorentschieden.[204]

---

[197] *M. Sachs,* in *Sachs*, Grundgesetz ^{2}1999, Art. 20 Rdnr. 49; - in diesem Sinne für auch schon BVerwG v. 24.6.1954 - V C 78.54 = BVerwGE 1, 159 [161 f.] (Rechtsansprüche auf dem Gebiet der Fürsorge).

[198] BVerfG v. 20.11.1992 - 1 BvR 1375/92 = SozR 3-3100 § 1 Nr. 9 (Verkehrsunfall als Kriegsfolge) m.w.Nachw.

[199] Vgl.: *R. Herzog* in *Maunz-Dürig*, Komm. z. GG, Art. 20 VIII. Rdnr. 43 ff.; *Ch. Degenhardt*, Staatsrecht ^{13}1997, Rdnr. 363 f.; *H. D. Jarass/B. Pieroth*, Grundgesetz ... ^{4}1997, Art. 20 Rdnr. 80.

[200] Vgl.: BVerfG v. 13.1.1982 - 1 BvR 848, 1047/77; 916, 1307/78; 350/79; 475, ... 1461/80 = BVerfGE 59, 231 [263] (Freie Mitarbeiter der Rundfunkanstalten)

[201] Vgl. auch: *R. Herzog*, NZA 1989, S. 2.

[202] BVerfGE 59, 231 [263].

[203] Zum ganz knapp *H. D. Jarass/B. Pieroth*, Grundgesetz ... ^{4}1997, Art. Rdnr. 80.

[204] So *F. E. Schnapp*, JuS 1998, S. 877.

3) Recht auf Leben (Art. 2 Abs. 2 S. 1 GG)

Angesichts der geringen Bestimmtheit und der aufgezeigten Probleme bei der Konkretisierung der Inhalte des Menschenwürdegebots und des Sozialstaatsprinzips erscheint es meines Erachtens geboten, sich in Hinblick auf die Ausgestaltung der Sicherung eines gesundheitlichen Existenzminimums nicht allein mit Art. 1 Abs. 1 GG und Art. 20 Abs. 1 GG als Grundlage zufrieden zu geben. Es bedarf vielmehr einer konkreten Grundlage aus dem Bereich der eigentlichen Grundrechte, um die Inhalte eines gesundheitlichen Existenzminimums als subjektives, einklagbares Recht genauer bestimmen zu können. Mit einer solchen Lösung würde man zugleich dem Vorwurf begegnen, die Menschenwürde wie auch das Sozialstaatsprinzip seien für sich genommen keine Normen, aus denen sich aufgrund ihrer Grundrechtsqualität konkrete Schutzansprüche der Bürger herleiten lassen. Unstreitig sind sie jedenfalls Auslegungsregeln, anhand derer sich die Inhalte der Grundrechtsnormen der Verfassung bestimmen lassen. In diesem Sinne sollte zur Klärung der Frage, welches die Inhalte eines gesundheitlichen Existenzminimums sein könnten, auf die Regelung des Art. 2 Abs. 2 S. 1 GG zurückgegriffen werden.[205] Dort ist bestimmt, daß jeder ein Recht auf Leben und körperliche Unversehrtheit hat.

Zwischen dem Recht auf körperliche Unversehrtheit und dem Recht auf Leben mag es begrifflich einige Unterschiede geben.[206] Funktional allerdings hängen das Leben und die körperliche Unversehrtheit eng zusammen, weshalb *Lorenz* das Verhältnis der beiden Schutzbereiche zueinander bildhaft als *konzentrische Kreise* beschreibt.[207] Eine Verletzung oder Gefährdung des Lebens stelle zugleich immer auch einen Eingriff in das Recht auf körperliche Unversehrtheit dar.[208] Bleibt man in diesem Bild, so kann das Recht auf Leben sicherlich als Kernbereich der körperlichen Unversehrtheit gewertet werden. Soweit es also an dieser Stelle um eine inhaltliche Ausgestaltung des Existenzminimums geht und die Menschenwürdegarantie den Schutz der Kernbereiche der menschlichen Existenz sichern soll, darf hier die Umschreibung des inhaltlich weiteren Rechts auf körperliche Unversehrt, auf das an späterer Stelle noch eingehend zurückzukommen sein wird,[209] getrost ausgespart bleiben. Als Maßstab für die Ausgestaltung des gesundheitlichen Existenzminimums mag allein das Recht auf Leben aus Art. 2 Abs. 2 S. 1 GG ausreichend sein.

---

[205] So auch *I. Ebsen*, NDV 1997; S. 76

[206] Zu den Begriffen im einzelnen *D. Murswiek*, in *Sachs*, Grundgesetz ^{2}1999, Art. 2 Rdnr. 141 ff., *Ph. Kunig*, in *v. Münch/Kunig*, Grundgesetz-Kommentar Bd.1 ^{4}1992, Art. 2 Rdnr. 44 ff.

[207] *D. Lorenz* in *Isensee/Kirchhof (Hrsg.)*, HbStR VI (1989), § 128 Rdnr. 6.

[208] Ebenda. -Ganz ähnlich auch *Seewald*, Zum Verfassungsrecht auf Gesundheit (1981), S. 52f.

[209] In diesem Kapitel unter C.

a) Gewährleistungsbereich des Rechts auf Leben

Historisch gesehen geht das Recht auf Leben, das mit dem Grundgesetz als Rechtsinstitut in Deutschland neu geschaffen wurde, wie auch die Menschenwürdegarantie auf die grausamen Verbrechen der NS-Diktatur zurück.[210] Dabei ist nicht nur die Vernichtung der Juden in den KZ's gemeint. Von großer Bedeutung ist dabei auch die Euthanasiedebatte zu Beginn des 20. Jahrhunderts und die rigorose Praxis der Vernichtung „lebensunwerten" Lebens unter dem NS-Regime.[211] Diese Euthanasiepraxis, die sich gezielt gegen körperlich oder geistig Behinderte richtete, beinhaltete neben der aktiven Tötung besonders auch den Nahrungsentzug mit dem Ziel des Verhungernlassens dieser Menschen, die überwiegend in Anstalten untergebracht waren.[212] Es versteht sich von selbst, daß derartige „rassenhygienische" Maßnahmen in Verbindung mit der Massenvernichtung der Juden die Gesetzgeberinnen[213] und Gesetzgeber des Grundgesetzes in der Weise prägten, daß sie ein Grundrecht auf Leben ins Grundgesetz aufgenommen haben.[214]

Dieser geschichtliche Hintergrund erklärt auch die besondere Bedeutung, die dem Recht auf Leben in der deutschen Rechtsordnung zukommt.[215] Nach der Feststellung des BVerfG stellt das Leben „innerhalb der grundgesetzlichen Ordnung einen Höchstwert dar".[216] Dieser hohen Bedeutung des Rechts auf Leben ist es geschuldet, daß nicht nur eine gezielte staatliche Vernichtung menschlichen Lebens verboten ist.[217] Der Staat und seine Organe sind darüber hinaus auch verpflichtet, sich schützend und fördernd vor das Recht auf Leben zu stellen.[218] Das Recht auf Leben entfaltet also aus sich heraus bereits mehr als

---

210 Vgl.: *H. D. Jarass/B. Pieroth*, Grundgesetz ... ^{4}1997, Art. 2 Rdnr. 43; *Ph. Kunig*, in *v. Münch/Kunig*, Grundgesetz-Kommentar Bd.1 ^{4}1992, Art. 2 Rdnr. 44.

211 Ausführlich zum Ganzen: *A. Künschner*, Wirtschaftlicher Behandlungsverzicht ... (1992), S. 33 ff.

212 A. a. O., S. 44 ff.

213 Es gab nicht nur „Väter des Grundgesetzes" sondern auch „Mütter" (vgl.: *Süddeutsche Zeitung* vom 16.1.1999)

214 Vgl.: *Bearbeiter*, in *v. Münch/Kunig*, Grundgesetz-Kommentar Bd.1 ^{4}1992, Art. Rdnr. 44.

215 Vgl.: *D. Murswiek*, in *Sachs*, Grundgesetz ^{2}1999, Art. 2 Rdnr. 171; *H. D. Jarass/B. Pieroth*, Grundgesetz ... ^{4}1997, Art. 2 Rdnr. 43; *Ph. Kunig*, in *v. Münch/Kunig*, Grundgesetz-Kommentar Bd.1 ^{4}1992, Art. 2 Rdnr. 44.

216 BVerfG v. 1.8.1978 - 2 BvR 1013; 1019, 1034/77 = BVerfGE 49, 24 [53] (Kontaktsperre) unter Berufung auf VerfG v. 25.2.1975 - 1 BvF 1, 2, 3, 4, 5, 6/74 = BVerfGE 39, 1 [42] (Schwangerschaftsabbruch I).

217 Ausdruck dieses Verbots ist die Unzulässigkeit der Todesstrafe gem. Art. 102 GG - vgl.: *H. D. Jarass/B. Pieroth*, Grundgesetz ... ^{4}1997, Art. 102 Rdnr. 1 f.

218 BVerfGE 39, 1 [42]; E 49, 24 [53] - mehr auf die Verbindung von Art. 2 Abs. 2 S. 1 GG mit Art. 1 Abs. 1 GG abstellend auch noch einmal BVerfG v. 28.5.1993 - 2 BvF 2/90, 4, 5/92 = BVerfGE 88, 203 [251] (Schwangerschaftsabbruch II).

nur eine rein abwehrrechtliche Funktion.[219] Die staatliche Schutzpflicht führt in erster Linie dazu, daß der Staat das Rechtsgut Leben vor rechtswidrigen Eingriffen von seiten Dritter zu bewahren hat.[220]

Dieser Schutzpflicht kommt der Staat in erster Linie durch den Erlaß von Rechtsnormen, insbesondere den strafrechtlichen Normen, nach.[221] Aber auch durch andere Mittel kann er seiner Schutzpflicht genügen. Hier hat sich die Gesetzgebung namentlich im Bereich des Umweltschutzes durch zahlreiche, den Schutz der Bürger bezweckende Normen hervorgetan.[222] Gerade in diesem Bereich bedient sich der Staat aber auch zunehmend der Möglichkeit des *Grundrechtsschutzes durch Verfahren.*[223] Gemeint sind die Genehmigungs- und Planfeststellungsverfahren, die erforderlich sind, um potentielle Risiken enthaltende Anlagen errichten und in Betrieb nehmen zu können. Im Rahmen dieser Verfahren wird der Grundrechtsschutz insbesondere dadurch gesichert, daß die Betroffenen regelmäßig an dem Verfahren zu beteiligen sind.[224] Insgesamt ist aber auch hier festzustellen, daß dem Staat in Hinblick auf die Art und Weise, in der er seiner Verpflichtung zum Schutze des Lebens nachkommt, ein weites Ermessen eingeräumt wird.[225]

Bezogen auf die Frage nach der staatlichen Verpflichtung zur Bereitstellung bestimmter Leistungen zur Sicherung des (Über-)Lebens der Bürger gibt damit auch die staatliche Verpflichtung zum Lebensschutz aus Art. 2 Abs. 2 S. 1 GG für sich genommen wenig her.[226] Übereinstimmend kommen die Kommentatoren zu dem Schluß, daß eine „Pflicht des Staates, medizinische Versorgung im Einzelfall zu gewähren, um das durch Krankheit oder Unfall bedrohte Leben zu

---

[219] Vgl.: *D. Murswiek,* in *Sachs*, Grundgesetz ²1999, Art. 2 Rdnr. 188 ff.; *H. D. Jarass/B. Pieroth*, Grundgesetz ... ⁴1997, Art. 2 Rdnr. 50 f.; *Ph. Kunig,* in *v. Münch/Kunig*, Grundgesetz-Kommentar Bd.1 ⁴1992, Art. 2 Rdnr. 54 ff.

[220] Vgl.: *D. Murswiek,* in *Sachs*, Grundgesetz ²1999, Art. 2 Rdnr. 188; *H. D. Jarass/B. Pieroth*, Grundgesetz ... ⁴1997, Art. 2 Rdnr. 50 m.w.Nachw aus der Rechtsprechung. Ebenso auch *Ch. Starck* in *v. Mangoldt/Klein/Starck*, GG Bd.1 ³1985 , Art. 2 Rdnr. 141.

[221] Vgl.: *D. Murswiek,* in *Sachs*, Grundgesetz ²1999, Art. 2 Rdnr. 191; *D. Lorenz* in *Isensee/Kirchhof (Hrsg.)*, HbStR VI (1989), § 128 Rdnr. 59.

[222] So auch *D. Lorenz* in *Isensee/Kirchhof (Hrsg.)*, HbStR VI (1989), § 128 Rdnr. 54 f.

[223] *D. Murswiek,* in *Sachs*, Grundgesetz ²1999, Art. 2 Rdnr. 192; *D. Lorenz* in *Isensee/Kirchhof (Hrsg.)*, HbStR VI (1989), § 128 Rdnr. 55.

[224] Vgl.: *D. Murswiek,* in *Sachs*, Grundgesetz ²1999, Art. 2 Rdnr. 193.

[225] Mit Beispielen: *Ph. Kunig,* in *v. Münch/Kunig*, Grundgesetz-Kommentar Bd.1 ⁴1992, Art. 2 Rdnr. 56. - Ebenso *H. D. Jarass/B. Pieroth*, Grundgesetz ... ⁴1997, Art. 2 Rdnr. 51.

[226] Vgl.: *H. D. Jarass/B. Pieroth*, Grundgesetz ... ⁴1997, Art. 2 Rdnr. 49a; *Ph. Kunig,* in *v. Münch/Kunig*, Grundgesetz-Kommentar Bd.1 ⁴1992, Art. 2 Rdnr. 60 - Früh auch bereits BVerfG v. 19.12.1951 - 1 BvR 220/51 = BVerfGE 1, 97 [105] (Anspruch auf angemessene Versorgung).

retten, (allein) aus Art. 2 Abs. 2 S. 1 GG nicht hergeleitet werden" kann.[227] Es gibt aber sehr wohl eine objektiv-rechtliche Verpflichtung des Staates zu einer sachgerechten Ausgestaltung der Einrichtungen zur Krankenversorgung.[228] Die subjektiv-rechtliche Komponente dieser staatlichen Verpflichtung besteht darin, daß der Bürger ein Recht hat, in sachgerechter Weise an den vorhandenen Einrichtungen (OP-Plätze, medizinisch-technische Gerätschaften), soweit sie zur Lebensrettung eingesetzt werden können, teil zu haben.[229] Im einzelnen wird auf dieses Teilhaberecht noch im Rahmen des Betrachtungen zum „Recht auf Gesundheit" einzugehen sein.

Obwohl damit ein konkreter Leistungsanspruch allein aus dem Recht auf Leben nach der herrschenden Interpretation der Grundrechte ausgeschlossen sein soll, kommt diesem Grundrecht doch eine ganz wesentliche Funktion bei der Konkretisierung der Inhalte eines gesundheitlichen Existenzminimums zu.[230] Soweit sich aus der Menschenwürdegarantie die staatliche Verpflichtung ergibt, die Kernbereiche der menschlichen Existenz zu sichern und dem Sozialstaatsprinzip eine staatliche Verpflichtung zum Ausgleich sozialer Ungerechtigkeiten, zur Schaffung von Chancengleichheit und zur Sicherung der Lebensgrundlagen auch durch Leistung im Sinne der staatlichen Fürsorge zu entnehmen ist, kann das Recht auf Leben dazu dienen, den so umrissenen staatlichen Auftrag bis hin zum Einzelfall zu konkretisieren. Hierbei dürfte den Grenzen des Rechts auf Leben und der daraus folgenden staatlichen Schutzpflicht eine wesentliche Bedeutung zukommen.

b) Grenzen eines Rechts auf Leben

Spätesten seit den Entscheidungen der BVerfG zur Rechtmäßigkeit des Schwangerschaftsabbruchs dürfte feststehen, daß das verfassungsrechtliche

---

[227] So *Ch. Starck* in *v. Mangoldt/Klein/Starck*, GG Bd.1 ³1985 , Art. 2 Rdnr. 141. Dem zustimmend *H. D. Jarass/B. Pieroth*, Grundgesetz ... ⁴1997, Art. Rdnr. 49a; *D. Murswiek*, in *Sachs*, Grundgesetz ²1999, Art. 2 Rdnr. 214. Etwas differenzierter noch *Ph. Kunig*, in *v. Münch/Kunig*, Grundgesetz-Kommentar Bd.1 ⁴1992, Art. 2 Rdnr. 60.

[228] Vgl.: *H. D. Jarass/B. Pieroth*, Grundgesetz ... ⁴1997, Art. 2 Rdnr. 49a unter Berufung auf BVerfG v. 8.4.1981 - 1 BvR 608/79 = BVerfGE 57, 70 [99] (Organisation der Unikliniken). Dort heißt es „Die Krankenversorgung stellt ein überragend wichtiges Gemeinschaftsgut dar, für dessen Schutz der Staat von Verfassungswegen (auch im Hinblick auf das Sozialstaatsprinzip des Art. 20 Abs. 1 GG) zu sorgen hat."

[229] So *Ch. Starck* in *v. Mangoldt/Klein/Starck*, GG Bd.1 ³1985 , Art. 2 Rdnr. 141 und unter Berufung darauf auch *H. D. Jarass/B. Pieroth*, Grundgesetz ... ⁴1997, Art. 2 Rdnr. 49a. Instruktiv auch *VGH Baden-Württemberg*, Beschl. v. 25.4.1986 - 10 S 525/86 = MedR 1986, 346 ff. (Behandlung durch bestimmten Arzt).

[230] So auch bereit *D. Murswiek*, in *Sachs*, Grundgesetz ²1999, Art. 2 Rdnr. 224 und BVerfG v. 28.5.1993 - 2 BvF 2/90, 4, 5/92 = BVerfGE 88, 203 [1. LS] (Schwangerschaftsabbruch II).

Recht auf Leben nicht erst mit der Geburt des Menschen beginnt.[231] Auch das ungeborenen Leben genießt, wie diese Entscheidungen belegen, staatlichen Schutz. Daß ein Schwangerschaftsabbruch letztlich dennoch zulässig sein soll, ist weniger eine Frage der Grenzen der Lebensschutzpflicht als vielmehr des gesetzgeberischen Gestaltungsspielraums. Nach den Feststellungen des 2. Senats hat sich das Strafrecht als Mittel des Lebensschutzes in der Frühphase der Schwangerschaft als unwirksam erwiesen. Der Senat hat es daher im Falle von medizinischen oder kriminologischen Indikationen oder in vergleichbar schwerwiegenden Notlagen als zulässig angesehen, für die Schwangere in den ersten zwölf Schwangerschaftswochen von Strafe abzusehen.[232] Er hat aber zugleich dem Staat die Verpflichtung aufgetragen, durch geeignete Beratung und Herstellung sozialer Bedingungen zu sorgen, die die Belastungen, die Geburt und der weitere Unterhalt eines Kindes mit sich bringen, ausgleichen.[233] Damit sei der staatlichen Schutzpflicht genüge geleistet.

Problematischer noch ist die Frage nach der staatlichen Schutzpflicht bezogen auf die befruchtete Eizelle als Gegenstand der extrakorporalen Befruchtung. Ob der grundrechtliche Schutz des Lebens erst mit der Einnistung der befruchteten Eizelle in der Gebärmutter beginnt, oder schon mit der Verschmelzung von Eizelle und Samenzelle, die medizinisch-technisch inzwischen bereits im Reagenzglas möglich ist (In-vitro-Fertilisation), hat der 2. Senat ausdrücklich offengelassen.[234] Angesichts der immer weiterreichenden Möglichkeiten im Bereich der Gentechnik und der früheren Aussage des 1. Senats, daß bereits die von Anfang an im menschlichen Sein angelegten potentiellen Fähigkeiten genügen, um die Menschenwürde zu begründen,[235] wird man mit der wohl herrschenden Meinung zu der Überzeugung gelangen müssen, daß das Recht auf Leben die Erzeugung und spätere (Ab-) Tötung von befruchteten Eizellen zu Forschungszwecken oder ähnlichem grundsätzlich verbietet.[236] Ein erster Schritt

---

[231] Vgl.: BVerfG v. 25.2.1975 - 1 BvF 1, 2, 3, 4, 5, 6/74 = BVerfGE 39, 1 [41 f.] (Schwangerschaftsabbruch I) und BVerfG v. 28.5.1993 - 2 BvF 2/90, 4, 5/92 = BVerfGE 88, 203 [1. LS] (Schwangerschaftsabbruch II)

[232] BVerfG v. 28.5.1993 - 2 BvF 2/90, 4, 5/92 = BVerfGE 88, 203 [256 ff.] (Schwangerschaftsabbruch II). -. Kritisch dazu *N. Hoerster*, JuS 1995, S. 193 f.

[233] BVerfG v. 28.5.1993 - 2 BvF 2/90, 4, 5/92 = BVerfGE 88, 203 [296 ff.] (Schwangerschaftsabbruch II). Übersichtlich zum Ganzen auch *D. Murswiek*, in *Sachs*, Grundgesetz ^{2}1999, Art. 2 Rdnr. 215 ff. - *N. Hoerster* (JuS 1995, S. 194 f.) hält diese Entscheidung des Senats für inkonsequent und widersprüchlich.

[234] BVerfG v. 28.5.1993 - 2 BvF 2/90, 4, 5/92 = BVerfGE 88, 203 [251] (Schwangerschaftsabbruch II).

[235] BVerfG v. 25.2.1975 - 1 BvF 1, 2, 3, 4, 5, 6/74 = BVerfGE 39, 1 [41] (Schwangerschaftsabbruch I).

[236] Mit einem Plädoyer für deutliche Zurückhaltung bei der In-vitro-Fertilisation *D. Lorenz* in *Isensee/Kirchhof (Hrsg.)*, HbStR VI (1989), § 128 Rdnr. 12 ff. Dem folgend *Ph. Kunig*, in

zur Verwirklichung dieser Schutzpflicht wurde inzwischen mit dem Erlaß des Embryonenschutzgesetzes[237] im Jahre 1990 getan. Mit der weiteren medizinisch-technischen Entwicklung werden weitere Schritte folgen müssen, um Lebensschutz und Menschenwürdegarantie Rechnung zu tragen.

Nicht minder schwierig stellt sich der Grenzbereich des Lebensschutzes am anderen Ende eines Lebenszyklus‘ dar. Die Diskussion um den Zeitpunkt des Todeseintritts im Rahmen des Transplantationsgesetzes[238] aus dem Jahre 1997 mag ein Indiz für die Probleme der Bestimmung eines endgültigen und unwiderruflichen Ende des Lebens sein.[239] Während ein Teil der Diskutanten die Auffassung vertrat, erst mit dem Eintritt des Herzstillstandes oder gar mit dem Auftreten der sicheren Todeszeichen, wie Leichenstarre u.ä., sei ein Mensch tot und die Organentnahme zulässig, war die andere Fraktion der Ansicht, bereits mit Erlöschen der Hirnfunktion, die man noch einmal nach der Funktion von Großhirn, Kleinhirn und Stammhirn unterteilen kann, sei der Tod des Menschen (Hirntod) eingetreten. Der Gesetzgeber hat sich der herrschenden medizinischen Lehre angeschlossen und sich für den endgültigen und unwiderruflichen Ausfall der Hirnfunktion, und zwar des Großhirns, des Kleinhirns *und* des Stammhirns als frühest möglichen Zeitpunkt einer rechtlich zulässigen Organentnahme und damit als Zeitpunkt des Todes des Organspenders entschieden.[240] Die Regelung des Verfahrens zur Feststellung des Hirntodes überläßt der Gesetzgeber der medizinischen Wissenschaft.[241] Unter verfassungsrechtlichen Gesichtspunkten mag diese Lösung, jedenfalls soweit man davon ausgeht, daß das Recht auf Leben eine besondere Ausgestaltung der Menschenwürdegarantie ist, vertretbar sein.[242] Denn der zentrale Regelungsgehalt der Menschenwürdegarantie ist der

---

v. Münch/Kunig, Grundgesetz-Kommentar Bd.1 [4]1992, Art. 2 Rdnr. 49 und *D. Murswiek,* in *Sachs*, Grundgesetz [2]1999, Art. 2 Rdnr. 145 m.w.Nachw.

[237] Gesetz zum Schutz von Embryonen vom 13.12.1990 (BGBl. I 1990, S. 2747) - Knapp zu den Zielen des Gesetzes die Broschüre des Presse- und Informationsamtes der Bundesregierung.

[238] Gesetz über die Spende, Entnahme und Übertragung von Organen (TPG) v. 5.11.1997 (BGBl. I 1997, S. 2631)

[239] Zum Ganzen *V. Großkopf*, PflR 1998, S. 97 ff., S. 126 ff.; *H. Ch. Kühn*, MedR 1998, S. 455 ff. - Vgl. auch die Anmerkungen bei *D. Murswiek,* in *Sachs*, Grundgesetz [2]1999, Art. 2 Rdnr. 207.

[240] § 3 Abs. 2 Ziff. 2 i.V.m. § 3 Abs. 1 Ziff. 2 TPG.

[241] Kritisch hierzu *H. Ch. Kühn*, MedR 1998; S. 459. Mit Hinweis auf die Feststellungen des BVerfG zum Beginn des Leben zustimmend *V. Großkopf*, PflR 1998, S. 132. Auf eine ausführliche Diskussion dieser Verfahrensregelung, die ggf. ein Verstoß gegen den Wesentlichkeitstheorie des BVerfG darstellt (*H. D. Jarass/B. Pieroth*, Grundgesetz ... [4]1997, Art. 20 Rdnr. 30), soll an dieser Stelle verzichtet werden.

[242] Das BVerfG (Entsch. v. 28.1.1999 - 1 BvR 2261/98) hat eine Klage gegen die Hirntodlösung mit der Begründung abgewiesen, der Kläger habe es durch die Möglichkeit, einer

Schutz der Persönlichkeit als Ganzes. Wenn aber die gesamte Hirnfunktion endgültig ausgefallen ist, so ist auch die personale Identität des Menschen unwiederbringlich verloren. Der verbleibende Körper ist nurmehr der Überrest dieser Persönlichkeit. Ohne einen medizinisch-technischen Ersatz der Atmungsfunktion würde der betroffene Patient ohnehin binnen weniger Minuten sterben, weil er mit dem Ausfall der Stammhirnfunktion keinen eigenen Anreiz zur Atmung mehr hätte.

Die gesetzgeberische Entscheidung, daß der absolute Schutz des Lebens mit dem Hirntod des Menschen endet, ist für die vorliegende Untersuchung aber noch in weiterer Hinsicht von Bedeutung. Es ist gleichsam eine Klarstellung, daß eine Tötung sogenannter Wachkoma-Patienten (apallisches Syndrom) verfassungsmäßig nicht zu rechtfertigen wäre.[243] Beim Wachkoma handelt es um einen Zustand, bei dem häufig infolge eines traumatischen Geschehens ein Funktionsausfall der Großhirnrinde vorliegt, mit dem Effekt, daß die Patienten zwar meist noch aus eigenen Antrieb atmen und auch Reflexe zeigen oder auf Reize von außen reagieren. Die Reflexe sind aber häufig pathologischer Art und die Reaktionen in der Regel unkontrolliert, so daß davon auszugehen ist, daß eine bewußte Teilnahme am Leben nicht stattfindet. Dieser Zustand zieht sich nicht selten über Jahre hin und endet in der Regel mit dem Tod infolge von medizinischen Komplikationen. Nur sehr selten ist eine Verbesserung des Zustandes zu beobachten.[244] Gemessen an dieser Prognose ist der medizinische und vor allem pflegerische Aufwand für den Erhalt des Lebens dieser Patienten ausgesprochen hoch. Es ist daher kaum verwunderlich, daß nicht selten von Medizinern der Wunsch geäußert wird, der unsinnigen Verlängerung solchen Lebens ein Ende setzen zu können.[245] Dem setzt jedoch das grundgesetzliche Recht auf Leben einen Riegel vor. Eindeutig läßt sich die aktive oder passive Tötung eines Wachkoma-Patienten nicht verfassungsrechtlich rechtfertigten, es sei denn, der (mutmaßliche) Wille des Patienten steht einer weiteren Behandlung entgegen.[246] Die Förderung eines „sozialverträglichen Frühablebens", die der frühere Präsident der Bundesärztekammer *Karsten Vilmar* in die Diskussion

postmortalen Organentnahme zu widersprechen, „selbst in der Hand, den befürchteten Grundrechtsverletzungen vorzubeugen."

243 Vgl. zur Frage der Krankenhausbehandlungsbedürftigkeit eines Apallikers BSG, v. 26.2.1992 - 1 RK 4/91 = USK 92130 (Apallisches Syndrom).

244 Zum Ganzen *W. Pschyrembel*, Klinisches Wörterbuch (1994), S. 1496 f.; m.w.Nachw auch *A. Künschner*, Wirtschaftlicher Behandlungsverzicht ... (1992), S. 59 f.

245 Vgl.: *A. Künschner*, Wirtschaftlicher Behandlungsverzicht ... (1992), S. 61 und S. 143 ff. m.w.Nachw.

246 Vgl. hierzu die strafrechtlichen Überlegungen unter Berücksichtigung von BGH, Urteil v. 13.09.1994 – 1 StR 357/94 = NJW 1995, 204 (Sterbehilfe).

gebracht hat,[247] wäre damit nicht nur moralisch, sondern auch verfassungsrechtlich unvertretbar.

(1) Eingriffsbefugnis

Wenn es im Art. 2 Abs. 2 S. 3 GG heißt, „in diese Rechte darf nur aufgrund eines Gesetzes eingegriffen werden", so ist dies nicht etwa als Legitimation zu verstehen, auch das Recht auf Leben nach Belieben durch ein Parlamentsgesetz einzuschränken. Der Gesetzesvorbehalt ist lediglich eine formelle Regelung, die eine Einschränkung des Grundrechts, soweit sie materiell-rechtlich überhaupt zulässig ist, an eine entsprechende Regelung des demokratisch legitimierten Gesetzgebers bindet.[248] Auf der materiell-rechtlichen Ebene findet sich dagegen wenig Spielraum für den gestalterisch tätigen Gesetzgeber.

Ausgehend von der Tatsache, daß das menschliche Leben innerhalb der Verfassungsordnung einen Höchstwert darstellt, wird man regelmäßig zu dem Schluß gelangen, daß sich Eingriffe in das Recht auf Leben nicht durch eine Abwägung mit anderen Rechtsgütern, wie sie üblicherweise im Rahmen einer Verhältnismäßigkeitsprüfung im Verfassungsrecht erfolgt, rechtfertigen lassen. Die gezielte Tötung eines Menschen ist demnach im Normalfall nicht zu rechtfertigen.[249] Auch die Tötung eines Menschen, mit dem Ziel, eines oder mehrere andere Menschenleben zu retten, wird in der Regel nicht zur Rechtfertigung einer staatlichen Tötungserlaubnis herhalten können. Schon in seiner ersten Abtreibungsentscheidung[250] stellte das BVerfG fest, daß der Schutz des einzelnen Lebens nicht deswegen aufgegeben werden dürfe, weil das an sich achtenswerte Ziel verfolgt werde, andere Leben zu retten. Jedes menschliche Leben sei als solches gleich wertvoll und könne deshalb keiner irgendwie gearteten unterschiedlichen Bewertung oder gar zahlenmäßigen Abwägung unterworfen werden.[251] Auch häufig zitierte Beispiele wie das der Mutter, die eines ihrer drei Kinder opfert, um die anderen beiden retten zu können, sind somit verfassungsrechtlich nicht gedeckt.[252]

---

[247] Vgl.: *Süddeutsche Zeitung* vom 11.12.1998.

[248] Vgl.: *H. D. Jarass/B. Pieroth*, Grundgesetz ... [4]1997, Art. 2 Rdnr. 54; *D. Murswiek*, in *Sachs*, Grundgesetz [2]1999, Art. 2 Rdnr. 164; *D. Lorenz* in *Isensee/Kirchhof (Hrsg.)*, HbStR VI (1989), § 128 Rdnr. 36.

[249] Ebenso: *D. Murswiek*, in *Sachs*, Grundgesetz [2]1999, Art. 2 Rdnr. 171. Etwas weniger eindeutig *Ph. Kunig*, in *v. Münch/Kunig*, Grundgesetz-Kommentar Bd.1 [4]1992, Art. 2 Rdnr. 85.

[250] BVerfG v. 25.2.1975 - 1 BvF 1, 2, 3, 4, 5, 6/74 = BVerfGE 39, 1 [59] (Schwangerschaftsabbruch I).

[251] Ebenda.

[252] Dieses Beispiel wählt mit gleichem Ergebnis: *N. Hoerster*, JuS 1995, S. 195.

Etwas anderes soll regelmäßig nur dann gelten, wenn beispielsweise ein gezielter Todesschuß im Falle einer Geiselnahme die einzige Möglichkeit ist, die gegenwärtige Gefahr für Leben der Geisel(n) abzuwenden.[253] Voraussetzung für die Rechtfertigung einer Tötungserlaubnis ist demnach, daß derjenige, in dessen Recht auf Leben eingegriffen werden soll, durch seine rechtswidrige Handlung eine Bedrohung für andere darstellt. Unter diesen Umständen kann auch ein gegenwärtiger rechtswidriger Angriff auf ein anderes besonders hochwertiges Rechtsgut im Sinne des Notwehrrechts als Rechtfertigung für eine staatliche Tötungserlaubnis gelten.[254] Solch eine Erlaubnis bedarf allerdings nach Art. 2 Abs. 2 S. 3 GG einer gesetzlichen Regelung. Für die vorliegende Fragestellung wird sich demnach eine Tötungsrechtfertigung im Rahmen der verfassungsrechtlichen Grenzen (Schranken) des Rechts auf Leben nicht finden lassen.

(2) Schutz vor Gefahren

Damit aber nicht genug. Allein mit dem generellen Verbot gezielter Eingriffe in das Recht auf Leben wird sich der Anspruch auf Sicherung eines gesundheitlichen Existenzminimums nicht hinreichend konkretisieren lassen. Der hier relevante Anspruch auf medizinische Behandlung setzt, wenn die Behandlung denn überhaupt eine Aussicht auf Erfolg haben soll, in den meisten Fällen weit vor dem finalen Ringen um Leben und Tod ein. Eine wesentliche Bedeutung kommt damit einer möglichen staatlichen Verpflichtung zum Schutz vor Gefahren für das Leben zu.

Nun kann freilich ein staatlicher Schutz vor Gefahren für das Leben nicht umfassend sein. Wollte man jedes noch so kleine Risiko für das Leben verbieten, so würde das menschliche Zusammenleben wie auch die Erfüllung der vielfältigen staatlichen Aufgaben unmöglich gemacht.[255] Will man aber der staatlichen Schutzpflicht für das Leben zu einer seiner Bedeutung entsprechenden Geltung verhelfen, so wird man nicht umhin kommen, auch eine gewisse staatliche Verpflichtung zum Schutz vor Gefahren für ein grundrechtlich geschütztes Rechtsgut zu konstatieren. Ein solcher Schutz ist schon deshalb geboten, weil sich nicht selten eine einmal begründete Gefahr für ein Rechtsgut nurmehr schwer beherrschen lassen kann und ein Schaden, soweit es um das Rechtsgut Leben geht, nicht mehr reversibel ist. Ist diesem Sinne müßte der Staat für einen effektiven Lebensschutz gleichsam präventiv tätig werden.[256]

---

[253] Vgl.: *H. D. Jarass/B. Pieroth*, Grundgesetz ... ^{4}1997, Art. 2 Rdnr. 56 m.w.Nachw.

[254] *D. Murswiek*, in *Sachs*, Grundgesetz ^{2}1999, Art. 2 Rdnr. 171, *D. Lorenz* in *Isensee/Kirchhof (Hrsg.)*, HbStR VI (1989), § 128 Rdnr. 38. Instruktiv: BVerfG v. 16.10.1977 - 1 BvQ 5/77 = BVerfGE 46, 160 [165 f.] (Schleyer-Urteil).

[255] Vgl.: *D. Murswiek*, in *Sachs*, Grundgesetz ^{2}1999, Art. 2 Rdnr. 175.

[256] Knapp zum Ganzen *B. Pieroth/B. Schlink*, Grundrechte ^{13}1997, Rdnr. 406 ff.

Den Gedanken eines präventiven Schutzes von Leben und körperlicher Unversehrtheit hat auch der 1. Senat des BVerfG in seiner Entscheidung zum Genehmigungsverfahren für das Atomkraftwerk „Mühlheim-Kärlich“[257] aufgegriffen, wenn er feststellt, das Recht auf Leben und körperliche Unversehrtheit werde nicht erst durch eine faktische Verletzung beeinträchtigt; es solle einer solchen vielmehr vorbeugen, und könne daher auch eingreifen, wenn vorbeugende Maßnahmen gegen spätere Betriebsgefahren außer acht bleiben.[258] Ansonsten hält sich das Gericht aber weitgehend bedeckt, was eine allgemeine Konkretisierung dieser vorbeugenden Schutzpflicht angeht. „Bloße Grundrechtsgefährdungen“, so der Senat an anderer Stelle, lägen im allgemeinen noch im „Vorfeld verfassungsrechtlich relevanter Grundrechtsbeeinträchtigungen“. Sie könnten jedoch „unter besonderen Voraussetzungen“ Grundrechtsverletzungen gleichzusetzen sein.[259] Nach der Deutung von *Murswiek*[260] ist mit dieser Aussage gemeint, daß ein Risiko, das so groß ist, daß es als Gefahr qualifiziert werden muß, gegenüber dem Recht auf Leben regelmäßig nicht gerechtfertigt werden kann und somit das Grundrecht auf Leben verletzt. Ein Risiko, so *Murswiek* weiter, sei dann als Gefahr zu qualifizieren, wenn der Schadenseintritt hinreichend wahrscheinlich sei.[261] Die Anforderungen an die Wahrscheinlichkeit des Schadenseintritts verhält sich dabei umgekehrt proportional zur Größe des potentiellen Schadens. Bei Risiken für das Leben wird demnach bereits eine vergleichsweise geringe Wahrscheinlichkeit ausreichen, um eine Gefahr zu begründen.[262]

So sehr diese Auffassung auch überzeugt, ist doch anzumerken, daß die dieser Konkretisierung zugrunde gelegten Entscheidungen des BVerfG entweder die staatliche Schutzpflicht vor Risiken für Leben und körperliche Unversehrtheit als Rechtfertigungsgrund für Eingriffe in die Rechte Dritter, beispielsweise der Atomanlagenbetreiber, herangezogen haben oder aber bei direkten Eingriffen des Staates oder seiner Organe in die Rechte der Betroffenen durch die Stationierung von Atomraketen, im gerichtlichen Verfahren und auch im Falle einer Zwangsräumung auf die staatliche Verpflichtung zum Schutz vor Gefahren für

[257] BVerfG v. 20.12.1979 - 1 BvR 385/77 = BVerfGE 53, 30 (Mühlheim-Kärlich).

[258] A.a.O., S. 51.

[259] BVerfG v. 16.12.1983 - 2 BvR 1160, 1565, 1714/83 = BVerfGE 66, 39 [58] (Pershing II) unter Berufung auf BVerfG v. 8.8.1978 - 2 BvL 8/77 = BVerfGE 49, 89 [141] (Kalkar] und BVerfG v. 19.6.1979 - 2 BvR 1060/78 = BVerfGE 51, 324 [346 f.] (Verhandlungsfähigkeit).

[260] *D. Murswiek,* in *Sachs*, Grundgesetz ^{2}1999, Art. 2 Rdnr. 176

[261] A.a.O., Rdnr. 179 m.w.Nachw.

[262] Ebenda unter Berufung auf BVerfG v. 8.8.1978 - 2 BvL 8/77 = BVerfGE 49, 89 [142] (Kalkar].

das Leben eingegangen sind.[263] Es ist damit keineswegs sicher, ob diese Argumentation auch auf der leistungsrechtlichen Seite einer verfassungsgerichtlichen Überprüfung standhalten könnte, worauf im Rahmen der Diskussion eines Rechts auf Gesundheit noch einzugehen sein wird. Im übrigen hat, wie auch *Murswiek* betont,[264] der Gesetzgeber im Hinblick auf die Erfüllung seiner Schutzpflicht vor Gefahren einen weiten Gestaltungsspielraum, weshalb sich subjektive, einklagbare Rechte aus Art. 2 Abs. 2 S. 1 GG allein nur schwerlich werden herleiten lassen. Insoweit wiederum herrscht weitgehender Einklang unter den Autoren.[265]

4) Die Dimensionen des gesundheitlichen Existenzminimums

Wenn auch für sich genommen weder das Recht auf Leben aus Art. 2 Abs. 2 S. 1 GG noch die staatliche Verpflichtung zum Schutze vor Gefahren für das Leben eigenständige Leistungsansprüche gegenüber dem Staat beinhalten, so sind doch beide für die Konkretisierung eines Anspruchs auf die Sicherstellung eines gesundheitlichen Existenzminimums unverzichtbar. Mit der Menschenwürdegarantie des Art. 1 Abs. 1 GG werden die Kernbereiche und elementaren Bedingungen der Menschenwürde geschützt. Hierzu gehören unter anderem die Achtung und der Schutz der körperlichen Integrität und die Sicherung menschengerechter Lebensgrundlagen.[266] Soweit noch unklar bleibt, was unter den so differenzierten Kernzonen der menschlichen Würde zu verstehen ist, ergeben sich aus der Interpretation des Gehalts und der Grenzen des Art. 2 Abs. 2 S. 1 GG Hinweise auf die spezifischen Inhalte dieses Schutzes. Eine Verletzung des Lebensrechts, als „vitale Basis"[267] der Menschenwürde wird demnach nur dann zu rechtfertigen sein, wenn das Opfer einer derartigen Verletzung einen gegenwärtigen rechtswidrigen Angriff auf ein besonders hochrangiges Rechtsgut verübt. Niemand würde wohl ernsthaft behaupten wollen, in der Erkrankung eines Menschen sei ein solcher Angriff zu sehen. Die Tötung eines Kranken gegen dessen Willen wäre damit in jedem Fall verfassungswidrig, diese Aussage hätte sich, soweit das Leben als Kernbereich der menschlichen Existenz anzusehen ist, auch schon aus der Gewährleistungsgehalt des Art. 1 Abs. 1 GG ergeben können. Zudem aber gewährt

---

[263] Neben den bereits erwähnten Entscheidungen zum letztgenannten Aspekt auch BVerfG v. 3.10.1979 - 1 BvR 614/79 = BVerfGE 52, 214 [220 f.] (Zwangsräumung).

[264] A.a.O., Rdnr. 180.

[265] Vgl.: *B. Pieroth/B. Schlink*, Grundrechte [13]1997, Rdnr. 407, *H. D. Jarass/B. Pieroth*, Grundgesetz ... [4]1997, Art. 2 Rdnr. 51 f.; *D. Lorenz* in *Isensee/Kirchhof (Hrsg.)*, HbStR VI (1989), § 128 Rdnr. 30 ff.

[266] Vgl. auch: *W. Höfling*, in *Sachs*, Grundgesetz [2]1999, Art. 1 Rdnr. 19.

[267] So BVerfG v. 25.2.1975 - 1 BvF 1, 2, 3, 4, 5, 6/74 = BVerfGE 39, 1 [42] (Schwangerschaftsabbruch I).

Art. 2 Abs. 2 S. 1 GG einen Schutz über den Eingriff in das Leben hinaus. Er enthält eine staatliche Verpflichtung zum Schutz auch vor konkreten Gefahren für das Leben und die körperliche Unversehrtheit. Dies gilt jedenfalls soweit staatliches Handeln selbst oder aber Handlungen Dritter geeignet sind, derartige Gefahren zu schaffen. Der Gestaltungsspielraum des Gesetzgebers bei der Erfüllung seiner Verpflichtung ist jedoch sehr weit. Gelegentlich wird angeführt, der Gesetzgeber könne zum Schutz der Bürger vor dem Verkehrsunfalltod ebenso gut eine dichtere Versorgung der Bevölkerung mit Behandlungsplätzen für Unfallopfer herstellen wie auch konsequentere Geschwindigkeitsbegrenzungen erlassen.[268] Eine weitere Konkretisierung dieser staatlichen Schutzpflicht in Hinblick auf einen bestimmten Leistungsanspruch ergibt sich letztlich erst aus der Verknüpfung der Menschenwürdegarantie aus Art. 1 Abs. 1 GG und der Schutzpflicht für das Leben und die körperliche Unversehrtheit aus Art. 2 Abs. 2 S. 1 GG mit den staatlichen Handlungsgeboten aus dem Sozialstaatsprinzip. Während die Sicherung von Chancengleichheit und Gerechtigkeit hinsichtlich des aus Art. 1 Abs. 1 GG und Art. 2 Abs. 2 S. 1 GG zu schützenden Minimums der gesundheitlichen Existenz immer noch wenig konkret bleibt, so bietet doch das Fürsorgeprinzip aus dem Bereich der sozialen Sicherung eine hinreichende Grundlage, um den Leistungsanspruch auf ein Minimum der gesundheitlichen Existenz zu bestimmen. Übereinstimmung herrscht in Rechtsprechung und Literatur darüber, daß der Staat für die Mitbürger, die wegen körperlicher oder geistiger Gebrechen an ihrer persönlichen und sozialen Entfaltung gehindert und außerstande sind, sich selbst zu unterhalten, jedenfalls die Mindestvoraussetzungen für ein menschenwürdiges Dasein durch soziale Hilfen sichern muß.[269] Der Staat hat damit die Pflicht, mindestens die „nackte Existenz“ durch die Bereitstellung von Leistungen zu sichern.[270] Das bedeutet also, das er für bedürftige Kranke durch seine Leistungen mindestens ein Überleben sichern und vor Gefahren für das Leben schützen muß. Wer aus eigenen Mittel außerstande ist, eine Krankenbehandlung, die geeignet wäre, eine Todesgefahr abzuwenden, zu finanzieren oder durch andere Ansprüche, wie den Behandlungsanspruch in der gesetzlichen Krankenversicherung, sicherzustellen, hat insoweit einen Anspruch auf Gewährung entsprechender staatlicher Leistungen. Der eigentliche Umfang dieser Leistungen müßte nun aber noch näher bestimmt werden.

---

[268] Einen Anspruch darauf hat das BVerfG bislang allerdings abgelehnt. Vgl.: *D. Murswiek*, in *Sachs*, Grundgesetz ^{2}1999, Art. 2 Rdnr. 203.

[269] Oben unter A, I. - Vgl. auch: BVerfG v. 18.6.1975 - 1 BvL 4/74 = BVerfGE 40, 121 [133] (Altersgrenze in der Waisenrente).

[270] Vgl.: *D. Murswiek*, in *Sachs*, Grundgesetz ^{2}1999, Art. 2 Rdnr. 224 (Hervorhebung im Original).

III. Gesundheitliches Existenzminimum als Leistungsrecht

Ein sehr konkreter Anhaltspunkt für den Umfang der staatlichen Leistungspflicht zur Sicherung des gesundheitlichen Existenzminimums ergibt sich naturgemäß aus der Geeignetheit der Krankenbehandlung selbst. Es würde keinen Sinn machen, einem Bedürftigen eine Krankenbehandlung zu gewähren, die letztlich sein Leben nicht wenigstens verlängern oder erträglicher machen würde. Ein Anspruch auf offensichtlich unwirksame medizinische Behandlungen kann demnach nicht bestehen. Problematisch wird die Sache bei den Behandlungsmethoden, bei denen (noch) keine gesicherten Erkenntnisse über deren Wirksamkeit vorliegen. In diesen Fällen können aber die zur Frage der Schutzpflichten für Leben und körperliche Unversehrtheit entwickelten Grundsätze zum Tragen kommen. Aus der Umkehrung des Grundsatzes, wonach die staatliche Schutzverpflichtung mit der zunehmenden Wahrscheinlichkeit des Eintritts der Gefahr immer größer wird, läßt sich ableiten, daß der Anspruch auf Leistungen zur Krankenbehandlung mit zunehmenden Wahrscheinlichkeit eines Wirkungseintritts für die Verlängerung des Lebens des Kranken wächst. Auf Behandlungen, deren Wirksamkeit unbestritten ist, besteht damit ganz generell ein Anspruch.[271]

Die staatliche Leistungsgewährung steht aber, wie das BVerfG in seiner „Numerus-clausus-Entscheidung" festgestellt hat, regelmäßig auch unter dem „Vorbehalt des Möglichen".[272] Ein Anspruch auf Behandlungsmethoden, die zwar theoretischen denkbar, praktisch aber nicht verfügbar sind, wird damit ausgeschlossen sein. Das bedeutet, daß es keinen Leistungsanspruch für Bedürftige gibt, der sich auf Behandlungsmethoden richtet, die sich noch im Experimentalstadium befinden und nicht wenigstens eine gewisse Verbreitung in der medizinischen Praxis gefunden haben. Diese Tatsache ergibt sich bereits aus den Funktionen der staatlichen Leistungsgewährung für die Hilfsbedürftigen, die ja im Sinne einer Eingliederung der Bedürftigen in die Gesellschaft lediglich eine Teilhabe an den gesellschaftlichen Errungenschaften sicherstellen soll.[273] Wollte man also dem Sozialstaatsgebots eine Verpflichtung entnehmen, Hilfebedürftigen, die sich das Existenz-Notwendige aus eigener Kraft nicht beschaffen können, mehr als das allgemein Verfügbare zu gewähren, so würde man das Sozialstaatsgebot überstrapazieren. Im übrigen wäre ein solches Vorhaben auch ein Verstoß gegen die Prinzipien Chancengleichheit und soziale Gerechtigkeit.

---

[271] Eingehend zu diesem Problem auch *I. Ebsen*, NDV 1997, S. 76 ff.

[272] Vgl.: *E. Denninger* in *Isensee/Kirchhof (Hrsg.)*, HbStR V (1992), § 113 Rdnr. 41 unter Berufung auf BVerfG v. 18.7.1972 - 1 BvL 32/70, 25/71 = BVerfGE 33, 303 [333] (numerus clausus) und weitere Quellen.

[273] BVerfG v. 18.6.1975 - 1 BvL 4/74 = BVerfGE 40, 121 [133] (Altersgrenze in der Waisenrente). - Vgl. auch *V. Neumann*, NZS 1998, S. 410 m.w.Nachw.

Andererseits sind es nicht zuletzt auch diese Prinzipien, die vermittelt über die Wirkung der Menschenwürdegarantie, im Rahmen des gesellschaftlich Möglichen und Üblichen den Hilfebedürftigen über die Sicherung des „nackten Überlebens" hinaus Ansprüche sichern. Solange eine Gesellschaft allgemein über entsprechende Ressourcen verfügt, wird man den Hilfebedürftigen nicht mit dem Hinweis auf die staatliche Verpflichtung zur Sicherung (allein) des Existenzminimums die Teilhabe an den allgemeinen gesellschaftlichen Errungenschaften verwehren dürfen. Solange entsprechende Ressourcen weiten Teilen der Bevölkerung zur Verfügung stehen, kann der Staat es nicht bei der Sicherung des bloßen Überlebens belassen. Gleiches gilt beispielsweise auch im Hinblick auf Patienten mit chronischen Schmerzzuständen. Mit dem verfassungsrechtlich geschützten Leben kann unter dem Einfluß der Menschenwürdegarantie letztlich nichts anderes gemeint sein als ein menschenwürdiges Leben. Namentlich das Vorhandensein von Schmerzen kann den Menschenwürdegehalt des Lebens aber nachhaltig beeinträchtigen.[274] Daraus ergibt sich, jedenfalls im Rahmen des gesellschaftlich Verfügbaren, für den Hilfebedürftigen auch ein Leistungsanspruch auf ein möglichst schmerzfreies (Über-)Leben als Minimum einer menschenwürdigen Existenz.

Im Rahmen seiner bisherigen Entscheidungen zur Sicherung des Existenzminimums hat das BVerfG dieses mit dem Mindestbedarf, den der Gesetzgeber im Sozialhilferecht festgelegt hat, gleichgesetzt.[275] Die Grundlage des Sozialhilferechts bildet das Bundessozialhilfegesetz (BSHG). Im § 37 BSHG ist auch ein Anspruch auf Krankenhilfe geregelt. Soweit also *Isensee* im Hinblick auf das einklagbare subjektive Recht auf Gewährleistungen eines menschenwürdigen Existenzminimums anmerkt, soziale Leistungsrechte bedürften des Gesetzes als Medium und könnten nicht unmittelbar aus der Verfassung abgeleitet werden,[276] wird man zu dem Schluß gelangen, daß diese Voraussetzung mit dem Sozialhilferecht, dessen ausdrücklicher Zweck es ist, dem Hilfeempfänger „die Führung eines Lebens zu ermöglichen, das der Würde des Menschen entspricht" (§ 1 Abs. 2 S. 1 BSHG), erfüllt ist. Im § 37 Abs. 1 S. 2 BSHG ist jedoch bestimmt, daß die Leistungen der Krankenhilfe in der Regel den Leistungen entsprechen sollen, die nach den Vorschriften der gesetzlichen Krankenversicherung gewährt werden. Nach den zuvor entwickelten Grundsätzen zur Sicherungspflicht für das Existenzminimum ist eine solche Anbindung der Leistungen der sozialen Fürsorge an den Leistungskatalog der gesetzlichen

---

[274] Vgl.: *H. D. Jarass/B. Pieroth*, Grundgesetz ... [4]1997, Art. 1 Rdnr. 11.

[275] BVerfG v. 29.5.1990 - 1 BvL 20, 26/84, 4/86 = BVerfGE 82, 60 [94] (Kindergeld + Existenzminimum); BVerfG v. 25.9.1992 - 2 BvL 5, 8, 14/91 = BVerfGE 87, 153 [170 f.] (Steuerfreiheit des Existenzminimums) unter Berufung darauf auch noch einmal BVerfG v. 14.6.1994 - 1 BvR 1022/88 = BVerfGE 91, 93 (Kindergeldkürzung).

[276] Vgl.: *J. Isensee* in *Isensee/Kirchhof (Hrsg.)*, HbStR V (1992), § 115 Rdnr. 149.

Krankenversicherung gegenwärtig durchaus verfassungsgemäß. Wenn aber kostenaufwendige Behandlungen, die ein Überleben sicherstellen könnten, wie Dialysen, Transplantationen oder Chemo-Therapien zur Krebsbehandlung, generell oder ab einem bestimmten Alter aus dem Leistungskatalog der gesetzlichen Krankenversicherung im Rahmen einer expliziten Rationierung herausgenommen würden, darf das Sozialhilferecht diese Kürzungen nicht nachvollziehen.[277] Die Hilfeempfänger nach dem BSHG müßten dann einen weiterreichenden Leistungsanspruch als die Versicherten der gesetzlichen Krankenversicherung haben.[278]

Unter dieser Maßgabe ist der Gesetzgeber mit der Aufnahme eines Anspruchs auf Krankenhilfe in das Sozialhilferecht seiner Verpflichtung zur Sicherung eines gesundheitlichen Existenzminimums für die Bevölkerung nachgekommen.

IV. Existenzminimum als Grenze impliziter und expliziter Rationierung

Die Sicherung des Existenzminimum als Mindestmaß an staatlichem Schutz und staatlicher Leistung stellt nach all dem einen bedeutenden Beitrag zum Schutz der Bürger vor den Auswirkungen insbesondere einer expliziten Rationierung dar. Es bildet gleichsam die unterste Grenzen der Zulässigkeit rationierender Maßnahmen. Die praktische Bedeutung dieser Grenze ist allerdings eher gering, denn, wie sich gezeigt hat, hat die staatliche Verpflichtung zur Sicherung des Minimums einer gesundheitlichen Existenz direkte Auswirkungen nur für diejenigen Bürger, die sich die notwendigen medizinische Leistungen zur existentiellen Sicherung nicht selbst beschaffen können. Damit ist nicht etwa generell eine Rationierung von medizinischen Leistungen verboten und es ist auch nicht verfassungsrechtlich geboten, alle Leistungen, deren Entzug den Tod eines Versicherten bewirken können, im Leistungskatalog der GKV zu belassen. Lediglich ein Minimum an Sicherung für die Bürger in einem rationierten Gesundheitswesen ist damit gewährleistet.

Eine Garantie für den Bestand des Leistungsumfangs der gesetzlichen Krankenversicherung in seiner heutigen Form ergibt sich aus der staatlichen Verpflichtung zur Sicherstellung des Existenzminimums nicht. Soweit ein Schutz vor Gefahren für das Leben all derer gegeben ist, die sich aus eigenen Mitteln Leistungen zur medizinischen Behandlung tödlicher Krankheiten nicht beschaffen können, dürfen auch Leistungen, die den Tod eines Patienten wirksam verhindern oder aufschieben könnten, aus dem Leistungskatalog der gesetzlichen Krankenversicherung gestrichen und den Versicherten zur eigenverantwortlichen Vorsorge übertragen werden. Diese Möglichkeit würde auch für besonders teuere Behandlungen wie Hämodialysen und Knochenmarkstransplantationen

---

[277] So auch *I. Ebsen*, NDV 1997, S. 76.

[278] So im Grunde auch *I. Ebsen*, NDV 1997, S. und *V. Neumann*, NZS 1998, S. 410.

zunächst nicht grundsätzlich durch das gesundheitliche Existenzminimum begrenzt.

Zu bedenken ist allerdings, daß eine Verpflichtung für die Versicherten der gesetzlichen Krankenversicherung, solche besonders kostenträchtigen medizinischen Behandlungen generell oder ab einem bestimmten Alter selbst zu tragen, soweit nicht gleichzeitig eine private Versicherungspflicht gegen diese Krankheitsrisiken eingeführt würde, rasch dazu führen könnte, das ehemals vermögende Bürger aufgrund der Krankheitskosten ihr Vermögen aufgezehrt und damit zu Hilfebedürftigen des Sozialhilferechts würden. Spätestens ab diesem Zeitpunkt müßte dann aber doch der Staat die medizinische Versorgung der nunmehr Verarmten übernehmen, was mehr als widersinnig wäre. Es wäre insofern zwar in Hinblick auf die Sicherungspflicht für das Existenzminimum verfassungsrechtlich zulässig, aber doch höchst kurzsichtig, kostenintensive medizinische Behandlungen aus dem Leistungskatalog der gesetzlichen Krankenversicherung zu streichen.

Für alle medizinischen Behandlungen, die nicht wenigstens einen deutlichen Beitrag zum Erhalt eines menschenwürdigen Lebens des Patienten leisten, gewährt die Sicherungspflicht für das Existenzminimum keinerlei Schutz und auch lebensrettende Behandlungen könnten gestrichen werden, wenn für in Not geratene und von Lebensgefahr bedrohte Kranke im Rahmen der Sozialhilfe oder einem vergleichbaren System ein Auffangnetz geschaffen würde.[279] Denjenigen, die sich die notwendigen medizinischen Leistungen zur Sicherung ihrer physischen Existenz aus eigenen Mitteln oder anderweitig beschaffen können, bietet damit die staatliche Verpflichtung zur Sicherung des Existenzminimums letztlich keinen Schutz vor Rationierung medizinischer Leistungen. Ebensowenig ergibt sich aus der Verpflichtung zur Sicherung einer menschenwürdigen Existenz ein über das dargestellte straf- und zivilrechtliche Maß hinausgehender Schutzanspruch gegen die Erscheinungsformen einer impliziten Rationierung, weil dieser eben zu eigen ist, daß sie gerade nicht in einer verfassungsrechtlich wahrnehmbaren Weise in Erscheinung tritt.

[279] Ganz ähnlich argumentiert das BSG in einer Entscheidung zur Frage der Rechtmäßigkeit der Kürzung von Krankengeld für freiwillig Versicherte (BSG v. 28.3.1993 - 1 RK 34/92 = SozR 3-2500 § 44 Nr. 4 (Verschlechterung des Krankenversicherungsschutzes): „Selbst wenn beim Kläger eine Bildung von Rücklagen nicht möglich sein sollte, wird das Existenzminimum - wenn andere Sicherungen nicht vorhanden oder nicht durchführbar sind - jedenfalls durch die Sozialhilfeverwaltung sichergestellt".

B. Schutz eigentumsgleicher Positionen durch Art. 14 Abs. 1 GG

Neben der Funktion der Existenzsicherung ist im Sozialversicherungsrecht der Schutz eigentumsgleicher Positionen ein verfassungsrechtlich verbriefter Grundsatz. Ob die hierzu entwickelten Grundsätze auch auf den Anspruch auf medizinische Versorgung Anwendung finden können, soll im Folgenden in aller Kürze erörtert werden.

I. Die Eigentumsdogmatik des Grundgesetzes

Die Eigentumsgarantie, die mit dem Art. 14 Abs. 1 S. 1 GG ins Grundgesetz aufgenommen wurde, erhält nicht zuletzt aufgrund der verschiedenen, in der Norm des Art. 14 GG enthaltenen Einschränkungsmöglichkeiten eine diffuse Struktur, die sich auch dem geübten Anwender rechtlicher Vorschriften nicht auf den ersten Blick erschließt.[280] Diese Komplexität der Eigentumsgarantie ist vor allem auch darauf zurück zu führen, daß es sich beim Eigentum, anders als bei den Schutzobjekten mancher anderer Grundrechte, nicht um natürlich bestimmbare Phänomene, sondern um Positionen handelt, die erst durch eine rechtliche Ausgestaltung der Lebensverhältnisse entstehen. Während das Sacheigentum, dessen Status nach den Vorschriften des Sachenrechts im BGB begründet wird, die Eigentumsfähigkeit gleichsam „auf der Stirn" trägt,[281] ist die Frage der Eigentumsfähigkeit anderer Rechtspositionen oft unklarer und muß im Prinzip für jede rechtliche Position eigens bestimmt werden.[282]

Entscheidend für die Bestimmung der Eigentumsfähigkeit einer Rechtsposition ist die Frage nach der Funktion dieser Position. Nach den Feststellungen des BVerfG[283] kommt dem Eigentum im Gefüge der Grundrechte die Aufgabe zu, dem Träger des Grundrechts einen Freiheitsraum im vermögensrechtlichen Bereich zu sichern, und ihm damit eine eigenverantwortliche Gestaltung des Lebens zu ermöglichen. Die Gewährleistung des Eigentums ergänzt insoweit die Handlungs- und Gestaltungsfreiheit des Einzelnen, indem sie vor allem den durch eigene Arbeit und Leistung erworbenen Bestand an vermögenswerten Gütern anerkennt. Mit dieser „objektbezogenen" Gewährleistungsfunktion schützt Art. 14 Abs. 1 GG jedoch nur Rechtspositionen, die einem Rechtssubjekt bereits zustehen, insbesondere schützt er keine Chancen und Verdienstmöglichkeiten.[284] Besonders deutlich mag die verfassungsrechtliche Funktion

---

[280] Vgl.: *B. Pieroth/B. Schlink*, Grundrechte [13]1997, Rdnr. 893 ff.; *A. Philipp*, Arzneimittellisten und Grundrechte (1995), S. 167 f.

[281] so *V. Neumann*, NZS 1998, S. 402.

[282] Vgl.: *H. D. Jarass/B. Pieroth*, Grundgesetz ... [4]1997, Art. 14 Rdnr. 6.

[283] BVerfG v. 16.3.1971 - 1 BvR 52, ... 754/66 = BVerfGE 30, 292 (Mineralölbevoratung).

[284] BVerfGE 30, 292 [335]; *B. Pieroth/B. Schlink*, Grundrechte [13]1997, Rdnr. 901 ff.; *H. D. Jarass/B. Pieroth*, Grundgesetz ... [4]1997, Art. 14 Rdnr. 7 ff.

der Eigentumsgarantie durch eine Abgrenzung zum Recht auf Berufsfreiheit aus Art. 12 Abs. 1 GG werden: „Art. 14 Abs. 1 GG schützt das Erworbene, das Ergebnis der Betätigung, Art. 12 Abs. 1 GG dagegen den Erwerb, die Betätigung selbst."[285]

Im Sinne dieser Abgrenzung ist aber nicht nur das erworbene Sacheigentum, das durch entsprechende Regelungen im einfachen Recht definiert wird, Gegenstand des verfassungsrechtlichen Eigentumsschutzes.[286] Zu den geschützten Rechtspositionen gehören auch alle sonstigen vermögenswerten Rechte, die dem Inhaber hinsichtlich der Nutzungsmöglichkeit eine eigentümergleiche Position verschaffen. Hierzu sind neben den dinglichen Rechten auch andere Ansprüche und Forderungen zu zählen.[287] Das Vermögen als solches wird dagegen von der Eigentumsgarantie des Grundgesetzes nach ganz herrschender Meinung nicht erfaßt,[288] weshalb auch die zuvor erwogene Verpflichtung der Versicherten, für besonders kostenintensive medizinische Behandlungen eigene Vorsorge zu treffen, nicht schon unter dem Gesichtspunkt der Auswirkung solcher Regelungen auf das Vermögen der Versicherten verfassungswidrig wäre.

Als vermögenswerte Rechte können dagegen nach der jüngeren Rechtsprechung des BVerfG auch öffentlich-rechtliche Positionen in den Schutzbereich des Art. 14 Abs. 1 S. 1 GG fallen.[289] Hier standen in der Rechtsprechung des BVerfG besonders auch sozialrechtliche Positionen zur Diskussion.[290] Die Rechtsprechung legt allerdings großen Wert darauf, eine Abgrenzung von Leistungen der Sozialversicherung und solchen der sozialen Fürsorge, auf die zwar ein Anspruch besteht, die aber vom Staat in Erfüllung seiner Fürsorge-

---

285 BVerfG v. 16.3.1971 - 1 BvR 52, ... 754/66 = BVerfGE 30, 292 [335] (Mineralölbevoratung) m.w.Nachw. Dem sich anschließend auch *A. Philipp*, Arzneimittellisten und Grundrechte (1995), S. 168.

286 Hierzu mit Beispielen und Nachweisen auch *B. Pieroth/B. Schlink*, Grundrechte [13]1997, Rdnr. 899 ff.; *H. D. Jarass/B. Pieroth*, Grundgesetz ... [4]1997, Art. 14 Rdnr. 7 ff.

287 Vgl.: *H. D. Jarass/B. Pieroth*, Grundgesetz ... [4]1997, Art. Rdnr. 7a; *B. Pieroth/B. Schlink*, Grundrechte [13]1997, Rdnr. 903 f. m.w.Nachw.

288 Vgl.: *B. Pieroth/B. Schlink*, Grundrechte [13]1997, Rdnr. 907; *H. D. Jarass/B. Pieroth*, Grundgesetz ... [4]1997, Art. 14 Rdnr. 12; *H.-J. Papier* in *Maunz-Dürig*, Komm. z. GG, Art. 14 Rdnr. 42 mit diversen Nachweisen.

289 Vgl. nur: *B. Pieroth/B. Schlink*, Grundrechte [13]1997, Rdnr. 908; *H. D. Jarass/B. Pieroth*, Grundgesetz ... [4]1997, Art. 14 Rdnr. 9 f. - beide unter Berufung auf BVerfG v. 28.2.1980 - 1 BvL 17/77, 7, ...100/78, ..., 1 BvR 807/78 = BVerfGE 53, 257 [289] (Versorgungsausgleich).

290 Mit einer Darstellung der einschlägigen Rechtsprechung des BVerfG von 1980 bis 1987: *H.-J. Papier*, SRH [2]1996, Rdnr. 40 - 49.

pflicht eingeräumt werden, zu treffen.[291] Im einzelnen knüpft das BVerfG die Einbeziehung der Sozialversicherungsleistungen in die Eigentumsgarantie des Art. 14 Abs. 1 S. 1 GG an zwei Voraussetzungen: der Anspruch muß auf *nicht unerhebliche Eigenleistungen* beruhen und die Leistungen müssen der *Existenzsicherung* dienen.[292] In der Leitentscheidung zur Krankenversicherung der Rentner formulierte der 1. Senat:

> „Voraussetzung für einen Eigentumsschutz sozialversicherungsrechtlicher Positionen ist eine vermögenswerte Rechtsposition, die nach Art eines Ausschließlichkeitsrechts dem Rechtsträger als privatnützig zugeordnet ist; diese genießt den Schutz der Eigentumsgarantie dann, wenn sie auf nicht unerheblichen Eigenleistungen des Versicherten beruht und zudem der Sicherung seiner Existenz dient. Liegen diese Voraussetzungen nicht vor, dann kommt bei gesetzlichen Eingriffen in sozialversicherungsrechtliche Positionen zwar ein Schutz durch andere Grundrechte, nicht aber aus Art. 14 GG in Betracht. Ein darüber hinausgehender Schutz durch die Eigentumsgarantie würde ihrer Aufgabe im Gesamtgefüge der Verfassung nicht mehr gerecht."[293]

Neben dem Moment der Privatnützigkeit und der Existenzsicherung, die ja auch im Recht der gesetzlichen Krankenversicherung ohne weiteres anzutreffen sind, dürfte mit dem eingangs erwähnten Schutz des Erworbenen die Frage, ob eine sozialversicherungsrechtliche Position auf nicht unerheblichen Eigenleistungen des Versicherten beruht, in den Vordergrund der Betrachtung rücken. Dies gilt umso mehr, als der Umfang der Eigenleistung auch Maßstab für die Frage sein kann, inwieweit der Gesetzgeber aufgrund der Regelungsbefugnis des Art. 14 Abs. 1 S. 2 GG in die durch den Eigentumsschutz garantierten Positionen eingreifen kann.[294] Als eigene Leistungen des Versicherten sind nach der Rechtsprechung des BVerfG nicht nur die von ihm selbst bezahlten Beiträge zu berücksichtigen, sondern in aller Regel auch solche Beiträge, die von Dritten zu seinen Gunsten dem Träger der Sozialversicherung zugeflossen sind.[295] Hierzu gehören etwa die Arbeitgeberanteile im Bereich der gesetzlichen Renten- und Krankenversicherung aber auch der Beitragsanteil der zugunsten der mitversi-

---

[291] BVerfG v. 28.2.1980 - 1 BvL 17/77, 7, ...100/78, ..., 1 BvR 807/78 = BVerfGE 53, 257 [291 f.] (Versorgungsausgleich) und BVerfG v. 16.7.1985 - 1 BvR 5/80, 1023, 1052/83, 1227/84 = BVerfGE 69, 272 [301 f.] (Krankenversicherung der Rentner).

[292] Vgl.: *B. Pieroth/B. Schlink*, Grundrechte [13]1997, Rdnr. 910; *H. D. Jarass/B. Pieroth*, Grundgesetz ... [4]1997, Art. 14 Rdnr. 10; - eingehend *H.-J. Papier*, SRH [2]1996, Rdnr. 40 ff.; *L. Michalski*, VersR 1996, S. 267; *A. Philipp*, Arzneimittellisten und Grundrechte (1995), S. 186; - mit kritischen Anmerkungen *V. Neumann*, NZS 1998, S. 402; kritisch zur Voraussetzung der Existenzsicherung vor allem *R. Herzog*, NZA 1989, S. 3.

[293] BVerfG v. 16.7.1985 - 1 BvR 5/80, 1023, 1052/83, 1227/84 = BVerfGE 69, 272 [300] (Krankenversicherung der Rentner). - dies für das Recht der Arbeitslosenversicherung noch einmal bestätigend auch BVerfG v. 12.2.1986 - 1 BvL 39/83 = BVerfGE 72, 9 [21] (Anwartschaftszeiten).

[294] BVerfGE 69, 272 [301].

[295] BVerfGE 69, 272 [302] m.w.Nachw.

cherten Familienangehörigen aufgewandt wird. Weshalb beispielsweise die Hinterbliebenenrenten dem Eigentumsschutz des Art. 14 Abs. 1 S. 1 GG unterstellt werden müssen.[296]

In diesem Sinne dürften, ohne daß das BVerfG zu dieser Frage bislang Stellung genommen hätte, auch einzelne Ansprüche im System der gesetzlichen Krankenversicherung prinzipiell unter den Eigentumsschutz des Art. 14 Abs. 1 S. 1 GG fallen.[297] Aus dieser Feststellung zugleich den Schluß ziehen zu wollen, Art. 14 Abs. 1 S. 1 GG biete einen, wenn auch geringen, Schutz vor Rationierungen, wie *Michalski* dies im Rahmen seiner kurzen Erörterung der verfassungsrechtlichen Schranken einer Rationierung im vertragsärztlichen Versorgungssystem tut,[298] ist voreilig und dürfte dem Gewährleistungsgehalt nicht gerecht werden. Die bisherigen Entscheidungen des BVerfG mit denen die Eigentumsgarantie des Art. 14 GG auf Ansprüche im Sozialversicherungsrecht ausgeweitet worden ist, betrafen durchweg Fragestellungen aus dem Bereich des Renten- und des Arbeitslosenversicherungsrechts.[299] Es ging also zum einen um Ansprüchen auf Geldleistungen; zum anderen ist diesen beiden Versicherungssystemen zu eigen, daß der Umfang der Ansprüche sich nach der Höhe der Beitragsleistung bestimmt und daß den Ansprüchen auf Leistungen regelmäßig längerfristige Beitragsleistungen zugrunde liegen, weil in beiden Bereichen Wartezeiten bzw. Anwartschaftszeiten von den Versicherten erfüllt werden müssen. Diese Aspekte lassen sich auf das Krankenversicherungsrecht bestenfalls im Hinblick auf den Anspruch auf Krankengeld übertragen.[300]

Für die Ansprüche auf medizinischen Behandlung gilt zunächst, daß der Umfang des Anspruchs in erster Linie von der Notwendigkeit der Behandlung bestimmt wird.[301] Selbst Versicherte, die über Jahre hinweg knapp oberhalb der Geringfügigkeitsgrenze beschäftigt sind, haben einen Anspruch auf teuerste Therapien. Es gibt also im System der Versorgung der Versicherten mit medizinischen Behandlungsleistungen kein Äquivalent zwischen der Beitragszahlung und dem Leistungsanspruch. Im übrigen haben nach dem geltenden Recht auch

---

[296] So auch *H.-J. Papier*, SRH ²1996, Rdnr. 59.

[297] Vgl.: *H.-J. Papier*, SRH ²1996, Rdnr. 55; *L. Michalski*, VersR 1996, S. 267 f.; BSG v. 28.3.1993 - 1 RK 34/92 = SozR 3-2500 § 44 Nr. 4 (Verschlechterung des Krankenversicherungsschutzes).

[298] *L. Michalski*, VersR 1996, S. 265 ff.

[299] Vgl.: *A. Philipp*, Arzneimittellisten und Grundrechte (1995), S. 186 f. m.w.Nachw.

[300] So BSG v. 28.3.1993 - 1 RK 34/92 = SozR 3-2500 § 44 Nr. 4 (Verschlechterung des Krankenversicherungsschutzes). - Zu den Anwartschaften im Pflegeversicherungsrecht, wo es tatsächlich Wartezeiten gibt, *M. Fuchs* in *Schulin*: Handbuch d. Sozialversicherungsrechts - Bd. 4 (1997), § 4 Rdnr. 46 ff.

[301] Vgl. hierzu die Ausführungen zum Krankenversicherungsrecht im 2.Kapitel unter A II.

außerhalb der Familienversicherung Versicherte Ansprüche auf Leistungen der Krankenbehandlung, die keine Beiträge zur Krankenversicherung entrichten. Gemeint sind hier beispielsweise die Versicherten im Erziehungsurlaub gem. § 224 SGB V. Schon die fehlende Verknüpfung von Beitragsleistung und Umfang des Anspruchs wirft hier deutliche Zweifel an der dem Eigentumsschutz zugrunde liegenden Erworbenheit des Anspruchs auf. Im Bereich des Krankengeldanspruchs gibt es wenigstens noch diese Verknüpfung, weshalb der Schluß des BSG, auch das Krankengeld unter den Eigentumsschutz des Art. 14 GG zu subsumieren,[302] durchaus vertretbar erscheint. Zweifel an der uneingeschränkten Übertragbarkeit des Eigentumsschutzes auf die Ansprüche im Krankenversicherungsrecht ergeben sich allerdings auch im Hinblick auf das Krankengeld dadurch, daß sowohl der Anspruch auf Krankenbehandlung als auch der Anspruch auf Krankengeld bereits vom ersten Tag des Versicherungsverhältnisses an uneingeschränkt besteht.[303] Die Ansprüche sind also unabhängig von der Dauer der Beitragszahlung. Damit ist davon auszugehen, daß mindestens der Anspruch auf Krankenbehandlung im System der gesetzlichen Krankenversicherung nicht im wörtlichen Sinne erworben ist. Soweit der Anspruch auf Krankenbehandlung demnach überhaupt zu den vermögenswerten subjektiv-öffentlichen Rechten zu zählen ist, dürfte sein Schutz durch die Eigentumsgarantie in Hinblick auf die maßgebliche Funktion des Umfangs der Eigenleistung für die Regelungsbefugnis des Gesetzgebers nur äußerst gering sein.[304]

In diesem Sinne ist von der Eigentumsgarantie des Art. 14 Abs. 1 S. 1 GG kein wirksamer Schutz vor einer Rationierung medizinischer Leistungen im System der gesetzlichen Krankenversicherung zu erwarten.

---

[302] BSG v. 28.3.1993 - 1 RK 34/92 = SozR 3-2500 § 44 Nr. 4 (Verschlechterung des Krankenversicherungsschutzes).

[303] Die früher häufig verwandte Rechtsfigur des „mißglückten Arbeitsversuchs" (Hierzu noch: *B. Schulin*, Sozialrecht ^{5}1993, Rdnr. 91 ff.) ist nach der neueren Rechtsprechung des BSG (v. 4.12.1997 - 12 RK 3/97 = NZS 1998, S. 234 ff. (Mißglückter Arbeitsversuch)) nicht mehr anzuwenden.

[304] So letztlich auch *L. Michalski*, VersR 1996, S. 268 f. - ebenso auch *A. Philipp*, Arzneimittellisten und Grundrechte (1995), S. 187. - Nach Auffassung des BSG gilt im übrigen der weite gestalterische Spielraum selbst für den Schutz des Krankengeldanspruchs (BSG v. 28.3.1993 - 1 RK 34/92 = SozR 3-2500 § 44 Nr. 4 (Verschlechterung des Krankenversicherungsschutzes)).

II. Vertrauensschutz

Neben der Eigentumsgarantie enthält das Grundrecht aus Art. 14 GG auch Elemente des Vertrauensschutzes. Ursprünglich zählt der Vertrauensschutz als ein Teil der Rechtssicherheit zu den wesentlichen Elementen des Rechtsstaatsprinzips nach Art. 20 Abs. 1 GG.[305] Unter dem Einfluß des Rechtsstaatsprinzips findet der Vertrauensschutz seinen Ausdruck im Rückwirkungsverbot.[306] Durch das Grundgesetz ist aber nur das Vertrauen der Bürger darauf geschützt, daß Rechtspositionen, die ihnen gesetzlich eingeräumt worden sind, nicht nachträglich verschlechtert werden.[307] Der Einzelne soll sich grundsätzlich darauf verlassen können, daß der Gesetzgeber an abgeschlossene Tatbestände keine ungünstigeren Folgen knüpft, als sie im Zeitpunkt der Vollendung dieser Tatbestände voraussehbar waren (sogenannte echte Rückwirkung). Nur unter bestimmten Umständen kann das Vertrauen des Bürgers einen Schutz auch dagegen begründen, daß eine Rechtsposition nachträglich durch Vorschriften entwertet wird, die auf gegenwärtige, noch nicht abgeschlossene Sachverhalte für die Zukunft einwirken (sogenannte unechte Rückwirkung).[308]

Der Vertrauensschutz spielt indes auch im Bereich des Eigentumsschutzes für vermögenswerte Güter eine bedeutende Rolle.[309] Das BVerfG hat in langjähriger Rechtsprechung dem Vertrauensschutz für vermögenswerte Positionen im Bereich der Eigentumsgarantie insbesondere hinsichtlich der unechten Rückwirkung eine eigene Ausprägung gegeben.[310] Nun ist es aber keineswegs so, daß das BVerfG die Position der Versicherten gegenüber einer Verschlechterung der Leistungsansprüche in der Sozialversicherung mit dieser eigentumsrechtlichen Ausprägung des Vertrauensschutzes gestärkt hätte. Im Gegenteil: Eine Entscheidung zur Frage der Rechtmäßigkeit der Kürzung von bereits bewilligten Übergangs- und Unterhaltsgeldern im Rahmen des Arbeitslosenversicherungsrechts[311] deutet darauf hin, daß der rechtsstaatliche Vertrauensschutz mit seiner Konkretisierung im Eigentumsrecht eher aufgeweicht als stabilisiert worden ist.[312] Dem Vertrauen der Versicherten in den Erhalt der Unterhaltsleistungen

---

305 Vgl.: *Ch. Degenhardt*, Staatsrecht [13]1997, Rdnr. 308 ff. und 319 ff. mit zahlreichen Beispielen.

306 Vgl.: *H. D. Jarass/B. Pieroth*, Grundgesetz ... [4]1997, Art. 20 Rdnr. 55 f.

307 Vgl.: *B. Pieroth/B. Schlink*, Grundrechte [13]1997, Rdnr. 936; *H. D. Jarass/B. Pieroth*, Grundgesetz ... [4]1997, Art. 14 Rdnr.

308 So zum Ganzen BVerfG v. 3.12.1996 - 1 BvR 609, 692/90 = BVerfGE 94, 241 [263] (Kindererziehungszeiten) mit umfassenden Nachweisen.

309 Vgl.: *V. Neumann*, NZS 1998, S. 407.

310 BVerfG v. 15.7.1987 - 1 BvR 488, ... 1278/86, 1 BvL 11/86 = BVerfGE 76, 220 [244] (Übergangs- und Unterhaltsgeld) m.w.Nachw.

311 Ebenda.

312 Vgl.: *V. Neumann*, NZS 1998, S. 407 f.

wurde das öffentliche Interesse an rasch wirksamen Maßnahmen zur Konsolidierung der Finanzsituation der Bundesanstalt für Arbeit gegenübergestellt. Das öffentliche Interesse überwog dabei deutlich und der Schutz des Vertrauens all derjenigen, die im Vertrauen auf den Bestand des Anspruchsumfangs eine Umschulungsmaßnahme begonnen haben, wurde angesichts einer äußerst knapp kalkulierten Übergangsregelung als gewahrt angesehen.[313]

Dieser Entscheidung und einer ähnlich gelagerten früheren Entscheidung des Gerichts, bei der allerdings aufgrund des Fehlens einer Übergangsregelung eine Verdopplung der Anwartschaftszeiten für einen Anspruch auf Arbeitslosengeld als Verstoß gegen den Grundsatz des Vertrauensschutzes gewertet wurde,[314] ist jedenfalls zu entnehmen, daß es bei Veränderungen im Bereich der sozialversicherungsrechtlichen Ansprüche einer Übergangsregelung für diejenigen Versicherten geben muß, die im Vertrauen auf den Bestand eines sozialversicherungsrechtlichen Anspruchs Entscheidungen getroffen haben und deren Rechtspositionen durch die neue Rechtslage nachhaltig verschlechtert werden. Sind solche Übergangsregelungen indes vorhanden, so läßt sich ein sozialversicherungsrechtlicher Anspruch nicht nur verkürzen, sondern sogar vollständig entziehen.[315]

Es wird damit deutlich, daß mit der Formel von der eigenen Ausprägung des Vertrauensschutzes innerhalb des Eigentumsschutzes des Art. 14 GG wenig gewonnen ist. Eine Entscheidung zur Frage der Rechtmäßigkeit einer Leistungsbeschränkung im Erziehungsgeldrecht, die das BSG im Jahre 1995 getroffen hat,[316] mag diese Behauptung belegen: Dort wurde, weil der Anspruch auf Erziehungsgeld nicht auf Beiträgen beruht, kein besonderer eigentumsrechtlicher, sondern der „normale" rechtsstaatliche Vertrauensschutz zur Grundlage der Entscheidung gemacht. Auch daraus sei aber, so schließt der 14. BSG-Senat, in Fällen einer unechten Rückwirkung dem Gesetzgeber eine Abwägung des Vertrauens geboten. Beim Fehlen einer Übergangsregelung, was auf ein Unterbleiben der geforderten Abwägung schließen lasse, könne eine belastende gesetzliche Neuregelung nur für Kinder gelten, die nach dem Inkrafttreten der gesetzlichen Änderung geboren wurden.[317] Die besondere Regelung des Vertrauensschutzes als Teil des Eigentumsschutzes bietet damit

---

[313] BVerfG v. 15.7.1987 - 1 BvR 488, ... 1278/86, 1 BvL 11/86 = BVerfGE 76, 220 [246 f.] (Übergangs- und Unterhaltsgeld).

[314] BVerfG v. 12.2.1986 - 1 BvL 39/83 = BVerfGE 72, 9 [24 f.] (Anwartschaftszeiten).

[315] BVerfG v. 12.2.1986 - 1 BvL 39/83 = BVerfGE 72, 9 [25] (Anwartschaftszeiten). - Ebenso *H. D. Jarass/B. Pieroth*, Grundgesetz ... [4]1997, Art. 14 Rdnr. 34 f.

[316] BSG v. 6.9.1995 - 14 REg 4/95 = SozR 3-7833 § 1 Nr. 17 (Erziehungsgeldanspruch - Vertrauensschutz).

[317] BSG v. 6.9.1995 - 14 REg 4/95 = SozR 3-7833, § 1, Nr. 17 (Erziehungsgeldanspruch - Vertrauensschutz).

offensichtlich gegenüber der rechtsstaatlichen Regelung keine erkennbaren Vorteile.[318] Den einzigen Schutz vor Rationierungen medizinischer Leistungen, den ein hier oder dort verorteter Vertrauensschutz für die Versicherten der gesetzlichen Krankenversicherung bieten könnte, ist damit ein *Anspruch auf Übergangsregelungen.*

III. Ergebnis zu Art. 14 GG

Angesichts des weiten gestalterischen Spielraums, der dem Gesetzgeber durch die großzügigen Schrankenregelungen des Art. 14 GG eingeräumt wird, ergibt sich weder aus der Eigentumsgarantie des Art. 14 GG noch aus dem daraus abgeleiteten Grundsatz des Vertrauensschutzes ein wirksamer Schutz der Versicherten in der gesetzlichen Krankenversicherung gegen rationierende Eingriffe in ihre Leistungsansprüche, die über den Minimalanspruch der Sicherung des Existenzminimums für alle Bürger hinaus gehen.[319]

C. Recht auf Heilbehandlung aus Art. 2 Abs. 2 S. 1 GG?

Deutlich verbessert wäre der Schutz der Versicherten der gesetzlichen Krankenversicherung vor einer Rationierung medizinischer Behandlungsleistungen, wenn sich aus dem Recht auf Leben und körperliche Unversehrtheit gem. Art. 2 Abs. 2 S. 1 GG ein Recht auf Gesundheitsschutz ergeben würde, das als leistungsrechtliche Komponente auch ein Recht auf Heilbehandlung enthielte, dessen Schutzwirkung über den bereits beschriebenen Anspruch auf Sicherung eines gesundheitlichen Existenzminimums hinaus ginge. Zur Klärung dieser Frage soll nachfolgend zunächst der Gewährleistungsgehalt des Art. 2 Abs. 2 S. 1 GG in Hinblick auf den Schutz der Gesundheit dargelegt werden. Anschließend wird zu prüfen sein, inwieweit die Gewährleistung von Gesundheit für die Grundrechtsträger auch eine anspruchsbegründende Komponente für bestimmte medizinische Leistungen im Sinne eines Rechts auf Heilbehandlung enthält. Soweit sich ein solches Recht begründen läßt, wird ferner zu klären sein, welchen Einschränkungsmöglichkeiten dieses Recht unterworfen ist.

---

[318] Deutlicher *V. Neumann* (NZS 1998, S. 408), der eine Aufgabe der gerichtlichen Praxis der Zuordnung des sozialversicherungsrechtlichen Vertrauensschutzes unter den Eigentumsschutz des Art. 14 Abs. 1 GG fordert.

[319] Mit vergleichbarem Ergebnis kürzlich *K.-J. Bieback*, Krit. Justiz 1998; S. 163 ff. und *K.-J. Bieback*, Verfassungsrechtlicher Schutz ... (1997), S. 23 f.

I. Gesundheitsschutz Art. 2 Abs. 2 S. 1 GG (Schutzbereich und Eingriffe)

1) Schutzbereich

Seinem Wortlaut nach beinhaltet das Grundrecht aus Art. 2 Abs. 2 S. 1 GG neben dem Recht auf Leben auch ein Recht auf körperliche Unversehrtheit. Dieses Grundrecht bereitet anders als das Recht auf Leben, dessen Inhalt, von den noch verbleibenden Unklarheiten vor der Geburt des Menschen und bei der Bestimmung des Todeszeitpunkts abgesehen, relativ klar zu definieren ist, bereits bei der Präzisierung seines rechtlichen Gewährleistungsgehalts nicht unerhebliche Schwierigkeiten.[320] Von der Begrifflichkeit her ist zunächst einmal festzustellen, daß Art. 2 Abs. 2 S. 1 GG nicht die Gesundheit sondern, wenn man so will, „nur" die körperliche Unversehrtheit schützt.[321] Hierunter ist nach dem Wortlaut zuallererst die Substanz des Körpers in seiner physische Erscheinung zu verstehen. Bereits frühzeitig wurde aber deutlich, daß allein der Schutz der körperlichen Substanz dem verfassungsrechtlich gemeinten Begriff der körperlichen Unversehrtheit nicht gerecht würde. Schon im Jahre 1958 entwickelte daher *Dürig* im Rahmen seiner Kommentierung des Art. 2 Abs. 2 GG vier Dimensionen, in die das Recht auf körperliche Unversehrtheit inhaltlich aufgeteilt werden könnte. Hierzu zählte er neben dem Schutz der objektiven Substanz des Körpers, den Schutz der Zeugungsfähigkeit, den Schutz vor Schmerzen und den Schutz vor äußerlichen Verunstaltungen.[322]

In der heutigen Literatur hat sich im Rückgriff auf die „Fluglärm-Entscheidung" des BVerfG[323] eine Interpretation durchgesetzt, nach der die menschliche Gesundheit im engeren *biologisch-physiologischen* Sinne vom Recht auf körperliche Unversehrtheit geschützt sein soll.[324] Es geht bei der Unversehrtheit also nicht allein um die biologisch-natürliche Erscheinung, sondern auch um die Funktionsfähigkeit des Körpers, womit ein Teil dessen, was Gesundheit im weiteren Sinne ausmacht, von dieser Definition der körperlichen Unversehrtheit

---

[320] Vgl.: *G. Dürig* in *Maunz-Dürig*, Komm. z. GG, Art. 2 Abs. II (1958) Rdnr. 29; *G. Hermes*, Das Grundrecht auf Schutz ... (1987), S. 222 f. m.w.Nachw.

[321] Vgl.: *Ph. Kunig*, in *v. Münch/Kunig*, Grundgesetz-Kommentar Bd.1 ^{4}1992, Art. 2 Rdnr. 62

[322] *G. Dürig* in *Maunz-Dürig*, Komm. z. GG, Art. 2 Abs. II (1958) Rdnr. 30.

[323] BVerfG v. 14.1.1981 - 1 BvR 612/72 = BVerfGE 56, 54 [73] (Fluglärm).

[324] *D. Murswiek*, in *Sachs*, Grundgesetz ^{2}1999, Art. 2 Rdnr. 148; *H. D. Jarass/B. Pieroth*, Grundgesetz ... ^{4}1997, Art. 2 Rdnr. 45; *B. Pieroth/B. Schlink*, Grundrechte ^{13}1997, Rdnr. 393; *H. Schulze-Fielitz*, in *Dreier*, Grundgesetz-Kommentar Bd. 1, 1996, Art. 2 Rdnr. 19; *Ph. Kunig*, in *v. Münch/Kunig*, Grundgesetz-Kommentar Bd.1 1992, Art. 2 Rdnr. 62; *D. Lorenz* in *Isensee/Kirchhof (Hrsg.)*, HbStR VI (1989), § 128 Rdnr. 16; *Ch. Starck* in *v. Mangoldt/Klein/Starck*, GG Bd.1 ^{3}1985, Art. 2 Rdnr. 130.

mit umfaßt ist.[325] Der physiologische Ansatz erlaubt darüber hinaus noch einen weiteren Schritt der Annäherung des Begriffs der körperlichen Unversehrtheit an die ganzheitliche Definition von Gesundheit. Als Ausfluß des biologisch-physiologischen Verständnisses der körperlichen Unversehrtheit müssen auch alle nicht substanzverletzenden Einwirkungen auf den menschlichen Körper als Eingriffe in den Schutzbereich des Art. 2 Abs. 2 S. 1 GG gewertet werden, die in irgendeiner Weise pathologische Zustände des Körpers bewirken. Hierzu gehören neben der Zufügung von Schmerzen auch Lärm, radioaktive Strahlung, Gase und dergleichen mehr.[326] Es ist damit außerdem auch ein Freisein von psychisch-seeelischen Funktionsstörungen, wie Angstzuständen und Nervosität[327] oder Depressionen[328] gemeint.[329] Insgesamt stellt sich damit das Recht auf körperliche Unversehrtheit als ein Recht auf „Freisein von pathologischen Zuständen" dar.[330]

Wenn die Weltgesundheitsorganisation (WHO) in der Präambel ihrer Satzung Gesundheit definiert als einen „Zustand des vollständigen körperlichen, geistigen und sozialen Wohlbefindens und nicht nur das Freisein von Krankheit und Gebrechen"[331], so ist der Inhalt des Rechts auf körperliche Unversehrtheit von dem Begriff der Gesundheit im Sinne der WHO sicher noch weit entfernt.[332] Stellt man indes auf das Freisein von pathologischen Zuständen ab, so wird man zum einen zu dem Schluß kommen, daß die im § 823 Abs. 1 BGB noch vorgenommene verbale Trennung von körperlicher Unversehrtheit und Gesundheit im Verfassungsrecht zu einem Gutteil aufgehoben ist.[333] Darüber hinaus wird erkennbar, daß es über die pathologischen Zustände eine enge Verbindung zum Krankheitsbegriff der gesetzlichen Krankenversicherung gibt, wo ja Krankheit als regelwidriger Körperzustand definiert wird.[334] Das so umschriebene Recht auf körperliche Unversehrtheit wird damit für die vorliegende Frage nach den

---

[325] Umfassend zum Gesundheitsbegriff auch *Seewald*, Zum Verfassungsrecht auf Gesundheit (1981), S. 14 ff.

[326] Vgl.: *D. Lorenz* in *Isensee/Kirchhof (Hrsg.)*, HbStR VI (1989), § 128 Rdnr. 17; *Ph. Kunig*, in *v. Münch/Kunig*, Grundgesetz-Kommentar Bd.1 ^{4}1992, Art. 2 Rdnr. 63

[327] *H. Schulze-Fielitz*, in *Dreier*, Grundgesetz-Kommentar Bd. 1, 1996, Art. 2 Rdnr. 20.

[328] Vgl.: *Ph. Kunig*, in *v. Münch/Kunig*, Grundgesetz-Kommentar Bd.1 ^{4}1992, Art. 2 Rdnr. 63

[329] Mit weiteren Beispielen *Ch. Starck* in *v. Mangoldt/Klein/Starck*, GG Bd.1 ^{3}1985 , Art. 2 Rdnr. 130.

[330] So *D. Murswiek*, in *Sachs*, Grundgesetz ^{2}1999, Art. 2 Rdnr. 149.

[331] zitiert nach *H. Schulze-Fielitz*, in *Dreier*, Grundgesetz-Kommentar Bd. 1, 1996, Art. 2 Rdnr. 21 u. *Ch. Starck* in *v. Mangoldt/Klein/Starck*, GG Bd.1 ^{3}1985, Art. 2 Rdnr. 130.

[332] Ebenda.

[333] Vgl.: *Ph. Kunig*, in *v. Münch/Kunig*, Grundgesetz-Kommentar Bd.1 ^{4}1992, Art. 2 Rdnr. 62.

[334] Hierzu bereits im 2. Kapitel unter A, II, 2).

Ansprüchen der Versicherten in der gesetzlichen Krankenversicherung gleichsam per definitionem auch zum Recht auf Gesundheit.[335]

2) Eingriffe

Zu einer näheren Eingrenzung der Inhalte des so umrissenen Rechts auf Gesundheit dürfte es hilfreich sein, dieses anhand der Verletzungen des Schutzbereichs, die in der verfassungsrechtlichen Nomenklatur als Eingriffe definiert werden,[336] zu präzisieren. Hierzu hat die Rechtsprechung des BVerfG inzwischen eine ausgeprägte Kasuistik entwickelt.

Im einzelnen lassen sich hinsichtlich der Eingriffsqualität von Einwirkungen auf den menschlichen Körper wiederum einige strukturierende Kategorien bilden. Zu nennen sind hier zunächst die tatsächlichen und offensichtlichen Verletzungen der körperlichen Substanz. Dazu gehören beispielsweise Hieb-, Stich-, und Schnittverletzungen.[337] Insofern sind auch operative Heileingriffe, die ja eigentlich der Wiederherstellung der Gesundheit dienen sollen, als Eingriff in das Recht auf körperliche Unversehrtheit zu werten.[338] Zu den derart klassifizierten Eingriffen zählen aber auch eher geringfügige oder vorübergehende Veränderungen der körperlichen Substanz wie Blut- oder Liquorentnahmen oder das Abschneiden von Haaren.[339] Wenn sich das BVerfG gelegentlich gegen eine Qualifizierung solch geringer Substanzverletzungen als Eingriff in das Recht auf körperliche Unversehrtheit gewandt hat,[340] so geschah das im Hinblick auf die Geringfügigkeit des Eingriffs. - Eine Bewertung, die üblicherweise erst auf der Ebene der Verhältnismäßigkeitsprüfung erfolgen sollte.[341] In diesem

---

[335] Sehr ähnlich auch der Ansatz von *Seewald*, Zum Verfassungsrecht auf Gesundheit (1981); S. 132 ff.

[336] Vgl.: *H. D. Jarass/B. Pieroth*, Grundgesetz ... ^{4}1997, Vorb. vor Art. 1 Rdnr. 20 ff.

[337] Vgl.: *D. Lorenz* in *Isensee/Kirchhof (Hrsg.)*, HbStR VI (1989), § 128 Rdnr. 17 m.w.Nachw.

[338] So *Ph. Kunig*, in *v. Münch/Kunig*, Grundgesetz-Kommentar Bd.1 ^{4}1992, Art. 2 Rdnr. 62 offenbar unter Berufung auf BVerfG v. 25.7.1979 - 2 BvR 878/74 = BVerfGE 52, 131 [175 f.] (Beweislast im Arzthaftungsprozeß].

[339] Vgl.: *H. Schulze-Fielitz*, in *Dreier*, Grundgesetz-Kommentar Bd. 1, 1996, Art. 2 Rdnr. 30 und *D. Lorenz* in *Isensee/Kirchhof (Hrsg.)*, HbStR VI (1989), § 128 Rdnr. 17 beiden m.w.Nachw.

[340] Für das Haareschneiden: BVerfG v. 14.2.1978 - 2 BvR 406/77 = BVerfGE 47, 239 [246 ff.] (Haar- und Barttracht); für die Blutentnahme offenlassend BVerfG v. 25.5.1956 - 1 BvR 190/55 = BVerfGE 5, 13 [15] (Blutentnahme); für die Liquorentnahme den Eingriff bejahend BVerfG v. 10.6.1963 - 1 BvR 790/58 = BVerfGE 16, 194 [202 f.] (Liquorentnahme).

[341] Vgl.: *B. Pieroth/B. Schlink*, Grundrechte ^{13}1997, Rdnr. 396; *H. Schulze-Fielitz*, in *Dreier*, Grundgesetz-Kommentar Bd. 1, 1996, Art. 2 Rdnr. 31; *Ph. Kunig*, in *v. Münch/Kunig*,

Sinne sind nur Manipulationen am menschlichen Körper nicht als Eingriff zu bewerten, bei denen einen Einwirkung auf die körperliche Substanz unterbleibt. Bloße Berührungen des Körpers auch zu diagnostischen Zwecken, wie beispielsweise EEG- oder EKG-Ableitungen, erfüllen regelmäßig nicht die Anforderungen an einen Eingriff in die körperliche Unversehrtheit.[342]

Als Eingriff in die körperliche Unversehrtheit werden aber nicht nur Veränderungen am Körper gewertet, die zu einem Verlust von Körpersubstanz führen. Auch das Zuführen von Stoffen beispielsweise durch Injektionen, Schluckimpfungen, Narkotisierung oder Zwangsernährung stellt regelmäßig einen Eingriff in die körperliche Unversehrtheit dar.[343] In diesem Rahmen kommen auch die indirekten und die nichtkörperlichen Einwirkungen auf den menschlichen Körper zum Tragen. Hierzu gehören insbesondere Immissionen und von diesen nach der Rechtsprechung des BVerfG ganz besonders der Lärm.[344] Dieser soll jedenfalls dann als Eingriff in die körperliche Unversehrtheit gewertet werden, wenn er zu Gesundheitsgefahren führt, oder ein Ausmaß erreicht, das als körperlicher Schmerz empfunden wird bzw. das körperliche Empfinden negativ verändert.[345] Damit wird zugleich erkennbar, wo die Grenzen des Schutzbereichs der körperlichen Unversehrtheit liegen. Einwirkungen, die mehr als „alltägliche Lästigkeit“[346] zu betrachten sind, gelten nicht als Eingriffe in das Grundrecht des Art. 2 Abs. 2 S. 1 GG. Ebenso wenig sind bloße Beeinträchtigungen des Wohlbefindens, das Hervorrufen von Unlustgefühlen oder auch eine nur kurzfristige Lärmeinwirkung als Eingriff in das Recht auf körperliche Unversehrtheit zu werten.[347]

Insgesamt ist damit festzustellen, daß der grundrechtliche Schutzbereich des Rechts auf körperliche Unversehrtheit und mithin auch das darin enthaltene Recht auf Gesundheit beeinträchtigt ist, wenn unmittelbar oder mittelbar auf die Substanz des Körpers eingewirkt und seine Beschaffenheit oder Funktionsfä-

---

Grundgesetz-Kommentar Bd.1 ^{4}1992, Art. 2 Rdnr. 64. In diesem Sinne auch BVerfGE 16, 194 [202 f.].

342 Vgl.: *D. Lorenz* in *Isensee/Kirchhof (Hrsg.)*, HbStR VI (1989), § 128 Rdnr. 17.

343 Ebenda.

344 BVerfG v. 14.1.1981 - 1 BvR 612/72 = BVerfGE 56, 54 [75 ff.] (Fluglärm); BVerfG v. 30.11.1988 - 1 BvR 1301/84 = BVerfGE 79, 174 [201 f.] (Verkehrslärm).

345 Vgl.: *D. Murswiek*, in *Sachs*, Grundgesetz ^{2}1999, Art. 2 Rdnr. 155; ähnlich auch *Ph. Kunig*, in *v. Münch/Kunig*, Grundgesetz-Kommentar Bd.1 ^{4}1992, Art. 2 Rdnr. 66.

346 So *Ph. Kunig*, in *v. Münch/Kunig*, Grundgesetz-Kommentar Bd.1 ^{4}1992, Art. 2 Rdnr. 66.

347 Vgl.: *B. Pieroth/B. Schlink*, Grundrechte ^{13}1997, Rdnr. 393; *D. Lorenz* in *Isensee/Kirchhof (Hrsg.)*, HbStR VI (1989), § 128 Rdnr. 17 f.; *Ph. Kunig*, in *v. Münch/Kunig*, Grundgesetz-Kommentar Bd.1 ^{4}1992, Art. 2 Rdnr. 66 - letzter unter Berufung auf BVerfGE 79, 255 ff. (Feuerwehrsirene).

higkeit verändert wird.[348] Die Inhalte des Rechts auf Gesundheit sind damit einigermaßen klar umrissen. Hinsichtlich des Schutzes vor einer Rationierung medizinischer Leistungen ist aber weiter zu fragen, welche Wirkungen das soweit konkretisierte Recht auf Gesundheit für die Versicherten entfalten kann.

II. Art. 2 II 1 GG als Recht auf Heilbehandlung

Die genannten Eingriffe in die körperliche Unversehrtheit stellen sich, wie Eingriffe in die Grundrechte ganz allgemein, zuerst einmal als Akte staatlichen Handelns dar.[349] Ebenso wie dem Recht auf Leben kommt jedoch auch dem Recht auf körperliche Unversehrtheit eine erhebliche Bedeutung als grundrechtliche Schutznorm zu. Es beinhaltet daher neben dem Recht der Bürger, sich gegen staatliche Eingriffe zu wehren, auch eine Verpflichtung des Staates zum Schutz vor Beeinträchtigungen der körperlichen Unversehrtheit durch Privatpersonen, die nicht primär grundrechtsgebunden sind.[350]

1) Recht auf Gesundheit als staatliche Schutzpflicht?

Wie schon im Rahmen der Darlegungen zum Recht auf Leben kurz angesprochen, läuft eine rein abwehrrechtliche Funktion der elementaren Grundrechte ins Leere, wenn nicht zugleich auch von staatlicher Seite ein Schutz gegen andere als staatliche Einwirkungen auf die grundrechtlich geschützten Rechtsgüter gewährt wird. Beim Recht auf Leben, wo etwa von seiten Dritter bewirkte Schäden stets als irreparabel anzusehen sind,[351] war dieser Gedanke auf den ersten Blick einleuchtend. Bei dem Recht auf körperliche Unversehrtheit drängt sich die staatliche Schutzpflicht nicht ganz so zwingend auf, weil Gesundheitsschäden in der Regel nicht mit einer ähnlichen Finalität behaftet sind und der Staat insofern wesentlich mehr Möglichkeiten hat, dem Bürger bei der Wahrung seiner Grundrechte, die immer auch eine objektive Wertentscheidung des Gemeinwesens darstellen,[352] zur Seite zu stehen. Für das Recht auf Gesundheit mögen insofern die staatlichen Schutzpflichten schwächer sein als für das Recht auf Leben.[353] Gleichwohl sind sie auch hier inzwischen allgemein anerkannt.[354] Die dogmatische Struktur und Herleitung der Schutzpflicht ist indes nicht ein-

---

348 Ähnlich auch *D. Lorenz* in *Isensee/Kirchhof (Hrsg.)*, HbStR VI (1989), § 128 Rdnr. 17.

349 Zur Spezifizierung solcher Akte vgl.: *H. D. Jarass/B. Pieroth*, Grundgesetz ... [4]1997, Vorb. vor Art. 1 Rdnr. 19 ff.

350 So auch *Ph. Kunig*, in *v. Münch/Kunig*, Grundgesetz-Kommentar Bd.1 [4]1992, Art. 2 Rdnr. 67.

351 Vgl.: *B. Pieroth/B. Schlink*, Grundrechte [13]1997, Rdnr. 406.

352 So *D. Lorenz* in *Isensee/Kirchhof (Hrsg.)*, HbStR VI (1989), § 128 Rdnr. 43.

353 Vgl.: *B. Pieroth/B. Schlink*, Grundrechte [13]1997, Rdnr. 406.

354 Grundlegend *G. Hermes*, Das Grundrecht auf Schutz ... (1987); übersichtlich *A. Pietrzak*, JuS 1994, S. 748 ff.

fach und auch immer noch nicht ganz unbestritten,[355] weshalb sie im Folgenden nicht zuletzt auch wegen ihrer möglichen Bedeutung für den Schutz der Versicherten in aller Kürze dargestellt werden soll.

a) Die dogmatische Herleitung der Schutzpflicht

In ihrer Wirkung und Richtung weicht die Schutzpflicht von der klassischen Grundrechtsfunktion, die auf die Abwehr von Eingriffen, d. h. auf ein Unterlassen von staatlichem Handeln, gerichtet ist, deutlich ab. Im Rahmen der Schutzpflicht geht es um ein erfolgsabwendendes Handeln des Staates, das durch den Schutzbereich des Grundrechts lediglich final bestimmt ist. Den Ausgangspunkt der staatlichen Schutzpflicht bildet ein dreiseitiges Beziehungsgeflecht, das bildhaft als „Rechts-Dreieck" (Abb. 6) bezeichnet werden kann.[356]

Abb. 6: Das „Rechts-Dreieck" der staatlichen Schutzpflicht

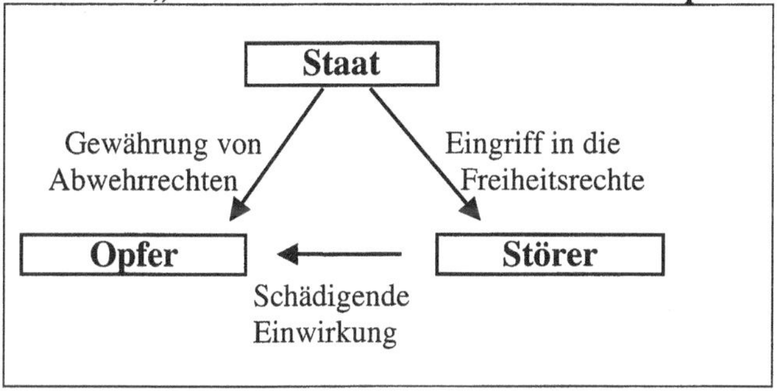

In Interaktion treten dabei zwei Grundrechtsträger und der Staat: Auf der einen Seite steht derjenige, der grundrechtsgefährdend handelt, der (potentielle) Störer, auf der anderen derjenige, dessen Grundrechte durch das Handeln des (potentiellen) Störers gefährdet werden, das Opfer. Da Schutz außerhalb zivilrechtlicher, nachbarrechtlicher Regelungen nur über den Staat möglich ist,[357] wendet sich der Schutzsuchende an den Staat. Der Staat vermittelt den Schutz, indem er - bei Bestehen einer entsprechenden Pflicht - gegenüber dem Störer tätig wird und „Schutz durch Eingriff" in dessen Freiheitsrechte gewährt.[358] Dabei vollzieht sich ein Rollentausch: Während der Staat gegenüber dem Störer in seiner klassischen Rolle als Grundrechtsgegner auftritt, wird er in bezug auf das Opfer zum Grundrechtsschützer.

---

[355] Vgl. nur: *A. Pietrzak*, JuS 1994, S. 748.

[356] So *J. Isensee*, Grundrecht auf Sicherheit (1983), S. 34.

[357] Vgl.: *G. Hermes*, Das Grundrecht auf Schutz ... (1987), S. 103 f.

[358] so anschaulich *A. Pietrzak*, JuS 1994, S. 748.

(1) Objektiv-rechtlicher Ansatz

Nach der bisher entwickelten Rechtsprechung des BVerfG ist der maßgebliche Grund für die Annahme einer staatlichen Schutzpflicht der *objektiv-rechtliche Gehalt* der einzelnen Grundrechte.[359] Unter dem objektiv-rechtlichen Gehalt sind dabei objektive Wertentscheidungen zu verstehen, die in den einzelnen Grundrechten enthalten sind und zur Verstärkung der subjektiv-rechtlichen Bedeutung der Grundrechte führen, indem sie den Staat - über Art. 1 Abs. 3 GG - verpflichten, alles zur Realisierung der Grundrechte zu tun. Dieser Befund stellt den Endpunkt einer Entwicklung in der Rechtsprechung des BVerfG dar, die anfänglich neben dem objektiv-rechtlichen Gehalt der Grundrechte vor allem Art. 1 Abs. 1 GG als Grundlage für die Begründung der staatlichen Schutzpflicht heranzog.[360]

Die dogmatische Konstruktion der Schutzpflichten über den objektiv-rechtlichen Gehalt der Grundrechte ist von weiten Teilen der Literatur und Judikatur aufgenommen worden.[361] Es gibt aber auch Stimmen, die sich ausdrücklich gegen eine solche Drittwirkung der Grundrechte wenden. Die Kritik reicht von der Feststellung des Fehlens dogmatischen Stringenz bis zur Befürchtung, daß Grundrechte in Eingriffskompetenzen verkehrt würden und daß angesichts der Konturlosigkeit der Wertordnung „an die Stelle juristischer Analyse (ein) zeitgebundener Wertungssubjektivismus“ bei der Bestimmung der Grundrechtsinhalte treten könnte.[362]

(2) Gleichsetzung von grundrechtlichen Schutzansprüchen und Abwehrrechten

Mit einem etwas anderen Ansatz bejahen *Schwabe* und *Murswiek* eine staatliche Verpflichtung zum Schutz aus den Grundrechten. Nach ihrer Auffassung hat eine Gleichsetzung grundrechtlicher Schutzansprüche und Abwehrrechte aus der friedensschaffenden Funktion des Staates zu erfolgen.[363] Das allgemeine Gewaltverbot gebietet dem einzelnen, die Beeinträchtigungen, die ein anderer in Ausübung seiner Freiheitsrechte erlaubtermaßen bewirkt, zu dulden. Dem Staat, der diese Freiheitsrechte gewährt, werden die Folgen des „Nicht-Verbietens“ als

---

[359] BVerfG v. 20.12.1979 - 1 BvR 385/77 = BVerfGE 53, 30 [53] (Mühlheim-Kärlich); BVerfG v. 14.1.1981 - 1 BvR 612/72 = BVerfGE 56, 54 [73] (Fluglärm); BVerfG v. 29.10.1987 - 2 BvR 624, ... 2029/83 = BVerfGE 77, 170 [214] (C-Waffen).

[360] So noch BVerfG v. 25.2.1975 - 1 BvF 1, 2, 3, 4, 5, 6/74 = BVerfGE 39, 1 [41] (Schwangerschaftsabbruch I) und BVerfG v. 16.10.1977 - 1 BvQ 5/77 = BVerfGE 46, 160 [164] (Schleyer-Urteil). Zur Entwicklung der Rechtsprechung auch *G. Hermes*, Das Grundrecht auf Schutz ... (1987), S. 43 ff.

[361] Vgl. nur: *E-W. Böckenförde*, Der Staat 29/1990, S. 1 ff.; *G. Hermes*, Das Grundrecht auf Schutz ... (1987), S. 59 ff. m.w.Nachw.

[362] Vgl.: *A. Pietrzak*, JuS 1994, S. 749 m.w.Nachw (Hervorhebung im Original).

[363] Vgl.: *G. Hermes*, Das Grundrecht auf Schutz ... (1987), S. 71 ff. m.w.Nachw.

Handeln - also als Eingriff - zugerechnet. Der Grund für diese Zurechnung wird in der Pflicht des Staates, Beeinträchtigungen zwischen Privaten zu verhindern, gesehen.[364] Man kann die Schutzpflicht damit gleichsam als Gegenstück zur Gehorsamspflicht des Bürgers ansehen.[365]

Nun mag dieser Begründungsversuch auf den ersten Blick überzeugend wirken, auch er ist indes nicht ohne Gegenmeinungen geblieben. Der Hauptansatzpunkt dieser Bedenken liegt in der Zurechnung privater Verletzungshandlungen. Es wird angeführt, die konkreten Verletzungs- und Gefährdungshandlungen seien keine Handlungen des Staates. Die Zurechnung des Erfolges resultiere nicht aus einem Handeln des Staates, sondern aus der Tatsache, daß er es unterlassen habe, seine Schutzfunktion zu erfüllen. Ursache und Folge würden damit verwechselt.[366]

Auch der Versuch, die staatliche Schutzpflicht aus einem primär leistungsrechtlichen Ansatz herzuleiten, wurde unternommen. Grundlage dieser Konstruktion war eine sozialstaatliche Interpretation der Grundrechte, in deren Rahmen aus dem Sozialstaatsgebot auf die Existenz „sozialer Schutzansprüche" geschlossen wurde.[367] Derart umgestaltete soziale Grundrechte enthalten zwei Aspekte: positive Ansprüche auf staatliche Leistungen und die notwendige Umgestaltung der sozialen Ordnung.[368] Das durchschlagende Argument gegen diesen sozialstaatlichen Ansatz ist bereits im Zusammenhang mit der Diskussion um die Sicherung des Existenzminimums gefallen: Wollte man diesem leistungsrechtlichen Ansatz vermittels eines gerichtlich verfolgbaren Anspruchs auf gesetzgeberisches Handeln zur Durchsetzung verhelfen, so würden sich nachhaltige Probleme durch die Kompetenzverschiebung von der Legislative auf die Judikative ergeben.[369] Die Gerichte würden quasi zum Ersatzgesetzgeber umfunktioniert und damit die Grundsätze der Gewaltenteilung in Frage gestellt. Im Interesse einer funktionierenden staatlichen Ordnung muß wenigstens die verfassungsmäßige Grundkonzeption des GG beibehalten werden. Es ist und bleibt das eigentliche Ziel der Grundrechte die Abwehr von Beeinträchtigungen und nicht die faktische Ermöglichung rechtlich garantierter Ausübung von Grundrechten.[370]

---

[364] So zum Ganzen *A. Pietrzak*, JuS 1994, S. 749. - Vgl. auch: *G. Hermes*, a.a.O.

[365] *J. Isensee*, Grundrecht auf Sicherheit (1983), S. 23 f.

[366] Vgl.: *G. Hermes*, Das Grundrecht auf Schutz ... (1987), S. 97 f. zu den weiteren Kritikpunkten auch *A. Pietrzak*, JuS 1994, S. 749.

[367] Nach *A. Pietrzak*, JuS 1994, S. 749.

[368] Ebenda. - Zum Ganzen auch *G. Hermes*, Das Grundrecht auf Schutz ... (1987), S. 113 ff.

[369] Vgl.: *G. Hermes*, Das Grundrecht auf Schutz ... (1987), S. 114 f. m.w.Nachw

[370] So auch *A. Pietrzak*, JuS 1994, S. 749 m.w.Nachw. *D. Murswiek (*in *Isensee/Kirchhof (Hrsg.),* HbStR V (1992), § 112 Rdnr. 90 ff. [96]) kommt zu dem Schluß, daß die generelle

(3) Zusammenfassung der Begründungsansätze

Die verschiedenen Begründungsansätze der staatlichen Schutzpflicht weisen unterschiedliche Probleme und Schwächen auf. Die Annahme sozialer Schutzansprüche erweist sich letztlich als unvereinbar mit der verfassungsrechtlichen Grundkonzeption des deutschen Staates, wenn die so konstruierten Leistungsrechte in erster Linie auf die Bereitstellung von Möglichkeiten, die der Bürger wahrnehmen kann, nicht aber auf aktive Kontrolle und aktives Einschreiten des Staates zielen. Der Gleichsetzung von Schutz und Abwehr steht die Zurechnungsproblematik, auf der die Theorie der Gleichsetzung aufbaut, entgegen, weil damit eine Ausweitung des Eingriffsverständnisses vorgenommen wird, die letztlich eine staatliche Erfolgsabwendungspflicht voraussetzt. Eine solche ist aber verfassungsrechtlich nicht vorgegeben. Insgesamt läßt sich die staatliche Schutzpflicht als Handlungsmaxime hinreichend und schlüssig allein aus dem objektiv-rechtlichen Gehalt der Grundrechte, soweit sie als Grundsatznormen mit einem Verwirklichungsgehalt definiert werden, erklären.[371]

b) Der rechtliche Gehalt der Schutzpflicht

Mehr noch als die dogmatische Begründung der staatlichen Schutzpflicht ist aus der Perspektive der von Rationierung bedrohten Versicherten der rechtliche Gehalt der Schutzpflicht von Bedeutung. Wenngleich die staatliche Schutzpflicht aus Art. 2 Abs. 2 S. 1 GG in der Rechtsprechung zunächst in der bislang erörterten Weise als Verpflichtung zum Schutz vor dem gefährdenden Handeln Dritter und damit letztlich als Rechtfertigung für staatliche Eingriffe in deren Freiheiten diskutiert wurde und auch heute vielfach noch ausschließlich in dieser Weise diskutiert wird,[372] so ist doch unverkennbar, daß inzwischen auch subjektive Rechte aus dieser staatlichen Schutzpflicht erwachsen sind. Als einklagbares Recht wurde die staatliche Schutzverpflichtung aber nur sehr zögerlich angenommen. Eine Verfassungsbeschwerde als Mittel der Rechtsverwirklichung wurde anfangs nur dann zugelassen, wenn sich der Beschwerdeführer auf einen ausdrücklichen Auftrag des Grundgesetzes berufen konnte.[373] Hauptgrund der Ablehnung war der objektiv-rechtliche Charakter der Schutzpflicht, der zunächst per se der Einklagbarkeit als subjektiv-rechtliche

---

Umdeutung der Freiheitsrechte in positive , reale Freiheit gewährleistende originäre Teilhaberechte in Sinne durchsetzbarer Ansprüche mit dem Grundgesetz unvereinbar ist.

[371] Vgl. auch *R. Alexy*, Theorie der Grundrechte (1994), S. 71 ff.; *E-W. Böckenförde*, Der Staat 29/1990, S. 12; *A. Pietrzak*, a.a.O.

[372] Vgl.: *H. D. Jarass/B. Pieroth*, Grundgesetz ... ^{4}1997, Vorb. vor Art. 1 Rdnr. 8 unter Berufung auf BVerfG v. 25.2.1975 - 1 BvF 1, 2, 3, 4, 5, 6/74 = BVerfGE 39, 1 [45 ff.] (Schwangerschaftsabbruch I) und BVerfG v. 20.12.1979 - 1 BvR 385/77 = BVerfGE 53, 30 [60 ff.](Mühlheim-Kärlich).

[373] Vgl.: *A. Pietrzak*, JuS 1994, S. 752 unter Hinweis auf BVerfGE 23, 242 [249] und BVerfGE 56, 54 [70].

Erscheinung zu widersprechen scheint, denn nach der üblichen Definition bezieht sich der subjektive Gehalt der Grundrechte auf die abwehrrechtliche Komponente des Grundrechts.[374]

Eine Wende in der Rechtsprechung des BVerfG erfolgte im Jahre 1987 mit dem Beschluß des 2. Senats zur Lagerung von chemischen Waffen auf dem Gebiet der Bundesrepublik Deutschland.[375] In diesem Beschluß wurde deutlich, daß die Verletzung der Schutzpflicht eine Verletzung des Grundrechts sein kann und daher ein subjektives Recht auf Abhilfe - also auf Schutz - bestehen kann.[376] Die Ausgestaltung dieses Anspruchs auf Schutz blieb aber weiterhin offen.

Mit dieser Aussage ist auch heute noch kaum mehr als ein Ziel vorgegeben, denn wie dieser Schutz zu gewähren ist, ist Sache des Staates.[377] Geschuldet wird nur der Erfolg. Der Weg der Schutzgewährung liegt grundsätzlich in der Hand des Staates.[378] Bei der Erfüllung der Schutzpflichten aus Art. 2 Abs. 2 S. 1 GG kommt dem Staat nach der Feststellung des Senats im „C-Waffen-Beschluß" ein weiter Einschätzungs-, Wertungs- und Gestaltungsspielraum zu.[379] Der Staat genügt seiner Schutzpflicht, wenn er nicht gänzlich ungeeignete und völlig unzulängliche Maßnahmen ergreift.[380] Nur unter besonderen Umständen kann sich die Schutzpflicht auf die Vornahme einer konkreten Maßnahme verengen.[381] Gemessen an der abwehrrechtlichen Funktion der Grundrechte bleibt der subjektive Gehalt der Schutzpflicht damit weit zurück.

Beispielhaft mögen zwei verfassungsgerichtliche Entscheidungen aus dem März 1997, die zufällig an aufeinanderfolgenden Tagen als Meldung in der Tages-

---

[374] Vgl. nur *R. Alexy*, Theorie der Grundrechte (1994), S. 412 ff. m.w.Nachw.

[375] BVerfG v. 29.10.1987 - 2 BvR 624, ... 2029/83 = BVerfGE 77, 170 (C-Waffen).

[376] BVerfG v. 29.10.1987 - 2 BvR 624, ... 2029/83 = BVerfGE 77, 170 [214 f.) (C-Waffen) - wobei die Waffen wegen des weiten Gestaltungsspielraum trotzdem gelagert werden durften.

[377] So *A. Pietrzak*, JuS 1994, S. 752. - Vgl. auch *J. Isensee* in *Isensee/Kirchhof (Hrsg.)*, HbStR V (1992), § 111 Rdnr. 97 ff.; *M. Sachs,* in *Sachs*, Grundgesetz ^{2}1999, vor Art. 1 Rdnr. 38.

[378] Vgl.: *G. Hermes*, Das Grundrecht auf Schutz ... (1987), S. 261 m.w.Nachw.

[379] BVerfG v. 29.10.1987 - 2 BvR 624, ... 2029/83 = BVerfGE 77, 170 [1. LS) (C-Waffen). Ebenso BVerfG v. 30.11.1988 - 1 BvR 1301/84 = BVerfGE 79, 174 [201 f.] (Verkehrslärm) und dem uneingeschränkt folgend Nichtannahmebeschl. BVerfG (1. Senat, 2. Kammer) v. 5.3.1997 - 1 BvR 1071/95 = NSZ 1997, 225 (Edelfosin) wortgleich mit MedR 1997, 318 (Jomol).

[380] Ebenda [2. LS].

[381] Vgl.: *J. Isensee*, Grundrecht auf Sicherheit (1983), S. 40; *A. Pietrzak*, JuS 1994, S. 752 m.w.Nachw.

presse[382] auftauchten, diese These verdeutlichen: In beiden zu entscheidenden Fällen ging es letztlich um Fragen des Arzneimittelrechts, dessen wesentliche Funktion darin liegt, den Konsumenten vor den unerwünschten gesundheitlichen (Neben-)Wirkungen eines Arzneimittels zu schützen (§ 1 AMG).[383] In der ersten Entscheidung vom 5.3.1997 ging es um die Frage, inwieweit Versicherte der gesetzlichen Krankenkassen ein Recht auf Erstattung der Kosten für die Behandlung mit einem arzneimittelrechtlich nicht zugelassenen Medikament (*Edelfosin* bzw. *Jomol*) haben.[384] In der zweiten Entscheidung vom 20.3.1997 ging es um das arzneimittelrechtliche Verbot einer medikamentösen Behandlung (*Frischzellen*), deren Wirksamkeit seit langem umstritten ist, die aber erhebliche Risiken mit sich bringt.[385] Im ersten Fall waren die Beschwerdeführer Angehörige von verstorbenen Patienten, denen die Erstattung der Behandlungskosten versagt worden war. Im zweiten Fall waren die Beschwerdeführer Ärzte, die bis zum Verbot der Behandlung mit Frischzellen durch das Gesundheitsministerium in ihren Sanatorien Frischzellenpräparate verabreichten. Im ersten Fall ging es aus der Perspektive des Gesundheitsschutzes durch Art. 2 Abs. 2 S. 1 GG um die Bestimmung des Umfangs einer staatlichen Leistungspflicht, im zweiten Fall um die Bestimmung der Grenzen des staatlichen Eingriffsrechts in andere grundrechtlich geschützten Positionen (hier Art. 12 und Art. 14 GG)[386] aus Erwägungen des Gesundheitsschutzes. Letztlich ging es in beiden Fällen um Fragen der Auswirkungen des Rechts auf körperliche Unversehrtheit aus Art. 2 Abs. 2 S. 1 GG.

Im ersten Fall entschied die 2. Kammer des ersten Senats des BVerfG, aufgrund der „weiten Gestaltungsfreiheit“ staatlicher Stellen bei der Erfüllung ihrer Schutzpflichten könne aus Art. 2 Abs. 2 S. 1 GG „kein durchsetzbarer Anspruch auf Bereithaltung spezieller Gesundheitsleistungen“ hergeleitet werden. Die Beschwerden wurden nicht zur Entscheidung angenommen. Im zweiten Fall erließ die gleiche Kammer, weil die Beschwerden „nicht schon aus formalen Gründen“ zurückgewiesen werden sollten, eine befristete einstweilige Anordnung, mit der die weitere Anwendung von Frischzellen in der ärztlichen Behandlung vorübergehend hingenommen wurde. Damit wurde im ersten Fall eine Klärung der Frage, wie weit die staatliche Pflicht zum Schutze der Gesundheit

---

[382] Aktenzeichen: 1 BvR 1071/95, 1068/96,1831/95 und 418/96 (Vgl.: *Süddeutsche Zeitung* vom 20.3.1997) und Aktenzeichen: 1 BvR 420/97 (Vgl.: *Süddeutsche Zeitung* vom 21.3.1997).

[383] Vgl.: *A. Philipp*, Arzneimittellisten und Grundrechte (1995), S. 26 ff.

[384] Nichtannahmebeschl. BVerfG (1. Senat, 2. Kammer) v. 5.3.1997 - 1 BvR 1071/95 = NSZ 1997, 225 (Edelfosin) wortgleich mit MedR 1997, 318 (Jomol).

[385] Aktenzeichen: 1 BvR 420/97 (Vgl.: *Süddeutsche Zeitung* vom 21.3.1997).

[386] Zudem bestritten die Anwälte der Beschwerdeführer auch noch die Gesetzgebungskompetenz des Bundes in Frage der Überwachung der ärztlichen Therapie.

der Bürger reicht, aus der Perspektive eben dieser Bürger unmöglich gemacht, während im zweiten Fall die gleiche Frage aus der Perspektive derer, die durch ihre Behandlung möglicherweise die Gesundheit der Bürger verletzen, einer Klärung zugeführt worden ist. Im Ergebnis wird ein solches Vorgehen hinsichtlich der Bestimmung einer staatlichen Schutzpflicht regelmäßig zu einer Einengung dieser Schutzpflicht führen.[387]

c) Ergebnis zur Schutzpflicht

Vor diesem Hintergrund muß man zu der Feststellung gelangen, daß der Gewährleistungsgehalt der staatlichen Schutzpflicht aus Art. 2 Abs. 2 S. 1 GG den Rechten der Patienten gegenüber einer Rationierung medizinischer Leistungen wenig dienlich ist. Zu wenig konkretisiert sind die Maßnahmen, die letztlich vom Staat verlangt werden können, zu diffus ist der Bedeutungsgehalt der Schutzpflicht, die, zunächst weit angelegt, im Ergebnis nur in engem Maße zum Tragen kommen kann.[388] In ihrer unmittelbarsten Form richtet sich die staatliche Schutzpflicht auf die Sicherstellung des unverzichtbaren Existenzminimums durch direkte Zuwendung finanzieller oder sachlicher (und hier auch medizinischer) Leistungen.[389] Sie verdichtet sich nur im Extremfall unmittelbarer Lebensbedrohung unter der Einwirkung des Sozialstaatsprinzips - konkrete staatliche Leistungsfähigkeit vorausgesetzt - zu einem individuellen Anspruch im Sinne eines sozialen Grundrechts.[390] Im übrigen beläßt die dirigierende Kraft der Grundrechtsgarantien dem Staat für die Gestaltung des sozialen Leistungs-

---

[387] In der jüngsten Entscheidung zur Verbesserung des gesetzlichen Nichtraucherschutzes hat die 1. Kammer des Ersten Senats die Verfassungsbeschwerde eines Bürgers, der sich durch das "Rauchen an öffentlich zugänglichen Aufenthaltsorten" in seinem allgemeinen Persönlichkeitsrecht und seinem Grundrecht auf körperliche Unversehrtheit verletzt sah und behauptete, der Staat sei verpflichtet, solche Eingriffe in seine Gesundheit abzuwehren, nicht zur Entscheidung angenommen. Karlsruhe bejahte zwar auch hier eine staatliche Schutzpflicht zugunsten von Nichtrauchern. Der Verfassung seien aber keine konkreten Vorgaben zur Erfüllung dieser Pflicht zu entnehmen. Eine Verletzung sei nur festzustellen, wenn der Gesetzgeber gänzlich untätig geblieben sei oder völlig unzureichende Maßnahmen getroffen habe. Dies sei aber nicht der Fall. Das Gericht zählte ein Bündel bundesrechtlicher Vorschriften zum Nichtraucherschutz am Arbeitsplatz, in Bussen, Bahnen und Taxen auf. Neben speziellen Nichtraucherschutzgesetzen gebe es allgemeine Vorschriften zum Gesundheitsschutz. Im privaten Bereich erlaube es das Hausrecht, das Rauchen zu untersagen. (BVerfG v. 9.2.1998 - 1 BvR 2234/97 (*Süddeutsche Zeitung* vom 19.2.98, S. 1)).

[388] So auch *A. Pietrzak*, JuS 1994, S. 753.

[389] *VGH Baden-Württemberg* = MedR 1986, S. 346 f. - vgl. auch *Ch. Starck*, in *v. Mangoldt/Klein/Starck*, Grundgesetz Bd.1 ^{3}1985, Art. 2 Rdnr. 173.

[390] Vgl.: BVerwG v. 24.6.1954 - V C 78.54 = BVerwGE 1, 159 [161 f.] (Rechtsansprüche auf dem Gebiet der Fürsorge).

systems einen weiten Spielraum.[391] Wie die Entscheidungen zur Kostenerstattung für eine Behandlung mit den Medikamenten „Edelfosin“ und „Jomol“ zeigen, wird nach dieser Auslegung die Schutzpflicht des Staates nicht ausreichen, um einen effektiven Schutz vor rationierenden Maßnahmen zu bieten. Eine Sicherung der Ansprüche der Versicherten auf eine optimale Heilbehandlung ist aus der Schutzverpflichtung des Art. 2 Abs. 2 S. 1 GG für die Gesundheit der Menschen in der deutschen Rechtsordnung Staat keinesfalls zu erreichen. Auch für die Modalitäten der Verteilung von wenigen vorhandenen Behandlungsplätzen kann die Schutzpflicht des Staates nicht zum Tragen kommen, weil andere Behandlungsbedürftige im Streit um die Behandlungsplätze nicht als Störer, die in das Recht auf Gesundheit des Einzelnen eingreifen, auftreten, sondern lediglich Mitbewerber um die knappen Kapazitäten sind. Dies ist ein Problem der Verteilungsgerechtigkeit und insofern eher unter dem Gesichtspunkt der Gleichbehandlung und des allgemeinen Gleichheitssatzes des Art. 3 Abs. 1 GG zu diskutieren.[392] Bei dem Vorenthalten medizinischer Behandlungen im Sinne einer expliziten Rationierung handelt es sich um Fälle einer „gegnerlosen Not“,[393] auf die die Schutzpflichtjudikatur letztlich keine Anwendung finden kann.

2) Abwehrrecht auf Zugang zu Heilmethoden / Mittelbarer Eingriff

Seit das Recht auf Gesundheit aus Art. 2 Abs. 2 S. 1 GG in seiner abwehrrechtlichen Funktion bisher zur Diskussion stand, ging es um die Fragen, inwieweit gesundheitliche Schädigungen als Eingriffe in das Recht auf körperliche Unversehrtheit (auf Gesundheiterhaltung) zu werten sind und in welchem Rahmen schädigende Einwirkungen oder auch nur Gefährdungen des Rechtsguts Gesundheit staatliche Schutzpflichten auslösen. Gegenstand der Fragen war also die Abwehrmöglichkeit schädigender Einwirkungen auf die Gesundheit. Bei der Rationierung medizinischer Leistungen geht es aber letztlich um etwas anderes. Der Heilung suchende Patienten hat ja den Schaden an der Gesundheit bereits erlitten, die Verletzung des Rechtsguts ist also - aus welchen Gründen auch immer - bereits eingetreten. Was ihm durch die Rationierung medizinischer Leistungen verwehrt wird, ist das Recht auf Heilung, auf Wiederherstellung des biologisch-physiologischen Normalzustands.[394]

---

[391] Knapp zum Ganzen *D. Lorenz* in *Isensee/Kirchhof (Hrsg.)*, HbStR VI (1989), § 128 Rdnr. 52

[392] In diesem Kapitel unter E, IV.

[393] So *G. Hermes*, Das Grundrecht auf Schutz ... (1987), S. 119.

[394] Näher zum Ganzen auch *R. Francke*, Ärztliche Berufsfreiheit und Patientenrechte (1994), S. 79 ff. Zuvor auch bereits *S. Vollmer,* Genomanalyse... (1989), S. 152 f. Zur Gleichsetzung von körperlicher Unversehrtheit und biologisch-physiologischer Gesundheit auch *A. Philipp*, Arzneimittellisten und Grundrechte (1995), S. 203.

Nachdem sich die früheren Diskussionen eines Rechts auf Heilung eher darum bemüht haben, dem Recht auf Gesundheit eine leistungsrechtliche Komponente abzugewinnen,[395] wurde das Recht auf Heilung im Sinne eines Rechts auf Zugang zu bestimmten Heilbehandlungen erstmals von *Silke Vollmer* in ihrer verfassungsrechtlichen Arbeit zur der Zulässigkeit von Genomanalyse und Gentherapie von ihrer abwehrrechtlichen Seite her aufgegriffen.[396] Sie stellte sich der Frage, ob ein Tätigwerden des Staates, das den Interessen der Heilungsuchenden zuwider läuft, subjektive Abwehransprüche aus Art. 2 Abs. 2 S. 1 GG auszulösen geeignet ist.[397] In ihrer Anwort ist eine, weit unter dem Anspruch auf staatliche Förderung und soziale Teilhabe liegende, „behutsame Erweiterung" des klassischen liberalen Abwehrrechts zu sehen.[398]

Nach der hier bereits vorgenommenen Herleitung eines Rechts auf Gesundheit aus Art. 2 Abs. 2 S. 1 GG ist *Vollmer* bei ihren Überlegungen zutreffend von der Annahme ausgegangen, daß der Grundrechtsträger sich grundsätzlich gegen eine Beeinträchtigung seiner Gesundheit zur Wehr setzen darf.[399] Aus der Perspektive des Individuums mache es, so *Vollmer* weiter, keinen Unterschied, ob das Individuum durch aktives Handeln in seiner körperlichen Integrität beeinträchtigt wird, oder ob es durch Verbote oder Gebote daran gehindert wird, einen Integritätsverlust aufzufangen und dieser Verlust an körperlicher Integrität von staatlicher Seite in Kauf genommen wird.[400] Diesem Gedankengang liegt offenbar der Zurechnungsansatz zugrunde, den *Schwabe* und *Murswiek* bereits im Hinblick auf die staatliche Schutzpflicht entwickelt haben.[401] Wobei die Bedenken, die gegen diesen Ansatz vorgebracht wurden, bezogen auf die Probleme, die entstehen, wenn private Verletzungshandlungen dem Staat zugerechnet werden,[402] hier nicht greifen. Es handelt in dem von *Vollmer* zugrunde gelegten Fall ja nicht ein Dritter unter Billigung des Staates, sondern der Staat selbst mit dem Erlaß des Verbots. Auch bedarf es bei diesem Ansatz nicht erst der Konstruktion einer bestimmten staatlichen Handlungspflicht. Vielmehr ist diese Pflicht in dem Recht auf körperliche Unversehrtheit, soweit es denn als

---

[395] Hierzu *J. Schwabe*, NJW 1969; S. 2274 f. und *W. Däubler*, NJW 1972, S. 1105 ff.

[396] *S. Vollmer*, Genomanalyse... (1989). Später auch *A. Philipp*, Arzneimittellisten und Grundrechte (1995), S. 200 ff., der von einer „stiefmütterlichen" Behandlung des Themas in der Literatur und Rechtsprechung spricht (a.a.O., S. 205).

[397] *S. Vollmer*, Genomanalyse... (1989), S. 153.

[398] Ebenda. - Vgl. auch *R. Francke*, Ärztliche Berufsfreiheit und Patientenrechte (1994), S. 81 f.

[399] So zuvor auch bereits *G. Dürig* in *Maunz-Dürig*, Komm. z. GG, Art. 2 Abs. II (1958) Rdnr. 29 ff. [39] und *Ch. Starck* in *v. Mangoldt/Klein/Starck*, GG Bd.1 [3]1985 , Art. 2 Rdnr. 130.

[400] *S. Vollmer*, Genomanalyse... (1989), S. 154.

[401] Hierzu kurz in diesem Kapitel unter C, II, 1), a).

[402] Knapp dazu *A. Pietrzak*, JuS 1994, S. 749 m.w.Nachw.

Recht auf Gesundheit im abwehrrechtlichen Sinne verstanden wird, bereits angelegt. Im übrigen ist, wie im Rahmen der straf- und zivilrechtlichen Betrachtungen dargelegt, die Gleichsetzung von Handeln und Unterlassen bezogen auf einen bestimmten im Gesetz normierten Erfolg in unserer Rechtsordnung ein durchaus übliches Vorgehen.[403]

Wenn in diesem Sinne der Staat beispielsweise durch das Verbot eines Wirkstoffs oder eines bestimmten Behandlungsverfahrens den Bürger in seinem Recht auf Gesundheit beschränkt, wird dieser sich mit einem Unterlassungsanspruch an ihn wenden müssen. Ob tatsächlich ein Eingriff in sein Grundrecht vorliegt, ist dann anhand der Definition des Eingriffs zu bestimmen. Danach wäre ein Grundrechtseingriff „jedes staatliche Handeln, das dem einzelnen ein Verhalten, das in den Schutzbereich eines Grundrechts fällt, unmöglich macht".[404] Mit dem Verbot eines Medikaments oder einer Behandlungsmethode wäre dem Bürger ein Verhalten, das zur Erhaltung der Gesundheit beiträgt, unmöglich gemacht. Die Erhaltung der körperlichen Integrität und der Gesundheit im engeren Sinne ist aber Gegenstand des Grundrechtsschutzes gem. Art. 2 Abs. 2 S. 1 GG. In diesem Sinne stellt ein staatliches Heilungsverbot einen Eingriff in den Schutzbereich des Art. 2 Abs. 2 S. 1 GG dar.[405] Art. 2 Abs. 2 S. 1 GG enthält demnach, wie *Vollmer* es nennt, ein subjektives *„Abwehrrecht auf Zugang zu Heilbehandlungen"*.[406]

Nun ist dieses Recht aber, anders als das Existenzminimum, kein absolutes. Es steht vielmehr wie alle anderen Rechte aus Art. 2 GG auch unter dem Gesetzesvorbehalt des Art. 2 Abs. 2 S. 3 GG und kann insofern durch gesetzliche Regelungen beschränkt werden. Immerhin, und das ist der Gewinn eines so definierten „Abwehrrechts auf Heilbehandlung", bedürfen die Beschränkungen einer verfassungsrechtlichen Rechtfertigung.[407] Im übrigen sei, um Mißverständnisse vorzubeugen, ausdrücklich darauf hingewiesen, daß es sich bei dem Recht auf Zugang zu Heilbehandlungen nicht um ein soziales Teilhaberecht handelt, wonach der Staat etwa verpflichtet wäre, den Zugang zu schaf-

---

[403] Ohne sich dabei auf *Vollmer* zu beziehen, kommt im Rahmen seiner verfassungsrechtlichen Untersuchung zum Arzneimittelrecht *A. Philipp* (Arzneimittellisten und Grundrechte (1995), S. 206 f.) zu einem identischen Ergebnis. - Ebenso, allerdings unter Berufung auf *Vollmer*, *R. Francke*, Ärztliche Berufsfreiheit und Patientenrechte (1994), S. 83 m.w.Nachw.

[404] So *B. Pieroth/B. Schlink*, Grundrechte [13]1997, Rdnr. 240; ähnlich *H. D. Jarass/B. Pieroth*, Grundgesetz ... [4]1997, Vorb. vor Art. 1 Rdnr. 21.

[405] Vgl.: *S. Vollmer*, Genomanalyse... (1989), S. 155; *R. Francke*, Ärztliche Berufsfreiheit und Patientenrechte (1994), S. 82 f.; *A. Philipp*, Arzneimittellisten und Grundrechte (1995), S. 208 ff..

[406] So *S. Vollmer*, Genomanalyse... (1989), S. 156.

[407] Vgl.: *S. Vollmer*, a.a.O.; *R. Francke*, Ärztliche Berufsfreiheit und Patientenrechte (1994), S. 82 mehr hierzu am Ende dieses Abschnitts.

fen oder zu erhalten.[408] Das Abwehrrecht auf Heilbehandlung besagt nur, daß der Staat nicht ohne gute Gründe ein Medikament oder eine Behandlungsform einfach verbieten und damit verhindern kann, daß der Bürger sich das Medikament oder die Behandlung auf welchem Weg auch immer verschafft.[409] Es besagt definitiv nicht, daß der Staat dem Bürger, über die bereits zur Frage des Existenzminimums entwickelten Maßstäbe hinaus, einen Zugang zu Medikamenten oder Heilmethoden beispielsweise durch Geldleistungen verschaffen muß. Insofern zutreffend war das Abwehrrecht auf Heilbehandlung auch nicht Gegenstand der Entscheidungen zur Frage der Kostenerstattung für eine Behandlung mit den Medikamenten „Edelfosin“ und „Jomol“.[410]

Letztlich darf damit der Staat den Zugang zu den gesellschaftlich verfügbaren Heilmethoden nicht ohne schwerwiegende Gründe vollständig beschränken. Eine Beschränkung darf nur durch verfassungsrechtlich gerechtfertigte Eingriffe möglich sein, wobei die Möglichkeit der Einschränkung, wie im Rahmen der Betrachtungen zum Gesetzesvorbehalt noch näher erörtert wird, nicht eben gering sind. Den Patienten, die nach medizinischen Leistungen aus dem System der gesetzlichen Krankenversicherung streben, nützt ein solches grundsätzlich verbrieftes Zugangsrecht zunächst allerdings wenig, denn das Abwehrrecht auf Heilbehandlung beinhaltet keine Verpflichtung zur staatlichen Bereitstellung von medizinischen Leistungen. Eine solche könnte sich nur ergeben, wenn dem Art. 2 Abs. 2 S. 1 GG auch ein ausdrücklicher Anspruch auf Leistungen zur Wiederherstellung des Rechtsguts Gesundheit zu entnehmen wäre.

3) Leistungsrecht

Wie schon die Darlegung der theoretisch-dogmatischen Ansätze der staatlichen Schutzpflichten gezeigt hat, ist die Herleitung primär leistungsrechtlicher Aspekte aus den Grundrechten sehr problembehaftet. Dennoch wurden in der verfassungsrechtlichen Diskussion gelegentlich auch solche Versuche, nicht nur bezogen auf die Schutzpflichten, unternommen.[411] Aus der bisherigen Rechtsprechung des BVerfG läßt sich eine dogmatische Begründung für ein Recht auf eine bestimmte staatliche Leistung zur Sicherung des Rechts auf körperliche Unversehrtheit jedoch nicht herleiten und auch die kürzlich gefaßten Entschei-

---

[408] Vgl. auch: *A. Philipp*, Arzneimittellisten und Grundrechte (1995), S. 206 f.; *R. Francke*, Ärztliche Berufsfreiheit und Patientenrechte (1994), S. 82 f.

[409] Es besagt unter Umständen auch, daß der Staat dem Bürger nicht durch den Entzug der einen Behandlungsform grundlos zu einer anderen Behandlungsform zwingen kann (So jedenfalls *A. Philipp*, Arzneimittellisten und Grundrechte (1995), S. 207).

[410] Nichtannahmebeschl. BVerfG (1. Senat, 2. Kammer) v. 5.3.1997 - 1 BvR 1071/95 = NSZ 1997, 225 (Edelfosin) wortgleich mit MedR 1997, 318 (Jomol).

[411] Z. B. *J. Schwabe*, NJW 1969; S. 2274 f. und *W. Däubler*, NJW 1972, S. 1105 ff. - Vgl. auch: *R. Francke*, Ärztliche Berufsfreiheit und Patientenrechte (1994), S. 83 ff.

dungen zur Frage der Kostenerstattung für nicht im Bereich der gesetzlichen Krankenversicherung zugelassene Medikamente[412] lassen deutlich eine gegenläufige Tendenz erkennen. Ausdrücklich betont die 2. Kammer des 1. Senats, daß sich aus Art. 2 Abs. 2 S. 1 GG kein verfassungsrechtlicher Anspruch gegen die Krankenkassen auf Bereitstellung einer dem Selbstbestimmungsrecht des Patienten über ärztliche Heileingriffe entsprechenden medizinischen Versorgung ergibt:

> „Ein mit der Verfassungsbeschwerde durchsetzbarer Anspruch auf Bereithaltung spezieller Gesundheitsleistungen, die der Heilung von Krankheiten dienen oder jedenfalls bezwecken, daß sich Krankheiten nicht weiter verschlimmern, kann aus Art. 2 Abs. 2 S. 1 GG nicht hergeleitet werden."[413]

Die Begründung für die überwiegend ablehnende Haltung gegenüber der Herleitung leistungsrechtlicher subjektiver Ansprüche ist ebenso trivial wie einleuchtend. Bereits im Rahmen der Erörterung des Anspruchs auf ein Existenzminimum und der staatlichen Schutzpflichten ist angeklungen, wie problematisch es ist, den Gesetzgeber durch konkrete normative Handlungsvorgaben zu binden. Gerade auch die genannten Entscheidungen zur Gewährung des Existenzminimums gaben regelmäßig Anlaß zu dem Vorwurf, die Richter des BVerfG würden sich mit ihren Vorgaben in den politischen Entscheidungsprozeß unrechtmäßig einmischen.[414] Für die Sicherung des Existenzminimums als überragendes Gut unserer Rechtsordnung ist diese Einmischung der Judikative in die Belange der Legislative noch hinnehmbar. Wollte man aber auch aus anderen Grundrechten subjektive Ansprüche auf staatliches Handeln herleiten, dann wäre, wie *Murswiek* es ausdrückt, „die Wirtschafts-, Sozial-, und Kulturpolitik in weiten Bereichen den Gerichten überantwortet".[415] Die gerichtlichen Entscheidungen hätten, wie kürzlich die Entscheidung zu den Kinderbetreuungskosten[416] deutlich zeigte, erhebliche Auswirkungen auf den Staatshaushalt. Letztlich würde sich die Judikative mit der Ausformulierung von Leitungsansprüchen aus den Freiheitsrechten, mit sogenannten „originären

---

[412] Nichtannahmebeschl. BVerfG (1. Senat, 2. Kammer) v. 5.3.1997 - 1 BvR 1071/95 = NSZ 1997, 225 (Edelfosin) wortgleich mit MedR 1997, 318 (Jomol).

[413] BVerfG, NSZ 1997, 225 f. (Edelfosin) =MedR 1997, 319 (Jomol). Interessant in diesem Kontext auch schon BVerfG v. 10.5.1988 - 1 BvL 8, 9/86 = BVerfGE 78, 165 [173] (nichtärztliche Psychotherapeuten) auf Vorlagebeschluß des LSG Bremen vom 10.7.1980 - L 1 Kr 3/80 = SGb 1982, 116. Ablehnend auch VGH Baden-Württemberg v. 25.4.1986 - 10 S 525/86 = MedR 1986, 346 [347 f.] (Anspruch auf bestimmten Arzt).

[414] So z.B. *Süddeutsche Zeitung* vom 20.1.1999, S. 2.

[415] *D. Murswiek* in *Isensee/Kirchhof (Hrsg.)*, HbStR V (1992), § 112 Rdnr. 95.

[416] BVerfG v. 10.11.1998 - 2 BvR 1057, 1226, 980/91, Absatz-Nr. (1 - 104) (http://www.bverfg.de) = *Süddeutsche Zeitung* vom 20.1.1999 (Kinderbetreuungskosten).

Teilhaberechten", über das rechtsstaatliche Prinzip der Gewaltenteilung hinwegsetzen und die Herrschaft im Staat übernehmen.[417]

Darüber hinaus ist zu bedenken, daß es bereits schwierig genug ist, die abwehrrechtliche Seite der Grundrechte zu konkretisieren. Welche Probleme wird es erst bereiten, wenn dieser noch eine leitungsrechtliche Funktion hinzugedacht werden müßte. Schon bei der Bestimmung des Existenzminimums hat sich dies als zweifelhaft erwiesen, wobei die Todesgefahr noch einigermaßen sicher an medizinischen Prognosen festzumachen ist. Welcher Richter aber wollte beispielsweise alleine darüber befinden, welchem Patienten das Potenzmittel „Viagra" zustände und welchem nicht - und vor allem: nach welchen Kriterien wollte er entscheiden.[418] Die staatliche Politik würde letztlich von gerichtlichen Gutachtern gestaltet. Alles in allem gibt es damit gute Gründe, eine leistungsrechtliche Umdeutung des Rechts auf körperliche Unversehrtheit (und damit auch des Rechts auf Heilung) für unzulässig zu halten und auf eine solche zu verzichten.[419]

Über einen Anspruch auf Sicherung des Existenzminimums hinaus wird sich damit in Übereinstimmung mit der herrschenden Meinung aus Art. 2 Abs. 2 S. 1 GG kein leistungsrechtlicher Anspruch herleiten lassen.[420]

III. Abwehrrechtliche Dimension des Art. 2 II 1 GG durch Pflichtversicherung

Angesichts des bisher eher mageren Befundes zum Schutz der Versicherten in der gesetzlichen Krankenversicherung vor einer Rationierung der medizinischen Versorgung drängt sich die Frage auf, ob nicht aufgrund der Tatsache, daß die Versicherten in der gesetzlichen Krankenversicherung zum ganz überwiegenden Teil Pflichtversicherte sind,[421] eine besondere Verpflichtung zum Schutz der Gesundheit der Versicherten besteht. Ein Ansatzpunkt für eine solche Verpflichtung könnte sich aus der Verbindung von Art. 2 Abs. 2 S. 1 GG

---

[417] Vgl.: *D. Murswiek* in *Isensee/Kirchhof (Hrsg.)*, HbStR V (1992), § 112 Rdnr. 95. Zuvor auch schon *W. Martens*, VVDStRL 30/1972, S. 31 f.

[418] Mit weiteren Beispielen *D. Murswiek* in *Isensee/Kirchhof (Hrsg.)*, HbStR V (1992), § 112 Rdnr. 93.

[419] Ebenso: *D. Murswiek* in *Isensee/Kirchhof (Hrsg.)*, HbStR V (1992), § 112 Rdnr. 96

[420] Vgl.: *D. Lorenz* in *Isensee/Kirchhof (Hrsg.)*, HbStR VI (1989), § 128 Rdnr. 52;*Ch. Starck* in *v. Mangoldt/Klein/Starck*, GG Bd.1 [3]1985 , Art. 2 Rdnr. 141 *Ph. Kunig*, in *v. Münch/Kunig*, Grundgesetz-Kommentar Bd.1 [4]1992, Art. 2 Rdnr. 60; *H. Schulze-Fielitz*, in *Dreier*, Grundgesetz-Kommentar Bd. 1, 1996, Art. 2 Rdnr. 58; *H. D. Jarass/B. Pieroth*, Grundgesetz ... [4]1997, Art. 2 Rdnr. 49a; *D. Murswiek*, in *Sachs*, Grundgesetz [2]1999, Art. 2 Rdnr. 224 ff.

[421] Nach Angaben des BMG waren 1996 von gut 50 Mio. Mitgliedern nur etwa 6 Mio. Freiwillige Mitglieder (BMG (Hrsg.), Daten des Gesundheitswesens - Ausgabe 1997, S. 306).

mit Art. 2 Abs. 1 GG ergeben. Während Art. 2 Abs. 2 S. 1 GG nach den zuvor getroffenen Feststellungen die Gesundheit der Bürger gegenüber Eingriffen des Staates und von seiten Dritter schützt, gewährt Art. 2 Abs. 1 GG ganz generell einen Schutz vor Regelungen der öffentlichen Gewalt, die durch positive oder negative Pflichten in die freie Entfaltung der Persönlichkeit eingreifen.[422] In der Zusammenschau beider Grundrechte stellt sich die Frage, ob nicht der Staat, der durch das Auferlegen einer Versicherungspflicht in das Grundrecht aus Art. 2 Abs. 1 GG eingreift, wenigstens sicherstellen muß, daß das Grundrecht auf Schutz der Gesundheit dabei gewahrt bleibt. Oder umgekehrt: ob nicht der Staat, der die Leistungen der gesetzlichen Krankenversicherung unter ein bestimmtes Niveau absenkt, die Versicherten aus der Versicherungspflicht entlassen muß, damit sie eigene Vorsorge treffen können.

1) Leistungsausschlüsse als faktische Eingriffe in das Abwehrrecht auf Zugang zu Heilbehandlungen

Ausgangspunkt dieser Überlegungen ist das bereits von *Silke Vollmer* erwogene Abwehrrecht auf Zugang zu Heilmethoden. Wie dargestellt,[423] geht *Vollmer* zutreffend davon aus, daß das Verbot einer Heilbehandlung einem Eingriff in das Recht auf körperliche Unversehrtheit aus Art. 2 Abs. 2 S. 1 GG gleichzusetzen ist. Dabei wird vorausgesetzt, daß die tatsächliche Unmöglichkeit der Betätigung eines Freiheitsrechts durch ein Verbot der einer solchen Betätigung zugrunde liegenden Möglichkeiten in seiner praktischen Auswirkung dem Verbot der Betätigung eines Freiheitsrechts entspricht.[424] Eine solche praktische Verhinderung der Betätigung des Freiheitsrechts „Zugang zu Heilmethoden" kann unter Umständen auch in Leistungseinschränkungen innerhalb des Systems der gesetzlichen Krankenversicherung liegen.

Grundsätzlich dient die gesetzliche Krankenversicherung ja zunächst einmal dem Zweck, den Versicherten unabhängig von ihrer finanziellen Leistungsfähigkeit eben genau diesen Zugang zu Heilmethoden und medizinischen Behandlungen zu verschaffen, indem sie, wie in § 2 Abs. 1 S. 1 SGB V ausgeführt, den Versicherten diese Leistungen zur Verfügung stellt. Werden nun Leistungen aus dem Leistungskatalog der gesetzlichen Krankenversicherung gestrichen - werden also bestimmte Leistungen für die Versicherten im Rahmen des Angebots der gesetzlichen Krankenversicherung nicht mehr vorgehalten - so ist den

---

[422] Vgl.: *H. D. Jarass/B. Pieroth*, Grundgesetz ... [4]1997, Art. 2 Rdnr. 10. - Zum Ganzen für das Recht der Pflegeversicherung auch *M. Fuchs* in *Schulin*: Handbuch d. Sozialversicherungsrechts - Bd. 4 (1997), § 4 Rdnr. 14 ff.

[423] In diesem Kapitel unter C, II, 2.

[424] Vgl.: *S. Vollmer,* Genomanalyse... (1989), S. 155 f.; dem zustimmend *R. Francke*, Ärztliche Berufsfreiheit und Patientenrechte (1994), S. 82 f. und letztlich auch *A. Philipp*, Arzneimittellisten und Grundrechte (1995), S. 208 ff.

Versicherten zwar nicht wie beim grundsätzlichen Verbot bestimmter Heilmethoden der Zugang generell verwehrt. Tatsächlich aber können den Versicherten die ausgeschlossenen Behandlungsmethoden aufgrund der ihnen möglichen finanziellen Leistungsfähigkeit unerreichbar bleiben. Worin eine faktische Verhinderung des Freiheitsrechts „Zugang zu Heilmethoden" zu sehen ist.

Diese Aussage gilt sicher nicht für jeden Fall der Leistungsbegrenzung im System der gesetzlichen Krankenversicherung. Vor allem nicht für Leistungen, die dem Bagatell-, oder „low-risk"-Bereich zuzurechnen sind. Bei besonders aufwendigen und kostenintensiven Leistungen, wie Chemo-Therapien oder großen operativen Eingriffen und auch im Bereich der chronischen Erkrankungen („high-risk"), können Leistungsausschlüsse aber sehr wohl dazu führen, daß den Versicherten der gesetzlichen Krankenversicherung der Zugang zu einem Verfahren der medizinischen Behandlung praktisch verwehrt wird.[425] Dies wird regelmäßig dann der Fall sein, wenn das Vermögen der Versicherten nicht ausreicht, um die Kosten für eine aufwendige Krankenbehandlung zu tragen und wenn nach Abzug der Beiträge für die (Pflicht-)Versicherung kein ausreichender finanzieller Spielraum verbleibt, um eigene Vorkehrungen zum Schutz vor den besonderen (nicht zuletzt auch finanziellen) Risiken einer Erkrankung zu treffen. Gerade bei den genannten kostenintensiven und/oder chronischen Erkrankungen dürfte eine private Absicherung des finanziellen Risikos einer solchen Krankheit kaum möglich sein. Zumal auch private Krankenversicherer, die, wie deren Reaktion auf die vorübergehenden Leistungsausschlüssen im Bereich des Zahnersatzes nach dem Beitragsentlastungsgesetz[426] gezeigt haben, an sich gerne mit gezielten Versicherungsangeboten die Lücken der gesetzlichen Krankenversicherung zu schließen suchen, kaum in der Lage wären, das finanzielle Risiko einer solchen aufwendigen Erkrankung zu kalkulieren und einen entsprechenden Versicherungsschutz anzubieten.[427] Wollten sie dies dennoch tun, so dürften die Tarife für derartige private Zusatzversicherungen in einem Bereich liegen, der vermutlich das Maß des Erschwinglichen für den „Normal-Bürger" bei weitem überschreitet.[428]

---

[425] Zur Abgrenzung der Begriffe „low risk" und „high risk" auch *M. Arnold*, Solidarität 2000 (1993), S. 171 ff.

[426] Beitragsentlastungsgesetz v. 1.11.1996 (BGBl. I 1996, S. 1631).

[427] Vgl. zu den Bestrebungen der Krankenversicherer eine möglichst exakte Risikokalkulation vorzunehmen, um deren Ergebnis dann in Tarifklassen und Risikozuschlägen einfließen zu lassen, insbesondere auf die Möglichkeiten der Nutzung der Genomanalyse für die Risikobestimmung: *Th. Uhlemann*, Zwischen Biologie und Ökonomie, in *H. Kaupen-Haas/Ch. Rothmaler (Hrsg.)*, Gesundheitsökonomie, (1998), S. 115 ff.

[428] Vgl.: *B. Schulin*, VSSR 1997, S. 52. - Im Ganzen zu den Überlegungen, die Krankenversicherung grundsätzlich in ein System der Grundsicherung mit entsprechenden Zusatzversicherungsmöglichkeiten durch Zuzahlungen umzuwandeln: *M. Arnold*, Solidarität 2000 (1993), S. 156 ff; jüngst auch noch einmal SVRKAiG, SG 1997; TZ 509 ff. (S. 319 ff.)

Abgesehen von volkswirtschaftlichen Überlegungen, die es aufgrund der Tatsache, daß chronischkranke Versicherte, die nicht über hinreichende eigene finanzielle Mittel verfügen, früher oder später zu Sozialhilfefällen werden, unsinnig erscheinen lassen, die hohen Risiken aus dem Leistungsgefüge der gesetzlichen Krankenversicherung auszuschließen,[429] kommt ein genereller Ausschluß von aufwendigen Behandlungsmethoden, ohne die gleichzeitige Eröffnung von Möglichkeiten, sich diese auf anderem Wege zugänglich zu machen, einem Eingriff in das Recht auf Zugang zu Heilmethoden gleich. Dies gilt umso mehr, als die Möglichkeit für alte und chronischkranke Versicherte, im Bereich der privaten Krankenversicherung einen entsprechenden zusätzlichen Versicherungsschutz zu erlangen, kaum mehr gegeben sein wird.[430] Nur verbunden mit der Verpflichtung, für die ausgeschlossenen „high-risk"-Behandlungen eine Zusatzversicherung abzuschließen, könnte dieser Tendenz entgegen gewirkt werden, denn es ist nicht zu erwarten, daß alle Versicherten, insbesondere die jüngeren, freiwillig solche zusätzlichen Versicherungen abschließen werden.[431] Inwieweit ein solcher gesetzlicher Zwang zu zusätzlichen Pflichtversicherungen über die grundlegende Krankenversicherungspflicht hinaus überhaupt zulässig ist, wird im übrigen eine Frage des Grundsatzes der allgemeinen Handlungsfreiheit gem. Art. 2 Abs. 1 GG, der anschließend kurz erörtert wird, sein.[432]

Etwas anderes gilt für die Herausnahme von Leistungen des „low-risk"-Bereichs aus dem Leistungsgefüge der gesetzlichen Krankenversicherung. Verbunden mit der Möglichkeit des Abschlusses von Zusatzversicherungen, die ihrerseits mit (günstigenfalls einkommensabhängigen) Zuzahlungsverpflichtungen und jedenfalls auch mit Härtefallregelungen verbunden sein sollten, könnten für das System der gesetzlichen Krankenversicherung deutliche Einsparungen erzielt werden,[433] ohne daß damit das Recht auf Zugang zu Heilmethoden berührt wäre. Hier verbleiben den Versicherten genügend eigene Möglichkeiten, die eher preisgünstigen Leistungen entweder aus eigenen Mitteln zu erwerben oder doch jedenfalls mit Zusatzversicherungen eigene Vorsorge zu treffen. Bereits heute gibt es im System der gesetzlichen Krankenversicherung Leistungsausschlüsse dieser Art - beispielsweise für die

---

[429] So auch *M. Arnold*, Solidarität 2000 (1993), S. 171 f.

[430] Grundlegend zum Nebeneinander von gesetzlicher und privater Krankenversicherung und deren Grundprinzipien auch *B. Schulin* in *Schulin*: Handbuch d. Sozialversicherungsrechts - Bd. 1 (1994), § 6 Rdnr. 45 ff.

[431] Vgl.: So auch *M. Arnold*, Solidarität 2000 (1993), S. 171 f.

[432] Für den Zwang zum Abschluß einer privaten Pflegeversicherung nach dem PflegeVG hierzu auch *M. Fuchs* in *Schulin*: Handbuch d. Sozialversicherungsrechts - Bd. 4 (1997), § 4 Rdnr. 14 ff.

[433] Hierzu *M. Arnold*, Solidarität 2000 (1993), S. 172.

sogenannten „Bagatellarzneimittel“ gem. § 34 SGB V.[434] Bei den dort aufgeführten Arzneimitteln (Mittel für Erkältungskrankheiten, Mund- und Rachentherapeutika; Abführmittel und Mittel gegen Reisekrankheit) stellt sich die Frage nach dem Eingriff in das Recht auf Zugang zu Heilbehandlungen allerdings möglicherweise bereits früher, nämlich bei der Frage nach Notwendigkeit des ausgeschlossenen Wirkstoffs für die Behandlung einer Krankheit, die eventuell verneint werden kann.[435] Ohne dieser Frage weiter nachgehen zu wollen, zeigt dies doch, wie vielschichtig die Problemlage bei Leistungsausschlüssen im System der gesetzlichen Krankenversicherung ist.

Abgesehen von kompletten Leistungsausschlüssen wie im Bereich der Bagatellarzneimittel sind in der gegenwärtigen Leistungsstruktur der gesetzlichen Krankenversicherung nur partielle Leistungsausschlüsse erkennbar, die in Form von Selbstbeteiligungen und Zuzahlungsverpflichtungen zum Tragen kommen. Außer in der zahnmedizinischen Versorgung sind solche Formen eines partiellen Leistungsausschlusses namentlich im Bereich der Arzneimittelversorgung (§ 31 Abs. 3 SGB V) und der Versorgung mit Heil- und Hilfsmitteln (§§ 32 f. SGB V) anzutreffen. Eine Verletzung des Rechts auf Zugang zu Heilmethoden stellen diese partiellen Leistungsausschlüsse aber zum einen deshalb nicht dar, weil der Zugang zu der jeweiligen Behandlungsleistung nicht grundsätzlich eingeschränkt ist. Zum anderen wird eine finanzielle Überforderung der Versicherten, die einem Verbot des Zugangs zu einer Form der Heilbehandlung gleich käme, durch die Härtefallregelungen der §§ 61 ff. SGB V vermieden.[436]

Solche Härtefallregelungen im Bereich der Selbstbeteiligungen und Zuzahlungen mit ihrer generellen Anknüpfung an die Einkünfte der Versicherten, und nicht etwa an das Vermögen, sind grundsätzlich geeignet, allen Versicherten den Zugang zu den allgemein üblichen und möglichen Behandlungsmethoden zu sichern. Dies wäre bei generellen Leistungsausschlüssen im Bereich der gesetzlichen Krankenversicherung regelmäßig nicht möglich, es sei denn, man wollte den Versicherten, die sich aus eigenen Kräften die ausgeschlossenen medizinischen Leistungen nicht leisten können, diese dann gleichsam im Wege einer Art „Härtefallregelung“ doch wieder anbieten. Hier gäbe es aber sicherlich

---

434 Vgl. zu der Problematik der Abgrenzung von diesen Medikamenten für Bagatellerkrankungen und deren Anwendung auch bei ernsthaften Erkrankungen: Kasseler Kommentar – *Hess*, § 34 SGB V Rdnr. 3 f. - Zur Verfassungsmäßigkeit der sogenannten Negativlisten kürzlich noch *Bundesverfassungsgericht* Az: 1 BvR 1472, 1510/91 = *Süddeutsche Zeitung* vom 31.3.99. - Vgl. auch die Nichtannahmebeschlüsse der 3. Kammer des 1. Senats vom 20.9.1991 - 1621/89; 1455, 879/90; 259/91 = SozR 3-2500 § 34 Nr. 1.

435 Vgl.: Kasseler Kommentar – *Hess*, a.a.O. m.w.Nachw.

436 Ausführlich zu den Härtefallregelungen *Schneider* in *Schulin*: Handbuch d. Sozialversicherungsrechts - Bd. 1 (1994), § 27 Rdnr. 1 ff.; - Zu den Auswirkungen der erhöhten Zuzahlungen nach dem 2. GKV-NOG auch *Ch. Felkner*, SozSich 1998, S. 281 ff.

Probleme im Bereich des Gleichbehandlungsgrundsatzes, so daß eine derartige Regelung kaum praktikabel erscheint.

Weder für den Fall der Leistungsausschlüsse im „low-risk“-Bereich noch für den Fall der Herausnahme hoher Risiken aus dem Leistungsgefüge der gesetzlichen Krankenversicherung stellt indes der darin liegende Eingriff in das Abwehrrecht auf Zugang zu Heilbehandlungen zwangsläufig auch eine Verletzung des Grundrechts aus Art. 2 Abs. 2 S. 1 GG dar.[437] Soweit nach den vorherigen Ausführungen vom Schutzbereich des Art. 2 Abs. 2 S. 1 GG auch das Recht auf Zugang zu Heilbehandlungen umfaßt ist, liegt zunächst in jeder (auch faktischen) Verhinderung der Erlangung von Heilbehandlungen ein Eingriff in den Schutzbereich, der einer verfassungsrechtlichen Rechtfertigung bedürfte. An dieser Stelle können sich aber bereits Probleme bei der Feststellung einer faktischen Verhinderung des Zugangs ergeben, weil diese von der individuellen, vermögensmäßigen Leistungsfähigkeit des Patienten abhängt. Zur Eröffnung des Rechtswegs für eine verfassungsgerichtliche Überprüfung der Rechtmäßigkeit einer Grundrechtsbeschränkung gem. § 90 Abs. 1 BVerfGG (Aktivlegitimation für die Verfassungsbeschwerde) wird es jedoch ausreichen, wenn der Kläger (Patient) behauptet, in einem seiner Grundrechte verletzt zu sein, und eine Verletzung des Grundrechts nicht von vornherein ausgeschlossen ist.[438] Soweit das Zugangsrecht zu Heilbehandlungen dem Schutzbereich des Art. 2 Abs. 2 S. 1 GG zugerechnet werden kann, dürfte sich hieraus eine vergleichsweise weite Befugnis zur verfassungsgerichtlichen Überprüfung von Einschränkungen des Zugangsrechts zu Heilbehandlungen ergeben. Die nähere Klärung der Frage, ob in dem Leistungsausschluß bereits eine Verletzung des grundrechtlich geschützten Zugangsrechts zu sehen ist, stellt sich sodann auf der Ebene der Begründetheit der Verfassungsbeschwerde.[439] Hier wird zu prüfen sein, ob der Leistungsausschluß nicht durch eigene Aufwendungen des Patienten kompensiert werden kann und bis zu welchem Grad der Aufopferung eigenen Vermögens eine Heranziehung des Patienten zur Finanzierung seiner Krankenbehandlung zumutbar ist. Selbst wenn insoweit der Leistungsausschluß einen Eingriff in den Schutzbereich des Art. 2 Abs. 2 S. 1 GG darstellt, könnte dieser allerdings verfassungsrechtlich gerechtfertigt sein. Die Überprüfung dessen wäre dann Aufgabe des BVerfG, das vermutlich zur näheren Eingrenzung der hier aufgeworfenen Fragen im Laufe der Jahre eine recht umfassende Judikatur entwickeln dürfte, deren Parameter nachfolgend kurz dargestellt wer-

---

[437] Übersichtlich und gut verständlich zu den hier verwandten Begrifflichkeiten im Rahmen einer Prüfung von Grundrechtsverletzungen: *H. D. Jarass/B. Pieroth*, Grundgesetz ... [4]1997, Vorb. vor Art. 1 Rdnr. 13 ff. oder auch *B. Pieroth/B. Schlink*, Grundrechte [13]1997, Rdnr. 9 ff.

[438] Zum Ganzen m.w.Nachw: *B. Pieroth/B. Schlink*, Grundrechte [13]1997, Rdnr. 1116 ff.

[439] A.a.O., Rdnr. 1165 ff.

den. Jedenfalls wäre aber mit der Einbeziehung eines Rechts auf Zugang zu Heilbehandlungen in den Schutzbereich des Art. 2 Abs. 2 S. 1 GG gewährleistet, daß einer gesetzgeberischen oder untergesetzlichen Willkür in diesem Bereich Einhalt geboten wäre.

Vor der Darlegung einzelner Aspekte der verfassungsrechtlichen Rechtfertigung von Eingriffen in den Schutzbereich des Art. 2 Abs. 2 S. 1 GG soll jedoch noch ein weiterer Gesichtspunkt verfolgt werden, der sich aus den zuvor geschilderten Eingriffen in das Recht auf Zugang zu Heilbehandlungen durch Ausschlüsse von besonders aufwendigen Behandlungsverfahren aus dem Leistungsgefüge der gesetzlichen Krankenversicherung ergibt:

2) Pflichtversicherung als Eingriff in die allgemeine Handlungsfreiheit

Festgestellt war bereits, daß durch Leistungsausschlüsse im „high-risk"-Bereich den Versicherten, die nicht über ein Vermögen verfügen, das ihnen den Zugang auch zu aufwendigen Heilmethoden sichert, der Zugang zu diesen Methoden faktisch verwehrt ist. Das Abwehrrecht auf Zugang zu Heilmethoden wäre damit berührt. Die Frage ist aber, ob nicht bereits in der Verpflichtung des Versicherten, für die Behandlung besonders schwerwiegender Erkrankungen zunächst sein Vermögen zu opfern, bei gleichzeitigem Versicherungszwang ein Eingriff in die grundrechtlich geschützten Positionen des Versicherten vorliegt und ob nicht letztlich auch eine gesetzliche Verpflichtung zum Abschluß von entsprechenden Zusatzversicherungen einem solchen Eingriff entspricht.[440]

a) Gewährleistungsgehalt des Art. 2 Abs. 1 GG

Neben dem Recht auf Leben und körperliche Unversehrtheit aus Art. 2 Abs. 2 S. 1 GG und der Freiheit der Person aus Art. 2 Abs. 2 S. 2 GG gewährt der Art. 2 GG in seinem Abs. 1 auch das Recht auf freie Entfaltung der Persönlichkeit. Dieses grundlegende Freiheitsrecht wird in der Rechtsprechung und Literatur üblicherweise noch einmal unterteilt in die „allgemeine Handlungsfreiheit" und das „allgemeine Persönlichkeitsrecht", das am Ende dieser Untersuchung, wenn es um Fragen der Selbstbestimmung der Patienten geht, noch einer näheren Untersuchung unterzogen wird.[441] Für die oben aufgeworfene Fragestellung ist mehr die allgemeine Handlungsfreiheit aus Art. 2 Abs. 1 GG von Interesse.

---

[440] Vgl. für den Bereich der Pflegeversicherung hierzu auch: *M. Fuchs* in *Schulin*: Handbuch d. Sozialversicherungsrechts - Bd. 4 (1997), § 4 Rdnr. 14 ff.

[441] Übersichtlich zum Ganzen *H. D. Jarass/B. Pieroth*, Grundgesetz ... [4]1997, Art. 2 Rdnr. 1 ff. und *B. Pieroth/B. Schlink*, Grundrechte [13]1997, Rdnr. 367 ff.

Die allgemeine Handlungsfreiheit schützt ganz generell jegliches menschliche Verhalten vor staatlichen Eingriffen.[442] Damit stellt Art. 2 Abs. 1 GG gleichsam ein Grundrecht dar, daß dem Bürger die Sicherheit verschafft, „nur aufgrund solcher Vorschriften belastet zu werden, die formell und materiell der Verfassung gemäß sind".[443] Die allgemeine Handlungsfreiheit wird so häufig zum Auffanggrundrecht gegenüber den spezielleren Grundrechten, in denen bestimmte Rechtsgüter unter Schutz gestellt werden.[444] Sie bleibt mit ihrem Gewährleistungsgehalt hinter diesen zurück und kommt im Rahmen einer verfassungsrechtlichen Prüfung immer erst subsidiär zum Tragen.[445] Ihre Bedeutung erlangt sie aber regelmäßig dann, wenn eine Beeinträchtigung eines speziellen grundrechtlichen Schutzbereiches nicht vorliegt, oder wenn die Grenzen des Schutzbereichs spezieller Freiheitsrechte diese als nicht betroffen erscheinen lassen.[446]

Hinsichtlich des Verhältnisses der spezielleren Grundrechte zur allgemeinen Handlungsfreiheit hat sich in jüngster Zeit im übrigen eine Tendenz durchgesetzt, wonach jeweils das Grundrecht als Prüfungsmaßstab herangezogen wird, das nach seinem Sinngehalt die stärkere sachliche Beziehung zu dem zu prüfenden Sachverhalt besitzt.[447] Im Rahmen dieses Grundrechts werden dann die spezifischen Gehalte des verdrängten Grundrechts mitberücksichtigt.[448] In diesem Sinne ist vorliegend davon auszugehen, daß das Recht auf körperliche Unversehrtheit die speziellere Norm ist und damit die allgemeine Handlungsfreiheit aus Art. 2 Abs. 1 GG, deren rechtliche Gehalte ihre Wirkung nunmehr im Rahmen des Rechts auf körperliche Unversehrtheit entfalten, verdrängt.[449]

Die rechtlichen Gehalte der allgemeinen Handlungsfreiheit sind dem Ansatz als Auffanggrundrecht entsprechend mannigfaltig.[450] Nach den in der Rechtsprechung des Bundesverfassungsgerichts entwickelten Grundsätzen gewährleistet Art. 2 Abs. 1 GG die allgemeine Handlungsfreiheit im umfassenden

---

[442] Vgl.: *H. D. Jarass/B. Pieroth*, Grundgesetz ... [4]1997, Art. 2 Rdnr. 2.

[443] Vgl.: *B. Pieroth/B. Schlink*, Grundrechte [13]1997, Rdnr. 368.

[444] Vgl.: *B. Pieroth/B. Schlink*, Grundrechte [13]1997, Rdnr. 369.

[445] Vgl.: *H. D. Jarass/B. Pieroth*, Grundgesetz ... [4]1997, Art. 2 Rdnr. 2.

[446] Vgl.: *H.-J. Papier*, SRH [2]1996, Rdnr. 108.

[447] *H. D. Jarass/B. Pieroth*, Grundgesetz ... [4]1997, Art. 3 Rdnr. 2a m.w.Nachw.

[448] Ebenda.

[449] Man könnte das natürlich auch genau umgekehrt machen hier bin ich noch unentschieden

[450] Vgl.: *B. Pieroth/B. Schlink*, Grundrechte [13]1997, Rdnr. 370; *H. D. Jarass/B. Pieroth*, Grundgesetz ... [4]1997, Art. 2 Rdnr. 3 ff. - Leitentscheidung BVerfG v. 6.6.1989 - 1 BvR 921/85 = BVerfGE 80, 137 (Reiten im Walde).

Sinne.[451] Geschützt ist damit nicht nur ein begrenzter Bereich der Persönlichkeitsentfaltung, sondern jede Form menschlichen Handelns ohne Rücksicht darauf, welches Gewicht der Betätigung für die Persönlichkeitsentfaltung zukommt, bis hin zum Taubenfüttern.[452] Geschützt wird also jedes menschliche Tun und auch jedes Unterlassen. Soweit in der Vergangenheit gegen diese großzügige Rechtsprechung des Bundesverfassungsgerichts in der Literatur Bedenken erhoben wurden,[453] die sich insbesondere dagegen richteten, daß eine derartige Ausweitung des Schutzbereichs des Art. 2 Abs. 1 GG mit der damit zwangsläufig erforderlichen weiten Einschränkungsmöglichkeit den Grundrechtsschutz ins Leere laufen lasse,[454] hat der 1. Senat in der Leitentscheidung zum „Reiten im Walde“ diese Bedenken hinlänglich entkräftet: Eine Einengung des Schutzbereichs von Art. 2 Abs. 1 GG, abweichend von der bisherigen Rechtsprechung, sei aufgrund der Entstehungsgeschichte der Norm nicht gerechtfertigt. Der umfassende Schutz menschlicher Handlungsfreiheit erfülle, so der Senat weiter, neben den benannten Freiheitsrechten auch eine wertvolle Funktion in der Freiheitssicherung, denn trotz der weiten Beschränkungsmöglichkeiten gewährleiste das Grundrecht einen Schutz von substantiellem Gewicht. Dagegen würde eine Einschränkung in der Praxis kaum befriedigend lösbare Abgrenzungsprobleme mit sich bringen.[455]

b) Eingriff in die allgemeine Handlungsfreiheit durch die Beitragspflicht

In der verfassungsrechtlichen wie auch in der sozialrechtlichen Literatur und Judikatur ist seit langem unbestritten, daß der zwangsweise Zusammenschluß in einer öffentlich-rechtlichen Körperschaft[456], ein Anschluß- oder Benutzungszwang[457], und nicht zuletzt auch Zwangsversicherungen[458] in den Schutzbereich

---

[451] So auch, unter Berufung auf das sogenannte „Elfes-Urteil“ (BVerfG v. 16.1.1957 - 1 BvR 253/56 = BVerfGE 6, 32 [36]) BVerfG v. 6.6.1989 - 1 BvR 921/85 = BVerfGE 80, 137 [152 f.](Reiten im Walde).

[452] BVerfG v. 6.6.1989 - 1 BvR 921/85 = BVerfGE 80, 137 [153] (Reiten im Walde) m.w.Nachw - vgl. a. *Ch. Starck* in *v. Mangoldt/Klein/Starck*, GG Bd.1 ^{3}1985 , Art. 2 Rdnr. 6 f.

[453] Heute noch: *K. Hesse*, Grundzüge des Verfassungsrechts ^{20}1995, Rdnr. 426 ff. m.w.Nachw.

[454] So *K. Hesse*, a.a.O..

[455] BVerfG v. 6.6.1989 - 1 BvR 921/85 = BVerfGE 80, 137 [154] (Reiten im Walde).

[456] Vgl.: *B. Pieroth/B. Schlink*, Grundrechte ^{13}1997, Rdnr. 370.

[457] Vgl.: *H. D. Jarass/B. Pieroth*, Grundgesetz ... ^{4}1997, Art. Rdnr. 5.

[458] So beispielsweise BVerfG v. 8.2.1994 - 1 BvR 1237/85 = BVerfGE 89, 365 [375 f.] (Beitragssätze in der GKV). - Vgl. auch: *Ch. Starck* in *v. Mangoldt/Klein/Starck*, GG Bd.1 ^{3}1985 , Art. 2 Rdnr. 92. und zur Pflegeversicherung *M. Fuchs* in *Schulin*: Handbuch d. Sozialversicherungsrechts - Bd. 4 (1997), § 4 Rdnr. 14. ff.

des Art. 2 Abs. 1 GG fallen.[459] Mit der herrschenden Lehre ist auch davon auszugehen, daß die Auferlegung von öffentlich-rechtlichen Geldleistungspflichten und damit auch die Beitragspflicht zur Sozialversicherung in den Schutzbereich des Art. 2 Abs. 1 GG und nicht in den des Art. 14 GG fällt.[460] Art. 14 GG ist, wie schon ausgeführt,[461] immer nur dann betroffen, wenn durch die Geldleistung oder eine wie auch immer geartete sonstige Eigenleistung des Einzelnen eine vermögenswerte Rechtsposition entstanden ist, die ihm durch den Eingriff des Staates wieder entzogen werden soll. Der Bestand des Vermögens als solches, ebenso wie Einkünfte aller Art und Gewinnerwartungen, ist durch den Eigentumsschutz des Art. 14 GG regelmäßig nicht erfaßt. Die Auferlegung einer Beitrags- oder Geldleistungspflicht stellt insofern regelmäßig keinen Eingriff in den grundrechtlichen Eigentumsschutz dar.[462] Etwas anderes kann bestenfalls dann gelten, wenn durch die Geldleistungspflicht eine so hohe Belastung entsteht, daß damit quasi in die Nutzungsrechte des Eigentums eingegriffen wird.[463] Dies wird aber eher für Steuern als für Sozialversicherungsbeiträge, wo doch regelmäßig eine dem Beitrag entsprechende Gegenleistung geboten wird, gelten. Im übrigen ist es dem Gesetzgeber nach der Rechtsprechung des BVerfG kompetenzrechtlich untersagt, Sonderabgaben zur Erzielung von Einnahmen für den allgemeinen Finanzbedarf eines öffentlichen Gemeinwesens zu erheben und das Aufkommen aus derartigen Abgaben zur Finanzierung allgemeiner Staatsaufgaben zu verwenden. Der Gesetzgeber darf sich der Abgabe nur im Rahmen der Verfolgung eines Sachzwecks bedienen, der über die bloße Mittelbeschaffung hinausgeht und mit der Abgabe darf nur eine homogene Gruppe belegt werden, die in einer spezifischen Beziehung zu dem mit der Abgabenerhebung verfolgten Zweck steht.[464] Das Abgabenaufkommen muß also gruppennützig verwendet werden, was bei den Beiträgen zur Krankenversicherung der Fall wäre.[465]

---

[459] Mit einer Abgrenzung zur Spezialvorschrift des Art. 9 Abs. 1 GG auch *H.-U. Erichsen* in *Isensee/Kirchhof (Hrsg.)*, HbStR VI (1989), § 152 Rdnr. 68 ff.

[460] Vgl.: *H.-J. Papier*, SRH ²1996, Rdnr. 109 zur Abgabenqualität der Beiträge für die Soziale Pflegeversicherung auch *M. Fuchs* in *Schulin*: Handbuch d. Sozialversicherungsrechts - Bd. 4 (1997), § 4 Rdnr. 12 f. - beide m.w.Nachw.

[461] In diesem Kapitel unter B, III.

[462] Vgl.: *H. D. Jarass/B. Pieroth*, Grundgesetz ... ⁴1997, Art. 14 Rdnr. 12 so auch schon BVerfG v. 8.4.1987 - 2 BvR 909, ... 947/82, 64/83, 142/84 = BVerfGE 75, 108 [153 f.] (Künstlersozialversicherung).

[463] Ebenda vgl. auch *H. J. Papier* in *Maunz-Dürig*, Komm. z. GG, Art. 14 Abs. 1 (1994) Rdnr. 170.

[464] So BVerfG v. 8.4.1987 - 2 BvR 909, ... 947/82, 64/83, 142/84 = BVerfGE 75, 108 [148] (Künstlersozialversicherung)

[465] Für die Pflegeversicherung auch *M. Fuchs* in *Schulin*: Handbuch d. Sozialversicherungsrechts - Bd. 4 (1997), § 4 Rdnr. 12 f.

Soweit also die Pflichtversicherung und die damit verbundene Auferlegung von Beiträgen zur Krankenversicherung als Eingriff in die allgemeine Handlungsfreiheit aus Art. 2 Abs. 1 GG zu qualifizieren ist,[466] muß dieser Eingriff aber nicht zwingend auch verfassungswidrig sein, denn bei der Einführung von Pflichtversicherungen räumt das BVerfG dem Gesetzgeber eine weitgehende Gestaltungsfreiheit ein und hat bislang noch keine Regelung scheitern lassen,[467] weil die verfassungsrechtlich legitimierte Sozialversicherung die in Art. 2 Abs. 1 GG geschützte Freiheit durchaus einzuschränken vermag.[468] Die Frage ist damit, wo die Grenzen der gesetzgeberischen Gestaltungsfreiheit im Hinblick auf die allgemeine Handlungsfreiheit liegen. Diese Frage entscheidet sich an den Maßstäben des Verhältnismäßigkeitsgrundsatzes.

c) Konsequenzen aus der Beitragspflicht (Verfassungsrechtliche Rechtfertigung)

Aus der relativen Weite des Schutzbereichs des Art. 2 Abs. 1 GG ergibt sich für den Gesetzgeber bei Eingriffen in die allgemeine Handlungsfreiheit ein vergleichsweise weites Ermessen, weshalb die Kritiker des weiten Schutzbereichs diesen zu Lasten der gesetzgeberischen Gestaltungsfreiheit auch lieber etwas einengen wollen. Freilich muß schon aus vernünftigen Erwägungen die allgemeine Handlungsfreiheit des Einzelnen im Rahmen einer funktionierenden gesellschaftlichen Ordnung Einschränkungen unterworfen sein. Diese Einschränkungen kommen allerdings nach dem üblichen verfassungsrechtlichen Prüfungsverfahren nicht bereits bei der Umschreibung des Schutzbereichs der Handlungsfreiheit, sondern erst im Rahmen der Rechtfertigung eines Eingriffs in den Schutzbereich zum Tragen. Denn, abgesehen von einem absolut geschützten Kernbereich privater Lebensgestaltung, welcher der Einwirkung der öffentlichen Gewalt entzogen ist, ist die allgemeine Handlungsfreiheit nur in den Schranken des zweiten Halbsatzes von Art. 2 Abs. 1 GG gewährleistet und steht damit insbesondere unter dem Vorbehalt der verfassungsmäßigen Ordnung.[469]

Neben der formellen Rechtmäßigkeit der Norm, in deren Rahmen beispielsweise die Einhaltung der Kompetenzvorschriften geprüft wird, stellt sich hier vor allem die Frage nach der materiellen Rechtmäßigkeit. Den Maßstab zur Beantwortung dieser Frage bietet der Grundsatz der Verhältnismäßigkeit. Wenn danach die Einschränkung der allgemeinen Handlungsfreiheit einen legitimen Zweck

---

[466] Vgl.: *H.-J. Papier*, SRH ²1996, Rdnr. 109

[467] *V. Neumann*, NZS 1998, S. 407.

[468] Vgl.: *M. Fuchs* in *Schulin*: Handbuch d. Sozialversicherungsrechts - Bd. 4 (1997), § 4 Rdnr. 15 und *Ch. Starck* in *v. Mangoldt/Klein/Starck*, GG Bd.1 ³1985 , Art. 2 Rdnr. 92.

[469] A.a.O., S. 153. - vgl. a. *H. D. Jarass/B. Pieroth*, Grundgesetz ... ⁴1997, Art. 2 Rdnr. 14 und *H.-J. Papier*, SRH ²1996, Rdnr 110 unter Berufung auf BVerfGE 6, 32.

verfolgt, als Mittel zur Erreichung dieses Zwecks geeignet und erforderlich ist und schließlich auch noch bei Abwägung im Sinne einer Mittel-Zweck-Relation als angemessen erscheint, kann eine Einschränkung der allgemeinen Handlungsfreiheit durchaus zulässig sein.[470] Als Regel für die Abwägung der Angemessenheit wurde von der Rechtsprechung des BVerfG die Formel entwickelt: „Je mehr (...) der gesetzliche Eingriff elementare Äußerungsformen der menschlichen Handlungsfreiheit berührt, umso sorgfältiger müssen die zu seiner Rechtfertigung vorgebrachten Gründe gegen den grundsätzlichen Freiheitsanspruch des Bürgers abgewogen werden".[471] Im übrigen darf, wie sich aus Art. 2 Abs. 1 2. HS GG ergibt, im Rahmen der Handlungsfreiheit auch nicht gegen Sittengesetze verstoßen oder in die Rechte anderer eingegriffen werden, was allerdings vorliegend keine Bedeutung erlangt.

Ganz allgemein wird die Versicherungspflicht auch in der gesetzlichen Krankenversicherung mit dem sozialen Schutzgedanken, dem Sozialstaatsprinzip und nicht zuletzt auch mit Gründen des Allgemeinwohls gerechtfertigt.[472] Es erscheint allerdings zweifelhaft, ob diese Argumentation auch noch greift, wenn dem Bürger ein geringerer Versicherungsschutz aufgezwungen wird, als er ihn im Falle einer fehlenden Versicherungspflicht aus dem untersten Netz der sozialen Sicherung, der Sozialhilfe, oder aber im Rahmen eines privaten Versicherungsvertrages erlangen könnte.[473] Nun könnte argumentiert werden, daß im Falle einer Absenkung des Leistungsniveaus der gesetzlichen Krankenversicherung nicht mehr der soziale Schutzgedanke der eigentliche Zweck der Pflichtversicherung ist, sondern der Schutz der Allgemeinheit davor, daß der einzelne keine Vorsorge gegen die Lebensrisiken trifft und im Bedarfsfall dann der sozialen Gemeinschaft zur Last fällt. Das hinter dieser Argumentation stehende Solidaritätsprinzip ist in der verfassungsrechtlichen Judikatur weitgehend aner-

---

[470] Zu den Grundsätzen der Verhältnismäßigkeitsprüfung *B. Pieroth/B. Schlink*, Grundrechte [13]1997, Rdnr. 279 ff.; knapper noch *H. D. Jarass/B. Pieroth*, Grundgesetz ... [4]1997, Art. 2 Rdnr. 18; *H.-J. Papier*, SRH [2]1996, Rdnr. 110.

[471] *B. Pieroth/B. Schlink*, Grundrechte [13]1997, Rdnr. 384 unter Berufung auf BVerfG v. 7.4.1964 - 1 BvL 12/63 = BVerfGE 17, 306 [314] (Personenbeförderung).

[472] Vgl.: *V. Neumann*, NZS 1998, S. 407; *B. Schulin*, VSSR 1997, S. 51 beide m.w.Nachw. Die „Bereitschaft und die Fähigkeit zur freiwilligen Selbstvorsorge bleibt grundsätzlich unberücksichtigt. Damit stellt das Gesetz das Interesse des Einzelnen an freier Entfaltung seiner Persönlichkeit zurück. Mangels einer Wahlmöglichkeit zwischen freiwilliger und Zwangsversicherung wird der Einzelne immer der Sozialversicherungspflicht unterworfen. Dieser Ausschluß selbstverantwortlicher Eigenvorsorge wird nicht schon vom Sozialstaatsprinzip gefordert. Dieses läßt vielmehr für die Verwirklichung des Zieles einer gerechten Sozialordnung auch andere Wege offen. Der Gesetzgeber hätte auch die Möglichkeit, die Eigenvorsorge vorzusehen." (BVerfG v. 14.10.1970 - 1 BvR 307/68 = BVerfGE 29, 221 [242 f.] (Jahresarbeitsverdienstgrenze in der Rentenversicherung).

[473] Zu letzterem *B. Schulin*, VSSR 1997, S. 51 f.

kannt und war eines der tragenden Elemente bei der Einführung der sozialen und privaten Pflege(-Pflicht-)versicherung.[474] Mit dem Versicherungszwang in der Pflegeversicherung, durch die ja bereits von ihrer Grundstruktur her nicht das volle Risiko der Pflegebedürftigkeit abgedeckt wird,[475] wurde und wird aber neben der Entlastung der Allgemeinheit in Form der Sozialhilfeträger[476] auch ein Schutz der Bürger vor dem Risiko der Pflegebedürftigkeit und dem damit nicht selten verbundenen Vermögenseinbußen, also ein individueller Nutzen, erzielt.[477] Somit dürfte es, wenngleich der Schutz der Allgemeinheit vor mangelnder Individualvorsorge des Bürgers auch im Krankenversicherungsrecht zunehmende Bedeutung erlangt hat,[478] mehr als fragwürdig sein, ob allein dieser Aspekt, ohne die gleichzeitige Gewährung eines angemessenen Schutzes, ein legitimer Zweck für die Rechtfertigung der Pflichtversicherung sein kann.[479]

Die Verfassungsmäßigkeit einer Absenkung des Leistungsniveaus entscheidet sich damit aber weniger auf der Ebene des Prüfung des legitimen Zwecks als bei der Frage nach der Angemessenheit und Zumutbarkeit auf der Ebene der Prüfung der Verhältnismäßigkeit im engeren Sinne.[480] Hier erscheint es zunächst naheliegend, daß eine Pflichtversicherung, die ihren Versicherten weniger Leistung gewährt als die Hilfebedürftigen aus der steuerfinanzierten Sozialhilfe erhalten, regelmäßig als unzumutbare Belastung gewertet werden muß, denn von entscheidender Bedeutung bei der Frage nach der Rechtmäßigkeit von Zwangsversicherungen ist nach der Rechtsprechung des BVerfG auch die Tatsache, daß eine solche „für die Betroffenen Vorteile mit sich bringt, die die Nachteile zumindest teilweise kompensieren."[481] Das Modell der Pflegeversicherung zeigt aber, daß auch eine Grundsicherung gegen bestimmte Risiken den Versicherten noch erhebliche Vorteile bieten kann, wenn sich, wie im Fall

---

474 Vgl. zum Ganzen: *M. Fuchs* in *Schulin*: Handbuch d. Sozialversicherungsrechts - Bd. 4 (1997), § 4 Rdnr. 16 f. m.w.Nachw.

475 Gelegentlich wird die Pflegeversicherung auch als „Teilkaskoversicherung" bezeichnet. - Die Gesetzesbegründung spricht hier von „Grundsicherung" (BT-Drcks. 12/5262, S. 90) Vgl. auch *G. Igl*, NJW 1994, S. 3185 ff. und *J. A. Meyer*, Der Weg zur Pflegeversicherung (1996).

476 Interessant hierzu *H. Rothgang/A. Vogler*, Die Auswirkungen der 2. Stufe der Pflegeversicherung... (1998).

477 Vgl.: *M. Fuchs* in *Schulin*: Handbuch d. Sozialversicherungsrechts - Bd. 4 (1997), § 4 Rdnr. 18.

478 So auch *Schulin* in *Schulin*: Handbuch d. Sozialversicherungsrechts - Bd. 1 (1994), § 6 Rdnr. 41 ff.

479 Vgl.: *V. Neumann*, NZS 1998, S. 407.

480 Ebenda - Vgl. auch *B. Pieroth/B. Schlink*, Grundrechte [13]1997, Rdnr. 384; *H. D. Jarass/B. Pieroth*, Grundgesetz ... [4]1997, Art. 2 Rdnr. 18.

481 BVerfG v. 14.10.1970 - 1 BvR 307/68 = BVerfGE 29, 221 [242 f.] (Jahresarbeitsverdienstgrenze in der Rentenversicherung) m.w.Nachw.

der Pflegeversicherung, das Ausmaß der Eigenbeteiligung an den finanziellen Risiken der Pflegebedürftigkeit deutlich vermindert und damit nicht nur die öffentlichen Haushalte, sondern auch das Vermögen der Versicherten entlastet wird.[482] Entscheidend für die Frage der Rechtmäßigkeit einer Zwangsversicherung wird damit nicht zuletzt die Äquivalenz von Beitragsbelastung und erzieltem Versicherungsschutz. Soweit mit der Beitragspflicht im Versicherungsfall deutliche finanzielle Vorteile verbunden sind und die Beitragsbelastung vergleichsweise gering ausfällt, dürfte damit die Pflichtversicherung als Eingriff in die allgemeine Handlungsfreiheit angemessen sein.[483] Sobald aber, wie im Bereich der gesetzlichen Krankenversicherung, die Beitragsbelastung Ausmaße erreicht, die den Versicherten kaum mehr Möglichkeiten zur Eigenvorsorge belassen, wird nurmehr ein entsprechend hohes Leistungsniveau als beitragsäquivalent und damit im Sinne der Rechtfertigung des Eingriffs als angemessen angesehen werden können.[484]

Leistungseinschränkungen wären demnach auch unter dem Gesichtspunkt der verfassungsrechtlich geschützten allgemeinen Handlungsfreiheit nur in dem bereits erwähnten „Low-risk"-Bereich zulässig. Etwas anderes könnte nur gelten, wenn der Gesetzgeber mit der Absenkung des Leistungsniveaus zugleich auch eine deutliche Verminderung der Beitragssätze verbinden würde. Soweit eine solche Beitragssenkung dazu führen würde, daß sich der überwiegende Teil der Versicherten aufgrund der eingesparten Beiträge die gekürzten Leistungen aus Mitteln der Eigenvorsorge oder über private Versicherungen beschaffen könnte, wäre eine Kürzung von Leistungen auch unter die Minimalstandards zur Existenzsicherung in der Sozialhilfe vertretbar.[485] Da die privaten Krankenversicherungsunternehmen sich aber ihre Leistungen erfahrungsgemäß gut bezahlen lassen, erscheint es unter versicherungsmathematischen Gesichtspunkten relativ unwahrscheinlich, daß der Ausschluß von aufwendigen Leistungen aus dem Angebot der gesetzlichen Krankenversicherung eine Absenkung der Pflichtbeiträge ermöglichen könnte, die die Versicherten zugleich in die Lage versetzen würde, sich diese Leistungen durch entsprechende Zusatzversicherungen auf dem privaten Versicherungsmarkt zu

---

[482] Letzteres wurde allerdings durch die Pflegeversicherung für den Bereich der stationären Pflege nicht erreicht, weil hier die Entgeltsätze der Pflegeheime noch deutlich über der finanziellen Leistungsfähigkeit der Pflegebedürftigen liegt (vgl.: *H. Rothgang/A. Vogler*, Die Auswirkungen der 2. Stufe der Pflegeversicherung... (1998); S. 37 ff.).

[483] So auch *M. Fuchs* in *Schulin*: Handbuch d. Sozialversicherungsrechts - Bd. 4 (1997), § 4 Rdnr. 16 ff.

[484] Vgl. hierzu auch: BVerfG v. 14.10.1970 - 1 BvR 307/68 = BVerfGE 29, 221 [242 f.] (Jahresarbeitsverdienstgrenze in der Rentenversicherung) - Ebenso *M. Fuchs* in *Schulin*: Handbuch d. Sozialversicherungsrechts - Bd. 4 (1997), § 4 Rdnr. 18 m.w.Nachw.

[485] Vgl.: *V. Neumann*, NZS 1998, S. 407. Ebenso unter Bezugnahme auf die Leistungen der PKV *B. Schulin*, VSSR 1997, S. 51 f.

verschaffen, womit eine entsprechende Zusatzversicherungspflicht zu rechtfertigen wäre. Außerdem ist der Zugang zu den Leistungen der Privaten Krankenversicherung älteren Versicherten schon deshalb faktisch verwehrt, weil sie für einen angemessen Versicherungsschutz, aufgrund ihrer höheren Risiken ganz erhebliche Beiträge zahlen müßten.

Noch weitergehend in der anspruchssichernden Funktion der allgemeinen Handlungsfreiheit vertritt *Schulin*[486] die Auffassung, daß der Anspruch der Versicherten solange in vollem Umfang bestehen (bleiben) müßte, wie nicht auch in der privaten Krankenversicherung eine Rationierung von Leistungen eingeführt wird. Dieser Auffassung ist m. E. nur unter Vorbehalt zu folgen. Unter dem Vorbehalt nämlich, daß unter dem Begriff Rationierung lediglich das Vorenthalten lebensnotwendiger Behandlungen verstanden wird. Wie eingangs dargelegt, sind die Erscheinungsformen der Rationierung medizinischer Leistungen indes vielfältig und gehen über das bloße Vorenthalten lebensnotwendiger Behandlungen hinaus. Im Gegensatz zur gesetzlichen Krankenversicherung bieten die Privaten Krankenversicherer jedoch heute schon deutlich höhere Leistungen für Brillen und für Zahnersatz an. Das (teilweise) Vorenthalten von Leistungen für Sehhilfen und Zahnersatz könnte man durchaus bereits als eine Form der Rationierung medizinisch notwendiger Leistungen für die gesetzlich Versicherten bezeichnen. Es hat aber bisher noch keine Stimmen gegeben, die ernsthaft die Verfassungsmäßigkeit der entsprechenden Ausschlußklauseln in Frage gestellt hätten. In diesem Sinne wird man sich also wohl mit der Aussage zufrieden gegeben müssen, daß unter Berücksichtigung der allgemeinen Handlungsfreiheit aus Art. 2 Abs. 1 GG wenigstens eine Äquivalenz zwischen der Beitragsbelastung und dem Leistungsniveau der gesetzlichen Krankenversicherung erhalten bleiben muß. Ein absoluter Schutz vor Leistungsausschlüssen im System der gesetzlichen Krankenversicherung läßt sich allein aus der grundrechtlichen geschützten allgemeinen Handlungsfreiheit auch nicht herleiten.

3) Ergebnis

Es ergeben sich damit sowohl unter dem Aspekt der faktischen Einschränkung des Rechts auf Zugang zu Heilmethoden aus Art. 2 Abs. 2 S. 1 GG als auch unter Berücksichtigung der Grenzen der Einschränkbarkeit der allgemeinen Handlungsfreiheit aus Art. 2 Abs. 1 GG verfassungsrechtliche Vorgaben für die Möglichkeit der Reduzierung des Leistungsniveaus der gesetzlichen Krankenversicherung. Diese Vorgaben bestehen nicht in eindeutigen und für immer feststehenden Grenzen für Leistungsausschlüsse. Sie enthalten vielmehr Hinweise zur Ermittlung der verfassungsrechtlichen Grenzen im Einzelfall unter Berücksichtigung der gesamten sozial- und finanzpolitischen Situation im Staate. Dabei wirkt im System der gesetzlichen Krankenversicherung als

[486] *B. Schulin*, VSSR 1997, S. 51 f.

Pflichtversicherung das Recht der allgemeinen Handlungsfreiheit mit dem daraus folgenden Gebot der Beitragsäquivalenz noch einmal verstärkend für den Schutz der Versicherten vor einer unangemessenen Begrenzung des Anspruchs auf medizinische Behandlung.

Mit den verfassungsrechtlichen Schutzvorgaben für das Leben und die körperliche Unversehrtheit und die allgemeine Handlungsfreiheit gelangt man so zu dem Schluß, daß Leistungen aus dem „low-risk“-Bereich den Versicherten der gesetzlichen Krankenversicherung durchaus vorenthalten werden dürfen. Das Recht der allgemeinen Handlungsfreiheit aus Art. 2 Abs. 1 GG setzt allerdings zur verfassungsrechtlichen Rechtfertigung der bestehenden Versicherungspflicht voraus, daß der aus der Versicherung resultierende Leistungsanspruch immer noch die wesentlichen Risiken des Versicherungsfalls abdeckt und daß dem Versicherten die Möglichkeit erhalten bleibt, sich die ausgeschlossenen Leistungen anderweitig zu beschaffen. Ein Leistungsausschluß für medizinische Behandlungen, die dazu bestimmt sind, Menschenleben zu retten, könnte dagegen eine Verletzung des Rechts auf körperliche Unversehrtheit aus Art. 2 Abs. 2 S. 1 GG darstellen, wenn die Versicherten nicht eine hinreichende Möglichkeit zur Eigenvorsorge für die Risiken erhalten und wenn der daraus resultierende Eingriff in das Recht auf Zugang zu Heilmethoden verfassungsrechtlich nicht gerechtfertigt wäre.

IV. Einschränkbarkeit und Gesetzesvorbehalt in Art 2 Abs. 2 S. 3 GG

Diese Aussage leitet über zu einer kurzen Betrachtung der verfassungsrechtlichen Rechtfertigungsmöglichkeiten für Eingriffe in die Grundrechte aus Art. 2 Abs. 2 S. 1 GG bzw. zu deren Grenzen. Wurde mit dem Art. 2 Abs. 1 2.HS GG das Recht auf freie Entfaltung der Persönlichkeit ganz allgemein unter dem Vorbehalt der verfassungsmäßigen Ordnung und der Verletzung von Rechten anderer oder von Sittengesetzen gestellt, so unterliegt die Einschränkbarkeit der Rechte aus Art. 2 Abs. 2 S. 1 GG noch einer weiteren Restriktion. In Art. 2 Abs. 2 S. 3 GG heißt es sinngemäß: in die Grundrechte aus Art. 2 Abs. 2 S. 1 GG, also das Leben, die körperliche Unversehrtheit und die Freiheit der Person,[487] darf „nur auf Grund eines Gesetzes“ eingegriffen werden. In der verfassungsrechtlichen Literatur ist der Aussagegehalt dieser Formulierung durchaus nicht unumstritten. Streitig, aber angesichts der Feststellungen zu den Erscheinungsformen der Rationierung von nicht unerheblicher Bedeutung, ist vor allem die Frage nach der formellen Qualität des einschränkenden Gesetzes. Ob also nur unmittelbar durch Parlamentsgesetze oder aber auch mittelbar aufgrund von Gesetzen durch Rechtsverordnungen und Satzungen, die ihrerseits aufgrund einer gesetzlichen Ermächtigung ergangen

---

487 Nur diese sind vom S. 3 erfaßt (Vgl.: *Ph. Kunig,* in *v. Münch/Kunig*, Grundgesetz-Kommentar Bd.1 ^{4}1992, Art. 2 Rdnr. 79).

sind, in die Rechte aus Art. 2 Abs. 2 GG eingegriffen werden darf. Fraglich und hinsichtlich der immer wieder diskutierten Normkonkretisierungsbefugnisse des Bundesausschusses der Ärzte und Krankenkassen[488] besonders bedeutsam ist darüber hinaus noch, welche Rolle etwaigen Sonderformen untergesetzlicher Normsetzung in diesem Zusammenhang zukommt.

1) Fragen der Regelungskompetenz

Für die Freiheit der Person ist diese Frage durch die Regelung des Art. 104 GG (Formelle Voraussetzungen bei Freiheitsentziehungen) bereits durch das Grundgesetz selbst hinreichend geklärt. Für das Grundrecht auf Leben finden sich hinreichend gute Gründe auch hier auf das Vorliegen einer demokratisch-parlamentarisch legitimierten Ermächtigung in Form eines Parlamentsgesetzes zu bestehen.[489] Zum einen wird nicht selten festgestellt, wenn schon die Freiheit der Person nur durch Parlamentsgesetze eingeschränkt werden dürfe, so müsse dies „erst recht" für das Recht auf Leben gelten.[490] Überzeugender noch ist die Begründung, daß es aufgrund der „Wesentlichkeitstheorie", wonach der Gesetzgeber verpflichtet ist, im Bereich der Grundrechtsausübung alle wesentlichen Entscheidungen selbst zu treffen,[491] letztlich kaum möglich ist, Eingriffe in das Leben auf untergesetzliches Recht zu stützen.[492] Denn das Leben kann nur wesentlich betroffen sein. Im übrigen verbleibt hinsichtlich der Eingriffsmöglichkeiten in das Recht auf Leben auch dem Gesetzgeber, wie *Kunig*[493] zutreffend feststellt, angesichts des Verbots der Todesstrafe durch Art. 102 GG kaum noch ein gesetzgeberischer Spielraum.

Problematischer ist diese Frage indes beim Recht auf körperliche Unversehrtheit und auch in Hinblick auf die Schaffung von Gefahren für Leib und Leben. Während die Mehrheit der Autoren in Sinne des „Erst-recht-Schlusses" auch hier darauf abstellt, Eingriffe in die körperliche Unversehrtheit dürften nur aufgrund eines Parlamentsgesetzes erfolgen und sie bestenfalls noch Eingriffe

---

[488] Mit einer Übersicht über den Stand der Diskussion und interessanten Fortentwicklungsvorschlägen jüngst auch *R. Francke*, SGb 1999, S. 5 ff. Kritisch auch *V. Neumann*, SGb 1998, S. 609 ff.

[489] *D. Murswiek*, in *Sachs*, Grundgesetz ²1999, Art. 2 Rdnr. 167; *H. Schulze-Fielitz*, in *Dreier*, Grundgesetz-Kommentar Bd. 1, 1996, Art. 2 II Rdnr. 34; *Ph. Kunig*, in *v. Münch/Kunig*, Grundgesetz-Kommentar Bd.1 ⁴1992, Art. 2 Rdnr. 81; *Ch. Starck* in *v. Mangoldt/Klein/Starck*, GG Bd.1 ³1985 , Art. 2 Rdnr. 132.

[490] *Ch. Starck* in *v. Mangoldt/Klein/Starck*, GG Bd.1 ³1985 , Art. 2 Rdnr. 132.

[491] So *H. D. Jarass/B. Pieroth*, Grundgesetz ... ⁴1997, Art. 20 Rdnr. 30 m.w.Nachw.

[492] *D. Murswiek*, in *Sachs*, Grundgesetz ²1999, Art. 2 Rdnr. 167.

[493] *Bearbeiter*, in *v. Münch/Kunig*, Grundgesetz-Kommentar Bd.1 ⁴1992, Art. 2 Rdnr. 81.

aufgrund von Rechtsverordnungen für zulässig hält,[494] wollen andere durchaus auch Eingriffe aufgrund von Satzungen für zulässig halten, soweit die satzungsgebende Körperschaft durch den Gesetzgeber nur hinreichend ermächtigt ist.[495] Das BVerfG äußert sich zu dieser Frage bisher eher großzügig, wenn es ausführt:

> „In welchen Bereichen (...) staatliches Handeln einer Rechtsgrundlage im förmlichen Gesetz bedarf, läßt sich nur im Blick auf den jeweiligen Sachbereich und die Intensität der geplanten oder getroffenen Regelung ermitteln. Die verfassungsrechtlichen Wertungskriterien sind dabei in ersten Linie den tragenden Prinzipien des Grundgesetzes, insbesondere den vom Grundgesetz anerkannten und verbürgten Grundrechten zu entnehmen. Nach den gleichen Maßstäben beurteilt sich, ob der Gesetzgeber, wie der verfassungsrechtliche Gesetzesvorbehalt weiter fordert, mit der zur Prüfung vorgelegten Norm die wesentlichen normativen Grundlagen des zu regelnden Rechtsbereichs selbst festgelegt und dies nicht dem Handeln etwa der Verwaltung überlassen hat."[496]

Das Verfassungsgericht macht also die Frage, wer in den Bereich der Grundrechtsausübung eingreifende Regelungen treffen darf, letztlich abhängig von dem Wirkungsbereich und von der Intensität des Eingriffs. Diese als „Wesentlichkeitstheorie" in die verfassungsrechtliche Literatur eingegangene Formel hat inzwischen breite Anerkennung gefunden.[497]

Bezogen auf den hier diskutierten Bereich des Eingriffs in das Recht auf Zugang zu Heilmethoden und den bereits angesprochenen regulierenden Aktivitäten des Bundesausschusses der Ärzte und Krankenkassen[498] ist zunächst festzustellen, daß auch die Ausschlüsse von Arzneimitteln und Behandlungsverfahren in den Richtlinien des Bundesausschusses dazu führen können, daß die Versicherten sich diese Leistungen aufgrund ihrer Vermögenslage nicht mehr anderweitig beschaffen können. Ist dies der Fall, so stellt ein solcher Ausschluß aus dem Leistungskatalog der gesetzlichen Krankenversicherung, der ja für die Leistungserbringer verbindlich ist und damit auch auf die Leistungsansprüche der Versicherten einwirkt, einen mittelbaren Eingriff[499] in das Recht auf Zugang zu Heilmethoden dar. Insofern wird nach den zuvor entwickelten Grundsätzen

---

[494] So beispielsweise *H. Schulze-Fielitz*, in *Dreier*, Grundgesetz-Kommentar Bd. 1, 1996, Art. 2 II Rdnr. 34; *Ph. Kunig*, in *v. Münch/Kunig*, Grundgesetz-Kommentar Bd.1 ^{4}1992, Art. 2 Rdnr. 82 ff.; *Ch. Starck* in *v. Mangoldt/Klein/Starck*, GG Bd.1 ^{3}1985 , Art. 2 Rdnr. 133; *D. Lorenz* in *Isensee/Kirchhof (Hrsg.)*, HbStR VI (1989), § 128 Rdnr. 36.

[495] *H. D. Jarass/B. Pieroth*, Grundgesetz ... ^{4}1997, Art. 2 Rdnr. 54; großzügiger auch *D. Murswiek*, in *Sachs*, Grundgesetz ^{2}1999, Art. 2 Rdnr. 167.

[496] Vgl.: BVerfG v. 8.8.1978 - 2 BvL 8/77 = BVerfGE 49, 89 [129 ff.] (Kalkar)

[497] *B. Pieroth/B. Schlink*, Grundrechte ^{13}1997, Rdnr. 265 ff. und *H. D. Jarass/B. Pieroth*, Grundgesetz ... ^{4}1997, Art. 20 Rdnr. 30 m.w.Nachw.

[498] Im 2. Kapitel unter A, I, 4).

[499] Zum Begriff des mittelbaren Eingriffs: *B. Pieroth/B. Schlink*, Grundrechte ^{13}1997, Rdnr. 240 f.

der Ausschluß von Leistungen durch den Bundesausschuß, soweit er überhaupt als zulässig erachtet werden kann, nur dann mit dem Gesetzesvorbehalt des Art. 2 Abs. 2 S. 3 GG zu vereinbaren sein, wenn die Intensität des damit verbundenen Eingriffs in das Recht auf Leben und körperliche Unversehrtheit in seiner Ausprägung als Zugangsrecht zu Heilmethoden gering bleibt und damit nicht zwingend der Gesetzgeber selbst die entsprechenden Regelungen treffen muß. Zulässig wären mithin allenfalls Leistungsausschlüsse im „Low-risk"-Bereich. Die aufsehenerregende „Viagra"-Entscheidung des Bundesausschusses vom Sommer 1998 könnte in diesen Bereich fallen.[500] Sollten indes lebenswichtige Medikamente oder Behandlungsformen aus dem Leistungskatalog der gesetzlichen Krankenversicherung ausgeschlossen werden, dürfte dies der Bundesausschuß nicht mehr entscheiden.

Die bislang in ständiger Rechtsprechung des Bundessozialgerichts[501] einheitlich abgelehnte und auch vom BVerfG[502] verneinte Verletzung von Grundrechten sowohl aus Art. 2 Abs. 1 GG als auch aus Art. 2 Abs. 2 S. 1 GG geht erkennbar von der leistungsrechtlichen Konstruktion eines grundrechtlich geschützten Anspruchs auf Krankenbehandlung aus und ist insofern durchaus schlüssig und zutreffend.[503] Die hier angestellten Betrachtungen zum verfassungsrechtlich geschützten Recht auf Zugang zu Heilbehandlungen lassen darüber hinaus aber weitere Betrachtungen für geboten erscheinen, die bislang weder das BSG noch das BVerfG mit der nötigen Tiefe angestellt haben. Es sollte von Seiten der Gerichte wenigstens geprüft werden, ob nicht durch die Leistungsausschlüsse in das Recht auf Zugang zu Heilbehandlungen wenigstens faktisch eingegriffen wird. Ist dies der Fall, so würde der Gesetzesvorbehalt des Art. 2 Abs. 2 S. 3 GG zumindest eine konkretere Ermächtigung Bundesausschusses gerade auch im Hinblick auf die grundrechtsbeschränkenden Wirkungen der dort getroffenen Entscheidungen erfordern.[504]

---

[500] Ähnlich differenziert *A. Schneider-Danwitz/G. Glaeske*, MedR 1999, S. 164 ff. Eindeutig gegen die Regelungskompetenz des Bundesausschusses *R. Zuck*, NZS 1999, S. 172.

[501] Jüngst BSG v. 16.9.1997 - 1 RK 32/95 = SozR 3-2500, § 92, Nr. 7 [S. 61] (immunoaugmentative Therapie) und fast wortgleich BSG v. 16.9.1997 - 1 RK 28/95 = SozR 3-2500, § 135, Nr. 4 [S. 29] (immunbiologische Therapie).

[502] Vgl. nur Nichtannahmebeschl. BVerfG (1. Senat, 2. Kammer) v. 5.3.1997 - 1 BvR 1068/96 = MedR 1997, 318 (Jomol).

[503] Hierzu knapp *R. Francke*, SGb 1999, S. 10. Kritisch zur Normsetzungskompetenz des Bundesausschusses im Hinblick auf die Rechte der Versicherten auch *V. Neumann*, SGb 1998; S. 613 f.

[504] Zur Notwendigkeit und Legitimation untergesetzlicher Rechtsetzung gerade auch im Bereich der gesetzlichen Krankenversicherung vgl.: *R. Francke*, SGb 1999, S. 7 f.

2) Grenzen der Einschränkbarkeit

Unabhängig von der Kompetenzfrage gibt es eine Reihe von Grenzen der Einschränkbarkeit der Grundrechte aus Art. 2 Abs. 2 S. 1 GG, die auch bei einer Einschränkung durch ein Parlamentsgesetz bzw. im Wege der Rechtsverordnung aufgrund eines Parlamentsgesetzes eingehalten werden müssen.

a) Bestimmtheitsgrundsatz

Hier ist zum einen der Bestimmtheitsgrundsatz zu nennen. Diesem allgemeinen verfassungsrechtlichen Prinzip zufolge müssen in den Schutzbereich eines Grundrechts eingreifende Gesetze hinreichend klar und bestimmt formuliert sein, um zu verhindern, daß durch unklare bzw. unbestimmte Regelungen Eingriffsmöglichkeiten eröffnet werden, die über den eigentlichen Gesetzeszweck hinaus gehen.[505] Die Anforderungen an die Bestimmtheit von grundrechtsbeschränkenden Gesetzen sind jedoch nach verbreiteter Meinung nicht allzu hoch anzusetzen,[506] denn um einem Gesetz dessen Allgemeingültigkeit zu sichern und auch neue Lebenssachverhalte oder veränderte technische Möglichkeiten und Bedingungen einer gesetzlichen Regelung unterordnen zu können, bedarf es eines gewissen Spielraums bei der Normkonkretisierung. Das BVerfG spricht hier von einem „dynamischen Grundrechtsschutz":[507] die Bestimmtheitsanforderungen sollen nach der Auffassung des Gerichts zwar auch zur Gewährleistung von Rechtssicherheit beitragen. Diese lasse sich jedoch nicht bei jedem Regelungsgegenstand in gleichem Maße verwirklichen. Eine gewisse Rechtsunsicherheit, die sich durch Rechtsverordnungen der Exekutive, durch die Verwaltungspraxis sowie durch die Rechtsprechung im Laufe der Zeit noch in bestimmtem Umfang verringert, müsse jedenfalls dort in Kauf genommen werden, wo der Gesetzgeber ansonsten gezwungen wäre, entweder unpraktikable Regelungen zu treffen oder von einer Regelung gänzlich Abstand zu nehmen, was letztlich beides zu Lasten des Grundrechtsschutzes ginge.[508]

Andernorts kommt die verfassungsgerichtliche und auch die verwaltungsgerichtliche Rechtsprechung zu dem Schluß, es müßten mindestens die äußersten Grenzen des gestalterischen Spielraums der Exekutive abgesteckt sein, damit die Möglichkeit einer richterlichen Überprüfung der Einhaltung dieser Grenzen gegeben sei und im übrigen werde man auch hier der Auffassung folgen müssen, daß die gesetzgeberischen Vorgaben umso genauer sein müssen, je schwerwie-

---

[505] *B. Pieroth/B. Schlink*, Grundrechte ^{13}1997, Rdnr. 312. Ausführlicher auch *H. D. Jarass/B. Pieroth*, Grundgesetz ... ^{4}1997, Art. 20 Rdnr. 38 ff.

[506] Vgl.: *D. Murswiek*, in *Sachs*, Grundgesetz ^{2}1999, Art. 2 Rdnr. 168; *H. D. Jarass/B. Pieroth*, Grundgesetz ... ^{4}1997, Art. 20 Rdnr. 39 m.w.Nachw.

[507] BVerfG v. 8.8.1978 - 2 BvL 8/77 = BVerfGE 49, 89 [134 ff.] (Kalkar).

[508] So der 2. Senat a.a.O.

gender die Auswirkungen der Regelung sind.[509] In jedem Fall unzulässig ist die Verwendung unbestimmter und von vornherein auslegungsbedürftiger Rechtsbegriffe.[510] Womit der Bestimmtheitsgrundsatz insgesamt zwar tatsächlich geeignet ist, den Betroffenen eine gewisse Rechtssicherheit und vor allem Klarheit in Hinblick auf die Auswirkungen einer gesetzlichen Regelungen auf ihre Grundrechtsausübung zu verschaffen. Inhaltlich stellt dieses Prinzip indes keine Begrenzung der Eingriffsmöglichkeiten („Schranken-Schranke“) in die betroffenen Grundrechte dar.[511]

b) Einzelfallverbot und Zitiergebot (Art. 19 Abs. 1 GG)

Ganz ähnlich verhält es sich auch mit dem Einzelfallverbot und dem sogenannten Zitiergebot aus Art. 19 Abs. 1 GG. Bei dem Einzelfallverbot bzw. der Forderung nach allgemeiner Geltung grundrechtsbeschränkender Gesetze im Art. 19 Abs. 1 S. 1 GG handelt es sich um eine Ausprägung des Rechts auf Gleichheit vor dem Gesetz gem. Art. 3 Abs. 1 GG.[512] Der Zweck der Regelung ist auf den ersten Blick erkennbar und vor dem historischen Hintergrund der Entstehung des Grundgesetzes auch unmittelbar einleuchtend. Verhindert werden soll mit dieser Regelung nicht zuletzt, daß Sondergesetze erlassen werden, mit denen unliebsame politische Akteure in undemokratischer Weise „kalt gestellt“ werden.[513] Die Wirkung und die praktische Bedeutung dieser Norm sind indes gering.[514] Denn natürlich ist es dem Gesetzgeber möglich, auch allgemein gültige Gesetze zu formulieren, die zwar prospektiv ihre Wirkung für alle Sachverhalte entfalten, die Gegenstand des Gesetzes sind, aber aktuell (oder vorläufig) eben nur einen einzelnen Sachverhalt erfassen. Soweit ein solches Gesetz von sachlichen Gründen getragen wird, soll es nach einhelliger Auffassung durchaus zulässig sein.[515]

Auch das Zitiergebot stellt, wie *Herzog* es formulierte, eher eine „psychologische Schranke“ für die Beschränkung von Grundrechten als ein echtes Hinder-

---

[509] Zum Ganzen *H. D. Jarass/B. Pieroth*, Grundgesetz ... ^{4}1997, Art. 20 Rdnr. 39 mit zahlreichen Nachweisen.

[510] Ebenda.

[511] So auch *B. Pieroth/B. Schlink*, Grundrechte ^{13}1997, Rdnr. 312.

[512] *H. D. Jarass/B. Pieroth*, Grundgesetz ... ^{4}1997, Art. 19 Rdnr. 1 m.w.Nachw.

[513] Ausführlicher zum Ganzen: *R. Herzog* in *Maunz-Dürig*, Komm. z. GG, Art. 19 I. Rdnr. 9 ff.

[514] Vgl.: *H. Krüger*, in *Sachs*, Grundgesetz ^{2}1999, Art. 19 Rdnr. 17; *H. D. Jarass/B. Pieroth*, Grundgesetz ... ^{4}1997, Art. 19 Rdnr. 1.

[515] *H. D. Jarass/B. Pieroth*, Grundgesetz ... ^{4}1997, Art. 19 Rdnr. 1 m.w.Nachw.

nis dar.[516] Das Zitiergebot ergibt sich aus Art. 19 Abs. 1 S. 2 GG. Dem Wortlaut dieser Regelung zufolge muß ein Gesetz, aufgrund dessen ein Grundrecht eingeschränkt werden soll, das Grundrecht unter Angabe des Artikels im Grundgesetz nennen. Von der Funktion her soll diese Vorschrift sicherstellen, daß sich der Gesetzgeber des Eingriffs in die betroffenen Grundrechte bewußt ist, daß diese Eingriffe wirklich gewollt sind und die Auswirkungen auf die betroffenen Grundrechte im Gesetzgebungsprozeß beachtet werden.[517] Wird das Zitiergebot beim Gesetzgebungsverfahren nicht beachtet, so stellt das grundrechtsbeschränkende Gesetz eine Grundrechtsverletzung dar und ist damit nichtig.[518] Wie beim Bestimmtheitsgrundsatz geht indes vom Zitiergebot des Art. 19 Abs. 1 S. 2 GG keine inhaltsbegrenzende Wirkung aus. Für die vorliegende Fragestellung nach der Zulässigkeit einer mittelbaren oder faktischen Grundrechtsbeschränkung ist aber mehr noch der umstrittene Anwendungsbereich der Norm von nicht unerheblicher Bedeutung.

Nach der ständigen Rechtsprechung des BVerfG ist das Zitiergebot in seiner Anwendung eng auszulegen, um den Gesetzgeber in seiner Arbeit nicht unnötig zu behindern.[519] Auf bereits bestehende Grundrechtseinschränkungen, die lediglich von einem neuen Gesetz übernommen werden, wird die Anwendung des Zitiergebots insofern als unnötig erachtet und auch für vorkonstitutionelles Recht ist Art. 19 Abs. 1 S. 2 GG nicht anwendbar. Die Frage nach der Anwendung bei faktischen bzw. mittelbaren Eingriffe ist zwar letztlich nicht geklärt, sie läßt sich aber vor dem genannten Hintergrund relativ leicht beantworten: der mittelbare Eingriff in ein Grundrecht zeichnet sich ja gerade dadurch aus, daß er eigentlich vom Gesetzgeber nicht beabsichtigt war.[520] Wie also sollte sich der Gesetzgeber damit eines Eingriff bewußt sein und bereits im Vorfeld alle denkbaren Grundrechte aufführen, die durch die erlassene Norm tangiert werden könnten. Wollte man faktisch oder mittelbar in Grundrechte eingreifende Gesetze dem Zitiergebot unterwerfen, so würde tatsächlich die gesetzgeberische Arbeit in erheblichem Maße behindert. Für faktische Grundrechtsbeschränkungen,

---

[516] So *R. Herzog* in *Maunz-Dürig*, Komm. z. GG, Art. 19 I. Rdnr. 48. - *H. Krüger,* in *Sachs*, Grundgesetz ²1999, Art. 19 Rdnr. 18 und *H. Dreier,* in *Dreier*, Grundgesetz-Kommentar Bd. 1, 1996, Art. 19 Rdnr. 16 sprechen von einer „Warn und Besinnungsfunktion".

[517] *B. Pieroth/B. Schlink*, Grundrechte ¹³1997, Rdnr. 310; *H. D. Jarass/B. Pieroth*, Grundgesetz ... ⁴1997, Art. 19 Rdnr. 2; *R. Herzog* in *Maunz-Dürig*, Komm. z. GG, Art. 19 I. Rdnr. 48.

[518] Vgl. *H. D. Jarass/B. Pieroth*, Grundgesetz ... ⁴1997, Art. 19 Rdnr. 2; *R. Herzog* in *Maunz-Dürig*, Komm. z. GG, Art. 19 I. Rdnr. 60.

[519] So übereinstimmend: *B. Pieroth/B. Schlink*, Grundrechte ¹³1997, Rdnr. 311 und *H. D. Jarass/B. Pieroth*, Grundgesetz ... ⁴1997, Art. 19 Rdnr. 5 unter Berufung auf BVerfGE 35, 185 [188]

[520] Zum Begriff vgl.: *B. Pieroth/B. Schlink*, Grundrechte ¹³1997, Rdnr. 240 ff.

wie hier im Falle der Einschränkung des Rechts auf Zugang zu Heilmethoden durch Leistungsausschlüsse, kann das Zitiergebot daher nicht gelten.[521]

c) Wesensgehaltsgarantie

Eine mehr inhaltliche Beschränkung der Eingriffsmöglichkeiten stellt dagegen die sogenannte „Wesensgehaltsgarantie" des Art. 19 Abs. 2 GG dar. Nach der Formulierung im Grundgesetz darf ein Grundrecht in keinem Fall in seinem Wesensgehalt angetastet werden. Was als Wesensgehalt eines Grundrechts angesehen werden muß, ist aber kaum allgemein gültig zu definieren. Es muß vielmehr für jedes einzelne Grundrecht gesondert bestimmt werden. [522] Selbst unter dieser Maßgabe bleibt die inhaltliche Ausgestaltung der Wesensgehaltsgarantie in der Literatur allerdings recht umstritten. Es gibt im Prinzip zwei Ansätze zur Definition des Wesensgehalts:

Nach der *Theorie vom relativen Wesensgehalt*[523] muß dieser nicht nur für jedes einzelne Grundrecht, sondern sogar für jeden einzelnen Fall gesondert bestimmt werden. Erst das Gewichten und Abwägen der im einzelnen Fall beteiligten öffentlichen und privaten Güter und Interessen erlaubt hiernach die Feststellung, ob der Wesensgehalt eines Grundrechts angetastet ist oder nicht.[524] Für diesen Ansatz spricht, daß damit der Schutz des Kernbestands eines Grundrechts für jeden einzelnen Grundrechtsträger garantiert wird. Es gibt aber andererseits vom Grundgesetz erlaubte vollständige Entziehungen eines Grundrechts, beispielsweise die Erlaubnis der Freiheitsstrafe gem. Art. 104 GG. Hier wird dem Grundrechtsträger die persönliche Freiheit vollständig entzogen, was nach der relativen Betrachtung des Wesengehalts eigentlich nicht zulässig sein dürfte. Eine Rechtfertigung dieser vollständigen Entziehung eines Grundrechts durch die vorrangigen öffentlichen Interessen sollte eigentlich erst auf der Ebene der Prüfung der Verhältnismäßigkeit des Eingriffs erfolgen, weshalb die Wesensgehaltsgarantie nach der relativen Theorie gegenüber dem Verhältnismäßigkeitsgrundsatz letztlich bedeutungslos wird.[525]

Überzeugender ist da die *Theorie vom absoluten Wesensgehalt.*[526] Der zufolge wird der Wesensgehalt als feste, von der Gestaltung des Einzelfalls unabhängi-

---

[521] So auch *H. Krüger,* in *Sachs,* Grundgesetz [2]1999, Art. 19 Rdnr. 21 und *H. D. Jarass/B. Pieroth,* Grundgesetz ... [4]1997, Art. 19 Rdnr. 5 - beide unter Berufung auf *Menger,* in *R. Dolzer/K. Vogel,* Bonner Kommentar; Art 19 (1979) Rdnr. 144.

[522] So *H. Krüger,* in *Sachs,* Grundgesetz [2]1999, Art. 19 Rdnr. 38; *B. Pieroth/B. Schlink,* Grundrechte [13]1997, Rdnr. 298 unter Berufung auf BVerfG v. 18.7.1967 - 2 BvF 3 - 8/62, 2 BvR 139, 140, 334, 335/62 = BVerfGE 22, 180 [219] (Jugendwohlfahrtsgesetz).

[523] So *B. Pieroth/B. Schlink,* Grundrechte [13]1997, Rdnr. 299.

[524] Vgl.: *Th. Maunz* in *Maunz-Dürig,* Komm. z. GG, Art. 19 II. Rdnr. 16 ff.

[525] So auch: *H. D. Jarass/B. Pieroth,* Grundgesetz ... [4]1997, Art. 19 Rdnr. 7.

[526] *B. Pieroth/B. Schlink,* Grundrechte [13]1997, Rdnr. 300.

ge Größe definiert. Das Grundrecht als solches muß im allgemeinen enthalten bleiben.[527] Damit wäre im Einzelfall auch der vollständige Entzug des Grundrechts möglich - genannt wird hier gelegentlich der gezielte polizeiliche Todesschuß[528] - ohne daß die Wesensgehaltsgarantie damit angetastet wäre, weil das Grundrecht im Allgemeinen bzw. für die Allgemeinheit weiterhin gewährt bleibt.[529] Im Hinblick auf das Beispiel der Freiheitsentziehung erscheint dieser Ansatz insoweit überzeugend. Gelegentlich wird der Wesensgehalt eines Grundrechts auch mit dessen Menschenwürdegehalt gem. Art. 1 Abs. 1 GG gleichgesetzt.[530] Soweit damit die Kernbereiche der Menschenwürde gemeint sind,[531] mag dieser Ansatz für die Grundrechte, die einen Menschenwürdegehalt haben, zutreffend sein. Grundsätzlich kann dem allerdings nicht gefolgt werden, weil es Grundrechte gibt, die nicht mit der Menschenwürde in Zusammenhang stehen.[532] In diesen Fällen gäbe es dann auch keinen garantierten Wesensgehalt des Grundrechts.

Insgesamt ist man bei der Anwendung des Art. 19 Abs. 2 GG angesichts der Schwierigkeiten bei der Bestimmung des Wesensgehalts eines Grundrechts eher zurückhaltend und dessen praktische Bedeutung vergleichsweise gering.[533] Die entscheidende inhaltliche Schranke für Grundrechtseingriffe stellt deshalb der Grundsatz der Verhältnismäßigkeit des Eingriffs dar.

d) Grundsatz der Verhältnismäßigkeit

Der Grundsatz der Verhältnismäßigkeit, der gelegentlich auch mit dem vielleicht treffenderen Begriff „Übermaßverbot“ umschrieben wird,[534] hat seine normative Grundlage im Rechtsstaatsprinzip, das sich seinerseits im wesentlichen aus Art. 20 Abs. 3 GG ergibt. Der Regelungsgehalt des Verhältnismäßigkeitsgrundsatzes läßt sich, wie schon im Rahmen der Erörterung der allgemeinen Handlungsfreiheit kurz angeführt, in drei Teilgebote aufteilen.[535]

---

527 Vgl.: *H. D. Jarass/B. Pieroth*, Grundgesetz ... ^{4}1997, Art. 19 Rdnr. 7.

528 *B. Pieroth/B. Schlink*, Grundrechte ^{13}1997, Rdnr. 302 ff.

529 Ebenda.

530 Vgl. *B. Pieroth/B. Schlink*, Grundrechte ^{13}1997, Rdnr. 306 - Hierzu auch die Ausführungen in diesem Kapitel unter A, II, 1).

531 Vgl.: *W. Höfling*, in *Sachs*, Grundgesetz ^{2}1999, Art. 1 Rdnr. 19 ff. und *W. Höfling*, JuS 1995, S. 861.

532 *B. Pieroth/B. Schlink*, Grundrechte ^{13}1997, Rdnr. 306.

533 *H. D. Jarass/B. Pieroth*, Grundgesetz ... ^{4}1997, Art. 19 Rdnr. 7.

534 Vgl.: *B. Pieroth/B. Schlink*, Grundrechte ^{13}1997, Rdnr. 278

535 *B. Pieroth/B. Schlink*, Grundrechte ^{13}1997, Rdnr. 279 ff.; *H. D. Jarass/B. Pieroth*, Grundgesetz ... ^{4}1997, Art. 20 Rdnr. 58 ff. mit zahlreichen Nachweisen aus Rechtsprechung und Literatur.

Diese Teilgebote lassen sich umschreiben mit den Begriffen „Gebot der Geeignetheit", „Gebot der Erforderlichkeit" und „Gebot der Angemessenheit".

Im einzelnen erfordert das *Gebot der Geeignetheit*, daß die eingesetzten staatlichen Mittel und normativen Vorschriften den Zweck der gesetzlichen Regelung mindestens fördern.[536] Dabei müssen sowohl der Zweck als auch das eingesetzte Mittel als staatliches Handeln grundsätzlich erlaubt sein.[537] Die Relation von Mittel und Zweck spielen hierbei noch keine Rolle. Es muß außerdem keineswegs immer das bestmögliche Mittel zur Erreichung des Zwecks eingesetzt werden,[538] sondern es reicht, wenn das eingesetzte Mittel überhaupt nur einen Beitrag zur Erreichung des Zweck leistet.[539] Die Frage der Relation von Mittel und Zweck wird gemeinhin erst auf der Ebene der Angemessenheit diskutiert.[540]

Mit dem *Gebot der Erforderlichkeit* oder der Notwendigkeit der Regelung wird geprüft, ob der gleiche legitime Zweck nicht auch mit Mitteln erreicht werden kann, die das betroffene Grundrecht nicht einschränken oder doch wenigstens den Bürger weniger stark belasten.[541] Bei der Beantwortung dieser Frage wird allerdings auch zu prüfen sein, ob nicht das geeignete mildere Mittel Dritte oder die Allgemeinheit stärker belastet und vor allem darf das mildere Mittel nicht zu einer wesentlich höheren, unangemessen Belastung für den Staat, genauer für den Staatshaushalt, führen.[542] Soweit das eingesetzte Mittel nicht deutlich über das Ziel der Maßnahme hinaus wirkt, obliegt dem Gesetzgeber auch hier eine weite gesetzgeberische *Einschätzungsprärogative.*[543]

Beschränkt wird die Einschätzungsprärogative lediglich durch das *Gebot der Angemessenheit*, das auch unter dem Begriff der *Verhältnismäßigkeit im engeren Sinne* firmiert. Hier geht letztlich um die Mittel-Zweck-Relation, um Frage der Zumutbarkeit und der Proportionalität. Im Rahmen dieser Zweck-Mittel-Relation sind die Rechtsgüter, deren Schutz eine gesetzliche Regelung bezweckt, und die betroffenen Rechtsgüter gegeneinander abzuwägen. Es kommt

---

[536] Vgl.: *B. Pieroth/B. Schlink*, Grundrechte [13]1997, Rdnr. 283 f.; *H. D. Jarass/B. Pieroth*, Grundgesetz ... [4]1997, Art. 20 Rdnr. 59 mit Nachweisen aus der Rechtsprechung.

[537] *B. Pieroth/B. Schlink*, Grundrechte [13]1997, Rdnr. 279.

[538] Vgl.: *M. Sachs*, in *Sachs*, Grundgesetz [2]1999, Art. 20 Rdnr. 98.

[539] Vgl.: *R. Herzog* in *Maunz-Dürig*, Komm. z. GG, Art. 20 VII. Rdnr. 74.

[540] So auch *H. D. Jarass/B. Pieroth*, Grundgesetz ... [4]1997, Art. 20 Rdnr. 59.

[541] Vgl.: *B. Pieroth/B. Schlink*, Grundrechte [13]1997, Rdnr. 285; *H. D. Jarass/B. Pieroth*, Grundgesetz ... [4]1997, Art. 20 Rdnr. 60.

[542] Ebenda m.w.Nachw.

[543] So *B. Pieroth/B. Schlink*, Grundrechte [13]1997, Rdnr. 287. Gemeint ist der Ermessensspielraum, der auch in den Nichtannahmebeschlüssen zu „Edelfosin" und „Jomol" (Nichtannahmebeschl. BVerfG (1. Senat, 2. Kammer) v. 5.3.1997 - 1 BvR 1068/96 = MedR 1997, 318 (Jomol)) eine wesentliche Rolle gespielt hat.

dabei, wie *Lorenz* in Handbuch des Staatsrechts ausführt,[544] nicht auf einen abstrakten Vergleich an. Erforderlich sei vielmehr eine „verhältnismäßige Zusammenordnung" der kollidierenden Rechtsgüter nach Maßgabe ihrer Bedeutung in der konkreten Situation.[545] Insofern ist es nicht von vornherein ausgeschlossen, daß das Recht auf Leben, in das grundsätzlich nur zum Schutz des Lebens Dritter oder zum Zwecke der Abwendung von schweren gesundheitlichen Schädigungen für Dritte eingegriffen werden darf,[546] durchaus auch Eingriffe zum Schutz der Rechtsordnung und ggf. sogar zum Schutz von bedeutenden Sachwerten erträgt.[547]

Auch das Recht auf körperliche Unversehrtheit, dem das Recht auf Zugang zu Heilbehandlungen eher noch als dem Recht auf Leben zuzuordnen ist, ist unter der Maßgabe der Proportionalität durchaus einschränkbar. Der gesetzgeberische Gestaltungsspielraum ist hier aufgrund der fehlenden Unwiderruflichkeit eines Eingriffs und der insgesamt geringeren Bedeutung der körperlichen Unversehrtheit gegenüber dem Leben sogar noch größer.[548] Als Beispiel für zulässige Eingriffe in die körperliche Unversehrtheit werden vielfach die Strafverfolgung, der öffentliche Gesundheitsschutz, die Wehrpflicht oder auch ein Züchtigungsrecht genannt.[549] Die Zweck-Mittel-Relation findet ihren Ausdruck hier treffend in einer „Je-Desto-Formel".[550] Je schwerer also das Delikt, je größer der Tatverdacht oder je schwerwiegender beispielsweise auch eine Seuchengefahr ist, desto deutlicher kann ein verfassungsrechtlich tolerierter Eingriff ausfallen. Bei ungezielten Eingriffen kommt hinzu, daß zunächst einmal noch eine Abstufung

---

[544] *D. Lorenz* in *Isensee/Kirchhof (Hrsg.)*, HbStR VI (1989), § 128 Rdnr. 38.

[545] Ebenda.

[546] So jedenfalls *Ph. Kunig,* in *v. Münch/Kunig*, Grundgesetz-Kommentar Bd.1 ^{4}1992, Art. 2 Rdnr. 85

[547] Vgl.: *D. Lorenz* in *Isensee/Kirchhof (Hrsg.)*, HbStR VI (1989), § 128 Rdnr. 38; *D. Murswiek,* in *Sachs*, Grundgesetz ^{2}1999, Art. 2 Rdnr. 171 ff. - Zum Schutz der Rechtsordnung als Eingriffsrechtfertigung auch *Ch. Starck* in *v. Mangoldt/Klein/Starck*, GG Bd.1 ^{3}1985 , Art. 2 Rdnr. 138. Zum gezielten Todesschuß auch *H. D. Jarass/B. Pieroth*, Grundgesetz ... ^{4}1997, Art. 2 Rdnr. 56 und ausführlich auch *Ph. Kunig,* in *v. Münch/Kunig*, Grundgesetz-Kommentar Bd.1 ^{4}1992, Art. 2 Rdnr. 85. Ablehnend gegenüber einer staatlichen Erlaubnis der aktiven Sterbehilfe *Ch. Starck* in *v. Mangoldt/Klein/Starck*, GG Bd.1 ^{3}1985 , Art. 2 Rdnr. 139.

[548] Vgl.: *D. Lorenz* in *Isensee/Kirchhof (Hrsg.)*, HbStR VI (1989), § 128 Rdnr. 39. Früh zum unverletzlichen Wesensgehalt des „Rechts auf Gesundheit" auch *G. Dürig* in *Maunz-Dürig*, Komm. z. GG, Art. 2 Abs. II (1958) Rdnr. 34 ff.

[549] Vgl.: *D. Murswiek,* in *Sachs*, Grundgesetz ^{2}1999, Art. 2 Rdnr. 184 ff.; *H. D. Jarass/B. Pieroth*, Grundgesetz ... ^{4}1997, Art. 2 Rdnr. 57 f.; *H. Schulze-Fielitz,* in *Dreier*, Grundgesetz-Kommentar Bd. 1, 1996, Art. 2 Rdnr. 44. ff.; *Ch. Starck* in *v. Mangoldt/Klein/Starck*, GG Bd.1 ^{3}1985 , Art. 2 Rdnr. 147 ff.

[550] So *H. Schulze-Fielitz,* in *Dreier*, Grundgesetz-Kommentar Bd. 1, 1996, Art. 2 Rdnr. 44.

nach der Eintrittswahrscheinlichkeit der Risiken für die körperliche Unversehrtheit erfolgen muß und sodann die Auferlegung von Gefahrtragungspflichten unter Abwägung der beteiligten Rechtsgüter angemessen erscheinen muß.[551] Entscheidend ist letztlich auch hier die Abwägung der betroffenen Rechtsgüter im Einzelfall.[552]

3) Die Einschränkbarkeit des Rechts auf Leben und körperliche Unversehrtheit im einzelnen

Im einzelnen ergeben sich aus den zuvor genannten Grundsätzen eine Reihe von Einschränkungsmöglichkeiten für die Rechte aus Art. 2 Abs. 2 S. 1 GG. Eine Übersicht über bisher für zulässig bzw. für unzulässig erachtete Einzelfälle mag einen Eindruck vermitteln, wie eine Prüfung der Verfassungsmäßigkeit im Einzelfall ausfallen könnte.

So wird beispielsweise zur Rettung von Menschenleben, soweit in der konkreten Situation kein anderes Abwehrmittel gegeben ist, auch die Tötung eines Menschen als gerechtfertigt erachtet.[553] Ein gezielter polizeilicher Rettungsschuß wäre demnach zulässig.[554] Im Rahmen der Strafverfolgung werden auch Blutentnahmen oder andere körperliche Untersuchungen für zulässig erachtet. Selbst dann, wenn damit erhebliche Gefahren für die körperliche Unversehrtheit verbunden sind.[555] Für den Fall einer nicht ganz ungefährlichen Liquorentnahme kam der 1. Senat des BVerfG 1963 zu dem Schluß, diese sei zulässig, wenn sie in angemessenem Verhältnis zur Schwere der Tat stehe.[556] Nicht zulässig ist dagegen eine Strafverfolgung, wenn mit dieser Lebensgefahren oder gewichtige konkrete Gesundheitsgefahren verbunden sind.[557] Dies gilt im übrigen auch für die Vernehmung von Zeugen.[558]

---

[551] Eingehender zu den Gefahrtragungspflichten: *D. Murswiek,* in *Sachs*, Grundgesetz ^{2}1999, Art. 2 Rdnr. 175 ff.

[552] *D. Lorenz* in *Isensee/Kirchhof (Hrsg.)*, HbStR VI (1989), § 128 Rdnr. 39 m.w.Nachw.

[553] Vgl.: *D. Murswiek,* in *Sachs*, Grundgesetz ^{2}1999, Art. 2 Rdnr. 171.

[554] Vgl.: *D. Lorenz* in *Isensee/Kirchhof (Hrsg.)*, HbStR VI (1989), § 128 Rdnr. 42; *H. Schulze-Fielitz,* in *Dreier*, Grundgesetz-Kommentar Bd. 1, 1996, Art. 2 Rdnr. 42.

[555] *D. Murswiek,* in *Sachs*, Grundgesetz ^{2}1999, Art. 2 Rdnr. 185; *Ph. Kunig,* in *v. Münch/Kunig*, Grundgesetz-Kommentar Bd.1 ^{4}1992, Art. 2 Rdnr. 72; *Ch. Starck* in *v. Mangoldt/Klein/Starck*, GG Bd.1 ^{3}1985 , Art. 2 Rdnr. 147. - Alle m.w.Nachw.

[556] BVerfG v. 10.6.1963 - 1 BvR 790/58 = BVerfGE 16, 194 [202] (Liquorentnahme).

[557] Vgl.: *H. Schulze-Fielitz,* in *Dreier*, Grundgesetz-Kommentar Bd. 1, 1996, Art. 2 Rdnr. 44; *Seewald*, Zum Verfassungsrecht auf Gesundheit (1981), S. 119 f.; BVerfG v. 19.6.1979 - 2 BvR 1060/78 = BVerfGE 51, 324 [346 f.] (Verhandlungsfähigkeit)

[558] BVerfG v. 26.5.1981 - 2 BvR 215/81 = BVerfGE 57, 250 [284 f.] (Schriftliche Zeugenbefragung)

Gesundheitliche Beeinträchtigungen sind aber auch hinzunehmen zum Schutze der öffentlichen Gesundheitsinteressen, insbesondere zur Abwehr von Seuchengefahren. Mit diesen Gründen wurden und werden jedenfalls Impfzwänge oder eine Verpflichtung zur Röntgenuntersuchung gerechtfertigt.[559] Auch Zwangsbehandlungen zum Schutze des Lebens und der Gesundheit anderer Personen können insofern verfassungsrechtlich toleriert sein.[560] Jedenfalls dann, wenn die Behandlung mit Sicherheit geeignet ist, eine erhebliche Erkrankung zu beseitigen.[561] Dagegen sollen medizinische Zwangseingriffe aus sozialversicherungsrechtlichen Gründen, weil das Sozialversicherungsrecht nicht mehr zum Polizei- und Ordnungsrecht gehört, generell unzulässig sein.[562] Hieraus den Umkehrschluß zu ziehen, ein Leistungsausschluß aus sozialversicherungsrechtlichen Gründen sei unzulässig, wäre indes voreilig und würde der Bedeutung, die das System der Sozialversicherung für die staatliche Ordnung hat, nicht gerecht.

Bereits mehrfach hat das BVerfG in seinen Entscheidungen den Bestand des Systems der Sozialen Sicherung als Rechtfertigungsgrund für Eingriffe in die Grundrechte der Bürger herangezogen. Zwar gehörten bislang die Grundrechte aus Art. 2 Abs. 2 S. 1 GG noch nicht zu den hier als betroffen erachteten Grundrechten,[563] die Ergebnisse anderer Verhältnismäßigkeits-Püfungen sind hier aber durchaus übertragbar. So hat beispielsweise der 1. Senat die finanzielle Stabilität der gesetzlichen Krankenversicherung in einer Entscheidung zu einen der ersten Krankenversicherungs-Kostendämpfungsgesetze[564] aus dem Jahre 1981 als Rechtfertigungsgrund für Eingriffe in die Berufsausübungsfreiheit der Leistungserbringer aus Art. 12 Abs. 1 GG gelten lassen. Er begründet seine

---

[559] Vgl.: *D. Murswiek*, in *Sachs*, Grundgesetz ^{2}1999, Art. 2 Rdnr. 186; *H. Schulze-Fielitz*, in *Dreier*, Grundgesetz-Kommentar Bd. 1, 1996, Art. 2 Rdnr. 45

[560] *Ch. Starck* in *v. Mangoldt/Klein/Starck*, GG Bd.1 ^{3}1985 , Art. 2 Rdnr. 151 - m.w.Nachw auch: *Ph. Kunig*, in *v. Münch/Kunig*, Grundgesetz-Kommentar Bd.1 ^{4}1992, Art. 2 Rdnr. 72.

[561] So *H. D. Jarass/B. Pieroth*, Grundgesetz ... ^{4}1997, Art. 2 Rdnr. 57a unter Berufung auf BVerfGE 91, 1 [29 f.].

[562] *Ch. Starck* in *v. Mangoldt/Klein/Starck*, GG Bd.1 ^{3}1985 , Art. 2 Rdnr. 152 - Wobei er aber die Pflicht, sich im für die Erlangung eines sozialversicherungsrechtlichen (Geld-)Leistungsanspruchs einer Heilbehandlung zu unterziehen für durchaus zulässig hält.

[563] So auch noch: Nichtannahmebeschl. BVerfG (1. Senat, 2. Kammer) v. 5.3.1997 - 1 BvR 1068/96 = MedR 1997, 318 (Jomol), BSG v. 16.9.1997 - 1 RK 32/95 = SozR 3-2500, § 92, Nr. 7 [S. 61] (immuno-augmentative Therapie) und BSG v. 16.9.1997 - 1 RK 28/95 = SozR 3-2500, § 135, Nr. 4 [S. 29] (immunbiologische Therapie). Wobei gemessen an dem hier entwickelten Recht auf Zugang zu Heilbehandlungen die grundlegend ablehnende Haltung der Gerichte als vorschnell anzusehen ist.

[564] Gesetz zur Ergänzung und Verbesserung der Wirksamkeit kostendämpfender Maßnahmen in der Krankenversicherung (Kostendämpfungsgesetz - KVEG) vom 22.12.1981 (BGBl I 1981, S. 1578).

Entscheidung wörtlich: „Die Sicherung der finanziellen Stabilität der gesetzlichen Krankenversicherung ist, wie gezeigt, ein Gemeinwohlbelang von derart hoher Bedeutung, daß Maßnahmen, die ihr zu dienen bestimmt sind, auch dann gerechtfertigt sein können, wenn sie für die Betroffenen zu fühlbaren Einschränkungen führen."[565]

Zwar sind im Schutzbereich des Art. 2 Abs. 2 S. 1 GG die Anforderungen an die Rechtfertigung von Eingriffen unter den zuvor angeführten Gesichtspunkten deutlich höher als im Fall der Berufsausübungsregelungen, die als Eingriff in die Berufsfreiheit des Art. 12 Abs. 1GG zu werten sind.[566] Grundsätzlich aber könnte auch hier die Sicherung der finanziellen Stabilität der gesetzlichen Krankenversicherung als Rechtfertigungsgrund für Eingriffe in das Recht auf Zugang zu Heilbehandlungen herangezogen werden. Fraglich ist dann nur noch, wie weitreichend solche Eingriffe sind oder wie stark damit in das Recht auf Leben und körperliche Unversehrtheit eingegriffen wird. Ist das Leben einzelner Versicherter von den hiernach möglichen Leistungsausschlüssen bedroht, dürfte eine Rechtfertigung der Eingriffe schwerfallen. Sind dagegen nur die schon erwähnten Bagatellerkrankungen von den Leistungsausschlüssen erfaßt und der Eingriff in die körperliche Unversehrtheit damit vergleichsweise gering, so könnte auch hier eine verfassungsrechtliche Rechtfertigung durchaus möglich sein.

4) Ergebnis zur Einschränkbarkeit

Insgesamt wird damit das Recht auf Gesundheit, auch im hier verstandenen Sinne als Abwehrrecht auf Zugang zu Heilbehandlungen, von der verfassungsmäßigen Ordnung nicht uneingeschränkt gewährt. Der Entscheidungsfreiheit des Gesetzgebers und mehr noch der von Rechtsetzungsorganen unterhalb der parlamentarischen Ebene ist jedoch nicht zuletzt auch unter der Maßgabe der Wesentlichkeitstheorie und dem daraus folgenden Parlamentsvorbehalt ein deutlicher Einhalt geboten. Insofern wäre eine Einschränkung des Rechts auf Zugang zu Heilbehandlungen zwar durchaus möglich, sie könnte aber nicht ohne die nötige demokratische Legitimation erfolgen und unterläge im übrigen hinsichtlich der formellen und materiellen Rechtmäßigkeit auch der gerichtli-

[565] So zur Rechtfertigung von Berufsausübungsregelungen BVerfG v. 14.5.1985 - 1 BvR 449, ...; 700/82 = BVerfGE 70, 1 [31] (GKV-Kostendämpfung) und dies bestätigend auch noch einmal BVerfG v. 6.10.1987 - 1 BvR 1086, 1468, 1623/82 = BVerfGE 77, 84 [107] (Arbeitnehmerüberlassungsverbot). Zuvor auch bereits BVerfG v. 31.10.1984 - 1 BvR 35, 356, 794/82 = BVerfGE 68, 193 [218] (Zahntechniker).

[566] Zur Rechtfertigung von Eingriffen in die Berufsfreiheit: *H. D. Jarass/B. Pieroth*, Grundgesetz ... [4]1997, Art. 12 Rdnr. 17 ff. oder *B. Pieroth/B. Schlink*, Grundrechte [13]1997, Rdnr. 844 ff.

chen Kontrolle. Eine beliebige Kürzung von Leistungsansprüchen im System der gesetzlichen Krankenversicherung ist damit ausgeschlossen.

5) Ergebnis zu Art. 2 Abs. 2 S. 1 GG

Ausgehend von der Tatsache, daß mit dem Recht auf körperliche Unversehrtheit aus Art. 2 Abs. 2 S. 1 GG der Bürger auch vor Beeinträchtigungen des Gesundheitszustandes durch staatliche Eingriffe geschützt ist, ergibt sich aus Art. 2 Abs. 2 S. 1 GG mittelbar auch ein *Abwehrrecht* der Versicherten auf Zugang zu Heilbehandlungen. Danach ist es dem Staat untersagt, dem Bürger den Zugang zu möglichen Heilbehandlungen zu verwehren. Darüber hinaus kommt dem Staat gleichsam aus vorangegangenem Tun im gewissen Umfang die Verpflichtung zu, eine angemessene medizinische Versorgung der Versicherten zu gewähren. Die rechtliche Begründung dieser Verpflichtung ist in der Tatsache zu sehen, daß im Wege der Pflichtversicherung aller Arbeitnehmer unterhalb der Beitragsbemessungsgrenze in der gesetzlichen Krankenversicherung die Versicherten durch staatliche Anordnung gezwungen werden, Beiträge zur gesetzlichen Krankenversicherung abzuführen, wodurch ihnen die Möglichkeiten, Eigenvorsorge für den Krankheitsfall zu treffen, deutlich vermindert oder gar vollständig genommen werden. Die Abschöpfung der Beiträge verpflichtet den Staat damit quasi als Äquivalent eine im Rahmen der bestehenden Möglichkeiten angemessene Krankenbehandlung für die Versicherten sicherzustellen.

Kommt der Staat dieser Verpflichtung nicht nach, so ergibt sich für den betroffenen Bürger ein Klagerecht aus Art. 2 Abs. 2 S. 1 GG. Denn mit der Herausnahme bestimmter aufwendiger Behandlungsmethoden aus dem Leistungsrecht der gesetzlichen Krankenversicherung greift der Staat unter Umständen in das Recht des Bürgers auf Zugang zu Heilbehandlungen ein. Zwar ist ein solcher Eingriff nicht auch zugleich immer eine Verletzung des Grundrechts. Zu einer solchen wird er aber, wenn der Eingriff unverhältnismäßig ist. Wenn also nicht das mildeste Mittel zu Erreichung des angestrebten Zwecks gewählt wurde oder aber wenn Zweck und Mittel zueinander in keiner vernünftigen und angemessenen Relation stehen. Dies zu prüfen wäre im Einzelfall Aufgabe des BVerfG.

Mit der Eröffnung des (Rechts-)Wegs dorthin wäre für den Bürger, der sich gegen eine öffentliche und politisch gewollte Rationierung medizinischer Leistungen im System der gesetzlichen Krankenversicherung zur Wehr setzen möchte, schon viel gewonnen. Die jüngsten Entscheidungen zur Frage der Pflicht zur Kostenerstattung für die Krankenkassen bei einer Behandlung mit „Edelfosin“ oder „Jomol“[567] lassen erkennen, daß dem Bürger dieser Weg nur offensteht, wenn ihm ein Abwehrrecht auf Heilbehandlung als „Recht auf Zu-

---

[567] Vgl.: Nichtannahmebeschl. BVerfG (1. Senat, 2. Kammer) v. 5.3.1997 - 1 BvR 1071/95 = NSZ 1997, 225 (Edelfosin) wortgleich mit MedR 1997, 318 (Jomol)

gang zu Heilmethoden“ aus Art. 2 Abs. 2 S. 1 GG gewährt wird. Dies ist der einzige Weg, den Bürger vor einer politisch gewollten aber unangemessen Rationierung seiner Ansprüche auf medizinische Behandlung zu schützen.

D. Zwischenergebnis

Als ein erstes Zwischenergebnis der Betrachtungen zur Frage des verfassungsrechtlichen Schutzes der Bürger vor einer Rationierung medizinischer Leistungen ist festzustellen, daß eine politisch gewollte explizite Rationierung im System der medizinischen Versorgung unter verfassungsrechtlichen Gesichtspunkten nicht uneingeschränkt möglich ist. Eine besonders deutliche Grenze für die Rationierung medizinischer Leistungen bildet die staatliche Verpflichtung zur Sicherung des Existenzminimums, die sich aus Art. 1 Abs. 1 GG i.V.m. Art. 20 Abs. 1 GG und Art. 2 Abs. 2 S. 1 GG ergibt. Danach sind Rationierungsmaßnahmen jedenfalls für die Fälle ausgeschlossen, in denen aus der Vorenthaltung medizinischer Leistungen mangels eigener oder anderweitiger Möglichkeiten, sich diese Leistungen zu beschaffen, unmittelbar eine Bedrohung des Lebens der Versicherten folgt. Dieses auf den ersten Blick eher bescheidene Ergebnis hat zur Folge, daß besonders aufwendige medizinische Verfahren vielleicht noch aus dem System der gesetzlichen Krankenversicherung, nicht aber aus dem Auffangnetz der Sozialhilfe ausgeschlossen werden dürfen. Nicht mehr, aber auch nicht weniger, umfaßt der verfassungsrechtliche Anspruch auf Sicherung des Existenzminimums für den einzelnen Bürger.

Ein weiterreichender Anspruch ergibt sich aus dem Recht auf Leben und körperliche Unversehrtheit gem. Art. 2 Abs. 2 S. 1 GG. Eine unmittelbar leistungsrechtliche Komponente dieser Grundrechte wird zwar mit guten Argumenten durchgängig abgelehnt. Auch die abwehrrechtliche Seite des Art. 2 Abs. 2 S. 1 GG bleibt aber nicht ohne Auswirkungen auf das Leistungsrecht im Bereich der sozialen Sicherung und der medizinischen Versorgung. Das Recht auf Gesundheit läßt sich unter der Einbeziehung der Garantenstellung des Staates, die sich aus der Schaffung eines Pflichtversicherungssystems im Bereich des Gesundheitswesens ergibt, schlüssig zu einem Abwehrrecht auf Zugang zu Heilbehandlungen verdichten. Dieses Abwehrrecht auf Zugang ist jedenfalls dann berührt, wenn - ähnlich wie bei der Sicherung des Existenzminimums - dem Bürger eine anderweitige Verschaffung der angestrebten und notwendigen medizinischen Leistungen nicht möglich ist. Dabei ist, anders als beim Existenzminimum, keineswegs nur die „nackte Existenz“, also die Frage nach Sein oder Nichtsein, von Belang, sondern im Prinzip jedes einigermaßen aufwendige, Heilung versprechende, medizinische Verfahren. Von vornherein von diesem Zugangsrecht ausgeschlossen könnten lediglich Bagatell-Leistungen oder solche im Bereich der Bagatellerkrankungen sein. Der so dem

Bürger gewährte Grundrechtsschutz ist zwar nicht absolut, d.h. materiell werden die hier betroffenen Patienten nur im Extremfall konkrete und gerichtlich durchsetzbare Ansprüche aus der Verfassung für sich herleiten können. Ein Recht auf Zugang zu Heilbehandlungen bietet dem Bürger aber die Chance der gerichtlichen Nachprüfbarkeit gesetzgeberischer Entscheidungen im Bereich der medizinische Versorgung und verpflichtet damit den Staat und dessen Organe dazu, mehr als bisher bei Veränderungen im System der gesetzlichen Krankenversicherung die Rechte der (potentiellen) Patienten zu berücksichtigen, so daß der prozedurale Gewinn für die Betroffenen aus einer entsprechenden Auslegung des Art. 2 Abs. 2 S. 1 GG erheblich wäre. Daraus ergibt sich im Bereich des Gesundheitswesens, das, wie die Ausführungen zu den Steuerungsbemühungen in der gesetzlichen Krankenversicherung gezeigt haben, seit je her stark von den Lobbies der Ärzteschaft und der Pharmaindustrie beeinflußt wird, ein in nicht unbedeutender Schutz vor staatlicher Willkür. Der hohe verfassungsrechtliche Rang der körperlichen Unversehrtheit wird im übrigen auch zu verträglicheren Ergebnissen bei der Abwägung von möglichen Einschränkungen der Zugangsrechte und den damit angestrebten Zwecken führen.

Da es bisher, außer im Bereich der Bagatellarzneimittel, keine offiziellen Ausschlüsse von Leistungen mit erwiesenem therapeutischen Nutzen im Bereich der gesetzlichen Krankenversicherung gegeben hat,[568] ergeben sich unter Berücksichtigung des verfassungsrechtlichen Anspruchs auf Sicherung des Existenzminimums und auf Wahrung des Zugangs zu Heilbehandlungen hinsichtlich der im vorigen Kapitel umschriebenen Leistungsansprüche im Krankenversicherungsrecht und den straf- und zivilrechtlichen Schutzbestimmungen im großen und ganzen keine verfassungsrechtlichen Beanstandungen. Rationierung medizinischer Leistungen tritt aber, wie eingangs geschildert, nicht nur in expliziter, sondern auch, oder für die gegenwärtige Situation genauer: vor allem, in impliziter Form auf. Als Schutz gegen die Erscheinungsformen einer verdeckten Rationierung reichen die bisher erörterten Grundrechte und auch die vorhandenen Schutzbestimmungen im einfachen Recht, wie dargelegt, nicht aus. Wenn der Staat also durch die rigiden Maßnahmen zur Ausgabenbegrenzung Anreize für eine verdeckte Rationierung schafft, so könnte er im Gegenzug verpflichtet sein, eine Feinregulierung der Leistungserbringung vorzunehmen, durch die die beschriebenen Formen der verdeckten Rationierung vermieden werden. Welche verfassungsrechtlichen Vorgaben es für diese Feinregulierung gibt, soll Gegenstand der Untersuchung der letzten drei Abschnitte sein.

---

[568] Im Falle der Viagra-Entscheidung des Bundesausschusses der Ärzte und Krankenkassen wird dies allerdings diskutiert (Vgl.: *A. Schneider-Danwitz/G. Glaeske*, MedR 1999, S. 164 ff.).

E. Der Gleichbehandlungsgrundsatz des Grundgesetzes (Art. 3 Abs. 1 GG)

Die hier aufgeworfene Frage nach dem Schutz vor verdeckter Rationierung medizinischer Leistungen, zu deren Gegenstand nicht nur die rationierenden Auswirkungen der Ausgabensteuerung im Gesundheitswesen, sondern nicht zuletzt auch die Steuerungsbemühungen durch die Bedarfsplanung im Bereich der Krankenversorgung gehören, bemißt sich nach anderen als den bisher erörterten Maßstäben. Den betroffenen Patienten wird ja nicht grundsätzlich ein möglicher Anspruch versagt, so daß sie sich mit abwehr- oder leistungsrechtlichen Ansprüchen gegen die Eingriffe in ihre Grundrechte zur Wehr setzen könnten. Ihnen wird vielmehr auf subtile und für sie kaum mehr nachvollziehbare Weise die Möglichkeit einer tatsächlichen Verwirklichung ihrer verfassungsmäßigen und einfachgesetzlichen Rechte vorenthalten. Damit geht es aus der Sicht der Betroffenen gar nicht so sehr um die rechtlichen Ansprüche selbst, sondern um Fragen der gerechten Verteilung der vorhandenen Ressourcen und der Transparenz des Verfahrens der Verteilung. Es handelt sich, wie *Volker Neumann*[1] es ausgedrückt hat, nicht so sehr um eine Frage des „Ob", sondern um eine des „Wie" staatlichen Handelns.[2] Als grundrechtlich geschützte Positionen der Patienten kommen hier die sogenannten „derivativen Teilhaberechte" und die Selbstbestimmungsrechte von Patienten in Betracht. Außerdem soll dem besonders zum Gesundheitsschutz im Umweltrecht verbreiteten Grundrechtsschutz durch Verfahren und Organisation die gebührende Aufmerksamkeit zuteil werden. Da hier in erster Linie die Verteilung der Behandlungsressourcen und damit auch Fragen der Gerechtigkeit zur Diskussion gestellt werden, wird der Beantwortung dieser Fragen nachfolgend der Vorrang gewährt.

Die verfassungsrechtlichen Maßstäbe für eine Beantwortung der Fragen nach Teilhaberechten und einer gerechten Verteilung der vorhandenen Ressourcen liefert vor allem der allgemeine Gleichheitssatz des Art. 3 GG. Als Grundlage des Gebots der Rechtsetzungsgleichheit stellt der allgemeine Gleichheitssatz eine der wesentlichen Grundlagen der deutschen Rechtsordnung dar.[3] Neben dem allgemeinen Gleichheitssatz sind aber auch noch besondere Diskrimierungsverbote in den Absätzen 2 und 3 des Art. 3 GG normiert. Auch diese könnten zur hier aufgeworfenen Fragestellung unter Umständen wertvolle Beiträge leisten. Letztlich beziehen sie sich aber immer nur auf bestimmte Personengruppen, deren Benachteiligung von Verfassungs wegen ausgeschlossen

---

1 *V. Neumann*, NZS 1998, S. 409.

2 So auch *L. Osterloh*, in *Sachs*, Grundgesetz ^{2}1999, Art. 3 Rdnr. 39.

3 Zur Bedeutung des Art. 3 Abs. 1 GG beispielsweise: *R. Alexy*, Theorie der Grundrechte (1994), S. 357 ff. - Ebenso *M. Krugmann*, JuS 1998, S. 7 m.w.Nachw aus der Rechtsprechung.

werden soll.[4] Für die vorliegende Fragestellung der gerechten Verteilung der vorhandenen Ressourcen auf die Allgemeinheit der Bürger bzw. der Versicherten erscheinen die besonderen Diskriminierungsverbote damit zu speziell und sollen deshalb, um den Rahmen der Arbeit nicht zu sprengen, bewußt aus der Erörterung ausgeklammert werden.

I. Exkurs: Verbot der Benachteiligung von Behinderten (Art. 3 Abs. 3 S. 2 GG)

Diese Überlegung gilt auch für das Verbot der Benachteiligung von Behinderten, das gleichsam als eine Art Konkretisierung des Sozialstaatsprinzips erst mit der Verfassungsreform im Jahre 1994 in das Grundgesetz eingefügt worden ist.[5] Zwar drängt sich eine Heranziehung dieser Verfassungsnorm besonders wegen der engen Verbindung und schwierigen Abgrenzung von Krankheit und Behinderung geradezu auf. Gerade die Schwierigkeiten bei der Abgrenzung sind es aber, die eher gegen eine Anwendung der Norm auf die vorliegende Fragestellung sprechen.[6] Zwar wurde im Gesetzgebungsverfahren davon ausgegangen, daß der verfassungsrechtliche Behinderungsbegriff klar abgrenzbar sei,[7] eine eindeutige Definition dessen, was unter Behinderung zu verstehen ist, liegt gegenwärtig indes nicht vor, so daß der Personenkreis derer, die in den Genuß der aus Art. 3 Abs. 3 S. 2 GG abgeleiteten Rechte kommen, abgesehen von der Tatsache, daß hier nur natürliche Personen gemeint sein können,[8] letztlich nicht abschließend bestimmt ist.[9]

Sicherlich könnte jede Form von Krankheiten, die ja immer mit Funktionsstörungen verbunden sind,[10] als Behinderung i.S.d. Art. 3 Abs. 3 S. 2 GG gewertet werden. Die hinter dieser Annahme stehende Gleichsetzung von Krankheit und Behinderung dürfte aber zu weitgehend sein, denn die Begriffe Krankheit und Behinderung werden gerade im Sozialrecht, wo unterschiedliche Leistungsträger mit unterschiedlichen Leistungen die aus Krankheit oder Behinderung fol-

---

4 Übersichtlich zum Ganzen *B. Pieroth/B. Schlink*, Grundrechte ^{13}1997, Rdnr. 446 ff. oder auch *H. D. Jarass/B. Pieroth*, Grundgesetz ... ^{4}1997, Art. 3 Rdnr. 49 ff. - Eingehender noch *L. Osterloh*, in *Sachs*, Grundgesetz ^{2}1999, Art. 3 Rdnr. 222 ff.

5 Gesetz zur Änderung des GG vom 27.10.1994 (BGBl. I 1994, S. 3146) - Vgl. a. *H. D. Jarass/B. Pieroth*, Grundgesetz ... ^{4}1997, Art. 3 Rdnr. 79; *L. Osterloh*, in *Sachs*, Grundgesetz ^{2}1999, Art. 3 Rdnr. 305.

6 Zur Abgrenzung auch *L. Osterloh*, in *Sachs*, Grundgesetz ^{2}1999, Art. 3 Rdnr. 308 ff.

7 So jedenfalls *L. Osterloh*, in *Sachs*, Grundgesetz ^{2}1999, Art. 3 Rdnr. 308.

8 Übereinstimmend: *H. D. Jarass/B. Pieroth*, Grundgesetz ... ^{4}1997, Art. 3 Rdnr. 81 und *L. Osterloh*, in *Sachs*, Grundgesetz ^{2}1999, Art. 3 Rdnr. 308.

9 So auch BVerfG v. 8.10.1997 - 1 BvR 9/97 = BVerfGE 96, 288 [301] (Integrative Beschulung).

10 Zum Krankheitsbegriff des SGB V im 2. Kapitel unter A, I, 2).

genden Risiken abdecken, regelmäßig unterschieden.[11] Die WHO hat im Rahmen einer internationalen Klassifikation von Schädigungen, Fähigkeitsstörungen und Beeinträchtigungen (ICIDH)[12] drei Ebenen der Folgeerscheinung von Erkrankungen entwickelt:

- die Störung oder Schädigung der biologischen und/oder psychischen Struktur und Funktion (impairment),
- die Störung der Fähigkeiten zur Ausführung zweckgerichteter Handlungen (disability) und
- die Störung der sozialen Stellung oder Rolle der Person und ihrer Fähigkeiten zur Teilnahme am sozialen Leben. (handicap).[13]

Hierbei fällt auf, daß es im deutschen Sprachgebrauch eine solch deutliche Unterscheidung eigentlich nicht gibt. Der Begriff „Behinderung" wird hier umfassend zur Umschreibung aller Ebenen der Funktionsstörungen benutzt. Dabei ist die englischsprachige Unterscheidung zwischen disability und handicap an sich viel zutreffender, denn letztlich geht es hier um die Erfassung von (um nicht wieder die Begriffe „Krankheit" und „Behinderung" zu benutzen) vorübergehenden oder dauerhaften Funktionsstörungen und deren Auswirkungen.

Für den Sprachgebrauch und die Abgrenzungen im deutschen Sozialrecht ist davon auszugehen, daß die Krankheit, verstanden als regelwidriger Körper- oder Geisteszustand,[14] häufig die Ursache von Behinderung sein kann oder aber bereits eine Behinderung darstellt. Sozialrechtlich folgt aus diesem Phänomen, das nach der WHO-Klassifikation mit impairment umschrieben wird, der Anspruch auf Diagnose und Behandlung der Funktionsstörung im Leistungsbereich der Krankenversicherung. Die Unfähigkeit zur Ausführungen zweckgerichteter Handlungen (disability) wird im deutschen Sozialversicherungsrecht mit dem „Hilfebedarf" gem. §§ 14 f. SGB XI charakterisiert. Ist dieser hoch genug, treten die Pflegekassen als Leistungsträger in Erscheinung.[15] Die handicaps auf der sozialen Ebene sind im deutschen Kranken- und Pflegeversicherungsrecht nur am Rande berücksichtigt. Ihnen wird im Leistungsfeld der Rehabilitation Rechnung getragen, wobei es für den Bereich der Kranken- und der Pflegeversicherung primär auch hier um den weitgehenden Ausgleich

---

[11] Vgl.: *BMAS (Hrsg.),* Sozialrecht ^{5}1998, S. 419 ff.; *G. Igl* in *K. Sieveking,* Soziale Sicherung bei Pflegebedürftigkeit ... (1998) S. 24 ff.

[12] Vgl.: *G. Igl* in *K. Sieveking,* Soziale Sicherung bei Pflegebedürftigkeit ... (1998); S. 24 m.w.Nachw.

[13] Zitiert nach *G. Igl* in *K. Sieveking,* Soziale Sicherung bei Pflegebedürftigkeit ... (1998), S. 24 - dort weitere Nachweise.

[14] Eingehend: *P. Kummer* in *Schulin*: Handbuch d. Sozialversicherungsrechts - Bd. 1 (1994), § 20 Rdnr. 30 ff. In Angrenzung zur Pflegebedürftigkeit auch *P. Kummer* in *Schulin*: Handbuch d. Sozialversicherungsrechts - Bd. 4 (1997), § 13 Rdnr. 27 ff.

[15] Knapp zum Ganzen: *G. Igl,* SRH ^{2}1996, Rdnr. 17 ff.

der Funktionsstörung (medizinische Rehabilitation) geht.[16] Darüber hinaus gewährt das Leistungsrecht der gesetzlichen Krankenversicherung mit dem Anspruch auf Krankengeld (§§ 44 ff. SGB V) auch einen gewissen Ausgleich für die sozialen Folgen von Krankheit und Behinderung, allerdings nur für maximal 78 Wochen innerhalb von 3 Jahren (§ 48 SGB V), so daß die handicaps von der Krankenversicherung jedenfalls nicht dauerhaft ausgeglichen werden. Das System der gesetzlichen Krankenversicherung ist also mehr auf die Unterstützung für die Zeit der Wiederherstellung der körperlichen oder psychischen Funktionstüchtigkeit ausgerichtet.[17] Auch im Bereich der Arbeitsförderung, der Unfall- und der Rentenversicherung, wo es mit der beruflichen Wiedereingliederung (berufliche Rehabilitation) mehr um die soziale Komponente der Behinderung geht, ist das Ziel der entsprechenden Maßnahmen in erster Linie auf Wiederherstellung der Arbeitsfähigkeit gerichtet, um damit letztlich den Bedarf an Versicherungsleistungen zu minimieren.[18]

Eher mit dem Ziel eines tatsächlichen Ausgleichs der *handicaps* sind die Schutzbestimmung für die Behinderten im Arbeitsrecht eingeführt worden.[19] Insofern folgerichtig wird zur näheren Eingrenzung des verfassungsrechtlichen Behinderungsbegriffs häufig auf das arbeitsrechtlich ausgerichtete Schwerbehindertenrecht und auf dessen Definition von Behinderung im § 3 Abs. 1 S. 1 SchwbG[20] zurückgegriffen.[21] Danach ist eine Behinderung „die Auswirkung einer nicht nur vorübergehenden Funktionsbeeinträchtigung, die auf einem regelwidrigen körperlichen, geistigen oder seelischen Zustand beruht.“ Als nicht nur vorübergehend ist dabei ein Zeitraum von mehr als sechs

---

16 Vgl.: *G. Igl* in *K. Sieveking,* Soziale Sicherung bei Pflegebedürftigkeit ... (1998); S. 25 f.; *BMAS (Hrsg.),* Sozialrecht [5]1998, S. 417 ff.

17 Zum Ganzen: *B. Schulin*, Sozialrecht [5]1993, Rdnr. 256 ff. oder *BMAS (Hrsg.)*, Sozialrecht [5]1998, S. 191 ff. Zum Grundsatz der Wiederherstellung auch *G. Igl*, Das neue Pflegeversicherungsrecht (1995), S. 23 ff.; *E. Bloch* in *Schulin*: Handbuch d. Sozialversicherungsrechts - Bd. 4 (1997), § 24 Rdnr. 44 f.

18 Übersichtlich hierzu *BMAS (Hrsg.)*, Sozialrecht [5]1998, S. 417 ff. *B. Schulin*, Sozialrecht [5]1993, Rdnr. 506 ff. Nach *G. Igl* (in *K. Sieveking,* Soziale Sicherung bei Pflegebedürftigkeit ... (1998), S. 26) durchzieht im übrigen das Interesse an Leistungseinsparungen den Rehabilitationsgedanken in allen sozialen Sicherungssystemen.

19 Vgl. nur: *W. Däubler*, Das Arbeitsrecht 2 [7]1990, S. 656 ff.; *BMAS (Hrsg.)*, Arbeitsrecht [6]1997, S. 264 ff. - Mit weiteren Aspekten des Ausgleichs sozialer handicaps auch *BMAS (Hrsg.)*, Sozialrecht [5]1998, S. 439 f.

20 Gesetz zur Sicherung der Eingliederung Schwerbehinderter in Arbeit, Beruf und Gesellschaft (Schwerbehindertengesetz) idF. v. 26.8.1986 (BGBl. I 1986, S. 1421).

21 So auch *L. Osterloh,* in *Sachs*, Grundgesetz [2]1999, Art. 3 Rdnr. 309 im Anschluß an BVerfG v. 8.10.1997 - 1 BvR 9/97 = BVerfGE 96, 288 [301] (Integrative Beschulung) m.w.Nachw.

Monaten anzusehen.[22] Diese Definition der Behinderung entspricht am ehesten der 3. Ebene der Umschreibung des Behinderungsbegriffs durch die WHO. Es geht dabei aber erkennbar nicht mehr um die Beseitigung der Funktionsstörung (impairment), die Gegenstand des hier diskutierten Leistungsanspruchs im Krankenversicherungsrecht ist. Vielmehr wird davon ausgegangen, daß die Funktionsstörung „nicht nur vorübergehend", also kaum mehr zu beseitigen ist. Maßgeblich für den Behandlungsanspruch im Rahmen des Krankenversicherungsrechts ist aber die Behandlungsbedürftigkeit und damit nicht zuletzt auch die Behandlungsfähigkeit.[23] Eine Gleichsetzung von Krankheit und Behinderung bezogen auf die daraus folgenden Leistungsansprüche ginge demnach an den rechtlichen und auch den praktischen Realitäten vorbei.

Soweit die dem Art. 3 Abs. 3 S. 2 GG zugrunde liegende Behinderungsdefinition offenbar primär darauf ausgerichtet ist, einen Ausgleich der aus den funktionalen Einschränkungen folgenden *sozialen* Benachteiligungen zu bewirken, kann das Diskriminierungsverbot des Art. 3 Abs. 3 S. 2 GG für die hier vorliegende Fragestellung keine brauchbaren Ergebnisse liefern. Es geht im Bereich der medizinischen Versorgung nicht um die Beseitigung der Folgen der Behinderung, sondern letztlich um die weitestmögliche Beseitigung der Funktionsstörung selbst. Die Ziele beider Ansätze weichen damit so deutlich voneinander ab, daß es mehr als zweifelhaft ist, ob sich Gerechtigkeitsüberlegungen, die sich aus dem Benachteiligungsverbot von Behinderten ergeben, ohne weiteres zu einer Bestimmung der Grundsätze einer gerechten Verteilung in Bezug auf die Krankenbehandlung heranziehen lassen. Im Sinne einer allgemeingültigen Beantwortung der aufgeworfenen Fragen soll deshalb auch auf die Untersuchung der Auswirkungen des Art. 3 Abs. 3 S. 2 GG auf die verfassungsrechtlichen Vorgaben für eine gerechte Verteilung der vorhandenen Mittel verzichtet werden.

II. Der Gewährleistungsgehalt des allgemeinen Gleichheitssatzes

Eine inhaltliche Bestimmung des allgemeinen Gleichheitssatzes des Art. 3 Abs. 1 GG ist naturgemäß schwierig, denn die Formulierung des Grundgesetzes steht in Widerspruch zu den tatsächlichen Gegebenheiten in der Gesellschaft selbst. Natürlich sind in der Realität nicht alle Menschen, in keiner Gesellschaft, wirklich gleich und eine absolute Gleichbehandlung aller wäre

---

[22] So der Wortlaut des § 3 Abs. 1 S. 3 SchwbG.

[23] So auch die ständige Rechtsprechung des BSG (z.B.: Entsch. v. 10.2.1993 - 1 RK 14/92 = SozR 3-2200 § 182 Nr. 14 (Beinverlängerung) oder 6.8.1987 - 3 BK 5/87 (Keratitis). - Zum Ganzen bereits im 2. Kapitel unter A, I, 2), b).

nicht nur unrealistisch; sie würde auch mehr Probleme aufwerfen, als mit ihr zu lösen wären.[24] Mit der Formulierung des Art. 3 Abs. 1 GG:

„Alle Menschen sind vor dem Gesetz gleich"

wird deshalb zunächst einmal auch nichts anderes ausgesagt, als daß der staatlichen Gewalt damit Rechtsanwendungs- und Rechtsetzungsgleichheit geboten wird.[25] Auch im Bereich der Rechtsetzung und der Rechtsanwendung würde aber eine „blinde" Gleichbehandlung aller Menschen zu Ergebnissen führen, die schlechterdings nicht akzeptabel wären.[26] Die Frage, die sich aus der tatsächlichen Ungleichheit der Menschen in einer Gesellschaft in ihrer Lebensweise, ihren Lebensvoraussetzungen und ihren Lebenszielen und dem aus der Menschenwürde entspringenden Gebot, dem Menschen seine individuelle Besonderheit zu belassen,[27] ergibt, ist damit, welche Maßstäbe angelegt werden, um Gleiches oder Ungleiches zu identifizieren oder wer unter welchen Gesichtspunkten gleich oder ungleich behandelt werden soll.

1) Die „Willkürformel" des BVerfG

Das Bundesverfassungsgericht hat sich bereits sehr früh mit Fragen der Gleich- und Ungleichbehandlung von Bürgern beschäftigen müssen. Es prägte in einer seiner ersten Entscheidungen[28] die sogenannte „Willkürformel", wonach weder wesentlich Gleiches willkürlich ungleich noch wesentlich Ungleiches willkürlich gleich behandelt werden darf.[29] Nach dieser Formel, die über Jahre hinweg die Rechtsprechung des BVerfG prägte,[30] ist der Gleichheitssatz des Art. 3 Abs. 1 GG verletzt, „wenn sich ein vernünftiger, aus der Natur der Sache

---

[24] Vgl.: *L. Osterloh,* in *Sachs*, Grundgesetz ^{2}1999, Art. 3 Rdnr. 3 f.; *R. Alexy*, Theorie der Grundrechte (1994), S. 360.

[25] So unter Berufung auf die ständige Rechtsprechung des BVerfG *R. Alexy*, Theorie der Grundrechte (1994), S. 359 m.w.Nachw. - Ebenso *B. Pieroth/B. Schlink*, Grundrechte ^{13}1997, Rdnr. 428.

[26] Vgl.: *L. Osterloh,* in *Sachs*, Grundgesetz ^{2}1999, Art. 3 Rdnr. 3.

[27] Vgl.: *R. Alexy*, Theorie der Grundrechte (1994), S. 321 ff. - Früher auch schon *N. Luhmann,* Grundrechte als Institution (1965), S. 53 ff. Übersichtlich auch *B. Pieroth/B. Schlink*, Grundrechte ^{13}1997, Rdnr. 353 ff.

[28] Vgl.: BVerfG v. 23.10.1951 - 2 BvG 1/51= BVerfGE 1, 14 [52] (Volksabstimmung).

[29] Ebenda. - Zum Ganzen auch *L. Osterloh,* in *Sachs*, Grundgesetz ^{2}1999, Art. 3 Rdnr. 8 ff.; *B. Pieroth/B. Schlink*, Grundrechte ^{13}1997, Rdnr. 436 f.; *H. D. Jarass/B. Pieroth*, Grundgesetz ... ^{4}1997, Art. 3 Rdnr. 5 ff. oder auch *R. Alexy*, Theorie der Grundrechte (1994), S. 364 ff. - alle m.w.Nachw aus der jüngeren Rechtsprechung.

[30] Erst im Jahre 1980 erfuhr diese Formel mit der Entscheidung zur Frage der Ausschlußmöglichkeit von Beweismitteln im Berufungsverfahren (BVerfG v. 7.10.1980 - 1 BvL 50, 89/79, 1 BvR 240/79 = BVerfGE 55, 72 [88]) eine gewisse Modifikation und behutsame Erweiterung. - Vgl. auch *L. Osterloh,* in *Sachs*, Grundgesetz ^{2}1999, Art. 3 Rdnr. 13 m.w.Nachw aus der weiteren Rechtsprechung.

ergebender oder sonstwie sachlich einleuchtender Grund für die gesetzliche Differenzierung oder Gleichbehandlung nicht finden läßt".[31] - Wenn also die gesetzliche Bestimmung als willkürlich angesehen werden muß.[32] Mit dieser Formulierung des rechtlichen Gehalts des allgemeinen Gleichheitssatzes hielt sich das BVerfG hinsichtlich der gesetzgeberischen Gestaltungsfreiheit sehr zurück.[33] Es beschränkte die gerichtliche Kontrolldichte damit auf eine sogenannte „Evidenzkontrolle".[34] D.h., erst wenn eine evidente Unsachlichkeit bei der Gleich- oder Ungleichbehandlung oder eine evidente Ungerechtigkeit erkennbar wurde, sah das Gericht die Gestaltungsfreiheit des Gesetzgebers als überschritten an.[35] Dabei waren und sind die Kriterien, die zur Feststellung einer evidenten Ungerechtigkeit führten, keineswegs klar umrissen. *Krugmann* umschreibt in einem Aufsatz zu Fragen von „Gleichheit, Willkür und Evidenz"[36] den Begriff der Evidenz mit „Offensichtlichkeit"[37], wobei er zugleich zu der Feststellung kommt, daß die Offensichtlichkeit in erster Linie von einem persönlichen Erleben abhängig, und damit als Grundlage einer rechtswissenschaftlichen Subsumtion kaum brauchbar ist.[38]

2) Die sogenannte „Neue Formel"

Vor diesem Hintergrund entwickelte der 1. Senat des BVerfG im Rahmen einer Entscheidung zur Frage der Zulässigkeit des Ausschlusses von Beweismitteln im Berufungsverfahren am 10.7.1980[39] die sogenannte „Neue Formel".[40] Danach ist das Grundrecht „vor allem dann verletzt, wenn eine Gruppe von Normadressaten im Vergleich zu anderen Normadressaten anders behandelt wird, obwohl zwischen beiden Gruppen keine Unterschiede von solcher Art und sol-

---

31 So BVerfG v. 23.10.1951 - 2 BvG 1/51= BVerfGE 1, 14 [52] (Volksabstimmung). - weitere Nachweise aus der neueren Rechtsprechung auch bei *L. Osterloh,* in *Sachs*, Grundgesetz ^{2}1999, Art. 3 Rdnr. 8 (Fn. 12).

32 Ebenda.

33 Ebenso *L. Osterloh,* in *Sachs*, Grundgesetz ^{2}1999, Art. 3 Rdnr. 10 ff. und *M. Krugmann*, JuS 1998, S. 7.

34 Eingehend zu Fragen der Evidenz *M. Krugmann*, JuS 1998, S. 7 ff.

35 *L. Osterloh,* in *Sachs*, Grundgesetz ^{2}1999, Art. 3 Rdnr. 9 und *M. Krugmann*, JuS 1998, S. 7.

36 *M. Krugmann*, JuS 1998, S. 7 ff.

37 A.a.O., S. 9 f. mit einer überzeugend differenzierten Herleitung.

38 Ebenda.

39 BVerfG v. 7.10.1980 - 1 BvL 50, 89/79, 1 BvR 240/79 = BVerfGE 55, 72 (Beweismittel im Berufungsverfahren).

40 Eingehend auch zur weiteren Entwicklung: *M. Sachs*, JuS 1997, S. 125 ff. Kürzer: *L. Osterloh,* in *Sachs*, Grundgesetz ^{2}1999, Art. 3 Rdnr. 13 ff. und *M. Krugmann*, JuS 1998, S. 7 ff.

chem Gewicht bestehen, daß sie die ungleiche Behandlung rechtfertigen könnten".[41] Mit dieser Formulierung wurde die gerichtliche Überprüfung eines Verstoßes gegen den Gleichheitssatz von der reinen Evidenzkontrolle zu einer verfassungsrechtlichen Abwägung der Verhältnismäßigkeit einer Ungleichbehandlung aufgewertet.[42] Auch diese Aufwertung war allerdings nicht unbestritten und vor allem in der Anfangszeit nach der Entwicklung der „neuen Formel" von erheblichen Zweifeln begleitet gewesen.[43]

Das BVerfG nahm die Kritik zum Teil auf und kam im Laufe der Jahre zu einer immer differenzierteren Betrachtungsweise der Inhalte des Gleichheitsgrundsatzes.[44] Den aktuellen Stand der Entwicklung gibt wohl die Entscheidung des 1.Senats zur Frage der Altersgrenze für Vornamensänderungen bei Transsexuellen wieder.[45] Dort heißt es:

> „Aus dem allgemeinen Gleichheitssatz ergeben sich je nach Regelungsgegenstand und Differenzierungsmerkmalen unterschiedliche Grenzen für den Gesetzgeber, die vom bloßen Willkürverbot bis zu einer strengen Bindung an Verhältnismäßigkeitserfordernisse reichen."[46]

Weiter führt der Senat aus, die Abstufung der Anforderungen folge aus Wortlaut und Sinn des Art. 3 Abs. 1 GG sowie aus seinem Zusammenhang mit anderen Verfassungsnormen. Da der Grundsatz, daß alle Menschen vor dem Gesetz gleich sind, in erster Linie eine ungerechtfertigte Verschiedenbehandlung von Personen verhindern solle, unterliege der Gesetzgeber bei einer Ungleichbehandlung von Personengruppen regelmäßig einer strengen Bindung. Diese Bindung sei um so enger, je mehr sich die personenbezogenen Merkmale den in Art. 3 Abs. 3 GG genannten annähere und je größer deshalb die Gefahr sei, daß eine an sie anknüpfende Ungleichbehandlung zur Diskriminierung einer Minderheit führe. Die en-

---

41 So BVerfG v. 7.10.1980 - 1 BvL 50, 89/79, 1 BvR 240/79 = BVerfGE 55, 72 [88] (Beweismittel im Berufungsverfahren). - Nachweise aus der späteren Rechtsprechung auch bei *L. Osterloh,* in *Sachs*, Grundgesetz ^{2}1999, Art. 3 Fn. 23 und *M. Krugmann*, JuS 1998, S. 7 (Fn. 7).

42 So *L. Osterloh,* in *Sachs*, Grundgesetz ^{2}1999, Art. 3 Rdnr. 14. oder *M. Krugmann*, JuS 1998, S. 7. f. - Kritisch zur Gleichsetzung der Gleichheitsprüfung nach der neuen Formel mit einer Verhältnismäßigkeitsprüfung *M. Sachs*, JuS 1997, S. 129.

43 Vgl.: *M. Sachs*, JuS 1997, S. 128 ff.; *M. Krugmann*, JuS 1998, S. 7 f.; *L. Osterloh,* in *Sachs*, Grundgesetz ^{2}1999, Art. 3 Rdnr. 15.

44 Zur Entwicklung der Rechtsprechung *M. Sachs*, JuS 1997, S. 126 ff. m.w.Nachw.

45 Vgl.: BVerfG v. 26.1.1993 - 1 BvL 38, 40, 43/92 = BVerfGE 88, 87 [96 f.] (Transsexuelle). - Ebenso *M. Krugmann*, JuS 1998, S. 7 f.

46 BVerfG v. 26.1.1993 - 1 BvL 38, 40, 43/92 = BVerfGE 88, 87 [96] (Transsexuelle). - Die Formel bestätigend auch noch einmal BVerfG v. 8.2.1994 - 1 BvR 1237/85 = BVerfGE 89, 365 [375] (Beitragssätze in der GKV) und BVerfG v. 4.7.1995 - : 1 BvF 2/86, 1, 2, 3, 4/87; 1 BvR 1421/86 = SozR 3-4100 § 116 Nr. 3 = BVerfGE 92, 365 (409] (Ruhensregelung des § 116 AFG).

gere Bindung sei jedoch nicht auf personenbezogene Differenzierungen beschränkt. Sie gelte vielmehr auch, wenn eine Ungleichbehandlung von Sachverhalten mittelbar eine Ungleichbehandlung von Personengruppen bewirke. Bei lediglich verhaltensbezogenen Unterscheidungen hänge das Maß der Bindung davon ab, inwieweit die Betroffenen in der Lage seien, durch ihr Verhalten die Verwirklichung der Merkmale zu beeinflussen, nach denen unterschieden werde. Überdies seien dem Gestaltungsspielraum des Gesetzgebers um so engere Grenzen gesetzt, je stärker sich die Ungleichbehandlung von Personen oder Sachverhalten auf die Ausübung grundrechtlich geschützter Freiheiten nachteilig auswirken könne.[47]

Der unterschiedlichen Weite des gesetzgeberischen Gestaltungsspielraums entspricht nach Auffassung des Senats die abgestufte Kontrolldichte bei der verfassungsgerichtlichen Prüfung. Kommt demnach als Maßstab nur das Willkürverbot in Betracht, so kann ein Verstoß gegen Art. 3 Abs. 1 GG nur festgestellt werden, wenn die Unsachlichkeit der Differenzierung evident ist.[48] Die Evidenzkontrolle bleibt also im Hinblick auf die Frage nach der Tatbestandsmäßigkeit einer Differenzierung noch erhalten.[49] Dagegen prüft das Bundesverfassungsgericht bei Regelungen, die Personengruppen verschieden behandeln oder sich auf die Wahrnehmung von Grundrechten nachteilig auswirken, im einzelnen nach, ob für die vorgesehene Differenzierung Gründe von solcher Art und solchem Gewicht bestehen, daß sie die ungleichen Rechtsfolgen rechtfertigen können. In diesen Fällen wird also eine verfassungsrechtliche Rechtfertigung im klassischen Sinne unter Berücksichtigung der Aspekte „Eignung", „Erforderlichkeit" und „Angemessenheit" erfolgen.[50] Insofern findet die Überprüfung der Einhaltung des allgemeines Gleichheitssatzes nach einem abgestuften Prüfungsschema statt.[51]

III. Zulässigkeit von Gleich- oder Ungleichbehandlungen

In diesem Sinne ist bei der Überprüfung der Einhaltung des allgemeinen Gleichheitssatzes zunächst die Frage nach der Sachgerechtigkeit der vorgenommenen Differenzierung oder Vereinheitlichung zu stellen. Die Frage also,

---

47 A.a.O. unter Berufung auf BVerfG v. 7.10.1980 - 1 BvL 50, 89/79, 1 BvR 240/79 = BVerfGE 55, 72 [88] (Beweismittel im Berufungsverfahren) und spätere Entscheidungen. M.w.Nachw aus der jüngeren Rechtsprechung auch *K.-J. Bieback*, Verfassungsrechtlicher Schutz ... (1997), S. 38.

48 Ebenda.

49 Kritisch hierzu *M. Krugmann*, JuS 1998, S. 12 f.

50 Zu den Besonderheiten bei den einzelnen Prüfungsschritten: *L. Osterloh*, in *Sachs*, Grundgesetz ²1999, Art. 3 Rdnr. 18 ff.

51 Vgl.: *B. Pieroth/B. Schlink*, Grundrechte ¹³1997, Rdnr. 438 ff. und *H. D. Jarass/B. Pieroth*, Grundgesetz ... ⁴1997, Art. 3 Rdnr. 13 ff.

ob die Einbeziehung einer bestimmten Personengruppe in den Wirkungsbereich der Regelung grundsätzlich zulässig oder unzulässig ist. Die hier noch gebräuchliche Willkürformel eröffnet dem Gesetzgeber dabei einen vergleichsweise großen Ermessensspielraum. Neben der Sach- oder Systemgerechtigkeit als Grundlage für eine verfassungsrechtlich tolerierte Gleich- oder Ungleichbehandlung von Personengruppen und Tatbeständen wird hier auch eine Typisierung der Regelungsadressaten für zulässig erachtet. Erst im zweiten Schritt, wenn also festgestellt ist, daß es eine verfassungsrechtlich relevante Ungleichbehandlung gibt, stellt sich die Frage nach der verfassungsrechtlichen Rechtfertigung für die Ungleichbehandlung.[52]

1) Sach- oder Systemgerechtigkeit

Nach diesem Zwei-Schritt-Prüfungsschema steht also die Frage nach der Sachgerechtigkeit der mit einer beanstandeten rechtlichen Regelung vorgenommenen Differenzierung oder Vereinheitlichung im Vordergrund.[53] Wobei unter Sachgerechtigkeit, wie *Osterloh* es ausdrückt, die „präzise Wahrnehmung und gerecht differenzierende Würdigung der Wirklichkeit" zu verstehen ist.[54] Der 1.Senat des BVerfG formuliert die Bindung an die Sachgerechtigkeit etwa so:

> „Art. 3 Abs. 1 GG gebietet, alle Menschen vor dem Gesetz gleich zu behandeln. Damit ist dem Gesetzgeber allerdings nicht jede Differenzierung verwehrt. Der Gleichheitssatz will vielmehr ausschließen, daß eine Gruppe von Normadressaten im Vergleich zu anderen Normadressaten anders behandelt wird, obwohl zwischen beiden Gruppen keine Unterschiede von solcher Art und solchem Gewicht bestehen, daß sie die ungleiche Behandlung rechtfertigen könnten. Die rechtliche Unterscheidung muß also in sachlichen Unterschieden eine ausreichende Stütze finden. Die Anwendung dieses Grundsatzes verlangt den Vergleich von Lebenssachverhalten, die einander nie in allen, sondern stets nur in einzelnen Merkmalen gleichen. Unter diesen Umständen ist es grundsätzlich Sache des Gesetzgebers zu entscheiden, welche von diesen Merkmalen er als maßgebend für eine Gleich- oder Ungleichbehandlung ansieht. Art. 3 Abs. 1 GG verbietet es ihm nur, dabei Art und Gewicht der tatsächlichen Unterschiede sachwidrig außer acht zu lassen. Innerhalb dieser Grenzen ist er in seiner Entscheidung frei."[55]

Dem zufolge ist eine Ungleichbehandlung, die einer verfassungsrechtlichen Rechtfertigung bedarf, regelmäßig dann gegeben, wenn eine Person(engruppe)

---

52 Zum Ganzen auch mit vergleichbarer Terminologie *B. Pieroth/B. Schlink*, Grundrechte ^{13}1997, Rdnr. 430 ff.

53 Statt vieler *L. Osterloh,* in *Sachs*, Grundgesetz ^{2}1999, Art. 3 Rdnr. 102 f.; *H. D. Jarass/B. Pieroth*, Grundgesetz ... ^{4}1997, Art. 3 Rdnr. 20a.

54 *L. Osterloh,* in *Sachs*, Grundgesetz ^{2}1999, Art. 3 Rdnr. 103.

55 So der Senat in seiner Entsch. v. 3.12.1996 - 1 BvR 609, 692/90 = BVerfGE 94, 241 [263] (Kindererziehungszeiten). Übersichtlich zum Ganzen und mit zahlreichen Nachweisen aus der früheren Rechtsprechung auch der Nichtannahmebeschluß der 2. Kammer des 1. Senats v. 17.2.1997 - 1 BvR 1903/96 = NJW 1997, 2444 [2445] (Krankengeldkürzung).

oder Situation rechtlich anders behandelt wird, als eine andere Person(engruppe) oder Situation, obwohl beide unter einen gemeinsamen, weitere Personen(gruppen) oder Situationen ausschließenden Oberbegriff gefaßt werden können.[56]

Ein derartiger Oberbegriff kann beispielsweise die Versicherteneigenschaft in der gesetzlichen Krankenversicherung sein.[57] Ebenso gut könnten aber auch Versicherte und Leistungserbringer, die innerhalb der gesetzlichen Krankenversicherung agieren, unter einen gemeinsamen Oberbegriff fallen.[58] Insofern kann es der verfassungsrechtlichen Rechtfertigung bedürfen, wenn Versicherte verschiedener Krankenkassen unterschiedlich hohe Beiträge zahlen müssen.[59] Es könnte aber auch eine Ungleichbehandlung gegeben sein, wenn sich der Gesetzgeber einseitig für einen Leistungsabbau in der gesetzlichen Krankenversicherung entscheidet und damit ausschließlich die Versicherten belastet, obwohl die finanzielle Stabilität der gesetzlichen Krankenversicherung, soweit er die Beiträge nicht anheben will, auf zweierlei Weise gesichert werden könnte. Nämlich durch Leistungskürzungen und Erhöhung der Zuzahlungen oder eine Ausschöpfung der Wirtschaftlichkeitsreserven in der Leistungserbringung etwa durch eine Deckelung der Gesamtvergütung.[60]

Eng mit der Sachgerechtigkeit verbunden ist auch die Systemgerechtigkeit.[61] Unter Systemgerechtigkeit ist die gesetzgeberische Verpflichtung zu verstehen, die einmal gewählten Grundsätze innerhalb eines Ordnungssystems einzuhalten.[62] Die Rechtsprechung knüpft in diesem Zusammenhang gelegentlich auch an die „die historisch gewachsene Struktur“[63] eines Systems an. Systemwidrig wären demnach Abweichungen oder auch Inkonsequenzen bei der Fortführung

---

[56] Vgl.: *B. Pieroth/B. Schlink*, Grundrechte [13]1997, Rdnr. 433.

[57] So wohl BVerfG v. 8.2.1994 - 1 BvR 1237/85 = BVerfGE 89, 365 [375 ff.] (Beitragssätze in der GKV)

[58] So *V. Neumann*, NZS 1998, S. 409 unter Berufung auf BVerfG v. 14.5.1985 - 1 BvR 449, ...; 700/82 = BVerfGE 70, 1 [31] (GKV-Kostendämpfung).

[59] Wegen des dem Gesetzgeber zuzubilligenden Anpassungszeitraums noch ablehnend BVerfG v. 8.2.1994 - 1 BvR 1237/85 = BVerfGE 89, 365 [380 f.] (Beitragssätze in der GKV).

[60] So etwas ausführlicher *V. Neumann*, NZS 1998, S. 409.

[61] Zum Ganzen auch *L. Osterloh,* in *Sachs*, Grundgesetz [2]1999, Art. 3 Rdnr. 98 ff. und *H.-J. Papier*, SRH [2]1996, Rdnr. 91 ff.; *P. Kirchhof* in *Isensee/Kirchhof (Hrsg.)*, HbStR V (1992), § 124 Rdnr. 222 ff. [231].

[62] *H.-J. Papier*, SRH [2]1996, Rdnr. 92; *K.-J. Bieback*, Verfassungsrechtlicher Schutz ... (1997), S. 39 f.

[63] So BVerfG v. 8.2.1994 - 1 BvR 1237/85 = BVerfGE 89, 365 [374 f.] (Beitragssätze in der GKV).

eines vorhandenen Normengefüges.[64] Hier deutet sich aber bereits an, daß die Verbindung von Einzelsystemen durch das Normengefüge (oder „Normengeflecht“[65]) bei der Abgrenzung des jeweils entscheidungsrelevanten Ordnungssystems nicht selten zu Schwierigkeiten führt,[66] weshalb auch die Systemgerechtigkeit in der Praxis mehr als Hilfsmittel zur Differenzierung oder Zusammenfassung verschiedener Personengruppen oder Sachverhalte dient[67] und Systemwidrigkeiten per se nicht schon als Verstoß gegen den Gleichheitsgrundsatz, sondern bestenfalls als Indiz für einen solchen Verstoß gewertet werden.[68] Letztlich entscheidend bleibt also die Sachgerechtigkeit einer Regelung.

2) Typisierung

Als weitere legitime Einschränkung des individuellen Vergleichs bei der Gleichbehandlung werden Typisierungen oder Generalisierungen für zulässig erachtet.[69] In einer Entscheidung zur Frage der Rechtmäßigkeit von Kindergeldkürzungen für Besserverdienende aus dem Jahre 1994 stellte der 1.Senat des BVerfG fest, es sei in der Rechtsprechung des Bundesverfassungsgerichts anerkannt, daß bei der Ordnung von Massenerscheinungen typisierende und generalisierende Regelungen notwendig sein können.[70] Gerade auch in den Bereichen des Sozialrechts und des Steuerrechts sind aufgrund der Masse der zu regelnden Fälle solche Regelungen verbreitet anzutreffen und die Zulässigkeit dieser Typisierungen hat bei der Überprüfung entsprechender Normen eine zentrale Bedeutung.[71]

---

64 Dieser Aspekt wird oft mit Stichwort „Folgerichtigkeit“ charakterisiert. So z.B. *L. Osterloh,* in *Sachs*, Grundgesetz ²1999, Art. 3 Rdnr. 98 ff. angedeutet *H.-J. Papier*, SRH ²1996, Rdnr. 92; *P. Kirchhof* in *Isensee/Kirchhof (Hrsg.)*, HbStR V (1992), § 124 Rdnr. 222 ff.

65 So *L. Osterloh,* in *Sachs*, Grundgesetz ²1999, Art. 3 Rdnr. 101.

66 Ebenda.

67 So *H.-J. Papier*, SRH ²1996, Rdnr. 93 m.w.Nachw.

68 Vgl.: *H.-J. Papier*, a.a.O. - ebenso *H. D. Jarass/B. Pieroth*, Grundgesetz ... ⁴1997, Art. 3 Rdnr. 20a und *L. Osterloh,* in *Sachs*, Grundgesetz ²1999, Art. 3 Rdnr. 99 - ausführlicher *K.-J. Bieback*, Verfassungsrechtlicher Schutz ... (1997), S. 39.

69 Vgl.: *L. Osterloh,* in *Sachs*, Grundgesetz ²1999, Art. 3 Rdnr. 104 ff.; *H. D. Jarass/B. Pieroth*, Grundgesetz ... ⁴1997, Art. 3 Rdnr. 21.

70 BVerfG v. 14.6.1994 - 1 BvR 1022/88 = BVerfGE 91, 93 [115] (Kindergeldkürzung) mit Nachweisen aus der früheren (ständigen) Rechtsprechung.

71 *L. Osterloh,* in *Sachs*, Grundgesetz ²1999, Art. 3 Rdnr. 104; *K.-J. Bieback*, Verfassungsrechtlicher Schutz ... (1997), S. 37 m.w.Nachw. Besonders zum Krankenversicherungsrecht: *D. Merten* in *Schulin*: Handbuch d. Sozialversicherungsrechts - Bd. 1 (1994), § 5 Rdnr. 102

Als Typisierung sind dabei den Gesetzesvollzug vereinfachende Regelungen anzusehen, bei denen es schlicht darum geht, eine Norm für eine möglichst breite Masse der Bevölkerung als Normadressaten zur Anwendung zu bringen.[72] Daß es dabei zu Erscheinungen kommt, die mit den verbreiteten Vorstellungen von Gerechtigkeit nicht mehr zu vereinbaren sind, ist nicht immer zu vermeiden. Doch bei der Behandlung komplexer Sachverhalte hält es das BVerfG für durchaus vertretbar, daß dem Gesetzgeber zunächst eine angemessene Zeit zur Sammlung von Erfahrungen eingeräumt wird und daß er sich in diesem Anfangsstadium mit gröberen Typisierungen und Generalisierungen begnügen darf, die unter dem Gesichtspunkt der Praktikabilität namentlich deshalb gerechtfertigt sein können, weil eine Verfeinerung die Gefahr mangelnder Wirksamkeit mit sich bringen kann.[73] Damit läßt es die einschlägige verfassungsgerichtliche Rechtsprechung allerdings nicht bewenden, denn das Gericht setzt voraus, daß bei der Typisierung entstehende Härten und Ungerechtigkeiten nur eine kleine Zahl von Personen betreffen und der Verstoß gegen den Gleichheitssatz nicht sehr intensiv ist.[74]

3) Besonderheiten der Verhältnismäßigkeitsprüfung

Ist eine Differenzierung oder Vereinheitlichung im ersten Prüfungsschritt als verfassungsrechtlich unzulässig erachtet worden, ergeben sich für die verfassungsrechtliche Rechtfertigung einer Beeinträchtigung des allgemeinen Gleichheitssatzes nurmehr geringe Besonderheiten bei dem ansonsten gebräuchlichen Schema.

Im Vordergrund der Betrachtung steht hier zunächst die Frage nach dem *legitimen Zweck* der Regelung. Es bedarf also regelmäßig für die Rechtfertigung einer Ungleichbehandlung eines gewichtigen sachlichen Grundes.[75] Hierbei geht es aber anders als im ersten Prüfungsschritt nicht so sehr um die Sachgerechtigkeit der Zuordnung einer Person zu einer Personengruppe, sondern um die Ermittlung eines sachlichen Grundes für den Verstoß gegen den allgemeinen Gleichheitssatz. Läßt sich ein solcher gewichtiger sachlicher Grund im Sinnes eines legitimen Zwecks finden, muß weiter das gewählte Mittel zur Förderung des legitimen Zwecks *geeignet* sein.[76] Bei der Frage der *Erforderlichkeit*

---

[72] *L. Osterloh,* in *Sachs,* Grundgesetz ^{2}1999, Art. 3 Rdnr. 105 f.

[73] BVerfG v. 14.5.1985 - 1 BvR 449, ...; 700/82 = BVerfGE 70, 1 [31] (GKV-Kostendämpfung) unter Berufung auf BVerfGE 33, 171 [189 f.].

[74] Z.B.: BVerfG v. 14.6.1994 - 1 BvR 1022/88 = BVerfGE 91, 93 [115] (Kindergeldkürzung) unter Berufung auf BVerfGE 79, 87 [100] - st. Rspr. (z.B. BVerfGE 26, 265 [275 f.]). Vgl. auch *L. Osterloh,* in *Sachs,* Grundgesetz ^{2}1999, Art. 3 Rdnr. 110 mit einer ganzen Reihe von Nachweisen.

[75] Vgl.: *B. Pieroth/B. Schlink,* Grundrechte ^{13}1997, Rdnr. 440.

[76] Vgl.: *L. Osterloh,* in *Sachs,* Grundgesetz ^{2}1999, Art. 3 Rdnr.19.

bzw. des Gebots der Wahl des schonendsten Mittels wird die Verhältnismäßigkeitsprüfung zu einem Gutteil überlagert von Fragen der Zulässigkeit von Generalisierungen oder Typisierungen, soweit diese der zu prüfenden Regelung zugrunde liegen.[77] Soweit die Typisierungen für zulässig erachtet worden oder durch entsprechende Härtefall- oder Übergangsregelungen abgemildert worden sind, dürfte sich die Frage nach der Wahl eines milderen Mittels an dieser Stelle gar nicht mehr stellen. Hier wie überall im Verfassungsrecht liegt der eigentliche Entscheidungsparameter bei der Prüfung der Verhältnismäßigkeit im engeren Sinne - der *Angemessenheit* also.[78]

Zur Frage der Angemessenheit unterschiedlicher Beitragssätze in der gesetzlichen Krankenversicherung kommt der 1. Senat des BVerfG beispielsweise zu dem Schluß: soweit der gegliederte Aufbau der gesetzlichen Krankenversicherung als solcher verfassungsrechtlich nicht zu beanstanden sei, vermöge dieser Umstand das Bestehen von Beitragssatzunterschieden zwischen den einzelnen Krankenkassen nur im Grundsatz zu rechtfertigen.

> „Da Ungleichbehandlung und rechtfertigender Grund in einem angemessenen Verhältnis zueinander stehen müssen, damit die Ungleichbehandlung vor Art. 3 Abs. 1 GG Bestand haben kann, sind Beitragssatzunterschiede dann nicht mehr gerechtfertigt, wenn sie ein unangemessenes Ausmaß erreichen. Dies gilt jedenfalls so lange, als sich der Einzelne dieser ungleichen Belastung nicht durch die Wahl einer anderen Krankenkasse entziehen kann.“[79]

Wann die Ungleichbehandlung ein unangemessenes Ausmaß erreicht hat, bestimmte der Senat indes nicht. Er entzog sich dieser zweifellos unangenehmen Aufgabe mit dem Verweis darauf, daß dem Gesetzgeber ein Anpassungszeitraum zuzubilligen sei und mit dem Gesetzesvorhaben zur Wahlfreiheit der Versicherten erste Schritte zu einer Nivellierung der Ungleichbehandlung eingeleitet waren.[80]

Das zentrale Problem jeder gleichheitsrechtlichen Abwägung ergibt sich damit aus der Frage nach hinreichend deutlichen verfassungsrechtlichen Abwägungsmaßstäben und Vorrangsentscheidungen, die es erlauben, eine Prioritätensetzung im einfachen Recht als nicht hinreichend abgewogen und damit

---

[77] Vgl.: *L. Osterloh,* in *Sachs*, Grundgesetz ²1999, Art. 3 Rdnr. 21.

[78] Hierzu eingehend *L. Osterloh,* in *Sachs*, Grundgesetz ²1999, Art. 3 Rdnr. 22 ff.

[79] BVerfG v. 8.2.1994 - 1 BvR 1237/85 = BVerfGE 89, 365 [375 f.] (Beitragssätze in der GKV) nicht zu letzt auch unter Berufung auf BVerfG v. 30.5.1990 - 1 BvL 2/83= BVerfGE 82, 126 [146 f.] = (Kündigungsfristen).

[80] BVerfG v. 8.2.1994 - 1 BvR 1237/85 = BVerfGE 89, 365 [380 f.] (Beitragssätze in der GKV). - Dagegen hat der Senat bei der Bewertung von Kindererziehungszeiten in einer späteren Entscheidung (BVerfG v. 3.12.1996 - 1 BvR 609, 692/90 = BVerfGE 94, 241 [262 ff.] (Kindererziehungszeiten)) bei der wertmäßigen Vergleich von Beitragszeiten und Kindererziehungszeiten durchaus eine ungerechtfertigte Ungleichbehandlung feststellen können.

verfassungswidrig zu bewerten.[81] Generelle Abwägungsmaßstäbe finden sich im Verfassungsrecht allerdings nicht. Vielmehr hat sich im Laufe der Jahre eine sehr differenzierte Kasuistik insbesondere im Steuerrecht und auch im Sozialversicherungsrecht zur Frage der Zulässigkeit von Gleich- oder Ungleichbehandlungen entwickelt.[82] Gerade auch im Steuerrecht ist es hier in der jüngeren Vergangenheit zu spektakulären Entscheidungen gekommen,[83] die den Gesetzgeber angesichts ihrer dezidierten Vorgaben vor nicht unerhebliche haushaltspolitische Probleme gestellt haben. Für das Sozialrecht war die verfassungsrechtliche Rechtsprechung bezüglich der Einengung gesetzgeberischer Spielräume bisher eher zurückhaltend.[84] Auch hier zeichnet sich aber eine zunehmende Bereitschaft des Gerichts ab, sich in die gesetzgeberischen Belange einzumischen. Namentlich die Entscheidung zur Rechtmäßigkeit unterschiedlicher Beitragssätze in der gesetzlichen Krankenversicherung[85] läßt derartige Tendenzen erkennen. In anderen Bereichen der Sozialversicherung ist das BVerfG bereits zuvor schon zu dem Schluß gelangt, daß auch im Bereich der Sozialversicherung die gesetzgeberischen Grundentscheidungen über Leistungsberechtigung und Leistungsverpflichtung nicht völlig beliebig sind.[86]

4) Zwischenbefund

Wenn das BVerfG insofern schon bereit ist, die Versicherten der gesetzlichen Krankenversicherung in ihrer Gesamtheit als verbindenden Oberbegriff verschiedener Personengruppen zu fassen, so ist es nicht abwegig, auch Versicherte und Leistungserbringer in der gesetzlichen Krankenversicherung[87] oder auch die Versicherten der privaten Krankenversicherung und die Versicherten der gesetzlichen Krankenversicherung unter einen Oberbegriff zu fassen.[88] Für

---

[81] Vgl.: *L. Osterloh,* in *Sachs*, Grundgesetz ^{2}1999, Art. 3 Rdnr. 24.

[82] Eingehend hierzu *L. Osterloh,* in *Sachs*, Grundgesetz ^{2}1999, Art. 3 Rdnr. 130 ff.

[83] BVerfG v. 10.11.1998 - 2 BvR 1057, 1226, 980/91, (http://www.bverfg.de) = *Süddeutsche Zeitung* vom 20.1.1999 (Kinderbetreuungskosten). - Hierzu auch die Anmerkungen von *B. Pieroth, Süddeutsche Zeitung* vom 23.2.99.

[84] Dies gilt mehr noch als im Bereich des Arbeitsförderungs- und des Sozialversicherungsrechts für das Sozialhilfe-, Versorgungs- und Wohngeldrecht (Vgl. zum Ganzen: *L. Osterloh,* in *Sachs*, Grundgesetz ^{2}1999, Art. 3 Rdnr. 176 ff. - Mit Beispielen in Rdnr. 190 (Fn. 405)).

[85] BVerfG v. 8.2.1994 - 1 BvR 1237/85 = BVerfGE 89, 365 (Beitragssätze in der GKV).

[86] So *L. Osterloh*, in *Sachs*, Grundgesetz ^{2}1999, Art. 3 Rdnr. 184 unter Berufung auf BVerfG v. 8.4.1987 - 2 BvR 909, ... 947/82, 64/83, 142/84 = BVerfGE 75, 108 [146] (Künstlersozialversicherung). - weitere Nachweise auch bei *H. D. Jarass/B. Pieroth*, Grundgesetz ... ^{4}1997, Art. 3 Rdnr. 40.

[87] So *V. Neumann*, NZS 1998, S. 409.

[88] Letzteres wäre die Voraussetzung für eine gleichheitsrechtliche Bewertung einer bislang jedenfalls öffentlich noch nicht vorhandenen „Zwei-Klassen-Medizin".

die Gruppen von Versicherten einer Krankenversicherung oder einer Kassenart dürfte die Zusammenfassung unter einem gleichheitsrechtlichen Oberbegriff im übrigen außer Frage stehen, so daß sich ergebende ungleiche Zugangsvoraussetzungen zu einzelnen Behandlungsmethoden in jedem Fall verfassungsrechtlich gerechtfertigt sein müssen. Welche Ungleichbehandlungen unter diesen Gruppen dann verfassungsrechtlich noch zu rechtfertigen wären, ist eine Frage der Abwägungsparameter, die der jeweiligen Entscheidung zugrunde gelegt werden.

Vor einer Betrachtung der möglichen Gründe ungleicher rechtlicher oder faktischer Leistungsansprüche der Versicherten soll aber der allgemeine Gleichheitssatz zunächst noch auf seine rechtlichen Dimensionen hin untersucht werden.

IV. Dimensionen des verfassungsrechtlichen Gleichheitsschutzes

Wie schon die Betrachtungen zum Recht auf Leben und körperliche Unversehrtheit ergeben haben, entfalten die Grundrechte hinsichtlich ihrer Wirkungen unterschiedliche Dimensionen, die jeweils auch unterschiedliche Adressaten haben. In diesem Sinne hat auch der allgemeine Gleichheitssatz zunächst eine objektiv-rechtliche Funktion.[89] Auf der subjektiv-rechtlichen Seite kommen aber zu den vordergründigen Abwehrrechten auch, inzwischen wohl weitgehend anerkannt, die sogenannten „derivativen Teilhaberechte“ hinzu.[90]

1) Objektiv-rechtliche Schutzfunktionen

Neben der Befähigung der Bürger, ihre Grundrechte als Abwehrrechte gegenüber staatlichen Eingriffen in ihre individuelle Freiheit durch die Anrufung des BVerfG geltend zu machen, entfaltet gerade auch der allgemeine Gleichheitssatz seine Wirkung als Grundentscheidung der deutschen Rechtsordnung bis hinein in die anderen Bereiche des Rechts, nicht zuletzt auch bis hinein in das Zivilrecht.[91] Ihren Ausdruck findet diese Wirkung des Gleichheitssatzes darin, daß durch die Rechtsprechung des BGH in verschiedenen Bereichen des Zivilrechts regulierend eingegriffen wird. Dies gilt beispielsweise dort, wo durch die tatsächliche Verteilung von Befugnissen, wie sie sich aus den Eigentumsverhältnissen ergeben, eine krasse Benachteiligung einer Partei in einer rechtlichen

---

[89] *L. Osterloh,* in *Sachs*, Grundgesetz ^{2}1999, Art. 3 Rdnr. 65; - allgemeiner: *M. Sachs,* in *Sachs*, Grundgesetz ^{2}1999, vor Art. 1 Rdnr. 31 ff. und *K. Hesse*, Grundzüge des Verfassungsrechts ^{20}1995 (Neudruck 1999), 287 ff.

[90] Knapp hierzu *L. Osterloh,* in *Sachs*, Grundgesetz ^{2}1999, Art. 3 Rdnr. 53 ff. - Umfassender *D. Murswiek* in *Isensee/Kirchhof (Hrsg.)*, HbStR V (1992), § 112.

[91] Vgl.: *L. Osterloh,* in *Sachs*, Grundgesetz ^{2}1999, Art. 3 Rdnr. 65. Allgemein

Beziehung gegenüber der anderen Partei ergibt.[92] Besonders deutlich wird diese Funktion des allgemeinen Gleichheitssatzes im Mietrecht oder auch im Arbeitsrecht, wo durch die Rechtsetzung aber auch durch die Rechtsprechung seit dem Bestehen der grundgesetzgeprägten Rechtsordnung in Deutschland immer wieder Regelungen getroffen wurden, um die unterschiedlichen faktischen Gegebenheiten auszugleichen.[93] Der Grundgedanke dieser objektiv-rechtlichen Funktion des Art. 3 Abs. 1 GG liegt darin, mit der staatlichen Einwirkung auf die soziale Realität die Voraussetzungen zu schaffen, daß in der Gesellschaft gleiche Würde, gleicher Wert und gleiche Freiheit erlebt werden können.[94]

Grundsätzlich ergeben sich aus der objektiv-rechtlichen Funktion der Grundrechte allerdings keine unmittelbar einklagbaren staatlichen Verpflichtungen. Sie stellt vielmehr eine Legitimation für die eingreifende Regulierung der Privatautonomie durch organisatorische und verfahrensmäßige Vorkehrungen von staatlicher Seite dar.[95] In diesem Sinne erfüllt der allgemeine Gleichheitssatz quasi eine „flankierende Schutzfunktion"[96] in der Weise, daß der staatliche Schutz der bürgerlichen Freiheit regelmäßig auch dem Gebot der Gleichheit unterliegt: „Wo Freiheit (...) geschützt wird, muß sie gleichheitsgerecht geschützt werden."[97] Aus dieser Formel folgt eine nicht zu unterschätzende Bindung sowohl für die Gesetzgebung und Rechtsprechung als auch für die ausführende Verwaltung, die selbst in den Fällen, in denen ihr von Rechts wegen ein weites Ermessen eingeräumt wird, in ihren Entscheidungen dem Gleichheitssatz unterworfen ist.[98]

---

[92] Vgl. hierzu nur die sogenannte „Schuldturm"-Entscheidung des BVerfG v. 19.10.1993 - 1 BvR 567, 1044/89 = NJW 1994, 36 (Schuldturm). Hier hat der erkennende Senat ausdrücklich noch einmal die „Ausstrahlungswirkung" der Grundrechte auf die Generalklauseln des Privatrechts betont und eine erhebliche Ausweitung der richterlichen Inhaltskontrolle von Verträgen und damit auch eine entsprechende Einschränkung der Privatautonomie vorgenommen (vgl. die Anmerkungen von *V. Emmerich* (JuS 1994, 251)). Zur Funktion des Schutzes vor „Machtmißbrauch" auch *D. Murswiek* in *Isensee/Kirchhof (Hrsg.)*, HbStR V (1992), § 112 Rdnr. 26 und *J. Isensee* in *Isensee/Kirchhof (Hrsg.)*, HbStR V (1992), § 111 Rdnr. 137 ff.

[93] Vgl. zum Ganzen nur *E. Schmidt/G. Brüggemeier*, Zivilrechtlicher Grundkurs [5] 1998, S. 85 ff. m.w.Nachw. Knapp zum Ganzen auch *H. D. Jarass/B. Pieroth*, Grundgesetz ... [4]1997, Art. 3 Rdnr. 27 ff.

[94] *E-W. Böckenförde*, Der Staat 29/1990, S. 3 ff.

[95] Vgl.: *D. Murswiek* in *Isensee/Kirchhof (Hrsg.)*, HbStR V (1992), § 112 Rdnr. 26; *K. Hesse*, Grundzüge des Verfassungsrechts [20]1995, 291 ff.

[96] So *L. Osterloh,* in *Sachs*, Grundgesetz [2]1999, Art. 3 Rdnr. 67.

[97] *L. Osterloh*, in *Sachs*, Grundgesetz [2]1999, Art. 3 Rdnr. 67 unter Berufung auf BVerfG v. 11.6.1991 - 1 BvR 538/90 = BVerfGE 84, 197 [199 ff.] (Kündigungsschutz bei Zwischenvermietung.)

[98] Vgl.: *H. D. Jarass/B. Pieroth*, Grundgesetz ... [4]1997, Art. 3 Rdnr. 24 ff.

Deutlich sollte hiermit geworden sein, daß nicht nur die Gesetzgebung, sondern auch die Exekutive an die rechtlichen Vorgaben des Art. 3 Abs. 1 GG gebunden sind. Soweit das Krankenversicherungsrecht als Teil des Sozialrechts und damit als besonderes Verwaltungsrecht angesehen werden muß,[99] müßte sich der Gleichbehandlungsgrundsatz damit nicht nur auf die Ebene der Rechtsetzung, sondern auch auf die Ebene der Leistungsgewährung durch die Ärzte und Krankenkassen und somit schließlich auch auf die Ebene der Leistungserbringung im Einzelfall erstrecken.

Problematisch an einer solch unmittelbaren Übertragung der gleichheitsrechtlichen Bindung staatlichen und verwaltungsrechtlichen Handelns ist die Komplexität der Rechtserzeugung im Krankenversicherungsrecht.[100] In der Rechtsprechung des BSG hat sich in den vergangenen Jahren zunehmend eine dogmatische Konstruktion durchgesetzt, der zufolge die Anspruchsnormen des SGB V lediglich als „subjektiv-öffentlich-rechtliches Rahmenrecht"[101] anzusehen sind.[102] Im Rahmen dieser dogmatischen Konstruktion wird den Vertragsärzten und den Krankenhausärzten das Recht zugebilligt, den „vom Gesetz als Rahmenrecht ausgestalteten Leistungsanspruch des Versicherten in fachlich-medizinischer Hinsicht zu *konkretisieren*."[103] Wenn *Neumann*[104] in einer Be-

---

[99] Vgl. zur Zuordnung des Krankenversicherungsrechts zum Verwaltungsrecht im weiteren Sinne nur: *J. Meyer-Ladewig*, SGG, vor § 51 Rdnr 6 und § 51 Rdnr. 1 ff. oder *V. Neumann*, SGb 1998, S. 609. - Zur Gesamtheit der Normenstruktur im Bereich der gesetzlichen Krankenversicherung: *I. Ebsen* in *Schulin*: Handbuch d. Sozialversicherungsrechts - Bd. 1 (1994), § 7 Rdnr. 4 ff.

[100] Neben dem Parlamentsgesetz als wichtigste Rechtsquelle werden im Prinzip vier Ebenen der untergesetzlichen Normerzeugung genannt: Die Satzungen der Krankenkassen, die Kollektivverträge der Verbände der Krankenkassen mit den KVen und der KBV und anderen Verbänden die Normsetzungsverträge und Richtlinien der Einrichtungen der gemeinsamen Selbstverwaltung (hier sind insbesondere die Bundesausschüsse der Ärzte/Zahnärzte und Krankenkassen zu nennen) und nicht zuletzt auch noch die Verordnungsermächtigungen für die Bundesministerin und andere staatliche Stellen (vgl.: *I. Ebsen* in *Schulin*: Handbuch d. Sozialversicherungsrechts - Bd. 1 (1994), § 7 Rdnr. 4 ff.).

[101] Ausgehend von der entsprechenden Formulierung in der Entsch. des BSG v. 16.12.1993 - 4 RK 5/92 = BSGE 73, 271 [280] (Krankengymnastik) setze sich dieser Gedanke bis in die jüngste Rechtsprechung fort (z.B.: BSG v. 20.3.1996 - 6 RKa 62/94 = SozR 3-2500 § 92 Nr. 6 (Methadon-Richtlinien); BSG v. 23.4.1996 - 1 RK 20/95 = SozR 3-2500 § 39 Nr. 3 (Fehlbelegung durch „Pflegefall"); BSG v. 16.9.1997 - 1 RK 32/95 = SozR 3-2500, § 92 Nr. 7 (immuno-augmentative Therapie); BSG v. 16.9.1997 - 1 RK 28/95 = SozR 3-2500, § 135 Nr. 4 [S. 29] (immunbiologische Therapie); BSG v. 9.6.1998 - B 1 KR 18/96 = SozR 3-2500, § 39 Nr. 5 [S. 26 f.] (Hodenprothese)).

[102] Übersichtlich zum Ganzen auch *V. Neumann*, SGb 1998, S. 609 f.

[103] BSG v. 9.6.1998 - B 1 KR 18/96 = SozR 3-2500, § 39 Nr. 5 [S. 26 f.] (Hodenprothese) (Hervorhebung durch den Verf.) Mit weiteren Ausführungen zur Begründung dieser ärztlichen Befugnis ebenso auch BSG v. 16.9.1997 - 1 RK 32/95 = SozR 3-2500, § 92, Nr. 7 [S.

sprechung dieser Rahmenrechtsdogmatik die Konkretisierungshoheit der Leistungserbringer zum Anlaß nimmt, diese als „Beliehene“ zu bezeichnen, die gegenüber den Versicherten als „Behörde im Sinne des § 1 Abs. 2 SGB X“ tätig werden,[105] so ist diese Auffassung neu und er selbst relativiert sie an gleicher Stelle wieder dahingehend, daß es an der notwendigen gesetzlichen Ermächtigung zu einer Beleihung der Leistungserbringer mit öffentlich-rechtlichen Kompetenzen allerdings mangele.[106] Diesen Bedenken entspricht inzwischen auch die Rechtsprechung des 1. Senats des BSG. War in den sogenannten „September-Entscheidungen“ noch die Rede davon, daß sich das Rahmenrecht erst dann zum durchsetzbaren Einzelanspruch verdichte, wenn der „an Stelle der Krankenkassen *kraft gesetzlichen Auftrags* handelnde“ Leistungserbringer festgelegt hat, welche Sach- oder Dienstleistungen zur Wiederherstellung oder Besserung der Gesundheits notwendig seien,[107] so kommt der Senat inzwischen zu dem Ergebnis, daß das SGB V und das ihm nachgeordnete Recht *keine Bestimmungen* enthalte, durch die es dem Vertragsarzt oder einem Krankenhausarzt überlassen werde, „eine *Rechtsentscheidung* über die Leistungspflicht der Krankenkassen zu treffen“.[108] Dem Grunde nach hält der Senat aber nach wie vor an dem zuvor von der Rechtsprechung anderer BSG-Senate entwickelten Rechtskonkretisierungskonzept und der Konstruktion des Leistungsrechts der gesetzlichen Krankenversicherung als Rahmenrecht fest. Gegenüber dem Versicherten und dessen Ansprüchen bleibt im Normalfall die Entscheidung des Vertragsarztes mit Wirkung für die jeweilige Kasse (unter Beachtung des Vertrauens des Versicherten in die Rechtmäßigkeit der Leistungserbringung) verbindlich. Die Kasse muß die Behandlungsentscheidungen des Arztes gegen sich gelten lassen und kann sich auf eine mögliche Pflichtverletzung nur diesem gegenüber berufen.[109]

---

53 f.] (immuno-augmentative Therapie) und BSG v. 16.9.1997 - 1 RK 28/95 = SozR 3-2500, § 135, Nr. 4 [S. 15 f.] (immunbiologische Therapie).

104 *V. Neumann*, SGb 1998, S. 609 ff.

105 So *V. Neumann*, SGb 1998, S. 610.

106 A.a.O., S. 612 f. - Im Ganzen zur Beleihung im Verwaltungsrecht: *H. Maurer*, Allg. Verwaltungsrecht [11] (1997) § 23 Rdnr. 56 ff. und *H-U. Erichsen/W. Martens – Erichsen*, Allg. VerwR [9] (1991), § 11 Rdnr. 14 m.w.Nachw.

107 BSG v. 16.9.1997 - 1 RK 32/95 = SozR 3-2500, § 92, Nr. 7 [S. 53] (immuno-augmentative Therapie) und BSG v. 16.9.1997 - 1 RK 28/95 = SozR 3-2500, § 135, Nr. 4 [S. 16] (immunbiologische Therapie).

108 So BSG v. 9.6.1998 - B 1 KR 18/96 = SozR 3-2500, § 39 Nr. 5 [S. 26] (Hodenprothese) (Hervorhebung im Original).

109 A.a.O., S. 27 f. m.w.Nachw. - Eine Ausnahme von diesem Grundsatz besteht dann, wenn der Versicherten „wußte oder wissen mußte“, daß ein Leistungsanspruch nicht bestand (Ebenda).

Die Qualität des Verwaltungshandels der behandelnden Vertragsärzte oder Krankenhausärzte mag insofern noch umstritten sein. Im Ergebnis stellt die Übernahme oder auch die Ablehnung einer ärztlichen Behandlung durch den Vertragsarzt, vermittelt durch die komplizierten Gebilde des Sachleistungsprinzips, nach der neueren Rechtsprechung des BSG aber kaum etwas anderes als einen Akt verwaltungsmäßigen Handelns der Krankenkasse gegenüber dem Versicherten dar.[110] Die Funktion, die die behandelnden Ärzte dabei wahrnehmen, dürfte, auch wenn es an der erforderlichen rechtlichen Grundlage für diesen Status fehlt, am ehesten der eines „Beliehenen" entsprechen, denn im Gegensatz zu den ebenfalls bekannten „Verwaltungshelfern"[111] verfügen die Ärzte bei ihren Behandlungsentscheidungen über ein hohes Maß an Selbständigkeit.[112] Soweit den behandelnden Ärzte infolge der unklaren Situation die Einsicht fehlt, daß sie als „langer Arm" der Behörde Krankenkasse tätig werden, und sie nicht von sich aus den Gleichheitssatz bei der Vergabe von knappen Behandlungskapazitäten beachten, was schon aufgrund ihrer Ausbildung kaum von ihnen verlangt werden könnte,[113] bedarf es hier klarer Vorgaben der ärztlichen Selbstverwaltung, der Kassen oder gar des Gesetzgebers selbst, um die Verteilung der Ressourcen unter Beachtung der Grundsätze des Art. 3 Abs. 1 GG zu regeln.

2) Abwehrrechte

Auf der subjektiven Ebene steht das Gleichbehandlungsgebot des allgemeinen Gleichheitssatzes dem Bürger in erster Linie als Abwehrrecht gegenüber nicht gerechtfertigten oder willkürlichen Ungleichbehandlungen zur Verfügung. Dabei ist aber anzumerken, daß, wie eingangs bereits dargestellt, die klassische, prüfungstechnische Unterscheidung in Schutzbereich und Beeinträchtigung (Eingriff) aufgrund der schwierigen Struktur des Grundrechts kaum praktikabel erscheint und deshalb von der ganz herrschenden Meinung auch abgelehnt wird.[114] Gelegentlich wird insofern geltend gemacht, das Grundrecht aus Art. 3 Abs. 1 GG wirke nur „modal", also das „wie" des staatlichen Handelns

---

[110] So explizit: *V. Neumann*, SGb 1998, S. 610 und S. 612 f. - Zur Frage der rechtlichen Außenwirkung auch BSG v. 9.6.1998 - B 1 KR 18/96 = SozR 3-2500, § 39 Nr. 5 [S. 27] (Hodenprothese). *H. Bley/R. Kreikebohm,* (Sozialrecht ^{7}1993, Rdnr. 158) bezeichnen die Leistungserbringung durch Dritte vor der „Rahmenrechts-Rechtsprechung" des BSG lediglich als Realakt also „schlichtes Verwaltungshandeln".

[111] Hierzu *H. Maurer*, Allg. Verwaltungsrecht ^{11} (1997) § 23 Rdnr. 60 m.w.Nachw.

[112] Vgl.: *V. Neumann*, SGb 1998, S. 612 und BSG v. 9.6.1998 - B 1 KR 18/96 = SozR 3-2500, § 39 Nr. 5 [S. 27] (Hodenprothese).

[113] So auch BSG v. 9.6.1998 - B 1 KR 18/96 = SozR 3-2500, § 39 Nr. 5 [S. 27] (Hodenprothese).

[114] So m.w.Nachw *L. Osterloh,* in *Sachs*, Grundgesetz ^{2}1999, Art. 3 Rdnr. 39 - offenbar a. A.: *H. D. Jarass/B. Pieroth*, Grundgesetz ... ^{4}1997, Art. 3 Rdnr. 3 ff.

betreffend, und habe ansonsten keinen bestimmbaren materiellen Schutzgegenstand.[115] Dem ist insofern zuzustimmen, als der bereits vorgenommenen inhaltlichen Konkretisierung des Art. 3 Abs. 1 GG zu entnehmen ist, daß der Regelungsgehalt des allgemeinen Gleichheitssatzes abhängig ist von dem Gegenstand des staatlichen Handelns, das auf seine Vereinbarkeit mit dem Gleichbehandlungsgrundsatz hin überprüft werden soll. Das Ergebnis einer solchen Überprüfung ist insofern offen.[116] Im Zusammenspiel mit den rechtlichen Gehalten anderer tangierter Grundrechtsnormen läßt sich im Einzelfall der rechtliche Gehalt des Art. 3 Abs. 1 GG aber sehr wohl ermitteln, so daß der Gleichbehandlungsgrundsatz letztlich doch mehr als nur reines Verfahrensrecht ist.[117]

Die herrschende Lehre, wie auch die Rechtsprechung, will es aber nicht mit der rein abwehrrechtlichen Dimension des allgemeinen Gleichheitssatzes bewenden lassen, denn allein die Freiheit von staatlicher Beeinträchtigung als „status negativus"[118] kann dem staatlichen Anspruch auf die Gewährleistung von Freiheit für die Bürger nicht gerecht werden.[119] Am Beispiel der Weltreise verdeutlicht *Murswiek* anschaulich den Unterschied zwischen der rein formalen, rechtlichen Freiheit, jederzeit das Land zu verlassen, der aber aufgrund von Defiziten im Hinblick auf Einkommen oder Vermögen nicht automatisch auch die „reale Freiheit" folgt, tatsächlich eine Weltreise antreten zu können.[120] Nun soll freilich die Anwendung des allgemeinen Gleichheitssatzes nicht dazu führen, daß der Staat, der seine Bürger ausreisen läßt, diesen auch automatisch die beabsichtigte Weltreise finanzieren muß. Dies wäre eine leistungsrechtliche Dimension, die bekanntlich von wenigen Ausnahmen abgesehen, nicht zu den üblichen Funktionen von Grundrechten gehört.[121] Gleichwohl gibt es eine grundlegende Voraussetzung für die Betätigung von Freiheitsrechten, die nicht direkt leistungsrechtlicher Natur ist, die aber auch mit rein abwehrrechtlichen Mitteln, beispielsweise als Ausdruck der allgemeinen Handlungsfreiheit aus

---

[115] Vgl.: *L. Osterloh,* in *Sachs*, Grundgesetz ^{2}1999, Art. 3 Rdnr. 39 m.w.Nachw.

[116] So auch *L. Osterloh,* in *Sachs*, Grundgesetz ^{2}1999, Art. 3 Rdnr. 42. unter Berufung auf *P. Kirchhof* in *Isensee/Kirchhof (Hrsg.)*, HbStR V (1992), § 124 Rdnr. 276.

[117] Vgl.: *L. Osterloh,* in *Sachs*, Grundgesetz ^{2}1999, Art. 3 Rdnr. 42.

[118] *D. Murswiek* in *Isensee/Kirchhof (Hrsg.)*, HbStR V (1992), § 112 Rdnr. 27 unter Berufung auf Jelinek.

[119] Hierzu eingehend *D. Murswiek* in *Isensee/Kirchhof (Hrsg.)*, HbStR V (1992), § 112 Rdnr. 26 ff.

[120] *D. Murswiek* in *Isensee/Kirchhof (Hrsg.)*, HbStR V (1992), § 112 Rdnr. 27.

[121] Eine differenzierte Auseinandersetzung mit den sogenannten „sozialen Grundrechten" (Recht auf Arbeit/Recht auf Gesundheit) findet sich bei *D. Murswiek* in *Isensee/Kirchhof (Hrsg.)*, HbStR V (1992), § 112 Rdnr. 40 ff.

Art. 2 Abs. 1 GG nicht zu erreichen ist.[122] Gemeint ist der Gemeingebrauch von öffentlich zugänglichen Sachen oder staatlichen Einrichtungen. Ein Anspruch auf Benutzung der vorhandenen öffentlichen Ressourcen kann letztlich abwehrrechtlich nicht begründet werden. Hierzu bedient sich die Grundrechtsdogmatik der sogenannten Teilhaberechte, die in der Regel auf Art. 3 Abs. 1 GG gestützt werden.[123]

3) Originäre und derivative Teilhaberechte

Als grundlegend für die Bestimmung von Teilhaberechten dürfen wohl die Berichte von *Wolfgang Martens* und *Peter Häberle* zur Frage der „Grundrechte im Leistungsstaat" auf der Tagung der *Vereinigung der Deutschen Staatsrechtslehrer* in Regensburg im Herbst 1971[124] angesehen werden. Ausgehend von der soeben aufgeworfenen Problematik gelangt *Martens* zu dem Schluß, es gäbe gegenüber der über die Zuteilung von Leistungen im Einzelfall entscheidenden Verwaltung aufgrund der Anwendung des Gleichheitssatzes einen Anspruch auf Teilhabe an den gewährten Leistungen. Damit, so schließt er weiter, gebe es auch ein Recht auf allgemeine bestimmungsgemäße Benutzung öffentlicher Einrichtungen zur Daseinsvorsorge.[125] Die Grenze für die Ansprüche auf Teilhabe an staatlichen Leistungen sieht er regelmäßig bei der Erschöpfung der zweckbestimmten finanziellen Mittel oder der Kapazität der Einrichtungen.[126] *Häberle* dagegen ist etwas zurückhaltender, wenn er feststellt, es komme nur ausnahmsweise über Art. 3 Abs. 1 GG und Art. 20 Abs. 1 GG zu Leistungsansprüchen. Verfassungsaufträge seien kein „Tischlein-deck-dich" für leistungsstaatliche Grundrechtseffektivierung.[127] Auch er sieht allerdings ein Recht auf Chancengleichheit im Zugang.[128]

Für die Anerkennung der Teilhaberechte durch die Rechtsprechung ist maßgeblich die sogenannte „Numerus-clausus-Entscheidung" des BVerfG aus dem

[122] Eingehend hierzu auch *H.-U. Erichsen* in *Isensee/Kirchhof (Hrsg.)*, HbStR VI (1989), § 152 Rdnr. 63 ff. [66].

[123] Vgl.: *D. Murswiek* in *Isensee/Kirchhof (Hrsg.)*, HbStR V (1992), § 112 Rdnr. 66 unter Berufung auf BVerwG v. 7.1.1972 - IV C 49.68 = BVerwGE 39, 235 [238 f.] (Benutzung einer öffentlichen Anstalt); *L. Osterloh,* in *Sachs*, Grundgesetz ^{2}1999, Art. 3 Rdnr. 53. Mit einer gewissen Neigung, auch Art. 14 GG und Art. 2 Abs. 1 GG eine teilhaberechtliche Wirkung zuzuweisen auch *H.-U. Erichsen* in *Isensee/Kirchhof (Hrsg.)*, HbStR VI (1989), § 152 Rdnr. 64 ff.

[124] *W. Martens*, VVDStRL 30/1972, S. 7 ff und *P. Häberle*, VVDStRL 30/1972, S. 43 ff.

[125] *W. Martens*, VVDStRL 30/1972, S. 24.

[126] A.a.O., S. 25.

[127] So die These von *P. Häberle*, VVDStRL 30/1972, S. 139.

[128] Vgl.: *P. Häberle*, VVDStRL 30/1972, S. 140.

Jahre 1972[129] zu nennen. In ihr wurden die wesentlichen Aspekte der von *Martens* und *Häberle* in die Diskussion gebrachten Teilhabe an staatlichen Leistungen aufgegriffen und weiterentwickelt. Der erkennende 1. Senat stützt seine Argumentation indes nicht allein auf Art. 3 Abs. 1 GG. Er leitet das Recht auf Teilhabe in Form von Zulassung zum Hochschulstudium vielmehr aus Art. 12 GG i.V.m. Art. 3 Abs. 1 GG und dem Sozialstaatsgebot her.[130] Dabei stellt der Senat dieses Recht unter den Vorbehalt des Möglichen „im Sinne dessen, was der Einzelne vernünftigerweise von der Gesellschaft beanspruchen kann".[131] Die gleichheitsrechtliche Komponente dieser Entscheidung liegt allerdings in der Feststellung, „daß jede Auswahl zwischen hochschulreifen Bewerbern eine Ungleichbehandlung prinzipiell Gleichberechtigter in der Verteilung von Lebenschancen darstellt und daß sich ein absoluter numerus clausus, der zum Ausschluß eines erheblichen Teils hochschulreifer Bewerber von dem Studium ihrer Wahl führt, am Rande des verfassungsrechtlich Hinnehmbaren bewegt".[132] Infolge dieser Feststellung müssen sich die Verantwortlichen bei Zulassungsbeschränkungen „in steter Orientierung am Gerechtigkeitsgedanken um eine, auch für die Benachteiligten zumutbare Auswahl nach sachgerechten Kriterien mit einer Chance für jeden Zulassungsberechtigten (...) bemühen."[133] Nur vorsichtig angesprochen und letztlich doch verworfen hat der Senat die Frage, ob sich aus den grundrechtlichen Wertentscheidungen und der staatlichen Inanspruchnahme des Ausbildungsmonopols ein „objektiver sozialstaatlicher Verfassungsauftrag" zur Bereitstellung ausreichender Ausbildungskapazitäten ergibt.[134] Er besteht aber auf eine „erschöpfende Nutzung" aller Ausbildungskapazitäten, die verfassungsrechtlich vorrangig vor Maßnahmen der Bewerberauswahl sei.[135]

Von der nachfolgenden Literatur wurden diese Aspekte bereitwillig aufgenommen und weiterentwickelt. Danach ergibt folgender aktueller Befund:

---

[129] BVerfG v. 18.7.1972 - 1 BvL 32/70, 25/71 = BVerfGE 33, 303 (Numerus clausus).

[130] BVerfGE 33, 303 [331 ff.]. Dies bestätigend auch noch einmal BVerfG v. 8.2.1977 - 1 BvF 1/76, 1 BvL 7, 8/75, 1 BvR 239/75, 92, 103 bis 115, 140 bis 143, 187/76 = BVerfGE 43, 291 [313 f.] (Numerus clausus - Auswahlregelungen)

[131] BVerfGE 33, 303 [333].

[132] So die Formulierung bei BVerfG v. 8.2.1977 - 1 BvF 1/76, 1 BvL 7, 8/75, 1 BvR 239/75, 92, 103 bis 115, 140 bis 143, 187/76 = BVerfGE 43, 291 [313 ff.] (Numerus clausus - Auswahlregelungen).

[133] BVerfGE 33, 303 [338] - ebenso: BVerfG v. 8.2.1977 - 1 BvF 1/76, 1 BvL 7, 8/75, 1 BvR 239/75, 92, 103 bis 115, 140 bis 143, 187/76 = BVerfGE 43, 291 [313 f.] (Numerus clausus - Auswahlregelungen).

[134] BVerfGE 33, 303 [333].

[135] BVerfGE 33, 303 [338] und unter Berufung darauf auch BVerfG v. 8.2.1977 - 1 BvF 1/76, 1 BvL 7, 8/75, 1 BvR 239/75, 92, 103 bis 115, 140 bis 143, 187/76 = BVerfGE 43, 291 [313 f.] (Numerus clausus - Auswahlregelungen).

Originäre Teilhaberechte oder Leistungsansprüche als Folge des allgemeinen Gleichheitssatzes (auch i.V.m. dem Sozialstaatsgebot) werden ganz generell, von den bereits diskutierten Ausnahmen in Hinblick auf die Sicherung des Existenzminimums abgesehen,[136] abgelehnt.[137] Es gibt also keine gleichheitsrechtlich begründbaren Anrechte auf Schaffung oder Bereitstellung von Kapazitäten, was im Hinblick auf die eingangs getroffenen Überlegungen zur Bedarfsplanung und die damit verbunden Kapazitätsbegrenzungen im Gesundheitswesen von nicht unerheblicher Bedeutung ist. Die Teilhaberechte werden damit auf das beschränkt, was sie von ihrer ursprünglichen Konzeption her waren: auf die gleichberechtigte Nutzungsmöglichkeit der vorhandenen öffentlichen Ressourcen und auf den gleichberechtigten Zugang zu öffentlichen Einrichtungen.[138] Der gleichheitsrechtliche Leistungsanspruch ist damit auf die vorhandenen oder bereitgestellten Kapazitäten beschränkt.[139] Es handelt sich hierbei also um *derivative Teilhaberechte*. Nur aus wenigen Grundrechten, beispielsweise dem Art. 7 Abs. 4 GG (Privatschulfreiheit),[140] lassen sich darüber hinausgehende Leistungsansprüche aus der Verfassung herleiten.

Wenn der Staat aber bestimmte Leistungen zur Verfügung stellt, oder wenn bestimmte Leistungen der Öffentlichkeit zugänglich sind, so verpflichten die derivativen Teilhaberechte die staatlichen Gewalten deutlich zu einer Gleichbehandlung bei der Gewährung von Leistungen.[141] Etwas ausführlicher faßt *L. Osterloh*[142] diese Aussage in ein „Wenn-dann-Schema“: „*Wenn* der Staat öffentliche Ausbildungsstätten oder sonstige öffentliche Einrichtungen, soziale Leistungen im engeren Sinne oder Subventionen gewährt, *dann* besteht auch ein Anspruch auf gleichheitsgerechte Entscheidungen über Zugang oder sonstige Leistungsgewährung“[143]. Wenn die Leistungsgewährung oder Anspruchserfüllung die einzige Möglichkeit zur Abwehr des Gleichheitsverstoßes darstellt, wird im übrigen aus dem derivativen Teilhaberecht gelegentlich auch ein konkretes Zugangs- oder Leistungsrecht abgeleitet.[144] Dies findet unter Berücksichtigung der Rechtsprechung des BVerfG seine Grenzen aber regelmäßig in den

---

[136] Hierzu noch einmal eingehend *D. Murswiek* in *Isensee/Kirchhof (Hrsg.)*, HbStR V (1992), § 112 Rdnr. 98 ff.

[137] So *L. Osterloh,* in *Sachs*, Grundgesetz ^{2}1999, Art. 3 Rdnr. 55 mit umfangreichen Nachweisen.

[138] Vgl.: *L. Osterloh,* in *Sachs*, Grundgesetz ^{2}1999, Art. 3 Rdnr. 53 f.

[139] Vgl.: *D. Murswiek* in *Isensee/Kirchhof (Hrsg.)*, HbStR V (1992), § 112 Rdnr. 73 ff.

[140] Hierzu *H. D. Jarass/B. Pieroth*, Grundgesetz ... ^{4}1997, Art. 7 Rdnr. 20.

[141] Vgl.: *D. Murswiek* in *Isensee/Kirchhof (Hrsg.)*, HbStR V (1992), § 112 Rdnr. 69 ff.

[142] *L. Osterloh,* in *Sachs*, Grundgesetz ^{2}1999, Art. 3 Rdnr. 53.

[143] Ebenda - Hervorhebungen im Original.

[144] Vgl.: *D. Murswiek* in *Isensee/Kirchhof (Hrsg.)*, HbStR V (1992), § 112 Rdnr. 69; *L. Osterloh,* in *Sachs*, Grundgesetz ^{2}1999, Art. 3 Rdnr. 54 m.w.Nachw.

Kapazitätsgrenzen und steht insofern unter dem „Vorbehalt des Möglichen".[145] Außerdem ist es dem Gesetzgeber unbenommen, die Leistungsgewährung auch gänzlich einzustellen und damit wieder „Gerechtigkeit" herzustellen.[146]

Soweit sich im einzelnen Leistungsansprüche aus einfachen Leistungsgesetzen ergeben, führt der Grundsatz der Rechtsanwendungsgleichheit dazu, daß die Exekutive den Begünstigten die gesetzlich verbrieften Leistungen nicht willkürlich vorenthalten darf.[147] Es ist damit unter gleichheitsrechtlichen Erwägungen unzulässig, daß behandelnde Ärzte unter den beschriebenen ökonomischen Erwägungen einem Versicherten die gesetzlichen Leistungsansprüche vorenthalten. Sollte diese Praxis evident werden, so müßte der Gesetzgeber dem unter der Einwirkung des allgemeinen Gleichheitssatzes unter allen Umständen Einhalt gebieten. Im übrigen sind Zuteilungsentscheidungen über Behandlungsmöglichkeiten hinsichtlich der Rechte aus Art. 2 Abs. 2 S. 1 GG in hohem Maße grundrechtsrelevant.[148] Damit ist nach der Wesentlichkeitstheorie der Gesetzgeber verpflichtet, die Verteilung knapper Ressourcen - hier die Verteilung der wenigen vorhandenen oder zur Verfügung gestellten Behandlungsplätze - selbst zu regeln.[149]

Aus der Rechtsprechung des BVerfG zur Ausschöpfung und Verteilung von Ausbildungskapazitäten läßt sich in Fortentwicklung des Gebots zur erschöpfenden Nutzung vorhandener Hochschulausbildungskapazitäten für den Gesundheitsbereich *ein Gebot effektiver Nutzung vorhandener Ressourcen und effektiven Ressourceneinsatzes* formulieren.[150] Sollte sich aus den Steuerungsbemühungen im Gesundheitswesen die Tatsache ergeben, daß regelmäßig in der medizinischen Versorgung örtliche oder terminliche Engpässe auftreten, müßte dies unter Berücksichtigung der derivativen Teilhaberechte eine staatliche Verpflichtung zur „optimalen Allokation" der vorhandenen Ressourcen nach sich ziehen.[151] Es gilt somit, wie abschließend noch darzulegen sein wird, geeignete Verfahren zu entwickeln, um Fehlallokationen zu ermitteln und zu beseitigen. Der Dreh- und Angelpunkt dieser Verfahren und auch der Entscheidungen im Einzelfall werden aber die Kriterien sein, nach denen unter den zuvor entwi-

---

[145] *E. Denninger* in *Isensee/Kirchhof (Hrsg.)*, HbStR V (1992), § 113 Rdnr. 41; *L. Osterloh,* in *Sachs*, Grundgesetz ^{2}1999, Art. 3 Rdnr. 54.

[146] *D. Murswiek* in *Isensee/Kirchhof (Hrsg.)*, HbStR V (1992), § 112 Rdnr. 68 ff.; *L. Osterloh*, in *Sachs*, Grundgesetz ^{2}1999, Art. 3 Rdnr. 54.

[147] So *D. Murswiek* in *Isensee/Kirchhof (Hrsg.)*, HbStR V (1992), § 112 Rdnr. 71; *G. Dürig* in *Maunz-Dürig*, Komm. z. GG, Art. 3 Abs. I (1958) Rdnr. 415.

[148] Vgl.: *I. Ebsen*, NDV 1997, S. 79.

[149] Ebenda.

[150] *R. Francke*, Ärztliche Berufsfreiheit und Patientenrechte (1994), S. 84. - Hervorhebungen im Original.

[151] Vgl.: *R. Francke*, Ärztliche Berufsfreiheit und Patientenrechte (1994), S. 84 f.

ckelten Grundsätzen die Leistungsbedürftigen in Gruppen eingeteilt werden, nach denen systematisiert und typisiert werden darf. Insofern ist nach geeigneten Maßstäben der Verteilungsgerechtigkeit zu suchen, wobei die Sachgerechtigkeit der Kriterien die entscheidende Rolle spielen wird.

V. Maßstäbe der Verteilungsgerechtigkeit bei medizinischen Ressourcen

Auch wenn für die Herstellung einer wie auch immer gearteten Verteilungsgerechtigkeit unter Berücksichtigung der Vorgaben durch den allgemeinen Gleichheitssatz und dem Wesentlichkeitsgrundsatz in erster Linie der Gesetzgeber angesprochen ist, können die hiermit aufgeworfenen Fragestellungen, wie *Bieback* es formuliert, letztlich nicht autoritativ, „sondern nur über faire Verfahren der Konsensbildung gelöst werden."[152] Es geht dabei letztlich also um die Frage einer prozeduralen Gerechtigkeit.[153] Soll der Konflikt um eine Verteilung der knappen Ressourcen im Gesundheitswesen den berechtigten Sicherheits- und Verteilungsinteressen der verschiedenen Generationen und sonstigen Gruppen der Versicherten in angemessener Weise Rechnung tragen, so kann dies nur durch geeignete, demokratische Verfahren der Verteilung der vorhandenen oder bereitgestellten Güter geschehen, die durch Transparenz und Rationalität bestimmt werden.[154] Ehe in diesem Sinne der Gesichtspunkt der Transparenz untersucht wird, der sich nicht nur aus allgemeinen demokratischen Grundsätzen, sondern für die vorliegende Fragestellung auch aus dem Selbstbestimmungsrecht der Patienten ergibt, und ehe abschließend auf Fragen des Grundrechtsschutzes durch Organisation und Verfahren eingegangen wird, dessen Bedeutung als Schutzinstrument besonders gegen die Erscheinungsformen der verdeckten Rationierung von nicht unerheblicher Bedeutung sein dürfte, sollen zunächst noch im Hinblick auf die Rationalität der getroffenen Entscheidung, einige mögliche Parameter für die Abgrenzung verschiedener Patienten- und Versichertengruppen auf ihre Vereinbarkeit den verbürgten Grundrechten - und hier besonders mit dem allgemeinen Gleichheitssatz des Art. 3 Abs. 1 GG - hin zu untersuchen.

---

[152] *K.-J. Bieback*, Verfassungsrechtlicher Schutz ... (1997), S. 42.

[153] Ebenda - m.w.Nachw. - Einen Überblick über die verschieden philosophischen Aspekte von Verteilungsgerechtigkeit bieten die Aufsätze von *B. Schöne-Seifert* in *J. Mohr/Ch. Schubert*, Ethik der Gesundheitsökonomie (1992), S. 34 ff. und *G. Feuerstein* in *G. Feuerstein et al.*, Prioritäten und Wertkonflikte (1997), S. 105 ff. beide m.w.Nachw.

[154] Sehr ähnlich auch *K.-J. Bieback*, Verfassungsrechtlicher Schutz ... (1997), S. 42 und *I. Ebsen*, NDV 1997, S. 79.

1) Alter des Patienten

Ein mögliches und in rationierenden Gesundheitssystemen, wie dem britischen, offenbar gebräuchliches Kriterium ist das Alter des Patienten.[155] Die Gebräuchlichkeit des Verteilungskriteriums „Alter" vor allem in der Diskussion um die „gerechte" Verteilung der vorhandenen Gesundheitsgüter mag für eine Anwendbarkeit dieses Verteilungsmaßstabs sprechen. Dies allein kann aber noch nicht als Grund für eine verfassungsrechtliche Rechtfertigung unterschiedlicher Zugangsrechte zu den Behandlungskapazitäten im Gesundheitswesen genügen. Zu fragen ist vielmehr, ob das Alter als maßgebliches Kriterium für die Verteilung der Ressourcen im Gesundheitswesen als sachgerecht für eine zulässige Verteilung im Sinne des Art. 3 Abs. 1 GG anzusehen ist.

Der Ansatz, ein Recht auf medizinische Behandlung vom Lebensalter des Patienten abhängig zu machen, geht offenbar auf *Daniel Callahan*[156] zurück. Er argumentierte, der Mensch solle sich darauf zurückbesinnen, daß die Vorgabe der Natur eine Lebensspanne von 75 oder 80 Jahren sei und plädierte deshalb für eine drastische Einschränkung der geriatrischen Medizin.[157] Der hieraus gefolgerte „technologische Gerontozid"[158] kann allerdings in der Schärfe dieser Entscheidung aus den Folgerungen *Callahans* so unmittelbar nicht geschlossen werden, denn *Callahan* beläßt die Verantwortung für die Entscheidung beim Patienten selbst und apelliert mehr an dessen Verantwortungsbewußtsein.[159] Im übrigen gibt es gute Gründe, gerade den naturphilosophischen Ansatz *Callahans* in Zweifel zu ziehen, denn es ist wenig konsequent, wenn im System der medizinischen Versorgung die „Natürlichkeit" von Krankheit und Gebrechen bei jüngeren Patientinnen und Patienten grundsätzlich ignoriert und mit allen (auch hochtechnischen) Mitteln gegen Krankheiten und ihre Erscheinungsformen vorgegangen wird, im Alter aber die Natürlichkeit zum Argument für den Behandlungsverzicht gemacht wird.[160]

---

[155] Hierzu eingehend *P. T. Menzel*, Strong Medicine (1990), S. 199 ff.; *H. Kühn*, Rationierung im Gesundheitswesen (1991), S. 14 ff.; *A. Künschner*, Wirtschaftlicher Behandlungsverzicht ... (1992), S. 94 f. und S. 328 f.

[156] *D. Callahan*, Setting limits. Medical goals in an aging society, New York 1987 - zitiert nach *B. Schöne-Seifert* in *J. Mohr/Ch. Schubert*, Ethik der Gesundheitsökonomie (1992), S. 41; *H. Kühn*, Rationierung im Gesundheitswesen (1991); S. 32 f. und *H. Diessenbacher*, Generationenvertrag..., in *Ch. Sachße/H.T. Engelhardt*, Sicherheit ..., (1990) S. 269.

[157] So zitiert ihn *B. Schöne-Seifert* in *J. Mohr/Ch. Schubert*, Ethik der Gesundheitsökonomie (1992), S. 41.

[158] Hiervon spricht *H. Diessenbacher*, Generationenvertrag..., in *Ch. Sachße/H.T. Engelhardt*, Sicherheit ..., (1990) S. 269.

[159] Vgl.: *B. Schöne-Seifert* in *J. Mohr/Ch. Schubert*, Ethik der Gesundheitsökonomie (1992), S. 41.

[160] Ebenda.

Dennoch hat das Alter als Kriterium bei Behandlungsentscheidungen im ethisch-moralischen Diskurs, mehr aber noch in der täglichen Entscheidungspraxis am Patientenbett und in der Auseinandersetzung auch mit Angehörigen eine erhebliche Bedeutung.[161] Einen Ausschlag für die hohe Akzeptanz des Kriteriums Alter in der öffentlichen Diskussion mag zum einen das geringe Ansehen geben, das alte Menschen in einer von Jugendlichkeit und Leistungsfähigkeit geprägten Gesellschaft wie der unseren nur noch haben. Zum anderen dürften aber auch rationalere Überlegungen, wie die Frage nach den mit der Behandlung noch zu gewinnenden Lebensjahren, die im Alter zweifellos geringer sind als in jüngeren Jahren, und den aus der Behandlung erwachsenden Folgekosten im praktischen Entscheidungsprozeß zum Tragen kommen.[162] Bezogen auf die zu gewinnenden Lebensjahre mag diese Bedeutung des Kriteriums Alter durchaus gerechtfertigt sein und könnte insofern auch als Rechtfertigungsgrund für einen Behandlungsverzicht in Fällen eines konkurrierenden Behandlungsanspruchs zweier und mehrerer Patienten unter strafrechtlichen Gesichtspunkten Bedeutung erlangen.[163] An sich ist dieser Aspekt aber eher eine Frage des Prognosevorteils, auf den nachfolgend noch kurz einzugehen sein wird, und weniger eine Frage des Alters als Verteilungskriterium.

Eine deutlich günstigere Prognose hinsichtlich der zu erwartenden Überlebensdauer wird sich im übrigen auch nur dort ergeben, wo die Altersunterschiede der Patienten deutlich sind. Bereits ab einem Alter von etwa 55 Jahren ist der Abfall der noch zu erwartenden Lebensdauer statistisch bei weitem nicht mehr so konstant wie in den ersten fünfzig Lebensjahren und selbst im Alter von 90 Jahren liegt die statistischen Lebenserwartung noch bei mehr als drei Jahren.[164] Hinzu kommt, daß es im Hinblick auf die statistische Lebenserwartung eine deutliche Differenz zwischen Männern und Frauen gibt, so daß, wollte man das Kriterium „Alter" als Verteilungskriterium zulassen, unter Gleichbehandlungsgesichtspunkten wenigstens eine geschlechtsspezifische Differenzierung vorgenommen werden müßte. Schließlich ist die Überlebensdauer letztlich von ganz anderen Faktoren als allein dem Alter abhängig. Entscheidend ist letztlich der

---

[161] Vgl.: *E. Kuhlmann* in *G. Feuerstein et al.*, Prioritäten und Wertkonflikte (1997); S. 59 f. und *K. Engert* in *G. Feuerstein et al.*, Prioritäten und Wertkonflikte (1997); S. 80 f. Zuvor bereits *P. T. Menzel,* Strong Medicine (1990); S. 199 f.

[162] Zum Ganzen auch *W. Krämer,* Krankheit des Gesundheitswesens (1989), S. 67 ff. [86]; *ders.,* Wir kurieren uns zu Tode (1993), S. 54 ff.; *H. Kühn,* Rationierung im Gesundheitswesen (1991), S. 16 f.; *P. T. Menzel,* Strong Medicine (1990), S. 199 f.; *A. Künschner*, Wirtschaftlicher Behandlungsverzicht (1992), S. 94 ff. und S. 328 ff.

[163] Hierzu schon im 2. Kapitel unter B, I, 1), a) (3) (b).

[164] Zu den Zahlen: *BMG*, Daten des Gesundheitswesens 1997; S. 24 f.

körperliche Allgemeinzustand, der seinerseits von ganz unterschiedlichen Faktoren, nicht zuletzt auch sozialer Art abhängig ist.[165]

Auch die Folgekosten einer Behandlung sind als Argumentationshilfe zur Versachlichung der Diskussion wenig hilfreich. Zwar ist schon deutlich erkennbar, daß die Krankheitshäufigkeit mit zunehmendem Alter auch steigt.[166] Von Krankheit betroffen sind allerdings rein statistisch gesehen auch nur 25 Prozent der Über-65-Jährigen,[167] so daß ein höheres Alter im Einzelfall keineswegs zwangsläufig auch zu vermehrter Krankheit und damit zu mehr Behandlungskosten führt. Die Erkrankungshäufigkeit hängt im übrigen auch von anderen, beispielsweise regionalen oder jahreszeitlichen Faktoren ab, so daß letztlich gesicherte Aussagen über Erkrankungswahrscheinlichkeiten und Behandlungsfolgekosten allein in Korrelation zum Alter kaum möglich sind.[168] Im übrigen ist auch die Aussage, daß im Alter generell höhere Behandlungskosten anfallen, nicht unbedingt zutreffend. Untersuchungen belegen vielmehr, daß die höchsten Behandlungskosten jeweils in den letzten fünf bis sechs Lebensmonaten und zwar unabhängig vom Alter des Patienten anfallen.[169] Das Lebensalter als entscheidendes Auswahlkriterium bei der Verteilung knapper Ressourcen im Gesundheitswesen ist insofern wenig sachgerecht und dürfte als Typisierungsgrundlage kaum zu tragfähigen und mit den Grundsätzen der Verteilungsgerechtigkeit aus Art. 3 Abs. 1 GG zu vereinbarenden Ergebnissen führen.

Selbst im Bereich der Organtransplantation hat man inzwischen das Prinzip der strengen Alterslimits für eine Aufnahme in die Transplantationsprogramme weitgehend verlassen.[170] Dies ist nicht zuletzt der Tatsache geschuldet, daß die neuen Verfahren der Transplantation und vor allem auch der Nachsorge für Transplantationspatienten zu wesentlich verbesserten Ergebnissen geführt haben.[171] Bei der

---

[165] Zur These „Wenn Du arm bist mußt Du früher sterben“ vgl. nur *Th. Elkeles/A. Mielck*, Soziale und gesundheitliche Ungleichheit (1993). - Eine Studie hat ergeben, daß das Sterblichkeitsrisiko bei einem jährlichen Einkommen von 30 000 Mark etwa doppelt so groß ist wie bei einem Einkommen von 60 000 Mark (*G. Trabert*, DÄBl. 12/1999; S. A-756 ff.).

[166] So ergab beispielsweise eine statistische Erfassung des Gesundheitszustands der deutschen Bevölkerung im April 1995, daß die Zahl der Erkrankten im Alter von über 65 etwa doppelt so hoch wie bei den 40- bis 65-jährigen und ca. dreimal so hoch wie bei den 15- bis 40-jährigen ist (*BMG*, Daten des Gesundheitswesens 1997, S. 108).

[167] Ebenda.

[168] Vgl. zum Ganzen: *P. Rosenberg* in *Arnold, Michael u.a.*, Entwicklungstendenzen im Gesundheitswesen ... (1991), S. 271 ff. [290 f.].

[169] Vgl. *M. A. Rie*, Ökonomische Grenzen ..., in *Ch. Sachße/H.T. Engelhardt*, Sicherheit ..., (1990), S. 279.

[170] Vgl.: *A. Künschner*, Wirtschaftlicher Behandlungsverzicht ... (1992), S. 94 f. m.w.Nachw.

[171] Vgl.: *G. Feuerstein* in *G. Feuerstein et al.*, Prioritäten und Wertkonflikte (1997), S. 117 f.

Zuteilung im Einzelfall spielen gem. § 12 Abs. 3 TPG[172] insbesondere die Erfolgsaussicht bzw. der Prognosevorteil (maßgeblicher Faktor ist hier die Gewebeverträglichkeit) und die Dringlichkeit die entscheidende Rolle.[173] Das Alter des Patienten dürfte dabei bestenfalls in der Weise zu Tragen kommen, als mit zunehmendem Alter der Patienten auch weitere Behandlungsrisiken durch zusätzliche altersbedingte Nebenerkrankungen, wie Diabetes mellitus, auftreten, die die Behandlung aus medizinischen Gründen zweifelhaft erscheinen lassen und damit die Erfolgsaussichten vermindern. Wieder also ein Faktor, der eher auf der Einzelfallebene unter dem Aspekt der Zweckmäßigkeit der Behandlung eine Rolle spielt.[174] Als generelles Verteilungskriterium dürfte damit dem Alter des Behandlung begehrenden Patienten keine entscheidende Bedeutung zukommen.

Es nimmt nicht Wunder, daß selbst im britischen Gesundheitswesen, von dem es immer wieder heißt, es gäbe klare Altersgrenzen für Patienten, die eine Hämodialyse gewährt bekommen,[175] diese Grenzen letztlich so klar doch nicht sind. Jedenfalls gibt es offenbar keine einheitliche Altersgrenze für Dialysepatienten, sondern variable Altersbegrenzungen, die je nach den zur Verfügung stehenden Mitteln von Region zu Region unterschiedlich sind und nach der Literatur etwa zwischen dem 65. und dem 75. Lebensjahr liegen.[176] Es gibt auch Regionen, in denen, jedenfalls zeitweise, gar keine Rationierung von Dialyseleistungen stattfindet oder wo auch unter medizinischen Gesichtspunkten statt der Hämodialyse eine Peritonealdialyse gewählt wird.[177] Einen grundsätzlichen und gesamtgesellschaftlichen Konsens hinsichtlich der Verweigerung von bestimmten medizinischen Leistungen ab einem bestimmten Lebensalter gibt es also auch in Großbritannien offenbar nicht. Wenn rationiert wird, so geschieht dies auch dort auf der Makroebene[178] und die Entscheidung auf der Mikroebene trifft auch dort der jeweils behandelnde Arzt, für den das Kriterium Alter immerhin einen gewissen Grad an Objektivierung der Entscheidung und damit zugleich auch eine Erleichterung des Gewissens mit sich bringt.[179]

---

172 Gesetz über die Spende, Entnahme und Übertragung von Organen (Transplantationsgesetz) vom 5.11.1997 (BGBl. I 1997, S. 2631)

173 Eingehender zum Verfahren der Organverteilung *B. Holznagel/I Holznagel,* DÄBl. 1998; S. A-1720 f.

174 Zum ganzen am Beispiel der Organtransplantation *A. Künschner*, Wirtschaftlicher Behandlungsverzicht ... (1992), S. 98 ff.

175 So z.B. *W. Krämer,* Krankheit des Gesundheitswesens (1989), S. 246; differenzierter schon *H. Kühn,* Rationierung im Gesundheitswesen (1991), S. 15 ff.

176 So *H. Kühn,* Rationierung im Gesundheitswesen (1991), S. 16 m.w.Nachw.

177 So jedenfalls die mündliche Auskunft von NHS-Ärzten in der Region Newcastle anläßlich eines Besuches dort im Herbst 1996.

178 Vgl.: *H. Kühn,* Rationierung im Gesundheitswesen (1991), S. 15.

179 Vgl.: *P. T. Menzel,* Strong Medicine (1990); S. 199 ff.

Im Ergebnis ist das Lebensalter als Verteilungskriterium, jedenfalls was das rein kalendarische Alter angeht, völlig unbrauchbar. Eine sachgerechte Unterscheidung verschiedener Patientengruppen allein aufgrund des Alters ist in der Regel nicht möglich, so daß das Alter als Verteilungskriterium letztlich *willkürlich* ist. Außerdem findet, wie *Alfred Künschner* bereits zutreffend festgestellt hat, die Theorie, wonach alten Menschen, wenn es um den Zugang zu einer medizinischen Behandlung geht, ein Weniger an Lebensrecht zukommt als jungen Menschen, im deutschen Recht keine Grundlage.[180] In diesem Sinne zitiert auch *Höfling*[181] im Rahmen einer kurzen Stellungnahme zu den verfassungsrechtlichen Maßstäben für Allokationsentscheidungen den 2. Senat des BVerfG, der in seiner zweiten Abtreibungsentscheidung zur Frage der Wirkung der Menschenwürdegarantie auf die staatliche Schutzpflicht für das Leben ausgeführt hat: „Liegt die Würde des Menschseins auch für das ungeborene Leben im Dasein um seiner selbst willen, so verbieten sich jegliche Differenzierungen der Schutzverpflichtung im Blick auf Alter und Entwicklungsstand dieses Lebens ...“.[182]

2) Prognosevorteil

Bei der Betrachtung zuvor hat sich schon angedeutet, daß neben dem Alter des Patienten auch die Erfolgsaussichten einer Behandlung, die ja vielfach vom Alter beeinflußt werden, eine Rolle bei den Verteilungsentscheidungen für die knappen Ressourcen im Gesundheitswesen spielen könnten.[183] Als zunächst einmal rein medizinisch-fachliches Kriterium scheint der Prognosevorteil als Verteilungskriterium auf den ersten Blick sachgerecht und geeignet, in objektiver Weise zu rationalen und wertneutralen Entscheidungen zu gelangen.[184] Er könnte daher, wenn die Chancen auf Genesung zweier Patienten in Einzelfall deutlich auseinanderfallen und andere Behandlungsmöglichkeiten tatsächlich nicht zur Verfügung stehen, beide Patienten sich also in einer echten Konkurrenz zu einander befinden und sich für den behandelnden Arzt daraus eine Kollision der Handlungspflichten ergibt,[185] ein Rechtfertigungsgrund für den

---

[180] *A. Künschner*, Wirtschaftlicher Behandlungsverzicht ... (1992), S. 329. - *G. Feuerstein* (in *G. Feuerstein et al.*, Prioritäten und Wertkonflikte (1997), S. 114) formuliert in seiner Übersicht über verschiedene Verteilungskriterien: der „Wert des Lebens nimmt nicht ab“.

[181] *W. Höfling*, in *G. Feuerstein/E. Kuhlmann*, Rationierung im Gesundheitswesen (1998), S. 154.

[182] BVerfG v. 28.5.1993 - 2 BvF 2/90, 4, 5/92 = BVerfGE 88, 203 [267] (Schwangerschaftsabbruch II).

[183] Zum Ganzen auch *A. Künschner*, Wirtschaftlicher Behandlungsverzicht ... (1992), S. 344 ff. Dieser Faktor gilt auch nach dem § 12 Abs. 3 TPG als wesentlich.

[184] *G. Feuerstein* in *G. Feuerstein et al.*, Prioritäten und Wertkonflikte (1997), S. 115.

[185] Eingehend hierzu *A. Künschner*, Wirtschaftlicher Behandlungsverzicht ... (1992), S. 358 ff.

Abbruch der Behandlung des einen zugunsten des anderen Patienten liefern.[186] Damit ist aber noch nichts über die letztliche Brauchbarkeit des Prognosevorteils als Verteilungskriterium auf den oberen Allokationsebenen ausgesagt.

Die Problematik einer prognosegestützten Auswahl unter verschiedenen Patienten ergibt sich einerseits aus der Tatsache, daß nur selten der sichere Tod des einen Patienten dem sicheren Überleben des anderen gegenüberstehen dürfte. Nur in diesen Fälle könnten aber die behandelnden Ärzte, ohne mit den Grundsätzen der deutschen Rechtsordnung in Konflikt zu geraten, auf die Behandlung des Einen zugunsten des Anderen verzichten. Und selbst dann wäre nach den Grundsätzen der Erfolgszurechnung im Strafrecht noch zu klären, ob nicht der Tod des Einen durch eine Behandlung doch um einige Stunden hätte verzögert werden können, womit der Tatbestand einer fahrlässigen Tötung verwirklicht worden wäre.[187] So bald sich die Sachlage nicht mehr ganz so eindeutig zugunsten eines Patienten darstellt, würde ein wahrscheinlich kürzeres gegen ein eventuell längeres (Über-)Leben abgewogen. Damit würde versucht, das Leben eines Menschen wertmäßig zu erfassen, was zum einen der von *Künschner* oft berufenen „Inkommensurabilität" menschlichen Lebens widerspräche, zum anderen auch einen deutlichen Verstoß gegen die Menschenwürdegarantie darstellen würde. Eine Unterscheidung in den Zugangsmöglichkeiten zu medizinischen Behandlungen aufgrund unterschiedlicher Erfolgsaussichten für einzelne Patienten oder Patientengruppen ist demnach mit unserer Rechtsordnung nicht zu vereinbaren.[188]

Hinzu kommt, daß in aller Regel eine auch nur annähernd genaue Prognose zu den Erfolgsaussichten einer medizinischen Behandlung kaum abzugeben ist. Insbesondere dort, wo es um Leben und Tod geht, werden die Möglichkeiten einer gesicherten Prognosestellung zum Teil sehr gering. Letztlich geht es hier immer um Risiken und Chancen.[189] Der Maßstab der Beurteilung sind häufig „Erfahrungen", die frau oder man im Laufe der Jahre der beruflichen Tätigkeit gesammelt hat. Das diese Erfahrungen rein subjektiver Art sind, liegt in der Natur der Sache. Als sachgerechter Maßstab der Verteilung knapper Gesundheitsressourcen wird die Prognose damit völlig unbrauchbar. In der Intensivmedizin versucht man seit ein paar Jahren, sich mit Hilfe der EDV ein genaueres Bild vom Zustand und der Prognose des Patienten zu machen. Mit dem Computerprogramm RIYADH soll es durch konsequente Erfassung und Vergleich aller Patientendaten ermöglicht werden, neben der individuellen Ermittlung von

---

[186] Mit einigen guten Argumenten letztlich ablehnend *A. Künschner*, Wirtschaftlicher Behandlungsverzicht ... (1992), S. 362.

[187] So *A. Künschner*, Wirtschaftlicher Behandlungsverzicht (1992), S. 326 f. und 372 ff.

[188] Vergleichbar im Ergebnis auch *A. Künschner*, Wirtschaftlicher Behandlungsverzicht ... (1992), S. 327.

[189] So *A. Künschner*, Wirtschaftlicher Behandlungsverzicht ... (1992), S. 372 ff. m.w.Nachw.

Behandlungskosten und einer Steuerung der Belegung von Intensivtherapiebetten auch gesichertere Diagnosen über den Ausgang einer Behandlung und ggf. nötige Änderungen im Therapieregime abzurufen.[190] Bislang sind die prognostischen Möglichkeiten des Programms allerdings noch gering. So liegen nach ersten Arbeiten zur Zuverlässigkeit der gestellten Todesprognosen die Fehlerquoten zwischen 4,4 und über 30 Prozent.[191] Möglicherweise ist der menschliche Organismus als seelisch-körperliches Ganzes doch zu komplex, um umgewandelt in durch Zahlen vermittelte Einzelkomponenten von einem Kalkulationsprogramm erfaßt zu werden.[192] Solange aber nicht auch die geringsten Unzulänglichkeiten des Programm ausgeräumt sind und die Prognose als 100%-ig sicher anzusehen ist, dürfte auch ein computerbestätigter Prognosevorteil nicht als sachgerechter Verteilungsparameter für medizinische Ressourcen angesehen werden.

3) Kosten-Nutzen-Analyse

In der gesundheitsökonomischen Diskussion um die Verteilung der medizinischen Ressourcen durchaus verbreitet sind die Kosten-Nutzen-Analysen.[193] Dabei sind im Prinzip neben den ergebnisorientierten Analysen des Nutzens für den einzelnen Patienten, auf die unter dem Stichwort „QALY's" nachfolgend noch einzugehen sein wird, zwei unterschiedliche Relationen erkennbar. Zum einen werden Kosten und Nutzen für unterschiedliche Behandlungsverfahren für eine Erkrankung gegenübergestellt. Zum anderen wird auch eine Bewertung von einem (besonders aufwendigen) Behandlungsverfahren gegenüber anderen präventiven oder kurativen Verfahren vorgenommen.[194]

Die erst genannte Form der Analyse von Kosten und Nutzen macht Sinn soweit hier tatsächlich Kosten und Nutzen und nicht *nur* die Kosten unterschiedlicher Behandlungsverfahren gegeneinander abgewogen werden. Die reine Gegenüberstellung von Kosten und Ersparnissen, also den „rein monetären Elementen" ist hier allerdings die Regel und die nicht in Geldbeträgen bezifferbaren

---

[190] Zum Ganzen *G. Feuerstein* in *G. Feuerstein et al.*, Prioritäten und Wertkonflikte (1997), S. 87 ff. und *ders*, Quality of life (1998), S. 48 f.

[191] So *G. Feuerstein* in *G. Feuerstein et al.*, Prioritäten und Wertkonflikte (1997), S. 93.

[192] Vgl.: *G. Feuerstein* in *G. Feuerstein et al.*, Prioritäten und Wertkonflikte (1997), S. 91 f.

[193] Übersichtlich zum Ganzen: *J.-M. Graf v.d. Schulenburg / O. Schöffski*, Kosten-Nutzen-Analysen im Gesundheitswesen , in *E. Nagel/Ch. Fuchs*, Soziale Gerechtigkeit im Gesundheitswesen (1993), S. 168 ff. oder auch *H. Kühn,* Rationierung im Gesundheitswesen (1991); S. 36 ff.

[194] So zum Beispiel in dem eingangs zitierten Aufsatz von *F. Porzsolt* , DOK 1996; S. 536 ff. Für den Bereich der Prävention auch *U. Laaser* in *J. Mohr/Ch. Schubert,* Ethik der Gesundheitsökonomie (1992), S. 101 ff.

Effekte bleiben außer Betracht.[195] Sachgerecht im Sinne einer dem Gleichheitsgrundsatz entsprechenden Verteilung der vorhandenen Ressourcen ist eine solche Analyse nur, wenn das Ergebnis, das mit den unterschiedlichen Behandlungsverfahren zu erzielen ist, als gleichwertig angesehen werden muß. Nichts anderes drückt auch das Prinzip der Wirtschaftlichkeit im engeren Sinne, das dem Leistungserbringerrecht in der gesetzlichen Krankenversicherung zugrunde liegt, aus.[196] *J.-M. Graf v.d. Schulenburg* und *O. Schöffski* bedienen sich in einer Darstellung der Aspekte von Kosten-Nutzen-Analysen im Gesundheitswesen eines Kosten-Nutzen-Vergleichs am Beispiel von Dialysebehandlung und Transplantation bei Nierenversagen.[197] Sie rechnen vor, daß eine Heimdialyse, die als preisgünstigste Variante der Dauerbehandlung nötig wäre, um einen nierenkranken Patienten am Leben zu erhalten, etwa 45 000 DM pro Jahr kostet, während sie die Kosten für eine Nierentransplantation mit 40 000 DM angeben.[198] Dem Aufsatz ist zwar nicht zu entnehmen, inwieweit die Folgekosten in die Berechnung für die Kosten einer Nierentransplantation eingeflossen sind, bedenkt man aber, daß die Kosten für die Heimdialyse Jahr für Jahr zum Teil über Jahrzehnte anfallen, mit der Transplantation der Patient aber, soweit sich nicht weitere Komplikationen einstellen, durch die einmalige Behandlung von seinem Leiden befreit werden kann, so liegt auf der Hand, welches der beiden Verfahren bei einer Kosten-Nutzen-Analyse auf der rein monetären Ebene besser abschneidet.

Zufällig ist es bei dem gewählten Beispiel so, daß die kostengünstigere Variante auch für den Patienten die Lösung mit dem größten persönlichen Nutzen ist. Dies ist aber in der Medizin eher ungewöhnlich. Häufiger ist es eher so, daß die neueren Behandlungsverfahren, die dem Patienten den besseren Nutzen bringen, auch die teureren sind.[199] Die Ergebnisse hinsichtlich der Heilung oder der Linderung von Krankheitsbeschwerden mögen unter Umständen noch vergleichbar sein, der Unterschied liegt aber häufig im Bereich der Nebenwirkungen oder im Anwendungskomfort.[200] Diese, in der Regel nicht monetär bewertbaren Nebeneffekte können aber in die klassische Form der Kosten-

---

[195] Vgl.: *J.-M. Graf v.d. Schulenburg / O. Schöffski*, Kosten-Nutzen-Analysen im Gesundheitswesen , in *E. Nagel/Ch. Fuchs*, Soziale Gerechtigkeit im Gesundheitswesen (1993), S. 175.

[196] Hierzu schon im 2. Kapitel unter A, I, 3), c).

[197] *J.-M. Graf v.d. Schulenburg / O. Schöffski*, Kosten-Nutzen-Analysen im Gesundheitswesen , in *E. Nagel/Ch. Fuchs*, Soziale Gerechtigkeit im Gesundheitswesen (1993), S. 175 f.

[198] A.a.O. m.w.Nachw.

[199] Vgl. hierzu die eingangs konstruierten Fälle.

[200] Besonders im Bereich der medikamentösen Behandlung von psychischen Erkrankungen wurden in den vergangenen Jahren zunehmend suboptimale Behandlungen beklagt (Z.B.: *B. Matuscheck-Labitzke, Süddeutsche Zeitung* vom 27.3.99).

Nutzen-Analysen, wo der Nutzen nur in Geldbeträgen gemessen wird, nicht einfließen. Sie werden vielfach nur am Rande mitgedacht.[201] Der Patient, für den gerade diese „Nebeneffekte“ oft von nicht unerheblicher Bedeutung bei der Wahl einer Therapieform sein dürften, wird dabei zum reinen Objekt der Berechnung degradiert, weshalb ein solches Vorgehen mit dem Menschenwürdegebot des Art. 1 Abs. 1 GG kaum zu vereinbaren wäre. Damit scheidet diese anfangs überzeugende Form der Kosten-Nutzen-Analyse als zulässiges Verteilungskriterium in einem rationierten Gesundheitswesen aus.

Noch deutlicher wird dieser Befund bei der reinen Kosten-Wirksamkeits-Analyse. Hier könnte zum Beispiel die Frage aufgeworfen werden, ob etwa 200 000 DM ausgegeben werden sollten, um eine 40-prozentige Chance zu erhalten, weitere zehn Jahre zu überleben.[202] Damit wird zugleich die Frage nach dem Wert des Lebens gestellt, was einerseits ethisch kaum vertretbar erscheint, was aber auch rechtlich nicht mit den verfassungsrechtlich verbrieften Grundsätzen zu vereinbaren wäre. Nicht zuletzt auch die düstere Vergangenheit der Bundesrepublik Deutschland hat dazu geführt, daß mit der Menschenwürdegarantie des Grundgesetzes die Verfassungsgeber es vor kaum mehr als fünfzig Jahren ausgeschlossen haben, daß in Deutschland derartige Fragen des Werts eines Menschenlebens noch einmal zum Gegenstand rechtswirksamer Entscheidungen gemacht werden.

Ähnlich kraß stellt sich das Problem, wenn man die Behandlungen verschiedener Erkrankungen in Kosten und Nutzen einander gegenüberstellt. So könnte man beispielsweise diskutieren, ob es nicht besser wäre, statt aufwendiger Hämodialyseverfahren (die Kosten der günstigsten Variante hier bei etwa 45 000 DM pro Jahr) lieber mehr Hüftoperationen (die Kosten hier bei etwa 18 000 DM pro Fall) vorzunehmen, um in diesem Bereich des Gesundheitswesens die Wartezeiten zu verkürzen.[203] Rein rechnerisch geht die Sache auf und auch volkswirtschaftlich mag ein solcher Ansatz vernünftig erscheinen. Aber auch diese Form der Kosten-Nutzen-Analyse ist im Anwendungsbereich der Menschenwürdegarantie des Art. 1 Abs. 1 GG verfassungsrechtlich keineswegs vertretbar.

Insgesamt ist festzustellen, daß reine Kosten-Nutzen-Analysen als Verteilungskriterium für das deutsche Gesundheitswesen kaum zu vertreten wären. Zu groß ist die damit verbundene Verletzung der verfassungsrechtlich garantierten Men-

---

[201] So auch *J.-M. Graf v.d. Schulenburg / O. Schöffski*, Kosten-Nutzen-Analysen im Gesundheitswesen , in *E. Nagel/Ch. Fuchs*, Soziale Gerechtigkeit im Gesundheitswesen (1993), S. 177.

[202] So das Beispiel von *P. T. Menzel*, Strong Medicine (1990); S. 45 f.

[203] *P. T. Menzel*, Strong Medicine (1990); S. 87 f. wählt ein ähnliches Beispiel mit etwas anderen Zahlen aber durchaus vergleichbaren Zahlen. - Die geschätzten Kosten für eine Hüftoperation sind aus dem Fallpauschalenkatalog der BPflV abgeleitet.

schenwürde. Etwas anderes könnte nur dann gelten, wenn es gelänge, den Nutzen-Aspekt dieser Analyseformeln auf eine persönlichere, dem Patienten nähere Ebene zu bringen, also den individuellen Nutzen einer Behandlung zu berücksichtigen. Ein Versuch, dies zu tun, sind die sogenannten *quality-adjusted life years*. Mit dem Einbringen des Faktors „Lebensqualität" könnte sich, vielleicht vom Verfahren her vertretbarer, eine Lösung auch für die Frage Dialyse oder Hüftgelenke finden lassen.

4) Quality-adjusted life years (QALY's)

Als „Entdecker" der quality-adjusted life years - kurz QALY's - werden in der Literatur unterschiedliche Autoren aus dem englischsprachigen Raum benannt.[204] Als Bewertungskriterium dürften die QALY's etwa Mitte bis Ende der achtziger Jahre in die gesundheitspolitische und ökonomische Diskussion Einzug gehalten haben.[205] Inhaltlich geht es bei den QALY's, die im deutschsprachigen Raum gelegentlich auch als „qualitätsbereinigte Lebensjahre"[206] in Erscheinung treten, darum, die (Über-)Lebenserwartung und die Lebensqualität für die Zeit des Überlebens in Relation zu setzen und auf eine einzelne Zahl zu reduzieren, um so das (Über-)Leben kalkulierbarer zu machen.[207] Dabei wird in der Regel ein Lebensjahr bei völliger Gesundheit mit „1" gleichgesetzt und der Tod als „0" definiert.[208] Soweit leuchtet dieses Schema auch ein, wobei ja schon die Frage „Was ist völlige Gesundheit?" nicht mehr ganz eindeutig und frei von subjektiven Aspekten beantwortet werden kann. Noch weitaus schwieriger ist eine objektive Anwort auf die Frage: „Wie bewertet man die Lebensqualität, wenn die Gesundheit nicht (mehr) vollständig ist?"

Um diese Frage zu beantworten, gab und gibt es unterschiedliche Verfahren. Zwei davon hat *Paul T. Menzel* in seiner Arbeit zur Frage des ethischen Umgangs mit der Knappheit und der Rationierung im Gesundheitswesen etwas

---

[204] Vgl. die Nachweise bei *J.-M. Graf v.d. Schulenburg / O. Schöffski*, Kosten-Nutzen-Analysen im Gesundheitswesen , in *E. Nagel/Ch. Fuchs*, Soziale Gerechtigkeit im Gesundheitswesen (1993), S. 178 ff. (Sie beziehen sich im Wesentlichen auf *Drummond* et al.) oder *P. T. Menzel,* Strong Medicine (1990), S. 79 ff. und *J. Wasem* in *U. Laaser/A. Schwabe*, Das Gesundheitswesen in Deutschland ... (1997), S. 107 ff. (die beide verschiedene Quellen nennen).

[205] Ebenda.

[206] So die Formulierung bei *J.-M. Graf v.d. Schulenburg / O. Schöffski*, Kosten-Nutzen-Analysen im Gesundheitswesen , in *E. Nagel/Ch. Fuchs*, Soziale Gerechtigkeit im Gesundheitswesen (1993), S. 178.

[207] Eingehend zum Ganzen *P. T. Menzel,* Strong Medicine (1990), S. 79 ff.

[208] Vgl.: *J. Wasem* in *U. Laaser/A. Schwabe*, Das Gesundheitswesen in Deutschland ... (1997), S. 108; *P. T. Menzel,* Strong Medicine (1990); S. 81.

eingehender untersucht.[209] Zum einen wurden unter verschiedenen Gruppen von Patienten Befragungen durchgeführt mit der Fragestellung, eine um wieviel Jahre kürzere Lebenszeit bei vollständiger Gesundheit sie einem länger dauernden Leben im gegenwärtigen Gesundheitszustand vorziehen würden. Wenn die Probanden eine zu erwartende Lebensdauer von 6 Jahren bei vollständiger Gesundheit einer noch zu erwartenden Lebensdauer von 10 Jahren im Zustand gesundheitlicher Beeinträchtigung gleichsetzten, wurde ein Lebensjahr in diesem Zustand mit 6/10 bewertet. Ein Lebensjahr in diesem Zustand der gesundheitlichen Beeinträchtigung entspräche also 0,6 QALY's.[210] Auffällig bei dieser Form der Untersuchung der Lebensqualität war, daß die befragten Patientengruppen, es handelte sich um nierenkranke Dialysepatienten, ihre Lebensqualität im Schnitt nur um 0, 06 Punkte schlechter bewertete als eine Vergleichsgruppe, die als gesund einzustufen war.[211]

Als indirekte Methode der Ermittlung gilt ein Verfahren, das *Kind*, *Rosser* und *Williams* zu Beginn der 80-er Jahre durch geführt haben.[212] Die Probanden dieser Untersuchung waren überwiegend Angehörige von Medizinalberufen und aber auch Patienten und Angehörige. Ihnen wurde eine Matrix aus vier verschiedenen Schmerzgraden und acht verschiedenen Behinderungsgraden mit Hilfe von diversen eingrenzenden Fragen vorgelegt, so daß am Ende die Bewertung der Lebensqualität der verschiedenen Kombinationen von Schmerz und Behinderung auf der 32 Felder umfassenden Matrix ermittelt werden konnten (vgl. Tab. 3).

Die Grundlage für die Beurteilung der jeweiligen Lebensqualität bildet dabei der Vergleich zwischen den verschiedenen durch die Parameter Schmerz und Behinderung beschriebenen Stufen.[213] Als Besonderheit dieser Methode ist es hier möglich, auch zu Bewertungen zu kommen, die noch schlechter als der Tod angesehen werden.[214] Dies war der Befund für den Zustand andauernder Be-

---

[209] A.a.O., S. 80 ff. - Zu den verschiedenen Methoden der Erfassung von QALYs auch *J. Wasem* in *U. Laaser/A. Schwabe*, Das Gesundheitswesen in Deutschland ... (1997), S. 108f.

[210] Zu den Zahlen *J. Wasem* in *U. Laaser/A. Schwabe*, Das Gesundheitswesen in Deutschland ... (1997), S. 109.

[211] So *P. T. Menzel,* Strong Medicine (1990); S. 82. - Zu einem ähnlichen Befund kam eine vergleichbare Studie unter Heimbewohnern in Finnland (lt. *Uwe K Preusker*, Ärzte-Zeitung vom 16.2.99)

[212] Vgl. die Nachweise bei *P. T. Menzel,* Strong Medicine (1990); S. 82 f. und *J.-M. Graf v.d. Schulenburg / O. Schöffski*, Kosten-Nutzen-Analysen im Gesundheitswesen , in *E. Nagel/Ch. Fuchs*, Soziale Gerechtigkeit im Gesundheitswesen (1993), S. 181.

[213] Eingehender zum Verfahren *P. T. Menzel,* Strong Medicine (1990); S. 82 f.

[214] Vgl.: *J.-M. Graf v.d. Schulenburg / O. Schöffski*, Kosten-Nutzen-Analysen im Gesundheitswesen , in *E. Nagel/Ch. Fuchs*, Soziale Gerechtigkeit im Gesundheitswesen (1993), S. 181.

wußtlosigkeit (- 1, 028 QALY's) und bei der Kombination von Bettlägerigkeit und schweren Schmerzen (- 1, 486 QALY's).Auffällig an dieser Übersicht ist, daß letztlich nur schwere Schmerzzustände bei gleichzeitiger Erwerbsunfähigkeit, starke Behinderung bei mäßigen Schmerzen und der Zustand der Bettlägerigkeit auch ohne Schmerz zu QALY's-Werten deutlich unter 0, 85 geführt haben. Ansonsten wichen auch in der Beurteilung dieser Probanden selbst Zustände erheblicher Behinderungen in Kombination mit mäßigen Schmerzen nur geringfügig vom Zustand völliger Gesundheit ab. Die Leerstellen im Zustand der Bewußtlosigkeit kommen dadurch zustande, daß davon ausgegangen wurde, daß Bewußtlose keine Schmerzempfindung haben.[215]

Tab. 3: Die „Rosser-Matrix"[216]

	Schmerzgrad			
Grad der Behinderung	Kein Schmerz	Milder Schmerz	Mäßiger Schmerz	Schwerer Schmerz
Keine Behinderung	1, 000	0, 995	0, 990	0, 967
Geringfügige gesellschaftliche Behinderung	0, 990	0, 986	0, 973	0, 932
Schwere gesellschaftliche Behinderung oder leichte Beeinträchtigungen bei der Arbeit - Hausarbeit möglich	0, 980	0, 972	0, 956	0, 912
Starke Beeinträchtigung bei der Arbeit - nur noch leichte Hausarbeiten möglich	0, 964	0, 956	0, 942	0, 870
Unfähigkeit der Erwerbstätigkeit; an das Haus gebunden; nur noch zu wenigen leichten Tätigkeiten fähig	0, 946	0, 935	0, 900	0, 700
An den Stuhl oder Rollstuhl gebunden; häusliche Bewegung nur noch mit Unterstützung möglich	0, 875	0, 845	0, 680	0, 000
Bettlägerigkeit	0, 677	0, 564	0, 000	- 1, 486
Bewußtlosigkeit	- 1, 028	-	-	-

Im Ergebnis zeigt die Studie von *Kind, Rosser* und *Williams* deutlich, daß ein Leben mit Behinderungen und/oder Schmerzen von Außenstehenden kaum zu bewerten ist. Selbst Menschen, die professionell mit diesen Lebenssituationen konfrontiert sind, scheinen danach ein Leben mit Behinderungen und Schmerzen nur bedingt zutreffend und in das QALY's-Schema von 1 bis 0 passend bewertend zu können. Besonders pikant dabei ist, daß gerade diese Menschen

[215] Vgl.: *P. T. Menzel,* a.a.O.

[216] Nach *P. T. Menzel,* Strong Medicine (1990); S. 83 und *J.-M. Graf v.d. Schulenburg / O. Schöffski*, Kosten-Nutzen-Analysen im Gesundheitswesen , in *E. Nagel/Ch. Fuchs*, Soziale Gerechtigkeit im Gesundheitswesen (1993), S. 182.

offenbar ein Leben mit Bettlägerigkeit und starken Schmerzen (- 1,486) oder im Zustand irreversibler Bewußtlosigkeit (- 1,028) noch schlechter bewerten als den Tod.

Dieser Einschätzung aber widerspricht eine Studie neueren Datums: nach einer entsprechenden Meldung in der *Ärzte-Zeitung* vom 16.2.99 berichtete der finnische Mediziner *Risto Pelkonen* von einer Umfrage, bei der über-80-jährige finnische Pflegeheim-Bewohner befragt worden waren, ob sie ein qualitätvolleres, aber kürzeres Leben gegen das derzeitige, von außen als wenig qualitätvoll eingeschätzte, eintauschen würden. Der weit überwiegende Teil der Befragten jedoch lehnte einen solchen Tausch klar ab. Insofern vertrat *Pelkonen* die Auffassung, daß bei der Lebensqualität als Verteilungskriterium letztlich nur der Patient selbst entscheiden dürfe.[217] Dieser Auffassung ist m.E. zu folgen, weshalb QALY's als Verteilungskriterium für knappe Ressourcen im Gesundheitswesen auszuschließen sind. Die hier entwickelten Kriterien zur Bewertung von Lebensqualität können aber möglicherweise wertvolle Instrumente sein, um den Nutzen (das outcome) einer Behandlung bestimmbarer zu machen[218] und damit die Patienten in eine Therapieentscheidung sinnvoll einzubeziehen.[219]

5) Wartelisten in Anlehnung an die Kriterien der Organverteilung

Was als Verteilungsmaßstab übrigbleibt, sind die Wartelisten. In der Transplantationsmedizin ist diese Form der Verteilung der naturgemäß knappen Ressourcen von Anfang an verbreitet und auch weitgehend anerkannt.[220] Mit der Berücksichtigung im Transplantationsgesetz (§ 12 Abs. 3 TPG) haben diese Wartelisten seit dem 1.12.1997 auch eine gesetzliche Anerkennung erfahren.[221] Das Verfahren dort läuft etwa so ab, daß zunächst einmal die Frage der Notwendigkeit und der theoretischen Möglichkeit einer Transplantation im Behandlungsteam bzw. von dem behandelnden Arzt abgeklärt wird. Ist demnach die Indikation für eine Transplantation gegeben, wird der Patient über diese Behandlungsmöglichkeit informiert und nach seiner Bereitschaft zur Transplantation befragt. Wenn diese beiden Faktoren erfüllt sind, kommt die eigentliche Aufnahme in die Warteliste, die in jeden Transplantationszentrum per Computer geführt wird und zusätzlich durch eine Vernetzung mit anderen Transplantationszentren über eine Zentralstelle, der *Eurotransplant* in Ley-

---

[217] Laut *U. K. Preusker*, Ärzte-Zeitung vom 16.2.99.

[218] Vgl. den QALYs als Indikator für das Outcome von Behandlungsmaßnahmen: *J. Wasem* in *U. Laaser/A. Schwabe*, Das Gesundheitswesen in Deutschland ... (1997), 113 f.

[219] Mehr hierzu in diesem Kapitel unter F.

[220] Vgl.: *A. Künschner*, Wirtschaftlicher Behandlungsverzicht ... (1992), S. 71 u. S. 98 f. m.w.Nachw.

[221] Zu den Wirkungen und Inhalten des TPG: *B. Holznagel/I Holznagel*, DÄBl. 1998; S. A-1718 ff.

den/NL verwaltet wird.[222] Im Gesetz ist in diesem Zusammenhang die Rede davon, daß die Warteleisten der Transplantationszentren als einheitliche Warteliste zu behandeln sind (§ 12 Abs. 3 TPG). Rechtliche Probleme, die sich aus der Tatsache ergeben, daß *Eurotransplant* eine private Stiftung nach niederländischem Recht ist und die Organzuteilung bislang durch Vertrag zwischen der *Deutschen Stiftung Organtransplantation* (DSO) und *Eurotransplant* geregelt war, umging der Gesetzgeber dadurch, daß er die Möglichkeit der Beauftragung einer Vermittlungsstelle durch die Spitzenverbände der Krankenkassen, die Bundesärztekammer und die Deutsche Krankenhausgesellschaft eröffnete (§ 12 Abs. 1 TPG) und ausdrücklich auch die Beauftragung einer ausländischen Vermittlungsstelle zuließ (§ 12 Abs. 2 TPG).[223] Im Rahmen der Allokationsstruktur in Leyden wird eine Zuordnung in eine von vier Dringlichkeitskategorien vorgenommen, die von „high urgency" über „urgent" und „normally transplantable" bis zu „temporarily not transplantable" reichen. Diese Einstufung erfolgt durch den vorschlagenden ärztlichen Behandler nach vorgegebenen Kriterien und kann im Verlauf der Wartezeit jederzeit geändert werden.[224]

Die Vergabe selbst erfolgt allerdings nicht primär nach der Wartezeit oder der Dringlichkeitskategorie, sondern in erster Linie nach dem Kriterium der Gewebeverträglichkeit, also nach dem Grad der Übereinstimmung von Spender- und Empfängergewebe.[225] Insofern stellt das Verfahren der Vergabe von Spenderorganen eine Besonderheit dar, weil es hier ein objektives Kriterium für die Verteilung gibt, daß einerseits, weil das begehrte Gut nur bedingt vermehrbar sein wird, kaum zu beeinflussen und andererseits aber zugleich hochselektiv ist.[226] Inwieweit neben der Dringlichkeit tatsächlich auch andere Faktoren, wie die Dauer der Wartezeit oder das Alter des Patienten, in die Vergabeentscheidung mit einfließen, ist weitgehend ungeklärt, weil das Vergabeverfahren selbst nicht transparent ist.[227] Dieser Problematik suchte der Gesetzgeber zu begegnen, indem er Berichtspflichten der Vermittlungsstelle und eine regelmäßige Überprüfung der Vermittlungsentscheidungen durch eine von den Vertragspartnern bestimmte Prüfungskommission im Transplantationsgesetz verankerte.[228] Die Überprüfung der Vermittlungsentscheidungen erlangt auch insofern zunehmende Bedeutung, als inzwischen die Gewebeverträglichkeit für das Gelingen der

---

[222] Zum Ganzen anschaulich *E. Dietrich*, Organspende (1985), S. 75 ff. und *W. Land* in *E. Dietrich*, Organspende (1985), S. 128 ff.

[223] Zum Ganzen *B. Holznagel/I Holznagel,* DÄBl. 1998; S. A-1720 f.

[224] So *A. Künschner*, Wirtschaftlicher Behandlungsverzicht ... (1992), S. 99 unter Berufung auf *W. Land* in *E. Dietrich*, Organspende (1985), S. 129 f.

[225] Vgl.: *G. Feuerstein*, Quality of life (1998), S. 55 m.w.Nachw.

[226] Ebenda.

[227] Vgl.: *A. Künschner*, Wirtschaftlicher Behandlungsverzicht ... (1992), S. 100.

[228] § 12 Abs. 4 Nr.4+6 TPG.

Transplantation bei weitem nicht mehr die Bedeutung hat, die sie einmal hatte.[229] Es wird zu prüfen sein, ob mit der abnehmenden Bedeutung der Gewebetypisierung die Dringlichkeitskategorie und die Wartezeit tatsächlich maßgeblicher für die Entscheidung werden.

Ein weiteres Problem bei der Allokation von Organen stellt sich bereits in der Anfangsphase des Allokationsverfahrens: vielfach fließen in die Vorauswahl durch die Behandler sachfremde Erwägungen mit ein und es gibt, soweit der vorschlagende Arzt gleichzeitig auch Betreiber des Dialysezentrums ist, deutliche Anreize, Patienten nicht anzumelden, um sie so dem Zentrum als Dialysepatienten zu erhalten.[230] Zwar hat der Gesetzgeber des Transplantationsgesetzes auch hinsichtlich der Meldung von Patienten, bei denen die Übertragung vermittlungspflichtiger Organe angezeigt ist, im § 13 Abs. 3 TPG die Regelung getroffen, daß diese unverzüglich zu erfolgen hat. Es fehlt aber an deutlichen Vorgaben darüber, unter welchen Umständen eine Organübertragung als angezeigt angesehen werden muß und auch eine Überprüfung des Meldeverfahrens und Sanktionen bei Verletzungen der Meldepflicht sind im TPG nicht vorgesehen.[231] Hier können nur klare straf- und/oder haftungsrechtliche Sanktionen den Mißbrauch verhindern. Derartige Sanktionen sind nach dem geltenden Recht auch ohne weiteres möglich.[232] Problematisch ist allein die Beweislage hinsichtlich der Kausalität von Nichtaufnahme bzw. Fehleinstufung in der Warteliste und dem (straf-)tatbestandlichen Erfolg. Bei diesem Problem wird letztlich nur mehr Transparenz des Verfahrens für den Patienten Abhilfe schaffen. Unter dieser Maßgabe könnte das bereits vielfach praktizierte Verfahren „Warteliste" durchaus übertragbar auch auf andere Formen der medizinischen Behandlung sein.[233]

Ihre Entsprechung findet diese These auch in der Rechtsprechung des BVerfG zu Fragen der Verteilungsgerechtigkeit. Denn in der bekannten „Numerus-Clausus-Entscheidung"[234] hat der 1. Senat des BVerfG Wartelisten, die durch den Abitursnotendurchschnitt gewichtet waren, als Verfahren zur Regelung des Hochschulzugangs bei knappen Studienplätzen für durchaus mit dem den Grundsätzen der Verteilungsgerechtigkeit aus Art. 3 Abs. 1 GG vereinbar gehalten. Als Voraussetzung für die Vereinbarkeit mit dem Grundgesetz wurde allerdings auch auf das Vorhandensein von Härtefallregelungen für durch dieses

---

[229] Ebenda - vgl. auch *G. Feuerstein*, Quality of life (1998), S. 55 f.

[230] Vgl.: *A. Künschner*, Wirtschaftlicher Behandlungsverzicht ... (1992), S. 100 m.w.Nachw.

[231] Ebenso *B. Holznagel/I Holznagel*, DÄBl. 1998; S. A-1721.

[232] A.a.O., S. 379 f. - Ebenso *B. Holznagel/I Holznagel*, DÄBl. 1998; S. A-1721.

[233] In ähnlicher Weise auch *W. Höfling*, in *G. Feuerstein/E. Kuhlmann*, Rationierung im Gesundheitswesen (1998), S. 153 f. m.w.Nachw.

[234] BVerfG v. 18.7.1972 - 1 BvL 32/70, 25/71 = BVerfGE 33, 303 [338 f.] (Numerus clausus).

Verfahren besonders benachteiligte Bewerber abgestellt.[235] In einer späteren Entscheidung[236] zur Auswahl von Studienbewerbern konkretisierte der Senat die Grenzen der Zulässigkeit von Warteliste in der Weise, daß er eine verfassungsrechtliche Billigung solange für vertretbar hielt, „wie durch eine kumulative Anwendung des Leistungsprinzips und des Wartezeitprinzips die nachteiligen Auswirkungen verschiedener Auswahlkriterien einigermaßen ausgeglichen wurden und zudem die Zahl der zulassungsbeschränkten Studiengänge noch gering war."[237] Maßgeblich war hier die Tatsache, das die Kumulation des Leistungsprinzips mit der Wartezeit „chancenerhöhend" wirkte. Wenn bei überlangen Wartezeiten die chancenausgleichende Funktion der Wartezeit entfällt, hielt der Senat dieses Verfahren als nur „chancenausschließende Selektionsentscheidung" allerdings nicht mehr für akzeptabel.[238]

Übertragen auf die hier diskutierte Auswahl unter Kandidaten für medizinische Behandlungskapazitäten folgt aus diesen Entscheidungen des BVerfG, daß eine Kapazitätsbegrenzung und ein Verteilungsverfahren, bei denen der „Tod auf der Warteliste" praktisch unausweichlich ist, mit den Grundsätzen der Verfassung nicht mehr zu vereinbaren wären. In diesen Fällen müßte bereits nach Maßgabe der Schutzpflicht für das Leben im Rahmen der bestehenden Möglichkeiten eine Ausweitung der Behandlungskapazitäten erfolgen. Im übrigen gebietet der hohe verfassungsrechtliche Rang von Leben und körperlicher Unversehrtheit schon nach den beschriebenen Anforderungen aus dem allgemeinen Gleichheitssatz des Art. 3 Abs. 1 GG (Härtefall-)Regelungen, die geeignet sind, einen solchen „Tod auf der Warteliste" von vornherein zu verhindern. Wenn insofern die Wartelisten mit einem klaren Prioritätenindex versehen wären, entspräche ein solches Vergabeverfahren für die Behandlungsplätze durchaus den Vorgaben für die Verteilungsgerechtigkeit, die aus Art. 3 Abs. 1 GG erwachsen. Voraussetzung ist allerdings, daß das Vergabeverfahren öffentlich und für die Patienten leicht durchschaubar ist, denn nur so kann Mißbrauch verhindert und die zuvor erörterten Selbstbestimmungsrechte der Patienten gewahrt bleiben. Hier fehlt es bislang noch an geeigneten Verfahren.

VI. Ergebnis zum Gleichbehandlungsgrundsatz

Insgesamt läßt sich damit feststellen, daß der allgemeine Gleichheitssatz des Art. 3 Abs. 1 GG einige wichtige Schutzmechanismen für die Patienten in einem rationierten Gesundheitswesen bereit hält. Zwar bietet er, anders als die Garantie des Existenzminimums und auch das Recht auf Leben und körperliche Un-

---

235 BVerfGE, a. a. O.

236 BVerfG v. 8.2.1977 - 1 BvF 1/76, 1 BvL 7, 8/75, 1 BvR 239/75, 92, 103 bis 115, 140 bis 143, 187/76 = BVerfGE 43, 291 [315 f.] (Numerus clausus - Auswahlregelungen).

237 BVerfGE 43, 291 [315].

238 Ebenda.

versehrtheit keinen absoluten Schutz vor der Rationierung medizinischer Leistungen. Wohl aber enthält er einige Mechanismen, die geeignet sind, die betroffenen Patienten vor einer unangemessenen Benachteiligung gegenüber anderen Patientengruppen zu schützen. Diese Funktion erlangt besonders dann Bedeutung, wenn, wie eingangs beschrieben, die Rationierung nicht öffentlich, sondern verdeckt stattfindet, womit quasi automatisch auch eine Ungleichbehandlung von Patienten verbunden ist. Rationiert wird in diesen Fällen ja nicht öffentlich nach Kriterien, die allen bekannt und vielleicht auch nachvollziehbar sind, sondern hinter verschlossenen Türen, eben direkt am Patientenbett, und von einzelnen Leistungserbringern nach deren Gutdünken. Die Überschreitung der Grenzen zur Willkür ist hier allemal gegeben und der Verstoß gegen die Grundsätze des Art. 3 Abs. 1 GG in diesen Fällen allgegenwärtig.

Problematisch an dieser Situation ist besonders die Tatsache, daß mit den Beteuerungen, im deutschen Gesundheitswesen gäbe es keine Rationierung und alle Versicherten könnten jederzeit alle notwendigen Leistungen auch erhalten,[239] die verantwortlichen Gesundheitspolitiker die Augen vor dem Problem der Ungleichbehandlung von Patienten verschließen und es deshalb bislang auch versäumt haben, die Situation durch geeignete Verfahren zur Sicherung der derivativen Teilhaberechte der betroffenen Patienten zu entschärfen. Geboten wäre hier zum einen, das Problem an sich öffentlicher zu diskutieren, um damit bei Leistungserbringern, Patienten, Versicherten und Gesundheitspolitikern gleichermaßen ein Problembewußtsein zu wecken. Hierzu wäre es zu allererst erforderlich, durch geeignete Verfahren die Entscheidungsprozesse „vor Ort" transparenter zu machen, damit das tatsächliche Ausmaß der tagtäglich verdeckt stattfindenden Rationierung überhaupt deutlich wird.

Erst dann, wenn diese Transparenz hergestellt ist und wenn damit deutlich geworden ist, wo die einzelnen Problembereiche liegen und mit welchen Phänomenen die verdeckte Rationierung in Erscheinung tritt, kann über weitere Verfahren zur Beseitigung der damit verbundenen Ungleichbehandlungen diskutiert werden. Dann wird sich aber auch der bereits heute überfällige, möglichst breit angelegte öffentliche Diskurs über die „gerechte" Verteilung der vorhandenen bzw. zur Verfügung gestellten Ressourcen kaum mehr vermeiden lassen. Die Ergebnisse dieses Diskurses sind offen und letztlich auch allein mit juristischen Mitteln nicht zu erzielen. Die Rechtswissenschaft kann hierbei, wie zuvor versucht, bestenfalls über die Zulässigkeit oder jedenfalls die Unzulässigkeit bestimmter Verteilungsparameter befinden.

Vorerst gilt es jedoch nicht nur wegen der gebotenen Herstellung von Transparenz im System der medizinischen Allokation, sondern zur Erreichung einer

---

[239] So kürzlich auch noch Frau Ministerin *Fischer* gid 44/98, S. 10 f.

Kompetenz der Patienten bezüglich der nötigen Entscheidungen, die ja zu allererst ihr Leben betreffen, die Position der Patienten in dem Entscheidungsprozeß zu stärken. Diese Forderung erwächst ungleich mehr noch aus dem ebenfalls verfassungsrechtlich geschützten Selbstbestimmungsrecht der Patienten, dem der nachfolgende Abschnitt gewidmet ist.

F. Selbstbestimmungsrechte des Patienten

Durch die verschiedenen dargestellten Erscheinungsformen einer verdeckten Rationierung im Bereich der medizinischen Versorgung werden nicht nur die Prinzipien einer gerechten Verteilung der vorhandenen Behandlungsressourcen verletzt. Es wird auch in massiver Weise das Selbstbestimmungsrecht der Patienten verkürzt, weil diese nicht in die Entscheidungsprozesse eingebunden werden und weil ihnen durch die verdeckt rationierenden Leistungserbringer mögliche, aber vergütungsmäßig nicht attraktive Behandlungsalternativen gezielt oder ungezielt vorenthalten werden. Die verfassungsrechtlichen Begründung und die bisherige einfachrechtliche Gewährleistung des Selbstbestimmungsrechts der Patienten erlangt in diesem Zusammenhang eine erhebliche Bedeutung.

I. Die dogmatische Herleitung eines Rechts auf Selbstbestimmung aus dem Grundgesetz

Das Recht auf Selbstbestimmung ist als verfassungsrechtlich verbrieftes Grundrecht im Großen und Ganzen unbestritten. Hinsichtlich der dogmatischen Herleitung dieses Rechts gibt es allerdings, abhängig vom jeweiligen Regelungsgegenstand oder aber auch mit Differenzen unter den Autoren, immer noch gewisse Uneinheitlichkeiten.[240] Dabei können im Prinzip zwei große Teilbereiche unterscheiden werden, in denen Selbstbestimmungsrechte der Bürger in Erscheinung treten. Zu allererst ist hier die Rolle des Menschen in der Gesellschaft angesprochen, die grundrechtlich von dem allgemeinen Persönlichkeitsrecht geschützt ist. *R. Alexy* spricht in diesem Zusammenhang von „zustandsbezogenen Rechten“, die im Unterschied zu den mit der allgemeinen Handlungsfreiheit verbrieften „handlungsbezogenen Rechten“ auf das passive Element der Entfaltung der Persönlichkeit, *das Sein*, gerichtet sind.[241] Seinen

---

[240] Einen Einblick in den Stand der Diskussion bis zum Jahre 1988 bietet die Arbeit von *S. Vollmer,* Genomanalyse... (1989), S. 118 ff. m.w.Nachw.

[241] *R. Alexy*, Theorie der Grundrechte (1994), S. 332 ff. m.w.Nachw. Ähnlich auch *H. D. Jarass/B. Pieroth*, Grundgesetz ... ^{4}1997, Art. 2 Rdnr. 25 ff., *Ph. Kunig,* in *v. Münch/Kunig*, Grundgesetz-Kommentar Bd.1 ^{4}1992, Art. 2 Rdnr. 30. Eingehend zum

Ausdruck findet das so umschriebene *allgemeine Persönlichkeitsrecht* wesentlich in dem Recht auf selbstbestimmte Selbstdarstellung des Menschen nach außen, mit dem sehr eng auch das Recht auf informationelle Selbstbestimmung korreliert.[242]

In diesem Teilbereich wird das Selbstbestimmungsrecht in der Regel aus Art. 2 Abs. 1 GG i.V.m. Art. 1 Abs. 1 GG hergeleitet.[243] Das Zusammenwirken beider Grundrechte, des Rechts auf freie Entfaltung der Persönlichkeit und der Garantie der Menschenwürde, ist erforderlich, um einen handlungsunabhängigen Gehalt des Persönlichkeitsrechts herleiten zu können, denn nur der Bezug zur Menschenwürde gewährt dem Bürger ein „Recht auf Respektierung" eines geschützten Bereichs der Persönlichkeit unabhängig von eigenen Aktivitäten der Teilhabe am gesellschaftlichen Leben.[244] Anderseits reicht die Menschenwürdegarantie alleine zum Schutz der personalen und der sozialen Identität[245] nicht aus, denn, wie dargestellt, ist von der Menschenwürdegarantie des Art. 1 Abs. 1 GG lediglich der Kernbereich der menschlichen Existenz geschützt[246] und weiterreichende Ausdrucksformen des personalen und sozialen Seins blieben ungeschützt.[247] Dem aus der Verknüpfung von Art. 1 Abs. 1 GG und Art. 2 Abs. 1 GG entstehenden Konflikt bei der Frage der Einschränkbarkeit des Grundrechts versuchte das BVerfG mit der sogenannten „Sphärentheorie" zu begegnen, wonach unterschieden wird zwischen einer, aller öffentlichen Gewalt schlechthin verschlossenen Intimsphäre und einer Privatsphäre, in die im Rahmen der sogenannten *Schrankentrias*[248] und nach den Grundsätzen der

---

Recht auf informationelle Selbstbestimmung im Rahmen des Krankenversicherungsverhältnisses auch *F. Lang*, Das Recht auf informationelle Selbstbestimmung ... (1997).

242 *R. Alexy*, Theorie der Grundrechte (1994), S. 333. - Ebenso *D. Murswiek,* in *Sachs*, Grundgesetz ^{2}1999, Art. 2 Rdnr. 121 ff.; *H. D. Jarass/B. Pieroth*, Grundgesetz ... ^{4}1997, Art. 2 Rdnr. 28 f.

243 Übersichtlich zur Entwicklung des allgemeinen Persönlichkeitsrechts auch *H. D. Jarass* in *H.-U. Erichsen u.a.*, Recht der Persönlichkeit (1996), S. 89 ff.

244 Vgl.: *R. Alexy*, Theorie der Grundrechte (1994), S. 333; *H. D. Jarass/B. Pieroth*, Grundgesetz ... ^{4}1997, Art. 2 Rdnr. 25 f.; *B. Pieroth/B. Schlink*, Grundrechte ^{13}1997, Rdnr. 373. - Zur Kritik an der Verschmelzung von Art. 1 Abs. 1 GG mit Art. 2 Abs. 1 GG zum allgemeinen Persönlichkeitsrecht: *Ch. Starck* in *v. Mangoldt/Klein/Starck*, GG Bd.1 ^{3}1985 , Art. 2 Rdnr. 40.

245 Zur Differenzierung zwischen beiden *H. D. Jarass/B. Pieroth*, Grundgesetz ... ^{4}1997, Art. 2 Rdnr. 27 oder *Bearbeiter,* in *v. Münch/Kunig*, Grundgesetz-Kommentar Bd.1 ^{4}1992, Art. 2 Rdnr. 32 ff.

246 Vgl.: *W. Höfling,* in *Sachs*, Grundgesetz ^{2}1999, Art. 1 Rdnr. 16 ff.

247 Vgl. auch: *D. Murswiek,* in *Sachs*, Grundgesetz ^{2}1999, Art. 2 Rdnr. 60.

248 Zum Begriff schon in diesem Kapitel unter C, III, 2), a) (allg. Handlungsfreiheit).

Verhältnismäßigkeit eingegriffen werden darf.[249] Die Unterscheidung zwischen Intim- und Privatsphäre ist indes nicht immer leicht zutreffen, mit der Konsequenz, daß das Gericht bislang die Intimsphäre noch nie als verletzt angesehen hat[250] und diese Form der Differenzierung damit höchst zweifelhaft erscheint.[251]

Im einzelnen richtet sich der Gehalt des allgemeinen Persönlichkeitsrechts nach den Umständen des Einzelfalls, wobei man mit *Pieroth/Schlink* im Prinzip drei Kategorien der Ausformung bilden kann: die *Selbstbestimmung*, die *Selbstbewahrung* und die *Selbstdarstellung*.[252] Soweit hier im weiten Sinne auch der körperliche und gesundheitliche Zustand des Menschen als Teil des personalen Seins anzusehen ist, könnte auch das Selbstbestimmungsrecht des Patienten gegenüber dem behandelnden Arzt aus dem allgemeinen Persönlichkeitsrecht abgeleitet werden.[253] *Vollmer*[254] führt gegen eine solche Herleitung des Patientenselbstbestimmungsrechts aus dem allgemeinen Persönlichkeitsrecht unter anderem an, daß damit eine eigenmächtige Heilbehandlung gegen den Willen des Patienten im strafrechtlichen Sinne eher als Freiheitsdelikt denn als Körperverletzungsdelikt zu ahnden wäre.[255] Entscheidender als die Mißachtung der Würde und Entscheidungsfreiheit des Patienten sei aber letztlich doch mehr der körperliche Schaden, den der Patient durch die ungewollte Heilbehandlung erleidet. Insofern zutreffend, wird im Rahmen der zivilrechtlichen Arzthaftung

---

[249] Zum Ganzen *B. Pieroth/B. Schlink*, Grundrechte [13]1997, Rdnr. 376; *H. D. Jarass* in *H.-U. Erichsen u.a.*, Recht der Persönlichkeit (1996), S. 94 f. und *Ph. Kunig*, in *v. Münch/Kunig*, Grundgesetz-Kommentar Bd.1 [4]1992, Art. 2 Rdnr. 41. Grundlegend wohl BVerfG v. 8.3.1972 - 2 BvR 28/71 = BVerfGE 32, 373 [379 f.] (Beschlagnahme von Krankenakten).

[250] So *B. Pieroth/B. Schlink*, Grundrechte [13]1997, Rdnr. 376

[251] Vgl.: Kritisch auch *Ph. Kunig*, in *v. Münch/Kunig*, Grundgesetz-Kommentar Bd.1 [4]1992, Art. 2 Rdnr. 41 und *Ch. Starck* in *v. Mangoldt/Klein/Starck*, GG Bd.1 [3]1985 , Art. 2 Rdnr. 39 f.

[252] *B. Pieroth/B. Schlink*, Grundrechte [13]1997, Rdnr. 373. - Andere Aufteilungen, die im Prinzip aber zu ähnlichen Kategorien zusammenzufassen wären finden sich bei *D. Murswiek*, in *Sachs*, Grundgesetz [2]1999, Art. 2 Rdnr. 121 ff.; *Ph. Kunig*, in *v. Münch/Kunig*, Grundgesetz-Kommentar Bd.1 [4]1992, Art. 2 Rdnr. 33 ff.

[253] So auch BVerfG v. 25.7.1979 - 2 BvR 878/74 = BVerfGE 52, 131 [168] (Beweislast im Arzthaftungsprozeß] - Wohingegen die Mindermeinung der Richter *Hirsch*, *Niebler* und *Steinberger* in der selben Entscheidung (a.a.O., S. 172) das Selbstbestimmungsrecht der Patienten im Hinblick auf die ärztliche Behandlung aus Art. 2 Abs. 2 S. 1 GG herleiten will.

[254] *S. Vollmer*, Genomanalyse... (1989), S. 119 f.

[255] Der 4. Strafsenat des BGH hat diese Problematik bereits im Jahre 1957 (BGH v. 28.11.1957 - 4 StR 525/57 = BGHSt 11, 111 [113 f.] (Myom-Fall) erkannt, aber dennoch die eigenmächtige Entfernung des Uterus' einer Patientin als Körperverletzung im Sinne des § 223 StGB gewertet. Aktuell zur Differenzierung von Körperverletzungs- und Freiheitsdelikt bei der eigenmächtigen Heilbehandlung auch *Ch. Katzenmeier*, ZRP (4) 1997, S. 157 f.

auch unterschieden, ob mit der eigenmächtigen Heilbehandlung zugleich auch ein körperlicher Schaden verbunden war (dann Schmerzensgeld und Schadenersatz) oder ob die Rechtsgutsverletzung lediglich in der fehlenden Aufklärung des Patienten liegt (dann nur Schmerzensgeld).[256] Im übrigen bezieht sich der Entscheidungsbereich, um den es beim Selbstbestimmungsrecht des Patienten geht, deutlich mehr auf das (Über-)Leben und die körperliche Unversehrtheit, was umso mehr gilt, wenn, wie hier, dem Schutzbereich des Art. 2 Abs. 2 S. 1 GG auch ein Abwehrrecht auf Gesundheit zugeordnet wird.[257] *R. Pitschas* spricht in einer verfassungsrechtlichen Bewertung der neuen Versorgungsstrukturen in der Krankenversicherung von „freier Entfaltung der Persönlichkeit in Gesundheit“, für die man in eigener Person die Verantwortung trägt.[258]

Dem entspricht die inzwischen wohl herrschende Meinung, der zufolge das Recht auf Selbstbestimmung des Menschen, sobald er als Patient in Erscheinung tritt, aus Art. 2 Abs. 2 S. 1 GG oder der Verknüpfung von Art. 2 Abs. 2 S. 1 GG und Art. 1 Abs. 1 GG hergeleitet wird.[259] Man spricht häufig auch von dem „vom Willen umfaßten Recht auf körperliche Unversehrtheit“ oder auch von der „leiblich seelischen Integrität“[260].

Die Richter *Hirsch*, *Niebler* und *Steinberger* kommen im Rahmen einer verfassungsgerichtlichen Entscheidung zu Fragen der Beweislast im Arzthaftungsverfahren zu der Feststellung:

> „Eine grundlegende Verkennung der Einwirkung des Art. 2 Abs. 2 S. 1 GG auf die Reichweite der ärztlichen Aufklärungspflicht wäre es allerdings, eine Aufklärung dann grundsätzlich für entbehrlich oder nur in einem eingeschränkten Umfang für erforderlich zu halten, wenn eine Abwägung nach den Maßstäben eines postulierten „vernünftigen Patienten“ zwischen der Schwere des Leidens und der Dringlichkeit und Notwendigkeit der medizinisch angezeigten Maßnahme auf der einen und der Wahrscheinlichkeit spürbarer, nicht völlig unerheblicher Schädigungen auf der anderen Seite ein Überwiegen der für den Eingriff sprechenden Argumente ergibt. Eine solche Einschränkung der Aufklärungspflicht gegenüber dem - seiner Sinne mächtigen - Patienten führte im Ergebnis dazu, daß je ernstlicher ein Patient krank ist, desto stärker auch sein Selbstbestimmungsrecht

[256] Hierzu *E. Schmidt/G. Brüggemeier,* Zivilrechtlicher Grundkurs [5]1998, S. 325 f.

[257] So etwa auch *S. Vollmer,* Genomanalyse... (1989), S. 120 f.

[258] *R. Pitschas*, VSSR 1998, S. 257 f.

[259] Vgl.: *D. Murswiek,* in *Sachs*, Grundgesetz [2]1999, Art. 2 Rdnr. 206 ff., *R. Francke*, Ärztliche Berufsfreiheit und Patientenrechte (1994), S. 102 f., *Ph. Kunig,* in *v. Münch/Kunig*, Grundgesetz-Kommentar Bd.1 [4]1992, Art. 2 Rdnr. 62 oder *D. Lorenz* in *Isensee/Kirchhof (Hrsg.)*, HbStR VI (1989), § 128 Rdnr. 64 f. alle m.w.Nachw.

[260] So die abw. Meinung zu BVerfG v. 25.7.1979 - 2 BvR 878/74 = BVerfGE 52, 131 [174 f.] (Beweislast im Arzthaftungsprozeß]. - Zu den Begrifflichkeiten auch *R. Francke*, Ärztliche Berufsfreiheit und Patientenrechte (1994), S. 102 f.; BVerfG v. 22.9.1993 - 2 BvR 1732/93 = BVerfGE 89, 120 [130] (Wiederherstellung der Prozeßfähigkeit).

verkürzt werden dürfe. Im Lichte des Art. 2 Abs. 2 S. 1 GG ist das Institut der Einwilligung demgegenüber inhaltlich so zu bestimmen, daß das Recht des Patienten gewahrt bleibt, entsprechend seinen ureigensten Maßstäben seine Einwilligung zu erteilen oder zu verweigern; hierüber ist er von Verfassungs wegen allenfalls sich selbst, nicht aber dritten Personen und ihren Maßstäben Rechenschaft schuldig. Dieses Recht verdient von Verfassungs wegen Achtung und Schutz zumal dort, wo es sich - etwa wegen der Schwere seiner Krankheit, der Notwendigkeit des Eingriffs oder auch des Risikos, das mit ihm oder seinem Unterbleiben verbunden ist - um eine existentielle Entscheidung des Patienten über seine eigene Integrität handelt."[261]

Auf der Grundlage dieser Überlegungen wird in dem Minderheitsvotum weiter die Vorschrift des Art. 2 Abs. 2 S. 1 GG als eine „besondere Verbürgung der in Art. 2 Abs. 1 GG gewährleisteten freien Entfaltung der Person" und damit bezogen auf den ärztlichen Heileingriff als lex specialis gegenüber dem allgemeinen Persönlichkeitsrecht angesehen.[262] In den Kammer-Entscheidungen zu „Edelfosin" und „Jomol" wird die „freie Selbstbestimmung des Patienten über ärztliche Heileingriffe" denn auch ohne weitere Diskussion auf das Grundrecht des Art. 2 Abs. 2 S. 1 GG gestützt.[263]

Der Arzthaftungssenat des BGH hat diese Auffassung weitgehend akzeptiert und sieht die Selbstbestimmung als wichtiges Rechtsgut des Patienten an, dem nur durch eine umfassende Aufklärung über die Ziele und Risiken der Behandlung Rechnung getragen werden kann.[264] Es klingt beim BGH allerdings eher noch eine Neigung an, das Selbstbestimmungsrecht des Patienten aus einer Verbindung von Art. 1 Abs. 1, Art. 2 Abs. 1 und Art. 2 Abs. 2 S. 1 GG herzuleiten.[265]

---

[261] BVerfG v. 25.7.1979 - 2 BvR 878/74 = BVerfGE 52, 131 [175] (Beweislast im Arzthaftungsprozeß].

[262] A.a.O. - Ebenso auch *S. Vollmer,* Genomanalyse... (1989), S. 123 m.w.Nachw. Differenzierter zum Nebeneinander von Art. 2 Abs. 1 GG und Art. 2 Abs. 2 S. 1 GG auch *Ch. Starck* in *v. Mangoldt/Klein/Starck*, GG Bd.1 ³1985 , Art. 2 Rdnr. 41 und 174.

[263] Nichtannahmebeschl. BVerfG (1. Senat, 2. Kammer) v. 5.3.1997 - 1 BvR 1071/95 = NSZ 1997, 225 (Edelfosin) wortgleich mit Nichtannahmebeschl. BVerfG (1. Senat, 2. Kammer) v. 5.3.1997 - 1 BvR 1068/96 = MedR 1997, 318 (Jomol). Dies unter Berufung auf BVerfG v. 22.9.1993 - 2 BvR 1732/93 = BVerfGE 89, 120 [130] (Wiederherstellung der Prozeßfähigkeit). Ebenso auch *R. Francke*, Ärztliche Berufsfreiheit und Patientenrechte (1994), S. 101 ff.

[264] Mit zahlreichen weiteren Nachweisen: *A. Laufs*, Arztrecht, ⁵1993, Rdnr. 168 ff.; MünchKomm ³1997, - *H.-J. Mertens*, § 823 Rdnr. 419 ff. Eingehend zur Entwicklung des Selbstbestimmungsrechts in der BGH-Rechtsprechung auch *R. Schlangenhaufer*, Der mündige Patient... (1996), S. 10 ff.

[265] So jedenfalls MünchKomm ³1997, - *H.-J. Mertens*, § 823 Rdnr. 419.

Der 14a-Senat des Bundessozialgerichts stützt das Selbstbestimmungsrecht des Patienten, auf das er in seiner bekannten „Amalgam-Entscheidung“[266] eingeht, auch eher auf das allgemeine Persönlichkeitsrecht und das Recht auf körperliche Unversehrtheit. Wörtlich heißt es in der genannten Entscheidung:

> „Das Selbstbestimmungsrecht des Patienten ist durch das Persönlichkeitsrecht in Verbindung mit dem Recht auf körperliche Unversehrtheit (Art. 1 und 2 GG) gewährleistet, die Therapiefreiheit durch die Berufs- und Wissenschaftsfreiheit (Art. 12 und 5 GG).“[267]

Insgesamt läßt sich damit ein einzelnes Grundrecht, auf das sich das Selbstbestimmungsrecht der Patienten gründet, nicht mit der gewünschten Eindeutigkeit bestimmen. Als eine Art vermittelnde Position zwischen den verschiedenen Auffassungen, die zugleich dem allgemeinen prüfungstechnischen Gebot der Subsidiarität des Art. 2 Abs. 1 GG gegenüber dem Art. 2 Abs. 2 S. 1 GG Rechnung trägt,[268] könnte man zu dem Schluß kommen, daß jeweils das Grundrecht zur Begründung eines Rechts auf Selbstbestimmung heranzuziehen ist, dessen Schutzbereich stärker tangiert ist. Soweit also durch Entscheidungen eine verdeckte Rationierung stärker in das Recht auf körperliche Unversehrtheit (auch im Sinne eines Abwehrrechts auf Zugang zu Heilbehandlungen) eingegriffen wird, dürfte die damit verbundene Beeinträchtigung des Selbstbestimmungsrechts eher einen Verstoß gegen die Grundrechte aus Art. 2 Abs. 2 S. 1 GG darstellen. Soweit aber lediglich die Auswahlmöglichkeit des Patienten unter an sich gleichwertigen und auch gleich belastenden Behandlungsalternativen durch eigenmächtige ärztliche Entscheidungen verkürzt wird, dürfte eher das allgemeine Persönlichkeitsrecht aus Art. 2 Abs. 1 GG und Art. 1 Abs. 1 GG als betroffen anzusehen sein. Für die eingangs entwickelte Fragestellung, der zufolge mit den Erscheinungsformen der verdeckten Rationierung regelmäßig erhebliche Beeinträchtigungen körperlicher Art verbunden sind, wird man demnach das Selbstbestimmungsrecht des Patienten mit guten Gründen auf das „vom Willen umfaßten Recht auf körperliche Unversehrtheit“ stützen können. Letztlich kann aber aus des Sicht der Betroffenen die dogmatische Begründung für das Selbstbestimmungsrecht auch dahin stehen; letztlich entscheidend sind dessen Inhalte.

II. Dimensionen des Selbstbestimmungsrechts

Unabhängig von der dogmatischen Herleitung entfaltet das Recht auf Selbstbestimmung hinsichtlich der ärztlichen Heilbehandlung verschiedene Dimensio-

---

[266] Vgl.: BSG v. 8.9.1993 - 14a RKa 7/92 = BSGE 73, 66 = SozR 3-2500 § 2 Nr. 2 (S. 71 f.) (Amalgam)

[267] BSG v. 8.9.1993 - 14a RKa 7/92 = BSGE 73, 66 = SozR 3-2500 § 2 Nr. 2 (S. 71 f.) (Amalgam)

[268] Vgl. zu den Abgrenzungen z.B.: *D. Murswiek*, in *Sachs*, Grundgesetz ^{2}1999, Art. 2 Rdnr. 137 f. m.w.Nachw.

nen, denen zur Wahrung des gebotenen grundrechtlichen Schutzes Rechnung getragen werden muß:[269]

1) Der Schutz des Körpers vor einer nicht gewollten Verletzung

Zu aller erst und vor allem bei einer Herleitung des Selbstbestimmungsrechts aus Art. 2 Abs. 2 S. 1 GG steht der Schutz des menschlichen Körpers vor einer nicht gewollten Verletzung im Vordergrund. Dem entspricht auch, bezogen auf die eigenmächtige ärztliche Behandlung, der bereits beschriebene strafrechtliche Schutz vor ungewollten Eingriffen in die körperliche Unversehrtheit, bei dem regelmäßig eine Straffreiheit des Körperverletzers nur durch die erklärte oder mutmaßliche, rechtfertigende Einwilligung des Opfers in die Körperverletzung zu erlangen ist.[270] Die Bestrebungen, die eigenmächtige Heilbehandlung zu einem Sonderstraftatbestand aufzuwerten,[271] dürften mit dem 6.Strafrechtsreformgesetz vorerst wieder zu den Akten gelegt worden sein, so daß nach wie vor die ärztliche Heilbehandlung, soweit sie in irgendeiner Form in die körperliche Integrität des Patienten eingreift, den Straftatbeständen der §§ 223 ff. StGB unterliegt.

In der jüngeren Vergangenheit stand die Einwilligung und die stattliche Verpflichtung zum Schutz der Selbstbestimmungsrechte der Patienten in diesem Zusammenhang besonders im Rahmen des Gesetzgebungsprozesses zum Transplantationsgesetz zur Diskussion.[272] Wobei hier der Konflikt aber nicht zuletzt durch das sogenannte „postmortale Persönlichkeitsrecht" aus Art. 1 Abs. 1 GG noch einmal modifiziert und verschärft wurde.[273] Mit der nunmehr beschlossenen „erweiterten Zustimmungslösung", aufgrund derer ohne eine ausdrückliche Zustimmung entweder vom Organspender selbst oder doch wenigstens durch seine nächsten Verwandten eine Organentnahme unzulässig ist,[274] hat der Gesetzgeber den hohen Wert der Selbstbestimmung des Menschen über seinen

---

[269] Zum Ganzen auch *R. Francke*, Ärztliche Berufsfreiheit und Patientenrechte (1994), S. 108 f. und neuerdings auch noch einmal *R. Francke/D. Hart*, Rechtswissenschaftlicher Gutachtenteil, in *B. Badura et al.*, Bürgerorientierung des Gesundheitswesens (1999), S. 213 ff.

[270] Zur Einwilligung als Rechtfertigungsgrund für Körperverletzungen: *A. Eser* in *Schönke/Schröder*, StGB [25]1997, § 223 Rdnr. 12 + 37 ff.

[271] Hierzu *Ch. Katzenmeier*, ZRP (4) 1997, 156 ff.

[272] Zum Ganzen *H. Ch. Kühn*, MedR 1998, S. 455; *V. Großkopf*, PflR 1998, S. 94 ff. und S. 131 ff.

[273] Vgl.: *V. Großkopf*, PflR 1998, S. 95 und *B. Holznagel/I. Holznagel*, DÄBl. 1998; S. A-1718.

[274] Vgl.: *H. Ch. Kühn*, MedR 1998, S. 456; *V. Großkopf*, PflR 1998, S. 131; *B. Holznagel/I. Holznagel*, DÄBl. 1998; S. A-1718.

Körpern m. E. noch einmal deutlich aufgewertet.[275] Ganz ähnlich ist auch die jüngste Rechtsprechung der Straf- und Zivilgerichte zur Frage eines vom Patienten mutmaßlich gewünschten Abbruch einer lebensverlängernden Behandlung zu werten, auf die nachfolgend unter dem Aspekt des Schutzes vor nicht gewollten Verschlechterungen des körperlichen Befindens eingegangen wird.

Nur zur Verdeutlichung sei zuvor noch einmal darauf hingewiesen, daß nach wie vor auch der hohe Wert des Selbstbestimmungsrechts der Bürger nicht dazu ausreicht, eine vom Patienten gewünschte Beihilfe zur Selbsttötung oder gar eine aktive Tötung des Patienten zu rechtfertigen. Hier steht der Schutz des Lebens immer noch über dem Recht auf Selbstbestimmung.[276] Die Ausgestaltung des Selbstbestimmungsrechts im Hinblick auf den Schutzbereich des Art. 2 Abs. 2 S. 1 GG reicht lediglich soweit, wie die Gewährleistung eines „Rechts auf einen menschenwürdigen Tod" allgemein als grundrechtlich gewährt angesehen wird.[277]

2) Der Schutz des Menschen vor einer nicht gewollten Verschlechterung seines Körperzustands

Nicht nur die körperliche Integrität als solche ist vom Schutzbereich des Art. 2 Abs. 2 S. 1 GG umfaßt. Es ist bereits eingehend dargelegt worden, daß aus dem Recht auf körperliche Unversehrtheit auch ein Abwehrrecht auf Gesunderhaltung folgt. Dem entspricht auf der Ebene der Selbstbestimmung auch ein Schutz des Körpers vor einer nicht gewollten Verschlechterung seines Zustandes durch nicht sorgfältige oder suboptimale Behandlungen.[278] Auch diesem Aspekt wird mittels der straf- und zivilrechtlichen Ausgestaltung des Arzthaftungsrechts in umfangreicher Weise Rechnung getragen. Es hatte sich allerdings bei der Betrachtung der Einzelheiten des Patientenschutzes durch das Straf- und Zivilrecht bereits gezeigt, daß es hier einige Diskrepanzen zwischen den rechtlichen Vorgaben und den tatsächlich gegebenen Möglichkeiten der Patienten gibt, diese Recht auch durchzusetzen.[279] Den vorgefundenen Diskrepanzen kann

---

[275] Vgl. zum Ganzen auch: *W. Höfling/S. Rixen*, Verfassungsfragen der Transplantationsmedizin (1996), S. 83 ff.

[276] Vgl.: *R. Francke*, Ärztliche Berufsfreiheit und Patientenrechte (1994), S. 105 ff.; *D. Lorenz* in *Isensee/Kirchhof (Hrsg.)*, HbStR VI (1989), § 128 Rdnr. 66 ff.; *Ch. Starck* in *v. Mangoldt/Klein/Starck*, GG Bd.1 [3]1985 , Art. 2 Rdnr. 129 - alle m.w.Nachw.

[277] Statt vieler *D. Murswiek,* in *Sachs*, Grundgesetz [2]1999, Art. 2 Rdnr. 212 m.w.Nachw.

[278] So auch *R. Francke*, Ärztliche Berufsfreiheit und Patientenrechte (1994), S. 109 und *R. Francke/D. Hart*, Rechtswissenschaftlicher Gutachtenteil, in *B. Badura et al.*, Bürgerorientierung des Gesundheitswesens (1999), S. 213.

[279] Eingehend zu der Diskrepanz zwischen den Konstrukt des „mündigen Patienten" durch die Rechtsprechung und der Praxis der Krankenbehandlung auch *R. Schlangenhaufer*, Der mündige Patient... (1996).

insbesondere auch unter dem Gesichtspunkt der Selbstbestimmungsrechte der Patienten nur durch wesentlich verbesserte Informationsmöglichkeiten für die Patienten und eine stärkere Einbeziehung in den Entscheidungsprozeß begegnet werden.[280]

Diese Aussage erhält mehr Gewicht noch durch die Tatsache, daß gerade im Hinblick auf die Gewährung von Entscheidungsbefugnissen über die Entwicklung eines Krankheitsgeschehens, über Verbesserungs- oder Verschlechterungsmöglichkeiten des körperlichen Zustands, die Rechtsprechung um die sogenannte „passive Sterbehilfe" die Position des Betroffenen noch einmal deutlich gestärkt hat.[281] Mit dem inzwischen schon berühmten „Kemptener-Fall" hat der 1. Strafsenat des BGH[282] hier ein deutliches Zeichen gesetzt, das auch von der nachfolgenden zivilgerichtlichen Rechtsprechung gerne aufgenommen wurde. Grundlegend betonte der Senat in seiner Entscheidung noch einmal deutlich, daß auch ein Behandlungsabbruch bei entsprechendem Patientenwillen als „Ausdruck seiner allgemeinen Entscheidungsfreiheit und des Rechts auf körperliche Unversehrtheit" anzuerkennen ist.[283] Ist der Patient nicht mehr in der Lage, eine Entscheidung über Fortsetzung oder Abruch einer Behandlung zu treffen, so ist nach der Auffassung des Senats auf den mutmaßlichen Willen abzustellen, wobei zur Ermittlung des mutmaßlichen Willens wesentlich auf entsprechende frühere Äußerungen des Patienten und seinen allgemeinen Wertvorstellungen zurückgegriffen werden soll.[284] Die Zivilgerichte verfuhren in der jüngeren Vergangenheit mit dieser Vorgabe nun in unterschiedlicher Weise. So hat zum einem das OLG Frankfurt[285] in seiner Entscheidung vom 15.7.1998 zum Ausdruck gebracht, daß bei einem nicht mehr einwilligungsfähigen Patienten[286] der Betreuer ermächtigt ist, den mutmaßlichen Willen des Patienten zur Geltung zu bringen. Dabei bedarf es nach der Auffassung des 20. Zivilsenats in Frankfurt allerdings analog zu den Regelungen des § 1904 BGB einer vormundschaftsgerichtlichen Genehmigung.[287] Demgegenüber gelangte das LG München I in einer Entscheidung vom Frühjahr 1999 zu dem Schluß, daß

---

[280] Knapp zu den Defiziten bei der praktischen Umsetzung des Selbstbestimmungsrechts der Patienten auch *R. Francke*, Ärztliche Berufsfreiheit und Patientenrechte (1994), S. 187 unter Berufung auf *SVRKAiG*, JG 1992, Tz. 358.

[281] Ein sehr umfassende Übersicht über den Stand der Diskussion bis zum Urteil des LG München I gibt die Textsammlung von *W. Schell*, Sterbebegleitung und Sterbehilfe (1998).

[282] BGH(St) v. 13.9.1994 – 1 StR 357/94 = NJW 1995, 204 (Kemptener-Fall).

[283] A.a.O.

[284] Ebenda.

[285] OLG Frankfurt/M. v. 15.7.1998 – 20 W 224/98 = NJW 1998, 2747 = PflR 1998, 161.

[286] Zur Frage der „natürlichen" Einsichts- und damit auch Einwilligungsfähigkeit vgl.: *Th. Klie*, Recht auf Verwirrtheit? (1993), S. 47 f.

[287] OLG Frankfurt/M. - PflR 1998, 161 [162] (Abbruch der künstlichen Ernährung).

das Betreuungsrecht, anders als bei lebensgefährdenden Heileingriffen, eine Möglichkeit der vormundschaftsgerichtlichen Genehmigung eines Behandlungsabbruchs nicht zuläßt. Es handele sich beim Behandlungsabbruch um eine der höchstpersönlichen Angelegenheiten, die einem Betreuer nicht übertragen werden könnten, so daß das Vormundschaftsgericht den Angehörigen und beteiligten Ärzten die Entscheidungsverantwortung und das Risiko einer Fehleinschätzung des mutmaßlichen Willens des Betroffenen nicht abnehmen könnte.[288] Ob das Landgericht mit dieser Entscheidung der Sache der Betroffenen letztlich wirklich dienlich gewesen ist, mag bezweifelt werden, denn die eindeutige Zuweisung der rechtlichen Verantwortung für entsprechende Behandlungsentscheidungen an die Angehörigen und Ärzte dürfte dazu führen, daß derartige Entscheidungen künftig wesentlich seltener getroffen werden. Andererseits wurde das Selbstbestimmungsrecht des einwilligungsfähigen Patienten weiter aufgewertet, indem die Entscheidungsbefugnisse Dritter eher eingeschränkt worden sind.

Dem entspricht auch die Rechtsprechung zu den Heilbehandlungsentscheidungen für (noch) einwilligungsfähige Patienten. Hier hat beispielsweise das LG Kassel im Jahre 1996[289] einer psychisch kranken Patientin das Recht zugebilligt, auch gegen die Entscheidung des Betreuers die Einnahme der ihr verordneten Psychopharmaka zu verweigern, obwohl diese medizinisch geboten war. Die entscheidende Kammer stellte fest, solange der Betroffene über eine natürliche Einsichtsfähigkeit verfüge, müsse dessen Wille respektiert und geachtet werden, selbst wenn sich die Entscheidung unter medizinischen Gesichtspunkten als unvernünftig darstelle.[290]

Damit sollte deutlich geworden sein, welch hohe Bedeutung dem Selbstbestimmungsrecht der Patienten auch bezüglich der Ausgestaltung einer Heilbehandlung beizumessen ist. Die genannten Entscheidungen haben im übrigen auch dazu geführt, daß in Fachkreisen und von einer interessierten Öffentlichkeit die Frage der Wahrung der Selbstbestimmungsrechte von Patienten gerade auch bei den schwierigen Entscheidungen am Lebensende aufgegriffen und zum Anlaß genommen wurde für zahlreiche Überlegungen zu den Möglichkeiten, die Position des Patienten, beispielsweise durch geeignete Formulierungsvorschläge in

[288] Landgericht München I v. 18.2.1999 - 13 T 478/99 = NJW 1999, 1788.

[289] Landgericht Kassel v. 5.1.1996 - 3 T 859, 860/95 = PflR 1998, S. 212 (Zwangsbehandlung).

[290] A.a.O., S. 213. - Vgl. auch eine ausführliche Besprechung der Entscheidung bei *K. Markus*, Altenpflege 10/1997, S. 56 ff. Bereits im vorigen Jahrhundert hat das Reichsgericht in einer Strafsache (RG v. 31.5.1894 – g.W.Rep. 1406/94 = RGSt 25, 375 (Fußamputation) ähnlich entscheiden. Im Ganzen zur Entwicklung der Rechtsprechung *R. Schlangenhaufer*, Der mündige Patient... (1996), S. 10 ff.

Patientenverfügungen, zu sichern.[291] Es bleibt zu hoffen, daß diese Diskussion um die Selbstbestimmungsrechte der Patienten langfristig dazu führen wird, daß die Position der Patienten auch in tatsächlicher Hinsicht durch die Kodifizierung entsprechender Rechte und Verfahren gestärkt werden wird.[292]

3) Die Gewährleistung der Chancen auf Heilung

Die soeben festgestellten Befunde lassen sich ohne weiteres auch auf eine weitere Dimension des aus den Gehalten des Art. 2 Abs. 2 S. 1 GG folgenden Selbstbestimmungsrechts der Patienten ausdehnen. Ging es zuvor um die Möglichkeiten der Patienten, einer Verschlechterung ihres Gesundheitszustandes entgegenzuwirken, so eröffnet insbesondere der Aspekt des Zugangsrechts zu Heilbehandlungen ein Selbstbestimmungsrecht der Patienten auch hinsichtlich der Gewährleistung von Chancen auf Heilung. Die ermittelten Grundsätze zur Wahrung der Selbstbestimmungsrechte gelten auch hier. Es bedarf allerdings, soweit diese Grundsätze von der Abwehr von nicht gewollten Beeinträchtigungen des Gesundheitszustandes auf die Erlangung einer gewünschten Heilung ausgeweitet werden sollen, eines Umdenkungsprozesses bei den Ärzten, den Patienten und nicht zuletzt auch in der Gesundheitspolitik. Es gilt mehr noch als bisher, den Patienten zum „Koproduzenten“[293] seiner Heilung zu machen und ihn in dieser Position zu stärken.[294]

---

[291] Beispielhaft seien hier nur verschiedene Beschlüsse und Stellungnahmen zum Thema Sterbehilfe und Patientenselbstbestimmung genannt, die bei *W. Schell* (Sterbebegleitung und Sterbehilfe (1998), S. 81 ff.) abgedruckt sind. Außerdem ernannte der leitende Oberarzt einer Münchener Intensivstation in einem Artikel im Feuilletonteil der *Süddeutsche Zeitung* vom 1.4.99 (S. 18) den Patienten zum „Sultan seiner Existenz“ und auch *Die Zeit* (v. 28.1.1999, S. 30 f.) griff das Thema der Patientenverfügung und Selbstbestimmung in zwei Artikeln auf.

[292] Ein Ansatz hierzu liegt beispielsweise bereits in der einer Großen Anfrage der Fraktion der SPD vom 8.5.1998 zum Thema Patientenselbstbestimmung und Patientenschutz bei fehlerhafter medizinischer Behandlung (BT-Drcks. 13/10701, S. 1-16 (zit. n. MedR 1998, S. 359)).

[293] Zum Begriff z.B.: *R. Francke/D. Hart*, Rechtswissenschaftlicher Gutachtenteil, in *B. Badura et al.*, Bürgerorientierung des Gesundheitswesens (1999), S. 143.

[294] Eine Übersicht über den derzeitigen Stand der Dinge und die vorhandenen Defizite findet sich bei *R. Francke/D. Hart*, Rechtswissenschaftlicher Gutachtenteil, in *B. Badura et al.*, Bürgerorientierung des Gesundheitswesens (1999), S. 216 ff. Früh auch schon *SVRKAiG*, Jahresgutachten 1992, Ziff. 363: „An die Stelle des ‚benevolenten Paternalismus“ muß als zeitgemäße Form der Arzt-Patient-Beziehung ein ‚Partnerschaftsmodell“ treten. Darin gibt der Arzt vermöge seines medizinischen Wissens den Rahmen vor, innerhalb dessen der Patient mit Hilfe des Arztes seine Entscheidungen trifft.“

Für den Bereich der therapeutischen Aufklärung ist diese Funktion des Patienten seit langem unbestritten.[295] Nur ein Patient, der über den Sinn und Zweck einer Behandlung und etwaige Nebenwirkungen ausreichend informiert ist, wird die Anweisungen des Arztes befolgen und so durch die Anpassung seines Verhaltens zum Gelingen der Behandlung beitragen. Auch für den Bereich der Selbstbestimmungsaufklärung, in dem es nicht zuletzt um die Auswahl einer für den Patienten optimalen oder doch wenigstens angemessenen Behandlungsmethode geht, sind die Entscheidungsbefugnisse der Patienten im Grunde anerkannt. Es herrscht hier aber doch, nicht nur in den Reihen der ärztlichen Profession, die Auffassung vor, die Wahl der Behandlungsmethode sei primär Sache des Arztes.[296] Dieser Standpunkt ist insofern zutreffend, als schon von seiner Ausbildung her der Arzt natürlich derjenige ist, welcher in der Lage ist (oder doch sein sollte), das gesamte Krankheitsgeschehen in seiner Komplexität zu überblicken. Diese Auffassung verkennt aber zugleich, daß Ärzte wie Patienten eigene Wertvorstellungen haben und bestimmte Krankheitssituationen oder aus dem Krankheitsgeschehen folgende Beeinträchtigungen in individuell sehr unterschiedlicher Weise wahrnehmen und beurteilen.[297] Den „Hausarzt von Früher“, der seine Patienten zum Teil schon von Geburt an kannte oder mit anderen seiner Patienten schon zusammen in der Schulbank gesessen hat, gibt es kaum mehr. Auch ist, bedingt durch die Vergütungsmodalitäten, die Zeit für intensive Gespräche zwischen Ärzten und Patienten knapper geworden, so daß kaum ein Arzt mehr in der Lage sein dürfte, einen Eindruck von den Werten, Wünschen und Hoffnungen seines Patienten zu erlangen oder auch nur annähernd ein abschließendes Bild der Persönlichkeit abgegeben zu können. Es kann damit ohne eine entsprechende Einbeziehung der Patienten oder seiner Angehörigen in den Entscheidungsprozeß und ohne die Darstellung von Behandlungsalternativen und deren Auswirkungen kaum eine Behandlungsentscheidung getroffen werden, die den verschiedenen Interessen des Patienten entspricht.[298] So könnte es beispielsweise für einen Patienten mit einen akuten Behandlungsbedarf bei hohem Behandlungsrisiko wichtiger sein, noch die nächsten Wochen bei klarem Bewußtsein zu erleben, um die wichtigsten Angelegenheiten mit den Angehörigen, die sich womöglich gerade im Ausland befinden, zu klären, als die geringe Chance einer erfolgreichen Behandlung wahrzunehmen. Informati-

[295] Vgl.: *A. Laufs*, Arztrecht, ⁵1993, Rdnr. 163 ff.

[296] Vgl.: *A. Laufs*, Arztrecht, ⁵1993, Rdnr. 196 f. m.w.Nachw.

[297] In diesem Sinne auch *R. Francke*, Ärztliche Berufsfreiheit und Patientenrechte (1994), S. 122 f. m.w.Nachw.

[298] Interessanterweise beginnt der Entwurf einer vorsorglichen Patientenverfügung vom Zentrum für medizinische Ethik an der Ruhr-Universität in Bochum mit der Aussage, die Wünsche, Werte, Hoffnungen und Verfügungen des Ausstellers sollen die Grundlage der ärztlichen und pflegerischen Behandlungsentscheidungen bilden (Online-Lexikon Betreuungsrecht = http://www.ruhr-uni-bochum.de/zme/Betreuungsrecht.htm am 12.7.1999).

onen dieser Art liegen dem behandelnden Arzt aber nicht ohne weiteres vor. Ihnen kann nur Rechnung getragen werden, wenn Patienten in die Behandlungsentscheidungen mit eingebunden werden.

Eine solche Einbindung der Patienten kann aber nur erfolgen, wenn die Patienten auch über die nötigen Informationen betreffend der Diagnose, der Behandlungsziele, der Behandlungsalternativen und auch der Nebenwirkungen verfügen.[299] Damit erlangt das nachfolgend erörterte Informationsinteresse der Patienten zur Wahrung der Selbstbestimmungsrechte letztlich die allerhöchste Bedeutung.

4) Die Information (Aufklärung) über Erkrankung und Behandlung

Eine Verwirklichung der Selbstbestimmungsinteressen der Patienten bezogen auf die Verhinderung ärztlicher Eigenmacht, den Schutz vor vermeidbaren Gesundheitsschäden und die Wahrnehmung möglicher Heilungschancen ist nur möglich, wenn das Informations- und Aufklärungsinteresse des Patienten, das sich damit notwendig aus Selbstbestimmungsgehalt des Art. 2 Abs. 2 S. 1 GG ergibt, ernst genommen und seine Bedeutung im Kontext der ärztlichen Behandlung noch einmal deutlich aufgewertet wird.[300] Ein Rechtsanspruch auf Information in den allgemeinen Lebensbereichen wird im übrigen seit der sogenannten „Abstammungsentscheidung" des BVerfG aus dem Jahre 1989 auch aus dem allgemeinen Persönlichkeitsrecht hergeleitet.[301] Teilweise wird in diese Interpretation des Inhalts des allgemeinen Persönlichkeitsrechts auch sogar ein Leistungsanspruch auf Verschaffung von Informationen hineingedeutet.[302] Hier ist allerdings insoweit Vorsicht geboten, als nach der Auffassung des 1. Senats das allgemeinen Persönlichkeitsrecht aus Art. 2 Abs. 1 GG und Art. 1 Abs. 1 GG nur „vor der Vorenthaltung erlangbarer Informationen" schützen kann.[303]

---

[299] Ähnlich auch *R. Francke/D. Hart*, Rechtswissenschaftlicher Gutachtenteil, in *B. Badura et al.*, Bürgerorientierung des Gesundheitswesens (1999), S. 213 f. - Zu den bisher festzustellenden Defiziten auch *R. Francke*, Ärztliche Berufsfreiheit und Patientenrechte (1994), S. 190 ff. und *D. Hart*, MedR 1999, S. 49.

[300] Vgl.: *R. Francke*, Ärztliche Berufsfreiheit und Patientenrechte (1994), S. 109. *Ch.-M. Stegers* in *Kranich/Böcken*, Patientenrechte und Patientenunterstützung ...(1997), S. 80.

[301] So *H. D. Jarass* in *H.-U. Erichsen u.a.*, Recht der Persönlichkeit (1996), S. 98 ff. unter Berufung auf BVerfG v. 31.1.1989 - 1 BvL 17/87 = BVerfGE 79, 256 [268 f.] (Kenntnis eigener Abstammung) und m.w.Nachw.

[302] Vgl.: *H. D. Jarass* in *H.-U. Erichsen u.a.*, Recht der Persönlichkeit (1996), S. 99 oder auch unter Bezugnahme auf das Recht auf Einsichtnahme in die eigenen Krankenakten *Ph. Kunig,* in *v. Münch/Kunig*, Grundgesetz-Kommentar Bd.1 ^{4}1992, Art. 2 Rdnr. 40 m.w.Nachw.

[303] BVerfG v. 31.1.1989 - 1 BvL 17/87 = BVerfGE 79, 256 [269] (Kenntnis eigener Abstammung).

Bisher wird in Deutschland den Informationsinteressen der Patienten in gesetzlichen Regelungen kaum Rechnung getragen. Lediglich im Arzneimittelrecht und im ärztlichen Berufsrecht sind Ansätze zu einer Kodifizierung von Informationsrechten für die Patienten vorhanden.[304] Diese Regelungen sind aber zu weit von dem Rechtsraum, in dem sich der Patient selbst bewegt, entfernt, als daß sie hier die nötigen Bewußtseinsveränderungen bewirken könnten. Will man also den verfassungsrechtlichen Vorgaben zum Selbstbestimmungsrecht der Patienten und deren Informationsanspruch in angemessener Weise Rechnung tragen, so bedarf es einer deutlichen Effektivierung der Informationsmöglichkeiten für die Patienten über Erkrankungen und deren Behandlung.[305] Nur so wird der Patient in die Lage versetzt, seine Abwägung über die Durchführung einer Behandlung verantwortlich vornehmen zu können.

Die Darstellung der Rechtslage hinsichtlich der Aufklärungspflichten im Zivilrecht mag indes verdeutlicht haben, daß die Frage des Umfangs der Aufklärungspflichten ein nicht eben leicht zu lösendes Problem darstellt. Es ist naheliegend, daß der Arzt, der den Patienten über Diagnosen und Therapiemöglichkeiten informiert, regelmäßig Gefahr läuft, beim Patienten Reaktionen auszulösen, die zum einen nicht gewollt sind und zum anderen negativ auf den Behandlungserfolg wirken können.[306] Dieser Aspekt ist sicher nicht zu vernachlässigen und der BGH hat in der Vergangenheit versucht, diesem Umstand durch die Konstruktion von Ausnahmetatbeständen von der an sich umfassenden Aufklärungspflicht Rechnung zu tragen.[307] Im Ergebnis hat dies freilich zur Folge, daß der Umfang der Informations- und Aufklärungspflichten für den Arzt aus dessen Perspektive eher unklarer geworden ist. Der Ansatz, den Patienten als „Herrn des Aufklärungsgesprächs“ anzusehen,[308] geht hier m.E. in die richtige Richtung.

---

[304] Vgl.: *R. Francke/D. Hart*, Rechtswissenschaftlicher Gutachtenteil, in *B. Badura et al.*, Bürgerorientierung des Gesundheitswesens (1999), S. 213 oder *Ch.-M. Stegers* in *Kranich/Böcken*, Patientenrechte und Patientenunterstützung ...(1997), S. 78 ff.

[305] Zum Ganzen: *R. Francke*, Ärztliche Berufsfreiheit und Patientenrechte (1994), S. 108 ff. und *R. Francke/D. Hart*, Rechtswissenschaftlicher Gutachtenteil, in *B. Badura et al.*, Bürgerorientierung des Gesundheitswesens (1999), S. 216 ff.

[306] So wird regelmäßig angeführt, daß Patienten bei der Mitteilung einer Krebsdiagnose resignieren könnten oder daß überängstliche Patienten bei Darstellung aller möglichen Nebenwirkungen einer Behandlung lebensnotwendige und aussichtsreiche Behandlungen ablehnen könnten. Einen Überblick über mögliche Kontraindikationen einer umfassenden Patienteninformation gibt es bei *R. Schlangenhaufer*, Der mündige Patient... (1996), S. 26 f. und 36 ff. m.w.Nachw.

[307] Vgl. die Rechtsprechungsübersicht bei *R. Schlangenhaufer*, Der mündige Patient... (1996), S. 38 ff.

[308] So wohl die DKG in ihren Aufklärungsrichtlinien (zit. n. *R. Schlangenhaufer*, Der mündige Patient... (1996), S. 121, die diese Prämisse allerdings eher kritisch sieht).

Der Patient sollte also bestimmen, was er wissen will und was nicht. Hierzu bedarf es bestimmter Basisinformationen, die nach den zuvor ermittelten Dimensionen der Selbstbestimmung über körperliche Unversehrtheit und Gesundheit jedenfalls die Diagnose, das Behandlungsziel, die Behandlungsmöglichkeiten sowie deren Wirkungen und Nebenwirkungen enthalten sollten.[309] Dabei müßten Behandlungsalternativen, soweit solche vorhanden sind, deutlich erkennbar sein. Auf der Grundlage dieser Basisinformationen sollte der Patient dann die Gelegenheit haben, durch Nachfragen Einzelheiten in Erfahrung zu bringen und so zu einer fundierten Behandlungsentscheidung zu kommen. Das Modell der bereits vielfach praktizierten „Stufenaufklärung", bei der die Patienten zunächst einen Aufklärungsbogen zum Lesen bekommen und anschließend bestehende Informationslücken im Gespräch mit dem aufklärenden Arzt durch Nachfrage füllen können,[310] könnte bei entsprechender Erweiterung der Basisinformationen als Modell einer im Sinne des Selbstbestimmungsrechts optimierten Aufklärung dienen.[311]

Soweit gegen eine so umfassende Information des Patienten immer wieder angeführt wird, daß diese den Patienten vielfach schon intellektuell und, jedenfalls in der Situation der Krankheit, emotional überfordere,[312] ist dem in vielen Fällen beizupflichten. Es gibt im übrigen auch sicherlich eine große Zahl von Patienten, die eine Entscheidungsbefugnis und die dazu notwendige umfassende Aufklärung gar nicht wollen, sondern sich lieber der ärztlichen Heilkunst in vollem Umfang anvertrauen.[313] Diese Umstände sollten aber nicht zum Anlaß genommen werden, das Maß der Aufklärung auf ein Minimum zu beschränken. Vielmehr wird der Umfang der Aufklärung und Information nicht nur im Hinblick auf die zu erwartenden Risiken regelmäßig von den Umständen des Einzelfalls abhängen,[314] so daß Patienten, die mehr wissen wollen, die Möglichkeit erhalten sollten, dieses Wissen, sei es durch den behandelnden Arzt oder auf anderem Wege, auch zu erlangen.

Nicht zu vernachlässigen ist in diesem Zusammenhang ein, vielleicht noch nicht grundlegender, aber in Ansätzen doch erkennbarer gesellschaftlicher Wandlungsprozeß hin zur Informationsgesellschaft. Die Möglichkeiten der modernen Informationstechnologie führen auch im Bereich der Krankenbehandlung all-

---

[309] So auch die Aufzählung unter dem Stichwort „informed consent" bei *R. Gross* in *Marburger Arbeitskreis (Hrsg.)*, Selbstbestimmung ... (1986); S. 71 und S. 77.

[310] Zum Ganzen *A. Laufs*, Arztrecht, ⁵1993, Rdnr. 181 f. oder *R. Schlangenhaufer*, Der mündige Patient... (1996), S. 68 f.

[311] Ebenso *H. Ehrhardt* in *Marburger Arbeitskreis (Hrsg.)*, Selbstbestimmung ... (1986), S. 54.

[312] Hierzu eingehender *R. Schlangenhaufer*, Der mündige Patient... (1996), S. 33 ff.

[313] Vgl.: *R. Schlangenhaufer*, Der mündige Patient... (1996), 121 m.w.Nachw.

[314] Vgl.: *A. Laufs*, Arztrecht, ⁵1993, Rdnr. 197 ff.

mählich zu der Tendenz, daß sich Patienten und deren Angehörige zunehmend Informationen über ihre Erkrankung und deren Behandlung von seiten Dritter, namentlich aus dem Internet, beschaffen.[315] Diese Entwicklung hat inzwischen dazu geführt, daß manchmal die behandelnden Ärzte von seiten der Patienten und ihrer Angehörigen mit neuesten, internationalen Entwicklungen im Bereich der medizinischen Behandlung konfrontiert werden, von denen sie selbst bislang noch keine Kenntnis hatten.[316] In diesem Sinne faßte der Ehemann einer Tumorpatientin seine Erfahrungen im Umgang mit den Informationsmöglichkeiten im *world wide web*, die er während der Erkrankung seiner Frau gesammelt hatte, für den Fall einer eigenen Erkrankung in dem Satz zusammen: „Gebt mir einen Computer mit Internetanschluß und drei Tage Zeit, dann sehen wir weiter.“[317] Nun sind freilich nicht alle Bürger in der Lage, sich einen Zugang zum Internet zu verschaffen und noch weniger darf erwartet werden, daß es dem ungeübten Internetnutzer auch gelingt, die ihm dienlichen Informationen aus dem Überangebot der Daten herauszufiltern,[318] die Tendenz und das Bedürfnis zu mehr und eigener Informationsbeschaffung durch die Patienten dürfte hieran ab er doch deutlich geworden sein.

Gemessen daran gibt es, wie *Francke* und *Hart* in ihrem rechtswissenschaftlichen Gutachtenteil zur Frage der Bürgerorientierung des Gesundheitswesens zutreffend feststellen, auf der „kommunikativen Seite der ärztlichen Behandlung“ deutliche Defizite.[319] Im einzelnen beziehen sich diese Defizite auf

- die Aufklärung über (mögliche) Krankheitsursachen,
- die Information über Krankheitsbewältigung,
- die Organisierung von den Patienten als Subjekt einbeziehenden Lernprogrammen, Vorbeugung vor Verschlimmerung und Bewältigung von Krankheitsfolgen

[315] Zum Ganzen eingehend *F. Stuchlik*, Nutzung moderner Informations- und Kommunikationstechniken ..., in *B. Badura et al.*, Bürgerorientierung des Gesundheitswesens (1999), S. 373 ff. Ein interessanter, allerdings kritischer Bericht über die Beratungsleistungen einer Patientenvereinigung „Comed e.V.“ (http//www.comed-ev.de) findet sich bei *S. Zacharias*, *Süddeutsche Zeitung* (Wissenschaft) vom 14.9.1999.

[316] So beispielsweise nach einem entsprechen Bericht über die Nutzung der modernen Kommunikationstechnologie von *M. Dworschak*, Die Zeit 17/1999, S. 41 f.

[317] Zitiert nach *M. Dworschak*, Die Zeit 17/1999, S. 42.

[318] Zu den vielfältigen Barrieren die einer effektiven Nutzung der Möglichkeiten des Internet für Patienten und Ärzte entgegenstehen auch *F. Stuchlik*, Nutzung moderner Informations- und Kommunikationstechniken ..., in *B. Badura et al.*, Bürgerorientierung des Gesundheitswesens (1999), S. 382 ff.

[319] *R. Francke/D. Hart*, Rechtswissenschaftlicher Gutachtenteil, in *B. Badura et al.*, Bürgerorientierung des Gesundheitswesens (1999), S. 216.

- und eine insgesamt dialogische Kommunikationsstruktur in der Arzt-Patienten-Beziehung.

Sie zeigen aber im weiteren Verlauf ihres Gutachtens auf, daß bereits in den vorhandenen rechtlichen Regelungen des Sozialrechts und des ärztlichen Berufsrechts diverse Grundlagen einer erweiterten Patienteninformation vorhanden sind, die es namentlich unter Berufung auf die Aufgaben der Krankenkassen in diesem Bereich auszuschöpfen gilt.[320] Darüber hinaus sehen sie insbesondere aus den verfassungsrechtlichen Vorgaben heraus eine Verpflichtung der öffentlichen Gewalt, im Rahmen ihrer Schutzpflicht auch für die Wahrung der Selbstbestimmungsinteressen der Patienten Sorge zu tragen.[321]

Im Ergebnis des Gesamtgutachtens von *Badura et al.* nehmen denn auch die Aspekte „Information, Transparenz und Selbstbestimmung" einen hohen Rang ein.[322] Im einzelnen wird u.a. vorgeschlagen, analog zu „Stiftung Warentest" eine „Stiftung Gesundheitstest" zu etablieren und darüber hinaus die Rahmenbedingungen für Information durch den öffentlichen Gesundheitsdienst sowie für Patientenberatungsstellen und Selbsthilfegruppen zu effektivieren.[323] Hierzu könnten beispielsweise entsprechende landesrechtliche Regelungen geschaffen werden.[324] Die Forderung nach mehr Information und Transparenz ist schon deshalb nachdrücklich zu unterstützen, weil die genannten Informationsbedürfnisse derzeit maßgeblich von Nachrichtenmagazinen und anderen Printmedien unter Überschriften wie „Die besten 1000 Ärzte" oder die „Die besten 1000 Krankenhäuser" gestillt werden,[325] wobei diese „Rankings" kaum standardisiert und zum Teil aufgrund von zweifelhaften Kriterien und Einschätzungen durchgeführt werden.[326]

---

[320] Vgl.: *R. Francke/D. Hart*, Rechtswissenschaftlicher Gutachtenteil, in *B. Badura et al.*, Bürgerorientierung des Gesundheitswesens (1999), S. 219 ff. - Zu den Aufgaben der Krankenkassen auch bereits *H. Peters* in *Peters*, Handbuch KV II, SGB V § 1, Rdnr. 15 und *R. Francke/D. Hart*, a.a.O., S. 220 f. m.w.Nachw.

[321] *R. Francke/D. Hart*, Rechtswissenschaftlicher Gutachtenteil, in *B. Badura et al.*, Bürgerorientierung des Gesundheitswesens (1999), S. 241 ff.

[322] Vgl.: *B. Badura et al.*, Bürgerorientierung des Gesundheitswesens (1999), S. 395 ff.

[323] *B. Badura et al.*, Bürgerorientierung des Gesundheitswesens (1999), S. 396 ff. - Zu „Stiftung Gesundheitstest" auch *R. Francke/D. Hart*, Rechtswissenschaftlicher Gutachtenteil, in *B. Badura et al.*, Bürgerorientierung des Gesundheitswesens (1999), S. 164.

[324] *B. Badura et al.* (Bürgerorientierung des Gesundheitswesens (1999), S. 399) schlagen hierzu für NRW ein Landesinformationsgesetz Gesundheit (LIG-G) vor.

[325] Hierzu kurz *W. Klitzsch*, in *H.-J. Jaster*, Qualitätssicherung im Gesundheitswesen (1997), S. 327.

[326] Ebenda. Vgl. auch *D. Telge* in *Kranich/Böcken*, Patientenrechte und Patientenunterstützung ...(1997), S. 111.

Ähnliche Überlegungen mögen einer Großen Anfrage der SPD-Fraktion vom 8.5.1998 zu Grunde gelegen haben.[327] Im einzelnen wird in dieser Anfrage u.a. gefragt:

- welche Möglichkeiten Patienten haben, sich vor der Arztwahl über die in Frage kommenden Leistungsanbieter zu informieren;
- welche Möglichkeiten Patienten haben, die Diagnose und Indikation des behandelnden Arztes vor Beginn einer Behandlungsmaßnahme zu kontrollieren;
- ob in den vertraglichen Regelungen zur Qualitätssicherung nach § 137 SGB V geregelt ist, in welchen Fällen Zweitmeinungen vor erheblichen chirurgischen Eingriffen einzuholen sind und nicht zuletzt auch
- ob die Bundesregierung beabsichtigt künftig, eine jährliche Berichterstattung über Behandlungsfehler in der BRD zu geben.[328]

Die damalige Bundesregierung reagierte Ende September 1998. Ein großer Teil der Fragen und Antworten umfaßte die Arbeit der Gutachterkommissionen und Schlichtungsstellen bei den Landesärztekammern. Befragt nach Gesetzes- und Verfahrensänderungen zur Verbesserung der Patientenrechte, verwies die Bundesregierung an mehreren Stellen darauf, daß bei diesem Thema die Bundesländer gefordert seien.[329] Diese sehen das offenbar genauso. Ende 1997 beschloß die Konferenz der für das Gesundheitswesen zuständigen Ministerinnen und Minister (GMK), eine Patientenrechtscharta auf den Weg zu bringen. Seit Oktober 1998 liegt ein Rechtsgutachten *Robert Francke* und *Dieter Hart* zur Vorbereitung einer solchen Charta vor.[330] Das Gutachten enthält eine Bestandsaufnahme, Veränderungsvorschläge und einen Textentwurf für eine Charta. Die Autoren gliedern das Thema nach drei Problemfeldern:

- Information der Verbraucher / Transparenz von Leistungen, Gütern, Institutionen;
- Qualität und Sicherheit von Gesundheitsleistungen / Schadensregulierung;
- Beteiligung von Verbrauchern/ Einbindung von Verbraucher- und Patienteninteressen in professionelle Strukturen.

„Patienten haben ein Recht auf gute Information und Beratung, auf gute Behandlung und auf angemessene Beteiligung", heißt es in der Präambel zur vor-

---

[327] Große Anfrage der Fraktion der SPD vom 8.8.1998 zum Thema Patientenselbstbestimmung und Patientenschutz bei fehlerhafter medizinischer Behandlung = BT-Drcks. 13/10701, S. 1-16.

[328] BT-Drcks. 13/10701, S. 5 ff.

[329] Vgl.: *S. Rieser*, DÄBl. 1998, S. A-3187.

[330] *R. Francke/D. Hart*, Charta der Patientenrechte (1999).

geschlagenen Charta. Sie konkretisiert auf 13 Druckseiten die Rechte und den Schutz von Patienten.[331]

Die inzwischen regierende rot-grüne Koalition hat, abgesehen von einer deutlicheren gesetzlichen Verankerung einer Patientenunterstützung bei Behandlungsfehlern durch die Krankenkassen,[332] im ersten Jahr ihrer Regierung nur wenig unternommen, um die hinter diesen Fragen steckenden Probleme zu lösen.[333] Es zeigt aber doch, daß sich die Politik der Problematik bewußt ist und daß es nurmehr eine Frage der Zeit sein dürfte, bis die öffentliche Diskussion um die Frage der Selbstbestimmungsrechte der Patienten und der Transparenz des Systems der medizinischen Behandlung so drängend werden läßt, daß auch erste Lösungsansätze zur Erlangung der nötigen Transparenz nicht mehr lange auf sich warten lassen werden.

Über die von *Badura et al.*[334] vorgeschlagenen Möglichkeiten der Institutionalisierung von Patientenberatung und -Information hinaus erscheint mir aus der Anfrage der SPD-Fraktion besonders die Frage nach der Zweitmeinung vor größeren chirurgischen Eingriffen[335] bedenkenswert. Man könnte darüber hinaus fragen, ob nicht das Einholen einer - möglichst unabhängigen - Zweitmeinung (Stichwort: „second opinion") überhaupt institutionalisert werden sollte.[336] Daß es bei den Patienten schon durchaus eine Neigung dazu gibt, sich von mehr als einem Arzt in Gesundheitsfragen beraten zu lassen, mag durch das in jüngster Zeit virulent gewordene Phänomen des „doctors-hopping" deutlich werden.[337] Dabei besteht allerdings die Gefahr, daß die Patienten auf der Suche nach Information nur an einen anderen Mediziner geraten, der zwar andere, aber eben doch die eigenen (wirtschaftlichen) Interessen zur Grundlage seiner Beratung macht. Für eine wirkliche Befähigung der Patienten, eine ganz persönliche,

---

[331] *R. Francke/D. Hart*, Charta der Patientenrechte (1999), S. 249 ff. - Zum Ganzen auch *S. Rieser,* a.a.O.

[332] Hierzu wurde im Gesetzentwurf der Bundesregierung zur „Gesundheitsreform 2000 im § 66 SGB V (Unterstützung der Versicherten bei Behandlungsfehlern) das Wort „kann" durch das Wort „soll" ersetzt.

[333] Vgl. auch die Begründung zum Regierungsentwurf zu den Änderungen des § 66 SGB V (BT-Drcks. 14/1245, S. 67). Das Selbstbestimmungsrecht der Patienten ist in diesem Entwurf darüber hinaus erkennbar nicht berücksichtigt worden.

[334] Vgl.: *B. Badura et al.*, Bürgerorientierung des Gesundheitswesens (1999), S. 395 ff.

[335] BT-Drcks. 13/10701, S. 6.

[336] *R. Francke/D. Hart* (Charta der Patientenrechte (1999), S. 251) verweisen im Textentwurf für die Patientencharta ausdrücklich auf das Recht des Patienten auf eine *ärztliche Zweitmeinung*. Sie weisen aber zugleich darauf hin, daß das Einholen einer Zweimeinung für die Patienten mit Kosten verbunden sein kann, was bei der Realisierung dieses Rechts eine erhebliche Hemmschwelle darstellt.

[337] Zum „Doctors-hopping" kurz *B Braun/H. Kühn/H.Reiners*, Das Märchen von der Kostenexplosion (1998), S. 81 ff.

freie Entscheidung über das Für und Wider einer medizinischen Behandlung zu treffen, ist es daher wichtig, daß die Zweitmeinung von einem Experten abgegeben wird, der keine materiellen Interessen an einer bestimmten Auskunft hegt. Nur so kann das nötige Vertrauen der Patienten in die Beratung geschaffen werden.

Insofern ist es fraglich, ob, was unter Finanzierungsgesichtspunkten naheliegend wäre, eine solche Beratungsinstanz direkt bei den Krankenkassen oder deren Medizinischen Diensten angesiedelt werden sollte. Eher käme vielleicht eine entsprechende Patientenberatung durch die öffentlichen Gesundheitsdienste in Betracht. In jedem Fall aber bedarf es für eine ungehinderte Inanspruchnahme solcher Beratungsangebote eines Wandels im Bewußtsein all der Patienten, die bisher den System der medizinischen Versorgung noch „blind" vertrauen. Es muß deutlich werden, daß es keine Mißtrauenserklärung gegenüber dem behandelnden Arzt ist, sich eine „second opinion" einzuholen. Wenn solchermaßen die „second opinion" im System einmal etabliert ist, wäre ein großer Schritt getan, um die Selbstbestimmungsrechte der Patienten zu wahren, deren Zugang zu den vorhandenen Behandlungsmöglichkeiten zu sichern und vermutlich sogar unnötige Behandlungen zu vermeiden und damit zu einer größeren Effizienz im System beizutragen.[338] Darüber hinaus ist es erforderlich, die Kostenfrage für das Einholen einer Zweitmeinung klar zu regeln. Will man ein möglichst niedrigschwelliges Angebot schaffen, um den Patienten zur Durchsetzung ihrer Selbstbestimmungsrechte zu verhelfen, so sollte die „second opinion" kostenlos oder aber mit einer nur geringen finanziellen Beteiligung der ratsuchenden Patienten verbunden sein.

Als eine interessante Möglichkeit, die vorhandenen Rechte der Patienten auf Information und Transparenz, aber auch insgesamt die in dieser Arbeit angesprochenen rechtlichen Regelungen zum Schutz der Patienten ins Bewußtsein der Betroffenen wie auch der Leistungserbringer zu rücken, wird sowohl im Ergebnis des Gutachtens von *Badura et al.*[339] als auch von der SPD-Fraktion im Rahmen ihrer Großen Anfrage[340] die Erarbeitung und Verabschiedung einer Patientencharta empfohlen. Eine solche Patientencharta, in der explizit die Rechte der Patienten und die Pflichten der Leistungserbringer aufgeführt sein sollten, könnte einen erheblichen Beitrag zu Stärkung der Position der Patienten im System der medizinischen Versorgung bewirken. Aus der Sicht der hier diskutierten Selbstbestimmungsrechte der Patienten erscheint eben diese Stärkung der Position der Patienten in Verbindung mit einer Befähigung der Pati-

---

[338] Zu den vorhandenen Anreizen für die Leistungserbringer, unnötige Behandlungen zu veranlassen vgl.: *H. D. Scheinert/T. Riegel,* in *H.-J. Jaster*, Qualitätssicherung im Gesundheitswesen (1997), S. 176 f.

[339] *B. Badura et al.*, Bürgerorientierung des Gesundheitswesens (1999), S. 395

[340] BT-Drcks. 13/10701, S. 4 (unter Berufung auf SVRKAiG, JG 1992, Tz. 358).

enten zu selbstbestimmten Entscheidungen durch entsprechende Informationen unverzichtbar.

III. Ergebnis zum Selbstbestimmungsrecht der Patienten

Die Betrachtung der Selbstbestimmungsrechte der Bürger und Patienten, seien sie nun im Bereich des allgemeinen Lebens hergeleitet aus Art. 2 Abs. 1 GG i.V.m. Art. 1 Abs. 1 GG oder, bezogen auf die Gesundheit und körperliche Unversehrtheit, hergeleitet aus Art. 2 Abs. 2 S. 1 GG, hat ergeben, daß ihnen im System der grundgesetzlichen Ordnung eine hohe Bedeutung zuzumessen ist. Demgegenüber sind in der Praxis der medizinischen Versorgung die Informationsrechte und damit auch die Einflußmöglichkeit der Patienten noch erheblich unterentwickelt.[341] Erst in jüngster Zeit hat sich die Gesundheitspolitik dieser Problematik angenommen und erste Ansätze entwickelt, mit denen den hier festgestellten Diskrepanzen zwischen den verfassungsrechtlich verbrieften Patientenrechten und der fehlenden Durchsetzungsmöglichkeit (oder auch Durchsetzungsbereitschaft) auf seiten der Patienten begegnet werden könnte.

Angesichts der geschilderten Erscheinungsformen der verdeckten Rationierung stellt die Ausweitung der Informationsrechte und die Verdeutlichung der Selbstbestimmungsrechte eine der wenigen erkennbaren Möglichkeiten dar, dem verdeckten Vorenthalten der gebotenen und auch möglichen Leistung durch die Leistungserbringer zu begegnen. Die aufgezeigten Ansätze einer Patientenbeteiligung sind sicher noch nicht die Lösung des Problems um die Verteilung der Ressourcen im Gesundheitswesen. Aber sie ist zumindest eine Möglichkeit, die eigentlich Betroffenen in die Diskussion mit einzubinden und deren Menschenwürde und Selbstbestimmungsrecht die nötige Achtung entgegenzubringen. Mit der nötigen Transparenz im Leistungsgeschehen und einer institutionalisierten und vor allem neutralen Beratung der Patienten durch entsprechende Beratungsstellen dürfte eine verdeckte Rationierung im System der medizinischen Versorgung eigentlich kaum mehr möglich sein. Jedenfalls ist damit ausgeschlossen, daß einen Patienten von einzelnen Leistungserbringern, gedeckt durch die bestehenden Grundsätze des Systems, gegen seinen Willen Leistungen vorenthalten werden. Zu einem vergleichbaren Ergebnis kommt *D. Hart*[342] zur Frage eines Informationsanspruchs des Patienten bei Leistungsausschlüssen in der gesetzlichen Krankenversicherung - also einer offener Rationierung. Wenn in der Medizin effektive Behandlungsmethoden zur Verfügung

---

[341] Eine Übersicht über den Stand der Rechtsprechung zur Fragen der Informationspflichten über Behandlungsalternativen auch bei *R. Francke*, Ärztliche Berufsfreiheit und Patientenrechte (1994), S. 190 ff.

[342] Vgl.: *D. Hart*, MedR 1999, S. 49 f.

stehen, so *Hart*, „... muß der Patient wissen, daß und wie er sich solcher Leistungen versichern kann.“[343]

In gleichem Maße könnte durch ein Mehr an Transparenz und Information im System der medizinischen Versorgung auch verhindert werden, daß Patienten Leistungen erhalten, derer sie gar nicht bedürfen oder die sie, aus welchen Gründen auch immer, gegenwärtig nicht oder nicht mehr wollen. Nun wäre es sicher nicht sinnvoll, die Patienten zu Kontrolleuren der Leistungserbringung und damit auch der Ausgabensteuerung im Gesundheitswesen machen zu wollen. Diese Aufgabe würde sie fraglos überfordern und würde vor allem nicht ihrer Rolle als Leistungsempfänger entsprechen.[344] Eine angemessene und dem Selbstbestimmungsrecht entsprechende Beteiligung der Patienten an den Behandlungsentscheidungen böte aber die Gewißheit, daß nicht mehr über ihren Kopf hinweg entschieden würde. Letztlich ergibt sich damit aus dem Selbstbestimmungsrecht der Patienten nicht nur ein Anspruch auf Transparenz der Entscheidungen, sondern auch, soweit je solche gebildet werden, ein Anspruch auf Beteiligung in den Verteilungsgremien.

Dieser Aspekt leitet über zu Frage, in welcher Form die Verteilung der Ressourcen gemessen an den bislang aufgezeigten Grundrechten der Patienten geregelt werden könnte und welche verfassungsrechtlichen Grundsätze dabei zu beachten sind.

G. Grundrechte als Verfahrens- und Organisationsgarantien

Die im Rahmen der Betrachtungen zum Patientenschutz im einfachen Recht aufgezeigten Defizite und Widersprüche und die zuvor festgestellten verfassungsrechtlichen Ansprüche und Prinzipien werfen die Frage auf, in welcher Weise der Staat genötigt sein könnte, Abhilfe zu schaffen und den von den Erscheinungsformen der verdeckten Rationierung betroffenen Patienten zur Wahrung ihrer Rechte zu verhelfen.[345] Dabei könnten die verfassungsrechtlichen Vorgaben für einen Grundrechtsschutz durch Organisation und Verfahren,[346] wie er in den letzten Jahren vor allem im Umweltrecht entwickelt wurde,[347] das in seiner Grundrechtsrelevanz aber auch seiner Komplexität dem Rechtsbereich

[343] Ebenda.

[344] Kritisch zum Patienten als Kostenkontrolleur auch *B Braun/H. Kühn/H.Reiners*, Das Märchen von der Kostenexplosion (1998), S. 141 ff.

[345] Vgl.: Soweit meine Überlegungen zur Einleitung

[346] Vgl. zu den Begrifflichkeiten: *K. Hesse*, Grundzüge des Verfassungsrechts ^{20}1995, Rdnr. 358 f.

[347] Hierzu knapp *D. Murswiek*, in *Sachs*, Grundgesetz ^{2}1999, Art. 2 Rdnr. 192 ff.

der medizinischen Behandlung durchaus vergleichbar ist und dem insofern Anregungen für Regelungen in diesem Bereich zu entnehmen wären, erhebliche Bedeutung erlangen.[348]

Die hier aufgeworfene Frage nach dem Schutz vor verdeckter Rationierung medizinischer Leistungen, zu deren Gegenstand nicht nur die rationierenden Auswirkungen der Ausgabensteuerung im Gesundheitswesen, sondern nicht zuletzt auch die Steuerungsbemühungen durch die Bedarfsplanung im Bereich der Krankenversorgung gehören, bemißt sich nach anderen als den bisher erörterten Maßstäben. Den betroffenen Patienten wird ja nicht grundsätzlich ein möglicher Anspruch versagt, so daß sie sich mit abwehr- oder leistungsrechtlichen Ansprüchen gegen die Eingriffe in ihre verfassungsmäßig verbrieften Rechte zur Wehr setzen könnten. Ihnen wird vielmehr auf subtile und für sie kaum mehr nachvollziehbare Weise die Möglichkeit einer tatsächlichen Verwirklichung ihrer verfassungsmäßigen und einfachgesetzlichen Rechte vorenthalten. Damit geht es aus der Sicht der Betroffenen gar nicht so sehr um die rechtlichen Ansprüche selbst, als vielmehr um Fragen der gerechten Verteilung der vorhandenen Ressourcen und der Transparenz des Verfahren der Verteilung. Es handelt sich, wie *Volker Neumann*[349] es ausgedrückt hat, nicht so sehr um eine Frage des „Ob“, sondern um eine des „Wie“ staatlichen Handelns.[350] Als grundrechtlich geschützte Positionen der Patienten kommen hier neben der Sicherung des Existenzminimums und der Wahrung des Zugangsrechts zu Heilbehandlungen auch die derivativen Teilhaberechte und die Selbstbestimmungsrechte von Patienten in Betracht. Eine Betrachtung des Grundrechtsschutz durch Verfahren und Organisation unter Beachtung dieser rechtlichen Positionen wird nachfolgend den Abschluß dieser Untersuchung bilden.

I. Die Herleitung und Wirkung von Verfahrens- und Organisationsgarantien aus den Grundrechten

1) Notwendigkeit von Grundrechtsschutz durch Organisation und Verfahren

Ausgehend von der Tatsache, daß im sozialen Staatsgefüge der Bundesrepublik Deutschland unter dem Eindruck eines ersten Einbruchs im wirtschaftlichen Wachstum die zu verteilenden gesellschaftlichen Güter und Errungenschaften nurmehr begrenzt zur Verfügung standen und die Verteilung durch die Staatsgewalt in weit stärkerem Maße als bisher auch begrenzenden Regelungen un-

[348] Ähnlich auch *I. Ebsen*, NDV 1997, S. 79, der hinsichtlich der Teilhabe der Bürger an den Ressourcen der medizinischen Versorgung ein „transparentes, wirksamen Rechtsschutz einschließendes Verfahren“ für unverzichtbar hält.

[349] *V. Neumann*, NZS 1998, S. 409.

[350] So auch *L. Osterloh*, in *Sachs*, Grundgesetz ^{2}1999, Art. 3 Rdnr. 39.

terworfen sein mußte, stellte sich Anfang der siebziger Jahre die Frage, in welchem Rahmen die Grundrechtsverwirklichung der Bürger durch diese Entwicklung beeinflußt würde.[351] War zuvor in Zeiten des wirtschaftlichen Wachstums die Verwirklichung menschlicher Freiheit bereits in starkem Maße von staatlicher Unterstützung, Vorsorge und Verteilung abhängig,[352] so trat aufgrund der Begrenztheit der Ressourcen nun die Notwendigkeit der Abgrenzung und Zuordnung der Bereiche menschlicher Freiheit der Bürger untereinander stärker in Erscheinung. In der deutlicher werdenden Enge gesellschaftlichen Zusammenlebens gewann neben dem Schutz der grundrechtlichen Freiheiten der Bürger vor Eingriffen des Staates und dem leistungsrechtlichen Aspekt der Grundrechte auch deren Einfluß auf die Gestaltung der Rechtsverhältnisse verschiedener Grundrechtsträger untereinander an Bedeutung.[353] Neben der bereits diskutierten staatlichen Schutzpflicht, die sich namentlich aus den Grundrechten des Art. 2 Abs. 2 S. 1 GG ergibt,[354] und der andernorts breit diskutierten Theorie von der Drittwirkung der Grundrechte, die insbesondere für die Auslegung privatrechtlicher Normen von Bedeutung ist,[355] stellte sich der Grundrechtsschutz durch Organisation und Verfahren als ein, wie *Hesse* es ausdrückte, „möglicherweise sogar einzige(s)" Mittel dar, um die Grundrechte angesichts der modernen Problematik wirksam zu sichern.[356]

2) Herleitung

Dabei war und ist allerdings die dogmatische Herleitung des Grundrechtsschutzes durch Organisation und Verfahren nicht eben einfach. Rein abwehrrechtlich sind sie zwar, wie *Alexy* nachweisen wollte, durchaus zu konstruieren.[357] Es bleibt aber die Gefahr, daß die staatliche Verpflichtung zu grundrechtsschüt-

---

[351] Vgl.: *P. Häberle*, VVDStRL 30/1972, S. 45 ff.; *K. Hesse*, EuGRZ 1978 S. 434 f. oder auch noch *R. Pitschas* in *H.-J. Konrad*, Grundrechtsschutz und Verwaltungsverfahren (1985), S. 24 f.

[352] So *K. Hesse*, EuGRZ 1978, S. 434.

[353] Vgl.: *K. Hesse*, Grundzüge des Verfassungsrechts [20]1995, Rdnr. 360; *ders.*, EuGRZ 1978, S. 436; *E. Denninger* in *Isensee/Kirchhof (Hrsg.)*, HbStR V (1992), § 113 Rdnr. 27 f.; *H. Bethge*, NJW 1982, S. 3; *P. Häberle*, VVDStRL 30/1972, S. 103 ff.

[354] Eingehend hierzu auch *D. Murswiek*, in *Sachs*, Grundgesetz [2]1999, Art. 2 Rdnr. 188 ff.

[355] Hierzu eingehend *R. Alexy*, Theorie der Grundrechte (1994), S. 475 ff. - Knapper *M. Sachs*, in *Sachs*, Grundgesetz [2]1999, vor Art. 1 Rdnr. 32 f.; *H. D. Jarass/B. Pieroth*, Grundgesetz ... [4]1997, Vorb. vor Art. 1 Rdnr. 9 f. - Zum Nebeneinander von Schutzpflicht und Drittwirkung auch *J. Isensee* in *Isensee/Kirchhof (Hrsg.)*, HbStR V (1992), § 111 Rdnr. 134 ff.

[356] *K. Hesse*, EuGRZ 1978, S. 434 f. und *ders.*, Grundzüge des Verfassungsrechts [20]1995, Rdnr. 360 - diesen Ansatz übernehmend auch BVerfG v. 27.9.1978 - 1 BvR 361/78 = BVerfGE 49, 220 [235] (Zwangsversteigerung); sinngemäß auch bereits *P. Häberle*, VVDStRL 30/1972, S. 96 ff.; vorsichtiger *H. Bethge*, NJW 1982, S. 1.

[357] *R. Alexy*, Theorie der Grundrechte (1994), S. 434 ff.

zender Organisation ähnlich wie die Schutzpflicht auf der objektiv-rechtlichen Ebene gleichsam stecken bleibt und als subjektiver Anspruch des Grundrechtsträgers nicht durchsetzbar ist. Als Leistungsrecht wäre der Anspruch auf Grundrechtsschutz durch Organisation und Verfahren dem üblichen Einwand ausgesetzt gewesen, daß solche Rechte sich an sich aus den Grundrechten in aller Regel nicht ergeben.[358] *Häberle*, dessen Überlegungen für den Argumentationstopos „Grundrechtsschutz durch Organisation und Verfahren" wohl als grundlegend anzusehen sind,[359] schuf zum Zweck der dogmatischen Legitimation der Forderung nach einem Grundrechtsschutz durch Organisation und Verfahren in Anlehnung an die Statuslehre *Jellineks* den *status activus processualis* als verfahrensrechtliche Seite grundrechtlicher Freiheit.[360] Ob es dieser Konstruktion letztlich bedurfte, mag dahinstehen.[361] Eine gewisse Nähe zum status aktivus, dem im wesentlichen Rechte auf Mitgestaltung und Teilnahme an der staatlichen Willensbildung zu zuordnen sind, ist jedenfalls unverkennbar.[362]

Im übrigen sind dem Grundgesetz Verfahrensrechte an sich auch nicht fremd. So sind mit der Rechtsweggarantie des Art. 19 Abs. 4 GG und dem Anspruch auf rechtliches Gehör aus Art. 103 Abs. 1 GG bereits Verfahrensrechte im eigentlichen Sinne in der grundgesetzlichen Ordnung normiert.[363] In der Begründung eines Grundrechtsschutzes durch Organisation und Verfahren sah *Häberle* insofern auch nichts anderes als die Fortentwicklung des grundrechtlichen Rechtsschutzes aus Art. 19 Abs. 4 GG und Art. 103 Abs. 1 GG nach Maßgabe des Achtungsgebots des Art. 1 Abs. 1 GG.[364] Er ging dabei davon aus, daß es Grundrechtsinteressen gäbe, die nur in nichtrichterlichen Verfahren optimal geschützt werden könnten.[365] *Hesse* spricht insofern von einem „allgemeinen verfassungsrechtlichen Anspruch auf ein ‚faires Verfahren'".[366]

---

[358] Vgl.: *M. Sachs*, in *Sachs*, Grundgesetz ^{2}1999, vor Art. 1 Rdnr. 46 ff. m.w.Nachw - Eingehend auch *R. Alexy*, Theorie der Grundrechte (1994), S. 454 ff.

[359] So jedenfalls *K. Hesse*, EuGRZ 1978, S. 435 und auch *R. Alexy*, Theorie der Grundrechte (1994), S. 429.

[360] *P. Häberle*, VVDStRL 30/1972, S. 80 ff. m.w.Nachw.

[361] Zu den Zweifeln *R. Alexy*, Theorie der Grundrechte (1994), S. 436 ff.

[362] So auch *R. Alexy*, Theorie der Grundrechte (1994), S. 437 f. - zu den Einzelheiten *P. Häberle*, VVDStRL 30/1972, S. 86 ff. Zur Teilhabe an der politischen Willensbildung auch *D. Murswiek* in *Isensee/Kirchhof (Hrsg.)*, HbStR V (1992), § 112 Rdnr. 14 ff.

[363] Vgl. auch *K. Hesse*, EuGRZ 1978, S. 435; *H. Bethge*, NJW 1982, S. 5.

[364] *P. Häberle*, VVDStRL 30/1972, S. 121 f.

[365] Ebenda.

[366] *K. Hesse*, EuGRZ 1978, S. 435.

3) Dimensionen des Grundrechtsschutzes durch Organisation und Verfahren

Die Dimensionen dieses Anspruchs entfalten sich auf zwei Ebenen. Zum einen geht es dabei um die, wie *Bethge* es formulierte, „vertikale Komponente“ durch die im Wege der Verfahrensteilhabe an staatlichen Entscheidungsprozessen die materiellen Grundrechtspositionen des Bürgers im klassischen Abwehrrechtlichen Sinne gestärkt werden.[367] Zum anderen geht es als „horizontale Komponente“ um die „Grundrechtseffektuierung“ durch staatliche Verfahrens- und Organisationsregelungen im Zusammenwirken einzelner Rechtsgenossen.[368]

Auf der vertikalen Ebene steht der Rechtsschutz im planenden und verteilenden Staat im Vordergrund der von den grundrechtlichen Verfahrens- und Organisationsgarantien erwarteten Wirkung. Ausgehend von der Befürchtung, daß Grundrechtsverletzungen, die im Rahmen von planenden und verteilenden staatlichen Entscheidungen einmal begangen wurden, im gerichtlichen Verfahren unter Umständen nicht mehr heilbar sind, soll der Grundrechtsschutz durch Organisation und Verfahren der Gefahr einer Entwertung materieller Grundrechtspositionen durch verspäteten Schutz begegnen.[369] Es ist davon auszugehen, daß nur durch eine rechtzeitige Einbeziehung möglicher Betroffener in den staatlichen Entscheidungsprozeß den Grundrechten die ihnen gebührende Achtung entgegen gebracht kann.[370] Die Adressaten dieser Dimension des Grundrechtsschutzes durch Organisation und Verfahren sind zum einen der Gesetzgeber, der zum Erlaß von Verfahrens- und Organisationsnormen, die mit hinreichender Wahrscheinlichkeit zu grundrechtsgemäßen Ergebnissen führen, verpflichtet wird.[371] Zum anderen richtet sich der Grundrechtsschutz durch Organisation und Verfahren auch direkt an die Verwaltung, die durch die entsprechende Ausgestaltung des Verwaltungsverfahrens und eine Beteiligung der betroffenen Bürger für Rechtssicherheit sorgen und damit nicht zuletzt auch zur Funktionsfähigkeit der Verwaltung beitragen soll.[372]

Weit stärker noch als auf der vertikalen Ebene, wo der Grundrechtsschutz im abwehrrechtlichen Sinne ohnehin unbestritten ist und der Grundrechtsschutz durch Organisation und Verfahren mehr der Optimierung des grundrechtlichen

---

[367] *H. Bethge*, NJW 1982, S. 3. Ähnlich auch *K. Hesse*, EuGRZ 1978, S. 436.

[368] *H. Bethge*, a.a.O.

[369] Vgl.: *K. Hesse*, EuGRZ 1978, S. 436. Am Beispiel des Art. 16 Abs. 2 GG auch *H. Bethge*, NJW 1982, S. 5.

[370] Vgl.: *E. Denninger* in *Isensee/Kirchhof (Hrsg.)*, HbStR V (1992), § 113 Rdnr. 27 ff.; *H. Bethge*, NJW 1982, S. 6; *K. Hesse*, EuGRZ 1978, S. 434 f.

[371] Vgl.: *R. Alexy*, Theorie der Grundrechte (1994), S. 431 f. und S. 444 ff. - ähnlich auch *E. Denninger* in *Isensee/Kirchhof (Hrsg.)*, HbStR V (1992), § 113 Rdnr. 29 ff.

[372] Vgl.: *E. Schmidt-Aßmann*, in FS Redeker (1993), S. 230 f.; *H. Bethge*, NJW 1982, S. 6 f.

Schutzes dient,[373] entfaltet sich dessen Wirkung auf der horizontalen Ebene. Hier geht es darum, in den an sich staatsfreien Rechtsbeziehungen einzelner und mehrerer Grundrechtsträger untereinander durch eine verfahrens- oder organisationsrechtliche Ausgestaltung dieser Rechtsverhältnisse eine grundrechtlich gesicherte Freiheitsbetätigung der Sozialpartner überhaupt erst praktizierbar zu machen.[374] Zentrales Anliegen des Grundrechtsschutzes durch Organisation und Verfahren muß es sein, weitest möglich einen Ausgleich zwischen den Grundrechtspositionen der beteiligten Rechtssubjekte zu schaffen.[375] Die „organisationsnormierende Kraft der Freiheitsrechte" dient damit letztlich dazu, die betroffenen Grundrechte der Beteiligten nicht dem freien Spiel der Kräfte am Markt auszuliefern.[376] Dabei ist davon auszugehen, daß aus mancherlei Gründen und nicht zuletzt auch wegen der zunehmenden Komplexität der zu regelnden Rechtsbereiche eine mögliche Organisation bürgerlicher Freiheit vielfach nicht mehr dirigistisch, sondern nurmehr im „arbeitsteiligen Verbund" der Verfahrensbeteiligten wahrgenommen werden kann.[377] Der Staat hat hier in Grunde nur noch eine sichernde Funktion, in dem er durch Verfahren und Organisation für die Wahrung der grundrechtliche Werte, der Würde der beteiligten Personen und deren Recht auf freie Selbstbestimmung sorgt.[378]

4) Aufnahme des Gedankens durch die Rechtsprechung

Diese gedanklichen Ansätze sind von der Rechtsprechung des BVerfG bereitwillig aufgenommen worden, was nicht zuletzt daran liegen mag, daß sie auf das dem Juristen vertraute Gebiet des Verfahrens abzielen.[379] Anfangs bezog das Gericht den Verfahrensschutz der Grundrechte nur auf den mit dem Art. 14 GG garantierten grundrechtlichen Eigentumsschutz.[380] Mit seiner Ent-

---

[373] So *E. Denninger* in *Isensee/Kirchhof (Hrsg.)*, HbStR V (1992), § 113 Rdnr. 22; *R. Pitschas* in *H.-J. Konrad*, Grundrechtsschutz und Verwaltungsverfahren (1985), S. 48 f.

[374] Vgl.: *H. Bethge*, NJW 1982, S. 3; - ähnlich auch bereits *P. Häberle*, VVDStRL 30/1972, S. 90 ff. und *K. Hesse*, EuGRZ 1978, S. 436.

[375] Vgl.: *K. Hesse*, EuGRZ 1978, S. 436. Ebenso *E. Denninger* in *Isensee/Kirchhof (Hrsg.)*, HbStR V (1992), § 113 Rdnr. 22.

[376] So etwa im Bezug auf die Rundfunkfreiheit *H. Bethge*, NJW 1982, S. 3 f. (Hervorhebung im Original).

[377] Vgl.: *H. Bethge*, NJW 1982, S. 3; *D. Bergner*, Grundrechtsschutz durch Verfahren (1998), S. 118 ff. - beide m.w.Nachw.

[378] Vgl.: *E. Schmidt-Aßmann*, in FS Redeker (1993); s. 231 f.; *E. Denninger* in *Isensee/Kirchhof (Hrsg.)*, HbStR V (1992), § 113 Rdnr. 27 ff. - Grundlegend auch bereits *P. Häberle*, VVDStRL 30/1972, S. 90 ff.

[379] So *R. Alexy*, Theorie der Grundrechte (1994), S. 429.

[380] Zur Entwicklung: *H. Bethge*, NJW 1982, S. 5; *R. Alexy*, Theorie der Grundrechte (1994), S. 432 ff. oder auch BVerfG v. 20.12.1979 - 1 BvR 385/77 = BVerfGE 53, 30 [65] (Mühl-

scheidung zum Hamburgischen Deichordnungsgesetz stellte der 1. Senat im Jahre 1968 erstmals klar, daß nach der grundgesetzlichen Konzeption ein effektiver Rechtsschutz gegenüber enteignenden Eingriffen der öffentlichen Hand ein wesentliches Element des Grundrechts des Art. 14 GG sei.[381]

Die weitere Ausdehnung der grundrechtlichen Verpflichtung zur Ausgestaltung grundrechtsschützender Verfahren erfolgte nachfolgend in zwei Schritten.[382] Im ersten Schritt wurde der Grundrechtsschutz durch Organisation und Verfahren auch auf andere Grundrechte erstreckt. So heißt es in der Urteilsbegründung einer Entscheidung zum Niedersächsischen Hochschulgesetz aus dem Jahre 1973 zu der Wirkung der in Art. 5 Abs. 3 GG garantierten Wissenschaftsfreiheit:

> „Dem einzelnen Träger des Grundrechts aus Art. 5 Abs. 3 GG erwächst aus der Wertentscheidung ein Recht auf solche staatlichen Maßnahmen auch organisatorischer Art, die zum Schutz seines grundrechtlich gesicherten Freiheitsraums unerläßlich sind, weil sie ihm freie wissenschaftliche Betätigung überhaupt erst ermöglichen. Wäre dies nicht der Fall, so würde die wertentscheidende Grundsatznorm ihrer Schutzwirkung weitgehend beraubt. Diese Befugnis des einzelnen Grundrechtsträgers, gegenüber der öffentlichen Gewalt die Beachtung der wertentscheidenden Grundsatznorm durchsetzen zu können, gehört zum Inhalt des Individualgrundrechts, dessen Wirkungskraft dadurch verstärkt wird.“[383]

Der zweite und wohl wichtigste Schritt wurde mit der sogenannten „Mühlheim-Kärlich-Entscheidung“[384] zur Frage des atomrechtlichen Genehmigungsverfahrens vollzogen. Mit dieser Entscheidung wurde nicht nur der Schutz durch Verfahren auf den Gewährleistungsgehalt des Art. 2 Abs. 2 S. 1 GG ausgedehnt, sondern insgesamt zu einem Recht auf Grundrechtsschutz durch Verfahren verallgemeinert.[385] Die Formulierung in der Entscheidung lautet:

> „Bei der verfassungsrechtlichen Beurteilung dieser Frage (ob ein Verstoß gegen nachbardienliche Vorschriften über Öffentlichkeitsbeteiligung Verfahrensvorschriften vorliege (d. Verf.)) ist von der gefestigten Rechtsprechung des Bundesverfassungsgerichts auszugehen, daß Grundrechtsschutz weitgehend auch durch die Gestaltung von Verfahren zu bewirken ist und daß die Grundrechte demgemäß nicht nur das gesamte materielle, sondern

---

heim-Kärlich). Zur neuer Rechtsprechung auch *E. Denninger* in *Isensee/Kirchhof (Hrsg.)*, HbStR V (1992), § 113 Rdnr. 22 ff.

[381] BVerfG v. 18.12.1968 - 1 BvR 638, 673/64; 200, 238, 249/56 = BVerfGE 24, 367 [401] (Deichordnungsgesetz). Wobei *H. Bethge* (NJW 1982, S. 5 f.) die Auffassung vertrat, daß sich der Senat in dieser Entscheidung „unnötigerweise“ über die Rechtsschutzgarantie des Art. 14 GG ausgelassen habe.

[382] So *R. Alexy*, Theorie der Grundrechte (1994), S. 433.

[383] BVerfG v. 29.5.1973 - 1 BvR 424/71, 325/72 = BVerfGE 35, 79 [116] (Gruppenuniversität).

[384] BVerfG v. 20.12.1979 - 1 BvR 385/77 = BVerfGE 53, 30 (Mühlheim-Kärlich).

[385] Vgl.: *R. Alexy*, Theorie der Grundrechte (1994), S. 433; *E. Denninger* in *Isensee/Kirchhof (Hrsg.)*, HbStR V (1992), § 113 Rdnr. 22 f.

auch das Verfahrensrecht beeinflussen, soweit dieses für einen effektiven Grundrechtsschutz von Bedeutung ist. Diese Rechtsprechung ist zunächst für den Grundrechtsschutz aus Art. 14 Abs. 1 GG entwickelt worden. Inzwischen haben beide Senate des Bundesverfassungsgerichts bereits ausdrücklich entschieden, daß Art. 2 Abs. 2 GG ebenfalls eine dieses Grundrecht berücksichtigende Verfahrensgestaltung gebietet."[386]

Diese Linie setze sich im weiteren Verlauf der Rechtsprechung beider Senate fort[387] und läßt sich nunmehr mit den Aussagen des 1. Senats zur Frage der Würdigung von grundrechtsschützenden Verfahrensregelungen im Rahmen einer der letzten Entscheidungen zu den Anforderungen aus Art 12 Abs. 1 GG an die juristischen Staatsprüfungen zu der Formel zusammenfassen: „Grundrechtsschutz ist auch durch die Gestaltung von Verfahren zu bewirken; die Grundrechte beeinflussen demgemäß nicht nur das gesamte materielle Recht, sondern auch das Verfahrensrecht, soweit dieses für einen effektiven Grundrechtsschutz Bedeutung hat."[388] Zu den einzelnen Inhalten des Grundrechtsschutzes durch Organisation und Verfahren führt der Senat im weiteren Verlauf der Entscheidungsbegründung aus, es sei unverzichtbar und gelte auch in anderen Rechtsstaaten als Kern grundrechtlicher Verfahrensgarantien, daß die Betroffenen ihren Standpunkt wirksam vertreten können. Das bedeute, daß sie rechtzeitig über den Verfahrensstand zu informieren seien und daß die Berücksichtigung ihres Vorbringens bei der Entscheidung gewährleistet sein müsse.[389]

5) Rechtliche Gehalte des Grundrechtsschutzes durch Organisation und Verfahren

Mit dieser Skizzierung der Inhalte des Grundrechtsschutz durch Organisation und Verfahren hat der Senat im wesentlichen nachgezeichnet und zusammengefaßt, was an Aspekten in der rechtswissenschaftlichen Literatur zum Thema diskutiert wurde und wird. Soweit gelegentlich kritisiert wird, daß letztlich weder durch die Rechtsprechung noch durch die Literatur eine strikte Unterscheidung zwischen den Rechten auf Organisation und den Rechten auf Verfahren vorgenommen wird,[390] darf davon ausgegangen werden, daß diese Unterscheidung entbehrlich ist und der gemeinsame Grundgedanke letztlich der

---

[386] BVerfG v. 20.12.1979 - 1 BvR 385/77 = BVerfGE 53, 30 [65] (Mühlheim-Kärlich).

[387] Hierzu *E. Denninger* in *Isensee/Kirchhof (Hrsg.)*, HbStR V (1992), § 113 Rdnr. 22 ff. oder auch *D. Bergner*, Grundrechtsschutz durch Verfahren (1998), S. 118 ff. - Beide m.w.Nachw.

[388] BVerfG v. 17.4.1991 - 1 BvR 419/81, 213/83 = BVerfGE 84, 34 [45 f.] (Juristische Staatsprüfung) unter Berufung auf BVerfG v. 20.12.1979 - 1 BvR 385/77 = BVerfGE 53, 30 [65] (Mühlheim-Kärlich).

[389] BVerfG v. 17.4.1991 - 1 BvR 419/81, 213/83 = BVerfGE 84, 34 [46 f.] (Juristische Staatsprüfung).

[390] So *R. Alexy*, Theorie der Grundrechte (1994), S. 430 f.

Rechtsschutz durch grundrechtsschützenden Verfahrensvorschriften ist.[391] In diesem Sinne hat bereits *Häberle* zum Ende seines Berichts auf der Tagung der *Vereinigung der Deutschen Staatsrechtslehrer* im Herbst 1971 in Regensburg festgestellt, es bedürfe zur Konkretisierung der Leitgedanken der Art. 19 Abs. 4 und 103 Abs. 1 GG einer „institutionalisierten Kommunikation, der Partizipation und individueller und allgemeiner Publizität".[392] Er fordert die *Mitwirkung* der betroffenen Bürger in den Entscheidungsprozessen und stellt nicht zuletzt auch auf die Notwendigkeit von *Vorhersehbarkeit und Transparenz* der Entscheidungsverfahren für die Grundrechtsbetroffenen ab.[393] Ähnlich nennt auch *Alexy* Kompetenzen zur Mitentscheidung und den Prozeß den Kommunikation zwischen den Beteiligten (Bürgern und Behörden) als grundlegend für grundrechtsschützende Verfahren.[394]

Auch bei *Denninger*[395] stellt die Sicherung der Subjektstellung der Beteiligten eine der zentralen Forderungen für grundrechtsgebotene Verfahrensstrukturen dar. Darüber hinaus fordert er in „Fünf Regeln elementarer Verfahrensgerechtigkeit" auch die Ermöglichung eines vollständigen und unverzerrten Informationsflusses in alle Richtungen unter den Beteiligten.[396] Als grundrechtlich gebotene organisatorische Strukturen sieht er die Pluralitätssicherung auch durch Chancen der „Gegenmachtbildung" und „Kontrastinformation", den Minderheitenschutz, die Sicherung der Neutralität des Staates im Verfahren und die Gewährleistung der Offenheit des Verfahrens als zentral an.[397] Er sieht im übrigen eine der wesentlichen Funktionen des Grundrechtsschutzes durch Organisation und Verfahren in der Sicherung der Selbstbestimmungsrechte der Betroffenen.[398] *Bergner* faßt an einer Stelle in seiner rechtsvergleichenden Dissertation zum Thema „Grundrechtsschutz durch Verfahren" im deutschen und britischen Verwaltungsrecht die Kriterien grundrechtsschützender Verfahren zusammen unter den Aspekten der *Strukturierung von Verfahrensabläufen*, der *Verbesserung der Sachaufklärung* und der *Befähigung der Betroffenen zur Ein-*

---

[391] *R. Alexy* (Theorie der Grundrechte (1994)) definiert Verfahren als „Systeme von Regeln und/oder Prinzipien zur Erzeugung eines Ergebnisses" (S. 431) und Organisation als „ein auf bestimmte Zwecke gerichtetes Zusammenwirken zahlreicher Personen" (S. 446). In beiden Bereichen steht der Regelungscharakter im Vordergrund der entsprechenden Normen.

[392] *P. Häberle*, VVDStRL 30/1972, S. 125 f.

[393] A.a.O., S. 126 ff.

[394] *R. Alexy*, Theorie der Grundrechte (1994), S. 438 ff.

[395] *E. Denninger* in *Isensee/Kirchhof (Hrsg.)*, HbStR V (1992), § 113 Rdnr. 29 ff.

[396] Ebenda (Rdnr. 29).

[397] A.a.O., Rdnr. 36 (Hervorhebungen im Original).

[398] A.a.O, Rdnr. 27 f.

wirkung auf die Entscheidungsfindung.[399] Letztlich dient damit auch dort der Grundrechtsschutz durch Organisation und Verfahren im wesentlichen der Sicherung des Rechts auf Selbstbestimmung.

Vorsichtig zu den konkreten Inhalten eines Grundrechtsschutzes durch Organisation und Verfahren führt der 1. Senat des BVerfG aus, ob und inwieweit Garantien für das Verwaltungsverfahren grundrechtlich gefordert seien, richte sich zu einen nach der Art und Intensität des Grundrechtseingriffs und zum anderen danach, inwieweit der Grundrechtsschutz durch die nachträgliche Kontrolle der Gerichte gewährleistet sei.[400] Dem entspricht die Auffassung in der Literatur, daß eine grundrechtsschützende Verfahrensbeteiligung der Betroffenen insoweit verfassungsrechtlich geboten sei, als ihre Rechte anders nicht wirksam geschützt werden könnten.[401] *Murswiek* kommt im Rahmen seiner Betrachtungen zu den Schutzpflichten aus Art. 2 Abs. 2 S. 1 GG zu dem Schluß, der Schutz durch Verfahren könne den Schutz durch materielle Sicherheitsanforderungen und ihre effektive Durchsetzung zwar ergänzen und optimieren. Er dürfe ihn aber nicht ersetzen.[402]

II. Aspekte der Ausgestaltung von Verfahren und Organisation zum Schutz der Patientenrechte

Insgesamt lassen sich aus den hier dargestellten Prinzipien und Kriterien eines Grundrechtsschutz durch Organisation und Verfahren für die vorliegende Fragestellung über den bereits festgestellten materiellen Grundrechtsschutz hinaus einige Forderungen für eine Effektivierung des Patientenschutzes entwickeln.[403] Dies gilt umso mehr, als die Defizite im Schutz der Patientenrechte, die aus der zunehmenden Verknappung der Ressourcen im Gesundheitswesen resultieren, bereits klar umrissen sind. Nicht von ungefähr bezeichnete *Hesse* bereits 1978 organisations- und verfahrensrechtliche Regelungen als wirksame Mittel, „einen chancengleichen Zugang oder eine chancengleiche Verteilung von Leistungen und die volle Ausschöpfung der vorhandenen Leistungsmöglichkeiten zu gewährleisten“.[404]

---

[399] *D. Bergner*, Grundrechtsschutz durch Verfahren (1998), S. 126.

[400] BVerfG v. 17.4.1991 - 1 BvR 419/81, 213/83 = BVerfGE 84, 34 [46] (Juristische Staatsprüfung). Ähnlich vorsichtig zum rechtlichen Gehalt auch *R. Alexy*, Theorie der Grundrechte (1994), S. 434.

[401] Vgl.: *D. Murswiek,* in *Sachs*, Grundgesetz ²1999, Art. 2 Rdnr. 193.

[402] A.a.O., Rdnr. 194. - Ähnlich auch *E. Denninger* in *Isensee/Kirchhof (Hrsg.)*, HbStR V (1992), § 113 Rdnr. 25 f.

[403] Ebenso *R. Francke/D. Hart*, Rechtswissenschaftlicher Gutachtenteil, in *B. Badura et al.*, Bürgerorientierung des Gesundheitswesens (1999), S. 257 f.

[404] *K. Hesse*, EuGRZ 1978, S. 436.

Abb. 7: Beteiligung der Patienten im System der medizinischen Versorgung

Individuelle Beteiligung (Mikro-Ebene)	**Beteiligung der Patienten im Rahmen der medizinischen Behandlung durch** •Ausweitung der ärztlichen Aufklärungs- und Informationspflichten •Mehr Transparenz im Leistungsgeschehen •Information über die Strukturen im System der medizinischen Versorgung •Unterstützung der Patienten durch Patientenberater, die von Leistungserbringern und Kassen unabhängig sind
Kollektive Beteiligung (Meso-Ebene)	**Beteiligung der Patienten an grundlegenden Entscheidungen über Art und Umfang der Leistungserbringung - z.B. bei** •Bedarfsplanerische Entscheidungen •Erstellung von Richtlinien im Leistungserbringerrecht •Entwicklung von Leitlinien zur Standardisierung •Verfahren der Qualitätsentwicklung und Qualitätssicherung •Patientenvertreter in den Selbstverwaltungsgremien der Krankenkassen (zusätzlich zu den Versichertenvertretern)

Im Gesundheitswesen könnte der Grundrechtsschutz durch Organisation und Verfahren am ehesten durch eine Beteiligung der Patienten an den maßgeblichen Entscheidungen gewährleistet werden. Dabei sind im Prinzip zwei Ebenen der Beteiligung zu unterscheiden (vgl.: Abb. 7). Zum einen ist eine Einbeziehung der Patienten auf der individuellen Ebene bei den einzelnen Behandlungsentscheidungen zu fordern. Hierzu bedarf es einer Stärkung der Position der Patienten im Rahmen der ärztlichen Behandlung. Erreicht werden könnte dieses Ziel durch eine klarere Umschreibung der ärztlichen Aufklärungs- und Informationspflichten, durch mehr Transparenz im Leistungsgeschehen und nicht zuletzt auch durch ein höheres Maß an Information über die Struktur der Leistungserbringung. Patientinnen und Patienten, die aufgrund ihrer Erkrankung oder aus anderen Gründen nicht ausreichend in der Lage sind, sich diese Informationen zu beschaffen, könnte beispielsweise auch ein von Leistungserbringern und Kostenträgern unabhängiger Patientenberater als Wegweiser durch das komplizierte System der medizinischen Versorgung an die Seite gestellt werden.

Auf der kollektiven Ebene wäre ergänzend eine stärkere Einbeziehung der Patienten oder ihrer Vertreter bei grundlegenden Entscheidungen über die Art und den Umfang der Leistungserbringung im System der gesetzlichen Krankenversicherung zu fordern. Im Einzelnen könnte dies gewährleistet werden durch Mitbestimmungs- oder doch wenigstens Anhörungsrechte bei Entscheidungen über die Bedarfsplanung, bei der Erstellung von Richtlinien zur ärztlichen Behandlung, bei der Leitlinienentwicklung zur Standardisierung des Behandlungsgeschehens, bei den Entscheidungen über die Leistungsstruktur innerhalb der Krankenkassen, was nicht zuletzt durch die Stärkung der Position der Kassen im System der medizinischen Versorgung mit dem geplanten Globalbudget noch einmal eine besondere Bedeutung erlangt, und schließlich auch durch eine angemessen Einbeziehung der Patienten und ihrer Vertreter in die verschiedenen Verfahren der Qualitätssicherung und Qualitätsentwicklung.

Dabei wird es allerdings kaum möglich sein, quasi vom Schreibtisch aus, detaillierte Vorgaben zu entwickeln, die den hier aufgezeigten Anforderungen und Grundsätzen gerecht würden. Es kann bestenfalls zum Abschluß dieser Arbeit noch eine kurze Stellungnahme zu einigen wenigen der bereits vorhandenen oder erwogenen Möglichkeiten einer Effektivierung des Patientenschutzes abgegeben werden, die unter dem Aspekt des Grundrechtsschutzes durch Organisation und Verfahren besonders vielversprechend erscheinen.

1) Beispiele für die Stärkung der Patientenrechte aus den Niederlanden

Im Vordergrund der Überlegungen zur Frage einer Effektivierung des (Grund-)Rechtsschutzes der Patienten sollte zunächst ganz allgemein die rechtsförmige Stärkung der Position der Patienten im System der medizinischen Versorgung stehen. Als beispielhaft könnte hier das „Gesetz betreffend Verträge über medizinische Behandlungen" (Wet geneeskundige Behandlingsovereenkomst (WGBO)) in den Niederlanden angeführt werden.[405] Zwar handelt es sich hier mehr um eine rein formale Stärkung der Position der Patienten im System als um verfahrensmäßige oder organisatorische Regelungen. Die Wirkung einer solchen Maßnahme darf aber nicht unterschätzt werden. Sie kann aufgrund ihrer Signalwirkung gleichsam als Grundlage für weiterreichende Aufwertungen der Patientenposition angesehen werden.

---

[405] Zum Ganzen *E. Hondius/A. v. Hooft*, in *Kranich/Böcken*, Patientenrechte und Patientenunterstützung ...(1997) Patientenrechte und Patientenunterstützung ...(1997), S. 55 ff. Das niederländische Ministerium für Gesundheit, Gemeinwohl und Sport hat hierzu auch eine deutschsprachige Informationsbroschüre herausgegeben (Factsheet V-11-D 1995 - erhältlich beim Ministerie van VWS, Afdeling Voorlichting, Postbus 5406, NL-2280 HK Rijswijk).

Im einzelnen wurde in den Niederlanden nach einer langjährigen Diskussion um die Frage einer Neudefinition von Patientenrechten mit Wirkung vom 1.4.1995 ein neugeschaffener Titel „Der Vertrag über medizinische Behandlungen" im Bürgerlichen Gesetzbuch (Burgerlijk Wetboek (BW)) der Niederlande festgeschrieben.[406] Diese Kodifizierung von Patientenrechten enthielt, gemessen an den von der Rechtsprechung in Deutschland wie auch in den Niederlanden entwickelten Grundsätzen, wenig Spektakuläres. So sind beispielsweise Regelungen getroffen zum Zustandekommen von Behandlungsverträgen und zur Einwilligung in die ärztliche Behandlung, die letztlich die bestehende Rechtsprechung nur wiedergeben.[407] Hinsichtlich der ärztlichen Aufklärungspflichten wurde allerdings verdeutlicht, daß der Patient auch ausdrücklich über eventuelle Behandlungsalternativen informiert werden muß und die Information des Patienten auf dessen Wunsch auch schriftlich zu erfolgen hat.[408] Auch im Hinblick auf die Haftung bei Behandlungsfehlern im Krankenhaus wurden Erleichterungen für die Patienten im Gesetz festgeschrieben. Dies geschah in der Weise, daß fortan das Krankenhaus selbst für Behandlungsfehler zu haften hat und den Patienten damit die, unter Umständen mühsame Ermittlung der jeweils Verantwortlichen erspart bleibt.[409] Der wesentliche Gewinn der gesetzlichen Neuregelung lag aber nicht so sehr in der Neufassung von Patientenrechten, sondern mehr darin, daß die bereits entwickelten Patientenrechte nunmehr für jedermann erkennbar im Gesetz verankert wurden. Damit wurde einerseits das (Selbst-)Bewußtsein der Patientinnen und Patienten gestärkt. Andererseits wurden aber auch die Patientenrechte noch einmal stärker in das Bewußtsein der Öffentlichkeit und damit nicht zuletzt auch in das der Leistungserbringer gerückt.

Hiermit ließ es die niederländische Regierung aber nicht bewenden. Flankierend wurden ein „Qualitätssicherungsgesetz für Einrichtungen des Gesundheitswesens", das am 1.4.1996 in Kraft getreten ist,[410] und ein „Gesetz über das Beschwerderecht von Leistungsempfängern im Gesundheitssektor"[411] geschaffen, womit ein übriges zur Sicherung einer hochwertigen Versorgung der Patienten

---

[406] Zur Entstehungsgeschichte übersichtlich *E. Hondius/A. v. Hooft*, in *Kranich/Böcken*, Patientenrechte und Patientenunterstützung ...(1997) Patientenrechte und Patientenunterstützung ...(1997), S. 55 f.

[407] Vgl.: *E. Hondius/A. v. Hooft*, in *Kranich/Böcken*, Patientenrechte und Patientenunterstützung ...(1997) Patientenrechte und Patientenunterstützung ...(1997), S. 57 f.

[408] Vgl.: *Ministerie van VWS,* Factsheet V-11-D 1995, S. 3.

[409] Vgl.: *E. Hondius/A. v. Hooft*, in *Kranich/Böcken*, Patientenrechte und Patientenunterstützung ...(1997) Patientenrechte und Patientenunterstützung ...(1997), S. 59 f. und *Ministerie van VWS,* Factsheet V-11-D 1995, S. 4 f.

[410] Vgl.: *Ministerie van VWS,* Factsheet 01-D-1996.

[411] „Wet Klachrecht Clienten Zorgsector" - Vgl.: *Ministerie van VWS,* Factsheet V-11-D 1995, S. 5 und *S. Liebmann/J. Böcken* in *Kranich/Böcken*, Patientenrechte und Patientenunterstützung ...(1997), S. 142 f. m.w.Nachw.

getan wurde. Parallel zu diesen gesetzgeberischen Aktivitäten, und vermutlich von ihnen angeregt, setzte aber auch eine Verbraucherbewegung unter den niederländischen Patienten ein. Seit 1995 gibt es die „Nederlandse Patienten/Consummenten Federatie" (NP/CF = Verband der Patienten- und Verbraucherorganisationen (e.V.)).[412] Diese Organisation setzt sich zusammen aus verschiedenen Patienten-(Selbsthilfe-)Verbänden, aus Verbraucherorganisationen und Eltern- oder Angehörigenverbänden. Ziel des Verbandes, der mit 30 Mio. Gulden (1998) zu 90% aus staatlichen Mitteln finanziert wird, ist es, die Patienten- und Verbraucherinteressen im Gesundheitswesen zu bündeln und die Aktivitäten nach innen und außen zu strukturieren und zu koordinieren.[413] Im Einzelnen geht es dabei um eine Erleichterung der Behandlungsentscheidungen für die Bürger, die Integration der Patienten- und Verbraucherinteressen im System der medizinischen Versorgung durch Lobby- und Öffentlichkeitsarbeit und nicht zuletzt auch um die Schaffung von und die Mitwirkung in Systemen zur Qualitätssicherung.[414]

Gemessen an den Niederlanden steckt die Stärkung der Position der Patienten in Deutschland noch in den „Kinderschuhen". Ausgehend von einer Tagung der Verbraucherzentrale in Hamburg zum Thema „Patientenrechte und Patientenunterstützung in Europa" im Mai 1997 wurden aber inzwischen auch in Deutschland erste Schritte in diese Richtung unternommen:[415] Am 9./10. Juni 1999 ist auf der Grundlage eines Gutachtens[416] von *R. Francke* u. *D. Hart* vom Bremer „Institut für Gesundheits- und Medizinrecht" durch die Konferenz der Gesundheitsminister und -Senatoren der Länder eine „Charta der Patientenrechte" verabschiedet worden.[417] Mit dieser Charta wird letztlich auch nichts anderes gemacht, als die bestehenden rechtlichen Regelungen in der Rechtsprechung und im ärztlichen Berufsrecht zusammenzufassen und in die Öffentlichkeit zu tragen. Der nächste Schritte könnte aber eine gesetzlichen Normierung der entsprechenden Rechte auch in Deutschland sein.

---

[412] Zum Ganzen *F. Dekkers*, in *Kranich/Böcken*, Patientenrechte und Patientenunterstützung ...(1997) Patientenrechte und Patientenunterstützung ...(1997), S. 62 ff. Zum Teil beruhen die Angaben auch auf Daten, die dem Verf. anläßlich eines Besuchs bei der NP/CF im September 1998 vermittelt wurden.

[413] Vgl.: *F. Dekkers*, in *Kranich/Böcken*, Patientenrechte und Patientenunterstützung ...(1997) Patientenrechte und Patientenunterstützung ...(1997), S. 63 f.

[414] Vgl.: *F. Dekkers*, in *Kranich/Böcken*, Patientenrechte und Patientenunterstützung ...(1997) Patientenrechte und Patientenunterstützung ...(1997), S. 66 ff.

[415] Hierzu *Ch. Kranich/J. Böcken*, Patientenrechte und Patientenunterstützung ...(1997) und *R. Francke/D. Hart*, Charta der Patientenrechte (1999).

[416] *R. Francke/D. Hart*, Charta der Patientenrechte (1999).

[417] Hierzu ausführlich http://www-user.uni-bremen.de/~igmr/aufgaben/rechteheute.htm (14.10.99).

Darüber hinaus gilt es aber auch, die circa 70.000 Patienten-(Selbsthilfe-)Gruppen[418] in Deutschland in geeigneter Weise zusammenzufassen, deren Aktivität zu koordinieren und ihre Interessen zu bündeln und zu artikulieren. Vorstellbar wäre nach dem niederländischen Modell ein bundesweiter Dachverband der Selbsthilfegruppen und Patientenorganisation,[419] der die kollektive Beteiligung der Patienten an Entscheidungsfindung im Gesundheitswesen koordiniert und die Entsendung geeigneter Patientenvertreter in die entsprechenden Gremien organisiert. Eine solche Form der Organisation von Patienteninteressen ist eine der Grundvoraussetzungen für einen wirksamen Schutz der Patientenrechte durch Verfahren und Organisation.[420]

2) Informations- und Berichtspflichten

Eine weitere Voraussetzung ist die Befähigung der Patienten zur Mitwirkung sowohl an den individuellen Behandlungsentscheidungen als auch an den Entscheidungen auf der Meso-Ebene durch gezielte Informationen über Inhalte und Strukturen im System der medizinischen Versorgung.[421] Eine staatliche Verpflichtung zur Information wurde in der Vergangenheit insbesondere im Bereich der Arzneimittelversorgung von der Gesundheitspolitik durchaus gesehen. Hier gibt es auch bereits Systeme, die geeignet sind, eine solche Information zu bewirken.[422] Von der Rechtsprechung sind diese Bemühungen um mehr Informationsfluß im System und um mehr Transparenz des Leistungsangebots allerdings bislang eher negativ zur Kenntnis genommen worden. So wurde beispielsweise im Jahre 1985 die Veröffentlichung von Arzneimittel-Transparenzlisten seitens der vom Bundesminister für Jugend, Familie und Gesundheit berufenen Transparenzkommission vom BVerwG wegen der fehlenden gesetzlichen Ermächtigung hierzu untersagt.[423] Ähnliches gilt für die War-

[418] Zu den Zahlen: *Ch. Kranich* in *Kranich/Böcken*, Patientenrechte und Patientenunterstützung ...(1997), S. 98.

[419] Ebenso *B. Badura*, GMH 1999, S. 355 f.

[420] Eingehender zu Fragen der Beteiligung von Bürgern, Versicherten auch Patienten auch *R. Francke/D. Hart*, Rechtswissenschaftlicher Gutachtenteil, in *B. Badura et al.*, Bürgerorientierung des Gesundheitswesens (1999), S. 259 ff.

[421] Vgl. auch: *B. Badura*, GMH 1999, S. 352 f. und *D. Telge* in *Kranich/Böcken*, Patientenrechte und Patientenunterstützung ...(1997), S. 111 ff.

[422] Vgl.: *R. Francke/D. Hart*, Rechtswissenschaftlicher Gutachtenteil, in *B. Badura et al.*, Bürgerorientierung des Gesundheitswesens (1999), S. 151; *A. Philipp*, Arzneimittellisten und Grundrechte (1995), S. 41 ff.

[423] BVerwG v. 18.4.1985 - 3 C 34/84 = BVerwGE 71, 183 (Transparenzliste). Zum Ganzen auch *A. Philipp*, Arzneimittellisten und Grundrechte (1995), S. 41 ff. und noch eingehender *R. Philipp*, Staatliche Verbraucherinformationen ... (1988), S. 92 ff.

nung vor glykolhaltigem Wein[424] und die Unterstützung eines Vereins zur Öffentlichkeitsaufklärung über religiöse Vereinigungen.[425]

Auch wenn in den genannten Fällen die öffentliche Information über Gefahren von Produkten oder Unternehmen wegen des darin enthaltenen Grundrechtseingriffs in die Berufsausübungsfreiheit der betroffenen Unternehmer in Ermangelung einer gesetzlichen Grundlage für diesen Eingriff als unzulässig angesehen wurde,[426] ist grundsätzlich die Ermächtigung staatlicher Stellen zur Verbreitung solcher Informationen kaum bestritten.[427] Streitig ist allein die Herleitung und damit auch der Umfang staatlicher Informationsrechte bzw. -pflichten und die Abgrenzung der Aufgabenschwerpunkte zwischen Bundes- und Landesbehörden im Rahmen der kompetenzrechtlichen Verfassungsregelungen. Hinsichtlich der Herleitung und des Umfangs der staatlichen Informationsrechte muß gemäß der Aufschlüsselung der dogmatischen Strukturen in *Renate Philipp's* Arbeit zu den staatlichen Verbraucherinformationen im Umwelt- und Gesundheitsrecht[428] unterscheiden werden zwischen den Annexzuständigkeiten und den Sachzuständigkeiten der jeweiligen staatlichen Stelle.[429]

Erstere erwachsen ganz allgemein aus dem sogenannten „Publizitätsgrundsatz", aufgrund dessen die staatlichen Organe grundsätzlich verpflichtet sind, ihre Tätigkeit vor der Öffentlichkeit darzustellen und Maßnahmen und Vorhaben zu erläutern.[430] Dabei beschränkt sich der sachliche Gehalt der Informationen allerdings in aller Regel auf rein tätigkeitsbezogene Informationen zu denen Produktinformationen und ähnliche Ergebnisse (Warnungen) aus der Tätigkeit der jeweiligen Behörde eher *nicht* gehören.[431] Letztere können aber als Teil der Öffentlichkeitsarbeit Mittel zum Zweck der Aufgabenerfüllung sein. Hierzu zählen beispielsweise, soweit eine Behörde zum Zwecke des Schutzes vor Gesundheitsgefahren eingerichtet worden ist, auch Warnungen vor nicht verkehrssicheren Produkte oder aber auch die Ergebnisse der behördeneigenen Forschungsvorha-

---

[424] BVerwG v. 18.10.1990 - 3 C 2.88 = BVerwGE 87, 37 (Glykolhaltiger Wein).

[425] BVerwG v. 27.3.1992 - 7 C 21/90 = BVerwGE 90, 112 (Verein zur Öffentlichkeitsaufklärung).

[426] So BVerwG v. 18.4.1985 - 3 C 34/84 = BVerwGE 71, 183 [189] (Transparenzliste).

[427] Eingehend zum Ganzen *R. Philipp*, Staatliche Verbraucherinformationen ... (1988), S. 53 ff. mit weiteren früheren Nachweisen.

[428] *R. Philipp*, Staatliche Verbraucherinformationen ... (1988).

[429] Vgl.: *R. Philipp*, Staatliche Verbraucherinformationen ... (1988), S. 67 ff.

[430] So *R. Philipp*, Staatliche Verbraucherinformationen ... (1988), S. 70 m.w.Nachw. Grundlegend wohl BVerfG v. 2.3.1977 - 2 BvE 1/76, = BVerfGE 44, 125 [147 ff.] (Öffentlichkeitsarbeit der Bundesregierung)

[431] So *R. Philipp*, Staatliche Verbraucherinformationen ... (1988), S. 72 ff.

ben.[432] Eine genauere Differenzierung der Begründung von Informationskompetenzen wird letztlich von der jeweiligen behördlichen Aufgabe abhängen.[433] Entscheidend für den Umfang der staatlichen Informationsrechte und -pflichten ist damit in erster Linie der gesetzliche Auftrag der Einrichtung.[434]

Auch die Abgrenzung der Informationskompetenzen zwischen Bundes- und Landesbehörden erfolgt letztlich nach Maßgabe der gesetzlichen Aufträge.[435] Dabei sind beispielsweise gem. Art. 74 Abs. Nr. 19 GG Maßnahmen gegen übertragbare Krankheiten, die Zulassung zu ärztlichen und nichtärztlichen Heilberufen und der Verkehr mit Arznei-, Heil- oder Betäubungsmitteln Gegenstände der konkurrierenden Gesetzgebung.[436] In diesen Bereichen können Bund und Länder gleichermaßen gesetzliche Aufträge zur Verbraucherinformation im Gesundheitswesen erlassen.[437] Ansonsten liegt nach der grundgesetzlichen Ordnung die Zuständigkeit für gesundheitliche Verbraucherinformationen bei den Ländern, die allerdings ebenso so wie der Bund, um Rückschläge zu vermeiden, wie sie die Transparenzliste aufgrund der fehlenden gesetzlichen Grundlage erleiden mußte,[438] explizite gesetzliche Regelungen zu den Informationskompetenzen treffen sollten.[439] Von besonderer Bedeutung wird dabei sein, daß gerade im Hinblick auf die Bewertung von an sich verkehrsfähigen Produkten oder Behandlungsmethoden der jeweilige Gesetzgeber dezidierte Regelungen bezüglich der Organisation und des Verfahrens der Bewertung trifft.[440]

Im übrigen kann sich die hoheitliche Gewalt zur Durchführung ihrer Aufgaben auch privater Einrichtungen bedienen.[441] *R. Francke* und *D. Hart* entwickeln im rechtswissenschaftlichen Teil eines Gutachtens zur „Bürgerorientierung des Gesundheitswesens" den Gedanken einer „Stiftung Gesundheitstest" bzw. eines „Instituts für Qualitätsentwicklung und Patientenschutz im Gesundheitswesen", die analog zur „Stiftung Warentest" Produktbeobachtung im Bereich der medizi-

---

[432] Am Beispiel der Aufgaben des Bundesgesundheitsamtes auf dem Gebiet der „öffentlichen Gesundheitspflege" hierzu *R. Philipp*, Staatliche Verbraucherinformationen ... (1988), S. 81 ff.

[433] So auch *R. Philipp*, Staatliche Verbraucherinformationen ... (1988), S. 75.

[434] Vgl.: *R. Philipp*, Staatliche Verbraucherinformationen ... (1988), S. 71 f. m.w.Nachw.

[435] Zum Ganzen *R. Philipp*, Staatliche Verbraucherinformationen ... (1988), S. 55 ff.

[436] Übersichtlich hierzu *H. D. Jarass/B. Pieroth*, Grundgesetz ... [4]1997, Art. 74 Rdnr. 43 ff.

[437] Zu den Einzelheiten *R. Philipp*, Staatliche Verbraucherinformationen ... (1988), S. 55 ff.

[438] Zu den Hintergründen der Auseinandersetzungen um die Transparenzlisten auch *A. Philipp*, Arzneimittellisten und Grundrechte (1995), S. 41 ff.

[439] So auch *R. Philipp*, Staatliche Verbraucherinformationen ... (1988), S. 62 f.

[440] Vgl.: *R. Philipp*, Staatliche Verbraucherinformationen ... (1988), S. 206 ff. unter Berufung auf die Grundrechtsrelevanz von Organisation und Verfahren.

[441] Vgl.: *R. Francke/D. Hart*, Rechtswissenschaftlicher Gutachtenteil, in *B. Badura et al.*, Bürgerorientierung des Gesundheitswesens (1999), S. 235.

nischen Versorgung betreiben, und die Konsumenten in geeigneter Weise über die Ergebnisse ihrer Beobachtungen und Forschungsvorhaben informieren.[442] Die Tendenzen einer immer ausgefeilteren Berichterstattung über sogenannte „rankings“ von Ärzten und Krankenhäusern in den Print-Medien dürfte verdeutlichen, daß unter der Bevölkerung eine erhebliche Nachfrage nach entsprechenden Informationen besteht.[443] Die Basis entsprechender Informationen könnte die „evidence-based-medicine“ bilden, eine Bewegung innerhalb der medizinischen Wissenschaft, die versucht, mit Hilfe einer weltweiten Erfassung und Auswertung medizinischer Studien zu rationaleren ärztlichen Therapieempfehlungen zu gelangen.[444]

3) Beteiligung an der Entwicklung von Richtlinien und Standards

Die Defizite bei der demokratischen Legitimation des Bundesausschusses der Ärzte und Krankenkassen wurden bereits im Rahmen der Erörterung der Einschränkbarkeit der Leistungsansprüche der Versicherten im System der gesetzlichen Krankenversicherung aufgezeigt. Nach der Darlegung des grundrechtlichen Schutzes der Patientenrechte und der korrelierenden staatlichen Schutzverpflichtung sollten kaum mehr Zweifel daran bestehen, daß die derzeitige Form der Richtliniengenerierung nicht mit der verfassungsrechtlich gebotenen Beteiligung der Patienten an den Allokationsentscheidungen vereinbar ist. Hier herrscht ein erheblicher Reformbedarf, der zu einer Neugestaltung der Zusammensetzung und/oder der Kompetenzen des Bundesausschusses, wenn nicht gar zur Einführung einer grundlegend neuen Struktur der Entscheidungsfindung bezüglich der Leistungsansprüche der Patienten im System der gesetzlichen Krankenversicherung führen sollte. Jedenfalls muß, in welcher Weise auch immer, die Beteiligung der Patienten an der Entscheidungsfindung sicher gestellt werden. Zuzugeben ist allerdings, daß bislang auf der Seite der Interessenvertretung der Patienten die entsprechenden Strukturen fehlen. Der Reformbedarf in dieser Hinsicht wurde bereits formuliert. Die neuerliche Erwähnung des Problems sollte dem Ganzen nur noch mehr Nachdruck verleihen.[445]

Völlig ungeklärt ist auch noch die Mitwirkung von Patienten an der Standardentwicklung in der Medizin. Bislang erfolgt eine Entwicklung von medizinischen Standards als Leitlinien für die medizinische Behandlung weitgehend

---

[442] *R. Francke/D. Hart*, Rechtswissenschaftlicher Gutachtenteil, in *B. Badura et al.*, Bürgerorientierung des Gesundheitswesens (1999), S. 164 u. S. 235.

[443] Vgl. nur *D. Telge* in *Kranich/Böcken*, Patientenrechte und Patientenunterstützung ...(1997), S. 111 ff.

[444] Mit kritischen Anmerkungen hierzu allerdings *W. F. Dick*, Anästh. Intensivmed. 1998, S. 133 ff.

[445] Eingehender hierzu noch *R. Francke/D. Hart*, Rechtswissenschaftlicher Gutachtenteil, in *B. Badura et al.*, Bürgerorientierung des Gesundheitswesens (1999), S. 270 ff.

unter Ausschluß der Öffentlichkeit durch die Medizinischen Fachgesellschaften.[446] Da im Laufe der Zeit von den verschiedenen medizinischen Fachgesellschaften verschiedene Leitlinien für vergleichbare Behandlungen entwickelt wurden, entschlossen sich die Bundesärztekammer, die Kassenärztliche Bundesvereinigung, die Deutsche Krankenhausgesellschaft und die Spitzenverbände der Gesetzlichen Krankenversicherungen im Mai 1999, einen Vertrag über die Einrichtung eines „Leitlinien-Clearingverfahrens“ bei der *Ärztlichen Zentralstelle Qualitätssicherung* (ÄZQ) in Köln abzuschließen.[447] Die Partner sehen Leitlinien an als

- Hilfen für ärztliche Entscheidungsprozesse im Rahmen einer leistungsfähigen Versorgung der Patienten,
- als wesentliche Bestandteile von Qualitätssicherung und Qualitätsmanagement,
- als Instrumente zur Verbesserung der Versorgungsergebnisse, zur Minimierung von Behandlungsrisiken und zur Erhöhung der Wirtschaftlichkeit,
- als Hilfen für die ärztliche Aus-, Weiter- und Fortbildung.

Angesichts dieser Bedeutung der Leitlinien besteht Konsens zwischen den Partnern über die Notwendigkeit eines institutionellen Verfahrens zur „Kritischen Bewertung von Leitlinien“ (sogenanntes „Leitlinien- Clearingverfahren“). Im übrigen wurde von der ÄZQ bereits im Jahre 1997 eine „Leitlinie für Leitlinien“ entwickelt.[448] Angesichts dieser Bedeutung stellt sich aber zugleich auch die Frage nach einer angemessenen Berücksichtigung von Patienteninteressen. Soweit ersichtlich ist bislang eine Beteiligung von Patienten und deren Vertreter an der Leitlinienentwicklung nicht vorgesehen. Eine solche erscheint aber zur Wahrung der Patientenrechte dringend erforderlich. Ohne näher auf die Probleme einer staatlichen Einwirkung in die bislang privatrechtlich organisierte Leitllinienentwicklung eingehen zu wollen,[449] könnte eine Mitwirkung von Patientenvertretern, soweit es sie denn gäbe, im Verfahren der Leitliniengenerierung durch entsprechende Anhörungspflichten oder in Form von Beiräten verwirklicht werden.

---

[446] Zum Ganzen übersichtlich *G. Röfer/S. Schlacke*, NJW 1999, S. 838 f. - Umfassender *H.-K. Selbmann (Hrsg.)*, Leitlinien in der Gesundheitsversorgung (1998).

[447] Hierzu die homepage der ÄZQ: http://www.dgn-internet.de/doc/public/Anbieter/AEZQ/ (Stand 14.10.99).

[448] Eingehender: *Bundesärztekammer/KBV*, Dtsch. Ärztebl. 94, S. A2154 f. oder *Ärztliche Zentralstelle Qualitätssicherung*, Dtsch. Ärztebl. 95, S. A-2576 ff. und http://www.leitlinien.de.

[449] So bereits *R. Francke/D. Hart*, Rechtswissenschaftlicher Gutachtenteil, in *B. Badura et al.*, Bürgerorientierung des Gesundheitswesens (1999), S. 272.

4) Beteiligung bei Vergabeverfahren für die knappen Ressourcen

Ein weiterer wesentlicher Aspekt des Grundrechtsschutzes durch Organisation und Verfahren dürfte in der Beteiligung der Patienten und ihrer Vertreter an Verfahren über die Verteilung der Ressourcen in der medizinischen Versorgung liegen. Zu denken wäre hier an eine Umstrukturierung im Bereich der Aufgaben und der personellen Zusammensetzung der mancherorts bereits bestehenden Ethik-Kommissionen. Bisher sind Ethik-Kommissionen aus Ärzten (verschiedener Fachrichtungen), Juristen, Theologen u.a. Wissenschaftlern sowie Laien zusammengesetzte Gremien. Sie sind errichtet an medizinischen Fakultäten der Hochschulen, bei den Ärztekammern und zum Teil auch in der pharmazeutischen Industrie. Ihre Aufgabe ist es, Stellungnahmen zu medizinisch-biologischen Versuchen u. Eingriffen an Menschen (aber auch Tieren) erarbeiten, mit dem Ziel, die Einhaltung ethischer Normen zu gewährleisten.[450] War die Aufgabe der Ethik-Kommissionen, die in der Regel durch Satzungsrecht der Landesärztekammern bzw. der Hochschulen errichtet werden, bisher auf die Beurteilung von Verfahren der medizinischen Forschung beschränkt, so ergibt sich, jedenfalls in Baden-Württemberg, aktuell eine - vielleicht sogar wünschenswerte - Ausweitung der Zuständigkeiten auf jegliche Art von ärztlichen Tätigkeiten.[451]

Im Prinzip kann eine derartige Ausweitung der Zuständigkeit von Ethik-Kommissionen angesichts der aufgezeigten Mängel im Allokationsverfahren auf der Mikroebene durchaus positiv bewertet werden. Vorstellbar wäre es beispielsweise, Ärzten, die aus welchen Gründen auch immer eine Behandlung verschieben oder ablehnen wollen, vorzuschreiben, eine solche Entscheidung von der jeweils zuständigen Ethik-Kommission „absegnen" zu lassen. Auf diese Weise könnte sichergestellt werden, daß die Entscheidung einerseits auf eine breitere Basis gestellt würde, was nicht zuletzt auch den entscheidenden Arzt von dem Konflikt der Entscheidung jedenfalls teilweise entlasten würde. Zum anderen könnte die Ethik-Kommission dafür Sorge tragen, daß im Rahmen des Entscheidungsprozesses die Rechte der Patienten gewahrt bleiben. Damit nicht nur die Rechte, sondern auch die darüber hinausgehenden Interessen der Patienten im Verteilungsverfahren gewahrt bleiben, sollte allerdings unbedingt eine Einbeziehung von geeigneten Patientenvertretern in die Struktur und die Arbeit der Ethik-Kommissionen erwogen werden.[452] Darüber hinaus müßte auch eine schnelle Erreichbarkeit von Ethik-Kommissionen durch eine flächendeckende

---

[450] Vgl. zum Ganzen auch: *I. Walter-Sack*, MedR 1999, S. 357 ff.

[451] So *I. Walter-Sack*, MedR 1999, S. 357, 360.

[452] Auch *I. Walter-Sack* (MedR 1999, S. 360) hält eine strukturelle Veränderung der Ethik-Kommissionen bei einem erweiterten Aufgabenkreis, wenngleich offenbar aus anderer Gründen für unerläßlich.

Versorgung mit solchen Gremien, beispielsweise an jedem Krankenhaus, sichergestellt werden.

Nach Maßgabe dieser Voraussetzungen erscheint eine Ausweitung der Kompetenzen von Ethik-Kommissionen durchaus wünschenswert.

III. Ergebnis zum Grundrechtsschutz durch Organisation und Verfahren

Vorliegend konnten nach einer grundlegenden Herleitung des Anspruchs der Betroffenen auf Grundrechtsschutz durch Organisation und Verfahren und der daraus resultierenden staatlichen Pflicht nur wenige Möglichkeiten von Verfahrens- und organisatorischen Regelungen kurz beleuchtet werden, die diesem Grundrechtsschutz dienlich wären. An manchen Stelle ist auch bereits angeklungen, daß die betroffenen Leistungserbringer geneigt sein könnten, sich erheblich gegen solche Regelungen, soweit sie in die Berufsausübungsfreiheit oder andere Grundrechte eingreifen, zur Wehr zu setzen.

Grundrechtsschutz durch Verfahren und Organisation besteht demnach nicht nur darin, die Position der Patienten im System der medizinischen Versorgung zu stärken, ein solcher Schutz im wohlverstandenen Sinne erfordert auch die Einbeziehung der Leistungserbringer in den Diskussionsprozeß und vor allem eindeutige gesetzliche Regelungen als Grundlage solcher Regelungen. Unter Beachtung dieser Vorgaben könnte und sollte im Wege des Grundrechtsschutzes durch Organisation und Verfahren ein erheblicher Beitrag zur Sicherstellung der Rechte der Patienten in einem Gesundheitssystem, dessen wirtschaftliche Steuerung im Wesentlichen auf Angebots- und Ausgabenbegrenzung setzt, geleistet werden.

H. Ergebnis zum verfassungsrechtlichen Schutz der Patienten vor offener oder verdeckter Rationierung

Insgesamt ergibt sich aus der Betrachtung des grundrechtlichen Schutzes der Patienten und ihrer Rechte doch eine deutliche Diskrepanz zwischen den eingangs ermittelten faktischen Gegebenheiten im System der medizinischen Versorgung und den verfassungsrechtlichen Anforderung an dieses System.

Grundsätzlich ist festzustellen, daß eine (auch öffentliche - also explizite) Einschränkung medizinischer Leistungen nur in gewissen Grenzen möglich ist. Diese Grenzen liegen zum einen dort, wo das Leben eines Menschen durch die Leistungsbegrenzung konkret bedroht und damit das grundrechtlich garantierte Existenzminimum als verletzt anzusehen ist. Weiterreichende Grenzen für eine explizite Rationierung medizinischer Leistungen ergeben sich aus dem „Recht auf Zugang zu Heilbehandlungen", das sich aus den Grundrechten des Art. 2 Abs. 2 S. 1 GG herleitet. Das Recht auf Zugang zu Heilbehandlungen ist dort verletzt, wo sich der vom Leistungsausschluß betroffene Versicherte die notwendigen medizinischen Leistungen aufgrund seiner finanziellen Leistungsfähigkeit nicht mehr selbst beschaffen kann. Der verdeckten Rationierung medizinischer Leistungen können diese beiden grundrechtlichen Garantien indes keine Grenzen setzen, weil in diese Form der Leistungsbegrenzung mit dem Phänomen einhergeht, daß den Patienten zwar formal alle notwendigen Leistungen zugestanden werden, sie aber aufgrund des Verfahrens der Leistungsgewährung faktisch an der Erlangung der Leistung gehindert werden.

Gegen diese Form der Rationierung medizinischer Leistungen ist der Patient letztlich nur durch den allgemeinen Gleichheitssatz des Art. 3 Abs. 1 GG, der den Patienten im Sinne eines derivativen Teilhaberechts auch den gleichberechtigten Zugang zu den vorhandenen medizinischen Ressourcen sichert. Darüber hinaus stellt die Verweigerung einer möglichen medizinischen Behandlung ohne das Wissen des Patienten regelmäßig auch eine Verletzung seiner Selbstbestimmungsrechte dar. Insofern ist in der verfassungsrechtlichen Ordnung der Bundesrepublik Deutschland durchaus auch ein gewisser Schutz vor den Erscheinungsformen der impliziten Rationierung angelegt. Relativiert wird dieser Schutz allein durch die Tatsache, daß die implizite Rationierung medizinischer Leistungen typischerweise eben nicht öffentlich erfolgt. Es wird dem Patienten deshalb vielfach unmöglich sein, dem grundrechtlichen Schutz seiner Teilhabe- und Selbstbestimmungsrechte zur Wirkung zu verhelfen, weil er nicht ausreichend über die Entscheidungsfindung informiert und in diese einbezogen ist.

Die einzige Möglichkeit der Effektivierung des verfassungsrechtlichen Patientenschutzes liegt hier im Grundrechtsschutz durch Organisation und Verfahren. Als Instrumente solchen Grundrechtsschutzes dienen vor allem die Transparenz des Leistungsgeschehens, die Information und nicht zuletzt auch die Beteiligung der Patienten an den Allokations-Entscheidungen sowohl auf der individuellen als auch auf der kollektiven Ebene. Die notwendige Transparenz des Leistungsgeschehens kann dabei beispielsweise durch öffentliche Wartelisten und eine Bewertung von medizinischen Behandlungsmethoden und Behandlern erreicht werden. Dem Informationsbedürfnis des Patienten kann nur durch eine uneingeschränkte Zugriffsmöglichkeit auf die eigenen Diagnoseergebnisse und die bestehenden Behandlungsstandards Rechnung getragen werden. All denen, die zwar Information wollen, aber der Fülle und Komplexität der Informationen und Informationsmöglichkeiten im Kontext der medizinischen Behandlung nicht gewachsen sind, sollte zur Wahrung ihrer Rechte eine unabhängige Beratungsstelle zur Verfügung stehen. Der weitreichendste Eingriff in die bestehenden Strukturen im System der medizinischen Behandlung dürfte allerdings in der Beteiligung der Patienten und ihrer Vertreter an den Entscheidungen sowohl auf der Mikro- als auch auf der Makroebene liegen. Hier fehlt es noch weitgehend an entsprechenden Vorgaben und die hierzu erforderlichen Veränderungen im System sollten auch mit der nötigen Umsicht betrieben werden. Im Idealfall sollten die Veränderungen zur Beteiligung der Patienten an den Entscheidungen im Gesundheitswesen eine Lösung bieten, die auch von den Leistungserbringern mitgetragen werden kann.

Schlußbetrachtung und Zusammenfassung der Thesen

Damit konnten zwar nicht alle der eingangs formulierten Fragestellungen beantwortet werden. Einige Antworten mußte diese Arbeit schuldig bleiben, weil die Rechtswissenschaft alleine insbesondere in den Bereichen, wo das Selbstbestimmungsrecht der Patienten individuelle Entscheidungen fordert oder wo es um einen gesamtgesellschaftlichen Konsens geht, wie zum Beispiel im Hinblick auf die Auswahlkriterien, anhand derer der Zugang und den knappen oder politisch verknappten Ressourcen im System der medizinischen Versorgung zu regeln wäre, keine eindeutigen Vorgaben bietet. Die klaren juristischen Vorgaben, nach denen *Ch. Fuchs*[453] 1993 verlangte, um den rechtlichen Rahmen für eine Rationierung medizinischer Leistungen abzustecken, sind damit nicht im vollen Umfang zu erbringen. Dennoch soll an dieser Stelle eine Anwort auf die meisten seiner Fragen gewagt werden:

Wenn er fragte, ob *der Grundsatz der Verhältnismäßigkeit neu überdacht werden müsse*, so läßt sich, wenn damit die Verhältnismäßigkeit im Rahmen der Grundrechtsprüfung gemeint ist, die Frage relativ klar mit „nein" beantworten. Vielmehr wird der Grundsatz der Verhältnismäßigkeit bei einer Einschränkung der Grundrechte aus Art. 2 Abs. 2 GG und Art. 3 Abs. 1 GG zum entscheidenden Maßstab bei der verfassungsrechtlichen Rechtfertigung von rationierenden Maßnahmen, die in diese Grundrechte eingreifen. Dem Verhältnismäßigkeitsgrundsatz ist aber zu eigen, daß es dabei in erster Linie um eine Abwägung zwischen der Bedeutung der betroffenen Rechtsgüter und dem Zweck der eingreifenden Regelungen geht. Damit ist das Ergebnis dieser Abwägung letztlich offen und immer abhängig von dem gesetzgeberischen Handlungsdruck, um beispielsweise das System der gesetzlichen Krankenversicherung als solches zu erhalten, oder um weiterreichende Schäden für die Gesamtheit der Bürger des Staates abzuwenden.

Die Frage nach der *Behandlungspflicht in Notfällen auch bei erschöpften Kapazitäten* bedarf unter Berücksichtigung der strafrechtlichen Ausführungen zunächst der Klärung, ob tatsächlich alle Kapazitäten, auch der weniger optimalen Art, wirklich ausgeschöpft sind. Wenn tatsächlich keinerlei Behandlungsmöglichkeit mehr gegeben ist, so kann niemandem ein Vorwurf daraus gemacht werden, daß er nicht behandelt. In der Praxis wird aber irgendeine, vielleicht gemessen am Stand der medizinischen Technik auch primitive Möglichkeit der Behandlung in aller Regel gegeben sein. Ist dies der Fall, so ist im Rahmen dieser Möglichkeiten zu behandeln. Ähnlich verhält es sich mit der Frage, ob *ex ante eine Güterabwägung zwischen individuellem und statistischem Risiko des konkreten und anderen potentiellen Patienten getroffen werden dürfe*. Diese

---

[453] *Ch. Fuchs*, MedR 1993, S. 323 ff. (327).

Frage ist theoretisch. Die rechtliche Handlungspflicht, die namentlich im Bereich der Unterlassungsdelikte zum Tragen kommt, kennt die Güterabwägung zwischen einem konkreten und einem potentiellen Opfer nicht. Entscheidend ist hier vielmehr die gegenwärtige Gefahr für den konkreten Patienten. Ist eine solche gegeben, so ist zu (be-)handeln. Stehen dagegen zwei konkrete Patienten hinsichtlich der Behandlungsmöglichkeiten zueinander in Konkurrenz, so sind die individuellen Risiken gegeneinander abzuwägen. In der Praxis wird aber wohl ein solcher Konflikt nicht in dieser Schärfe in Erscheinung treten. Vielmehr wird, weil die Krankenbehandlung und -Pflege in erster Linie von personellen Ressourcen abhängig ist, häufig zu Lasten aller Patienten auf einzelne sinnvolle Behandlungs- oder Pflegemaßnahmen ganz oder vorübergehend verzichtet, man beschränkt sich also auf das absolut Notwendige. Geschieht ein derartiger Behandlungsverzicht aus der Not heraus, so wird auch hier ein Schuldvorwurf kaum zu erheben sein.

Daraus ergeben sich allerdings, um auch diese Frage zu beantworten, *Dokumentationspflichten*, damit die Gründe für ein solches Verhalten in einem späteren gerichtlichen Verfahren noch hinreichend sicher bestimmbar sind. Dokumentationspflichten ergeben sich aber auch, soweit von vorhandenen Standards oder Leitlinien für die medizinische Behandlung abgewichen werden soll, was unter Umständen, wenn der Standard nicht mit den Erfordernissen im Einzelfall in Einklang steht, geboten sein kann.

Die Frage nach dem *Einklang zwischen Haftpflichtregeln und Wirtschaftlichkeitsgebot*, läßt sich mit der Feststellung beantworten, daß es eine direkte Einwirkung des sozialrechtlichen Wirtschaftlichkeitsgebots nicht gibt. Die Haftung bei fehlerhafter Behandlung erfordert den Nachweis der Fehlerhaftigkeit. Dieser richtet sich wiederum nach dem jeweiligen Stand der medizinischen Wissenschaft, der bei einer weiteren Entwicklung und bei ständiger Aktualisierung von Leitlinien seinen Ausdruck in einer Leitlinie für den jeweiligen Behandlungsfall finden könnte. Dabei kann aber die Leitlinie ihrerseits durchaus auch von wirtschaftlichen Überlegungen beeinflußt werden, so daß davon auszugehen ist, daß das Wirtschaftlichkeitsgebot letztlich doch mittelbar auf den Behandlungsstandard und damit auf die Haftpflichtregeln einwirken kann.

Die gewünschten *Auswahlkriterien, die einen breiten gesellschaftlichen Konsens erwarten lassen*, kann die Rechtswissenschaft kaum liefern. Für einen breiten gesellschaftlichen Konsens bedarf es eines ebenso breiten gesellschaftlichen Diskurses und den sollte, dem Grundsatz der Gewaltenteilung folgend, die Politik führen.

Zur Frage *nach der Rolle des Arztes als einer Instanz der „justitia distributiva"* sei angemerkt, daß die Ausführungen zum Beginn der Arbeit den Wunsch nahelegen, dem Arzt diese Rolle nicht allein zu überlassen. In aller Regel wird sich ohne die ärztliche Fachkompetenz eine sachgerechte Behandlungsentscheidung nicht treffen lassen. Die Selbstbestimmungsrechte der Patienten legen es aber nahe, daß zumindest diese in die Entscheidung miteingebunden werden. Bei schwierigen Fragen könnte und sollte nach Maßgabe des Grundrechtsschutzes durch Organisation und Verfahren sinnvollerweise eine Ethik-Kommission in die Entscheidung mit einbezogen werden.

Nun aber zu den eigentlichen Ergebnissen der Arbeit:

Ausgehend von der Behauptung, es gebe im deutschen Gesundheitswesen noch hinreichend Rationalisierungspotential, das durch eine strikte Ausgabenbegrenzung weiter mobilisiert werden könnte, wurden zunächst einmal die bestehenden Steuerungsinstrumente im Bereich der medizinischen Versorgung der Versicherten in der gesetzlichen Krankenversicherung auf ihre Wirkung hin untersucht. Die so ermittelten Phänomene wurden herangezogen, um eine Begriffsbestimmung für die Rationierung im Bereich der medizinischen Versorgung zu wagen. Damit stellt sich Rationierung als „die politisch und durch die gesetzlichen Rahmenbedingungen der Leistungserbringung hervorgerufene Verweigerung medizinischer Leistungen, die klinisch anerkannt und in ihrem Nutzen unbestritten sind" dar.

Die Erscheinungsformen der Leistungsverweigerung, die im Deutschen Gesundheitswesen bisher nur verdeckt, aber bei näherer Betrachtung durchaus erkennbar, stattfindet, sind einerseits die Verweigerung einer aktuell erforderlichen Leistung durch eine zeitliche Verzögerung der Leistungserbringung oder sogar durch den vollständigen Verzicht auf die Leistungserbringung. Andererseits begegnet man nicht selten auch einer Verweigerung einer erforderlichen und angemessenen Leistungen durch die Behandlung mit suboptimalen Methoden. Etwas vereinfacht lassen sich damit zwei Kategorien bilden: der *Behandlungsverzicht* und die *suboptimale Behandlung*. Die Folgen dieser Leistungsverweigerung auf der Seite der Patienten sind, sofern sie nicht unmittelbar oder mittelbar zu deren Tode führen, jedenfalls eine medizinisch nicht gerechtfertigte Prolongierung des Krankheitsgeschehens, die ihrerseits für den Betroffenen mit Schmerzen oder anderen Beschwerden verbunden ist. Darüber hinaus ist die Leistungsverweigerung durch Leistungsverzögerung oder suboptimale Leistungserbringung geeignet, bei den betroffenen Patienten bleibende Funktionsstörungen des Körpers oder Beeinträchtigungen des körperlichen Wohlbefindens, die medizinisch vermeidbar gewesen wären, hervorzurufen.

Im Leistungsrecht der gesetzlichen Krankenversicherung gibt es, abgesehen von dem Ausschluß der Versorgung der Versicherten mit dem Medikament „Viagra" durch die Richtlinien des Bundesausschusses, bei dem zweifelhaft ist, ob er einer verfassungsgerichtlichen Überprüfung standhalten könnte, keine Rechtfertigung für diese Erscheinungsformen der Rationierung. Diese Rationierung ist insofern keine explizite sondern eine implizite, sie findet heimlich oder verdeckt statt. Offiziell haben die Versicherten der gesetzlichen Krankenversicherung nach wie vor einen Anspruch auf jede Krankenbehandlung, die ausreichend, zweckmäßig und wirtschaftlich ist und das Maß des Notwendigen nicht überschreitet (§ 12 Abs. 1 SGB V). Soweit eine Leistung zur Krankenbehandlung im Sinne der gesetzlichen Bestimmungen des SGB V zweckmäßig ist und eine gleichwertige, kostengünstigere Behandlung nicht zur Verfügung steht, ergibt sich aus dem Recht der gesetzlichen Krankenversicherung keine Legitimation für einen Behandlungsverzicht oder eine Behandlungsverzögerung.

Die Entscheidung über die Notwendigkeit der jeweiligen Leistung im Einzelfall treffen nach dem geltenden Recht der gesetzlichen Krankenversicherung die jeweils behandelnden Vertrags- oder Krankenhausärzte. Es gibt, namentlich im Bereich der Krankenhausbehandlung, in einzelnen Bereichen der Krankenbehandlung zwar Genehmigungsvorbehalte für speziellere Formen der Behandlung. Dieser Vorbehalt ist aber nicht so zu verstehen, daß den Ärzten damit die Behandlungsentscheidung im Einzelfall vorgegeben werden kann. Die Verantwortung für diese Entscheidung kann ihnen auch nach den bestehenden Prinzipien der Normkonkretisierung und der Rechtsetzung im System der gesetzlichen Krankenversicherung von keiner übergeordneten Instanz der Selbstverwaltung abgenommen werden.

Damit spielt sich die juristische Kontrolle der rationierenden Behandlungsentscheidungen zunächst maßgeblich im Bereich der Arzt-Patienten-Beziehung ab. Bei der straf- und zivilrechtlichen Beurteilung von Behandlungsverzicht oder suboptimaler Behandlung geht es damit im Wesentlichen um die Rechtfertigung des ärztlichen Vorgehens. Dabei stellen das Strafrecht wie auch das Zivilrecht durchaus Instrumente bereit, die geeignet sind, die Patienten vor den Auswirkungen einer impliziten Rationierung zu schützen. Zugleich ist aber auch deutlich geworden, daß die damit gesicherten Rechte der Patienten keine absoluten sind. Die Handlungs- und Sorgfaltspflichten im Strafrecht und im Zivilrecht stellen nur in sehr begrenztem Maße feste Größen dar. Sie sind letztlich dem Wandel im System der medizinischen Versorgung unterworfen und orientieren sich jeweils daran, was als medizinischer Standard zum Zeitpunkt der Behandlung definiert ist. Damit können in die straf- oder zivilgerichtliche Beurteilung ärztlichen Verhaltens durchaus auch ökonomische Aspekte einfließen.

Der zivilrechtliche Schutz der Patienteninteressen wird im Übrigen noch dadurch relativiert, daß die Beweislast für das ärztliche Fehlverhalten und dessen Ursächlichkeit für den eingetretenen Schaden im Normalfall beim Patienten liegt. Was angesichts der für den Laien unübersehbaren Vielfalt von Behandlungsmöglichkeiten eine deutliche Hemmschwelle für die Durchsetzung der Patientenrechte darstellt.

Auf der verfassungsrechtlichen Ebene sind darüber hinaus einige weitere Instrumente vorhanden, die geeignet sind, die Patienten vor einem ungerechtfertigten Behandlungsverzicht zu schützen. Dabei ist noch einmal zu unterscheiden zwischen der expliziten Rationierung medizinischer Leistungen und den Erscheinungsformen der verdeckten Rationierung.

Den stärksten Schutz vor einer Rationierung medizinischer Leistungen bietet den Patienten das Recht auf Sicherung des Existenzminimums, das sich aus den Art. 1 Abs. 1, 20 Abs. 1 und 2 Abs. 2 S. 1 GG herleitet. Dieses Recht auf Sicherung des Existenzminimum sichert dem Bürger allerdings, wenn die medizinische Versorgung gesamtgesellschaftlich auf ein Minimum „zurückgefahren“ wird, kaum mehr als das „nackte Überleben“. Es schützt ihn damit mindestens vor einer Vorenthaltung von lebensnotwendigen medizinischen Behandlung. Ein solcher Schutz kann aber prinzipiell nur im Rahmen einer expliziten Rationierung zum Tragen kommen, denn bei der impliziten Rationierung fehlt es bereits an der öffentlichen Einschränkung des Behandlungsanspruchs, gegen die der Bürger sich zur Wehr setzen könnte. Im übrigen kann der Anspruch auf Sicherung des Existenzminimums als unterste Grenze der Zulässigkeit rationierender Maßnahmen nur Wirkung entfalten für diejenigen Bürger, die sich medizinische Leistungen zur Sicherung einer menschenwürdigen Existenz nicht selbst beschaffen können. Damit ist also nicht etwa generell eine Rationierung von medizinischen Leistungen verboten und es ist auch nicht verfassungsrechtlich geboten, alle Leistungen, deren Entzug den Tod eines Versicherten bewirken können, im Leistungskatalog der GKV zu belassen. Lediglich das Minimum an Sicherung für die Bürger in einem rationierten Gesundheitswesen ist damit gewährleistet.

Etwas weiter reicht dagegen schon die Schutzwirkung des Rechts auf körperliche Unversehrtheit aus Art. 2 Abs. 2 S. 1 GG. Diesem Grundrecht, dem eine leistungsrechtliche Komponente bislang zurecht abgesprochen wird, ist unter abwehrrechtlichen Gesichtspunkten ein *Recht auf Zugang zu möglichen Heilbehandlungen* zu entnehmen. Der Staat darf damit den Versicherten im System der gesetzlichen Krankenversicherung nicht an sich mögliche Krankenbehandlungsleistungen vorenthalten, die sie sich aus eigenen Mitteln nicht mehr beschaffen können. Ein solcher Leistungsausschluß käme faktisch einem Verbot der Heilbehandlung und damit wiederum einem Eingriff in das Recht auf körperliche Unversehrtheit gleich. Dies gilt umso mehr, wenn der Staat den Bürgern bereits finanzielle Mittel für die Krankenversicherung abzieht und ihnen damit die Möglichkeit nimmt, eigene Vorsorge für den Krankheitsfall zu schaffen.

Zwar ist ein Eingriff in das Zugangsrecht zu Heilbehandlungen nicht automatisch eine Verletzung des Grundrechts. Zu einer solchen würde er aber, wenn der Eingriff unverhältnismäßig wäre. Wenn also nicht das mildeste Mittel zu Erreichung des angestrebten Zwecks gewählt wurde oder aber wenn Zweck und Mittel zueinander in keiner vernünftigen und angemessenen Relation stehen. Insofern könnte es beispielsweise durchaus zulässig sein, preisgünstige Medikamente aus dem Leistungskatalog der gesetzlichen Krankenversicherung zu streichen. Unter Berücksichtigung des bisherigen Stands der Rechtsprechung liegt der wesentliche Gewinn eines „Rechts auf Zugang zu Heilbehandlungen“

aber in der Eröffnung des Rechtswegs zum Bundesverfassungsgericht. Damit ist dem Bürger, der sich gegen eine öffentliche und politisch gewollte Rationierung medizinischer Leistungen im System der gesetzlichen Krankenversicherung zur Wehr setzen möchte, erstmals ein Instrument an die Hand gegeben, eine rationierende Entscheidung im Leistungsrecht der gesetzlichen Krankenversicherung auch auf höchster gerichtlicher Ebene auf ihre Vereinbarkeit mit dem Grundgesetz überprüfen zu lassen. Dies ist der einzige Weg, den Bürger vor einer politisch gewollten, aber unangemessen Rationierung seiner Ansprüche auf medizinische Behandlung zu schützen.

Mehr auf der Ebene der impliziten Rationierung wirkt sich der allgemeine Gleichheitssatz des Art. 3 Abs. 1 GG zugunsten der Patienten aus. Zwar bietet er, anders als die Garantie des Existenzminimums und auch das Recht auf Leben und körperliche Unversehrtheit keinen absoluten Schutz vor der Rationierung medizinischer Leistungen. Wohl aber enthält er einige Mechanismen, die geeignet sind, die betroffenen Patienten vor einer unangemessenen Benachteiligung gegenüber anderen Patientengruppen zu schützen. Im Rahmen der Sicherung von *derivativen Teilhaberechten* entfaltet sich diese Wirkung insbesondere dann, wenn wie im Falle einer verdeckten Rationierung die Leistungsverweigerung nicht öffentlich nach Kriterien stattfindet, die allen bekannt und vielleicht auch nachvollziehbar sind, sondern hinter verschlossenen Türen, eben direkt am Patientenbett und von einzelnen Leistungserbringern nach deren Gutdünken. Die Überschreitung der Grenzen zur Willkür und damit der Verstoß gegen die Grundsätze des Art. 3 Abs. 1 GG ist hier leicht gegeben.

Ein Grundrecht, das ebenfalls mehr von der verdeckten Rationierung betroffen ist, ist das Selbstbestimmungsrecht der Patienten. Das Selbstbestimmungsrecht der Patienten verpflichtet die Entscheidungsträger im Rahmen der ärztlichen Behandlung, den Patienten in der von ihm gewünschten Weise in die Behandlung mit einzubeziehen und ihn durch entsprechende Informationen eine höchstpersönliche Entscheidung über die Behandlung und die damit verbundenen Eingriffe in seine körperliche Unversehrtheit zu ermöglichen. Demgegenüber sind in der Praxis der medizinischen Versorgung die Informationsrechte und damit auch die Einflußmöglichkeiten der Patienten noch erheblich unterentwickelt. Mit der nötigen *Transparenz* im Leistungsgeschehen und einer institutionalisierten und vor allem neutralen *Beratung* der Patienten durch entsprechende Beratungsstellen dürfte eine verdeckte Rationierung im System der medizinischen Versorgung eigentlich kaum mehr möglich sein. Jedenfalls ist damit ausgeschlossen, daß einem Patienten von einzelnen Leistungserbringern, gedeckt durch die bestehenden Grundsätze des Systems, gegen seinen Willen Leistungen vorenthalten werden.

Die bestehenden Defizite sowohl im Bereich des straf- und zivilrechtlichen Schutzes der Patienten vor einer verdeckten Rationierung als auch im Bereich der Möglichkeiten zur Verwirklichung der Gleichheits- und Selbstbestimmungsrechte haben schließlich zu Fragen des Grundrechtsschutzes durch Organisation und Verfahren geführt. Im einzelnen wurden zur Effektivierung des Grundrechtsschutzes der Patienten vor allem die Schaffung von mehr Transparenz des Leistungsgeschehens, die Information und nicht zuletzt auch die *Beteiligung der Patienten an den Allokations-Entscheidungen* sowohl auf der individuellen als auch auf der kollektiven Ebene genannt. Die Einzelheiten dieser Form der *Befähigung der Patienten*, ihren in dieser Arbeit ermittelten Rechten zur Durchsetzung zu verhelfen, konnten nur knapp umrissen werden. Sie sind letztlich auch dem Übereinkommen der Beteiligten am System der medizinischen Behandlung zur näheren Ausgestaltung überlassen. Entscheidend ist letzten Endes, daß der Diskurs um diese Frage überhaupt erst einmal eröffnet und eine möglichst breite Öffentlichkeit in die Diskussion mit einbezogen wird.

Literaturverzeichnis

Abholz, Heinz-Harald et al. (Hrsg.), Soziale Medizin: Jahrbuch für Kritische Medizin Bd. 26, Hamburg 1997.

Abholz, Heinz-Harald et al. (Redaktion), Nach der Reform: Jahrbuch für Kritische Medizin Bd. 28, Hamburg 1997.

Abholz, Heinz-Harald, Gesundheitsbedürfnisse im Wandel -Modelle und Zwänge gewandelter Krankenversicherungssysteme, in *Soziale Sicherheit* 1994, S. 20 ff.

Abholz, Heinz-Harald, Rationale Gesundheitssteuerung und Rationierung der Medizin, in *Jahrbuch für Kritische Medizin* Bd. 17 Hamburg/Berlin 1991, S. 15 ff.

Abholz, Heinz-Harald, Rationalitäten in der Medizin - Falldarstellung am Beispiel des Mammographie-Screenings, in *Jahrbuch für Kritische Medizin* Bd. 22 Hamburg/Berlin 1994, S. 79 ff.

Ackermann, Bruni, Die Strafbarkeit juristischer Personen im deutschen Recht und in ausländischen Rechtsordnungen - Diss. Univ. Heidelberg, Frankfurt/M. 1984.

Ahnefeld, F.W. (et al.), Beginnt die Demontage der Notfallmedizin im Rettungsdienst?, in *Anästhesiologie und Intensivmedizin* 1994, S. 78 ff.

Alexy, Robert, Theorie der Grundrechte, 2. unveränderte Aufl., Frankfurt/M. 1994.

Andreae, Clemens-August / Theurl, Engelbert , Marktsteuerung im Gesundheitswesen, Köln 1985.

Arbeitsgemeinschaft Rechtsanwälte im Medizinrecht e.V. (Hrsg.), Die Budgetierung des Gesundheitswesens: wo bleibt der medizinische Standard?, Berlin/Heidelberg u.a. 1997.

Arnold, Michael u.a., Entwicklungstendenzen im Gesundheitswesen und ihre ökonomische Bedeutung, Gerlingen 1991.

Arnold, Michael, Die ökonomischen Konsequenzen des medizinischen Fortschritts, in *Arnold, Michael u.a.*, Entwicklungstendenzen im Gesundheitswesen ... (1991), S. 163 - S. 212.

Arnold, Michael / Paffrath, Dieter (Hrsg.), Krankenhausreport '96, Stuttgart/Jena 1996.

Arnold, Michael / Paffrath, Dieter (Hrsg.), Krankenhausreport '97: Schwerpunkt: Sektorübergreifende Versorgung, Stuttgart/Jena 1997.

Arnold, Michael / Paffrath, Dieter (Hrsg.), Krankenhausreport '98, Stuttgart/Jena 1998.

Arnold, Michael, Auswirkungen der BPflV'95 auf das gesamte deutsche Gesundheitssystem, in *f&w* 1994, S. 459 ff.

Arnold, Michael, Medizin zwischen Kostendämpfung und Fortschritt, Stuttgart 1986.

Arnold, Michael, Solidarität 2000: die medizinische Versorgung und ihre Finanzierung nach der Jahrtausendwende, Stuttgart 1993.

Arnold, Michael, Von der Blackbox zum Glashaus: Zur Mystifikation leistungsgerechter Vergütungen im Krankenhaus, in *NZS* 1996, S. 353 ff.

Arnold, Michael, Wie können die konkurrierenden Ziele: "Optimale Gesundheitsversorgung" und "Wirtschaftlichkeit der Gesundheitsversorgung" in Einklang gebracht werden?, in *Anästhesiologie und Intensivmedizin* 1993, S. 79 ff.

Arnold, Michael, Zum Umgang mit Knappheit in der medizinischen Versorgung: ethische, medizinische und rechtliche Fragen der Rationierung, Köln 1995.

Arzt, Gunther / Weber, Ulrich, Strafrecht, besonderer Teil – Lehrheft 2. Delikte gegen die Person (Randbereich), Schwerpunkt Gefährdungsdelikte, Bielefeld 1983.

Auer, Alfons / Menzel, Hartmut / Eser, Albin, Zwischen Heilauftrag und Sterbenhilfe : Zum Behandlungsabbruch aus ethischer, medizinischer und rechtlicher Sicht, Köln/Berlin/Bonn/München 1977.

Baader, Emil, Zum normlogischen Zusammenhang zwischen rechtlicher Regel und rechtlicher Ausnahme – dargestellt am Beispiel der Rechtsnatur der kassenärztlichen Arzneimittel-Richtlinie -, in *JZ* (9/1990), S. 409 - 416.

Badura, Bernhard/Francke, Robert/Göpfert, Winfried/Hart, Dieter/Huber, Ellis/Hungeling, Germanus/Kranich, Christoph/Schellschmidt, Henner/Stuchlik, Franz, Bürgerorientierung des Gesundheitswesen: Selbstbestimmung, Schutz, Beteiligung - Gutachten im Auftrag des Ministeriums für Arbeit, Gesundheit und Soziales des Landes Nordrhein-Westfalen, Baden-Baden (Nomos) 1999.

Bartling, Hartwig, Bedürfnis und Bedarf im Gesundheitswesen, in: *Vogel, H. R. (Hrsg.),* Bedarf und Bedarfsplanung im Gesundheitswesen, Stuttgart 1983, S. 2 -17.

Bauer, Gerdi, Staatliche Planung als Steuerungsinstrument der stationären Krankenhausversorgung, in "Diskurs" Nr. 2 (Universität Bremen) Mai 1980.

Baum, Georg, Zuwachsbegrenzung mit Leistungsorientierung: Das Gesetz zur Stärkung der Solidarität in der GKV, in *f&w* 1/1999, S.10 - S. 12.

Baumann, Manfred / Stock, Johannnes, Managed Care - Impulse für die GKV: Erfahrungswerte mit alternativen Formen der Steuerung in der Gesundheitsversorgung (Endbericht der Prognos AG Basel/Köln im Auftrage der Hans-Böckler-Stiftung), Düsseldorf 1996.

Beck, Winfried, Einfallsreichtum der KassenärztInnen oder Wundersame Leistungsvermehrung und private Zuzahlung, in *Dr.med.Mabuse* (Nr. 102) 1996, S. 22 ff.

Becker, Dorothee, GKV gegen Streichung der Arzneimittel-Positivliste, in *DOK* (Nr. 18-19) 1995 S. 595 ff.

Bergner, Daniel, Grundrechtsschutz durch Verfahren: Eine rechtsvergleichende Untersuchung des deutschen und britischen Verwaltungsverfahrensrechts, Diss. jur. Univ. Regensburg, München 1998.

Beske, Fritz / Brecht, Josef Georg / Reinkemeier, Andrea-Marina, Das Gesundheitswesen in Deutschland; Struktur-Leistungen-Weiterentwicklung, 2. Aufl. Köln 1995.

Bethge, Herbert, Grundrechtsverwirklichung und Grundrechtssicherung durch Organisation und Verfahren, in NJW 1982, S. 1 - S. 7.

Bezirksamt Hohenschönhausen (Berlin) (Hrsg.), Gesundheit und soziale Lage, Berlin 1997.

Bieback, Karl-Jürgen, Sicherheit im Sozialstaat - Verfassungsrechtlicher Schutz gegen Abbau und Umstrukturierungen von Sozialleistungen, Kritische Justiz 1998, S. 162 - S. 178.

Bieback, Karl-Jürgen, Verfassungsrechtlicher Schutz gegen Abbau und Umstrukturierungen von Sozialleistungen: Vortrag gehalten vor der Juristischen Gesellschaft zu Berlin am 12.3.1997, Berlin/New York 1997, S. 162 - S. 178.

Bischoff, Angelika, Schizophrenie-Therapie: Die Verträglichkeit ist das A und O, in *DÄBl.* 43/1997, S. A-2845.

Blanke, Bernhard (Hrsg.), Krankheit und Gemeinwohl -Gesundheitspolitik zwischen Staat, Sozialversicherung und Medizin, Opladen 1994.

Blanke, Bernhard / Bandemer, Stephan von, Sozialpolitik unter Kostendruck: Schleichende Privatisierung oder neue Verantwortungsverteilung?, in *Soziale Sicherheit* 1996, S. 401 ff.

Bley, Helmar / Gitter, Wolfgang / Lilge, Werner u.a. (Hrsg.), Sozialgesetzbuch / Sozialversicherung / Gesamtkommentar -Loseblatt- Stand: 125. Erg.-Lieferung, Neuwied, Kriftel, Berlin Mai 1997.

Bley, Helmar / Kreikebohm, Ralf, Sozialrecht, 7. Aufl. Neuwied/Kriftel/Berlin 1993.

Böckenförde, Ernst-Wolfgang, Grundrechtstheorie und Grundrechtsinterpretation, in NJW 1974, S. 1529 ff.

Böckenförde, Ernst-Wolfgang, Grundrechte als Grundsatznormen - Zur gegenwärtigen Lage der Grundrechtsdogmatik, in Der Staat 29/1990, S. 1 ff.

Brandt, Christoph / Gerlach, Wolfgang / Huster-Nowak, Elke, Morbiditätsorientierte Krankenhausplanung unter den Rahmenbedingungen des GSG: Zwischenbilanz der Fortschreibung des Krankenhausplans 1995 der Freien und Hansestadt Hamburg, in *das Krankenhaus* 8/1995, S.385 - S. 391.

Braun, Bernhard / Kühn, Hagen / Reiner, Hartmut, Das Märchen von der Kosten-explosion: Populäre Irrtümer zur Gesundheitspolitik, Frankfurt/Main 1998.

Bredehorn, Dennis, Die Rechtsnatur der Richtlinien im Kassenarztrecht, Diss. Univ. Hamburg 1987.

Breitmeier, Ingo, Einführung in das Pflegesatzrecht, Düsseldorf 1995.

Bruckenberger, Ernst (Verf.), Situation der Herzchirurgie 1995 in Deutschland -8.Bericht des Krankenhausausschusses der Arbeitsgemeinschaft der leitenden Medizinalbeamtinnen und Medizialbeamten (AGLMB), Hannover 1996.

Bruckenberger, Ernst (Verf.), Herzbericht 1997 mit Transplantationschirurgie - 10.Bericht des Krankenhausausschusses der Arbeitsgemeinschaft der obersten Landesgesundheitsbehörden der Länder (AOLG), Hannover 1998.

Bruckenberger, Ernst, Dauerpatient Krankenhaus -Diagnosen und Heilansätze, Freiburg i.Br. 1989.

Buchborn, Eberhard, Ärztlicher Standard: Begriff - Entwicklung - Anwendung - Referat beim V. Einbecker Workshop, Januar 1993, in *MedR* 1993, S. 328 – S. 333.

Bundesministerium für Arbeit und Sozialordnung (Hrsg.), Übersicht über das Sozialrecht, 5. Aufl. Bonn 1998.

Bundesministerium für Arbeit und Sozialordnung (Hrsg.), Übersicht über das Arbeitsrecht, 6. Aufl. Bonn 1997.

Bundesministerium für Gesundheit (Hrsg.), Daten des Gesundheitswesens – Ausgabe 1997, Baden-Baden 1997.

Bundesministerium für Gesundheit (Hrsg.), Kalkulation von Fallpauschalen und Sonderentgelten für die Bundespflegesatzverodnung 1995 - Bericht zu den Forschungsprojekten im Auftrag des BGM, Baden-Baden 1995.

Bundesministerium für Gesundheit (Hrsg.), Leitfaden zur Einführung von Fallpauschalen und Sonderentgelten gemäß Bundespflegesatzverodnung 1995, Baden-Baden 1995.

Bundesministerium für Gesundheit (Hrsg.), Statistisches Taschenbuch Gesundheit 1994, Bonn 1994.

Bundesministerium für Gesundheit (Hrsg.), Statistisches Taschenbuch Gesundheit 1996, Bonn 1996.

Bundesministerium für Gesundheit (Hrsg.), Begleitforschung zur Bundespflegesatzverordnung 1995 - Zweiter Zwischenbericht, Düsseldorf/München 1998.

Bundesministerium für Gesundheit (Hrsg.), Daten des Gesundheitswesens – Ausgabe 1999, Baden-Baden 1999.

Bundesverband der Betriebskrankenkassen, Mengenbegrenzende Maßnahmen und Richtgrößen als Instrumente zur Steuerung der ambulanten Versorgung, Ergebnisbericht eines Workshops am 31.5.1989 in Kornwestheim.

Bundesverband der Pharmazeutischen Industrie e.V. (BPI) / Verband forschender Arzneimittelhersteller e.V. (VFA) (Hrsg.), Rote Liste 1996, Aulendorf /Württ. 1996.

Clemens, Thomas, Normenstrukturen im Sozialrecht - Unfallversicherungs-, Arbeitsförderungs-, und Kassenarztrecht, in *NZS* 1994, S. 337 ff.

Däubler, Wolfgang, Das Arbeitsrecht 2 - Leitfaden für Arbeitnehmer, 7. Aufl. Reinbeck b. Hamburg 1990.

Däubler, Wolfgang, Grundrecht auf Leben und medizinische Versorgung, in NJW 1972, S. 1105 ff.

Damm, Reinhard, Medizintechnik und Arzthaftungsrecht – Behandlungsfehler und Aufklärungspflicht bei medizintechnischen Behandlungsalternativen, in NJW 12/1989, S. 737 – S. 744.

Damm, Reinhard, Neue Risiken und neue Rechte – Subjektivierungstendenzen im Recht der Risikogesellschaft, in Archiv für Rechts- und Sozialphilosophie 79/1993, S. 159 – S. 187.

Degenhart, Christoph, Staatsrecht I: Staatzielbestimmungen, Staatsorgane, Staatsfunktionen, 13. Aufl., Heidelberg 1997.

Demgenski, Peter / Nee, Hans, Pauschalförderung im Krankenhaus - Diskussion von Bemesssungskriterien und Weiterentwicklung in Hamburg, in *das Krankenhaus* 7/1996, S.363 - S. 367.

Dennerlein, Rudolf K.-H. / Schneider, Markus (BASYS), Wirtschaftlichkeitsreserven im Rettungsdienst: Gutachten für den Bundesminister für Gesundheit, Augsburg 1995.

Denninger, Erhard, Staatliche Hilfe zur Grundrechtsausübung durch Verfahren, Organisation und Finanzierung, in *Isensee / Kirchhof (Hrsg.)*: HbStR – Band V: Allgemeine Grundrechtslehren, § 113, Heidelberg 1992.

Depenheuer, Otto, Staatliche Finanzierung und Planung im Krankenhauswesen: Eine verfassungsrechtliche Studie über die Grenzen sozialstaatlicher Ingerenz gegenüber freigemeinnützigen Krankenhäusern, Berlin 1986.

Deutsche Krankenhausgesellschaft, Zahlen, Daten, Fakten '96, Düsseldorf 1996.

Dick, W. F., Evidence Based Medicine um jeden Preis?, in *Anästhesiologie und Intensivmedizin* 3/1998, S. 133 - 136.

Diessel, Evelyn / Eichler, Jürgen, Mammographie Früherkennung von Brustkrebs: Vorteile, Risiken, Alternativen, München (Ehrenwirth) 1996.

Dietrich, Elke (Hrsg.), Organspende, Organstransplantation, Percha 1985.

Dreier, Horst (Hrsg.), Grundgesetz : Kommentar - Band 1: Art. 1-19, Tübingen 1996.

Dreier, Ralf, Was ist Gerechtigkeit?, in *JuS* 1996, S. 580 - 584.

Diessenbacher, Hartmut, Generationenvertrag, Ethik und Ökonomie: Ist das höhere Lebensalter noch finanzierbar?, in *Ch. Sachße/H.T. Engelhardt*, Sicherheit ... (1990).

Dworschak, Manfred, Im Netz der Hoffnung: Kranke suchen im Internet die optimale Therapie - und helfen der Forschung, in *Die Zeit* v. 22.4.1999, S. 41 f.

Ebsen, Ingwer, Autonome Rechtsetzung in der Sozialversicherung und der Arbeitsförderung als Verfassungsproblem, in *Vierteljahresschrift für Sozialrecht* 1990, S. 57 ff.

Ebsen, Ingwer, Bedarfsorientierte Regulierung der Zulassung von Leistungserbringern zur Gesetzlichen Krankenversicherung und das Grundrecht der Berufsfreiheit, in ZSR 1992, S. 328 - 342.

Ebsen, Ingwer, Rechtliche Instrumente der Freiheitssicherung und der Steuerung bei der Leistungserbringung, in SDSRV 38 (1994), S. 7 – S. 26 .

Ebsen, Ingwer, Verfassungsrechtliche Implikationen der Ressourcenknappheit im Gesundheitswesen, NDV 3/1997, S. 71-79.

Ehrhardt, Helmut, Selbstbestimmung und Urteilsfähigkeit, in *Marburger Arbeitskreis (Hrsg.)*, Selbstbestimmung ... (1986), S. 41 - S. 57.

Eichhorn, Siegfried, Krankenhausbetriebslehre: Theorie und Praxis des Krankehausbetriebes Bd. I, 3. Aufl., Stuttgart u.a.1975.

Elkeles, Thomas / Mielck, Andreas, Soziale und gesundheitliche Ungleichheit -Theoretische Ansätze zur Erklärung von sozioökonomischen Unterschieden in Morbidität und Mortalität, Berlin 1993 WZB-Paper Nr. P93-208.

Enders,Christoph, Die Menschenwürde in der Verfassungsordnung - zur Dogmatik des Art. 1 GG, Habilitationsschrift jur., Tübingen 1997.

Engelhardt, H. Tristram Jr., Die Einführung von Zugangsbeschränkungen für kostenintensive lebensrettende medizinische Behandlung, in *Ch. Sachße/H.T. Engelhardt*, Sicherheit und Freiheit (1990).

Engelhardt, H. Tristram Jr., Zielkonflikte in nationalen Gesundheitssystemen, in *Hans-Martin Sass(Hrsg.)*; Ethik und öffentliches Gesundheitswesen, Berlin u. a. 1988, S. 35 ff.

Engert, Klaus, Rationierung von Gesundheitsleistungen im Gefolge der Gesundheitsreform an Krankenhäusern der Grundversorgung und ihre sekundären Folgen, in *Feuerstein, G. (Projektleitung) et al.*, Prioritäten und Wertkonflikte (1997) S. 79 - S. 85.

Enquête-Kommission des Deutschen Bundestages "Strukturreform der gesetzlichen Krankenversicherung", Strukturreform der gesetzlichen Krankenversicherung - Endbericht vom 12.2.1990 (BT-Drcks. 11/6380 = zur Sache 3/90 Bd. 1 + 2), Bonn 1990.

Erichsen, Hans-Uwe / Martens, Wolfgang (Hrsg.), Allgemeines Verwaltungsrecht, 9. Aufl. Berlin / New York 1991

Erichsen, Hans-Uwe, Allgemeine Handlungsfreiheit, in *Isensee / Kirchhof (Hrsg.)*: HbStR – Band VI: Freiheitsrechte, § 152, Heidelberg 1989.

Erichsen, Hans-Uwe / Kollhosser, Helmut / Welp, Jürgen (Hrsg.), Recht der Persönlichkeit, Berlin 1996.

Eser, Albin, Rechtfertigungs- und Entschuldigungsprobleme bei medizinischer Tätigkeit, in *A. Eser/G.P. Fletcher (Hrsg.)*, Rechtfertigung und Entschuldigung: Rechtsvergleichende Perspektiven Bd. II, S. 1441 – 1487, Berlin/Heildeberg/New York ... 1988.

Fachvereinigung der Verwaltungsleiter deutscher Krankenanstalten e.V. (Hrsg.), Betriebswirtschaftliche Aspekte in der Krankenhausfinanzierung, Marl 1988.

Felkner, Christian, Steigende Belastung der Patienten: Auswirkungen der Zuzahlungen im Gesundheitswesen, in *Soziale Sicherheit* 1998, S. 281 - S. 284.

Fellhauer, Eric, Liberalismus und Verteilungsgerechtigkeit : eine Untersuchung der liberalen Gerechtigkeitstheorie F.A. von Hayeks auf der Grundlage einer rechtebasierten Ethik, Frankfurt(M)/Berlin/Bern/NewYork//Paris/Wien 1994.

Feuerstein, Günter (Projektleitung) et al., Prioritäten und Wertkonflikte im Einsatz knapper klinischer Behandlungsressourcen: Eine explorative Studie über alltagspraktische Entscheidungssituationen in der Krankenversorgung verbunden mit der Analyse ihrer soziokulturellen, gesundheitspolitischen ökonomischen und moralphilosophischen Kontexte, Bielefeld 1997.

Feuerstein, Günter, Ethische Legitimation durch technische Verfahren? - Über knappe Behandlungsressourcen und das Problem ihrer gerechten Verteilung, in *Feuerstein, G. (Projektleitung) et al.*, Prioritäten und Wertkonflikte (1997) S. 79 - S. 85.

Feuerstein, Günter, Quality of Life - Ein Entscheidungskriterium über knappe medizinische Ressourcen?, in H. *Kaupen-Haas/Ch. Rothmaler (Hrsg.),* Strategien der Gesundheitsökonomie, Frankfurt/M. 1998, S. 43 - S. 64.

Feuerstein, Günter / Kuhlmann, Ellen (Hrsg.), Rationierung im Gesundheitswesen, Wiesbaden 1998.

Fink, Gerold, Senkung der Betriebskosten im Zentralklinikum Augsburg, in das krankenhaus (Nr. 10) 1993, S. 471 ff.

Forsthoff, Ernst, Lehrbuch des Verwaltungsrechts - Band I: Allgemeiner Teil, 10. Aufl., München 1973.

Francke, Robert, Gesetzliche Krankenversicherung und Arbeitnehmerinteressen – Organisation und Steuerung im Gesundheitswesen, in *Francke, Robert/Hart, Dieter/Prigge, Rolf,* Probleme des Gesundheitssystems und Arbeitnehmerinteressen, Bremen 1987.

Francke, Robert, Ärztliche Berufsfreiheit und Patientenrechte: eine Untersuchung zu den verfassungsrechtlichen Grundlagen des ärztlichen Berufsrechts und des Patientenschutzes, Stuttgart 1994.

Francke, Robert, Richtlinien, Normsetzungsverträge und neue Behandlungsmethoden im Rechtskonkretisierungskonzept des Bundessozialgerichts: Zum Urteil des 1. Senats des BSG vom 16.9.1997 - 1 RK 28/95, in SGb 1/1999, S. 5 - S. 10.

Francke, Robert / Hart, Dieter, Ärztliche Verantwortung und Patienteninformation: eine Untersuchung zum privaten und öffentlichen Recht der Arzt-Patienten-Beziehung, Stuttgart 1987.

Francke, Robert / Hart, Dieter, Rechtswissenschaftlicher Gutachtenteil, in *B. Badura et al.*, Bürgerorientierung des Gesundheitswesens, Baden-Baden (Nomos) 1999, S. 135 - S. 292.

Francke, Robert / Hart, Dieter (unter Mitarbeit von Becker-Schwarze, Kathrin / Schlacke, Sabine), Charta der Patientenrechte: Rechtsgutachten zur Vorbereitung einer Charta der Patientenrechte, Baden-Baden (Nomos) 1999.

Frank, Götz, Sozialstaatsprinzip und Gesundheitssystem, Frankfurt/Main; New York 1983.

Freie Hansestadt Bremen -Der Senator für Gesundheit und Umweltschutz-, Landes Krankenhaus Bedarfsplan 1981-1990, Bremen 1980.

Freudenberg, Uta, Der Leistungsanspruch bei alternativen Heilmethoden gegenüber der gesetzlichen Krankenversicherung, der privaten Krankenversicherung und der Beihilfe (zugleich ein Beitrag zu den Richtlinien der Bundesausschüsse der Ärzte und Krankenkassen gemäß § 92 SGB 5, Diss. Univ. Bonn 1994.

Frischbier, Hans-Joachim (Hrsg.), Mammographie in der Krebsfrüherkennung: Qualitätssicherung und Akzeptanz, Stuttgart 1994.

Frieß, Bernhard, Die Steuerungsinstrumente der Selbstverwaltung im Sozialgesetzbuch 5. Buch: Eine Untersuchung zur Steuerung der Versorgung mit Arznei-, Heil- und Hilfsmitteln in der gesetzlichen Krankenversicherung nach der Gesundheitsreform, Diss. Univ. München 1992.

Fry, Sara T., Ethik in der Pflegepraxis: Anleitung für ethische Entscheidungsfindungen, Eschborn 1995.

Fuchs, Christoph, Allokation der Mittel im Gesundheitswesen : Rationalisierung versus Rationierung, Bochum 1994.

Fuchs, Christoph, Kostendämpfung und ärztlicher Standard - Verantwortlichkeit und Prinzipien der Ressourcenverteilung, in *MedR* 1993, S. 323 ff.

Füllsack, Martin, Reformmodelle in der gesetzlichen Krankenversicherung und ihre Vereinbarkeit nüt der Verfassung, Diss. jur., Konstanz 1996.

Gabany, Monika (BASYS), Qualitätssicherung in der ambulanten Pflege, Augsburg 1995.

Gäfgen, Gérad / Oberender, Peter (Hrsg.), Verteilungsziele und Verteilungswirkungen im Gesundheitswesen, 1. Aufl., Baden-Baden 1989.

Gahl, Klaus, Beziehung zwischen Arzt und Patient, in *Kahlke, / Reiter-Theil,* Ethik in der Medizin, Stuttgart 1995, S. 23 - S. 33.

Genzel, Herbert, Sozialstaat und Gesundheitsökonomie, München (Bayr. Krankenhausgesellschaft) 1983.

Genzel, Herbert / Siess, Martin A., Ärztliche Leitungs- und Organisationsstrukturen im modernen Krankenhaus : zu den zukünftigen Herausforderungen für das ärztliche Krankenhausmanagement aus medizinischer, rechtlicher und ökonomischer Sicht, in *MedR* 1999, S. 1 - S. 12.

Gerlinger, Thomas, Irrwege der EBM-Reform -Von der Ordinationsgebühr zum Praxisbudget, in *Dr.med.Mabuse* Nr. 104 / 1996, S. 46 ff.

Gerlinger, Thomas, Punktlandungsübungen im Hamsterrad: Über Handlungsanreize und Steuerungswirkungen der kassenärztlichen Vergütungsreform, in *Jahrbuch für kritische Medizin* Bd. 28, S. 99- 124.

Gerlinger, Thomas, Wettbewerbsordnung und Honorarpolitik: Die Neugestaltung der kassenärztlichen Vergütung zwischen Gesundheitsstrukturgesetz und „dritter Stufe" der Gesundheitsreform, Frankfurt/M.1997.

Gerster, Eyke, Pflege ist bezahlte Dienstleistung - kein Kostenfaktor im Krankenhaus (Zahlen der DKG belegen Produktivitätssteigerung der Krankenhäuser und der Pflege), in *Pflege-Zeitschrift* 07 / 1997, S. 367 bis369 ff.

Giesen, Richard, Aktuelle Probleme des Arzthaftungsrechts, in *MedR* 1997, S. 17 - S. 25.

Gitter, Wolfgang, Sozialrecht: ein Studienbuch, 3. Aufl. - München 1992.

Göpel, Eberhard / Schneider-Wohlfahrt, Ursula (Hrsg.), Provokationen zur Gesundheit: Beiträge zu einem reflexiven Verständnis von Gesundheit und Krankheit, Frankfurt 1994.

Goerlich, Helmut / Dietrich, Jörg, Zwei klassische Entscheidungen: Fürsorgerisches Ermessen, Garantie des Existenzminimums und legislative Gestaltungsfreiheit - BVerfGE 1, 97; BVerwGE 1, 159 -, in *Jura* 1992, S. 134 - S. 142

Goetze, Eric, Arzthaftungsrecht und kassenärztliches Wirtschaftlichkeitsgebot: eine Untersuchung unter besonderer Berücksichtigung des Arztstrafrechts, der statistischen Vergleichsprüfung im Wirtschaftlichkeitsprüfwesen und ihrer Wechselbeziehungen - Diss. Univ. Göttingen 1987, Berlin u.a. 1989

Grafe, S. / Bruns, W., Richtlinien – Leitlinien – Standards, in *ArztR* 7/1998, S. 181 – S. 187

Griep, Heinrich / Renn, Heribert, Pflegehilfsmittel in zugelassenen Pflegeheimen im Sinne des § 72 SGB XI, in *PflegeRecht* 9/1998, S. 190 ff.

Greulich, Andreas / Hothum, Holger / Thiele, Günter: Fallstudien zur Krankenhausbetriebswirtschaftslehre, Heidelberg 1997

Gröttrup, Bernd, Variationen über Existenzminimum, gesellschaftliche Implosion und Aufgabe der Regierung in der modernen Demokratie, in Kritische Vierteljahresschrift für Gesetzgebung und Rechtswissenschaft (KritVjschr) 1997, S. 121 - S. 158

Gross, Rudolf, Patientenwohl und Regeln der ärztlichen Kunst, in *Marburger Arbeitskreis (Hrsg.),* Selbstbestimmung ... (1986), S. 71 - S. 85.

Großkopf, Volker, Das Transplantationsgesetz und seine rechtlichen Auswirkungen (1. u. 2. Teil), in *PflegeRecht* 1998, S. 94 ff. u. 126 ff.

Haase, Ingo / Dierks, Marie-Luise / Schwartz, Friedrich Wilhelm (Hrsg.), Patientenbedürfnisse im Gesundheitswesen: Die Rolle von Patientenbedürfnissen in der Reformdiskussion des deutschen Gesundheitswesens, Sankt Augustin 1995.

Häberle, Peter, Grundrechte im Leistungsstaat, in Veröffentlichungen der Vereinigung der Deutschen Staatsrechtslehrer 30/1972, S. 43 - S. 141.

Haft, Fritjof, Strafrecht, allgemeiner Teil: eine Einführung für Anfangssemester, 6. Aufl., München 1994

Haft, Fritjof, Strafrecht, besonderer Teil: die wichtigsten Tatbestände des Besonderen Teils des StGB, 3. Aufl., München 1988

Hamm, Walter, Marktwirtschaftlich organisierte Bedarfsbefriedigung im Gesundheitswesen, in: *Vogel, H. R. (Hrsg.),* Bedarf und Bedarfsplanung im Gesundheitswesen, Stuttgart 1983, S. 64 - 72

Hart, Dieter, Rechtliche Grenzen einer Ökonomisierung der Medizin, in *MedR* 1996, S. 60 – S. 70

Hart, Dieter, Ärztliche Leitlinien – Definitionen; Funktionen, rechtliche Bewertung: Gleichzeitig ein Beitrag zum medizinischen und rechtlichen Standardbegriff, in *MedR* 1998, S. 8 – S. 16

Hart, Dieter, „Organisationsaufklärung“ - Zum Verhältnis von Standardbehandlung, Organisationspflichten und ärztlicher Aufklärung, in *MedR* 1999, S. 47 – S. 50

Hauck, Karl (Begr.), Sozialgesetzbuch - Gesamtkommentar: SGB V - Gesetzliche Krankenversicherung Bde. 1+2 Loseblatt, Stand: 46. Erg.-Lieferung, Berlin Januar 2000.

Henke, Klaus-Dirk, Sozialbedarf versus Knappheit der Mittel: Fortentwicklung der Finanzverfassung, in *Schriftenreihe des Deutschen Sozialrechtsverbandes* Bd. 35 / 1991, S. 167 - 196

Herder-Dorneich, Philipp, Futurologie der Ordnungen im Gesundheitswesen - Prognose und Steuerung der Systementwicklung im Gesundheitswesen, in *Robert Bosch Stiftung (Hrsg.),* Entwicklungstendenzen im Gesundheitswesen und ihre ökonomische Bedeutung, S. 469 - 522

Herder-Dorneich, Philipp, Ökonomische Theorie des Gesundheitswesens: Problemgeschichte, Problembereiche, Theoretische Grundlagen, Baden-Baden 1994

Hermes, Georg, Das Grundrecht auf Schutz von Leben und Gesundheit -Schutzpflicht und Schutzanspruch aus Art 2 Abs. 2 Satz 1 GG, Heidelberg 1987

Herzog, Roman, Ziele, Vorbehalte und Grenzen der Staatstätigkeit, in *Isensee / Kirchhof (Hrsg.):* HbStR – Band III: Handelns des Staates, § 58, Heidelberg 1988

Herzog, Roman, Verfassungsrechtliche Aspekte des Sozialrechts, in NZA 1/1989, S. 1 - S. 5

Hesse, Konrad, Bestand und Bedeutung der Grundrechte in der Bundesrepublik Deutschland, in EuGRZ 1978, S. 427 - S. 438

Hesse, Konrad, Grundzüge des Verfassungsrechts der Bundesrepublik Deutschland, 20. Aufl. Heidelberg 1995.

Höfling, Wolfram, Die Unantastbarkeit der Menschenwürde - Annäherung an einem schwierigen Verfassungssatz, in *JuS* 1995, S. 857 - 862

Höfling, Wolfram, Rationierung von Gesundheitsleistungen im grundrechtsgeprägten Sozialstaat: eine Problemskizze, in *G. Feuerstein/E. Kuhlmann*, Rationierung im Gesundheitswesen (1998), S. 143 - S. 156

Höfling, Wolfram / Rixen, Stephan, Verfassungsfragen der Transplantationsmedizin: Hirntodkriterium und Transplantationsgesetz in der Diskussion, Tübingen 1996

Hoerster, Norbert, Forum: Das „Recht auf Leben" der menschlichen Leibesfrucht - Rechtswirklichkeit oder Verfassungslyrik?, in *JuS* 1995, S. 192 - 197

Holler, Albert, Ansprüche an die staatliche Bedarfsplanung im Krankenhausbereich, in: *Vogel, H. R. (Hrsg.)*, Bedarf und Bedarfsplanung im Gesundheitswesen, Stuttgart 1983, S. 33 - 38

Holznagel, Bernd / Holznagel, Ina, Sicherheit, Transparenz und Kontrollierbarkeit: Rechtslage in der Transplantationsmedizin - Ein Überblick über die Feststellung des Todes, die Frage der Einwilligung, die Lebendspende und den Organhandel, in Dt Ärztebl 1998; 95: A-1718–1722

Hiller, Axel, Die Verweisungen in den Satzungen der Kassenärztlichen Vereinigungen und der Verbände der Krankenkassen auf die Richtlinien der Bundesausschüsse, Diss. Univ. Gießen

Huber, Ellis, Sozial gerecht und wirtschaftlich vernünftig: Die neue Gesundheit, in *Soziale Sicherheit* 5/1998, S. 179 – 182

Igl, Gerhard, Die soziale Pflegeversicherung, in NJW 1994, S. 3185 - S. 3194

Igl, Gerhard, Das neue Pflegeversicherungsrecht, München 1995

Igl, Gerhard, Pflegeversicherung, in *Maydell, Bernd Baron von / Ruland, Franz,* Sozialrechtshandbuch, 2. Aufl., Neuwied u.a. 1996, S. 73 - S. 124.

Igl, Gerhard, Pflegeversicherung als neuer Gegenstand sozialrechtlicher Regulierung, in *Sieveking, Klaus (Hrsg.),* Soziale Sicherung bei Pflegebedürftigkeit in der europäischen Union, 1. Aufl., Baden-Baden 1998, S. 19 - S. 34

Institut für Gesundheits-System-Forschung Kiel (Hrsg.); Tagung Künftige Finanzierung der Gesundheitsversorgung bei steigenden Kosten und knappen Ressourcen, Würzburg 1993

Illich, Ivan, Die Nemesis der Medizin: Die Kritik der Medikalisierung des Lebens, 4. Aufl. München 1995

Isensee, Josef / Kirchhof, Paul (Hrsg.): Handbuch des Staatsrechts der Bundesrepublik Deutschland in 7 Bänden, Heidelberg 1987 bis 1992

Isensee, Josef, Das Grundrecht als Abwehrrecht und als staatliche Schutzpflicht, in *Isensee / Kirchhof (Hrsg.):* HbStR – Band V: Allgemeine Grundrechtslehren, § 111, Heidelberg 1992

Isensee, Josef, Grundrechtsvoraussetzungen und Verfassungserwartungen an die Grundrechtsausübung, in *Isensee / Kirchhof (Hrsg.):* HbStR – Band V: Allgemeine Grundrechtslehren, § 115, Heidelberg 1992

Isensee, Josef: Grundrecht auf Sicherheit: Zu den Schutzpflichten des freiheitlichen Verfassungsstaates, Berlin u.a. 1983

Jäger, Peter, Handlungsbedarf für die Krankenhäuser durch das GSG, in das krankenhaus (Nr. 1) 1993, S. 36 ff.

Jarass, Hans D. / Pieroth, Bodo, Grundgesetz für die Bundesrepublik Deutschland: Kommentar, 4. Aufl. München 1997

Jarass, Hans D., Die Entwicklung des allgemeinen Persönlichkeitsrechts in der Rechtsprechung des Bundesverfassungsgerichts, in *H.-U. Erichsen u.a*, Recht der Persönlichkeit (1996), S. 89 - S. 103

Jaster, Hans-Joachim (Hrsg.), Qualitätssicherung im Gesundheitswesen, Stuttgart, New York 1997

Jescheck, Hans-Heinrich (Hrsg.), Strafgesetzbuch: Leipziger Kommentar; Großkommentar, überwiegend 11.Aufl. - Stand: 16. Lieferung, Berlin/New York 1994

Jung, Karl, Lässt der Gesetzgeber den Bundesausschuss im Regen stehen?, in *Forum für Gesellschaftspolitik* 1/2000, S. 5 - S. 13.

Jörg, Michael, Das neue Kassenarztrecht, München 1993

Kahlke, Winfried / Reiter-Theil, Stella (Hrsg.), Ethik in der Medizin, Stuttgart 1995

Kamps, Hans, Ärztliche Arbeitsteilung und strafrechtliches Fahrlässigkeitsdelikt - Diss. jur. Univ. Münster, Berlin 1981

Kassenärztliche Bundesvereinigung (Hrsg.), Vorläufiges Notprogramm zur Verhinderung existenzbedrohender Regresse aus der Überschreitung der Arznei- und Heilmittelbudgets, Köln November 1996 -wegen einstweiliger Verfügung nicht veröffentlicht

Katzenmeier, Christian, Ein Sonderstraftatbestand der eigenmächtigen Heilbehandlung, in *ZRP* 4/1997, S. 156 – S. 161

Kaupen-Haas, Heidrun / Rothmaler, Christiane (Hrsg.), Strategien der Gesundheitsökonomie, Frankfurt/M. 1998,

Keisers, Joachim, Einführung in die Krankenhausbetriebslehre, 4. Aufl., Hagen 1993

Kern, Axel Olaf / Beske, Fritz / Lescow, Hanna, Leistungseinschränkung oder Rationierung im Gesundheitswesen?: Auswertung einer Leserumfrage, in *DÄBl.* 3/1999, S. C-86 - C-89.

Kiene, Helmut, Kassenerstattung und wissenschaftlicher Wirksamkeitsnachweis: Welche Anforderungen dürfen gestellt werden?, in *MedR* 7/1997, S. 313 bis316

Kirch, Wilhelm / Kliemt, Hartmut (Hrsg.), Rationierung im Gesundheitswesen, Regensburg 1996

Klie, Thomas, Recht auf Verwirrtheit?: Das Betreuungsrecht für die Altenarbeit; eine Arbeitshilfe, Hannover 1993

Kliemt, Hartmut, Rechtsstaatliche Rationierung, in *Kirch/Kliemt,* Rationierung im Gesundheitswesen (1996)

Knebel, Heinz / Schneider, Helmut, Die Stellenbeschreibung: mit Speziallexikon, 5. Aufl. Heidelberg 1993

Konrad, Hans-Joachim (Hrsg.), Grundrechtsschutz und Verwaltungsverfahren - untere bes. Berücks. d, Asylrechts. Internationaler Menschenrechtsschutz. Referate d. 23. Tagung d.. Wiss. Mitarb. d. Fachrichtung Öffentl. Recht, 22.-26.Februar 1983 in Berlin, Berlin 1985

Korzilius, Heike, Arzneimittelbudget. Koalition denkt über Richtgrößen nach, in *DÄBl.* 12/1997, S. B-175 f.

Kracht, Peter J., Strukturveränderungen und ihre Auswirkungen auf die Krankenhäuser; in *f&w* 1994, S. 315 ff.

Krämer, Walter, Die Krankheit des Gesundheitswesens. Die Fortschrittsfalle der modernen Medizin, Frankfurt 1989

Krämer, Walter, Wir kurieren uns zu Tode. Die Zukunft der modernen Medizin, Frankfurt 1993

Krämer, Walter, Medizin muß rationiert werden, in *MedR* 1/1996, S. 1 bis 5

Kranich, Christoph / Böcken, Jan (Hrsg.), Patientenrechte und Patientenunterstützung in Europa: Anregungen und Ideen für Deutschland, Baden-Baden 1997

Krause, Peter, Möglichkeiten, Grenzen und Träger des Autonomen Sozialrechts, in *VSSR* 1990, S. 107 ff.

Krauskopf, Dieter, Vom Arzneimittelbudget zu Richtgrößen, in *MedR* 11/1998, S. 491 - S. 496

Krieger, Gerd, Die Behandlungsverweigerung bei Kassenpatienten insbesondere wegen unzureichender Honorierung, in *MedR* 1999, S. 519 – S. 523.

Krimmel, Lothar, Krankenkassen kündigen Regreßwelle an, in *DÄBl.* 39/996, S. B-1918 f.

Krimmel, Lothar, Was ist "medizinisch notwendig"?, in *DÄBl.* 1/1997, S. B-16 f.

Krimmel, Lothar, Mit dem „IGEL“ aus der Grauzone, in *DÄBl.* 11/1998, S. B-479 ff.

Krimmel, Lothar, Arzneimittelbudget: Regionale Versorgungsunterschiede belegt, in *DÄBl.* 4/2000, S. A-150 f.

Krugmann, Michael, Gleichheit, Willkür und Evidenz, in *JuS* 1998, S. 7 - 13

Kühn, Hagen, Gesundheitspolitik für den Standort Deutschland: Thesen zur Logik und Empirie neoliberaler Wirtschaftspolitik im Gesundheitswesen, in *Jahrbuch für kritische Medizin* Bd. 28, S. 15- 32

Kühn, Hagen, GKV: Kosten-"Explosion"? -Zur Makroökonomie der Gesundheitsreform, in *WZB-Mitteilungen* Nr. 70 (1995), S. 11 ff.

Kühn, Hagen, Rationierung im Gesundheitswesen -Politische Ökonomie einer internationalen Ethikdebatte, in *Jahrbuch für kritische Medizin* Bd. 17 (1991), S. 40 ff. (=WZB-Paper Nr. P91-209)

Kühn, Hagen, Zwanzig Jahre ‚Kostenexplosion': Anmerkungen zur Makroökonomie einer Gesundheitsreform, in *Jahrbuch für kritische Medizin* Bd. 24 (1995), S. 145- 161

Kühn, Hermann Christoph, Das neue deutsche Transplantationsgesetz, in *MedR* 10/1998, S. 455 bis461

Künschner, Alfred, Wirtschaftlicher Behandlungsverzicht und Patientenauswahl. Knappe medizinische Ressourcen als Rechtsproblem, Stuttgart 1992

Kuhlmann, Ellen, "... zwischen den Mahlsteinen". Ergebnisse einer empirischen Studie zur Verteilung knapper medizinischer Ressourcen in ausgewählten klinischen Settings, in *Feuerstein, Günter (Projektleitung) et al.*, Prioritäten und Wertkonflikte (1997) S. 1 - S. 76.

Kuhlmann, Ellen, Im Spannungsfeld zwischen Informed Consent und konflikvermeidender Fehlinformation: Patientenaufklärung unter ökonomischen Zwängen. Ergebnisse einer empirischen Studie, in *Ethik in der Medizin* Bd. 11 Heft 3 (1999) S. 146 - S. 161.

Laaser, Ulrich, Zur ethischen Bewertung von Kosten und Nutzen in der Prävention, in *J. Mohr/Ch. Schubert,* Ethik der Gesundheitsökonomie (1992), S. 101-121

Laaser, Ulrich / Schwabe, Andrea (Hrsg.), Das Gesundheitswesen in Deutschland: Von der Ausgaben- zur Ergebnisorientierung - Reader zum 5. Gesundheitswissenschaftlichen Kolloquium, Bielefeld 1997

Lackner, Karl (Hrsg.), Strafgesetzbuch mit Erläuterungen 22. Aufl., München 1997

Land, Walter, Nierentransplantation, in *Dietrich, Elke (Hrsg.),* Organspende Percha 1985

Lang, Franziska, Das Recht auf informationelle Selbstbestimmung des Patienten und die ärztliche Schweigepflicht in der gesetzlichen Krankenversicherung, Baden-Baden 1997

Lange, Fred, Formeln und Berechnungen für Pflegedienstleitungen: Arbeitszeitberechnungen, Personalbedarfsermittlung, Statistische Berechnungen, Melsungen 1995

Langer, Stefan, Ansprüche aus Freiheitsrechten als Appell zur politischen Verantwortung, in *NJW* 1990, S. 1328 ff.

Laufs, Adolf, Arztrecht, 5. Aufl., München 1993

Laufs, Adolf, Arzt, Patient und Recht am Ende des Jahrhunderts, in NJW 24/1999, S. 1758 - S. 1769

Laufs, Adolf / Uhlenbruck, Wilhelm (Hrsg.), Handbuch des Arztrechts, 2. Aufl., München 1999

Leisner, Walter, Sozialversicherung und Privatversicherung - Dargestellt am Beispiel der Krankenversicherung, Berlin 1974

Lenke, Norbert / Graf, Klara, BPflV'95 - Vorbereitung auf die neuen Entgeltformen, in *f&w* 11.Jg. Heft 6/1994, S. 466 - 474.

Lorenz, Dieter, Recht auf Leben und körperliche Unversehrtheit, in *Isensee / Kirchhof (Hrsg.):* HbStR – Band VI: Freiheitsrechte, § 128, Heidelberg 1989

Luhmann, Niklas, Grundrechte als Institution: ein Beitrag zur politischen Soziologie, 3. unveränderte Aufl. Berlin 1986

Malfertheiner, Peter / Rösch, Wolfgang u.a., Ulkustherapie 1997: Therapie bei peptischen Ulzera, in *DÄBl.* 13/1997, S. A-833-839

Mangoldt, Hermann von / Klein, Friedrich / Starck, Christian, Das Bonner Grundgesetz - Bd. 1: Präambel, Artikel 1-5, 3. Aufl. München 1985.

Marburger Arbeitskreis für Sozialrecht u. Sozialpolitik (Hrsg.), Selbstbestimmung und Selbstverantwortung des Patienten: interdisziplinäre Fachtagung vom 25.- 27. April 1985, Köln/Berlin u.a. 1986

Markus, Katrin, Wenn der Betroffene „nein" sagt, in *Altenpflege* 10/1997, S. 56 - 61

Martens, Wolfgang, Grundrechte im Leistungsstaat, in Veröffentlichungen der Vereinigung der Deutschen Staatsrechtslehrer 30/1972, S. 7 - S. 42.

Martin, Jochen, Standards sind nicht nur eine Abrechnungsgrundlage: Erfassung der Pflege im Rahmen von Fallpauschalen, in *Pflegezeitschrift* 2/1999, S. 122 - S. 125.

Matuscheck-Labitzke, Birgit, Zwei-Klassen-Medizin ist schon Realität: Psychisch kranken Kassenpatienten werden weniger schädliche Medikamente aus Kostengründen verweigert, in *Süddeutsche Zeitung* vom 31.5.1999, Bayernteil.

Matuscheck-Labitzke, Birgit, Medizinischer Fortschritt ist Politikern zu teuer, in *Süddeutsche Zeitung* vom 19.1.2000, Bayernteil.

Maunz, Theodor / Dürig, Günther (Mitverfasser), Grundgesetz, Kommentar, -Loseblatt-, Stand: 30. Ergänzungslieferung, München 1994

Maurer, Hartmut, Allgemeines Verwaltungsrecht, 11. Aufl., München 1997

Maus, Josef, EBM-Reform: In die „Dauerbaustelle" kommt Bewegung, in *DÄBl.* 51/52/1998, S. A-3260 - S. A-3266

Maus, Josef / Glöser, Sabine, Zuversicht trotz drängender Probleme: Berufspolitische Standortbestimmung, in *DÄBl.* 51/52/1997, S. C-2521 ff.

Maydell, Bernd Baron von / Ruland, Franz (Hrsg.), Sozialrechtshandbuch, Neuwied 1988

Medicus, Dieter, Bürgerliches Recht: eine nach Anspruchsgrundlagen geordnete Darstellung zur Examens, 17. Aufl., Köln u.a. 1996

Meurer, Uta, Krankenhausfinanzierung '97, in *f&w* 13.Jg. Heft 6/1996, S. 500 - 505

Menzel, Paul T., Strong Medicine: The Ethical Rationing of Health Care, New York/Oxford 1990

Meyer, Jörg Alexander, Der Weg zur sozialen Pflegeversicherung, Frankfurt/M. 1996

Meyer, Jörg Alexander, Die Euphorie ist vorbei - Die ambulante Pflege nach Einführung der Pflegeversicherung und vor den Einschnitten in die häusliche Krankenpflege, in *Dr.med.Mabuse* Nr. 105/1997, S. 22 ff.

Michalski, Lutz, Verfassungsrechtliche Schranken einer Rationierung im vertragsärztlichen Versorgungssystem, in *VersR* 7/1996, S. 265 – S. 271

Ministerie van VWS, Das Gesetz betreffend Verträge über medizinische Behandlungen (Factsheet V-11-D 1995 - erhältlich beim *Ministerie van VWS,* Afdeling Voorlichting, Postbus 5406, NL-2280 HK Rijswijk).

Mohr, Jürgen / Schubert, Christoph (Hrsg.), Ethik der Gesundheitsökonomie, Berlin, Heidelberg ... 1992

Müller, Dagmar / Simon, Michael, Steuerungsprobleme des stationären Sektors: Das Krankenhaus zwischen Kostendämpfung und Qualitätssicherung, in: *Bernhard Blanke (Hrsg.),* Krankheit und Gemeinwohl - Gesundheitspolitik zwischen Staat, Sozialversicherung und Medizin, Opladen 1994

Müller, Gerda, Beweislast und Beweisführung im Arzthaftungsprozeß, in *NJW* 1997, S. 3049 - S. 3056

Münch, Ingo von (Begr.) / Kunig, Philip (Hrsg.), Grundgesetz-Kommentar, Band 1:Präambel bis Art. 20, 4. Aufl. München 1992

Murswiek, Dietrich, Grundrechte als Teilhaberechte, soziale Grundrechte, in *Isensee / Kirchhof (Hrsg.):* HbStR – Band V: Allgemeine Grundrechtslehren, § 112, Heidelberg 1992

Nagel, Eckard / Fuchs, Christoph (Hrsg.) , Soziale Gerechtigkeit im Gesundheitswesen : ökonomische, ethische, rechtliche Frage am Beispiel der Transplantationsmedizin, Berlin/Heidelberg/NewYork/London/Paris/Tokyo 1993

Nagel, Eckard / Fuchs, Christoph (Hrsg.), Leitlinien und Standards im Gesundheitswesen: Fortschritt in sozialer Verantwortung oder Ende der ärztlichen Therapiefreiheit?, Köln 1997

Neubauer, Günter, Gesundheitsreform 2000: Leistungserbringer im Globalkorsett - Wenn die optimale Gesundheitsversorgung zum Nebenziel verkommt und die Beitragsstabilität zum Hauptziel aufrückt, in *f&w* 4/1999, S. 300 - S. 304

Neugebauer, Gabriele, Das Wirtschaftlichkeitsgebot in der gesetzlichen Krankenversicherung: Normierung – Inhalt – Konkretisierung - Diss. Univ. Bonn 1994, Berlin 1996

Neumann, Volker, Menschenwürde und Existenzminimum, in NVwZ 5/1995, S. 426 – S. 432

Neumann, Volker, Der Grundrechtsschutz von Sozialleistungen in Zeiten der Finanznot, in NZS 9/1998, S. 401 – S. 411

Neumann, Volker, Der Anspruch auf Krankenbehandlung - ein Rahmenrecht?, in SGb 13/1998, S. 609 - S. 614

Neumeyer, Jürgen / Schmidt-Semisch, Henning (Hrsg.), Ecstasy - Design für die Seele, Freiburg i.B. 1997.

Nierhoff, Günther / Rossels, Hans, Das neue Pflegesatzrecht: Lohnt sich der Einstieg schon ab 1995?, in *f&w* 1994, S. 280 ff.

Niesel, Klaus (Gesamtredaktion) u.a., Kasseler Kommentar -Sozialversicherungsrecht-, -Loseblatt-, Stand: 19. Erg.-Lieferung, München Oktober 1996

Nord, Dietrich, Die Steuerung des Bedürfnisses nach Gesundheit, in: *Vogel, H. R. (Hrsg.),* Bedarf und Bedarfsplanung im Gesundheitswesen, Stuttgart 1983, S. 24 - 32

Oldiges, Franz Josef, Qualität der medizinischen Versorgung, in *DOK* (Nr. 1) 1994 S. 17 ff.

Oldiges, Franz Josef, Sozialpolitische Umschau: Bundesausschuß der Ärzte und Krankenkassen: Ein neues Machtzentrum in der GKV ? – Neuerungen im 2. GKV-Neuordnungsgesetz, in *DOK* (Nr. 12) 1997 S. 367 ff.

Oldiges, Franz Josef, Sozialpolitische Umschau: Positivliste und hausärztliche Versorgung, in *DOK* (Nr. 11) 1994 S. 346 ff.

Opderbecke, Hans Wolfgang / Sorgatz, H., Leistungseinschränkungen in der Intensivmedizin als gesundheitspolitisches Konzept -eine Dokumentation, in *Anästhesiologie und Intensivmedizin* 9/1993, S. 285 291

Opderbecke, Hans Wolfgang, Grenzen der Intensivmedizin, in *MedR* 1985, S. 23 ff.

Oppen, Maria, Qualitätsmanagement - Grundverständnisse, Umsetzungsstrategien und ein Erfolgsbericht: die Krankenkassen Berlin 1995

Ossenbühl, Fritz, Satzung, in *Isensee / Kirchhof (Hrsg.):* HbStR – Band III: Handelns des Staates, § 66, Heidelberg 1988

Ossenbühl, Fritz, Richtlinien im Vertragsarztrecht, in NZS 11/1997, S. 497 – S. 503

Otto, Harro, Die Strafbarkeit von Unternehmen und Verbänden, Berlin/New York 1993

Palandt, Otto (Begründer), Bürgerliches Gesetzbuch ..., Kurz-Kommentar 57. Aufl., München 1998

Papier, Hans-Jürgen, Wesentlichkeitsgrundsatz – am Beispiel des Gesundheitsreformgesetzes in *Vierteljahresschrift für Sozialrecht* 2/1990, S. 123 - S. 137

Papier, Hans-Jürgen, Der Einfluß des Verfassungsrechts auf das Sozialrecht, in Maydell, Bernd Baron von / Ruland, Franz, Sozialrechtshandbuch, 2. Aufl., Neuwied u.a. 1996, S. 73 - S. 124.

Peters, Horst, Die Geschichte der sozialen Versicherung, 3. Aufl., Wolfenbüttel 1978

Peters, Horst / Mengert, Georg (Hrsg.), Handbuch der Krankenversicherung, Teil II – Sozialgesetzbuch V, Kommentar, Loseblatt – Stand: 29. Erg.Lieferung Juli 1997

Philipp, Albrecht, Arzneimittellisten und Grundrechte: Eine verfassungsrechtliche Untersuchung der Ausschlüsse von Arzneimitteln von der Verordnungsfähigkeit zu Lasten der gesetzlichen Krankenversicherung aus der Sicht der Hersteller und der Verbraucher, Berlin 1995

Philipp, Renate, Staatliche Verbraucherinformationen im Umwelt- und Gesundheitsrecht, Berlin 1989

Pieroth, Bodo / Schlink, Bernhard, Grundrechte - Staatsrecht II, 13. Aufl., Heidelberg 1997

Pietrzak, Alexandra, Die Schutzpflicht im verfassungsrechtlichen Kontext - Überblick und neue Aspekte, in *JuS* 1994, S. 748 - 753

Pitschas, Rainer, Der Verwaltungsstaat in der Krise: Vom Wandel des Verwaltungsverfahrens, in *H.-J. Konrad (Hrsg.),* Grundrechtsschutz und Verwaltungsverfahren (1985), S. 23 - S. 62

Pitschas, Rainer, Neue Versorgungs- und Vergütungsstrukturen in der gesetzlichen Krankenversicherung im Wirkfeld der Gesundheitsverfassung, in *Vierteljahresschrift für Sozialrecht* 5/1998, S. 253 - S. 263

Porzsolt, Franz, Rationalisierung und Rationierung im Gesundheitswesen aus der Sicht des Klinikarztes, in *DOK* (Nr. 17) 1996, S. 536 ff.

Postier, Martina, Der Bestand der Pflegesatzvereinbarungen, in *f&w* (Nr. 4) 1996, S. 365 ff.

Preuß, Ulrich K., Probleme der Rationalisierung im Gesundheitswesen, in "Diskurs" Nr. 2 (Universität Bremen) Mai 1980

Prößdorf, Klaus, Das Gesundheitsstrukturgesetz - Herausforderung und Chance, in *das krankenhaus* (Nr. 1) 1993, S. 1 ff.

Pschyrembel, Willibald, Klinisches Wörterbuch mit klinischen Syndromen, 257. Aufl., Berlin/New York 1994

Ptak, Ralf, Verordnet - geduldet - erledigt? - Zur Geschichte des deutschen Sozialstaats, in *Butterwegge, Christoph / Hickel, Rudolf / Ptak, Ralf,* Sozialstaat und neoliberale Hegemonie, Berlin 1998

Raspe, Hans-Heinrich, Aufklärung und Information im Krankenhaus: medizinsoziologische Untersuchungen, Göttingen 1983

Rath, Thomas, Nullrunde 1996 für die Krankenhäuser, in *DOK* (Nr. 19-20) 1996, S. 615 f.

Ratzel, Rudolf, Auswirkungen der Arzneimittelbudgetierung, in *MedR* 1996, S. 180 ff.

Rau, Ferdinand / Schnürer, M., DRG-Systeme: Wer die Wahl hat, hat die Qual, in *f&w* (Nr. 1) 2000, S. 46 ff.

Rebmann, Kurt (Mitherausgeber), Münchener Kommentar zum Bürgerlichen Gesetzbuch 3. Aufl., München 1997

Rektor der Universität Bremen (Hrsg.), Diskurs - Bremer Beiträge zu Wissenschaft und Gesellschaft - Das Krankenhaus: Reform durch Rationalisierung

Rie, Michael A., Ökonomische Grenzen der Lebensrettung? - Zur Mikroallokation in der Gesundheitspolitik, in *Ch. Sachße/H.T. Engelhardt*, Sicherheit und Freiheit (1990), S. 272 - 288

Rieckmann, Peter / Hartung, Hans-Peter/ Toyka, Klaus, Rekombinante Beta-Interferone: Immunmodulatorische Stufentherapie der multiplen Sklerose, in *DÄBl.* 46/1996, S. A-3022.

Rieser, Sabine, Rationierte Arzneimittelversorgung?, in *DÄBl.* 50/1998, S. A-3187 f.

Röfer, Gabriele / Schlacke, Sabine, Ärztliche Leitlinien: Empirie und Recht professioneller Normsetzung, in NJW 12/1999, S. 838 f.

Rosenberg, Peter, Bevölkerungsentwicklung und Ausgaben des Gesundheitswesens, in *Arnold, Michael u.a.*, Entwicklungstendenzen im Gesundheitswesen ... (1991), S. 271 - S. 320

Rothgang, Heinz / Vogler, Anke, Die Auswirkungen der 2. Stufe der Pflegeversicherung auf die Hilfe zur Pflege in Einrichtungen - eine empirische Untersuchung im Land Bremen, Regensburg 1998

Rüfner, Wolfgang, Verfassungsrechtliche Grenzen bei der Umgestaltung des Sozialstaats im Bereich des Sozialhilferechts, in *Vierteljahresschrift für Sozialrecht* 1997, S. 59 - S. 70.

Rümmelin, D., Das Verschlüsseln der Fallpauschalen nach der ICD und ICPM: eine Einführung mit Überleitungstabellen für die Anwender, Sankt Augustin 1995

Rumler-Detzel, Pia, Budgetierung - Rationalisierung - Rationierung: Einflüsse auf die medizinische Leistungsfähigkeit oder Senkung des medizinischen Standards?, in *VersR* 13/1998, S. 546 – S. 551

Sachs, Michael, Die Maßstäbe des allgemeinen Gleichheitssatzes - Willkürverbot und sogenannte neue Formel, in *JuS* 1997, S. 124 - 130

Sachs, Michael (Hrsg.), Grundgesetz : Kommentar, 2. Aufl. München 1999

Sachße, Christoph / Engelhardt, H. Tristram (Hrsg.); Sicherheit und Freiheit -Zur Ethik des Wohlfahrtsstaates, Frankfurt / Main 1990,

Sachverständigenrat für die Konzertierte Aktion im Gesundheitswesen; Jahresgutachten 1992 -Ausbau in Deutschland und Aufbruch nach Europa, Baden-Baden 1992

Sachverständigenrat für die Konzertierte Aktion im Gesundheitswesen; Sachstandsbericht 1994 -Gesundheitsversorung und Krankenversicherung 2000

Sachverständigenrat für die Konzertierte Aktion im Gesundheitswesen; Sondergutachten 1995 -Gesundheitsversorung und Krankenversicherung 2000, Baden-Baden 1995

Sachverständigenrat für die Konzertierte Aktion im Gesundheitswesen; Sondergutachten 1996 -Gesundheitswesen in Deutschland - Kostenfaktor und Zukunftsbranche, Baden-Baden 1996

Sachverständigenrat für die Konzertierte Aktion im Gesundheitswesen; Sondergutachten 1997 -Gesundheitswesen in Deutschland - Kostenfaktor und Zukunftsbranche, Band II: Fortschritt und Wachstumsmärkte, Finanzierung und Vergütung: Baden-Baden 1998

Sass, Hans-Martin (Hrsg.); Ethik und öffentliches Gesundheitswesen, Berlin/Heidelberg/NewYork/London/Paris/Tokyo 1988

Sass, Hans-Martin (Hrsg.); Medizin und Ethik, Stuttgart 1989

Schell, Werner, Sterbebegleitung und Sterbehilfe - Gesetze, Rechtsprechung, Deklarationen, Richtlinien, Stellungnahmen, 1. Aufl., Hagen 1998

Schirmer, Horst Dieter Das Kassenarztrecht im 2. GKV-Neuordnungsgesetz – BGBl. 1997 I S. 1520 -, in *MedR* 1997, S. 431 ff.

Schlangenhaufer, Renate, Der mündige Patient nur eine Fiktion der deutschen Rechtsprechung?, Aachen 1996

Schmidt, Eike / Brüggemeier, Gert, Zivilrechtlicher Grundkurs, , 5. Aufl., Frankfurt/M. 1998

Schmidt, Johannes, Gerechtigkeit, Wohlfahrt und Rationalität : axiomatische und entscheidungstheoretische Fundierungen von Verteilungsprinzipien, Freiburg i.Br.; München 1991

Schmidt, Karl-Josef / Pfaffenberger, Peter / Schwind, Mechthild, Leistungsplanung nach der BPflV'95, in f&w (Nr. 1) 1995, S. 14 ff.

Schmidt, Peter / Madea, Burkhard, Grenzen ärztlicher Behandlungspflicht am Ende des Lebensabbruch vor Einsetzen des Sterbevorgangs aufgrund des mutmaßlichen Willens, in *MedR* 1995, S. 72 – S. 75.

Schmidt-Aßmann, Eberhard, Grundrechtswirkungen im Verwaltungsrecht, in Bender, Bernd u.a. (Hrsg.) Rechtsstatt zwischen Sozialgestaltung und Rechtsschutz = Festschrift zum 70. Geburtstag von Konrad Redeker, München 1993, S. 225 – S. 243.

Schmitt, Walter, Selbstbestimmung und Selbstverantwortung im System der Sozialen Sicherung, in *Marburger Arbeitskreis (Hrsg.),* Selbstbestimmung ... (1986), S. 115 - S. 138.

Schmitz, Harald et. al., Die DRGs werden den Alltag im Krankenhaus verändern, in *f&w* (Nr. 1) 2000, S. 51 ff.

Schnapp, Friedrich E., Die Selbstverwaltung in der Sozialversicherung, in Festgabe zum 70. Geburtstag von G.C.v. Unruh, Heidelberg 1983

Schnapp, Friedrich E., Was können wir über das Sozialstaatsprinzip wissen?, in *JuS* 1998, S. 873 - 877

Schneider, Christian, Tun und Unterlassen beim Abbruch lebenserhaltender medizinischer Behandlung, Berlin 1997

Schneider, Günther, Wirtschaftlichkeitsprüfung unter dem Einfluß von Praxisbudgets, in *MedR* 12/1998, S. 540 - S. 545

Schneider, Günther, Die vertragsärztliche Vergütung im Spannungsfeld von EBM und HVM, in *MedR* 1997, S. 1 ff.

Schneider, Günther, Handbuch des Kassenarztrechts, Köln/Berlin ... 1994

Schneider-Danwitz, Annette / Glaeske, Gerd, Viagra: Der Bundesausschuß der Ärzte und Krankenkassen - ein „kleiner Gesetzgeber" - ?, in *MedR* 4/1999, S. 164 - S. 172

Schöch, Heinz, Beendigung lebenserhaltender Maßnahmen - zugleich eine Besprechung der Sterbehilfeentscheidung des BGH vom 13.9.1994, in NStZ 4/1997, S. 153 - S. 158.

Scholl, Annette / Nakielski, Hans, Zankapfel (Pflege-)Hilfsmittel im Heim – Krankenkassen verweigern zunehmend Rollstühle oder Wechseldruckmatratzen, in *Pro* ALTER 4/1997, S. 21

Schöne-Seifert, Bettina, Was sind „gerechte" Verteilungskriterien, in *J. Mohr/Ch. Schubert,* Ethik der Gesundheitsökonomie (1992), S. 33-44

Schönke, Adolf (Begr.) / Schröder, Horst, Strafgesetzbuch: Kommentar, 25. Aufl., München 1997

Schulenburg, J.-M. Graf v.d. / Schöffski, O., Kosten-Nutzen-Analysen im Gesundheitswesen, in *E. Nagel/Ch. Fuchs,* Soziale Gerechtigkeit im Gesundheitswesen (1993), S. 168 ff.

Schulin, Bertram, Sozialrecht, 5. Aufl. Düsseldorf 1993

Schulin, Bertram (Hrsg.), Handbuch des Sozialversicherungsrechts - Band 1: Krankenversicherungsrecht, München 1994

Schulin, Bertram (Hrsg.), Handbuch des Sozialversicherungsrechts - Band 4: Pflegeversicherungsrecht, München 1996

Schulin, Bertram, Verfassungsrechtliche Grenzen bei der Umgestaltung des Sozialstaats im Bereich der Gesundheitssicherung, in *Vierteljahresschrift für Sozialrecht* 1997, S. 43 - 57

Schwabe, Jürgen, Krankenversorgung und Verfassungsrecht, in NJW 1969, S. 2274

Schwabe, Ulrich / Paffrath, Dieter (Hrsg.), Arzneiversorgungsreport '92, Stuttgart/Jena 1992

Schwabe, Ulrich / Paffrath, Dieter (Hrsg.), Arzneiversorgungsreport '96, Stuttgart/Jena 1996

Schwabe, Ulrich (Hrsg.), Arzneiversorgungsreport '97, Stuttgart/Jena 1997

Schwabe, Ulrich (Hrsg.), Arzneiversorgungsreport '98, Stuttgart/Jena 1998

Schwartz, Friedrich Wilhelm, Gewonnene Lebensjahre - biologische Betrachtungen und Fragen zur Nutzen- und Kostendiskussion in der Medizin aus sozialmedizinischer Sicht, in *Arnold, Michael u.a.,* Entwicklungstendenzen im Gesundheitswesen ... (1991), S. 113 - S. 162

Schwarze, Kersti, Krankenhausgesetzgebung '97: f&w-Kompaß-Seminar in Kassel, in *f&w* 14.Jg. Heft 1/1997, S. 3 - 6

Schwerdtfeger, Gunther, Die Leistungsansprüche der Versicherten im Rechtskonkretisierungskonzept des SGB V, in *NZS* 1998, S. 49 – S. 53 (Teil 1) und S. 97 - 103 (Teil 2)

Schwerdtfeger, Gunther, Verfassungsrechtliche Grenzen der Freiheit und Bindung bei der Leistungserbringung im Gesundheitswesen, in *SDSRV* 38 (1994), S. 27 – S. 48

Schwoerer, Peter, Rationierte Arzneimittelversorgung?, in *DÄBl.* 43/1996, S. B-2149 ff.

Seelmann, Kurt, „Unterlassene Hilfeleistung oder: Was darf das Strafrecht?, in *JuS* 1995, S. 281 -286

Selbmann, Hans-Konrad [Hrsg.), Leitlinien in der Gesundheitsversorgung: Vorträge und Berichte von der WHO-Konferenz zu Leitlinien für die Gesundheitsversorgung, Januar 1997 = Guidelines in health care, Baden-Baden 1998.

Seewald, Otfried, Gesundheit als Grundrecht. -Grundrechte als Grundlage von Ansprüchen auf gesundheitsschützende staatliche Leistungen, Königstein/Ts. 1982.

Seewald, Otfried, Zum Verfassungsrecht auf Gesundheit, Köln/Berlin/Bonn/München 1981.

Seiler, Christoph, Nochmals: Krankenhausgesetzgebung und Vertrauensschutz, in *f&w* (Nr. 5) 1996, S. 412 ff.

Seiler, Christoph, Zur rückwirkenden Anwendung des Stabilisierungsgesetzes 1996, in *das krankenhaus* (Nr. 6) 1996, S. 269 ff.

Sieveking, Klaus (Hrsg.), Soziale Sicherung bei Pflegebedürftigkeit in der europäischen Union, 1. Aufl., Baden-Baden 1998.

Simon, Michael, Krankenhausfinanzierung und Rationierung: Zum Zusammenhang zwischen ökonomischen Anreizen und Rationierung medizinischer Leistungen im Krankenhaus, in *G. Feuerstein/E. Kuhlmann,* Rationierung im Gesundheitswesen (1998), S. 81 - S. 96.

Simon, Michael, Das Krankenhaus im Umbruch: Neuere Entwicklungen in der stationären Krankenversorgung im Gefolge von Budgetdeckelung und neuem Entgeltsystem, in WZB-Paper P97-207, Berlin 1997.

Simon, Michael, Begleitforschung zu den Auswirkungen der neuen Krankenhausfinanzierung: Anmerkungen zum zweiten Zwischenbericht der Begleitforschung zur BPflV 1995, in *Jahrbuch für kritische Medizin* Bd. 29/1998, S. 112 - 126.

Simon, Michael, Das Krankenhaus zwischen öffentlichem Versorgungsauftrag und einzelwirtschaftlicher Orientierung: Neuere Entwicklungen in der stationären Krankenversorgung im Gefolge von Budgetdeckelung und neuem Entgeltsystem, in *Jahrbuch für kritische Medizin* Bd. 28/1997, S. 99- 124.

Simon, Michael, Steuerungsprobleme in der stationären Versorgung (Diss. Univ. Hannover), Hannover 1997.

Simon, Michael, Die Umsetzung des GSG im Krankenhausbereich: Auswirkungen der Budgetierung auf die Aufnahme- und Verlegungspraxis von Allgemeinkrankenhäusern, in *ZfGesundheitswiss.* (4.Jg.) 1996, S. 20 ff.

Simon, Michael, Begleitforschung zu den Auswirkungen der neuen Krankenhausfinanzierung - Anmerkungen zum zweiten Zwischenbericht der Begleitforschung zur BPflV 1995, in *Jahrbuch für kritische Medizin* Bd. 29/1998, S. 112 - 126.

Simon-Weidner, R, Rechtswidrige Folgen des GSG?, in *ArztR* 2/1995, S. 42.

Spatz, Johannes, Patientenschutz statt Arztschutz - Wie und für wen arbeiten Ethik-Kommissionen?, in *Dr. med. Mabuse* 1995, S. 45 ff.

Spiewak, Martin, Teure Patienten unerwünscht, in *Die Zeit* v. 11.11.1999, S. 15 ff.

Steffen, Erich / Dressler, Wolf-Dieter, Arzthaftungsrecht: neue Entwicklungslinien der BGH-Rechtsprechung, 8. Aufl., Köln 1999.

Stuchlik, Franz, Die Nutzung moderner Informations- und Kommunikationstechniken und -technologien zur Stärkung der Bürger als Verbraucher und Koproduzenten von Gesundheit, in *B. Badura et al.,* Bürgerorientierung des Gesundheitswesens, Baden-Baden 1999, S. 373 - S. 391.

Tempel-Kromminga, Helge, Die Problematik der Richtlinien der Bundesausschüsse der Ärzte und Krankenkassen nach dem neuen Recht des SGB V, (Diss. Univ. Münster 1992), Frankfurt, Berlin u.a. 1994.

Töpfer, Klaus, Bedarfsplanung als politischer Prozeß, in: *Vogel, H. R. (Hrsg.),* Bedarf und Bedarfsplanung im Gesundheitswesen, Stuttgart 1983 .

Toyka, Klaus V., Immunmodulatorische Stufentherapie der multiplen Sklerose, in *DÄBl.* 26/1999, S. A-1785.

Trabert, Gerhard, Soziale Dimension von Krankheit vernachlässigt - Armut und Gesundheit, in DÄBl. 12/1999; 96: A-756–760.

Tuschen, Karl-Heinz / Quaas, Michael, Bundespflegesatzverordnung - Kommentar mit einer umfassenden Einführung in das Pflegesatzrecht, 3. Aufl., Stuttgart 1996.

Tuschen, Karl-Heinz, Das zustimmungsfreie GKV-Gesundheitsreformgesetz 2000, in *f&w* 1/2000, S. 6 – S. 12.

Uhlemann, Thomas, Zwischen Biologie und Ökonomie. - Zur Rationalität des Risikobegriffs bei Versicherungen, in H. *Kaupen-Haas/Ch. Rothmaler (Hrsg.),* Strategien der Gesundheitsökonomie, Frankfurt/M. 1998, S. 115 - S. 129.

Uhlenbruck, Wilhelm, Die Rechtspflicht des Krankenhausarztes zur Schmerzbekämpfung und Leidensminderung, in *H. Kamps/A. Laufs* (Hrsg.). Arzt- und Kassenarztrecht im Wandel – Festschrift für Helmut Narr zum 60. Geburtstag, S. 159 - 172, Berlin/Heidelberg/New York ... 1988.

Uhlenbruck, Wilhelm, Rechtliche Grenzen einer Rationierung in der Medizin, in MedR 1995, S. 427 ff.

Ulsenheimer, Klaus, Zur zivil- und strafrechtlichen Verantwortlichkeit des Arztes unter besonderer Berücksichtigung der neueren Judikatur und ihrer Folgen für eine defensive Medizi, in *MedR* 1992, S. 127 – S. 134.

Ulsenheimer, Klaus, Behandlungsabbruch vor Einsetzen des Sterbevorgangs aufgrund des mutmaßlichen Willens, in *MedR* 1995, S. 72 – S. 75.

Ulsenheimer, Klaus, Qualitätssicherung und risk-management im Spannungsverhältnis zwischen Kostendruck und medizinischem Standard, in *MedR* 1995, S. 438 ff.

Ulsenheimer, Klaus, Arztstrafrecht in der Praxis, 2. Aufl. Heidelberg 1998.

Vitt, K.D. / Buss, G. / Erben, C.M./ Schönhöfer, P.S., Beeinflußt eine Budgetierung Qualität und Wirtschaftlichkeit der ambulanten Arzneimitteltherapie?, in *Das Gesundheitswesen* Nr. 57/1995, S. 171 ff.

Vogel, Walter, Bismarcks Arbeiterversicherung - Ihre Entstehung im Kräftespiel der Zeit, Braunschweig 1951.

Vogel, Hans Rüdiger (Hrsg.), Bedarf und Bedarfsplanung im Gesundheitswesen, Stuttgart 1983.

Vollmer, Rudolf J. / Graeve, Karl Heinz, Gesetz zur wirtschaftlichen Sicherung der Krankenhäuser und zur Regelung der Krankenhauspflegesätze (Krankenhausfinanzierungsgesetz - KHG), -Kommentar-, Loseblatt -Stand: 33. Nachtragslieferung, Remagen Juli 1994.

Vollmer, Silke, Genomanalyse und Gentherapie - Die verfassungsrechtliche Zulässigkeit der Verwendung und Erforschung gentherapeutischer Verfahren am noch nicht erzeugten und ungeborenen menschlichen Leben, Diss. Univ. Konstanz, Konstanz 1989.

Walter-Sack, Ingeborg, „Zuständigkeit" medizinischer Ethikkommissionen - (wünschenswerte?) Ausweitung durch Satzungsrecht, dargestellt anhand der Regelungen für die Ethikkommissionen an der Universität Heidelberg und bei der Landesärztekammer Baden-Württemberg, in *MedR* 1999, S. 357 - S. 360.

Wasem, Jürgen, Die QALY-League Tables - ein Weg zu mehr Ergebnisorientierung im Gesundheitswesen? in *Laaser, Ulrich / Schwabe, Andrea (Hrsg.),* Das Gesundheitswesen in Deutschland: Von der Ausgaben- zur Ergebnisorientierung, Bielefeld 1997, S. 107 - S. 116

Weigl, Max-Josef, Unterlassung und primäre Handlungspflichten – Diss. jur. Univ. München 1970, München 1970

Welzel, Hans, Das deutsche Strafrecht, 11. Aufl., Berlin 1969.

Werner, Bernd, Verschlüsselte Diagnosen nach der ICD: das Verschlüsseln der Diagnosen nach der Internationalen Klassifikation der Krankheiten, Verletzungen und Todesursachen (ICD); eine Einführung für die Anwender, Sankt Augustin 1994.

Westphal, Günther, Das Zugunglück von Eschede – Die Stunden und Tage nach der Katastrophe, in *f&w* 5/1998, S. 402 – S. 406.

Wieseler, Johannes, Der objektive und der individuelle Sorgfaltspflichtmaßstab beim Fahrlässigkeitsdelikt – Diss. jur. Univ. Augsburg 1992, Aachen 1995.

Wiegand, Dietrich, Kassenarztrecht: Kommentar zu den §§ 69-106 SGB V mit dem Zulassungs- und Vertragsrecht, 3. Aufl. Heidelberg 1995.

Wigge, Peter, Das Entscheidungsmonopol des Bundesausschusses Ärzte/Krankenkassen für Arzneimittel und neue medizinische Verfahren, in *MedR* 1999, S. 524 – S. 529.

Windeler, Jürgen/Gefeller, Olaf, Primärprävention durch Cholesterinsenkung - Gibt es Belege für die Beeinflussung der Moralität?, in *Jahrbuch für Kritische Medizin* Bd. 20 Hamburg/Berlin 1993, S. 177 ff.

Wolters, Gereon, Die Neufassung der Körperverletzungsdelikte, in *JuS* 1998, S. 582 -587.

Zacher, Hans F., Das soziale Staatsziel, in *Isensee / Kirchhof (Hrsg.):* HbStR – Band I: Grundlagen von Staat und Verfassung, § 25, Heidelberg 1987.

Zezschwitz, Friedrich von, Verfassungswidrige Richtlinienkompetenz der Bundesausschüsse für Ärzte und Zahnärzte nach dem SGB V, in *G. Köbler/M. Heinze/J. Schnapp* (Hrsg. Geschichtliche Rechtswissenschaft: Ars tradendo innovandoque aequitatem sectandi – Festgabe für Alfred Sönner zum 60. Geburtstag am 5.2.1990, S. 645 - 655, Gießen 1990.

Ziems, Sven / Roeber, Annett, Wartezeiten auf chirurgische Leistungen bei 5 ausgewählten Krankheitsbildern - eine vergleichende prospektive Studie dreier chirurgischer Einrichtungen im ehemaligen Bezirk Magdeburg bzw. im Bundesland Sachsen-Anhalt, (Diss. med. Univ. Magdeburg) Magdeburg 1994.

Zuck, Rüdiger, Gehört Viagra zur vertragsärztlichen Versorgung?, in NZS 4/1999, S. 167 – S. 172.

Zylka-Menhorn, Vera, Chirurgenkongreß in Berlin: Finanzielle Zwänge werden das ärztliche Handeln beeinflussen, in *DÄBl.* 17/1996, S. B-863 f.

Sachwortregister

Die Reihe RECHT UND MEDIZIN wird von den Professoren Deutsch (Göttingen), Laufs (Heidelberg) und Schreiber (Göttingen) herausgegeben. Ihre Aufgabe ist es, Monographien und Dissertationen auf dem Gebiet des medizinischen Rechts zu veröffentlichen. Dieses Gebiet, das an Bedeutung noch zunehmen wird, umfaßt auf der juristischen Seite sowohl zivilrechtliche als auch straf- und öffentlich-rechtliche Fragestellungen. Die Fragen können von der juristischen oder von der medizinischen Seite aus untersucht werden. Übergreifendes Ziel ist es, den medizin-rechtlichen Fragen nicht etwa ein gängiges juristisches Denkschema überzuwerfen, sondern die besonderen Probleme der Regelung medizinischer Sachverhalte eigenständig aufzufassen und darzustellen.

Die Adressen der drei Herausgeber sind:

Prof. Dr. Dr. h.c. Erwin Deutsch (Zivilrecht und Rechtsvergleichung)
Höltystraße 8
37085 Göttingen

Prof. Dr. Dr. h.c. Adolf Laufs (Zivilrecht und Rechtsgeschichte)
Kohlackerweg 12
69151 Neckargemünd

Prof. Dr. Dr. h.c. Hans-Ludwig Schreiber (Strafrecht und Rechtstheorie)
Linzer Straße 1
30519 Hannover

RECHT UND MEDIZIN

Band 1 Erwin Deutsch: Das Recht der klinischen Forschung am Menschen. Zulässigkeit und Folgen der Versuche am Menschen, dargestellt im Vergleich zu dem amerikanischen Beispiel und den internationalen Regelungen. 1979.

Band 2 Thomas Carstens: Das Recht der Organtransplantation. Stand und Tendenzen des deutschen Rechts im Vergleich zu ausländischen Gesetzen. 1979.

Band 3 Moritz Linzbach: Informed Consent. Die Aufklärungspflicht des Arztes im amerikanischen und im deutschen Recht. 1980.

Band 4 Volker Henschel: Aufgabe und Tätigkeit der Schlichtungs- und Gutachterstellen für Arzthaftpflichtstreitigkeiten. 1980.

Band 5 Hans Lilie: Ärztliche Dokumentation und Informationsrechte des Patienten. Eine arztrechtliche Studie zum deutschen und amerikanischen Recht. 1980.

Band 6 Peter Mengert: Rechtsmedizinische Probleme in der Psychotherapie. 1981.

Band 7 Hazel G.S. Marinero: Arzneimittelhaftung in den USA und Deutschland. 1982.

Band 8 Wolfram Eberbach. Die zivilrechtliche Beurteilung der *Humanforschung*. 1982.

Band 9 Wolfgang Deuchler: Die Haftung des Arztes für die unerwünschte Geburt eines Kindes ("wrongful birth"). Eine rechtsvergleichende Darstellung des amerikanischen und deutschen Rechts. 1984.

Band 10 Hermann Schünemann: Die Rechte am menschlichen Körper. 1985.

Band 11 Joachim Sick: Beweisrecht im Arzthaftpflichtprozeß. 1986.

Band 12 Michael Pap: Extrakorporale Befruchtung und Embryotransfer aus arztrechtlicher Sicht; insbesondere: Der Schutz des werdenden Lebens in vitro. 1987.

Band 13 Sabine Rickmann: Zur Wirksamkeit von Patiententestamenten im Bereich des Strafrechts. 1987.

Band 14 Joachim Czwalinna: Ethik-Kommissionen - Forschungslegitimation durch Verfahren. 1987.

Band 15 Günter Schirmer: Status und Schutz des frühen Embryos bei der *In-vitro*-Fertilisation. Rechtslage und Diskussionsstand in Deutschland im Vergleich zu den Ländern des angloamerikanischen Rechtskreises. 1987.

Band 16 Sabine Dönicke: Strafrechtliche Aspekte der Katastrophenmedizin. 1987.

Band 17 Erwin Bernat: Rechtsfragen medizinisch assistierter Zeugung. 1989.

Band 18 Hartmut Schulz: Haftung für Infektionen. 1988.

Band 19 Herbert Harrer: Zivilrechtliche Haftung bei durchkreuzter Familienplanung. 1989.

Band 20 Reiner Füllmich: Der Tod im Krankenhaus und das Selbstbestimmungsrecht des Patienten. Über das Recht des nicht entscheidungsfähigen Patienten, künstlich lebensverlängernde Maßnahmen abzulehnen. 1990.

Band 21 Franziska Knothe: Staatshaftung bei der Zulassung von Arzneimitteln. 1990.

Band 22 Bettina Merz: Die medizinische, ethische und juristische Problematik artifizieller menschlicher Fortpflanzung. Artifizielle Insemination, In-vitro-Fertilisation mit Embryotransfer und die Forschung an frühen menschlichen Embryonen. 1991.

Band 23 Ferdinand van Oosten: The Doctrine of Informed Consent in Medical Law. 1991.

Band 24 Stephan Cramer: Genom- und Genanalyse. Rechtliche Implikationen einer "Prädiktiven Medizin". 1991.

Band 25 Knut Schulte: Das standesrechtliche Werbeverbot für Ärzte unter Berücksichtigung wettbewerbs- und kartellrechtlicher Bestimmungen. 1992.

Band 26 Young-Kyu Park: Das System des Arzthaftungsrechts. Zur dogmatischen Klarstellung und sachgerechten Verteilung des Haftungsrisikos. 1992.

Band 27 Angela Könning-Feil: Das Internationale Arzthaftungsrecht. Eine kollisionsrechtliche Darstellung auf sachrechtsvergleichender Grundlage. 1992.

Band 28 Jutta Krüger: Der Hamburger Barmbek/Bernbeck-Fall. Rechtstatsächliche Abwicklung und haftungsrechtliche Aspekte eines medizinischen Serienschadens. 1993.

Band 29 Alexandra Goeldel: Leihmutterschaft – eine rechtsvergleichende Studie. 1994.

Band 30 Thomas Brandes: Die Haftung für Organisationspflichtverletzung. 1994.

Band 31 Winfried Grabsch: Die Strafbarkeit der Offenbarung höchstpersönlicher Daten des ungeborenen Menschen. 1994.

Band 32 Jochen Markus: Die Einwilligungsfähigkeit im amerikanischen Recht. Mit einem einleitenden Überblick über den deutschen Diskussionsstand. 1995.

Band 33 Meltem Göben: Arzneimittelhaftung und Gentechnikhaftung als Beispiele modernen Risikoausgleichs mit rechtsvergleichenden Ausblicken zum türkischen und schweizerischen Recht. 1995.

Band 34 Regine Kiesecker: Die Schwangerschaft einer Toten. Strafrecht an der Grenze von Leben und Tod – Der Erlanger und der Stuttgarter Baby-Fall. 1996.

Band 35 Doris Voll: Die Einwilligung im Arztrecht. Eine Untersuchung zu den straf-, zivil- und verfassungsrechtlichen Grundlagen, insbesondere bei Sterilisation und Transplantation unter Berücksichtigung des Betreuungsgesetzes. 1996.

Band 36 Jens-M. Kuhlmann: Einwilligung in die Heilbehandlung alter Menschen. 1996.

Band 37 Hans-Jürgen Grambow: Die Haftung bei Gesundheitsschäden infolge medizinischer Betreuung in der DDR. 1997.

Band 38 Julia Röver: Einflußmöglichkeiten des Patienten im Vorfeld einer medizinischen Behandlung. Antezipierte Erklärung und Stellvertretung in Gesundheitsangelegenheiten. 1997.

Band 39 Jens Göben: Das Mitverschulden des Patienten im Arzthaftungsrecht. 1998.

Band 40 Hans-Jürgen Roßner: Begrenzung der Aufklärungspflicht des Arztes bei Kollision mit anderen ärztlichen Pflichten. Eine medizinrechtliche Studie mit vergleichenden Betrachtungen des nordamerikanischen Rechts. 1998.

Band 41 Meike Stock: Der Probandenschutz bei der medizinischen Forschung am Menschen. Unter besonderer Berücksichtigung der gesetzlich nicht geregelten Bereiche. 1998.

Band 42 Susanne Marian: Die Rechtsstellung des Samenspenders bei der Insemination / IVF. 1998.

Band 43 Maria Kasche: Verlust von Heilungschancen. Eine rechtsvergleichende Untersuchung. 1999.

Band 44 Almut Wilkening: Der Hamburger Sonderweg im System der öffentlich-rechtlichen Ethik-Kommissionen Deutschlands. 2000.

Band 45 Jonela Hoxhaj: Quo vadis Medizintechnikhaftung? Arzt-, Krankenhaus- und Herstellerhaftung für den Einsatz von Medizinprodukten. 2000.

Band 46 Birgit Reuter: Die gesetzliche Regelung der aktiven ärztlichen Sterbehilfe des Königreichs der Niederlande – ein Modell für die Bundesrepublik Deutschland? 2001.

Band 47 Klaus Vosteen: Rationierung im Gesundheitswesen und Patientenschutz. Zu den rechtlichen Grenzen von Rationierungsmaßnahmen und den rechtlichen Anforderungen an staatliche Vorhaltung und Steuerung im Gesundheitswesen. 2001.

Kurt Seelmann (Hrsg.)

Aktuelle Fragen der Rechtsphilosophie

Frankfurt/M., Berlin, Bern, Bruxelles, New York, Oxford, Wien, 2000. 143 S.
ISBN 3-631-36193-9 · br. DM 48.–*

Viele der heute in der Öffentlichkeit erörterten Fragen haben eine zentrale rechtsphilosophische Komponente. Ob Schwangerschaftsabbruch, Umweltschutz, Strafbarkeit von „Mauerschützen", Nationalismus, mitmenschliche Solidarität, Ordnung des Arbeitslebens, Menschenrechtsschutz und Achtung staatlicher Souveränität sowie Sterbehilfe – überall geht es um die Möglichkeit einer rationalen Begründung nichtpositiver Richtigkeitskriterien und um die Bestimmung einer sinnvollen Begrenzung rechtlicher Regelungen. Didaktisch besonders anregende Beiträge aus den *Rechtsphilosophischen Heften* sind hier zu einem Reader zusammengefaßt.

Aus dem Inhalt: Schutz des Lebens · Grenzen des positiven Rechts · Verteilungsgerechtigkeit · Nationalismus · Solidarität · Philosophie des Arbeitsrechts · Menschenrechtsschutz · Sterbehilfe

FSC
www.fsc.org
MIX
Papier | Fördert gute Waldnutzung
FSC® C083411

Kolibri 360 GmbH
Ferdinand-Jühlke-Straße 7
99095 Erfurt, Deutschland
produktsicherheit@kolibri360.de

Druck:
CPI Druckdienstleistungen GmbH
im Auftrag der
Kolibri 360 GmbH
Ferdinand-Jühlke-Str. 7
99095 Erfurt